Dunkl/Eirich
Bayerisches Kinderbildungs- und -betreuungsgesetz (BayKiBiG)

D1662091

Bayerisches Kinderbildungs- und -betreuungsgesetz

mit Kinderbildungsverordnung (AVBayKiBiG)

Kommentar

von

Hans-Jürgen Dunkl
Ltd. Ministerialrat
Stv. Abteilungsleiter Familienpolitik, Frühkindliche Förderung,
Kinder- und Jugendhilfe,
Leiter des Referats Kinderbetreuung, Bayerisches Staatsministerium
für Familie, Arbeit und Soziales

und

Dr. Hans Eirich
Ministerialrat a.D.

7. Auflage

KOMMUNAL- UND SCHUL-VERLAG · WIESBADEN

Bibliografische Information der Deutschen Nationalbibliothek
Die Deutsche Nationalbibliothek verzeichnet diese Publikation in der
Deutschen Nationalbibliografie; detaillierte bibliografische Daten sind
im Internet über http://dnb.dnb.de abrufbar.

© 2006 Kommunal- und Schul-Verlag GmbH & Co. KG · Wiesbaden
7. Auflage 2020
Alle Rechte vorbehalten · Printed in Germany
Satz: C.H.Beck.Media.Solutions · Nördlingen
Druck: CPI books

ISBN 978-3-8293-1507-4

Inhaltsübersicht

---

[1] Das BayKiBiG ist § 1 des Bayerischen Gesetzes zur Bildung, Erziehung und Betreuung von Kindern in Kindergärten, anderen Kindertageseinrichtungen und in Tagespflege und zur Änderung anderer Gesetze vom 8.7.2005.

[2] Bearbeiter:
Dunkl: Einleitung, Art. 1–9 und 14–30 BayKiBiG; § 2 und § 3 ÄndG; §§ 15–23 AVBayKiBiG
bis 2018 Dr. Eirich: Art. 10–13 BayKiBiG, §§ 1–14 AVBayKiBiG

---

1) § 2 des Bayerischen Gesetzes zur Bildung, Erziehung und Betreuung von Kindern in Kindergärten, anderen Kindertageseinrichtungen und in Tagespflege und zur Änderung anderer Gesetze vom 8.7.2005.
2) § 3 des Bayerischen Gesetzes zur Bildung, Erziehung und Betreuung von Kindern in Kindergärten, anderen Kindertageseinrichtungen und in Tagespflege und zur Änderung anderer Gesetze vom 8.7.2005.

Kinderbildungsverordnung (AVBayKiBiG) – Kommentar –

Inhaltsübersicht – BayKiBiG

Vorwort zur siebten Auflage

Ministerialrat a. D. *Dr. Hans Eirich* befindet sich im wohlverdienten Ruhestand und hat damit auch seine Tätigkeit als Ko-Kommentator beendet. Mit seiner Expertise im Bereich der frühkindlichen Bildung hat *Dr. Eirich* ganz wesentlich zum Erfolg dieses Kommentars beigetragen. Seit 2005 und damit für sechs Auflagen haben wir gemeinsam für diesen Kommentar die inhaltliche Verantwortung getragen. Ich bedanke mich herzlich dafür bei meinem langjährigen Wegbegleiter und Freund, für die langjährige vertrauensvolle Zusammenarbeit und seine stets wertvollen Beiträge.

Mit der siebten Auflage wird den aktuellen Entwicklungen Rechnung getragen. Das betrifft insbesondere die zahlreichen Änderungen infolge der Einführung des Bayerischen Krippengeldes und der Ausweitung des Beitragszuschusses. Der qualitative und quantitative Ausbau der Kinderbetreuung steht weiterhin auf der Agenda der Familienminister/innen auf Bundes- und Landesebene. Als Stichworte sind hierzu das sog. Gute-Kita-Gesetz und die beabsichtigte Einführung eines Rechtsanspruchs auf Schulkinderbetreuung genannt. Soweit bereits Förderprogramme bestehen, wurde darauf Bezug genommen. Das Stichwortverzeichnis wurde überarbeitet. Die Verknüpfung der Suchbegriffe mit den betreffenden Seitenzahlen soll das Auffinden im Text erleichtern. Den Erläuterungen ist der Sachstand Januar 2020 zugrunde gelegt.

München im Februar 2020   *Der Verfasser*

Vorwort zur ersten Auflage

Das Bayerischen Kinderbildungs- und -betreuungsgesetz vom 8.7.2005 markiert einerseits den vorläufigen Abschluss der normativen Neugestaltung der Kindertageseinrichtungen einschließlich der Tagespflege in Bayern und ist andererseits Grundlage und Motor für einen umfassenden Um- und Ausbau der Kinderbetreuung.

Mit diesem Gesetz sind weitreichende Änderungen in der Betreuungslandschaft intendiert. Die Vereinbarkeit von Familie und Erwerbstätigkeit gehört zu den Schwerpunktthemen bayerischer Sozialpolitik. Zum einen soll bis spätestens 2010 ein bedarfsgerechtes Kinderbetreuungsangebot für alle Altersgruppen bereitgestellt werden. Darüber hinaus trägt der Freistaat Bayern den Ergebnissen der PISA-Studie Rechnung und setzt neue Akzente in der Bildungs- und Erziehungsarbeit in Kindertageseinrichtungen. Insbesondere die frühkindliche Bildung rückt verstärkt in das Interesse der Politik. Darüber hinaus ist beabsichtigt, die Tagespflege als ergänzende Betreuungsform flächendeckend auszubauen und altersübergreifende Einrichtungen, so genannte Häuser für Kinder, zu etablieren.

Der Freistaat Bayern hat die Reform der Kinderbetreuung von langer Hand vorbereitet und der gesetzlichen Regelung drei Modellversuche vorgeschaltet. In diesen Modellversuchen wurden ein neues Finanzierungskonzept sowie ein Bildungs- und Erziehungsplan für Vorschulkinder in Kindertageseinrichtungen entwickelt und praktisch erprobt. Ferner veröffentlichte das Sozialministerium Empfehlungen für die pädagogische Arbeit in Horten.

Mit einer neuen kindbezogenen Förderung, mit verbindlichen Bildungs- und Erziehungszielen und einer verpflichtenden örtlichen Bedarfsplanung leitet der Freistaat Bayern einen Paradigmenwechsel ein, der kommunalpolitisch Verantwortlichen, Trägervertretern, pädagogischem Personal und Eltern ein grundsätzliches Umdenken im Bereich der Kinderbetreuung abverlangt. Die Reform wird nur gelingen, wenn die Beteiligten bereit sind, sich auf die Neuerungen einzulassen, wenn sie kooperieren, Dialog- und Konsensbereitschaft mitbringen und wenn sie sich nicht scheuen, neue Wege zu beschreiten.

Der Kindergarten gehört mittlerweile zu den üblichen Stationen im Leben der Kinder. Über 99 % der Kinder besuchen vor Schuleintritt einen Kindergarten. Dies ist auf den enormen Ausbau dieser Einrichtungen in den 90er Jahren und die Anerkennung der Kindergärten als Bildungseinrichtung aufgrund des Bayerischen Kindergartengesetzes zurückzuführen.

Vorwort – BayKiBiG

Für die verantwortlichen Gemeindevertreter ist dementsprechend die Bereitstellung von ausreichend Plätzen in Kindergärten selbstverständlich.

Nach über 30 Jahren Bayerisches Kindergartengesetz tun sich die im Bereich der Kinderbetreuung Beteiligten aber offensichtlich schwer, dass der Fokus nicht allein auf den Kindergarten gerichtet bleiben darf. Es bedarf eines grundlegenden Perspektivenwechsels, dass Kindertageseinrichtungen

- nach den entwicklungspsychologischen Erkenntnissen wesentlich mehr leisten als nur Vorbereitung auf den Schulbesuch
- verstärkt für Kinder unter drei Jahren und für Schüler benötigt werden,
- als Bildungseinrichtungen mit eigenständigem Bildungs- und Erziehungsauftrag zu verstehen sind
- präventiv tätig werden und dadurch in erheblichem Umfang spätere „Reparaturkosten" sparen helfen,
- Eltern unterstützen, damit diese Familie und Erwerbstätigkeit vereinbaren können,
- als Dienstleitungsangebot für Eltern und Kinder zu verstehen sind,
- Kinder unabhängig von der sozialen Herkunft dabei unterstützen, ihre Bildungschancen zu realisieren.

Es reicht längst nicht mehr aus, einen Kindergarten für vier- und fünfjährige Kinder zu bauen, andere Altersgruppen auszublenden und die inhaltliche Arbeit alleine dem pädagogischen Personal zu überlassen. Im Kindergartenbereich ist verstärkt das Augenmerk darauf zu richten, dem pädagogischen Personal die notwendigen Rahmenbedingungen (ausreichend Arbeitszeit, Raumkonzept, Ausstattung) bereitzustellen. Zudem wäre dieselbe Akzeptanz von Kinderbetreuungseinrichtungen für die Altersgruppen der unter dreijährigen Kinder und Schulkinder wünschenswert. Zu Recht dringt der Freistaat Bayern gerade bei diesen Altersgruppen auf Verbesserungen, um den Dienstleistungscharakter von Einrichtungen zu stärken. Die Bedürfnisse der Eltern und Kinder müssen eruiert und die Betreuungsangebote darauf abgestellt werden. Zu oft müssen Eltern ihre Lebensplanung wegen eines eingeschränkten Betreuungsangebotes ändern. Noch zu oft fehlt es an einem gerechten Ausgleich von gemeindlichen Interessen, Trägerinteressen und den Interessen der Eltern und Kinder.

Die grundlegende Reform des Kinder- und Jugendhilferechts durch das SGB VIII vor 15 Jahren und die dort neu festgelegten Aufgabenzuweisungen haben nicht hinreichend dazu beigetragen, die vielschichtige Funktion der Kinderbetreuung deutlich werden zu lassen. Zumindest wurden in der Praxis von den Trägern der öffentlichen Jugendhilfe und den kreisangehörigen Gemeinden nur teilweise daraus Schlussfolgerungen im Bereich der Kinderbetreuung gezogen.

Dieser Kommentar soll einen Beitrag leisten, den erforderlichen Perspektivwechsel zu erleichtern, und helfen, gesetzlichen Anspruch und Praxis in Einklang zu bringen. Adressaten der Gesetzeserläuterungen sind die in der kommunalen Verwaltungspraxis Beschäftigten, die staatlichen Aufsichtsbehörden und die Träger von Kindertageseinrichtungen. Die Sprache der Kommentierung wurde auf diesen Interessentenkreis abgestellt. Durch zahlreiche Beispiele werden die rechtlichen Regelungen veranschaulicht und damit der Transfer des Gesetzes in die praktische Wirklichkeit erleichtert. Nachdem die Autoren die Gesetzesreform unmittelbar in verantwortlicher Position vorbereitet und begleitet haben, liefert das Werk auch hilfreiche Informationen zur Interpretation und Auslegung von Gesetzespassagen für Anwälte und Gerichte sowie für interessierte Eltern und das Erziehungspersonal. Da die Verfasser die Auslegung des BayKiBiG in der täglichen Arbeit maßgebend mit beeinflussen, ist ein enger Bezug zur praktischen Umsetzung des Gesetzes gewährleistet. Die Kommentierung hat daher den Charakter eines Referentenkommentars.

Im Mittelpunkt der Kommentierung steht das BayKiBiG und Änderungsgesetz sowie die hierzu ergangene Ausführungsverordnung. Soweit notwendig sind die Bezüge zum Bundesrecht hergestellt worden. Zum besseren Verständnis und um die Bezüge schnell herstellen zu können sind die wichtigsten Gesetzespassagen des SGB VIII und sonstige einschlägige Vorschriften mit abgedruckt. Den Erläuterungen liegt der Gesetzesstand vom Januar 2006 zugrunde.

München im Januar 2006   *Die Verfasser*

Abkürzungsverzeichnis

a. A.	=	anderer Ansicht
a. a. O.	=	am angegebenen Ort
Abs.	=	Absatz
AGSG	=	Gesetz zur Ausführung der Sozialgesetze
a. F.	=	alte Fassung
AllMBl	=	Allgemeines Ministerialblatt
Alt.	=	Alternative
AMS	=	Schreiben des StMAS
ÄndG	=	Änderungsgesetz; Gesetz zur Änderung
Anm.	=	Anmerkung
arg.	=	argumentum
Art.	=	Artikel
AVBayKiBiG	=	Verordnung zur Ausführung des BayKiBiG
Az.	=	Aktenzeichen
Bauer/...	=	Bauer/Hundmeyer, Kindertagesbetreuung in Bayern Kommentar BayKiBiG
Bay	=	Bayerischer, -e
BayEUG	=	Bayerisches Erziehungs- und Unterrichtsgesetz
BayFAG	=	Bayerisches Finanzausgleichsgesetz
BayGO	=	Bayerische Gemeindeordnung
BayKiBiG	=	Bayerisches Kinderbildungs- und -betreuungsgesetz
BayKiG	=	Bayerisches Kindergartengesetz
BayMBl.	=	Bayerisches Ministerialblatt
BayRS	=	Bayerische Rechtssammlung
BayTHG	=	Bayerisches Teilhabegesetz
BayVBl	=	Bayerische Verwaltungsblätter (Zeitschrift)
BayVerfGH	=	Bayerischer Verfassungsgerichtshof
BayVGH	=	Bayerischer Verwaltungsgerichtshof
BayVwVfG	=	Bayerisches Verwaltungsverfahrensgesetz
Begr.	=	Begründung
Bek.	=	Bekanntmachung
Beschl.	=	Beschluss
BF	=	Buchungszeitfaktor
BGBl	=	Bundesgesetzblatt
BLJA	=	Bayerisches Landesjugendamt
BNE	=	Bildung für nachhaltige Entwicklung
BV	=	Bayerische Verfassung
BVerfG	=	Bundesverfassungsgericht
BVerfGE	=	Entscheidungen des BVerfG
BVerwG	=	Bundesverwaltungsgericht
BVerwGE	=	Entscheidungen des BVerwG
BW	=	Basiswert
bzw.	=	beziehungsweise
d. h.	=	das heißt

Abkürzungsverzeichnis – BayKiBiG

DJI	=	Deutsches Jugendinstitut
Drs.	=	Drucksache
DVBayKiG	=	Durchführungsverordnung zum BayKiG
Einf.	=	Einführung
Einl.	=	Einleitung
Erl.	=	Erläuterung
FA-ZR	=	Richtlinien über Zuwendungen des Freistaates Bayern zu Baumaßnahmen im kommunalen Finanzausgleich
ff.	=	folgende
gem.	=	gemäß
GemBek.	=	Gemeinsame Bekanntmachung
GO	=	Gemeindeordnung
GG	=	Grundgesetz
ggf.	=	gegebenenfalls
GTP	=	Großtagespflege
GVBl	=	Gesetz und Verordnungsblatt
GW	=	Gewichtungsfaktor
h. M.	=	herrschende Meinung
Hrsg.	=	Herausgeber
i. d. F.	=	in der Fassung
i. d. R.	=	in der Regel
i. e. S.	=	im engeren Sinn
IFP	=	Staatsinstitut für Frühpädagogik
i. S.	=	im Sinn
i. V. m.	=	in Verbindung mit
JH.	=	Jugendhilfe
KAG	=	Kommunalabgabengesetz
KiBiG.web	=	webbasierte Anwendung: https://baykibig.bayern.de
KICK	=	Kinder- und Jugendhilfeweiterentwicklungsgesetz
KiföG	=	Kinderförderungsgesetz
KiQuTG	=	Qualitäts- und Teilhabeverbesserungsgesetz (Gute-Kita-Gesetz)
KJHG	=	Kinder- und Jugendhilfegesetz
KommZG	=	Gesetz zur kommunalen Zusammenarbeit
krit.	=	kritisch
Lit.	=	Literatur
LJA	=	Landesjugendamt
Lkrs.	=	Landkreis
Mio.	=	Millionen
Mrd.	=	Milliarden
n. F.	=	neue Fassung
o. a.	=	oben aufgeführt
o. g.	=	oben genannt
öff.	=	öffentlich
örtl.	=	örtlich
PQB	=	pädagogische Qualitätsbegleitung
Rn.	=	Randnummer

Rspr.	=	Rechtsprechung
s.	=	siehe
SGB	=	Sozialgesetzbuch
SGB VIII	=	8. Buch Sozialgesetzbuch
ShTr	=	Sozialhilfeträger
SIP	=	Sonderinvestitionsprogramm
s. o.	=	siehe oben
SozPäd.	=	Sozialpädagogik
Sp.	=	Spalte
StAnz	=	Bayerischer Staatsanzeiger
StMAS	=	Staatsministerium für Familie, Arbeit und Soziales
StMFH	=	Staatsministerium der Finanzen, für Landesentwicklung und Heimat
StMUK	=	Staatsministerium für Unterricht und Kultus
str.	=	strittig
stRspr.	=	ständige Rechtsprechung
s. u.	=	siehe unten
SVE	=	Schulvorbereitende Einrichtung
TAG	=	Tagesbetreuungsausbaugesetz
TröffJH	=	Träger der öffentlichen Jugendhilfe
u. a.	=	unter anderem
überörtl.	=	überörtlicher, -e
Urt.	=	Urteil
usw.	=	und so weiter
VA	=	Verwaltungsakt
VerfGH	=	Verfassungsgerichtshof
VG	=	Verwaltungsgericht
VGH	=	Verwaltungsgerichtshof
vgl.	=	vergleiche
v. H.	=	vom Hundert
VwGO	=	Verwaltungsgerichtsordnung
Wiesner/…	=	Wiesner/Fegert/Mörsberger/Oberloskamp/Struck, SGB VIII Kommentar
z. B.	=	zum Beispiel
ZBFS	=	Zentrum Bayern Familie und Soziales
ZMF	=	Zentrum für Medienkompetenz in der Frühpädagogik
ZNF	=	zuwendungsfähige Nutzfläche

Literaturverzeichnis

Bauer/Hundmeyer/Groner/Mehler/Obermaier-van Deun Kindertragesbetreuung in Bayern, Bayerisches Kinderbildungs- und -betreuungsgesetz, Kinder- und Jugendhilferecht und weitere Vorschriften; begründet von Martin Bauer und Simon Hundmeyer, fortgeführt von Frank Groner, Jochen Mehler, Peter Obermaier-van Deun

Bayerisches Staatsministerium für Familie, Arbeit und Soziales & Staatsinstitut für Frühpädagogik (Hrsg.) Der Bayerische Bildungs- und Erziehungsplan für Kinder in Tageseinrichtungen bis zur Einschulung, 8. Aufl. (2017)

Bundesministerium für Familie, Senioren, Frauen und Jugend (Hrsg.) Zwölfter Kinder- und Jugendbericht, Berlin 2005 (https://www.bmfsfj.de/bmfsfj/service/publikationen/zwoelfter-kinder--und-jugendbericht/112226)

Bundesministerium für Familie, Senioren, Frauen und Jugend (Hrsg.) Vierzehnter Kinder- und Jugendbericht, Berlin 2013 (https://www.bmfsfj.de/bmfsfj/service/publikationen/14--kinder--und-jugendbericht/88912)

Der kommunale Finanzausgleich in Bayern Bayerisches Staatsministerium der Finanzen, für Landesentwicklung und Heimat, Februar 2016; https://www.bestellen.bayern.de/application/applstarter?APPL=eshop&DIR;=eshop&ACTIONxSETVAL;(artdtl.htm,APGxNODENR:284204,AARTxNR:06006002,AARTxNODENR:349708, USERxBODYURL:artdtl.htm,KATALOG:StMF,AKATxNAME:StMF,ALLE:x)=X

Jung/Lehner Bayerisches Kinderbildungs- und -betreuungsgesetz, Praxishandbuch, 1. Aufl. 2007

Porsch/Hellfritsch/Berwanger Bayerisches Kinderbildungs- und -betreuungsrecht, Praxishandbuch zu BayKiBiG und AVBayKiBiG, 4. Aufl. (10/2016)

Wiesner/Fegert/Mörsberger/Oberloskamp/Struck SGB VIII; Kinder- und Jugendhilfe, München 2006

Web-Links

www.stmas.bayern.de Staatsministerium für Familie, Arbeit und Soziales

www.km.bayern.de Staatsministerium für Unterricht und Kultus

www.stmfh.bayern.de Staatsministerium der Finanzen, für Landesentwicklung und Heimat

www.bmfsfj.de Bundesministerium für Familie, Senioren, Frauen und Jugend

www.bay-gemeindetag.de Bayerischer Gemeindetag

www.bay-landkreistag.de Bayerischer Landkreistag

www.bay-bezirke.de Verband der bayerischen Bezirke

www.ifp.bayern.de Staatsinstitut für Frühpädagogik

www.zbfs.bayern.de Zentrum Bayern Familie und Soziales

www.blja.bayern.de Bayerisches Landesjugendamt

www.ifb.bayern.de Staatsinstitut für Familienforschung an der Universität Bamberg

www.isb.bayern.de Staatsinstitut für Schulpädagogik und Bildungsforschung

https://www.zmf.bayern/ Zentrum für Medienkompetenz in der Frühpädagogik

Literaturverzeichnis – BayKiBiG

www.baynet.de Bayerischer Behördenwegweiser
www.verkehrswacht-bayern.de
www.familienhandbuch.de
www.kindergartenpädagogik.de
www.kindertagesbetreuung.de
www.kita-bayern.de
www.bildungsserver.de

Einführung

Übersicht

1. Vorgeschichte und Ziele des BayKiBiG
2. Rechtliche Einordnung des BayKiBiG
3. Die kindbezogene Förderung
4. Planungsverfahren

1. Vorgeschichte und Ziele des BayKiBiG

Seit 1995 hat der Freistaat Bayern sukzessive die Kinderbetreuung in Bayern reformiert. Die wesentlichen Stationen waren die Anträge des Bayerischen Landtags vom 20.7.1995 zur Flexibilisierung der Öffnungszeiten und zur Altersöffnung der anerkannten Kindergärten, der Modellversuch zur Entwicklung und Erprobung eines neuen Finanzierungskonzepts (1997 bis 2003), das Gesamtkonzept der Staatsregierung zum Ausbau der Kinderbetreuung im Bereich der Altersgruppen der Klein- und Schulkinder sowie die Einführung eines Bildungs- und Erziehungsplans im Vorschulbereich. Die Reform fand seinen vorläufigen Abschluss mit der Verabschiedung des Bayerischen Gesetzes zur Bildung, Erziehung und Betreuung von Kindern in Kindergärten, anderen Kindertageseinrichtungen und in Tagespflege und zur Änderung anderer Gesetze – Bayerisches Kinderbildungs- und -betreuungsgesetz und Änderungsgesetz (BayKiBiG und ÄndG) am 30.6.2005 und der hierzu erlassenen Ausführungsverordnung (AVBayKiBiG) des Staatsministeriums für Familie, Arbeit und Soziales (StMAS) vom 5.12.2005.

Wesentliche Ziele des BayKiBiG sind:

– Bedarfsgerechter Ausbau der Kinderbetreuung in allen Altersgruppen.
– Qualitätsentwicklung bzw. Qualitätssicherung im Bereich der Kinderbetreuung, insbesondere Stärkung der frühkindlichen Bildung und Erziehung.

Zur Differenzierung haben sich die kommunalen Spitzenverbände sowie das Staatsministerium für Familie, Arbeit und Soziales auf folgende Unterziele geeinigt:

a) bildungspolitische und präventive Ansätze stärken
b) kommunale und staatliche Förderung kind- und zeitbezogen umgestalten
c) Bedarfsplanung optimieren
d) Wahlfreiheit der Kommunen bezüglich des für die örtlichen Gegebenheiten optimalen Kinderbetreuungsangebotes herstellen
e) Effizienz des Mitteleinsatzes erhöhen
f) vorhandene Ressourcen besser nutzen und Synergieeffekte erzielen
g) Abhängigkeit der kommunalen und staatlichen Förderung in dem wichtigen bildungs-, familien- und sozialpolitischen Bereich der Kinderbetreuung von der Haushaltslage verringern
h) Qualität weiterentwickeln und steuern
i) Verwaltungsaufwand verringern

Insbesondere soll durch das BayKiBiG eine Strukturreform eingeleitet werden, die mit folgenden Eckpunkten umschrieben werden kann:

– Leistung soll sich lohnen. Einrichtungen, die längere Öffnungszeiten anbieten und mehr Kinder zu erziehen haben, sollen auch mehr Fördermitteln erhalten. Förderungerechtigkeiten, wonach Kindergartengruppen mit sechs Stunden Öffnungszeit und 15 Kindern Förderung in gleicher Höhe wie Kindergärten mit zehn Stunden Öffnungszeit und 25 Kindern erhalten, wird abgeholfen.

- Bisher haben sich Betreuungsangebote in erster Linie an den Fördermöglichkeiten orientiert. Dies widersprach dem Wunsch- und Wahlrecht der Eltern. Staatliche Förderung muss sich daher an den konkreten Bedürfnissen der Eltern und Kinder ausrichten.

- Die Planungsverantwortung der für den Ausbau und die Bereitstellung von Betreuungsangeboten zuständigen Gemeinden soll gestärkt werden. Träger von Einrichtungen erhalten nur dann einen Förderanspruch, wenn sie ein bedarfsnotwendiges Angebot vorhalten. Damit wird mit der Praxis nach dem Bayerischen Kindergartengesetz (BayKiG) gebrochen, wonach eine Anerkennung eines Kindergartens unabhängig von der Bedarfslage erfolgte. Ergänzend wird den Gemeinden für alle qualifizierten Betreuungsformen ein gesetzlicher Förderanspruch eingeräumt.

- Statt struktureller Vorgaben setzt das BayKiBiG auf eine mittelbare Qualitätssteuerung. Der Träger darf nicht durch Regelungen unnötig eingeschränkt werden, um auf Änderungen der Nachfrage flexibel reagieren zu können. Wirksamer ist es, stattdessen zu deregulieren und als Korrektiv die Nachfragemacht der Eltern zu stärken. Zu diesem Zweck soll mehr Transparenz in die Einrichtungen einkehren. Flexibilität setzt auch voraus, dass Änderungen nicht durch unterschiedliche Förderinstrumentarien oder Zuständigkeiten behindert werden. Daher wird ein einheitliches Förderkonzept eingeführt und die Zuständigkeiten auf Ebene der Kreisverwaltungsbehörden vereinheitlicht.

- Während Vorschriften im strukturellen Bereich zurückgeführt werden, soll durch eine Differenzierung bzw. Fortentwicklung der verbindlichen Bildungs- und Erziehungsziele einer Beliebigkeit der Bildungsarbeit in den Kindertageseinrichtungen vorgebeugt werden. Künftig werden alle Betreuungsformen staatlich bezuschusst werden, wenn sie Mindestanforderungen der Bildungs- und Erziehungsarbeit erfüllen.

2. Rechtliche Einordnung des BayKiBiG

Das BayKiBiG ist ein **Ausführungsgesetz** des SGB VIII.

Die Auffassung, das BayKiBiG sei ein fortentwickeltes, eigenständiges Bayerisches Kindergartengesetz, hat sich nicht durchgesetzt. Das BayKiBiG ist eine von Grund auf neu konzipierte rechtliche Grundlage für den Bereich der Kinderbetreuung in Bayern. Die Rechtsansprüche der Kinder ab dem vollendeten ersten Lebensjahr auf einen Betreuungsplatz auf einen Kindergartenplatz (§ 24 SGB VIII) gelten uneingeschränkt auch in Bayern (s. hierzu auch Urt. des BayVGH vom 5.5.2008 – Az. 12 BV 07.2908 –).

Im BayKiBiG ist ein subsidiäres System angelegt. Infolge der historischen Wurzeln sind die kreisangehörigen Gemeinden für den Ausbau der Kinderbetreuung zuständig (Art. 5 Abs. 1 BayKiBiG). Die Gemeinden sollen ggf. diese Aufgabe im Wege der kommunalen Zusammenarbeit leisten (Art. 5 Abs. 2 BayKiBiG). Die Zuständigkeit der Landkreise als Träger der öffentlichen Jugendhilfe wird durch die Aufgabenzuweisung in Art. 5 Abs. 1 BayKiBiG nicht ersetzt. Deren Zuständigkeit bleibt unberührt (Art. 5 Abs. 3 BayKiBiG). Die Landkreise tragen die planerische Gesamtverantwortung (§ 80 SGB VIII) und können losgelöst von den Entscheidungen der kreisangehörigen Gemeinden eigene Vorstellungen zur Kinderbetreuung entwickeln und umsetzen. Gegen die Landkreise richtet sich auch der Rechtsanspruch eines Kindes auf einen Betreuungsplatz. In aller Regel betreiben die Landkreise jedoch selbst keine Kindertageseinrichtungen. Ihr Engagement beschränkt sich auf die Kindertagespflege.

Das BayKiBiG regelt die Kinderbetreuung nicht abschließend. Art. 2 definiert den Anwendungsbereich des Gesetzes und betrifft ausschließlich Einrichtungen und Tagespflege, die auch Bildung anbieten. Einrichtungen und Tagespflegepersonen, die Kinder ausschließlich betreuen („bewahren"), werden somit nicht erfasst. Ob eine Betriebserlaubnis bzw. Pflegeerlaubnis notwendig ist, ist unmittelbar nach Maßgabe des SGB VIII zu entscheiden. Die Finanzierung von Kindertageseinrichtungen ist im BayKiBiG abschließend geregelt

(BayVGH vom 23.10.2013 – 12 BV 13.650 –, Anm. 24), betrifft aber nur einen Teil der Betriebskosten (§ 74a Satz 1 SGB VIII, s. u. unter 3.).

3. Die kindbezogene Förderung

Die kindbezogene Förderung löste ab September 2006 flächendeckend das bis dahin gültige Förderkonzept des Freistaates Bayern ab. Die bisherigen zehn unterschiedlichen Förderansätze wurden vereinheitlicht, statt der bis dahin praktizierten Objektförderung erfolgt die staatliche Bezuschussung nun zwar weiterhin objektbezogen, aber auf Basis einer individuellen Pauschalberechnung des erzieherischen und pflegerischen Aufwands. Durch diese Maßnahme konnte die Fördergerechtigkeit erhöht werden und wird Leistung besser honoriert. Wenn eine Einrichtung gut ausgelastet ist, erhält sie mehr Fördermittel. Gleichzeitig erhöht die kindbezogene Förderung den Handlungsdruck vor Ort, die Einrichtungen besser auf den konkreten Bedarf auszurichten. Den Trägern obliegt es, sich den Wünschen und Bedürfnissen von Kindern und Eltern zu stellen und durch Qualität zu überzeugen. Nur hohe Qualität garantiert die notwendigen Buchungen und damit ausreichend Fördermittel. Die kindbezogene Förderung bietet mit anderen Worten im Vergleich zur Personalkostenförderung weniger Finanzierungssicherheit bei sich erheblich verändernden Sachverhalten, weist dafür aber eine stark qualitative Komponente auf, indem Förderhöhe und Auslastung/Akzeptanz einer Einrichtung miteinander korrelieren.

Die kindbezogene Förderung kennt drei Faktoren, die die Förderung bestimmen, nämlich den Basiswert, den Buchungszeitfaktor und den Gewichtungsfaktor. Die Höhe der Förderung ist damit abhängig von der Buchung der Eltern einer bestimmten Betreuungszeit, dem individuellen erzieherischen bzw. pflegerischen Aufwand und von einem Basiswert. Dieser Basiswert wurde durch Umrechnung der Personalkostenförderung **im Kindergartenbereich** im Jahre 2002 ermittelt und wird entsprechend der tariflichen Entwicklung fortgeschrieben. Aus diesem Grund deckt der gesetzliche, staatliche Förderanspruch des BayKiBiG **nur einen Teil der Betriebskosten** einer Einrichtung, ca. 60 % der Gesamtbetriebskosten. Nicht gedeckte Kosten sind über den Trägeranteil (bei freigemeinnützigen oder sonstigen Trägern) und über den Elternbeitrag abzudecken. Im Rahmen des Sicherstellungsgebots und unter Berücksichtigung der familien- und bildungspolitischen Grundentscheidung in der Gemeinde, den Elternbeitrag sozialverträglich zu halten, wird der gesetzliche Förderanspruch ggf. auf Grundlage eines Leistungsdefizitvertrages oder Kooperationsvertrages durch weitere kommunale Leistungen ergänzt. Derzeit leisten zwei Drittel der Gemeinden deutlich höhere Beiträge. Insgesamt zahlen die Gemeinden etwa das 1,5-fache der staatlichen Förderanteils an den Betriebskosten. Die Gemeinden können diese zusätzlichen Leistungen davon abhängig machen, dass der Leistungsanbieter bzw. Träger bestimmte, seitens der Gemeinde gewünschte Leistungen vorhält.

Der Basiswert wird entsprechend der Tarifentwicklung fortgeschrieben.

Den Wünschen von Trägern, einen Sockelförderbetrag zu garantieren, hat der Gesetzgeber aus guten Gründen nicht entsprochen. Nachdem die kindbezogene Förderung ohnehin nicht sämtliche Betriebskosten berücksichtigt, könnte auch ein Sockelförderbetrag letztlich nicht für mehr Planungssicherheit der freigemeinnützigen und sonstigen Träger sorgen. Kritik ist lediglich insofern anzumelden, als die gesetzliche Förderung eine zu große Deckungslücke lässt. Diese ist wesentlich mit Ursache für die unterschiedliche Qualität in den Einrichtungen. Vor allem ist ein Nord-Süd-Gefälle festzustellen. Nachdem Gemeinden vor allem in Franken oftmals keine Defizitausgleichsverträge mit den Trägern schließen, müssen dort Träger bei den Personalkosten Einsparungen vornehmen.

Weiteres Ziel der kindbezogenen Förderung war der Abbau von Leerständen insbesondere an den Nachmittagen. Die gruppenbezogene Personalkostenförderung vor 2006 hatte dazu geführt, dass Personal in nicht unbeträchtlichem Umfang vorgehalten wurde, obwohl die tatsächlich anwesende Kinderzahl dieses nicht rechtfertigte. Um dies zu vermeiden, sieht das BayKiBiG vor, dass ein Träger im Rahmen der Öffnungszeit ab der 4. Buchungsstunde grundsätzlich jede Stundenbuchungskategorie nach § 25 AVBayKiBiG anbietet und den Elternbeitrag entsprechend staffelt (Art. 19 Nr. 5 BayKiBiG).

4. Planungsverfahren

Die Planungskompetenz der Gemeinden wurde durch Einführung einer örtlichen Bedarfs-planung (Art. 7 BayKiBiG) gestärkt. Über die Investitionskostenförderung können die Gemeinden Einfluss auf die Ausgestaltung des Förderangebots nehmen. Die Träger von Einrichtungen haben die Förderung ihrer Baumaßnahmen mit der betroffenen Kommune im Einzelfall abzuklären. Kommunale Leistungen erhalten faktisch nur bedarfsnotwendige Angebote (s. Art. 28 BayKiBiG).

Die kommunale Entscheidung ist jedoch nicht schrankenfrei. Zum einen ist das elterliche Wunsch- und Wahlrecht (Art. 7 Abs. 1 BayKiBiG) zu beachten, zum anderen setzt der Subsidiaritätsgrundsatz (Art. 4 BayKiBiG) Schranken.

Die örtliche Bedarfsplanung dient einerseits einem optimierten Mitteleinsatz. Kindertages-einrichtungen sollen nur errichtet bzw. aufrechterhalten werden, wenn sie für die Bereit-stellung eines nach Maßgabe des elterlichen Wunsch- und Wahlrechts pluralen Kinderbe-treuungsnetzes erforderlich sind. Die Gemeinden sollen andererseits auch mehr Einfluss gewinnen, damit die Angebote flexibel auf die konkreten Bedarfslagen ausgerichtet wer-den. Zudem ist mit der örtlichen Bedarfsplanung die Hoffnung verbunden, die Datenlage zu verbessern. Dies ist notwendig, um auf Arbeitsmarktbelange besser reagieren zu kön-nen, um überhaupt die seitens der Eltern im Rahmen von Befragungen geäußerten Wün-sche mit Blick auf eine konkrete Maßnahmeplanung besser einschätzen und die einzelnen Bedarfsplanungen der Planungsträger besser abstimmen zu können.

Die Gemeinden sind ausdrücklich auch zuständig, die notwendigen Plätze in Tagespflege rechtzeitig zur Verfügung zu stellen (Art. 5 Abs. 1 BayKiBiG). Krippen und Tagespflege werden dadurch planerisch zu im Grunde gleichwertigen Alternativen. Dies gilt insbeson-dere durch die zusätzlich eröffneten Möglichkeiten, Tagespflege als Ergänzungsangebot z. B. in den Räumen von Kindertageseinrichtungen durchzuführen und Tagespflege auch in Form einer Großtagespflege mit bis zu zehn gleichzeitig betreuten Kindern zu betreiben. Unberührt bleiben jedoch bezüglich der Tagespflege die gesetzlichen Verpflichtungen der Träger der öffentlichen Jugendhilfe nach dem SGB VIII. Der Träger der öffentlichen Jugendhilfe wird daher in der Praxis die Tagespflege organisieren, also Qualifizierung, Akquirierung und Bereitstellung von Ersatzangeboten bei Ausfall von Tagespflegeperso-nen übernehmen. Ob Tagespflege einem Krippenangebot auch in qualitativer Hinsicht ebenbürtig ist, kann dahingestellt bleiben. Eine Entscheidung in diese Richtung hat der Bundesgesetzgeber zumindest für die Kinder bis zum vollendeten dritten Lebensjahr getroffen. Konsequent versucht der Landesgesetzgeber durch seine Förderung auf die Qualität des Angebots Einfluss zu nehmen, um institutionelle Angebote und Tagespflege trotz unterschiedlicher Ausgangslagen qualitativ zumindest anzunähern und dem Bil-dungsanspruch der Kinder zu genügen (§ 18 AVBayKiBiG).

Bayerisches Gesetz zur Bildung, Erziehung und Betreuung von Kindern in Kindergärten, anderen Kindertageseinrichtungen und in Tagespflege (Bayerisches Kinderbildungs- und -betreuungsgesetz – BayKiBiG)

vom 8. Juli 2005 (GVBl S. 236),
zuletzt geändert durch Gesetz zur Einführung eines Bayerischen Krippengeldes vom
23. Dezember 2019 (GVBl. S. 743)

– Text –

Inhaltsübersicht

1. TEIL

ALLGEMEINE BESTIMMUNGEN

Art. 1

Geltungsbereich

[1] **Dieses Gesetz gilt für die Bildung, Erziehung und Betreuung von Kindern in Kindertageseinrichtungen und in Tagespflege. [2] Es findet keine Anwendung auf heilpädagogische Tagesstätten.**

Art. 2

Begriffsbestimmungen

(1) [1] Kindertageseinrichtungen sind außerschulische Tageseinrichtungen zur regelmäßigen Bildung, Erziehung und Betreuung von Kindern. [2] Dies sind Kinderkrippen, Kindergärten, Horte und Häuser für Kinder:

1. **Kinderkrippen sind Kindertageseinrichtungen, deren Angebot sich überwiegend an Kinder unter drei Jahren richtet,**

2. **Kindergärten sind Kindertageseinrichtungen, deren Angebot sich überwiegend an Kinder im Alter von drei Jahren bis zur Einschulung richtet,**

3. **Horte sind Kindertageseinrichtungen, deren Angebot sich überwiegend an Schulkinder richtet und**

4. **Häuser für Kinder sind Kindertageseinrichtungen, deren Angebot sich an Kinder verschiedener Altersgruppen richtet.**

[3] **Kindertageseinrichtungen müssen nicht zwingend gebäudebezogen sein.**

(2) Eine regelmäßige Bildung, Erziehung und Betreuung im Sinn des Abs. 1 Satz 1 setzt voraus, dass die überwiegende Zahl der Kinder über einen Zeitraum von mindestens einem Monat die Kindertageseinrichtung durchschnittlich mindestens 20 Stunden pro Woche besucht.

(3) Integrative Kindertageseinrichtungen sind alle unter Abs. 1 genannten Einrichtungen, die von bis zu einem Drittel, mindestens aber von drei behinderten oder von Behinderung bedrohten Kindern besucht werden.

(4) Tagespflege ist die Bildung, Erziehung und Betreuung von Kindern durch eine Tagespflegeperson im Umfang von durchschnittlich mindestens 10 Stunden wöchentlich pro Kind in geeigneten Räumlichkeiten.

(5) [1] Bei der Feststellung von Mindestbesuchszeiten und der Mindestbuchungszeit nach Art. 21 Abs. 4 Satz 4 werden Zeiten in Kindertageseinrichtungen oder Tagespflege jeweils mit Zeiten in schulischen Einrichtungen zusammengerechnet. [2] Die Berechnung der kindbezogenen Förderung (Art. 21) erfolgt nur bezogen auf die jeweiligen Buchungszeiten in der Kindertageseinrichtung oder bei der Tagespflegeperson. [3] Eine Zusammenrechnung nach Satz 1 erfolgt nur, wenn die Kindertageseinrichtung ununterbrochen für mindestens zwei volle Kalenderjahre die Voraussetzungen für eine kindbezogene Förderung nach diesem Gesetz ohne Anwendung des Satzes 1 erfüllt hat.

Art. 3
Träger von Kindertageseinrichtungen

(1) Träger von Kindertageseinrichtungen können kommunale, freigemeinnützige und sonstige Träger sein.

(2) [1] Kommunale Träger sind Gemeinden, Gemeindeverbände, Verwaltungsgemeinschaften und kommunale Zweckverbände. [2] Als kommunale Träger im Sinn dieses Gesetzes gelten auch selbstständige Kommunalunternehmen des öffentlichen Rechts (Art. 89 GO), juristische Personen des Privatrechts sowie rechtsfähige Personenvereinigungen, an denen kommunale Gebietskörperschaften mehrheitlich beteiligt sind beziehungsweise in denen sie einen beherrschenden Einfluss ausüben.

(3) Freigemeinnützige Träger sind sonstige juristische Personen des öffentlichen und solche des privaten Rechts, deren Tätigkeit nicht auf Gewinnerzielung gerichtet ist.

(4) Sonstige Träger sind insbesondere Elterninitiativen, privatwirtschaftliche Initiativen, nichtrechtsfähige Vereine und natürliche Personen.

Art. 4
Allgemeine Grundsätze

(1) [1] Die Bildung, Erziehung und Betreuung von Kindern liegt in der vorrangigen Verantwortung der Eltern; Eltern im Sinn dieses Gesetzes sind die jeweiligen Personensorgeberechtigten. [2] Die Kindertageseinrichtungen und die Tagespflege ergänzen und unterstützen die Eltern hierbei. [3] Das pädagogische Personal hat die erzieherischen Entscheidungen der Eltern zu achten.

(2) [1] Die örtlichen Träger der öffentlichen Jugendhilfe (Landkreise und kreisfreie Städte) und die Gemeinden sollen mit der freien Jugendhilfe unter Achtung ihrer Selbstständigkeit partnerschaftlich zusammenarbeiten. [2] Gleiches gilt für die Zusammenarbeit mit den überörtlichen Sozialhilfeträgern bei integrativen Kindertageseinrichtungen.

(3) Soweit Kindertageseinrichtungen in gleichermaßen geeigneter Weise wie von einem kommunalen Träger auch von freigemeinnützigen Trägern betrieben werden oder rechtzeitig geschaffen werden können, sollen die Gemeinden und die Träger der öffentlichen Jugendhilfe von eigenen Maßnahmen absehen.

2. TEIL
SICHERSTELLUNG UND PLANUNG

Art. 5
Sicherstellung eines ausreichenden Betreuungsangebots

(1) Die Gemeinden sollen im eigenen Wirkungskreis und in den Grenzen ihrer Leistungsfähigkeit gewährleisten, dass die nach der Bedarfsfeststellung (Art. 7) notwendigen Plätze in Kindertageseinrichtungen und in Tagespflege rechtzeitig zur Verfügung stehen.

(2) Soweit Plätze in einer Kindertageseinrichtung notwendig sind, um den Bedarf aus mehreren Gemeinden zu decken, sollen die betreffenden Gemeinden diese Aufgabe im Weg kommunaler Zusammenarbeit erfüllen.

(3) Die Aufgaben des örtlichen Trägers der öffentlichen Jugendhilfe bleiben unberührt.

Art. 6
Planungsverantwortung

(1) [1] Die örtlichen Träger der öffentlichen Jugendhilfe tragen für die Versorgung mit Plätzen in Kindertageseinrichtungen und in Tagespflege die Gesamtverantwortung für die Planung. [2] Dies gilt mit Blick auf das Gesetz zu dem Übereinkommen der Vereinten Nationen vom 13. Dezember 2006 über die Rechte von Menschen mit Behinderungen sowie zu dem Fakultativprotokoll vom 13. Dezember 2006 zum Übereinkommen der Vereinten Nationen über die Rechte von Menschen mit Behinderungen vom 21. Dezember 2008 (BGBl II S. 1419) in Verbindung mit Art. 4 Abs. 2, Art. 7 und 24 des genannten Übereinkommens auch für die Versorgung mit Plätzen für Kinder mit bestehender oder drohender Behinderung.

(2) [1] Die Gemeinden und die Träger der freien Jugendhilfe sowie die überörtlichen Sozialhilfeträger sind in alle Phasen der Bedarfsplanung und des Planungsverfahrens nach § 80 SGB VIII einzubeziehen. [2] Die Planung der Plätze für Schulkinder ist zusätzlich mit der Schulaufsicht abzustimmen.

Art. 7
Örtliche Bedarfsplanung

[1] Die Gemeinden entscheiden, welchen örtlichen Bedarf sie unter Berücksichtigung der Bedürfnisse der Eltern und ihrer Kinder für eine kindgerechte Bildung, Erziehung und Betreuung sowie sonstiger bestehender schulischer Angebote anerkennen. [2] Hierbei sind die Bedürfnisse von Kindern mit bestehender oder drohender Behinderung an einer wohnortnahen Betreuung in einer Kindertageseinrichtung im Sinn dieses Gesetzes zu berücksichtigen. [3] Die Bedarfsplanung nach § 80 SGB VIII bleibt unberührt. [4] Die Gemeinden haben die Entscheidung nach Satz 1 entsprechend den örtlichen Gegebenheiten regelmäßig zu aktualisieren.

Art. 8
Überörtliches Planungsverfahren

(1) Die örtlichen Träger der öffentlichen Jugendhilfe haben im Einvernehmen mit der Gemeinde die Schaffung der notwendigen Plätze zu planen.

(2) Soweit Plätze in einer Kindertageseinrichtung notwendig sind, um den Bedarf aus mehreren Gemeinden zu decken, wirken die örtlichen Träger der öffentlichen Jugend-

hilfe darauf hin, dass die betroffenen Gemeinden bei der Planung, der Finanzierung und dem Betrieb überörtlicher Kindertageseinrichtungen zusammenarbeiten.

3. TEIL

SICHERUNG DES KINDESWOHLS

Art. 9

Betriebs- und Pflegeerlaubnis

(1) [1] Soweit Kindertageseinrichtungen im Sinn dieses Gesetzes nicht von den Vorschriften des Achten Buches Sozialgesetzbuch erfasst sind, bedürfen ihre Träger einer Betriebserlaubnis. [2] Die §§ 45 bis 48a sowie § 90 Abs. 3 SGB VIII gelten entsprechend. [3] Art. 42 des Gesetzes zur Ausführung der Sozialgesetze bleibt unberührt.

(2) [1] Eine Tagespflegeperson darf im Rahmen der Pflegeerlaubnis nach § 43 Abs. 3 Satz 1 SGB VIII insgesamt höchstens acht Pflegeverhältnisse eingehen. [2] Schließen sich mehrere Tagespflegepersonen zusammen (Großtagespflege) und betreuen diese mehr als acht gleichzeitig anwesende Kinder, muss mindestens eine Tagespflegeperson eine pädagogische Fachkraft sein. [3] Wenn

1. gleichzeitig mehr als zehn Kinder oder insgesamt mehr als 16 Kinder von mehreren Tagespflegepersonen in Zusammenarbeit betreut werden oder

2. dauerhaft mehr als drei Tagespflegepersonen in der Betreuung derselben Kinder eingesetzt werden sollen,

findet § 45 SGB VIII Anwendung.

(3) Die Erlaubnis kann mit Nebenbestimmungen versehen werden.

Art. 9a

Verbot der Gesichtsverhüllung

[1] Beschäftigte in Kindertageseinrichtungen dürfen während der Besuchszeit ihr Gesicht nicht verhüllen, es sei denn, betreuungsbedingte Gründe stehen dem entgegen. [2] Satz 1 gilt für Tagespflegepersonen entsprechend.

Art. 9b

Kinderschutz

(1) [1] Die Träger der nach diesem Gesetz geförderten Einrichtungen haben sicherzustellen, dass

1. deren Fachkräfte bei Bekanntwerden gewichtiger Anhaltspunkte für die Gefährdung eines von ihnen betreuten Kindes oder Jugendlichen eine Gefährdungseinschätzung vornehmen,

2. bei der Gefährdungseinschätzung eine insoweit erfahrene Fachkraft beratend hinzugezogen wird,

3. die Eltern sowie das Kind oder der Jugendliche in die Gefährdungseinschätzung einbezogen werden, soweit hierdurch der wirksame Schutz des Kindes oder Jugendlichen nicht in Frage gestellt wird.

[2] Insbesondere haben die Träger dafür Sorge zu tragen, dass die Fachkräfte bei den Eltern auf die Inanspruchnahme von Hilfen hinwirken, wenn sie diese für erforderlich halten, und das Jugendamt informieren, falls die Gefährdung nicht anders abgewendet werden kann.

(2) [1] Bei der Anmeldung zum Besuch einer Kindertageseinrichtung oder bei Aufnahme eines Kindes in die Tagespflege haben die Eltern eine Bestätigung der Teilnahme des Kindes an der letzten fälligen altersentsprechenden Früherkennungsuntersuchung vorzulegen. [2] Die Nichtvorlage einer Bestätigung ist für die Förderung nach diesem Gesetz unschädlich. [3] Der Träger ist verpflichtet, schriftlich festzuhalten, ob vonseiten der Eltern ein derartiger Nachweis vorgelegt wurde.

4. TEIL
BILDUNGS- UND ERZIEHUNGSARBEIT

Art. 10
Auftrag zur Bildung, Erziehung und Betreuung in Kindertageseinrichtungen

(1) [1] Kindertageseinrichtungen bieten jedem einzelnen Kind vielfältige und entwicklungsangemessene Bildungs- und Erfahrungsmöglichkeiten, um beste Bildungs- und Entwicklungschancen zu gewährleisten, Entwicklungsrisiken frühzeitig entgegenzuwirken sowie zur Integration zu befähigen. [2] Eine angemessene Bildung, Erziehung und Betreuung ist durch den Einsatz ausreichenden und qualifizierten Personals sicherzustellen.

(2) Die Kinder sollen entwicklungsangemessen an Entscheidungen zum Einrichtungsalltag und zur Gestaltung der Einrichtung beteiligt werden.

Art. 11
Bildungs- und Erziehungsarbeit in Kindertageseinrichtungen; Erziehungspartnerschaft

(1) [1] Das pädagogische Personal in Kindertageseinrichtungen soll alle Kinder entsprechend der Vielfalt des menschlichen Lebens unterschiedslos in die Bildungs- und Erziehungsprozesse einbinden und jedes Kind entsprechend seinen Bedürfnissen individuell fördern. [2] Das pädagogische Personal soll die Kompetenzen der Kinder für eine Teilhabe am gesellschaftlichen Leben im Sinn eines sozialen Miteinanders fördern.

(2) Eltern und pädagogisches Personal arbeiten partnerschaftlich bei der Bildung, Erziehung und Betreuung der Kinder zusammen.

(3) [1] Die pädagogischen Fachkräfte informieren die Eltern regelmäßig über den Stand der Lern- und Entwicklungsprozesse ihres Kindes in der Tageseinrichtung. [2] Sie erörtern und beraten mit ihnen wichtige Fragen der Bildung, Erziehung und Betreuung des Kindes.

Art. 12
Bildungs- und Erziehungsarbeit in Kindertageseinrichtungen für Kinder bei besonderen Bedarfslagen

(1) Kinder mit Behinderung und solche, die von einer Behinderung bedroht sind, sollen in einer Kindertageseinrichtung gemeinsam mit Kindern ohne Behinderung betreut und gefördert werden, um ihnen eine gleichberechtigte Teilhabe am gesellschaftlichen Leben zu ermöglichen.

(2) [1] Die Träger von Kindertageseinrichtungen fördern die sprachliche Entwicklung der Kinder von Anfang an und tragen hierbei den besonderen Anforderungen von Kindern aus Migrantenfamilien (Art. 5 des Bayerischen Integrationsgesetzes – BayIntG) und Kindern mit sonstigem Sprachförderbedarf Rechnung. [2] Die Kindertageseinrichtungen sollen im Rahmen des Art. 6 BayIntG dazu beitragen, die Integrationsbereitschaft der Familien von Migrantinnen und Migranten zu fördern.

Art. 13
Grundsätze für die Bildungs- und Erziehungsarbeit in förderfähigen Kindertageseinrichtungen; Bildungs- und Erziehungsziele

(1) [1] Das pädagogische Personal in förderfähigen Kindertageseinrichtungen hat die Kinder in ihrer Entwicklung zu eigenverantwortlichen und gemeinschaftsfähigen Persönlichkeiten zu unterstützen, mit dem Ziel, zusammen mit den Eltern den Kindern die hierzu notwendigen Basiskompetenzen zu vermitteln. [2] Dazu zählen beispielsweise positives Selbstwertgefühl, Problemlösefähigkeit, lernmethodische Kompetenz, Verantwortungsübernahme sowie Kooperations- und Kommunikationsfähigkeit.

(2) [1] Das pädagogische Personal in förderfähigen Kindertageseinrichtungen hat die Kinder ganzheitlich zu bilden und zu erziehen. [2] Der Entwicklungsverlauf des Kindes ist zu beachten.

(3) Das Staatsministerium für Familie, Arbeit und Soziales (Staatsministerium) legt Bildungs- und Erziehungsziele für förderfähige Kindertageseinrichtungen in der Ausführungsverordnung fest.

Art. 14
Elternbeirat

(1) [1] Zur Förderung der besseren Zusammenarbeit von Eltern, pädagogischem Personal und Träger ist in jeder Kindertageseinrichtung ein Elternbeirat einzurichten. [2] Soweit die Kindertageseinrichtung Kinder ab Vollendung des dritten Lebensjahres betreut, soll der Elternbeirat zudem die Zusammenarbeit mit der Grundschule unterstützen.

(2) [1] Der Elternbeirat wird von der Leitung der Kindertageseinrichtung und dem Träger informiert und angehört, bevor wichtige Entscheidungen getroffen werden. [2] Der Elternbeirat berät insbesondere über die Jahresplanung, den Umfang der Personalausstattung, die Planung und Gestaltung von regelmäßigen Informations- und Bildungsveranstaltungen für die Eltern, die Öffnungs- und Schließzeiten und die Festlegung der Höhe der Elternbeiträge.

(3) Die pädagogische Konzeption wird vom Träger in enger Abstimmung mit dem pädagogischen Personal und dem Elternbeirat fortgeschrieben.

(4) Ohne Zweckbestimmung vom Elternbeirat eingesammelte Spenden werden vom Träger der Kindertageseinrichtung im Einvernehmen mit dem Elternbeirat verwendet.

(5) Der Elternbeirat hat einen jährlichen Rechenschaftsbericht gegenüber den Eltern und dem Träger abzugeben.

Art. 15
Vernetzung von Kindertageseinrichtungen; Zusammenarbeit mit der Grundschule

(1) [1] Kindertageseinrichtungen haben bei der Erfüllung ihrer Aufgaben mit jenen Einrichtungen, Diensten und Ämtern zusammenzuarbeiten, deren Tätigkeit in einem sachlichen Zusammenhang mit den Aufgaben der Tageseinrichtung steht. [2] Kindertageseinrichtungen kooperieren insbesondere mit Frühförderstellen, Erziehungs- und Familienberatungsstellen sowie schulvorbereitenden Einrichtungen und heilpädagogischen Tagesstätten.

(2) [1] Kindertageseinrichtungen mit Kindern ab Vollendung des dritten Lebensjahres haben im Rahmen ihres eigenständigen Bildungs- und Erziehungsauftrags mit der Grund- und Förderschule zusammenzuarbeiten. [2] Sie haben die Aufgabe, Kinder, deren Einschulung ansteht, auf diesen Übergang vorzubereiten und hierbei zu begleiten. [3] Die pädagogischen Fachkräfte in den Kindertageseinrichtungen und die Lehrkräfte an den

Schulen sollen sich regelmäßig über ihre pädagogische Arbeit informieren und die pädagogischen Konzepte aufeinander abstimmen.

Art. 16

Bildungs- und Erziehungsarbeit bei Betreuung in Tagespflege

[1] Tagespflegepersonen haben die Aufgabe, die ihnen anvertrauten Kinder entwicklungsangemessen zu bilden, zu erziehen und zu betreuen. [2] Sie haben dabei die erzieherischen Entscheidungen der Eltern zu achten.

Art. 17

Wissenschaftliche Begleitung, Fortbildung

(1) Für die wissenschaftliche Weiterentwicklung der Inhalte und Methoden der außerschulischen Bildung und Erziehung hat der Staat durch geeignete Einrichtungen Sorge zu tragen.

(2) [1] Zur Qualifizierung des pädagogischen Personals sind geeignete Fortbildungsmaßnahmen sicherzustellen und zu fördern. [2] Hierbei sind die Fortbildungsmaßnahmen der freigemeinnützigen Träger in angemessener Weise zu berücksichtigen. [3] Grundschullehrkräfte sollen im Hinblick auf die Zusammenarbeit mit Kindertageseinrichtungen einbezogen werden.

5. TEIL

FÖRDERUNG

Abschnitt 1

Betriebskostenförderung

Art. 18

Förderanspruch

(1) [1] Träger von Kindertageseinrichtungen haben unter den Voraussetzungen des Art. 19 und nach Maßgabe von Art. 22 einen kindbezogenen Förderanspruch gegenüber den Gemeinden, in denen die Kinder ihren gewöhnlichen Aufenthalt im Sinn des § 30 Abs. 3 Satz 2 SGB I haben (Aufenthaltsgemeinden). [2] Ist die Gemeinde nicht leistungsfähig, besteht der Anspruch gegenüber dem örtlichen Träger der öffentlichen Jugendhilfe in den Grenzen seiner Leistungsfähigkeit. [3] Ansprüche kommunaler Träger gegen die Aufenthaltsgemeinde oder im Fall des Satzes 2 gegen den örtlichen Träger der öffentlichen Jugendhilfe sind auf die kindbezogene Förderung nach diesem Gesetz beschränkt.

(2) [1] Die Gemeinde hat für Kindertageseinrichtungen, die die Fördervoraussetzungen nach Art. 19 erfüllen, und für Großtagespflegen, die die Voraussetzungen des Art. 20a erfüllen, einen Förderanspruch gegenüber dem Staat nach Maßgabe von Art. 21, wenn sie den vollständigen Förderantrag bis zum 30. Juni des auf den Bewilligungszeitraum (Art. 26 Abs. 1 Satz 4) folgenden Jahres stellt. [2] Stellt die Gemeinde den vollständigen Förderantrag in der Zeit vom 1. Juli bis 31. Dezember des auf den Bewilligungszeitraum folgenden Jahres, besteht ein Förderanspruch in Höhe von 96 % des Anspruchs nach Satz 1; dies gilt nicht, wenn der so errechnete Förderanspruch 10 000 Euro nicht überschreitet. [3] Macht die Gemeinde den Anspruch nach Satz 1 Alternative 2 geltend, ist ein Förderanspruch des örtlichen Trägers der öffentlichen Jugendhilfe nach Abs. 3 Satz 1 ausgeschlossen.

(3) [1]Die örtlichen Träger der öffentlichen Jugendhilfe haben für Angebote der Tagespflege, die die Fördervoraussetzungen des Art. 20 erfüllen, sowie in den Fällen des
Abs. 1 Satz 2 einen Förderanspruch gegenüber dem Staat nach Maßgabe von Art. 25.
[2]Der Förderanspruch setzt voraus, dass der vollständige Förderantrag bis spätestens
30. Juni des auf den Bewilligungszeitraum (Art. 26 Abs. 1 Satz 4) folgenden Jahres
gestellt wird.

Art. 19
Fördervoraussetzungen für Kindertageseinrichtungen

Der Förderanspruch in Bezug auf Kindertageseinrichtungen (Art. 18 Abs. 1 bis 3 Satz 1
Alternative 2) setzt voraus, dass der Träger

1. eine Betriebserlaubnis nachweisen kann,

2. geeignete Qualitätssicherungsmaßnahmen durchführt, d. h. die pädagogische Konzeption der Kindertageseinrichtung in geeigneter Weise veröffentlicht sowie eine
   Elternbefragung oder sonstige, gleichermaßen geeignete Maßnahme der Qualitätssicherung jährlich durchführt,

3. die Grundsätze der Bildungs- und Erziehungsarbeit und die Bildungs- und Erziehungsziele (Art. 13) seiner eigenen träger- und einrichtungsbezogenen pädagogischen Konzeption zugrunde legt,

4. die Einrichtung an mindestens vier Tagen und mindestens 20 Stunden die Woche
   öffnet,

5. Elternbeiträge
   a) entsprechend den Buchungszeiten nach Art. 21 Abs. 4 Satz 6 staffelt und
   b) soweit für das Kind nach Art. 23 Abs. 3 Satz 1 und 2 ein Anspruch auf einen
   Zuschuss besteht, in gleicher Höhe ermäßigt,

6. den vollständigen Förderantrag bis spätestens 30. April des auf den Bewilligungszeitraum (Art. 26 Abs. 1 Satz 4) folgenden Jahres stellt,

7. die Aufnahme eines Kindes mit gewöhnlichem Aufenthalt außerhalb der Sitzgemeinde der Einrichtung binnen drei Kalendermonaten der Aufenthaltsgemeinde
   oder in den Fällen des Art. 18 Abs. 1 Satz 2 dem örtlich zuständigen Träger der
   öffentlichen Jugendhilfe in Textform anzeigt,

8. die aktuellen Daten für die kindbezogene Förderung unter Verwendung des vom
   Freistaat kostenlos zur Verfügung gestellten Computerprogramms jeweils zum
   15. Januar, 15. April, 15. Juli und 15. Oktober jeden Jahres an das zuständige
   Rechenzentrum meldet und

9. auf die Förderung nach diesem Gesetz sowie die staatliche Leistung nach Art. 23
   Abs. 3 Satz 1 und 2 durch Aushang an geeigneter Stelle hinweist und

10. die Vorschriften dieses Gesetzes und die auf Grund dieses Gesetzes sowie die Art. 5
    und 6 BayIntG erlassenen Rechtsvorschriften beachtet.

Art. 20
Fördervoraussetzungen für die Tagespflege

[1]Der Förderanspruch des örtlichen Trägers der öffentlichen Jugendhilfe (Art. 18 Abs. 3
Satz 1 Alternative 1) setzt voraus, dass eine kommunale Förderung der Tagespflege in
mindestens gleicher Höhe erfolgt und

1. die Tagespflegeperson die Teilnahme an einer geeigneten, vom örtlichen Träger der
   öffentlichen Jugendhilfe durchgeführten oder genehmigten Qualifizierungsmaßnahme, die sich an den Bildungs- und Erziehungszielen nach Art. 13 orientiert, nachweisen kann,

2. die Tagespflegeperson vom örtlichen Träger der öffentlichen Jugendhilfe beziehungsweise von einem von diesem beauftragten Träger vermittelt worden ist und mit dem Kind jeweils bis zum dritten Grad nicht verwandt und nicht verschwägert ist,

3. die Elternbeteiligung auf maximal die 1,5-fache Höhe des staatlichen Anteils der kindbezogenen Förderung nach Art. 21 begrenzt ist, und

4. die Tagespflegeperson vom örtlichen Träger der öffentlichen Jugendhilfe zusätzliche Leistungen in Form eines differenzierten Qualifizierungszuschlags erhält; das Nähere wird durch das Staatsministerium in der Ausführungsverordnung geregelt.

²Darüber hinaus müssen die Voraussetzungen der §§ 23 und 43 SGB VIII vorliegen.

Art. 20a
Fördervoraussetzungen für die Großtagespflege

¹Der Förderanspruch der Gemeinde gegenüber dem Staat für Großtagespflege (Art. 18 Abs. 2) setzt voraus, dass

1. die Gemeinde eine Leistung in Höhe der staatlichen Förderung erhöht um einen gleich hohen Eigenanteil an den Träger der Großtagespflege erbringt,

2. in der Großtagespflege mindestens eine pädagogische Fachkraft regelmäßig an mindestens vier Tagen und mindestens 20 Stunden die Woche tätig ist,

3. die weiteren in der Großtagespflege tätigen Tagespflegepersonen, die nicht als pädagogische Fachkräfte anzusehen sind, erfolgreich an einer Qualifizierungsmaßnahme im Sinn des Art. 20 Satz 1 Nr. 1 BayKiBiG im Umfang von 160 Stunden teilgenommen haben und

4. in dem Fall, dass die Tagespflegepersonen zusätzlich einen Anspruch auf Tagespflegeentgelt gegen den örtlichen Träger der öffentlichen Jugendhilfe geltend machen, diese für die Inanspruchnahme der Großtagespflege keine Elternbeiträge erheben.

²Darüber hinaus müssen die Voraussetzungen der §§ 23 und 43 SGB VIII vorliegen.
³Art. 20 Satz 1 Nr. 3 gilt entsprechend.

Art. 21
Umfang des Förderanspruchs der Gemeinde

(1) ¹Die staatliche Förderung erfolgt kindbezogen. ²Sie wird für jedes Kind geleistet, das von der Gemeinde gefördert wird.

(2) Der jährliche staatliche Förderbetrag pro Kind an die Gemeinde errechnet sich als Produkt aus Basiswert, Buchungszeit- und Gewichtungsfaktor unter Berücksichtigung der Vorgaben des Art. 23 Abs. 1.

(3) ¹Der Basiswert ist der Förderbetrag für die tägliche über drei- bis vierstündige Bildung, Erziehung und Betreuung eines Kindes. ²Er wird jährlich durch das Staatsministerium unter Berücksichtigung der Entwicklung der Personalkosten bekannt gegeben.

(4) ¹Über Buchungszeitfaktoren wird eine höhere Förderung für längere Buchungszeiten der Kinder gewährt. ²Die Buchungszeit gibt den von den Eltern mit dem Träger der Einrichtung vereinbarten Zeitraum an, während dem das Kind regelmäßig in der Einrichtung vom pädagogischen Personal gebildet, erzogen und betreut wird. ³Wechselnde Buchungszeiten werden auf den Tagesdurchschnitt bei einer 5-Tage-Woche umgerechnet; krankheits- und urlaubsbedingte Fehlzeiten sowie Schließzeiten von bis zu 30 Tagen im Jahr bleiben unberücksichtigt. ⁴Buchungszeiten von bis zu drei Stunden täglich werden bei Kindern ab Vollendung des dritten Lebensjahres bis zur Einschulung nicht in die Förderung einbezogen. ⁵Der Träger kann Mindestbuchungszeiten von 20 Stunden pro Woche beziehungsweise 4 Stunden pro Tag sowie deren zeitliche Lage vorgeben. ⁶Für

die einzelnen Stundenkategorien werden durch das Staatsministerium durch die Ausführungsverordnung Buchungszeitfaktoren festgelegt.

(5) [1] Über die Gewichtungsfaktoren wird für einen erhöhten Bildungs-, Erziehungs- oder Betreuungsaufwand eine erhöhte Förderung gewährt. [2] Es gelten folgende Gewichtungsfaktoren:

1. 2,0 für Kinder unter drei Jahren

2. 1,0 für Kinder von drei Jahren bis zum Schuleintritt

3. 1,2 für Kinder ab dem Schuleintritt

4. 4,5 für behinderte oder von wesentlicher Behinderung bedrohte Kinder, wenn ein Anspruch auf Eingliederungshilfe nach § 99 SGB IX zur Betreuung in einer Kindertageseinrichtung durch Bescheid gemäß § 120 Abs. 2 SGB IX festgestellt ist, eine Vereinbarung nach Teil 2 Kapitel 8 SGB IX zwischen dem Einrichtungsträger und dem zuständigen Bezirk geschlossen wurde und Leistungen hieraus erbracht werden. Entsprechendes gilt bei einem Anspruch auf Eingliederungshilfe nach § 35a SGB VIII unter Berücksichtigung einer Vereinbarung nach Maßgabe des Fünften Kapitels Dritter Abschnitt SGB VIII

5. 4,5 für einen Zeitraum von sechs Monaten für behinderte oder von wesentlicher Behinderung bedrohte Kinder, für die ein Antrag auf Eingliederungshilfe nach § 99 SGB IX oder § 35a SGB VIII zur Betreuung in einer Kindertageseinrichtung gestellt ist, eine Vereinbarung nach Teil 2 Kapitel 8 SGB IX zwischen dem Einrichtungsträger und dem zuständigen Bezirk geschlossen wurde und Leistungen hieraus erbracht werden

6. 1,3 für Kinder, deren Eltern beide nichtdeutschsprachiger Herkunft sind.

[3] Von dem Gewichtungsfaktor 4,5 kann bei integrativen Kindertageseinrichtungen (Art. 2 Abs. 3) zur Finanzierung des höheren Personalbedarfs im Einvernehmen mit der betroffenen Gemeinde nach oben abgewichen werden. [4] Liegen bei einem Kind die Voraussetzungen für mehrere Gewichtungsfaktoren vor, gilt stets der höchste Gewichtungsfaktor. [5] Vollendet ein Kind in einer Kinderkrippe das dritte Lebensjahr, gilt der Gewichtungsfaktor 2,0 bis zum Ende des Kindergartenjahres. [6] Vollendet ein Kind in einer anderen Kindertageseinrichtung das dritte Lebensjahr und leistet die nach Art. 18 Abs. 2 berechtigte Gemeinde bis zum Ende des Kindergartenjahres weiterhin die kindbezogene Förderung mit dem Gewichtungsfaktor von 2,0, so fördert der Freistaat Bayern in gleicher Höhe. [7] Für Kinder in Tagespflege gilt einheitlich der Gewichtungsfaktor 1,3.

Art. 22
Umfang des Förderanspruchs des Trägers einer Kindertageseinrichtung

[1] Der Träger hat gegenüber den Gemeinden einen Anspruch in Höhe der staatlichen Förderung an die Gemeinden erhöht um einen Eigenanteil der Gemeinden. Der jährliche Eigenanteil der Gemeinde pro Kind errechnet sich als Produkt aus Basiswert ohne Erhöhung nach Art. 23 Abs. 1, Buchungszeit- und Gewichtungsfaktor. [3] Sachleistungen der Gemeinde können auf die kommunale Förderung angerechnet werden.

Art. 23
Zusätzliche staatliche Leistungen

(1) [1] Der Staat unterstützt die Träger der Kindertageseinrichtungen bei der Verbesserung der Qualität. [2] Hierzu wird der Basiswert bei Bemessung der staatlichen Förderung für Kindertageseinrichtungen an die Gemeinden und Landkreise (Art. 18 Abs. 2 und 3) um einen staatlichen Qualitätsbonus erhöht (Basiswert plus). [3] Der Qualitätsbonus wird jähr-

lich entsprechend der Entwicklung des Basiswerts durch das Staatsministerium angepasst und bekannt gegeben.

(2) Für jedes Kind, welches einen in der Ausführungsverordnung geregelten Vorkurs „Deutsch lernen vor Schulbeginn" besucht, wird die staatliche Förderung zusätzlich erhöht.

(3) [1] Zur Entlastung der Familien leistet der Staat neben der Förderung nach Art. 18 Abs. 2 einen Zuschuss zum Elternbeitrag für Kinder in Kindertageseinrichtungen, die die Voraussetzungen des Art. 19 erfüllen. [2] Der Zuschuss beträgt 100 Euro pro Monat und wird für die Zeit vom 1. September des Kalenderjahres, in dem das Kind das dritte Lebensjahr vollendet, bis zum Schuleintritt gewährt. [3] Der Zuschuss entfällt, wenn der Schulbesuch trotz Schulpflicht verweigert wird. [4] Die Auszahlung erfolgt an die Gemeinden im Rahmen der kindbezogenen Förderung. Die Gemeinden sind verpflichtet, den Förderbetrag an die von ihnen nach diesem Gesetz geförderten Träger weiterzureichen.

Art. 23a

Bayerisches Krippengeld

(1) [1] Wer für ein Kind, für das er personensorgeberechtigt ist und das in einer nach diesem Gesetz geförderten Einrichtung oder Tagespflege betreut wird, den hierfür anfallenden Beitrag tatsächlich trägt, erhält auf Antrag nach Maßgabe nachfolgender Bestimmungen einen staatlichen Beitragszuschuss (Krippengeld). [2] Anspruchsberechtigt ist auch, wer nicht personensorgeberechtigt ist, aber das Kind mit dem Ziel der Annahme als Kind aufgenommen hat oder dem Personensorgeberechtigten Hilfe zur Erziehung in Vollzeitpflege nach Maßgabe des § 33 SGB VIII bietet.

(2) [1] Das Krippengeld will beitragsbedingte Zugangshürden zur frühkindlichen Bildung und Erziehung von Kleinkindern abbauen und es allen Berechtigten finanziell erleichtern, einen passenden Betreuungsplatz in Anspruch nehmen zu können. [2] Das Krippengeld soll den Anspruch aus § 24 Abs. 2 SGB VIII stärken und daher auf existenzsichernde Sozialleistungen zugunsten des Kindes oder der berechtigten Person nicht angerechnet werden.

(3) [1] Der Anspruch besteht nur, wenn das Einkommen eine Einkommensgrenze von 60 000 Euro nicht übersteigt. [2] Dieser Betrag erhöht sich um 5 000 Euro für jedes weitere Kind

1. der berechtigten Person,
2. ihres Ehegatten oder Lebenspartners, soweit sie nicht dauernd getrennt leben,
3. eines in nichtehelicher Lebensgemeinschaft mit der berechtigten Person lebenden Elternteils des Kindes,

für das ihr, ihrem Ehegatten oder Lebenspartner oder dem Elternteil Kindergeld gezahlt wird oder ohne die Anwendung des § 65 Abs. 1 des Einkommensteuergesetzes (EStG) oder des § 4 Abs. 1 des Bundeskindergeldgesetzes gezahlt würde. [3] Als Einkommen gilt die Summe der positiven Einkünfte im Sinne des § 2 Abs. 1 und 2 EStG und der Leistungen nach § 32b Abs. 1 EStG.

(4) Zum Einkommen nach Abs. 3 zählen das Einkommen

1. der berechtigten Person,
2. ihres Ehegatten oder Lebenspartners, soweit sie nicht dauernd getrennt leben,
3. eines in nichtehelicher Lebensgemeinschaft mit der berechtigten Person lebenden Elternteils des Kindes.

(5) Maßgeblich für die Einkommensgrenze nach den Abs. 3 und 4 sind die Familienverhältnisse zum Zeitpunkt der Antragstellung.

(6) [1] Für die Bemessung des Einkommens ist das Kalenderjahr maßgeblich, in dem das Kind das erste Lebensjahr vollendet. [2] Wird ein Kind in den Fällen des Abs. 1 Satz 2 oder ein angenommenes Kind erst in einem späteren Kalenderjahr in den Haushalt der berechtigten Person aufgenommen, so ist dieses spätere Kalenderjahr maßgeblich.

(7) [1] Der Zuschuss wird in der Höhe gewährt, in der Elternbeiträge tatsächlich zu tragen sind. [2] Er beträgt jedoch höchstens 100 Euro pro Monat und Kind. [3] Der Zuschuss wird auch in Monaten, in denen Beiträge im laufenden Monat nur anteilig zu tragen sind, auf der Grundlage des Regelbeitrags für einen vollen Monat gewährt.

(8) Der Zuschuss wird für den Zeitraum ab dem auf die Vollendung des ersten Lebensjahres des Kindes nachfolgenden Kalendermonat bis 31. August des Kalenderjahres gewährt, in dem das Kind das dritte Lebensjahr vollendet.

(9) [1] Erfüllen mehrere Personen die Anspruchsvoraussetzungen, so wird der Zuschuss demjenigen gezahlt, den die Personensorgeberechtigten zur berechtigten Person bestimmen. [2] Ein Wechsel in der Anspruchsberechtigung wird mit Beginn des folgenden Kalendermonats wirksam.

(10) [1] Der Zuschuss ist unter Verwendung der amtlich bereitgestellten Formulare schriftlich zu beantragen. [2] Der Antrag kann frühestens drei Monate vor dem beabsichtigten Leistungsbeginn gestellt werden. [3] Zuvor gestellte Anträge sind unbeachtlich. [4] Der Zuschuss kann rückwirkend für höchstens 12 Kalendermonate gewährt werden, wenn der Antrag spätestens bis 31. August des Kalenderjahres, in dem das Kind das dritte Lebensjahr vollendet, gestellt wird.

(11) [1] Ergänzend zu den Pflichten nach § 60 SGB I hat die begünstigte Person nach Ablauf des Bewilligungszeitraums eine erneute Erklärung über das tatsächliche Vorliegen der Anspruchsvoraussetzungen für den gesamten Bewilligungszeitraum abzugeben. [2] § 60 SGB I gilt auch für den Ehegatten oder Lebenspartner der berechtigten Person und für den Partner der nichtehelichen Lebensgemeinschaft.

(12) [1] Der Zuschuss wird unter dem Vorbehalt der Rückforderung gewährt, solange die Anspruchsvoraussetzungen nach den vorstehenden Absätzen nicht geprüft sind. [2] Soweit diese Anspruchsvoraussetzungen im Bewilligungszeitraum nicht vorgelegen haben, ist der Bewilligungsbescheid mit Wirkung für die Vergangenheit aufzuheben und das Krippengeld zu erstatten. [3] Satz 2 gilt auch, wenn die begünstigte Person nicht, nicht richtig, nicht vollständig oder nicht rechtzeitig an der Prüfung nach Satz 1 mitwirkt.

(13) [1] Ergänzend gelten das Erste Buch Sozialgesetzbuch, § 331 SGB III und das Erste und Zweite Kapitel des Zehnten Buches Sozialgesetzbuch. [2] Für öffentlich-rechtliche Streitigkeiten in Angelegenheiten dieses Artikels ist der Rechtsweg zu den Sozialgerichten gegeben.

Art. 24
Kindertageseinrichtungen im ländlichen Raum

[1] Nach Art. 19 förderfähigen Kindertageseinrichtungen, die das einzige Angebot in einer Gemeinde darstellen und von weniger als 25 Kindern besucht werden, obwohl sie von der Altersöffnung Gebrauch gemacht und kein Kind abgewiesen haben, wird auf Antrag der Gemeinde der Basiswert plus für die durchschnittliche Buchungszeit der Kinder mit dem Gewichtungsfaktor 1,0 für 25 Kinder bei Zugrundelegung eines Gewichtungsfaktors von 1,0 gewährt. [2] Satz 1 findet entsprechende Anwendung auf das einzige Angebot in einem Gemeindeteil, wenn dieser aufgrund seiner Infrastruktur einer selbständigen Gemeinde gleicht; das Nähere wird in der Ausführungsverordnung festgelegt. [3] Kindertageseinrichtungen im Sinn von Satz 1 und 2, die von weniger als zehn aber mehr als sechs Kindern besucht werden, erhalten diese Förderung entsprechend Satz 1 für zehn

Kinder, wenn die Betreuung durch eine pädagogische Fachkraft und die regelmäßige Mitarbeit eines Elternteils sichergestellt wird.

Art. 25
Umfang des Förderanspruchs des örtlichen Trägers der öffentlichen Jugendhilfe

[1] Für den Umfang des Förderanspruchs der örtlichen Träger der öffentlichen Jugendhilfe für die Tagespflege findet Art. 21 mit Ausnahme von Abs. 4 Sätze 4 und 5 entsprechende Anwendung; Art. 23 Abs. 1 findet keine Anwendung. [2] In den Fällen des Art. 18 Abs. 3 Satz 1 Alternative 2 finden Art. 21 und 23 Abs. 1 uneingeschränkt entsprechende Anwendung.

Art. 26
Förderverfahren bei Kindertageseinrichtungen und der Tagespflege

(1) [1] Die Träger einer Kindertageseinrichtung sowie im Fall des Art. 20a in Verbindung mit Art. 18 Abs. 2 der Träger der Großtagespflege richten ihren Förderantrag an die Aufenthaltsgemeinden. [2] Die Gemeinden und örtlichen Träger der öffentlichen Jugendhilfe richten ihren Antrag an die jeweils zuständige Bewilligungsbehörde (Art. 28). [3] Die Anträge nach den Sätzen 1 und 2 sind unter Verwendung des vom Freistaat Bayern kostenlos zur Verfügung gestellten Computerprogramms zu stellen. [4] Bewilligungszeitraum ist das Kalenderjahr. [5] Das Kindergartenjahr beginnt am 1. September eines Jahres und endet am 31. August des Folgejahres.

(2) [1] Die Bewilligungsbehörde prüft beim ersten Förderantrag das Vorliegen einer Erklärung der Gemeinde beziehungsweise des örtlichen Trägers der öffentlichen Jugendhilfe über die Erfüllung der Fördervoraussetzungen nach Art. 19 beziehungsweise Art. 20. [2] Bei einem Folgeantrag ist eine erneute Erklärung der Gemeinde bezüglich der Einhaltung der Staffelung entsprechend der Buchungszeiten (Art. 19 Abs. 1 Nr. 4) notwendig; bezüglich der übrigen Fördervoraussetzungen ist eine erneute Erklärung nur notwendig, wenn sich die förderrelevanten Tatsachen geändert haben.

(3) Der Förderanspruch der Gemeinde beziehungsweise des örtlichen Trägers der öffentlichen Jugendhilfe wird durch die Bewilligungsbehörde in einem Bescheid festgestellt.

Art. 27
Mitteilungspflichten

[1] Die Eltern sind verpflichtet, dem Träger bzw. dem nach Art. 20 zuständigen Träger der öffentlichen Jugendhilfe zur Erfüllung von Aufgaben nach diesem Gesetz folgende Daten mitzuteilen:

1. Name und Vorname des Kindes,
2. Geburtsdatum des Kindes,
3. Geschlecht des Kindes,
4. Staatsangehörigkeit des Kindes und der Eltern,
5. Namen, Vornamen und Anschriften der Eltern,
6. Anspruch des Kindes auf Eingliederungshilfe (Art. 21 Abs. 5) und
7. Rückstellung des Kindes von der Aufnahme in die Grundschule nach Art. 37 Abs. 2 BayEUG.

[2] Änderungen sind dem Träger unverzüglich mitzuteilen. [3] Der Träger bzw. die Tagespflegeperson hat die Eltern auf diese Pflichten und die Folgen eines Verstoßes hinzuweisen.

(2) Der Träger beziehungsweise der nach Art. 20 zuständige Träger der öffentlichen Jugendhilfe informiert die Eltern bei Abschluss des Betreuungsvertrages oder bei Vermittlung einer Tagespflegeperson, dass mit Inanspruchnahme der staatlich geförderten Kinderbetreuung der Anspruch auf Betreuungsgeld entfällt und die Inanspruchnahme gegebenenfalls der zuständigen Behörde unverzüglich mitzuteilen ist.[1]

Abschnitt 2
Investitionskostenförderung

Art. 28
Investitionskostenförderung

[1] Der Staat gewährt nach Maßgabe des Art. 10 des Bayerischen Finanzausgleichsgesetzes Finanzhilfen zu Investitionsmaßnahmen an Kindertageseinrichtungen, soweit Gemeinden, Landkreise, Verwaltungsgemeinschaften und kommunale Zweckverbände die Investitionskosten unmittelbar oder in Form eines Investitionskostenzuschusses tragen. [2] Die Gewährung von Finanzhilfen setzt zudem voraus, dass die Kindertageseinrichtung nach Art. 19 förderfähig ist. [3] Sie beschränken sich auf den nach Art. 7 anerkannten Bedarf.

Abschnitt 3
Zuständigkeiten

Art. 29
Bewilligungsbehörden, sachliche Zuständigkeit

(1) [1] Bewilligungsbehörden für die staatliche Betriebskostenförderung an die kreisangehörigen Gemeinden sind die Kreisverwaltungsbehörden, für die staatliche Betriebskostenförderung an kreisfreie Gemeinden und die örtlichen Träger der öffentlichen Jugendhilfe sowie für die Finanzhilfen nach Art. 28 die Regierungen. [2] Sachlich zuständig für die Wahrnehmung der Aufgaben nach § 45 SGB VIII und Art. 9 Abs. 1 sind die Kreisverwaltungsbehörden, im Fall von Kindertageseinrichtungen in Trägerschaft der kreisfreien Gemeinden und der Landkreise die Regierungen.

(2) Für den Vollzug des Zuschusses nach Art. 23a ist das Zentrum Bayern Familie und Soziales zuständig.

Abschnitt 4
Datenschutz

Art. 30
Erhebung, Verarbeitung und Nutzung von Daten

(1) Die Erhebung, Verarbeitung und Nutzung von personenbezogenen Daten ist zulässig, wenn dies zur Erfüllung einer Aufgabe oder für eine Förderung nach diesem Gesetz erforderlich ist oder der Betroffene eingewilligt hat.

(2) Datenschutzrechtliche Regelungen in anderen Rechtsvorschriften bleiben unberührt.

---

1) Abs. 2 aufgehoben mit Wirkung vom 1.9.2020.

(3) Im Falle der Leistung nach Art. 23a darf die zuständige Behörde zur Erleichterung der Antragstellung und zur Überprüfung der Anspruchsberechtigung die im Rahmen des Vollzugs des Bayerischen Familiengeldgesetzes und des Bundeselterngeld- und Elternzeitgesetzes erhobenen personenbezogenen Daten soweit erforderlich verarbeiten.

6. TEIL
EXPERIMENTIERKLAUSEL UND AUSFÜHRUNGSVERORDNUNG

Art. 31
Experimentierklausel

Zur Erprobung innovativer Konzepte für die pädagogische Arbeit, die Förderung und das Bewilligungs- und Aufsichtsverfahren kann von den Vorschriften dieses Gesetzes und der hierzu ergangenen Ausführungsverordnung mit Zustimmung des Staatsministeriums unter Beteiligung der übrigen zuständigen Staatsministerien abgewichen werden.

6. TEIL
SCHLUSSBESTIMMUNGEN

Art. 32
Ausführungsverordnung

[1] Das Staatsministerium wird ermächtigt, durch Rechtsverordnung

1. die Bildungs- und Erziehungsziele für förderfähige Kindertageseinrichtungen (Art. 13 Abs. 3),
2. den Anstellungsschlüssel, der Zahl und Qualifikation des erforderlichen Personals in Abhängigkeit von den betreuten Kindern festlegt,
3. Näheres über die zusätzlichen Leistungen nach Art. 20 Nr. 3 und Art. 23,
4. das Abrechnungsverfahren einschließlich Buchungszeitfaktoren (Art. 21 Abs. 4 Satz 6) und das Verfahren bei Elternbeitragsfreiheit,
5. die Bestimmung der Bereiche im Sinn des Art. 24 Satz 2 sowie der zum Stichtag 31. Juli 2005 bestehenden, staatlich geförderten Gruppen in Netzen für Kinder und
6. den Zeitpunkt, zu dem für die Förderung maßgebliche Veränderungen wirksam werden,

festzulegen. [2] Vor Erlass der Ausführungsverordnung sind die Spitzenverbände der freigemeinnützigen Träger, Vertreter der freien und gewerblichen Träger und die kommunalen Spitzenverbände zu hören. [3] Für Festlegungen nach Satz 1 Nr. 3 hinsichtlich zusätzlicher Leistungen nach Art. 23 und für Festlegungen nach Satz 1 Nr. 4 ist Einvernehmen mit dem Staatsministerium der Finanzen und für Heimat herzustellen.

Art. 33
Ordnungswidrigkeiten

(1) [1] Mit einer Geldbuße kann belegt werden, wer entgegen Art. 27 Abs. 1 vorsätzlich oder fahrlässig eine Auskunft nicht, nicht richtig, nicht vollständig oder nicht rechtzeitig erteilt. [2] Zuständig für die Verfolgung und Ahndung von Zuwiderhandlungen nach Satz 1 sind die örtlichen Träger der öffentlichen Jugendhilfe.

(2) Mit einer Geldbuße bis zu 5 000 Euro kann belegt werden, wer im Falle des Art. 23a vorsätzlich oder fahrlässig

1. entgegen § 60 Abs. 1 Satz 1 Nr. 1 oder Satz 2 SGB I oder Art. 23a Abs. 11 eine Angabe nicht, nicht richtig, nicht vollständig oder nicht rechtzeitig macht oder auf Verlangen der zuständigen Behörde der Erteilung der erforderlichen Auskünfte durch Dritte nicht zustimmt,

2. entgegen § 60 Abs. 1 Satz 1 Nr. 2 oder Satz 2 SGB I oder Art. 23a Abs. 11 eine Mitteilung nicht, nicht richtig, nicht vollständig oder nicht rechtzeitig macht oder

3. entgegen § 60 Abs. 1 Satz 1 Nr. 3 oder Satz 2 SGB I oder Art. 23a Abs. 11 auf Verlangen der zuständigen Behörde eine Beweisurkunde nicht, nicht richtig, nicht vollständig oder nicht rechtzeitig vorlegt oder ihrer Vorlage nicht zustimmt.

Art. 34
Übergangsvorschriften

1) [1]Der Zuschuss nach Art. 23 Abs. 3 Satz 1 wird erstmals für Monate ab dem 1. April 2019 gewährt. [2]Ansprüche auf Gewährung eines Zuschusses nach Art. 23 Abs. 3 Satz 1 in der bis zum 31. März 2019 geltenden Fassung bleiben unberührt.

(2) Der Zuschuss nach Art. 23a wird nur für Bezugsmonate ab 1. Januar 2020 gewährt.

§ 2
Änderung des Bayerischen Kinder- und Jugendhilfegesetzes

Das Bayerische Kinder- und Jugendhilfegesetz (BayKJHG) vom 18. Juni 1993 (GVBl S. 392, BayRS 2162-1-A), zuletzt geändert durch Art. 3 des Gesetzes vom 23. November 2001 (GVBl S. 734), wird wie folgt geändert:

1. *Art. 1 Abs. 2 erhält folgende Fassung: „(2) Dieses Gesetz gilt nicht für Kindertageseinrichtungen und Tagespflege mit Ausnahme des Art. 29 sowie der Bestimmungen über den örtlichen Träger der öffentlichen Jugendhilfe."*

2. *In Art. 17 Abs. 1 Satz 1 werden die Worte „und zur Förderung von Kindern in Tageseinrichtungen (§ 22 in Verbindung mit § 24 sowie § 25 des Achten Buchs Sozialgesetzbuch)" gestrichen.*

3. *Art. 26 Satz 2 wird aufgehoben; die Satzbezeichnung 1 entfällt.*

4. *Art. 32 wird wie folgt geändert:*

   a) *Abs. 2 wird aufgehoben.*

   b) *Der bisherige Abs. 3 wird Abs. 2.*

§ 3
In-Kraft-Treten, Außer-Kraft-Treten, Übergangsregelungen

(1) Dieses Gesetz tritt am 1. August 2005 in Kraft.

(2) Mit Ablauf des 31. Juli 2005 treten außer Kraft:

1. *das Bayerische Kindergartengesetz (BayKiG) vom 25. Juli 1972 (BayRS 2231-1-A),*

2. *die Erste Verordnung zur Durchführung des Bayerischen Kindergartengesetzes (1. DVBayKiG) vom 15. Dezember 1972 (BayRS 2231-1-1-A), zuletzt geändert durch Verordnung vom 6. Juli 1993 (GVBl S. 487),*

3. *die Verordnung über die Bildung und den Geschäftsgang der Kindergartenbeiräte bei den anerkannten Kindergärten (2. DVBayKiG) vom 14. Juni 1973 (BayRS 2231-1-2-A),*

4. *die Verordnung über die Förderungsfähigkeit der Personalkosten anerkannter Kindergärten (3. DVBayKiG) vom 31. Juli 1978 (BayRS 2231-1-3-A), zuletzt geändert durch Verordnung vom 18. August 2004 (GVBl S. 354),*

5. *die Verordnung über die Rahmenpläne für anerkannte Kindergärten (4. DVBayKiG) vom 25. September 1973 (BayRS 2231-1-4-A)*

6. *die Verordnung über die an die sonstigen Kindergärten zu stellenden Mindestanforderungen (5. DVBayKiG) vom 19. März 1985 (GVBl S. 102, BayRS 2231-1-5-A), geändert durch § 9 Abs. 2 Nr. 1 der Verordnung vom 5. Juli 1993 (GVBl S. 491),*

7. *die Verordnung über Bau, Beschaffenheit und Ausstattung anerkannter und sonstiger Kindergärten (6. DVBayKiG) vom 5. Juli 1993 (GVBl S. 491, BayRS 2231-1-6-A).*

(3) Es gelten folgende Übergangsregelungen:

1. *Zum Stichtag 31. Juli 2005 bestehende, staatlich geförderte Kindergarten- und Hortgruppen sowie Kinderbetreuungsgruppen im Sinn der Richtlinie zur Förderung von altersgemischten Kinderbetreuungsgruppen im „Netz für Kinder" werden bis zum 31. August 2006 nach den zum 31. Juli 2005 geltenden Vorschriften gefördert, soweit die jeweiligen Fördervoraussetzungen weiterhin erfüllt werden. Die Vorschriften des Abschnitt 1 des 5. Teils BayKiBiG finden mit Ausnahme von Art. 13 Abs. 3, bei Horten zusätzlich von Art. 18, bis zum 31. August 2006 insoweit keine Anwendung. Für Netze für Kinder im Sinn des Satz 1 gilt Art. 24, solange die Fördervoraussetzungen weiterhin erfüllt sind, mit der Maßgabe entsprechend, dass für solche Gruppen mit mindestens 12 Kindern der Basiswert für die durchschnittliche Buchungszeit der tatsächlich anwesenden Kinder bei Zugrundelegung eines Gewichtungsfaktors von 1,0 für 22 Kinder gewährt wird.*

2. *Kindergarten- und Hortgruppen sowie Kinderbetreuungsgruppen im Sinn der Richtlinie zur Förderung von altersgemischten Kinderbetreuungsgruppen im „Netz für Kinder" im Sinn der Nr. 1 sollen ab dem 1. September 2005 stundenbezogene Buchungszeiten anbieten und eine entsprechende Beitragsstaffelung nach Art. 19 Abs. 4 BayKiBiG erheben. Dabei können Mindestbuchungszeiten nach Art. 21 Abs. 4 Satz 5 BayKiBiG vorgegeben werden.*

3. *[1] Die Plätze in zum Stichtag 31. Juli 2005 anerkannten Kindergärten gelten bis zum 31. August 2008 als bedarfsnotwendig im Sinn des Art. 22 Abs. 1 BayKiBiG. [2] Für welche Gemeinden die bestehenden Plätze als bedarfsnotwendig gelten, bestimmt sich nach dem im Anerkennungsbescheid oder im Bedarfsplan (Art. 4 BayKiG) festgestellten Einzugsbereich in der zum Stichtag geltenden Fassung. [3] Soweit Plätze in anerkannten Kindergärten zum Stichtag 1. September 2005 durch Kinder aus Gemeinden von außerhalb des festgelegten Einzugsbereichs belegt sind, richtet sich der Förderanspruch nach Art. 18 auch für diese Kinder gegen die Sitzgemeinde; sind mehrere Gemeinden betroffen, tragen diese die Kosten für die betroffenen Kinder anteilig.*

4. *Bis zum In-Kraft-Treten der Ausführungsverordnung (Art. 30 BayKiBiG, neu Art. 32) ist der 2. Abschnitt der 4. DVBayKiG weiterhin für Kindergärten im Sinn dieses Gesetzes anzuwenden.*

5. *In die staatliche Förderung bis zum Stichtag 31. Juli 2005 aufgenommene Krippen gelten bis zum 31. August 2008 auch dann als Kindertageseinrichtung, wenn sie die Voraussetzungen des Art. 2 Abs. 2 BayKiBiG nicht erfüllen.*

6. *[1] Auf Antrag des örtlichen Trägers der öffentlichen Jugendhilfe wird für die Zeit zwischen dem 1. Januar 2007 und dem 31. Dezember 2010 einmalig und für längstens einen Bewilligungszeitraum (Art. 26 Abs. 1 Satz 3 BayKiBiG) ein Pauschalbetrag für den Aufbau einer Tagespflegestruktur gewährt. [2] Die Einzelheiten werden in Richtlinien festgelegt.*

Bayerisches Gesetz zur Bildung, Erziehung und Betreuung von Kindern in Kindergärten, anderen Kindertageseinrichtungen und in Tagespflege (Bayerisches Kinderbildungs- und -betreuungsgesetz – BayKiBiG)

vom 8. Juli 2005 (GVBl S. 236),
zuletzt geändert durch Gesetz zur Einführung eines Bayerischen Krippengeldes vom
23. Dezember 2019 (GVBl. S. 743)

– Kommentar –

1. TEIL

ALLGEMEINE BESTIMMUNGEN

Art. 1

Geltungsbereich

[1] Dieses Gesetz gilt für die Bildung, Erziehung und Betreuung von Kindern in Kindertageseinrichtungen und in Tagespflege. [2] Es findet keine Anwendung auf heilpädagogische Tagesstätten.

Erläuterungen

In Art. 1 BayKiBiG wird der Geltungsbereich des Gesetzes auf Kindertageseinrichtungen und Kindertagespflege begrenzt. Die Begriffe Kindertageseinrichtungen und Tagespflege werden in Art. 2 BayKiBiG legaldefiniert, so dass sich erst in der Zusammenschau mit Art. 2 BayKiBiG der Geltungsbereich des Gesetzes erschließt. Das BayKiBiG erfasst nicht heilpädagogische Tagesstätten (HPT) sowie die Erziehung in einer Tagesgruppe nach § 32 SGB VIII und wegen spezialgesetzlicher Regelungen auch beispielsweise nicht die unter Schulaufsicht stehenden schulvorbereitenden Einrichtungen nach Art. 22 BayEUG, Mittagsbetreuungseinrichtungen (Art. 31 BayEUG) oder Schülerheime (Art. 106 BayEUG). Für diese Betreuungsformen gibt es spezielle Fördermöglichkeiten. So erhalten in der Regel HPT z. B. Leistungen nach Maßgabe der §§ 27, 32 und 35a SGB VIII bzw. des § 53 SGB XII.

Ebenso wenig fallen unter das BayKiBiG Betreuungsformen, in denen nicht regelmäßig Bildung, Erziehung und Betreuung erfolgen (Art. 2 Abs. 2 BayKiBiG). Eine regelmäßige Bildung, Erziehung und Betreuung setzt voraus, dass die überwiegende Zahl der Kinder über einen Zeitraum von mindestens einem Monat die Kindertageseinrichtung durchschnittlich mindestens 20 Stunden pro Woche besucht.

Art. 2

Begriffsbestimmungen

(1) [1] Kindertageseinrichtungen sind außerschulische Tageseinrichtungen zur regelmäßigen Bildung, Erziehung und Betreuung von Kindern. [2] Dies sind Kinderkrippen, Kindergärten, Horte und Häuser für Kinder:

1. Kinderkrippen sind Kindertageseinrichtungen, deren Angebot sich überwiegend an Kinder unter drei Jahren richtet,

2. Kindergärten sind Kindertageseinrichtungen, deren Angebot sich überwiegend an Kinder im Alter von drei Jahren bis zur Einschulung richtet,

3. Horte sind Kindertageseinrichtungen, deren Angebot sich überwiegend an Schulkinder richtet und

4. Häuser für Kinder sind Kindertageseinrichtungen, deren Angebot sich an Kinder verschiedener Altersgruppen richtet.

[3] Kindertageseinrichtungen müssen nicht zwingend gebäudebezogen sein.

(2) Eine regelmäßige Bildung, Erziehung und Betreuung im Sinn des Abs. 1 Satz 1 setzt voraus, dass die überwiegende Zahl der Kinder über einen Zeitraum von mindestens einem Monat die Kindertageseinrichtung durchschnittlich mindestens 20 Stunden pro Woche besucht.

(3) Integrative Kindertageseinrichtungen sind alle unter Abs. 1 genannten Einrichtungen, die von bis zu einem Drittel, mindestens aber von drei behinderten oder von Behinderung bedrohten Kindern besucht werden.

(4) Tagespflege ist die Bildung, Erziehung und Betreuung von Kindern durch eine Tagespflegeperson im Umfang von durchschnittlich mindestens 10 Stunden wöchentlich pro Kind in geeigneten Räumlichkeiten.

(5) [1] Bei der Feststellung von Mindestbesuchszeiten und der Mindestbuchungszeit nach Art. 21 Abs. 4 Satz 4 werden Zeiten in Kindertageseinrichtungen oder Tagespflege jeweils mit Zeiten in schulischen Einrichtungen zusammengerechnet. [2] Die Berechnung der kindbezogenen Förderung (Art. 21) erfolgt nur bezogen auf die jeweiligen Buchungszeiten in der Kindertageseinrichtung oder bei der Tagespflegeperson. [3] Eine Zusammenrechnung nach Satz 1 erfolgt nur, wenn die Kindertageseinrichtung ununterbrochen für mindestens zwei volle Kalenderjahre die Voraussetzungen für eine kindbezogene Förderung nach diesem Gesetz ohne Anwendung des Satzes 1 erfüllt hat.

Erläuterungen

Übersicht

1. Vorbemerkung
2. Kindertageseinrichtung
3. Regelmäßige Bildung, Erziehung und Betreuung
4. Integrative Einrichtungen
5. Tagespflege
6. Berechnung von Mindestbesuchszeiten

1. Vorbemerkung

Im Freistaat Bayern beschränkte sich die gesetzliche staatliche Förderung bis zum Inkrafttreten des BayKiBiG auf bestimmte Betreuungsformen im Bereich der Kinderbetreuung. Dies setzte voraus, diese Betreuungsformen durch Definition im Bayerischen Kindergartengesetz oder in den einzelnen Förderrichtlinien von anderen Betreuungsformen abzugrenzen. Mit dem BayKiBiG rückt der Freistaat Bayern von dieser Praxis ab. Er fördert grundsätzlich alle Kindertageseinrichtungen sowie Angebote der Tagespflege, die Bildung, Erziehung und Betreuung anbieten. An die staatliche Förderung knüpft der Freistaat Bayern allerdings Mindestbesuchszeiten, weil nur dann eine **Bildungstätigkeit** überhaupt in Betracht kommt. Art. 2 BayKiBiG wirkt somit als Eingangsschwelle, die zunächst überschritten werden muss, um als förderwürdiges Bildungsangebot zu gelten.

2. Kindertageseinrichtung

In **Absatz 1 Satz 1** wird der zentrale Begriff der Kindertageseinrichtung legal definiert. Der Einrichtungsbegriff knüpft an an dem Einrichtungsbegriff im SGB VIII („Tageseinrichtung") und erweitert ihn gleichzeitig. Einrichtung im Sinn von § 45 SGB VIII ist ein in einer besonderen Organisationsform unter verantwortlicher Leitung zusammengefasster Eine

Einrichtung ist eine auf eine gewisse Dauer angelegte Verbindung von sächlichen und persönlichen Mitteln zu einem bestimmten Zweck unter der Verantwortung eines Trägers (*Wiesner/Mörsberger*, § 45 Rn. 14). Erfasst werden danach orts- und gebäudebezogene Einrichtungen, nicht ambulante Maßnahmen. Nach § 22 Abs. 1 SGB VIII sind **Tages**einrichtungen Einrichtungen, in denen sich Kinder für einen Teil des Tages oder ganztägig aufhalten und in Gruppen gefördert werden.

Mit AMS4/2017 vom 11.8.2017 hat sich das zuständige StMAS zum Kriterium „auf gewisse Dauer" geäußert. Danach ist unter Einrichtung eine förmliche Verbindung ortsgebundener räumlicher, personeller und sachlicher Mittel zu verstehen, die zur Erfüllung des jeweiligen konkreten Zwecks für einen Zeitraum von ununterbrochen mindestens **drei Monaten** angelegt ist.

Eine Einrichtung ist nach diesem AMS auch nicht betriebserlaubnispflichtig, wenn sie zwar auf einen längeren Zeitraum angelegt ist, aber nicht mehr als zehn Stunden pro Woche geöffnet ist oder jedes einzelne Kind die Einrichtung nicht mehr als fünf Stunden pro Woche besucht (Stufenprüfung). Denn in diesen Fällen fehlt es an dem notwendigen Zweck der Einrichtungen, der in der Betreuung, Erziehung und Bildung von Kindern und Jugendlichen außerhalb der Familie besteht.

Der Einrichtungsbegriff des BayKiBiG unterscheidet sich von demjenigen der §§ 22 und § 45 SGB VIII in drei Punkten, wodurch der Anwendungsbereich des BayKiBiG einerseits über den des SGB VIII hinausgeht, andererseits gegenüber dem des SGB VIII eingeschränkt wird:

– Aufgrund des nach Satz 3 **nicht notwendigen Gebäudebezugs** erfasst der Begriff der Kindertageseinrichtung grundsätzlich auch dauerhafte personelle und sächliche Verbindungen **ohne** Räumlichkeiten wie z. B. Waldkindergärten,

– im Gegensatz zu § 22 Abs. 3 SGB VIII ist die Trias Bildung, Erziehung und Betreuung nicht nur Förderungsauftrag einer Tageseinrichtung, sondern Fördervoraussetzung

– das BayKiBiG setzt nicht zwingend eine Förderung **in Gruppen** (§ 22 Abs. 1 Satz 1 SGB VIII) voraus.

Die Einschränkung auf eine Förderung in Gruppen in § 22 SGB VIII ist mit Blick auf die in der Praxis zunehmend praktizierten „offenen Arbeit" nicht nachvollziehbar. Das BayKiBiG enthält daher keine entsprechende Einschränkung und erfasst auch Einrichtungen, die nicht in Gruppen organisiert sind.

Kindertageseinrichtungen werden abgegrenzt von **schulischen** Betreuungsformen. Insbesondere die Mittagsbetreuung und die gebundene sowie offene Ganztagsschule an Schulen sind keine Kindertageseinrichtungen im Sinne des Gesetzes. Eine Ausnahme lässt der Freistaat betreffend die offene und gebundene Ganztagsgrund- und Förderschule im Rahmen der Experimentierklausel (Art. 31 BayKiBiG, s. Näheres dort) zu. Um ein Betreuungsangebot aus einer Hand auch an Rand- und Ferienzeiten zu ermöglichen, werden diese schulischen Angebote zugleich als Angebote der Jugendhilfe ausgestaltet und damit nach dem BayKiBiG förderfähig. Mit der Einschränkung auf Tageseinrichtungen ist auf die Zeitspanne von morgens bis abends Bezug genommen. **Nächtliche** Betreuungszeiten z. B. in einer 24-Stunden-Kita oder Heim sind daher nicht förderfähig.

In **Absatz 1 Satz 2** sind als Unterformen der Kindertageseinrichtungen in abschließender Aufzählung die tradierten Formen Kinderkrippen, Kindergärten und Horte sowie als neuere Form die Häuser für Kinder aufgeführt. Ihr gesetzliches Unterscheidungsmerkmal ist die Altersgruppe der Kinder. Die Eigenbezeichnungen der Einrichtungen sind dabei irrelevant. Auch eine Großtagespflege, die wegen Überschreitung der maximal zulässigen 16 Betreuungsverhältnisse einer Betriebserlaubnis nach § 45 SGB VIII bedarf (Art. 9 Abs. 2 Satz 3 Nr. 1 BayKiBiG), ist je nach Schwerpunkt der betreuten Altersgruppe als Kindergarten, Krippe, Hort oder Haus für Kinder zu klassifizieren. Vorübergehende Abweichungen von den Definitionsmerkmalen einer Einrichtung sind unerheblich, solange sich die grundsätzliche schwerpunktmäßige pädagogische Ausrichtung des Trägers der Einrichtung zugunsten einer Altersgruppe nicht verändert. Ist danach z. B. eine Kindertageseinrichtung hauptsächlich für Kinder im Alter von unter drei Jahren mit Altersöffnung für Kinder ab drei Jahren ausgerichtet, so verliert sie auch dann nicht ihren Charakter als Kinderkrippe, wenn sie vorübergehend überwiegend Kinder ab drei Jahren betreut.

Die praktische Relevanz der Unterscheidung der Betreuungsformen ist jedoch gering und nur noch in Art. 21 Abs. 5 Sätze 5 und 6 BayKiBiG von Bedeutung, wonach der Gewichtungsfaktor 2,0 nach Vollendung des dritten Lebensjahres nur bei Kinderkrippen **zwingend** bis zum Ende des Betreuungsjahres gilt (s. Erl. 5.3 zu Art. 21).

3. Regelmäßige Bildung, Erziehung und Betreuung

3.1 In **Absatz 2** wird *„regelmäßige Bildung, Erziehung und Betreuung"* i. S. d. Absatzes 1 dahingehend konkretisiert, dass die überwiegende Zahl der Kinder über einen Zeitraum von mindestens einem Monat die Kindertageseinrichtung durchschnittlich mindestens 20 Stunden pro Woche **besucht**. Bildung und Erziehung brauchen ein Mindestmaß an zeitlicher Konstanz und zeitlicher Intensität. Dieses Definitionsmerkmal dient daher der Abgrenzung von Kindertageseinrichtungen als Bildungseinrichtungen gegenüber reinen Betreuungsangeboten. Hierunter zählen z. B. Einrichtungen, bei denen mehr als die Hälfte der Plätze mit ständig wechselnden Kindern von Feriengästen belegt werden, oder Spielgruppen, die nur an drei Vormittagen Kinder betreuen. Einrichtungen, die zu über 50 % Kinder aufnehmen, deren Eltern weniger als 20 Wochenstunden buchen, gelten somit nicht als Kindertageseinrichtungen im Sinne des Gesetzes und sind somit insgesamt nicht nach dem BayKiBiG förderfähig. Unberührt bleibt für diese Einrichtungen ggf. die Notwendigkeit einer Betriebserlaubnis nach § 45 SGB VIII, sofern die Einrichtung auf eine gewisse Dauer angelegt ist und eine Mindestanwesenheit der Kinder vorliegt.

Nachdem der Besuch im Umfang von 20 Wochenstunden nur mit hohem Verwaltungsaufwand nachgewiesen werden kann, genügt in der Praxis der Nachweis einer Buchung in der Kategorie über drei bis vier Stunden. Entscheidend ist dabei der obere Wert der Buchungskategorie. Die genannte Buchungskategorie gilt nur dann nicht, wenn die für das Kind maßgebliche **Öffnungszeit** geringer als vier Stunden/Tag ist, die mindestens 20-stündige Nutzung der Einrichtung somit aufgrund der begrenzten Öffnungszeit praktisch nicht erreicht werden kann. Dies kann bei echten Wechselgruppen problematisch sein:

Beispiel:

Kindergarten mit Platzteilung: 23 Kinder von 8.30 bis 12 Uhr; 23 andere Kinder von 13 bis 16.15; Öffnungszeit zwar länger als 20 Stunden pro Woche, aber kein Kind kann den Kindergarten mindestens 20 Stunden besuchen. Folge: Der Kindergarten könnte nach dem BayKiBiG nicht bezuschusst werden.

Die Bildungseinrichtung Kindertageseinrichtung wird also allein durch die zeitliche Vorgabe bei den Buchungen definiert. Somit können Kindertageseinrichtungen organisatorisch derart untergliedert werden, dass sie zumindest zum Teil die Förderbedingungen des BayKiBiG erfüllen.

Beispiel:

Ein Träger betreibt eine Kindergartengruppe mit 30 Kindern. Nur 12 Kinder besuchen die Einrichtung durchschnittlich mindestens 20 Stunden pro Woche. Da nicht die überwiegende Zahl der Kinder die Mindestbesuchszeit aufweist, wäre die Einrichtung insgesamt nicht förderfähig. Daraufhin nimmt der Träger eine Neuorganisation vor. Er unterteilt die Einrichtung in einen förderfähigen Kindergarten mit 23 Kindern und eine nicht förderfähige Spielgruppe mit sieben Kindern. Der Träger beantragt dafür zwei Betriebserlaubnisse.

Andererseits können aufgrund einer Gesamtbetrachtungsweise auch bisher nicht förderfähige Spielgruppen in die staatliche Förderung aufgenommen werden, wenn diese z. B. bei gleicher Trägerschaft in räumlicher Nähe betrieben werden.

Beispiel:

In den Räumen einer förderfähigen Kindertageseinrichtung betreut ein Träger 50 Kinder im Alter von über drei Jahren im Umfang von durchschnittlich mindestens 20 Wochenstunden. Im Gebäude gegenüber betreibt der gleiche Träger eine Spielgruppe, die von 12 Kindern im Alter von ein bis drei Jahren durchschnittlich zehn Stunden besucht wird. Isoliert betrachtet ist die Spielgruppe nicht förderfähig, weil die Mindestbesuchszeit des Art. 2 BayKiBiG nicht erfüllt wird. Der Träger fasst die beiden Einrichtungen organisatorisch zusammen und führt sie unter einer einheitlichen Leitung. Er beantragt eine gemeinsame Betriebserlaubnis und eine einheitliche Betriebsnummer für die Förderung. Durch die Neuorganisation können auch die Kinder der Spielgruppe gefördert werden, falls auch die weiteren Fördervoraussetzungen wie z. B. Erfüllung der Bildungs- und Erziehungsziele und Anstellungsschlüssel vorliegen.

3.2 Für die überwiegende Zahl der Kinder muss die Mindestbuchung von 20 Stunden/ Woche über einen Zeitraum von **mindestens einem Monat** vorliegen. Einrichtungen mit einer durchgängigen Betriebsdauer von weniger als drei Monaten erhalten von vornherein keine Betriebserlaubnis, sie gelten nicht als Einrichtung (s. Erl. 2). Maßnahmen ausschließlich zur Ferienbetreuung (z. B. vom 30. Juli bis 10. September) sind daher nach dem BayKiBiG auch nicht zuschussfähig. Die in Absatz 2 geforderten Mindestanwesenheitszeiten sorgen überdies dafür, dass Einrichtungen mit überwiegend Kurzzeitbetreuungen nicht unter das BayKiBiG fallen. Zudem dürfte es in aller Regel auch an den weiteren Fördervoraussetzungen wie z. B. Beachtung des Fachkräftegebots, Einrichtung eines Elternbeirats, Vorliegen eines pädagogischen Konzepts zur Umsetzung der Bildungs- und Erziehungsziele fehlen.

3.3 Aus Gründen der Rechtsvereinfachung wurde mit der Gesetzesänderung zum 1.1.2013 der Ausnahmetatbestand gestrichen, wonach bei Kindern unter drei Jahren insbesondere in der Eingewöhnungsphase von der Mindestbesuchszeit bis zu einer Grenze von zehn Stunden nach unten abgewichen werden kann.

Die Praxis ändert sich durch diese Gesetzesänderung nicht. Der Charakter einer Bildungseinrichtung ändert sich nicht dadurch, dass kurzfristig von der vorgegebenen Mindestbesuchszeit abgewichen wird, insbesondere wenn dies nicht zielgerichtet vom Träger herbeigeführt wird. Mit ausschlaggebend ist, dass die Einrichtung konzeptionell darauf ausgerichtet ist, die in der AVBayKiBiG festgelegten Bildungs- und Erziehungsziele zu erfüllen.

Beispiel:

Von den 12 Kindern einer Kinderkrippe wechseln acht Kinder in den Kindergarten. Die Eltern kündigen den Betreuungsvertrag zum 31. August. Der Träger nimmt im September sukzessive acht Kinder unter drei Jahren neu auf. Zur Eingewöhnung besuchen die Kinder die Einrichtung zunächst jeweils nur täglich zwei Stunden. Für die Zeit ab Oktober haben die Eltern jeweils mindestens vier Stunden gebucht. Auch wenn die Mindestbesuchsdauer im September unterschritten wird, ändert sich nichts an der Förderfähigkeit der Einrichtung. Die Unterschreitung ist nur vorübergehend, der Bildungsauftrag der Einrichtung ist unverändert. Eine zeitliche Unterschreitung wird bei einem Zeitraum von bis zu drei Monaten von den Aufsichtsbehörden ohne weitere Prüfung zugelassen.

4. Integrative Einrichtungen

4.1 Bei integrativen Kindertageseinrichtungen ist nach **Absatz 3** die Zahl der behinderten oder von Behinderung bedrohten Kinder auf ein Drittel begrenzt, um sowohl eine Überforderung des pädagogischen Personals als auch im Hinblick auf den Gewichtungsfaktor eine Überförderung zu vermeiden. Ferner dient diese Bestimmung der Abgrenzung zu heilpädagogischen Tagesstätten, die von dem BayKiBiG nicht erfasst werden.

Als integrative Kindertageseinrichtung bezeichnet man Einrichtungen, die **mindestens von drei** behinderten oder von Behinderung bedrohten Kindern (zur Definition siehe Erl. 5.5.1 zu Art. 21) besucht werden.

Unabhängig von der gesetzlichen Begriffsbestimmung im BayKiBiG entscheidet der Bezirk als Träger der Einliederungshilfe, ob eine Einrichtung als teilstationäre Einrichtung eingestuft wird und daher zusätzliche Leistungen (Beitrag zur Finanzierung einer Drittkraft, individuelle Förderleistungen, ggf. Fahrkostenzuschuss für das Kind mit Behinderung) erbracht werden. Die seitens des Bezirks geforderten Leistungskriterien haben integrative Einrichtungen zu beachten, um ergänzend zum BayKiBiG Mittel nach dem SGB IX erhalten zu können (s. Rahmen- und Leistungsvereinbarung, Anhang 10).

4.2 Die Drittelbegrenzung widerspricht nicht dem Auftrag der Inklusion (Art. 6 Abs. 1 Satz 2; Art. 12 Abs. 1 BayKiBiG). Nach dem von der Bundesrepublik ratifizierten Übereinkommen über die Rechte von Menschen mit Behinderung vom 13.12.2006 dürfen Kinder nicht wegen ihrer Behinderung diskriminiert werden. Insbesondere soll ihnen der Zugang zu den Bildungseinrichtungen gewährt werden. Zu diesem Zweck sollen diese sich auf die Bedürfnisse der Kinder mit Behinderung einstellen und Barrieren abbauen. Die Drittelgrenze ist keine Barriere, die den Kindern mit besonderem Förderbedarf den Zugang zur Einrichtung verwehrt, und daher im Widerspruch zum Ziel der Inklusion steht. Ganz im Gegenteil, es handelt sich um ein Instrument der Steuerung, um Mindestbedingungen für eine individuelle Förderung herbeizuführen. Dafür ist eine ausgewogene Verteilung der betreffenden Kinder auf die Regeleinrichtungen entscheidend. In Verbindung mit dem Rechtsanspruch auf einen Betreuungsplatz nach § 24 SGB VIII und unter Berücksichtigung des Art. 6 Abs. 1 BayKiBiG werden die zuständigen Gemeinden veranlasst, möglichst viele Regeleinrichtungen auf die Aufnahme von Kindern mit einem Sonderförderbedarf einzurichten. Mitunter darauf ist auch der erhebliche Ausbau der integrativen Einrichtungen zurückzuführen (Steigerung der Zahl der integrativen Einrichtungen von 713 auf 1667 im Zeitraum 2010 bis 2019).

5. Tagespflege

5.1 Kindertagespflege ist nach dem BayKiBiG förderfähig, wenn die Tagespflegeperson den Bildungsauftrag erfüllt **(Absatz 4)**. Im Gegensatz zur institutionellen Betreuung genügt bei der Tagespflege eine durchschnittliche Betreuungszeit von zehn Stunden wöchentlich **pro Kind**. Um eine verlässliche Beurteilung zu erhalten, ist die Feststellung der durchschnittlichen Betreuungszeit im Bewilligungszeitraum (Art. 26 Abs. 1 Satz 3 BayKiBiG) zu treffen. Abweichungen in einzelnen Monaten stellen daher die grundsätzliche Förderfähigkeit der Tagespflege nicht in Frage.

> *Beispiel:*
>
> *Im Zeitraum von Januar bis Juni hat die Tagespflegeperson ein Tagespflegekind. Von Januar bis April betreut sie das Kinder im Durchschnitt 12 Stunden, von Mai bis Juni acht Stunden wöchentlich. Im Gesamtzeitraum liegt die durchschnittliche Betreuung bei über zehn Stunden. Alle Buchungen sind grundsätzlich förderfähig. Unschädlich ist dabei, wenn die Tagespflege insgesamt nur von kurzer Dauer ist. Nach § 26 AVBayKiBiG reicht eine Buchung von mindestens 15 Betriebstagen bzw. Betreuungstagen.*

5.2 Art. 2 Abs. 4 BayKiBiG setzt die Tätigkeit einer Tagespflegeperson voraus. **Tagespflegeperson** ist nach § 43 Abs. 1 SGB VIII, wer ein oder mehrere Kinder außerhalb des Haushalts des Erziehungsberechtigten während eines Teils des Tages und mehr als 15 Stunden wöchentlich gegen Entgelt länger als drei Monate betreuen **will**. Tagespflegepersonen i. S. d. BayKiBiG bedürfen somit einer Pflegeerlaubnis. Das BayKiBiG erfasst somit nur Tagespflegeverhältnisse, wenn zumindest ein Kind mehr als 15 Stunden wöchentlich länger als drei Monate betreut wird. Wenn diese Voraussetzung erfüllt ist, können auch die Kinder, die weniger als 15 Stunden, mindestens aber durchschnittlich zehn Stunden betreut werden, nach dem BayKiBiG gefördert werden.

Unschädlich ist, wenn vorübergehend alle Kinder weniger als 15 Stunden wöchentlich betreut werden, die Tagespflegeperson aber bereit ist, auf Vermittlung des Trägers der öffentlichen Jugendhilfe oder einer beauftragten Stelle ein Kind im entsprechenden Umfang zu übernehmen *(„… mehr als 15 Stunden … betreuen **will**")*.

6. Berechnung von Mindestbesuchszeiten

Um den Ausbau der Ganztagsbetreuung für Schulkinder zu unterstützen, hat der Gesetzgeber in **Absatz 5** Erleichterungen bei der Feststellung der Mindestbesuchszeit nach **Absatz 2** und der Mindestbuchungszeiten (Art. 21 Abs. 4 Satz 4 BayKiBiG) vorgesehen.

6.1 Die Förderfähigkeit von Horten konnte bisher in Frage gestellt werden, wenn der Hortträger zu viele Kurzzeitbuchungen zuließ und dadurch die 50 %-Grenze des Absatzes 2 unterschritten wurde. Die Förderfähigkeit wird hergestellt, indem die Bildungszeiten in Schule und Kindertageseinrichtungen als Einheit definiert wird. Durch die Zusammenrechnung der Zeiten wird die Mindestbesuchszeit bei Schulkindern außerhalb der Ferienzeiten regelmäßig erfüllt. Allenfalls theoretisch könnte es noch im August zu Problemen kommen, aber wegen der längeren Ferienbetreuung bzw. wegen der Schließtage stellt sich in aller Regel nicht die Frage einer unzureichenden Mindestbuchung.

Folgende Kombinationen sind möglich:

– Schule – Kindertageseinrichtung,

– Schule – Tagespflege,

– Schulvorbereitende Einrichtung – Kindertageseinrichtung,

– Schulvorbereitende Einrichtung – Tagespflege.

Die Mittagsbetreuung gilt in diesem Zusammenhang nicht als „schulische Einrichtung", auch wenn diese regelmäßig in Räumen der Schule stattfindet. Die Mittagsbetreuung ist eine eigenständige Einrichtung des Trägers des Schulaufwands oder eines privatrechlichen Trägers. Zeiten der Mittagsbetreuung dürfen daher z. B. nicht mit Zeiten der Tagespflege kombiniert werden, um die Mindestbesuchszeit zu berechnen.

6.2 Die Mindestbuchungszeit von durchschnittlich über drei Stunden täglich (Art. 21 Abs. 4 Satz 4 BayKiBiG) wurde in Kindergärten zum Teil nicht erreicht, weil es sich um eine Betreuung im Anschluss an einer Schulvorbereitende Einrichtung (SVE) handelte. In Absatz 5 wird nun klargestellt, dass auch in diesen Fällen eine Zusammenrechnung der Zeiten in der SVE und im Kindergarten stattfindet.

6.3 Zur Berechnung der kindbezogenen Förderung nach Art. 21 BayKiBiG kommt es jedoch unverändert nur auf die Betreuungszeiten in der Kindertageseinrichtung bzw. in der Tagespflege an. Die Mindestbuchungszeit beträgt wöchentlich über fünf Stunden.

6.4 Der Anwendungsbereich des Absatzes 5 ist nach Satz 3 auf Einrichtungen beschränkt, die bereits zwei Jahre ohne Inanspruchnahme der Flexibilisierungsmöglichkeit gefördert wurden. Damit soll die Förderung von Kindertageseinrichtungen nach dem BayKiBiG ausgeschlossen werden, die sich konzeptionell ausschließlich oder überwiegend auf Kurzzeitbuchungen eingerichtet haben. Denn nach dem BayKiBiG sind grundsätzlich nur Einrichtungen mit einem umfassenden, eigenständigen Bildungsauftrag förderfähig. Bei Einrichtungen, die bereits zwei Jahre auch ohne Zusammenrechnung mit schulischen Zeiten die Mindestbesuchszeit erfüllt haben, wird dieser Tatbestand vermutet. Auf eine entsprechende Regelung bei der Tagespflege hat der Gesetzgeber verzichtet.

Kritik üben Träger an der Beschränkung der Förderfähigkeit auf Einrichtungen, die bereits zwei Jahre die Mindestbesuchszeit erfüllt haben. Diese Kritik ist mit Blick auf die geplante Einführung eines Rechtsanspruchs auf Schulkindbetreuung im Grundschulbereich berechtigt. Der Ausbau der Horte wird durch diese Regelung erschwert.

Art. 3

Träger von Kindertageseinrichtungen

(1) **Träger von Kindertageseinrichtungen können kommunale, freigemeinnützige und sonstige Träger sein.**

(2) ^{1}**Kommunale Träger sind Gemeinden, Gemeindeverbände, Verwaltungsgemeinschaften und kommunale Zweckverbände. ^{2}Als kommunale Träger im Sinn dieses Gesetzes gelten auch selbstständige Kommunalunternehmen des öffentlichen Rechts (Art. 89 GO), juristische Personen des Privatrechts sowie rechtsfähige Personenvereinigungen, an denen kommunale Gebietskörperschaften mehrheitlich beteiligt sind beziehungsweise in denen sie einen beherrschenden Einfluss ausüben.**

(3) **Freigemeinnützige Träger sind sonstige juristische Personen des öffentlichen und solche des privaten Rechts, deren Tätigkeit nicht auf Gewinnerzielung gerichtet ist.**

(4) **Sonstige Träger sind insbesondere Elterninitiativen, privatwirtschaftliche Initiativen, nichtrechtsfähige Vereine und natürliche Personen.**

Erläuterungen

In Art. 3 BayKiBiG sind die möglichen Träger von Kindertageseinrichtungen definiert. Nicht nur kommunale Träger oder freigemeinnützige Träger können nach dem BayKiBiG staatlich gefördert werden. Als sonstige Träger kommen sowohl solche in Betracht, die eine Kindertageseinrichtung mit Gewinnerzielungsabsicht betreiben, wie dies z. B. bei Betriebskindergärten vorkommt, als auch solche, denen es an einer Rechtspersönlichkeit fehlt. Bei nicht rechtsfähigen Personenvereinigungen (z. B. Elterninitiativen) müssen allerdings die Vertretungsbefugnis und die Empfangszuständigkeit bestimmt sein. Auch natürliche Personen können Zuschüsse nach diesem Gesetz erhalten, wenn ihre Einrichtung die Fördervoraussetzungen erfüllt (Art. 19 BayKiBiG).

Art. 4

Allgemeine Grundsätze

(1) ^{1}**Die Bildung, Erziehung und Betreuung von Kindern liegt in der vorrangigen Verantwortung der Eltern; Eltern im Sinn dieses Gesetzes sind die jeweiligen Personensorgeberechtigten. ^{2}Die Kindertageseinrichtungen und die Tagespflege ergänzen und unterstützen die Eltern hierbei. ^{3}Das pädagogische Personal hat die erzieherischen Entscheidungen der Eltern zu achten.**

(2) ^{1}**Die örtlichen Träger der öffentlichen Jugendhilfe (Landkreise und kreisfreie Städte) und die Gemeinden sollen mit der freien Jugendhilfe unter Achtung ihrer Selbstständigkeit partnerschaftlich zusammenarbeiten. ^{2}Gleiches gilt für die Zusammenarbeit mit den überörtlichen Sozialhilfeträgern bei integrativen Kindertageseinrichtungen.**

(3) **Soweit Kindertageseinrichtungen in gleichermaßen geeigneter Weise wie von einem kommunalen Träger auch von freigemeinnützigen Trägern betrieben werden oder recht-**

zeitig geschaffen werden können, sollen die Gemeinden und die Träger der öffentlichen Jugendhilfe von eigenen Maßnahmen absehen.

Erläuterungen

Übersicht

1. Primat der elterlichen Erziehungsverantwortung
2. Zusammenarbeit mit der freien Jugendhilfe
3. Subsidiaritätsprinzip

1. Primat der elterlichen Erziehungsverantwortung

Pflege und Erziehung der Kinder sind das natürliche Recht der Eltern und die zuvörderst ihnen obliegende Pflicht (Art. 6 Abs. 2 GG i. V. m. § 1 Abs. 2 SGB VIII). Das Primat der Eltern bei der Bildung, Erziehung und Betreuung ihrer Kinder nach Art. 6 Abs. 2 GG führt dazu, dass das pädagogische Personal die erzieherischen Entscheidungen der Eltern zu achten hat.

Absatz 1 betont diesen Vorrang und die Wertschätzung der Bildung und Erziehung durch die Eltern. Die Bildung, Erziehung und Betreuung von Kindern in Kindertageseinrichtungen und Tagespflege ist familienergänzend und -unterstützend. Die Anerkennung der Bildungs- und Erziehungsleistung der Eltern durch das pädagogische Personal in Kindertageseinrichtungen und durch die Tagespflegepersonen ist Ausgangspunkt für deren eigene pädagogische Arbeit und ihre Bildungs- und Erziehungspartnerschaft mit den Eltern. Dieser Ansatz stellt u. a. einen wesentlichen Unterschied der Bildung in Kindertageseinrichtungen im Vergleich zur schulischen Bildung dar (Art. 7 GG).

Die durch das BayKiBiG gestärkte Rolle der Eltern kommt in folgenden Bestimmungen zum Ausdruck:

– Art. 7 Satz 1 BayKiBiG: Beteiligung bei der örtlichen Bedarfsplanung,
– Art. 11 BayKiBiG: Erziehungspartnerschaft,
– Art. 13 Abs. 1 BayKiBiG: Grundsätze der Bildungs- und Erziehungsarbeit,
– Art. 14 BayKiBiG: Elternbeirat,
– Art. 16 Satz 2 BayKiBiG: Bildungsarbeit in der Tagespflege,
– Art. 19 Nr. 2 BayKiBiG: Veröffentlichung des pädagogischen Konzepts, Elternbefragungen.

2. Zusammenarbeit mit der freien Jugendhilfe

Nach § 3 Abs. 1 SGB VIII ist die Jugendhilfe durch die Vielfalt von Trägern unterschiedlicher Wertorientierungen und die Vielfalt von Inhalten, Methoden und Arbeitsformen gekennzeichnet. Das BayKiBiG knüpft, ohne auf diese Vorschrift ausdrücklich Bezug zu nehmen, an diese Regelung an und baut auf eine notwendige Partnerschaft zwischen den Trägern der öffentlichen Jugendhilfe, den Gemeinden und den freien Trägern der Jugendhilfe. Den bayerischen Gemeinden ist ausdrücklich die Aufgabe zugewiesen, die notwendigen Kinderbetreuungsplätze bereit zu stellen (Art. 5 Abs. 1 BayKiBiG). Dementsprechend bestimmt der Landesgesetzgeber, dass auch die Gemeinden mit der freien Jugendhilfe partnerschaftlich zusammenarbeiten sollen. Ferner wird eine Zusammenarbeit der örtlichen Träger der öffentlichen Jugendhilfe und der Gemeinden mit den überörtlichen Sozialhilfeträgern postuliert. Dies gilt insbesondere für den weiteren Ausbau der inklusiven Einrichtungen (s. hierzu auch Art. 6 Abs. 1 Satz 2 BayKiBiG). Aufgrund § 1 des Bayerischen Teilhabegesetzes II vom 23.12.2019 (BayTHG II; GVBl. S. 747) wurden die Bezirke, die bisher für die Eingliederungshilfe von Kindern zuständigen überörtlichen Träger der Sozialhilfe (§ 64 AGSG), Träger der Eingliederungshilfe (§ 66d AGSG). Art. 4 BayKiBiG bezieht sich auf die Zusammenarbeit im Bereich der Eingliederungshilfe. Das BayTHG II hat versäumt, Art. 4 BayKiBiG redaktionell anzupassen. Da weiterhin die Bezirke zuständig bleiben, ist dies jedoch ohne praktische Bedeutung.

3. Subsidiaritätsprinzip

Ebenso wie die Träger der öffentlichen Jugendhilfe (§ 4 Abs. 2 SGB VIII) haben auch die kreisangehörigen Gemeinden im Bereich der Kinderbetreuung das Subsidiaritätsprinzip zu beachten (Absatz 3). Soweit Kindertageseinrichtungen in gleichermaßen geeigneter Weise auch von freigemeinnützigen Trägern betrieben werden oder rechtzeitig geschaffen werden können, sollen die Gemeinden von eigenen Maßnahmen absehen. Diese Bestimmung wirkt in zwei Richtungen. Die Gemeinde hat bei ihrer Maßnahmeplanung zu prüfen, inwieweit geeignete freigemeinnützige Träger bereit sind, eine neue Einrichtung zu betreiben. Das Subsidiaritätsprinzip ist aber auch dann zu beachten, wenn ein Abbau von Einrichtungen wegen Überbedarfs bevorsteht. Bei Prüfung, ob ein freigemeinnütziges Angebot gleichermaßen geeignet ist, sind nach Maßgabe der Bedarfsplanung (Art. 7 BayKiBiG) Kriterien wie Örtlichkeit (Einzugsbereich), von Eltern bevorzugte Betreuungsform und Qualität des Angebots zu berücksichtigen. Nicht gleich geeignet sind Angebote, wenn sich nach der örtlichen Bedarfsplanung bzw. der Elternbefragung eindeutig eine Präferenz für ein Angebot ergibt (z. B. Vorzug des kommunalen gegenüber dem freigemeinnützigen Angebot). Bei gleicher Eignung muss das kommunale Angebot abgebaut werden. Dem Subsidiaritätsprinzip setzt das Wunsch- und Wahlrecht Grenzen. Wenn Eltern ein kommunales und ein freigemeinnütziges Angebot wünschen, ist dem bei dem Ausbau oder dem Abbau von Einrichtungen Rechnung zu tragen.

> *Beispiel:*
>
> *In der Gemeinde befinden sich eine kommunale Einrichtung mit 75 Kindergartenplätzen und eine Einrichtung eines freigemeinnützigen Trägers mit 50 Plätzen. Nach der Bedarfsplanung sind 75 Plätze ausreichend, eine Präferenz der Eltern für ein bestimmtes Angebot lässt sich nicht feststellen. Die Gemeinde reduziert wegen des Subsidiaritätsprinzips das eigene Angebot auf 25 Plätze.*

Das Subsidiaritätsprinzip darf nicht unterlaufen werden, indem das kommunale Angebot durch einseitige finanzielle Unterstützung qualitativ bessergestellt wird und es dadurch einen Wettbewerbsvorteil erlangt. Ggf. ist fiktiv festzustellen, ob bei gleicher finanzieller Unterstützung auch der freigemeinnützige Träger zumindest ein gleichwertiges Angebot bereitstellen **könnte**.

Fraglich ist, ob ein freigemeinnütziger Träger aufgrund des Absatzes 3 von der Gemeinde fordern kann, in gleicher Höhe wie eine kommunale Einrichtung oder in gleicher Höhe wie eine andere freigemeinnützige Einrichtung gefördert zu werden:

Hierzu hat sich der BayVerfGH dahingehend geäußert, dass die nach § 74a SGB VIII abschließende Finanzierungsregelung zu den Kindertageseinrichtungen systematisch keine Ungleichbehandlung von kommunalen Trägern einerseits und freigemeinnützigen Trägern andererseits aufweist (BayVerfGH vom 1.2.2016 – Vf. 75-VI-14 –, Anm. 24 ff.). Vielmehr sei der kommunale Förderanspruch gegen den Freistaat von einer Eigenleistung abhängig. Ein freigemeinnütziger oder sonstige Träger müssten für einen Anspruch nach kindbezogener Förderung dagegen keine Eigenleistung nachweisen (Anm. 29). Daher leite sich aus dem Gleichbehandlungsgrundsatz auch kein Anspruch eines freigemeinnützigen Trägers auf einen Defizitausgleich ab.

Eine Grenze wird man aber dort ziehen müssen, wenn eine Kommune aufgrund ihrer Finanzkraft freigemeinnützige Träger im Wettbewerb behindert und eine Kindertagesbetreuung faktisch unmöglich macht. Dies wäre der Fall, wenn z. B. die Kommune ihr Betreuungsangebot kostenfrei stellt und zugleich durch ein hochwertiges Angebot Eltern von den freigemeinnützigen Trägern abwirbt, der Träger die dann rückläufige gesetzliche Förderung finanziell nicht auffangen kann und schließlich auch die Pluralität des Betreuungsangebots gefährdet werden würde (BayVGH vom 23.10.2013 – 12 BV 13.650 –, Anm. 29). In diesem Fall bestünde eine Ermessensreduzierung auf Null mit der Folge des Entstehens eines zusätzlichen Förderanspruchs des Trägers gegen die Kommune.

Eine Bindung der Kommune kann auch daraus resultieren, wenn sie sich mit ihrer Förderpraxis nicht am allgemeinen Gleichheitssatz (Art. 3 GG) orientiert. Wenn eine Kommune Defizitverträge mit freigemeinnützigen und/oder sonstigen Trägern abschließt, muss sie die Mitbewerber gleichbehandeln. Gleichliegende Sachverhalte, die aus der Natur der Sache und unter dem Gesichtspunkt der Gerechtigkeit eine gleichartige Regelung erfordern, dürfen demnach nicht ungleich behandelt werden (BayVerfGH, a. a. O., Anm. 24). Insbesondere sind unter Berücksichtigung der Eigenleistung der Träger gleiche Grundsätze und Maßstäbe anzulegen. In der Praxis dürfte freilich die Feststellung einer Ungleichbehandlung erhebliche Schwierigkeiten bereiten. Bei unterschiedlicher Ausgangslage bedarf es schon eines erheblichen Aufwands, eine Vergleichbarkeit der Bezugsdaten herzustellen. Die Betriebskosten sind einrichtungsbezogen und abhängig von einer Vielzahl von Faktoren.

Zu unterscheiden sind insbesondere die unterschiedlichen Finanzierungsanteile und die Kostenträger:

Kosten	Kostenträger/Finanzierung
Personalkosten Sonstige Kosten für die laufende Betriebsführung (Versicherung, Strom, Verwaltungskosten, Hauswirtschaftspersonal, Sachmittel ...) Investitionskosten	Gemeinde (mit Refinanzierungsmöglichkeit beim Freistaat Bayern) nach BayKiBiG Angemessener Trägeranteil ggf. mit (innerkirchlicher) Refinanzierungsmöglichkeit Elternbeitrag Bayerisches Krippengeld Spenden Wirtschaftliche Jugendhilfe

Da die Kommune möglichst ein den Bedürfnissen der Eltern entsprechendes plurales Betreuungsangebot aufrechterhalten soll, ist es legitim, ggf. die unterschiedliche Finanzkraft als sachlichen Differenzierungsgrund für eine Defizitvereinbarung in unterschiedlicher Höhe heranzuziehen. Das garantiert auch finanzschwachen Elternvereinen die Möglichkeit, im Wettbewerb zu bestehen. Sollte sich eine Gemeinde für eine bestimmte Finanzierungsart entschieden haben (Fehlbedarfsfinanzierung, Anteilfinanzierung, Festbetragsfinanzierung), besteht darüber hinaus Anspruch auf eine analoge Finanzierung, wobei die konkrete Höhe wegen der Eigenleistung unterschiedlich sein kann. In diesem Zusammenhang wird eine Gemeinde auch einen innerkirchlichen Ausgleichsanspruch berücksichtigen können. Als Leitlinie wird man formulieren können, dass ein freigemeinnütziger Träger zumindest im Grunde dann Anspruch auf ergänzende gemeindliche Leistungen bzw. auf Abschluss eines Kooperationsvertrages hat, wenn die Gemeinde andere Träger über die gesetzliche Leistung hinaus fördert (s. hierzu BayVGH, a. a. O., Rn. 26).

Übersicht zur Verteilung der Finanzierungsanteile:

Kindbezogene Förderung (je zur Hälfte Gemeinde und Freistaat Bayern)	**Elternbeitrag** inkl. Beitragszuschüsse, Bayerisches Krippengeld und wirtschaftliche Jugendhilfe	**Trägeranteil** (je nach Leistungskraft)	Zusätzlicher **Gemeindeanteil** auf Grundlage Kooperationsvertrag
Bei Kindergärten und Horten rund 60[1) bis 70 % der Betriebskosten	30 bis 40 % der Betriebskosten		
Bei Krippen rund 50 bis 60 % der Betriebskosten	40 bis 50 % der Betriebskosten		

2. TEIL

SICHERSTELLUNG UND PLANUNG

Art. 5

Sicherstellung eines ausreichenden Betreuungsangebots

(1) Die Gemeinden sollen im eigenen Wirkungskreis und in den Grenzen ihrer Leistungsfähigkeit gewährleisten, dass die nach der Bedarfsfeststellung (Art. 7) notwendigen Plätze in Kindertageseinrichtungen und in Tagespflege rechtzeitig zur Verfügung stehen.

(2) Soweit Plätze in einer Kindertageseinrichtung notwendig sind, um den Bedarf aus mehreren Gemeinden zu decken, sollen die betreffenden Gemeinden diese Aufgabe im Weg kommunaler Zusammenarbeit erfüllen.

(3) Die Aufgaben des örtlichen Trägers der öffentlichen Jugendhilfe bleiben unberührt.

Erläuterungen

Übersicht

1. Sicherstellungsgebot für die Gemeinden
2. Rechtsanspruch auf Kinderbetreuungsplatz
3. Kommunale Zusammenarbeit
4. Sicherstellungsgebot für die Träger der öffentlichen Jugendhilfe

1. Sicherstellungsgebot für die Gemeinden

1.1 In Bayern sind die Gemeinden vorrangig zuständig, ausreichend Plätze zur Kinderbetreuung in Einrichtungen und in der Kindertagespflege vorzuhalten. Es handelt sich um eine **Pflichtaufgabe** im eigenen Wirkungskreis. Die Gemeinden haben dementsprechend die Bedürfnisse von Kindern und Eltern zu eruieren, den Bedarf festzustellen und auf dieser Grundlage die notwendigen Maßnahmen zu ergreifen, um die erforderliche Kinderbetreuung sicherzustellen. Die Gemeinden tragen daher die Planungs- und Finanzierungsverantwortung für die Kinderbetreuung. Bei der Maßnahmeplanung ist das Subsidiaritätsprinzip sowie das elterliche Wunsch- und Wahlrecht zu beachten (Art. 4 Abs. 3, Art. 7 Satz 1 BayKiBiG).

---

1) Prozentsätze geschätzt nach Erfahrungswerten.

Davon unberührt bleibt die Zuständigkeit der Träger der öffentlichen Jugendhilfe (Landkreise, kreisfreie Städte, Absatz 3; Art. 15 AGSG) nach dem SGB VIII. Sie tragen die Gesamtverantwortung für die Jugendhilfeplanung (Art. 6 Abs. 1 Satz 1 BayKiBiG). Gegen sie richtet sich der Rechtsanspruch des Kindes auf Förderung in einer Kindertageseinrichtung bzw. in der Kindertagespflege (§ 24 SGB VIII).

Unproblematisch ist diese Doppelzuständigkeit in kreisfreien Städten, weil diese zugleich Träger der öffentlichen Jugendhilfe sind. Bei kreisangehörigen Gemeinden und Landkreisen führt dies ggf. zu einem Interessenskonflikt. Landkreise sind in aller Regel selbst nicht Träger von Kindertageseinrichtungen. Diese werden allenfalls subsidiär tätig, wenn eine Gemeinde nicht leistungsfähig ist oder sie fördern ggf. Einrichtungen mit überörtlichem Einzugsbereich. Wenn daher ein Kind über seine Eltern einen Rechtsanspruch auf einen Betreuungsplatz in einer Einrichtung gegen den Landkreis geltend macht, ist dieser auf die Kooperation der betreffenden Gemeinde angewiesen, um ggf. Schadenersatzansprüche abzuwenden, die letztlich über die Kreisumlage alle Gemeinden im Landkreis treffen.

1.2 Die Aufgabe, ein ausreichendes Betreuungsangebot bereitzustellen, geht allen freiwilligen Leistungen einer Gemeinde vor. Betroffen sind institutionelle Betreuungsformen sowie Tagespflegeplätze für Kinder aller Altersgruppen bis zum 14. Lebensjahr.

1.3 Ob ein bereitgestelltes Betreuungsangebot bedarfsgerecht ist, beurteilt sich nach objektiven Kriterien. Grundlage für die Aufgabenerfüllung ist die örtliche Bedarfsplanung (Art. 7 BayKiBiG).

2. Rechtsanspruch auf Kinderbetreuungsplatz

Die Gemeinden haben die nach der Bedarfsfeststellung notwendigen Plätze rechtzeitig zur Verfügung zu stellen. Bedarfsfeststellung und Bereitstellung von Plätzen sind eng verbunden mit der Frage, ob und inwieweit Kinder Anspruch auf einen Betreuungsplatz haben (§ 24 SGB VIII). Im Fall des Rechtsanspruchs des Kindes auf einen Betreuungsplatz müssen unter Berücksichtigung des Wunsch- und Wahlrechts der Eltern ausreichend Plätze in zumutbarer Entfernung zur Verfügung stehen, qualitative Mindeststandards erfüllen und für die Eltern finanziell erschwinglich sein. Schließlich muss der erforderliche Betreuungsplatz den Bedürfnissen von Kind und Eltern auch in zeitlicher Hinsicht entsprechen.

2.1 Der Rechtsanspruch auf einen Betreuungsplatz ist ein Anspruch des Kindes und richtet sich gegen den Träger der öffentlichen Jugendhilfe (§ 69 Abs. 1 SGB VIII, Art. 15 Satz 1 AGSG). Der Rechtsanspruch betrifft Kinder ab dem vollendeten ersten Lebensjahr bis zur Einschulung. § 24 SGB VIII unterscheidet zudem in dieser Altersgruppe Kinder bis zur Vollendung des dritten Lebensjahres und Kinder ab vollendetem dritten Lebensjahr. Der Umfang der täglichen Förderung richtet sich nach dem individuellen Bedarf. Der individuelle Bedarf ist vor allem geprägt durch eine zeitliche Komponente und eine räumliche Komponente. Für Kinder ab dem vollendeten dritten Lebensjahr muss ausdrücklich ein bedarfsgerechtes Ganztagsangebot zur Verfügung stehen. Die Erforderlichkeit des Betreuungsplatzes, bezogen auf die Arbeitszeiten der Eltern, ist dabei für die Bestimmung des Bedarfs nicht von Belang. Der Bedarf ist allein durch das Kindeswohl begrenzt (OVG Bautzen, Beschl. vom 23.5.2018 – 4 B 134/18 –).

In einer Grundsatzentscheidung hat sich das BVerwG in der Revision gegen das Urt. des BayVGH vom 22.7.2016 – 12 BV 15.719 – zum Rechtsanspruch geäußert (BVerwG, Urt. vom 26.10.2017 – 5 C 19.16 –). Im Kern hat das BVerwG entschieden, dass ein Kind im Alter ab dem vollendeten ersten Lebensjahr bis zur Vollendung des dritten Lebensjahres im Fall der Kapazitätserschöpfung des Angebots in Kindertageseinrichtungen vom Träger der öffentlichen Jugendhilfe auf Kindertagespflege verwiesen werden kann. Im Übrigen stellt die Rechtsprechung an die Kapazitätserschöpfung strenge Anforderungen. Gründe wie Fachkräftemangel oder zu wenige Plätze werden nicht akzeptiert. So hat das OVG Berlin-Brandenburg in seinem Beschl. vom 22.3.2018 – 6 S 6.18 – auch eine übergangsweise Lockerung des Betreuungsschlüssels für akzeptabel erachtet. Ferner hat das Gericht festgestellt, dass die Eltern Aufwendungsersatz analog § 36a Abs. 3 Satz 1 SGB VIII geltend machen können, wenn sie sich einen Betreuungsplatz selbst beschaffen, weil der Träger der öffentlichen Jugendhilfe ihnen keinen geeigneten Betreuungsplatz nachweisen konnte. Der BayVGH (a. a. O.) hat überzeugend zu den räumlichen Anforderungen des Betreuungsplatzes Hinweise gegeben. Angemessen Rechnung getragen werde danach dem Anspruch regelmäßig nur dann, wenn der Betreuungsplatz vom Wohnsitz des Kindes aus in vertretbarer Zeit erreicht werden könne. Wünschenswert sei zwar eine fußläufige Erreichbarkeit, allerdings sei es regelmäßig zumutbar, für den Weg zur Kindertageseinrichtung öffentliche Verkehrsmittel bzw. einen privaten Pkw zu benutzen. Welche Entfernung zwischen Wohnort und Tagesstätte noch zumutbar sei, lasse sich nicht generell festlegen. In diesem Zusammenhang ist darauf hinzuweisen, dass sich der Verschaffungsanspruch gegen den Träger der öffentlichen Jugendhilfe nur auf Betreuungseinrichtungen innerhalb seines Zuständigkeitsbereichs bezieht (OVG Magdeburg, Beschl. vom 28.3.2018 – 4 M 48/18 –).

Was die finanzielle Zumutbarkeit eines nachgewiesenen Platzes anbelangt, hat das BVerwG, weil nicht erforderlich, sich nicht näher eingelassen (BVerwG, a. a. O). Die Ausführungen des BayVGH, wonach Eltern bei Festlegung des Elternbeitrags gleichbehandelt werden müssten, hat das BVerwG jedoch nicht überzeugt. Das BVerwG weist darauf hin, dass der Rechtsanspruch auf einen Betreuungsplatz nicht zugleich einen Anspruch auf ein kostenloses oder zumindest kostengünstiges Betreuungsangebot umfasst. Die Frage der finanziellen Zumutbarkeit ist im Rahmen des § 90 Abs. 3 und 4 SGB VIII zu klären. Der Landesgesetzgeber hat von der Möglichkeit, zur Zumutbarkeit Regelungen zu treffen (§ 90 Abs. 4 Satz 4, Abs. 2 Satz 3 SGB VIII), keinen Gebrauch gemacht. Der Freistaat unterstützt stattdessen die Eltern durch Zahlung von Beitragszuschüssen (Art. 23 BayKiBiG), des Bayerischen Familiengeldes (BayFamGG) und des Bayerischen Krippengeldes (Art. 23a BayKiBiG).

Eine Arbeitsgruppe unter Beteiligung u.a des Sozialministeriums und der kommunalen Spitzenverbände hat eine Zumutbarkeitsgrenze empfohlen und hierzu Art. 20 Satz 1 Nr. 3 BayKiBiG herangezogen. Diese Bestimmung gilt für die Kindertagespflege, die grundsätzlich geeignet ist, den Rechtsanspruch (zumindest für Kinder unter drei Jahren) zu erfüllen. Die Zumutbarkeitsschwelle für den monatlichen Elternbeitrag (ohne Essensgeld) wird dort bei dem 1,5-fachen der aktuellen gesetzlichen staatlichen Förderung nach Art. 21 BayKiBiG angesetzt. Dies wären im Jahr 2020 für eine achtstündige Betreuung 395,73 Euro im Monat (1217,62 Euro * 1,3 * 2,0: 12 * 1,5).

2.2 Mit dem Aufwendungsersatz analog § 36a SGB VIII dürfte den finanziellen Ansprüchen von Eltern im Fall der Selbstbeschaffung nach erfolglosem Nachweis eines Betreuungsplatzes weitgehend entsprochen werden. Sollte für Eltern die Selbstbeschaffung erfolglos verlaufen und entsteht in der Folge ein Verdienstausfall, bleibt der Schadensersatz. In seinem Urt. vom 20.10.2016 – III ZR 303/15 – hat der BGH die Drittschutzwirkung des § 24 SGB VIII zugunsten der Eltern bzw. Personensorgeberechtigten festgestellt. Mit dem Kinderförderungsgesetz bzw. mit Einführung des Anspruchs nach § 24 Abs. 2 SGB VIII beabsichtigte der Gesetzgeber neben der Förderung des Kindeswohls auch die Entlastung der Eltern mit Blick auf die Herstellung der Vereinbarkeit von Familie und Erwerbstätigkeit. Sollte daher ein Aufwendungsersatzanspruch nach § 36a Abs. 3 Satz 1 SGB VIII analog ins Leere gehen, weil kein anderweitiger Betreuungsplatz gefunden oder kein geeigneter Platz zugewiesen wird, können Eltern Schadensersatz z. B. für Verdienstausfall fordern. Der Amtshaftungsanspruch stützt sich auf § 839 Abs. 1 BGB i. V. m. Art. 34 GG. Schuldhaft handelt die Amtsperson (beim Träger der öffentlichen Jugendhilfe), wenn es nicht gelingt, einen Platz in einer Kindertageseinrichtung bzw. in der Kindertagespflege (nur bei Kindern bis zum vollendeten dritten Lebensjahr) nachzuweisen. Kein schuldhaftes Handeln wäre anzunehmen, wenn zwar Plätze gebaut wurden, aber diese wegen Fachkräftemangel nicht eröffnet werden können oder ein Bau sich unvorhergesehen verzögert

(z. B. Fund eines denkmalgeschützten Gemäuers beim Aushub der neuen Einrichtung). Hierfür muss der Träger der öffentlichen Jugendhilfe den Beweis führen.

2.3 Dem Gesetzeswortlaut nicht unmittelbar zu entnehmen ist, ob z. B. Angebote für Schichtarbeiter in den Früh- oder Abendstunden oder am Wochenende vorzuhalten sind. Das Sicherstellungsgebot ist insoweit auch abhängig von der generellen Bedarfslage. Der Pflichtenkanon kann sich somit bei einem entsprechenden gesellschaftlichen Wandel verändern. Zusätzliche Aufgaben wären ggf. Gegenstand für die Anwendung der Revisionsklausel im Rahmen der Konsultationsvereinbarung. Nach den derzeitigen Gegebenheiten betrifft das Sicherstellungsgebot zumindest die Zeit von Montag bis Freitag jeweils zwischen 6 Uhr und 20 Uhr.

2.4 Der Begriff **„Leistungsfähigkeit"** ist eng auszulegen. Die Grenzen der Leistungsfähigkeit sind nicht bereits dann erreicht, wenn für die Aufgabenerfüllung Haushaltsmittel im nicht erforderlichen Umfang zur Verfügung stehen. Dies wäre erst dann anzunehmen, wenn eine Gemeinde entsprechend dem Vorrang von Pflichtaufgaben alle freiwilligen Leistungen abgebaut hat und eine Kreditaufnahme nicht mehr möglich ist. Eine fehlende Leistungsfähigkeit kann jedenfalls dann nicht angenommen werden, wenn in der Höhe vergleichbare Mittel etwa für freiwillige Aufgaben verwendet werden, die die Gemeinde weder erfüllen muss noch erfüllen soll (BayVGH, Urt. vom 30.6.2010 – 12 CE 10.767 –, Rn. 36).

2.5 Die Gemeinden sollen die notwendigen Plätze in Kindertageseinrichtungen **und in Tagespflege** bereitstellen. Dabei handelt es sich nicht um eine Übertragung einer **zusätzlichen** Aufgabe, die konnexitätsrelevant wäre. Vielmehr wird klargestellt, dass die Gemeinden ihr Betreuungsangebot an den Bedürfnissen der Eltern bzw. Kinder auszurichten haben. Ein einseitiges Angebot ohne Berücksichtigung der Tagespflege wäre daher rechtswidrig, wenn die Eltern eine Alternative zwischen diesen Betreuungsformen wünschen und die Bereitstellung nicht mit unverhältnismäßig hohen Kosten verbunden ist.

2.6 Dem Sicherstellungsgebot entspricht eine Finanzierungsverpflichtung der Gemeinden, die über die Finanzierungsregelung des BayKiBiG hinausgeht.

2.6.1 Die (gesetzliche) Finanzierung nach Art. 18 ff. BayKiBiG deckt nur einen Teil der Betriebskosten, nämlich i. H. v. etwa 60 %. Weitere, im Schnitt etwa 15 bis 20 % der Betriebskosten werden mit staatlichen Beitragszuschüssen und Elternbeiträgen finanziert oder von der wirtschaftlichen Jugendhilfe (§ 90 Abs. 1 Nr. 3, Abs. 4 SGB VIII) getragen. Wenn die Gemeinden somit nicht Gefahr laufen wollen, dass sie alle notwendigen Einrichtungen selbst betreiben, sind sie gut beraten, sich mit freien und sonstigen Trägern über die Kostendeckung zu einigen. Der Spielraum der Gemeinden wird dabei durch den Gleichheitsgrundsatz, den Subsidiaritätsgrundsatz und das elterliche Wunsch- und Wahlrecht eingegrenzt. Üblicherweise schließen die Gemeinden mit den Trägern sog. Kooperations- oder Leistungsdefizitverträge unter Berücksichtigung der Leistungsfähigkeit des Trägers.

Rund ein Drittel der Gemeinden können oder wollen entsprechende vertragliche Verpflichtungen zur Planungssicherheit der Träger nicht abschließen. Dies ist kritisch zu sehen, weil dies in den betroffenen Einrichtungen zu einer Unterfinanzierung führen kann, was sich unmittelbar auf die Qualität auswirkt. Diese Einrichtungen erfüllen meist gerade den förderrelevanten Anstellungsschlüssel und können keinen Puffer für den Fall von Höherbuchungen oder Ausfall von Personal einplanen. Dies wiederum führt in aller Regel zu einem erhöhten Verwaltungsaufwand bei der Leitung der Einrichtung – wertvolle Zeit, die bei der Betreuung der Kinder fehlt. Dies ist letztlich auch der Grund, weshalb der durchschnittliche Anstellungsschlüssel in den Regierungsbezirken ganz erheblich abweicht.

durchschn. Anstellungsschlüssel (1: …)	2017	2019
Oberbayern	9,05	9,07
Niederbayern	9,47	9,35
Oberpfalz	9,42	9,39
Oberfranken	9,96	9,83
Mittelfranken	9,45	9,43
Unterfranken	9,57	9,49
Schwaben	9,36	9,26
Bayern	9,52	9,47

Quelle: KiBiG.web

In diesem Zusammenhang stellt sich die Frage nach einem Rechtsanspruch freier Träger auf Abschluss eines Defizitvertrages gegenüber der Gemeinde. Der BayVGH hat diese in seinem Urt. vom 23.10.2013 (– 12 BV 13.650 –) ausdrücklich verneint. Für einen generellen Rechtsanspruch auf Defizitausgleich bedürfte es einer Regelung des Landesgesetzgebers (Rn. 20). Der BayVGH anerkennt jedoch einen Anspruch auf ermessensfehlerfreie Entscheidung im Rahmen allgemeiner Grundsätze der Vergabe kommunaler Fördermittel (Rn. 28). Dabei könnte eine Ermessensreduzierung auf Null dann eintreten, wenn der weitere Betrieb der Einrichtung konkret gefährdet wäre und andere Wege der Eigenfinanzierung ausgeschöpft wären. Wenn eine Gemeinde bereits Defizitverträge in anderen Fällen abgeschlossen hat, könnte ggf. aus dem Gleichheitsgrundsatz (Art. 3 Abs. 1 GG) ein Rechtsanspruch erwachsen (Rn. 26). Verneint wird vom BayVGH ein Auftragsverhältnis oder eine Rechtsverpflichtung aus der Bedarfsnotwendigkeit einer Einrichtung, woraus Ansprüche des Trägers abgeleitet werden könnten. Letzteres ist zumindest für die Rechtslage vor dem 1.1.2013 in Frage zu stellen, weil bis dahin die Gemeinden Einrichtungen konkret als bedarfsnotwendig anerkannten. Nach der hier vertretenen Auffassung verdichtete sich in diesen Fällen das Subsidiaritätsprinzip, weil die Gemeinde das Betreuungsangebot konkret als Teil ihrer kommunalen Bedarfsplanung anerkannt hat. Daraus ergibt sich eine Gewährleistungsverantwortung, die über den Fall einer Bestandsgefährdung hinausgeht. Eine unbedingte Vollkostenabsicherung ist damit gleichwohl nicht verbunden. Es fehlen die Kriterien für die Bezifferung des zu übernehmenden Defizitausgleichs. Der Abschluss einer Defizitvereinbarung ist gegenwärtig Verhandlungssache. Es wäre hilfreich, wenn der Gesetzgeber entsprechende Kriterien festlegen würde.

2.6.2 Die seitens des Gesetzgebers vorgenommene Differenzierung bei Finanzierung der institutionellen Betreuungsangebote ist sachgerecht. Der Auftrag der kreisangehörigen Gemeinden, ein ausreichendes Kinderbetreuungsangebot bereit zu stellen, ist umfassend. Die Refinanzierungsmöglichkeit im Rahmen des BayKiBiG betrifft dagegen nur einen Teilaspekt, nämlich die Umsetzung von Bildungszielen. Die kindbezogene Förderung schafft **insoweit** Planungssicherheit. Die Finanzierung der nicht gedeckten Betriebskostenanteile entzieht sich jedoch wegen der unterschiedlichen Ausgangslagen in einem Bereich, der maßgeblich vom Subsidiaritätsgrundsatz geprägt ist, einer generellen Regelung. Vielmehr besteht wegen der subsidiären Funktion öffentlicher Förderung ein Bedürfnis, Selbsthilfekräfte zu aktivieren und freigemeinnützige Träger zu gewinnen, sich in zumutbarer Weise mit Eigenmitteln an der Finanzierung zu beteiligen. Die Gemeinden können daher einzelfallbezogen die unterschiedliche Finanzkraft der Träger bei ihrer Kalkulation berücksichtigen und ihre Förderung von weiteren für sie entscheidenden Gesichtspunkten (z. B. vertragliche Verpflichtung zur Einhaltung von Standards, Zielvereinbarung über das Leistungsangebot) abhängig machen.

3. Kommunale Zusammenarbeit

Der Gesetzgeber weist ausdrücklich auf die Möglichkeit der kommunalen Zusammenarbeit hin. Formen der kommunalen Zusammenarbeit sind die Gründung einer kommunalen Arbeitsgemeinschaft, der Abschluss einer Zweckvereinbarung, die Bildung eines Zweckverbandes oder gemeinsame Kommunalunternehmen (Art. 2 Abs. 1 KommZG).

Kommunale Zusammenarbeit im Sinne des Absatzes 2 kommt insbesondere im Hinblick auf integrative Kindertageseinrichtungen und Kindertageseinrichtungen mit einer besonderen pädagogischen Ausrichtung in Betracht.

> *Beispiel:*
>
> *Für viele Gemeinden ist es aus finanziellen Gründen nicht möglich, den Wünschen der Eltern nach einem vielfältigen pädagogischen Betreuungsangebot durch ein Angebot am Ort entsprechen zu können. Daher könnten die Mitgliedsgemeinden einer Verwaltungsgemeinschaft ihre Bedarfsplanung abstimmen und ein plurales Betreuungsangebot bereitstellen, das insgesamt die Interessen der Eltern möglichst abdeckt.*

4. Sicherstellungsgebot für die Träger der öffentlichen Jugendhilfe

Absatz 3 stellt klar, dass die Gemeinden im Bereich der Kinderbetreuung nicht die Aufgaben des örtlichen Trägers der öffentlichen Jugendhilfe übernehmen, sondern ihre Aufgaben eigenständig **neben** dessen Aufgaben nach Bundesrecht (§§ 24, 85 SGB VIII) treten. Soweit das BayKiBiG Aufgaben an die kreisangehörigen Gemeinden überträgt, tritt die Aufgabe des Trägers der öffentlichen Jugendhilfe grundsätzlich zurück. Der Träger der öffentlichen Jugendhilfe kann aber jederzeit die Initiative ergreifen und die Aufgaben nach dem SGB VIII selbst erfüllen und die Refinanzierungsmöglichkeiten des BayKiBiG in Anspruch nehmen.

Folgende Fallkonstellationen gilt es bezüglich des Sicherstellungsgebots bzw. einer Förderung zu unterscheiden:

Einrichtung nach Art. 2	kreisfreie und kreisangehörige Gemeinden: Sicherstellung der **bedarfsnotwendigen** Einrichtungen	Refinanzierung beim Freistaat nach BayKiBiG
	Landkreis als Träger der öffentlichen Jugendhilfe: – **Pflicht**: Sicherstellung **bedarfsnotwendiger** Plätze in Einrichtungen, die von der betroffenen kreisangehörigen Aufenthaltsgemeinde mangels Leistungsfähigkeit nicht gefördert werden.	Refinanzierung beim Freistaat nach BayKiBiG
	– **Maßnahmen der Kommunalaufsicht zur Sicherstellung der Kinderbetreuung**: Beanstandung einer fehlerhaften Bedarfsplanung einer kreisangehörigen Gemeinde.	

	– **Selbsteintritt**: Sicherstellung bedarfsnotwendiger Plätze in Einrichtungen mit überörtlichem Einzugsbereich, die von keiner kreisangehörigen Gemeinde mangels Bedarfs gefördert werden.	
Einrichtungen, die nicht von Art. 2 erfasst werden	**Kreisangehörige Gemeinde:** Allgemeine Aufgabe im eigenen Wirkungskreis (Art. 7, 57 BayGO)	keine Refinanzierungsmöglichkeit beim Freistaat Bayern.
	Kreisfreie Stadt bzw. Landkreis als Träger der öffentlichen Jugendhilfe: Allgemeine Aufgabe nach SGB VIII	keine Refinanzierungsmöglichkeit beim Freistaat Bayern.

Auf den Mangel an Haushaltsmitteln kann sich der Träger der öffentlichen Jugendhilfe nicht berufen, wenn er für seine Aufgabe, Kindertageseinrichtungen zu fördern, generell auf eine entsprechende Kreisumlage verzichtet (vgl. BVerwG, Urt. vom 25.11.2004 – 5 C 66.03 –).

Art. 6
Planungsverantwortung

(1) [1]**Die örtlichen Träger der öffentlichen Jugendhilfe tragen für die Versorgung mit Plätzen in Kindertageseinrichtungen und in Tagespflege die Gesamtverantwortung für die Planung.** [2]**Dies gilt mit Blick auf das Gesetz zu dem Übereinkommen der Vereinten Nationen vom 13. Dezember 2006 über die Rechte von Menschen mit Behinderungen sowie zu dem Fakultativprotokoll vom 13. Dezember 2006 zum Übereinkommen der Vereinten Nationen über die Rechte von Menschen mit Behinderungen vom 21. Dezember 2008 (BGBl. II S. 1419) in Verbindung mit Art. 4 Abs. 2, Art. 7 und 24 des genannten Übereinkommens auch für die Versorgung mit Plätzen für Kinder mit bestehender oder drohender Behinderung.**

(2) [1]**Die Gemeinden und die Träger der freien Jugendhilfe sowie die überörtlichen Sozialhilfeträger sind in alle Phasen der Bedarfsplanung und des Planungsverfahrens nach § 80 SGB VIII einzubeziehen.** [2]**Die Planung der Plätze für Schulkinder ist zusätzlich mit der Schulaufsicht abzustimmen.**

Erläuterungen

Übersicht

1. Gesamtplanungsverantwortung der Träger der öffentlichen Jugendhilfe
2. Planungsbeteiligte

1. Gesamtplanungsverantwortung der Träger der öffentlichen Jugendhilfe

Die Art. 6 bis 8 BayKiBiG konkretisieren die Planung im Bereich der Kinderbetreuung und stärken darüber hinaus die planerische Verantwortung der kreisangehörigen Gemeinden. **Absatz 1** weist den örtlichen Trägern der öffentlichen Jugendhilfe in Übereinstimmung mit den Regelungen des Achten Buches Sozialgesetzbuch (§ 80 SGB VIII) die Gesamtverantwortung für die Planung der Versorgung mit Plätzen in Kindertageseinrichtungen und in Tagespflege zu. **Absatz 1 Satz 2** wurde mit Blick auf die UN-Behindertenrechtskonvention über die Rechte von Menschen mit Behinderung neu gefasst. Die UN-Behindertentrechtskonvention, die den Rang eines Bundesgesetzes einnimmt, fordert eine gleichberechtigte Teilhabe von Kindern mit Behinderung am gesellschaftlichen Leben. Insbesondere dürfen sie nicht vom **allgemeinen** Bildungssystem ausgeschlossen werden (s. Art. 24 UN-BRK). Dieser Ansatz der **Inklusion** setzt den barrierefreien Zugang zu den Kindertageseinrichtungen zur Bildung, und Erziehung und Betreuung voraus. Planerisch müssen sich die Einrichtungen somit auf die Aufnahme von Kindern mit Sonderförderbedarf einstellen. Dies betrifft insbesondere auch den Bau und die Ausstattung der Einrichtungen.

Aufgrund der Gesamtverantwortung und der subsidiären Aufgabe der Träger der öffentlichen Jugendhilfe, rechtzeitig und ausreichend Kinderbetreuungsangebote bereitzustellen, ergibt sich ihre Pflicht, in den örtlichen Bedarfsplanungen der kreisangehörigen Gemeinden den inklusiven Ansatz einzufordern und ggf. auch durchzusetzen.

2. Planungsbeteiligte

In **Absatz 2 Satz 1** wird die Stellung der kreisangehörigen Gemeinden sowie der sonstigen Beteiligten am Planungsverfahren gesichert. Um Interessenskonflikte zu vermeiden, sollen die Planungen der kreisangehörigen Gemeinden untereinander und im Verhältnis zum Landkreis aufeinander abgestimmt werden und die Träger eingebunden werden. Fehlplanungen sollen dadurch vermieden, Synergieeffekte gewonnen werden.

> *Beispiele:*
> a) *Die Gemeinde G nahm bisher in hoher Zahl Gastkinder auf und hat dementsprechend darauf seine Kapazitäten ausgerichtet. Die Nachbargemeinde plant nun den Ausbau der eigenen Einrichtungen. Es ist damit zu rechnen, dass sich die Zahl der Gastkinder erheblich reduziert, was zu freien Plätzen in der Gemeinde G führt.*
> b) *Der Zuliefererbetrieb Z plant eine betriebliche Einrichtung für die Kinder der Betriebsangehörigen. Unmittelbar betroffen ist eine Vielzahl von Einrichtungen im Landkreisgebiet.*
> c) *Der Landkreis plant den Ausbau der inklusiven Einrichtungen. Zur Festlegung der Standorte, der Größe der Einrichtungen und der Vernetzung mit der Frühförderung erfolgt eine Abstimmung mit dem Bezirk, den Gemeinden und der Frühförderstelle.*

Die Aufzählung der Verfahrensbeteiligten ist nicht abschließend. Selbstverständlich können und sollen bezogen auf die spezifischen Verhältnisse vor Ort zum Beispiel auch Elternvereinigungen und die Agentur für Arbeit (siehe § 16 Abs. 2 Nr. 1 SGB II) am Planungsverfahren beteiligt werden. Die überörtlichen Sozialhilfeträger tragen wegen der Eingliederungshilfe und des inklusiven Ansatzes ebenfalls Planungsverantwortung. Seit 1.1.2020 haben die Träger der Eingliederungshilfe diese Funktion übernommen, die Eingliederungshilfe ist nun im SGB IX geregelt. Damit die Kontinuität gewährleistet ist, hat der Landesgesetzgeber wieder die Bezirke mit dieser Aufgabe betraut (§ 1 BayTHG, § 66d AGSG, s. auch Erl. 2 zu Art. 4 BayKiBiG).

Satz 2 trägt dem Ausbau der schulischen Betreuungsangebote Rechnung und stellt eine korrespondierende Regelung zu Art. 6 Abs. 5 Satz 3 BayEUG dar. Danach erfolgt die Planung der (schulischen) Ganztagsangebote im Benehmen mit dem örtlichen Träger der öffentlichen Jugendhilfe. Die Träger der öffentlichen Jugendhilfe sollen sich regelmäßig mit der Schulaufsicht, d. h. insbesondere den staatlichen Schulämtern, austauschen und die Planungen aufeinander abstimmen. Vor allem sollen keine Doppelstrukturen aufgebaut bzw. bestehende Strukturen nicht in ihrem Bestand gefährdet werden. Besonders für die Frage der Randzeitenbetreuung und der Betreuung in Ferienzeiten sollen gemeinsame

Lösungen erarbeitet werden. 2019 besuchten etwa 35 % der betreuten Schulkinder Einrichtungen der Jugendhilfe (rund 90 000 Kinder).

Art. 7

Örtliche Bedarfsplanung

[1] **Die Gemeinden entscheiden, welchen örtlichen Bedarf sie unter Berücksichtigung der Bedürfnisse der Eltern und ihrer Kinder für eine kindgerechte Bildung, Erziehung und Betreuung sowie sonstiger bestehender schulischer Angebote anerkennen.** [2] **Hierbei sind die Bedürfnisse von Kindern mit bestehender oder drohender Behinderung an einer wohnortnahen Betreuung in einer Kindertageseinrichtung im Sinn dieses Gesetzes zu berücksichtigen.** [3] **Die Bedarfsplanung nach § 80 SGB VIII bleibt unberührt.** [4] **Die Gemeinden haben die Entscheidung nach Satz 1 entsprechend den örtlichen Gegebenheiten regelmäßig zu aktualisieren.**

Erläuterungen

Übersicht

1. Allgemein
2. Gemeindliche Bedarfsplanung, Wunsch- und Wahlrecht
    2.1 Verhältnis zur Jugendhilfeplanung
    2.2 Zweck der Bedarfsplanung
    2.3 Verhältnis Bedarfsplanung zum Wunsch- und Wahlrecht der Eltern (§ 5 SGB VIII)
    2.4 Durchführung der Bedarfsplanung
    2.5 Planungsschritte
    2.6 Feststellung des Bedarfs

1. Allgemein

Seit Einführung des BayKiBiG hat sich die örtliche Bedarfsplanung als Instrument für die Bereitstellung und den Ausbau von Einrichtungen der Kindertagesbetreuung und für die Kindertagespflege weitgehend etabliert. Dennoch stellen gerade kleinere Gemeinden die Sinnfrage. Als problematisch wird immer wieder die Maßnahmeplanung auf Basis von Elternbefragungen genannt. Beklagt wird insbesondere ein oft unzureichender Rücklauf. Dass Gemeinden von Entwicklungen auch überholt werden, z. B. beim Ausbau der Kinderbetreuung im Bereich der Altersgruppe unter drei Jahren, lässt Zweifel aufkommen, ob die Ergebnisse der Bedarfsplanung den Verwaltungsaufwand rechtfertigen. Kritisiert wird auch, dass Elternbefragungen anonym durchzuführen sind (Auffassung des Landesdatenschutzbeauftragten).

In diesem Zusammenhang ist aber darauf hinzuweisen, dass Elternbefragungen erst durch die wiederholte Aufarbeitung von Planungsdaten und den Abgleich mit den tatsächlichen Entwicklungen als Erhebungsinstrument hinreichend aussagekräftig werden. Mit Blick auf die hohen Kosten ist Bedarfsplanung letztlich unverzichtbar und sollte als solche nicht infrage gestellt werden.

Die Bedarfsanerkennung durch die Gemeinde ist im Übrigen Voraussetzung für die Investitionskostenförderung (Art. 28 Satz 3 BayKiBiG) und ist schon aus diesem Grund geboten.

2. Gemeindliche Bedarfsplanung; Wunsch- und Wahlrecht

2.1 Verhältnis zur Jugendhilfeplanung

Satz 1 ermöglicht Gemeinden, eine eigene örtliche Bedarfsplanung vorzunehmen, die **neben** die Jugendhilfeplanung der örtlichen Träger der öffentlichen Jugendhilfe nach § 80 SGB VIII tritt bzw. diese ergänzt. Planungs- und Finanzierungsverantwortung gehen so Hand in Hand. Die Träger der öffentlichen Jugendhilfe unterstützen die kreisangehörigen Gemeinden bei der Wahrnehmung ihrer eigenständigen Planungsverantwortung, wenn diesen die erforderlichen Verwaltungsressourcen oder Fachkenntnisse fehlen.

2.2 Zweck der Bedarfsplanung

Mit dem Wegfall der vierten Planungsstufe stellt sich die Frage, ob die Gemeinde mit Blick auf die planerische Gesamtverantwortung des Trägers der öffentlichen Jugendhilfe nicht auf die örtliche Bedarfsplanung verzichten kann. Folgende Gründe sprechen dagegen:

– Die örtliche Bedarfsplanung ist gerade beim Ausbau der Kinderbetreuung unverzichtbar. Die Bedürfnisse der Eltern und der Kinder werden ermittelt, um auf dieser Grundlage ein adäquates Betreuungsangebot planen und bereitstellen zu können. Nur dadurch kann eine Gemeinde auch auf Veränderungen der Bedarfslagen rechtzeitig reagieren. Aktuell ist insbesondere der Ausbau der Betreuung von Kindern im Alter unter drei Jahren und für Schulkinder von Bedeutung.

– Bedarfsplanung ist erforderlich, um Risiken für die kommunale Haushaltsplanung frühzeitig erkennen zu können.

– Die Bedarfsnotwendigkeit bleibt entscheidendes Tatbestandsmerkmal für Anträge zur Investitionskostenförderung nach Art. 28 BayKiBiG gegen den Freistaat.

– Bedarfsplanung ist erforderlich, um die Schaffung unwirtschaftlicher Überkapazitäten zu vermeiden bzw. diese abzubauen. Es obliegt der Gemeinde, für Gespräche mit Trägern die notwendigen Argumente zu sammeln, um Betreuungsangebote ab- oder umzubauen.

2.3 Verhältnis Bedarfsplanung zum Wunsch- und Wahlrecht der Eltern (§ 5 SGB VIII)

2.3.1 Das **Wunsch- und Wahlrecht** der Eltern nach § 5 SGB VIII bleibt unberührt. Die Bedarfsplanung nach **Satz 1** schränkt das elterliche Wunsch- und Wahlrecht, das dem durch Art. 6 Abs. 2 GG geschützten Personensorgerecht entspringt (BayVGH, Urt. vom 5.5.2008 – 12 BV 07.2908 –, Rn. 27), nicht ein, sondern **unterstützt** und **ergänzt** es. Eine Einschränkung des Wunsch- und Wahlrechts der Eltern auf planerischem Weg kommt somit nicht in Betracht. Unter den **existierenden** Betreuungsangeboten haben die Eltern die freie Wahl. Das Wunsch- und Wahlrecht kennt insbesondere keine Gemeinde- oder Landkreisgrenzen.

Satz 1 verdeutlicht, dass es darüber hinaus nicht getan ist, Eltern die Wahl aus bestehenden Betreuungsangeboten zu ermöglichen. Vielmehr fordert die Regelung von den Gemeinden, aktiv Bedürfnisse der Eltern bzw. der Kinder abzufragen und das Angebot daran soweit möglich auszurichten. Bedarfsplanung und darauf ausgerichtete Maßnahmeplanung füllen das Wunsch- und Wahlrecht inhaltlich aus. Aus dem Wunsch- und Wahlrecht bzw. Art. 7 Abs. 1 Satz 1 BayKiBiG ist jedoch nicht ein subjektives Recht ableitbar, ein bestimmtes Angebot zu schaffen.

Die Elternbefragung ist ein probates Mittel, um die Bedürfnisse der Eltern und der Kinder zu erforschen, auch wenn der Rücklauf der Fragebögen in der Praxis oftmals sehr gering ist. Im Vergleich mit den Daten früherer Umfragen und in Verbindung mit sonstigen Daten (z. B. Geburten, Zu- und Wegzüge, Wartelisten, Buchungsverhalten im Jahresverlauf) lassen sich Rückschlüsse auf die Nachfrage ziehen. Gemeinden kritisieren, dass die Befragungen nach einer Entscheidung des Datenschutzbeauftragten anonym durchgeführt werden müssen, weil dadurch Rückfragen nicht vorgenommen werden können. Dies sollte jedoch die Bedarfsplanung nicht entscheidend beeinflussen. Denn die Befragungen bedürfen regelmäßig der Auslegung und Bewertung und kann in den allerwenigsten Fällen 1:1 für die Bedarfsfeststellung übernommen werden.

2.3.2 In den Folgejahren wird vor allem der Ausbau der Ganztagsbetreuung für Schulkinder an Bedeutung gewinnen. Umso wichtiger ist für die Gemeinde die Abwägung, ob man auf schulische Angebote und/oder Angebote der Jugendhilfe setzt. Die Schülerbetreuung in Horten oder altersgeöffneten Kindergärten sind für die Gemeinde unterm Strich mit mehr Kosten verbunden. Allerdings kommen dort ausschließlich ausgebildete Fach- und Ergänzungskräfte zum Einsatz und den Eltern wird in aller Regel auch in Ferienzeiten eine Betreuung angeboten. Ein weiterer Vorteil der Angebote der Jugendhilfe liegt in dem eigenständigen Bildungsauftrag. Für die Entwicklung vieler Schulkinder ist gerade der Wechsel der Einrichtung und der Bezugsperson sowie eine andere methodische Herangehensweise förderlich. Als zielführend erweist sich dabei insbesondere in sozialen Problemlagen die Kombination der schulischen Ganztagsschule mit dem Angebot des Hortes und insbesondere der Einsatz von Lehrkraft und Erzieherin im Tandem (s. Experimentierklausel, Art. 31 BayKiBiG).

2.3.3 Nach **Satz 2** sind bei der örtlichen Bedarfsplanung die Bedürfnisse von Kindern mit bestehender oder drohender Behinderung an einer wohnortnahen Betreuung in einer Kindertageseinrichtung im Sinn der Inklusion zu berücksichtigen. Die Vorschrift korrespondiert mit Art. 6 Abs. 1 Satz 2 BayKiBiG und richtet sich an die kreisangehörigen Gemeinden. Nachdem wegen des Subsidiaritätsprinzips (Art. 4 Abs. 3 BayKiBiG) die Einrichtungen zu zwei Drittel von freien und sonstigen Trägern betrieben werden, ist es auch die Pflicht der Gemeinde, diese anzuhalten, ihr Angebot entsprechend inklusiv auszugestalten. Die Anerkennung als bedarfsnotwendig und damit verbunden die Förderung von Investitionen (Art. 28 BayKiBiG) kann die Gemeinde ggf. davon abhängig machen, ob der Träger bereit ist, auch Kinder mit bestehender oder drohender Behinderung aufzunehmen.

2.4 Durchführung der Bedarfsplanung

Für eine kreisangehörige Gemeinde eröffnen sich mehrere Handlungsmöglichkeiten:

– Die Gemeinde verzichtet auf eine eigene Bedarfsplanung.
– Die Gemeinde führt eine Bedarfsplanung in Kooperation mit dem Träger der öffentlichen Jugendhilfe durch.
– Die Gemeinde entschließt sich zu einer eigenverantwortlichen Bedarfsplanung.

Je nach Entscheidung des Gemeinderats leiten sich unterschiedliche Rechte und Pflichten ab.

Im Einzelnen:

2.4.1 Verzicht auf eine Bedarfsplanung

In diesem Fall verzichtet die Gemeinde auf eine aktive Einflussnahme auf das Betreuungsangebot. Sie akzeptiert die aus Angebot und Nachfrage resultierenden tatsächlichen Gegebenheiten und überlässt dem Träger der öffentlichen Jugendhilfe die Bedarfsfeststellung als Grundlage für die Maßnahmeplanung.

Folge:

Die Gemeinde muss regelmäßig die Investitionskosten nach Art. 28 BayKiBiG für die vom Träger der öffentlichen Jugendhilfe als bedarfsnotwendig festgestellten Neubauten, Umbauten oder Sanierungsmaßnahmen tragen.

Der Vorteil dieser Handlungsalternative liegt in dem umfassend garantierten Wunsch- und Wahlrecht der Eltern und der weitest gehenden Planungssicherheit der Träger. Es handelt sich aus Sicht der Gemeinde gleichzeitig um die am geringsten verwaltungsaufwändige Variante. So entfallen Elternbefragungen und langwierige Entscheidungs- bzw. Abwägungsprozesse zur Bedarfsanerkennung. Allerdings sind damit auch die unterm Schnitt höchsten Kosten verbunden. Aus diesem Grund dürfte diese Handlungsalternative unter Berücksichtigung der Pflicht zum sparsamen und wirtschaftlichen Verwaltungshandeln nur bei fehlenden Gastkindverhältnissen oder einer bestehenden Unterdeckung (mehr Nachfrage als Angebot am Ort) in Frage kommen.

2.4.2 Bedarfsplanung in Kooperation mit dem Träger der öffentlichen Jugendhilfe

In manchen Landkreisen übernimmt der Landkreis die Planungen für die Gemeinden. Dies hilft Kosten zu sparen, denn das „Know-how" für die Bedarfsplanung muss nur einmal erworben werden, es genügt der Entwurf eines Fragebogens und die Auswertung erfolgt einheitlich. Die Gemeinde erhält die Daten für die Bedarfsfeststellung vom Landkreis.

Folge:

Die Gemeinde behält grundsätzlich die Steuerungsmöglichkeit. Die Daten sind zwar vorgegeben, doch kann sich die Gemeinde z. B. auf Fragen der Standortwahl, der Trägerauswahl oder der Finanzierung von Deckungslücken konzentrieren.

2.4.3 Eigenverantwortliche Bedarfsplanung

Die kreisangehörige Gemeinde hat schließlich die Möglichkeit, sich nicht allein auf die Jugendhilfeplanung des Trägers der öffentlichen Jugendhilfe zu verlassen, sondern die Bedarfsplanung eigenständig und in allen Teilbereichen durchzuführen. In diesen Fällen ist aber eine Absprache mit dem Landkreis vorzunehmen, damit Doppelabfragen vermieden werden und um Angebote im Landkreis mit überörtlichem Einzugsbereich berücksichtigen zu können.

Folge:

Bei dieser Fallvariante behält die Gemeinde die Steuerungsmöglichkeit im vollen Umfang. Der Aufbau des Wissens um die Bedarfsplanung ist vielfältig auch in anderen Bereichen der Gemeindeverwaltung einsetzbar.

2.5 Planungsschritte

In Handlungsvariante 1 (Erl. 2.4.1) entfällt eine gemeindliche Bedarfsplanung. Bei Handlungsvariante 2 (Erl. 2.4.2) beschränkt sich die Planung auf die Feststellung des Bedarfs und die Maßnahmeplanung (Schritte 3 bis 4 im Folgenden). Im dritten Fall erfolgt die gemeindliche Bedarfsplanung in maximal vier Schritten:

1. Bestandsfeststellung
2. Ermittlung der Bedürfnisse der Eltern und der Kinder (Absatz 1)
3. Bestimmung bzw. Anerkennung des örtlichen Bedarfs (Absatz 2 Satz 1)
4. Maßnahmeplanung

Die Bedarfsplanung setzt in den Teilschritten 1 bis 3 zwingend eine vollständige Differenzierung voraus nach

– Anzahl der Plätze

– Art der Plätze in Kindertageseinrichtungen und in der Kindertagespflege

– Altersgruppe

– Öffnungszeit, Betreuungszeit

– Buchungszeit

– Lage

Art. 7 Kommentar – BayKiBiG

- Trägerschaft
- Pädagogische Ausrichtung
- Ausstattung
- Elternbeitragshöhe

(siehe hierzu BayVGH, Urt. vom 5.5.2008 – 12 BV 07.2908 –, Rn. 27).

Die Differenzierung ist notwendig, um ausreichend Plätze zur Verfügung zu stellen, den Bedürfnissen der Eltern bzw. dem Wunsch- und Wahlrecht gerecht zu werden und um Ansprüche von Trägern auf eine über die kindbezogene Förderung hinausgehende institutionelle Förderung feststellen zu können. Die institutionelle Förderung ist dabei nicht individuell auf ein konkretes Kind und dessen Wünsche im Einzelfall bezogen, sondern auf Kindertageseinrichtungen insgesamt bzw. auf ein bestimmtes Kontingent an Plätzen (vgl. BVerwG, Urt. vom 25.4.2002 – 5 C 18.01 –).

2.5.1 Feststellung des Bestands

Zum **Bestand** einer Gemeinde gehören alle im Gemeindegebiet gelegenen Betreuungsplätze für Kinder in **Kindertageseinrichtungen**, von **Tagespflegepersonen** angebotene Plätze im Gemeindegebiet sowie Plätze außerhalb des Gemeindegebietes, soweit darauf vorrangige Belegungsrechte bestehen. Die Plätze werden differenziert nach den oben beschriebenen Kriterien.

2.5.1.1 Grundlage für die Auflistung sind die entsprechenden Betriebserlaubnisse (§ 45 SGB VIII) bzw. Pflegeerlaubnisse (§ 43 SGB VIII). Aus der Betriebserlaubnis ergibt sich die Zahl der gleichzeitig belegbaren Plätze, aus der Pflegeerlaubnis die Zahl der von Tagespflegepersonen maximal gleichzeitig anwesenden Kinder. Dabei sind ggf. Korrekturen vorzunehmen, wenn z. B. mangels ausreichender Fachkräfte oder aus persönlichen Gründen Plätze trotz Betriebserlaubnis/Pflegeerlaubnis faktisch nicht angeboten werden. In Zusammenhang mit den Öffnungszeiten lässt sich ein Überblick über die maximale Zahl an Betreuungsplätzen verteilt über den Tag schaffen.

Der Betriebserlaubnis ist nicht zwingend auch zu entnehmen, für welche Altersgruppe die Plätze zur Verfügung stehen. Im Grunde verfolgt das BayKiBiG das Ziel, die Plätze **nicht** altersspezifisch zu unterscheiden. Denn der Träger soll flexibel auf Änderungen der Bedarfslage reagieren können. Genehmigt wird somit nach den Vorstellungen des BayKiBiG nur die Zahl der Plätze, unabhängig davon ob der konkrete Platz von einem Schüler oder Vorschulkind belegt wird. Damit wird der Träger in seinen Planungen weitgehend frei. In diesem Zusammenhang sind jedoch folgende Ausnahmen zu berücksichtigen:

- Kinder unter drei Jahren belegen grundsätzlich wegen des höheren Raumbedarfs zwei Plätze.
- Die Betriebserlaubnis des Trägers der öffentlichen Jugendhilfe (Landkreis, kreisfreie Stadt) kann Ausnahmen von dieser Regel vorsehen. So besteht die Möglichkeit, schon bei Kindern ab 2,5 Jahren nur noch eine einfache Platzbelegung anzunehmen. Weitere Varianten zwischen 30 und 36 Monaten sind in der Praxis anzutreffen.

  Beispiel:

  Nach der Entscheidung des Landkreises X belegen Kinder im Alter bis einschließlich 33 Monaten zwei genehmigte Plätze. Wenn somit ein Kind diese Altersgrenze erreicht, kann ein weiteres Kind älter als 33 Monate aufgenommen werden. Zu beachten ist dabei der Anstellungsschlüssel. Unberührt von der Platzentscheidung werden die Buchungen aller Kinder unter drei Jahren mit der doppelten Buchung (Gewichtungsfaktor 2) in den Anstellungsschlüssel eingerechnet.

2.5.1.2 Mit dem Sonderprogramm des Freistaats Bayern zur Bezuschussung der Investitionen zur Schaffung von Plätzen für Kinder bis zur Einschulung (s. Anhang 11, Art. 28 Erl. 7) müssen als Nachweis die **neu** geschaffenen Plätze ausdrücklich ausgewiesen werden. Hierzu bestehen zwei Möglichkeiten:

– Festlegung in der Betriebserlaubnis oder

– Bedarfsfeststellung im Rahmen der örtlichen Bedarfsplanung der Gemeinde.

2.5.1.3 Bei der Bestandsfeststellung sind auch Plätze außerhalb des Definitionsbereichs von Kindertageseinrichtungen (schulische Betreuungsformen: schulvorbereitende Einrichtungen, Ganztagsschulangebote, Mittagsbetreuung; sowie heilpädagogische Tageseinrichtungen) festzuhalten, weil diese Angebote die Bedarfsplanung unmittelbar beeinflussen. Die Bestandsfeststellung erfolgt darüber hinaus unabhängig davon, ob die konkreten Betreuungsangebote von der Gemeinde finanziell unterstützt werden. In den Bestand werden somit z. B. auch außerhalb des BayKiBiG angebotene Plätze aufgenommen (z. B. nicht öffentlich geförderte Tagespflege, betriebliche Einrichtung ohne staatliche Zuschüsse, Plätze an Universitäten, die vom Wissenschaftsministerium bezuschusst werden).

2.5.2 Ermittlung der Bedürfnisse der Eltern und der Kinder

Die Art und Weise der Bedürfniserhebung ist gesetzlich nicht geregelt. Leider bestehen auch noch im geringen Umfang Erfahrungen bei der Auswertung von Bedürfniserhebungen.

2.5.2.1 Die Ermittlung der Bedürfnisse erfolgt in erster Linie über **Elternbefragungen**. Im Rahmen dieser Elternbefragungen sind die oben beschriebenen Differenzierungskriterien zu berücksichtigen (z. B. Träger, pädagogische Ausrichtung, Altersgruppe). Dabei ist bei den abgefragten Betreuungsangeboten die Höhe des Elternbeitrags anzugeben, um ein realistisches Bild zur Bedarfslage zu erhalten. Werden Elternbeiträge nicht erhoben oder sind diese sehr günstig, buchen Eltern erfahrungsgemäß länger und es müssen längere Öffnungszeiten vorgehalten werden. Probleme bereitet in der Praxis die Auswertung der Elternbefragung, weil zum einen mitunter der Rücklauf der Fragebögen sehr gering ist und zum anderen die Ergebnisse der Befragung oftmals mit der späteren Nachfrage nicht übereinstimmen.

Die Erfahrungen der Gemeinden mit Elternbefragungen können wie folgt zusammengefasst werden:

– Erst kontinuierliche Elternbefragungen ergeben ein aussagekräftiges Meinungsbild. Der Aussagewert einer einzelnen Elternbefragung ist begrenzt.

– In aller Regel machen Eltern einen höheren Bedarf geltend. In der Anfangsphase ist die Inanspruchnahme zunächst verhalten. Erfahrungsgemäß steigt aber mit dem Angebot die Nachfrage und geht zum Teil über die Bedürfniserhebung der Elternbefragung hinaus. Es empfiehlt sich daher ein zunächst vorsichtiger Einstieg bei dem Ausbau der Kinderbetreuung mit Erweiterungsoption.

– Nachdem die Elternbefragung einen Istzustand festhält, empfiehlt es sich, bei der Maßnahmeplanung mögliche Änderungen der Bedarfslage zu berücksichtigen und Puffer einzurechnen.

Ergänzend zur Elternbefragung der Gemeinde oder ggf. des Trägers der öffentlichen Jugendhilfe, die je nach Größe der Kommune flächendeckend oder repräsentativ durchgeführt werden kann, sollten bei der Auswertung ggf. auch Erhebungen der Träger herangezogen werden. Die aggregierten anonymen Daten können zur Kontrolle und zum Abgleich dienen.

2.5.2.2 Nach den Vorgaben des Landesbeauftragten für Datenschutz müssen Elternbefragungen grundsätzlich **anonym** durchgeführt werden. Die Speicherung personenbezogener Daten wird daher seitens des Datenschutzbeauftragten beanstandet. Gemeinden ist daher zu raten, auch telefonische Befragungen oder Befragungen in Rahmen von Elternabenden durchzuführen. In diesen Fällen können Nachfragen im persönlichen Gespräch erfolgen.

2.5.2.3 Die faktische Inanspruchnahme eines Betreuungsangebots indiziert den Bedarf, sollte jedoch durch Elternbefragungen verifiziert werden. Auch wenn ein Angebot in Anspruch genommen wird, muss es nicht den Bedürfnissen vollinhaltlich entsprechen.

2.5.2.4 Weitere für die Planung entscheidende Quellen sind

- die **tatsächliche Inanspruchnahme** von Angeboten bzw. **Belegungslisten**. Belegte Plätze dokumentieren unmittelbar den Bedarf und lassen keinen Raum für Interpretationen, siehe hierzu BayVGH, Urt. vom 23.8.2006 – 12 CE 06.1468 –.
- **Wartelisten** der Einrichtungen.

Bei Auswertung von Wartelisten sind ggf. Doppelanmeldungen zu berücksichtigen. Diese können bei einem **zentralen Anmeldeverfahren** allerdings ausgeschlossen werden. Ein zentrales Anmeldeverfahren ist in der Praxis aber eher selten anzutreffen. Es setzt voraus, dass sich daran möglichst alle Träger beteiligen oder es sich um einen Träger mit einer Vielzahl von Einrichtungen handelt. Die Eltern müssen somit bei Anmeldung aus einer möglichst großen Anzahl von Betreuungsmöglichkeiten wählen können. Auch die Wahl von auswärtigen Angeboten muss das Verfahren berücksichtigen. Das Verfahren setzt ferner voraus, dass die Eltern vorab über die Unterschiede der Betreuungsangebote informiert werden, um ihre Wahl auch treffen zu können.

Wartelisten sind darüber hinaus nur beschränkt aussagekräftig, weil anderweitige Bedarfslagen, die gerade von den Angeboten vor Ort nicht angeboten werden, nicht identifiziert werden können.

2.5.2.5 Abfragerhythmus

Nach **Satz 4** haben die Gemeinden die Bedarfsplanung bzw. die Bedürfnisermittlung regelmäßig zu aktualisieren. Dies sollte spätestens nach **drei Jahren** erfolgen, bei offensichtlicher Änderung der Bedarfslage bereits früher (Neubaugebiet, politische Schwerpunktsetzungen wie z. B. Ausbauprogramm des Bundes und der Länder im Bereich der Altersgruppe unter drei Jahren).

2.6 Feststellung des Bedarfs

2.6.1 Die Feststellung des Bedarfs trifft wegen der Bedeutung der Entscheidung in der Regel der Gemeinderat bzw. Stadtrat, weil damit erhebliche Verpflichtungen verbunden sind.

2.6.2 Zunächst muss die Gemeinde die Entscheidung treffen, ob sie von ihrem Recht Gebrauch macht, die im Rahmen der Elternbefragung geltend gemachten Bedürfnisse der Eltern und der Kinder für eine kindgerechte Bildung, Erziehung und Betreuung zu bewerten und somit eine normative Bedarfsbestimmung zu treffen (BayVGH, Urt. vom 5.5.2008, a. a. O., Rn. 27). Falls die Gemeinde verzichtet, anerkennt sie die faktische Nachfrage der Eltern und Kinder.

Falls die Gemeinde allerdings eine **normative Bewertung** vornehmen möchte, betrifft dies insbesondere

- die Ausbauplanung (Wie sind Abfrageergebnisse zu werten? Konkrete Maßnahmeplanung erforderlich oder Einzelinteresse? Kurzfristige Inanspruchnahme eines Betreuungsangebotes oder längerfristige Inanspruchnahme)
- den Abbau von Plätzen, soweit eine Überdeckung an Plätzen festzustellen ist und ein Vorrang eines Angebots nicht vorliegt, etwa nach Art. 4 Abs. 3 BayKiBiG.

Eine Einschränkung des bundesrechtlich verankerten Wunsch- und Wahlrechts ist demgegenüber nicht möglich (BayVGH, Urt. vom 5.5.2008, a. a. O., Rn. 27).

2.6.3 Die Feststellung des Bedarfs ist in erster Linie abhängig von der **Datengrundlage**. Hierzu zählen neben den Ergebnissen einer Elternbefragung, die Belegungslisten, die demographische Entwicklung, Daten zur Erwerbstätigkeit der Frauen, bisherige Erfahrungswerte zur Inanspruchnahme von Kindertageseinrichtungen sowie Prognosen zur weiteren kommunalen Entwicklung.

2.6.4 Wenn die Gemeinde eine Bedarfsfeststellung trifft, ist sie nur dann Dritten gegenüber verwertbar, wenn sie entsprechend der Bedürfnisermittlung **vollständig und differenziert** erfolgt. Insbesondere darf sich die Kommune nicht über das Wunsch- und Wahlrecht der Eltern hinwegsetzen:

Wenn Eltern Ganztagsplätze wünschen, gebietet das Sicherstellungsgebot, diese in die Bedarfsfeststellung aufzunehmen. Entsprechendes gilt, soweit Eltern eine bestimmte Betreuungsform oder eine bestimmte pädagogische Ausrichtung bevorzugen.

Je mehr sich Eltern für ein bestimmtes Angebot aussprechen, umso geringer wird der Entscheidungsspielraum der Gemeinde. Dies gilt insbesondere dann, wenn ein Träger die Bereitstellung eines entsprechenden Angebots beabsichtigt.

Es bedarf im Rahmen der örtlichen Bedarfsplanung vielmehr einer besonderen Erklärung, warum angebotene Kindergartenplätze mit einer bestimmten Pädagogikausrichtung trotz anhaltender Nachfrage anders als solche mit anderer Pädagogikausrichtung nicht als bedarfsnotwendig anerkannt werden (siehe hierzu BVerwG, Urt. vom 25.4.2002 – 5 C 17.01 –). Kommunale und kirchliche Einrichtungen dürfen nicht als „closed shop" verstanden werden, wonach für eine Förderung anderer Träger von vornherein kein Raum mehr besteht (BVerwG, Urt. vom 25.11.2004 – 5 C 66.03 –).

Entscheidend kann diese Frage sein, ob ein angebotener Platz in einer Einrichtung den Rechtsanspruch auf einen Betreuungsplatz nach § 24 SGB VIII erfüllt. In aller Regel sind freie Plätze für das Kind bzw. die Eltern zumutbar, auch wenn die Einrichtung nicht den pädagogischen Vorstellungen entspricht. Die nach dem BayKiBiG geförderten Einrichtungen entsprechen qualitativen Mindestkriterien und sind mit Blick auf die Bildungs- und Erziehungsziele der AVBayKiBiG im Grunde gleichwertig. Eltern müssen insbesondere dulden, wenn der Wunschplatz wegen Belegung nicht zur Verfügung steht.

2.6.5 Die Bedarfsfeststellung orientiert sich an der Aufgabe bzw. dem Sicherstellungsgebot der Gemeinde. Für die Gemeinde steht daher ggf. vor dem Problem, inwieweit sie besonderen Bedarfslagen Rechnung trägt. Als maximale Tageszeit für Kinderbetreuung wird man auch mit Blick auf das verpflichtende Bildungsangebot werktags von 6 Uhr bis 20 Uhr ansetzen können. Aber Bedarfslagen ändern sich und eine Kommune ist gut beraten, Entwicklungen nach Möglichkeit unter Berücksichtigung der Kindesinteressen Rechnung zu tragen. So ist zunehmend der Wunsch nach Betreuung an Samstagen festzustellen. Auch Schichtarbeiterinnen (z. B. Krankenschwestern, Polizistinnen) wünschen eine weitere Flexibilisierung der Öffnungszeiten. In diesem Zusammenhang ist auf das Bundesprojekt Kita Plus hinzuweisen (http://kitaplus.fruehe-chancen.de/).

2.6.6 Plätze in Kindertageseinrichtungen und in der Kindertagespflege sind grundsätzlich gleichrangig. Die Angebote unterscheiden sich aber in der Qualität. Die Wahl von Eltern für eine bestimmte Betreuungsform ist grundsätzlich zu berücksichtigen. Zu beachten ist jedoch, dass der Rechtsanspruch von Kindern vom vollendeten dritten Lebensjahr bis zum Schuleintritt nach § 24 Abs. 3 Satz 1 SGB VIII auf den Besuch einer Tageseinrichtung gerichtet ist. Dementsprechend ist bei der Bedarfsfeststellung eine ausreichende Zahl an Plätzen in Kindertageseinrichtungen zu berücksichtigen (s. hierzu auch Erl. 2 zu Art. 5).

2.6.7 Eine Gemeinde kann bei Randzeiten (Bring- und Holzeiten) auf Kindertagespflege als ergänzendes Angebot setzen. Erfahrungsgemäß sind Öffnungszeiten unwirtschaftlich, soweit diese nicht von den Eltern von mindestens fünf bis sieben Kindern gebucht wurden. In diesem Fall wird empfohlen, diese Zeiten über Kindertagespflege abzudecken. Hier wäre vorteilhaft, wenn die Erzieherinnen bzw. Kinderpflegerinnen des Einrichtungsträgers die Tagespflege in selbstständiger Tätigkeit in den Räumen der Tageseinrichtung anbieten könnte. Im Rahmen des Bildungsfinanzierungsgesetzes vom 24.4.2013 (LT-Drs. 16/15926) ist zudem vorgesehen, verstärkt auch Tagespflegepersonen für die Randzeitenbetreuung vor 9 und nach 16 Uhr einzusetzen (s. § 16 Abs. 5 AVBayKiBiG). Auch die im Zusammenhang mit dem „Gute-Kita-Gesetz (Gesetz zur Weiterentwicklung der Qualität und zur Teilhabe in der Kindertagesbetreuung)" erlassene Richtlinie zur Förderung der Festanstellung von Tagespflegepersonen (Anhang 16) beabsichtigt eine weitere Flexibilisierung der Öffnungszeiten durch Einsatz von sog. Assistenzkräften. Der Freistaat beteiligt sich bei entsprechender Kofinanzierung der Kommune etwa zur Hälfte an den Kosten einer Festanstellung dieser Assistenzkräfte. Der Bezug zur Tagespflege ist dadurch gegeben, dass diese Assistenzkräfte mindestens die Qualifikation und Eignung einer Tagespflegeperson aufweisen müssen. Zusätzlich müssen diese 40 Qualifizierungsstunden für den Einsatz in den Kindertageseinrichtungen absolvieren.

2.6.8 Kinder mit Behinderung oder drohender Behinderung haben mit Blick auf die Inklusion (UN-BRK) in Verbindung mit dem Rechtsanspruch auf einen Betreuungsplatz nach § 24 SGB VIII (Kinder ab dem vollendeten ersten Lebensjahr bis zur Einschulung) grundsätzlich Anspruch auf einen Platz in einer **Regeleinrichtung**. Besucht somit ein Kind eine (halbtägige) Schulvorbereitende Einrichtung, können die Eltern für das Kind den Rechtsanspruch nach § 24 SGB VIII für eine Anschlussbetreuung geltend machen. Fraglich ist, ob der Nachweis eines freien ganztägigen Platzes in einer Sondereinrichtung (HPT) ausreicht, um den Rechtsanspruch zu erfüllen, wenn Eltern auf eine Betreuung in einer Regeleinrichtung bestehen. Dies wird zu verneinen sein, wenn der Hilfebedarf eine Betreuung in einer Regeleinrichtung zulässt (§ 22a Abs. 4 Satz 1 SGB VIII). Die Gemeinde sollte daher bei Feststellung des Bedarfs an Plätzen in Kindertageseinrichtungen ausreichend inklusive Plätze einrechnen.

2.6.9 Die Einführung eines Einschulungskorridors (erstmals Schuljahr 2019/20) hat die Planungen der Gemeinden bzw. Träger von Kindertageseinrichtungen zum Teil erheblich erschwert. Nach Art. 37 Abs. 1 Satz 1 Nr. 2 BayEUG können die Erziehungsberechtigten eines Kindes, das im Zeitraum vom 1. Juli bis zum 30. September sechs Jahre alt wird, den Beginn der Schulpflicht auf das kommende Schuljahr verschieben. Diese Kinder haben demzufolge weiterhin nach § 24 SGB VIII Anspruch auf Betreuung in einer Kindertageseinrichtung. Jüngere Kinder können in diesem Fall den ansonsten freiwerdenden Platz nicht belegen. Es müssen ggf. zusätzlich Plätze geschaffen werden, um den Rechtsanspruch der Kinder ab dem vollendeten ersten Lebensjahr erfüllen zu können. Die tatsächliche Übertrittsquote dieser Kinder unterscheidet sich regional zum Teil erheblich. Im Schnitt verschiebt sich für etwa 40 % der Kinder der Schuleintritt. Es empfiehlt sich, dies in der Bedarfsplanung zu berücksichtigen. Eine besonders hohe Quote an Verschiebungen der Schulpflicht kann Indiz dafür sein, dass Erziehungsberechtigte kein passendes Betreuungsangebot für Schulkinder am Nachmittag vorfinden. Für Entlastung wird der fortschreitende Ausbau der Betreuungsplätze für Grundschulkinder sorgen. Zudem wurde die Frist, bis zu der der Antrag auf Verschiebung der Schulpflicht gestellt werden kann, um einen Monat auf den 10. April vorverlegt (§ 2 Abs. 4 der Grundschulordnung [GrSO]). Dies bietet Gemeinden und Trägern die Möglichkeit, rechtzeitig für Betreuungsalternativen zu sorgen.

Art. 8
Überörtliches Planungsverfahren

(1) Die örtlichen Träger der öffentlichen Jugendhilfe haben im Einvernehmen mit der Gemeinde die Schaffung der notwendigen Plätze zu planen.

(2) Soweit Plätze in einer Kindertageseinrichtung notwendig sind, um den Bedarf aus mehreren Gemeinden zu decken, wirken die örtlichen Träger der öffentlichen Jugendhilfe darauf hin, dass die betroffenen Gemeinden bei der Planung, der Finanzierung und dem Betrieb überörtlicher Kindertageseinrichtungen zusammenarbeiten.

Erläuterungen

Wenn der örtliche Träger der öffentlichen Jugendhilfe aufgrund seiner Bedarfsplanung eine Unterversorgung feststellt, sollte er mit der betreffenden Gemeinde Kontakt aufnehmen und die Möglichkeiten des Ausbaus oder der Anpassung bestehender Einrichtungen besprechen. Bei überörtlichem Bedarf regt er ggf. eine Maßnahmeplanung im Wege der kommunalen Zusammenarbeit an (Art. 5 Abs. 2 BayKiBiG). Mit der Änderung des Absatzes 2 mit Wirkung ab 1.1.2013 machte der Gesetzgeber deutlich, dass zur Planung auch Fragen der Finanzierung und der Kostenverteilung gehören. Wirtschaftlicher kann es z. B. sein, eine Einrichtung unter gemeinsamer Trägerschaft mehrerer Gemeinden zu betreiben. Bei freien Trägern mit überörtlichem Einzugsbereich sollten sich die betroffenen Gemeinden einigen, inwieweit Kosten übernommen werden, die von der gesetzlichen kindbezogenen Förderung nicht gedeckt sind. Zweckmäßig ist in diesen Fällen der Abschluss eines Kooperationsvertrags zwischen dem Einrichtungsträger und den betroffenen Gemeinden.

3. TEIL
SICHERUNG DES KINDESWOHLS

Art. 9
Betriebs- und Pflegeerlaubnis

(1) [1] Soweit Kindertageseinrichtungen im Sinn dieses Gesetzes nicht von den Vorschriften des Achten Buches Sozialgesetzbuch erfasst sind, bedürfen ihre Träger einer Betriebserlaubnis. [2] Die §§ 45 bis 48a sowie § 90 Abs. 3 SGB VIII gelten entsprechend. [3] Art. 42 des Gesetzes zur Ausführung der Sozialgesetze bleibt unberührt.

(2) [1] Eine Tagespflegeperson darf im Rahmen der Pflegeerlaubnis nach § 43 Abs. 3 Satz 1 SGB VIII insgesamt höchstens acht Pflegeverhältnisse eingehen. [2] Schließen sich mehrere Tagespflegepersonen zusammen (Großtagespflege) und betreuen diese mehr als acht gleichzeitig anwesende Kinder, muss mindestens eine Tagespflegeperson eine pädagogische Fachkraft sein. [3] Wenn

1. gleichzeitig mehr als zehn Kinder oder insgesamt mehr als 16 Kinder von mehreren Tagespflegepersonen in Zusammenarbeit betreut werden oder

2. dauerhaft mehr als drei Tagespflegepersonen in der Betreuung derselben Kinder eingesetzt werden sollen,

findet § 45 SGB VIII Anwendung.

(3) Die Erlaubnis kann mit Nebenbestimmungen versehen werden.

Erläuterungen

Übersicht

1. Verhältnis zu § 45 SGB VIII
2. Zuständigkeit
3. Tagespflegeerlaubnis, Großtagespflege

1. Verhältnis zu § 45 SGB VIII

Absatz 1 erweitert die Erlaubnispflicht für den Betrieb einer Einrichtung nach § 45 SGB VIII auf alle Einrichtungen im Sinn des BayKiBiG. Es handelt sich insoweit um eine Sonderregelung insbesondere für Natur- und Waldkindergärten, die ohne festes Gebäude betrieben werden. Diese Sonderform der Kinderbetreuung konnte nach dem bis 7/2005 geltenden Bayerischen Kindergartengesetz nicht anerkannt und damit gefördert werden. Hierfür war ein Nachweis geeigneter Räumlichkeiten unabdingbar. Diese Kindergärten waren wegen Fehlens einer gebäudebezogenen Einrichtung auch nicht erlaubnispflichtig nach § 45 SGB VIII. Demzufolge bestand für diese Betreuungsform auch kein gesetzlicher Unfallversicherungsschutz (§ 2 Abs. 1 Nr. 8a SGB VII). Um dem abzuhelfen, wurde mit **Absatz 1** landesrechtlich ein Erlaubnistatbestand für Waldkindergärten und andere Einrichtungen geschaffen, die regelmäßig Bildung, Erziehung und Betreuung nach Maßgabe von Art. 2 BayKiBiG anbieten, aber keiner Betriebserlaubnis nach dem SGB VIII bedürfen.

Wenn z. B. ein Waldkindergarten die Voraussetzungen nach Art. 2 BayKiBiG erfüllt, hat der Träger eine Erlaubnis nach Art. 9 BayKiBiG einzuholen, unabhängig davon, ob er tatsächlich Fördermittel nach dem BayKiBiG in Anspruch nehmen möchte. Wird ein Waldkindergarten nicht regelmäßig von mindestens der Hälfte der Kinder im Umfang von durchschnittlich 20 Stunden besucht und wird somit nicht regelmäßig Bildungsarbeit geleistet, handelt es sich um keine Einrichtung i. S. d. Art. 2 BayKiBiG. Mangels Gebäude entfällt dann insgesamt der Erlaubnistatbestand.

Die Auslegungsregeln für die Betriebserlaubnispflicht für § 45 SGB VIII gelten auch für Art. 9 BayKiBiG. Mit AMS 4/2017 hat das Sozialministerium die Betriebserlaubnispflicht nach § 45 SGB VIII weiter konkretisiert. Danach muss die betriebserlaubnispflichtige Einrichtung „auf gewisse Dauer" ausgerichtet sein. Darunter sind Einrichtungen zu verstehen, bei denen die förmliche Verbindung ortsgebundener räumlicher, personeller und sachlicher Mittel in einem Zeitraum von mindestens **drei Monaten** angelegt ist. Diese Auslegung ist grundsätzlich auf Art. 9 BayKiBiG anzuwenden. Waldkindergärten, die beispielsweise nur für die Sommerferien in Betrieb genommen werden, bedürfen auch keiner Betriebserlaubnis nach Art. 9 BayKiBiG und wären somit nicht förderfähig (Art. 19 Nr. 1 BayKiBiG).

Dementsprechend ist eine Einrichtung auch nach Art. 9 BayKiBiG nicht betriebserlaubnispflichtig, wenn sie zwar auf einen längeren Zeitraum angelegt ist, aber nicht mehr als zehn Stunden pro Woche geöffnet ist und jedes einzelne Kind die Einrichtung nicht mehr als fünf Stunden pro Woche besucht (Stufenprüfung gem. AMS vom 8.7.2008).

Durch die Verweisung in Satz 2 auf die Vorschriften des Achten Buchs Sozialgesetzbuch erübrigen sich wiederholende Ausführungen zu den Voraussetzungen einer Betriebserlaubnis.

Das Kinder- und Jugendhilfeweiterentwicklungsgesetz (KICK) hat zu einer inhaltlichen Konkretisierung des § 45 SGB VIII geführt. Insbesondere verdeutlicht der Bundesgesetzgeber, dass die gesellschaftliche und sprachliche Integration (Inklusion) zur **Förderung des Kindeswohls** zählt (s. hierzu Art. 12 BayKiBiG). Einrichtungen, die keine Sprachförderung betreiben, erhalten demnach keine Betriebserlaubnis oder riskieren deren Rücknahme.

Zur Sicherstellung des Kindeswohls können Auflagen auch nachträglich erteilt werden (§ 45 Abs. 4 SGB VIII).

2. Zuständigkeit

Zuständig für die Erteilung einer Betriebserlaubnis nach § 45 SGB VIII bzw. Art. 9 Abs. 1 Satz 1 BayKiBiG sind die Kreisverwaltungsbehörden bzw. im Falle der Trägerschaft einer kreisfreien Stadt oder eines Landkreises die Regierungen (Satz 2; Art. 24 Satz 3 AGSG). Art. 29 Abs. 1 BayKiBiG trifft keine Regelung im Falle von Einrichtungen, die den Tatbestand des Art. 2 BayKiBiG nicht erfüllen und somit keine Einrichtung i. S. d. BayKiBiG sind. Subsidiär sind in diesen Fällen die Regierungen für die Erteilung der Betriebserlaubnis zuständig (Art. 45 Abs. 1 Satz 1, Art. 12 AGSG).

3. Tagespflegeerlaubnis, Großtagespflege

3.1 In **Absatz 2** werden – gestützt auf den Landesrechtsvorbehalt in § 49 SGB VIII – die näheren Voraussetzungen der Pflegeerlaubnis nach § 43 SGB VIII geregelt. Tagespflegepersonen bedürfen einer Pflegeerlaubnis, wenn sie ein oder mehrere Kinder außerhalb des Haushalts des Erziehungsberechtigten während eines Teils des Tages und mehr als 15 Stunden wöchentlich gegen Entgelt länger als drei Monate betreuen wollen.

3.2 Das Kinderförderungsgesetz (KiföG) hat die bayerische Praxis aufgenommen und stellt bei der Frage nach der von der Pflegeerlaubnis umfassten Zahl der Tagespflegekinder nunmehr auch darauf ab, wie viele Kinder **gleichzeitig** anwesend sein dürfen. Abweichungen nach unten können nun von den Trägern der öffentlichen Jugendhilfe unmittelbar aufgrund des Bundesrechts vorgenommen werden. Von der Möglichkeit, eine höhere Zahl an **gleichzeitig** anwesenden Kindern zu betreuen, hat der Landesgesetzgeber **keinen** Gebrauch gemacht. Demnach kann also auch eine Tagespflegeperson mit pädagogischer Ausbildung keine Pflegeerlaubnis erhalten, die sie berechtigt, alleine mehr als fünf gleichzeitig anwesende, fremde Kinder zu betreuen (§ 43 Abs. 3 SGB VIII).

3.3.1 Absatz 2 Satz 1 i. V. m. § 43 Abs. 5 SGB VIII normiert aus Gründen des Schutzes des Kindeswohls in Ergänzung zu der Vorgabe einer Höchstgrenze für die Zahl gleichzeitig betreuter, fremder Kinder eine Höchstgrenze an Tagespflegeverhältnissen für die einzelne Tagespflegeperson. Die Tagespflegeperson kann danach auf Grundlage der Pflegeerlaubnis bis zu **acht** Pflegeverhältnisse eingehen. **Nicht** eingerechnet werden dabei die **eigenen** Kinder der Tagespflegeperson. Unbeachtlich ist der Betreuungsumfang der Pflegeverhältnisse. Bereits eine regelmäßige stundenweise Kurzzeitbetreuung ist bei Ermittlung der Zahl der Pflegeverhältnisse mit zu berücksichtigen. Nur die aktiven Pflegeverhältnisse werden gezählt, unberücksichtigt bleibt die Unterbrechung bzw. das Ruhen eines Pflegeverhältnisses:

Beispiel:

Die selbstständige Tagesmutter T betreut regelmäßig acht Kinder. In den Sommerferien verzichten die Eltern E1 und E2 auf die Betreuung ihrer Kinder. Stattdessen nimmt T zwei andere Kinder zur Ferienbetreuung auf. T muss die Plätze nicht vorhalten, eine Verpflichtung aus dem Betreuungsverhältnis besteht für die Zeit der Sommerferien für die beiden Kinder von E1 und E2 nicht. Ein Anspruch auf Zahlung eines Tagespflegeentgelts besteht in der Zeit nicht, das Betreuungsverhältnis mit E1 und E2 ruht. Die zwei freien Plätze können nachbelegt werden.

Solange das Jugendamt Pflegeentgelt bezahlt oder Eltern einen Elternbeitrag leisten, ist stets von einem aktiven Pflegeverhältnis auszugehen.

3.3.2 Bei mehr als acht Pflegeerlaubnissen ist davon auszugehen, dass eine hinreichend individuelle Bildungs- und Erziehungsarbeit in aller Regel nicht mehr möglich ist. Die übliche Arbeitszeit reicht nicht für Vor- und Nachbereitung, Protokollierung der Beobachtung, Auswertung der Beobachtungsbögen, Erstellung eines individuellen Förderplans, Elternarbeit, Fortbildung.

3.3.3 Möchte die Tagespflegeperson eine höhere Zahl an Kindern aufnehmen, bedarf sie einer Betriebserlaubnis nach § 45 SGB VIII und damit des Wechsels in die Betreuungsform der Einrichtung. Die Betriebserlaubnis dürfte in aller Regel nur erteilt werden, wenn die (bisherige) Tagespflegeperson zugleich Fachkraft ist (§ 15 AVBayKiBiG). Sollte die Tagespflegeperson über einen längeren Zeitraum wiederholt mehr Kinder als erlaubt betreuen, ist sie als Betreuungsperson ungeeignet. Die Erlaubnis zur Kindertagespflege ist ggf. zu widerrufen. Die Verletzung der Pflicht, nicht mehr als fünf Kinder zeitgleich zu betreuen, lässt schon für sich allein genommen auf eine mangelnde Sorgfalt im Umgang mit den Kindern schließen (OVG Koblenz, Beschl. vom 11.6.2018 – 7 B 10412/18 –, Rn. 12; Sächs-OVG, Beschl. vom 23.10.2017 – 4 B 173/17 –, Rn. 22).

3.3.4 Nach § 43 Abs. 3 Satz 2 SGB VIII kann im Einzelfall die Pflegeerlaubnis für eine geringere Zahl von Kindern erteilt werden, z. B. wenn die räumlichen Verhältnisse die Aufnahme von fünf gleichzeitig anwesenden Kindern nicht zulassen. Fraglich ist, ob die Träger der öffentlichen Jugendhilfe auch die im BayKiBiG festgesetzte Höchstzahl an Pflegeverhältnissen nach unten korrigieren können bzw. von der gesetzlichen Vorgabe abweichen können. Maßstab ist das Kindeswohl. Eine Beschränkung wäre nur denkbar, wenn schon bei insgesamt acht Pflegeverhältnissen die Qualität der Bildung und Erziehung leiden würde. In der Praxis dürfte dies schwerlich begründbar sein, weil dann die Geeignetheit der Tagespflegeperson insgesamt in Frage stünde.

3.3.5 Die Bayerische Staatsregierung beabsichtigt, die Tagespflege aufzuwerten. Daher wird sie die Festanstellung von bis zu 2000 Tagespflegepersonen (TP 2000) mit Mitteln aus dem Gesetz zur Weiterentwicklung der Qualität und zur Verbesserung der Teilhabe in Tageseinrichtungen und in der Kindertagespflege (Gute-Kita-Gesetz, Anhang 15) fördern. *„Ziel ist eine Steigerung der Attraktivität der Tätigkeit als Tagespflegeperson und damit die Gewinnung zusätzlicher Tagespflegepersonen sowohl für das Feld der Tagespflege als auch zum Einsatz in Kindertageseinrichtungen. Die Tagespflegepersonen können einerseits in Kindertageseinrichtungen eingesetzt werden und dort Randzeitenbetreuung übernehmen und darüber hinaus ganztägig das pädagogische Stammpersonal entlasten. Andererseits können die beim Träger der öffentlichen Jugendhilfe eingesetzten Tagespflegepersonen in der Kindertagespflege eingesetzt werden. Durch die Maßnahme sollen insbesondere zusätzliche Personenkreise für die Tätigkeit als Tagespflegeperson sowohl für den Einsatz in der Kindertagespflege als auch für den Einsatz in Kindertageseinrichtungen gewonnen werden"* (Auszug aus dem Vertrag zwischen der Bundesrepublik und dem Freistaat).

Die entsprechende Förderrichtlinie ist in Anhang 16.

3.4 Absatz 2 Satz 2 regelt die sog. **Großtagespflege**, nämlich den Zusammenschluss mehrerer Tagespflegepersonen. Der Begriff Zusammenschluss ist dabei nicht so zu verstehen, dass nur selbstständig tätige Tagespflegepersonen in einer Großtagespflege kooperieren können, weil das Wort „Zusammenschluss" etwa eine eigene Entscheidungsfreiheit der Tagespflegepersonen voraussetzt, eine Gesellschaft bürgerlichen Rechts einzugehen. Der Gesetzgeber wollte das Konstrukt GTP generell zulassen, um die Planungssicherheit zu erhöhen, das Bildungsangebot auf diese Weise zu erhöhen und vor allem auch Möglichkeiten einer Ersatzbetreuung zu schaffen. Anstellungsverhältnisse widersprechen daher der GTP nicht bzw. sollten durch die gesetzliche Regelung nicht ausgeschlossen werden.

3.4.1 Großtagespflegestellen finden in aller Regel in fremden Räumen, also außerhalb der Wohnung der Tagespflegeperson oder des Kindes statt (§ 22 Abs. 1 Sätze 2 bis 4 SGB VIII i. V. m. Art. 2 Abs. 4 BayKiBiG). Der Träger der öffentlichen Jugendhilfe prüft im Rahmen des Verfahrens zur Erteilung der Pflegeerlaubnis (§ 23 Abs. 1 SGB VIII), ob die Räume **geeignet** sind.

3.4.2 Im Falle einer GTP muss ab dem neunten Kind in Tagespflege mindestens eine Tagespflegeperson pädagogische Fachkraft (z. B. Erzieher/in, Sozialpädagoge/in) sein **(Satz 2)**. Schließen sich somit zwei Tagespflegepersonen zusammen und betreuen sie gleichzeitig neun Kinder, muss mindestens eine Tagespflegeperson **Fachkraft** im Sinn § 16 Abs. 2 AVBayKiBiG sein. Diese Einschränkung ist notwendig, um das Fachkraftgebot bei institutionellen Einrichtungen nicht zu unterhöhlen (s. § 16 AVBayKiBiG).

3.4.2.1 Fraglich ist der Ausfall der Fachkraft auf die Förderfähigkeit der Tagespflege. Bisher war der Ausfall für den Zeitraum von einem Kalendermonat analog § 17 Abs. 4 AVBayKiBiG a. F. in der Praxis förderunschädlich. Mit Änderung von § 17 Abs. 4 AVBayKiBiG gilt eine 42-Tageregelung. Eine unmittelbare Anwendung dieser Vorschrift scheidet aus. Es geht dort nicht um die Berechnung eines Anstellungsschlüssels oder einer Fachkraftquote. Daher stellt sich die Frage, ob eine Gesetzeslücke überhaupt vorliegt, die es zu schließen gilt, oder ob § 26 Abs. 1 Satz 1 AVBayKiBiG unmittelbar gilt, wonach ab dem Kalendermonat, ab dem die Fachkraft fehlt, die Förderfähigkeit der Tagespflege entfällt.

Zu unterscheiden ist die Großtagespflege nach Art. 20 und Art. 20a BayKiBiG. **Im Fall des Art. 20** BayKiBiG besteht ein Anspruch des Trägers der öffentlichen Jugendhilfe gegen den Freistaat auf kindbezogene Förderung. Die Mittel sind Teil der Gesamtfinanzierung der Tagespflege und umfassen auch die Bereitstellung einer Ersatzkraft bei Ausfallzeiten der Tagespflegeperson (§ 23 Abs. 4 Satz 2 SGB VIII), die Fortbildung und den Qualifizierungszuschlag (§ 18 Satz 1 AVBayKiBiG). **Im Fall des Art. 20a** BayKiBiG erfolgt eine staatliche und kommunale Förderung analog der Kindertageseinrichtungen. Der Freistaat refinanziert die Gemeinde, die Gemeinde bezuschusst die Großtagespflege in Höhe der doppelten kindbezogenen Förderung (staatlicher und kommunaler Anteil).

Für beide Fälle gilt, dass bei Ausfall der Tagespflegeperson nach § 23 Abs. 4 Satz 2 SGB VIII eine Ersatzperson rechtzeitig zur Verfügung zu stehen hat. Eine Gesetzeslücke ist insoweit nicht festzustellen. Fehlt ein Konzept der Ersatzbetreuung, entfällt somit auch eine Förderung nach dem BayKiBiG. Im Fall der Großtagespflege nach Art. 20a BayKiBiG muss die Ersatzbetreuung mindestens die Qualifizierung einer Tagespflegeperson haben, die an Qualifizierungsmaßnahmen im Umfang von 160 Stunden teilgenommen hat. Rechtzeitig bedeutet, dass der Träger der öffentlichen Jugendhilfe über ein System der Ersatzbetreuung verfügen muss, das unverzüglich in Anspruch genommen werden kann. Hier wird man nur in Grenzen eine längere Reaktionszeit einräumen, wenn das Ersatzsystem aus Gründen, die nicht vom Träger der öffentlichen Jugendhilfe zu vertreten sind, nicht greift (z. B. die für den Ersatz vorgesehene Tagespflegeperson ist ihrerseits krank). Spätestens nach einer Woche sollte jedoch in jedem Fall für Ersatz gesorgt worden sein. Fehlt diese Ersatzkraft oder eine anderweitige gleichwertige Betreuungsmöglichkeit (z. B. in einer Kindertageseinrichtung) nach § 23 Abs. 4 Satz 2 SGB VIII, gilt § 26 Abs. 1 Satz 1 AVBayKiBiG. Die kindbezogene Förderung entfällt in dem Monat, in dem die Ausfallzeit eintritt bzw. in dem nicht rechtzeitig für Ersatz gesorgt wird.

3.4.2.2 Fehlt die für eine Großtagespflege notwendige **Fachkraft**, fehlt das Merkmal, das die Qualität der einrichtungsähnlichen Großtagespflege sichern soll. Ausgehend davon, dass die Betreuung anderweitig qualitativ sichergestellt werden kann (z. B. Tagespflegeperson, ggf. mit 160 Qualifizierungsstunden), kommt eine Förderkürzung nach § 26 Abs. 1 Satz 1 AVBayKiBiG in Betracht. Zumindest für die von der Fachkraft zugeordneten Kinder könnte die kindbezogene Förderung entfallen, wenn man davon ausgeht, dass die weiteren Tagespflegepersonen die Betreuung in „regulärer" Tagespflege fortführen. Eine Förderkürzung im Verhältnis Freistaat zum Träger der öffentlichen Jugendhilfe (Art. 20 BayKiBiG) bzw. zur Gemeinde (Art. 20a BayKiBiG) wäre aber **unverhältnismäßig**. Letztlich würde eine Ersatzbetreuung stattfinden und eine Leistung erbracht, wenn auch nicht die erforderliche Qualifikation vorliegt. Das Problem bei den Kindertageseinrichtungen, dass Fachkräfte zum Teil nur unter Schwierigkeiten angeworben werden können und kaum als Vertretung zur Verfügung stehen, trifft auch für die Großtagespflege zu. Eine dem § 17 Abs. 4 AVBayKiBiG entsprechende Regelung fehlt jedoch bei der Großtagespflege. Diese Gesetzeslücke ist durch entsprechende Anwendung von § 17 Abs. 4 Satz 2 und 3 AVBay-KiBiG zu schließen. Danach ist der Ausfall einer Fachkraft für aufeinanderfolgend 42 Kalendertage förderunschädlich.

Folgende Fälle sind bei Ausfall der Fachkraft zu unterscheiden:

- Der Träger der öffentlichen Jugendhilfe (TröJH) organisiert keine Ersatzbetreuung: Die Förderung entfällt nach Maßgabe des § 26 Abs. 1 Satz 1 AVBayKiBiG bezogen auf die von der Fachkraft betreuten Kinder.

- Der TröJH organisiert als Ersatz eine Fachkraft: keine förderrechtliche Konsequenz.

- Der TröJH organisiert eine Ersatzkraft, die zwar keine Fachkraft ist, aber als Tagespflegeperson mindestens eine Qualifizierung im Umfang von 100 Stunden aufweist: entsprechende Anwendung der 42-Tageregelung. Die Förderung entfällt im nächstfolgenden Kalendermonat, es sei denn, die ausgefallene Fachkraft nimmt ihre Tätigkeit wieder auf oder wird durch eine andere Fachkraft ersetzt. Sollte die neue Fachkraft die Kinder der ausgefallenen Fachkraft übernehmen, aber im zeitlich geringeren Umfang, wäre die Förderung nach Ablauf der 42 Kalendertage entsprechend zu reduzieren.

3.4.3 Großtagespflegestellen liegen nur bei Aufnahme von bis zu zehn Kindern vor. Ab dem elften Kind wird eine Größe erreicht, die eine Betriebserlaubnis nach § 45 SGB VIII erfordert (eingruppige Krippen haben zum Vergleich in der Praxis je nach Alter der aufgenommenen Kinder acht bis 12 Kinder).

3.4.4 Ebenso begrenzt ist die Zahl der Pflegeverhältnisse in der Großtagespflege. Insgesamt dürfen maximal 16 Pflegeverhältnisse von den in der Großtagespflege beschäftigten Tagespflegepersonen eingegangen werden. Die Großtagespflege soll ihren familiennahen Charakter bewahren und sich daher schon bei der Kinderzahl von einer Kindertageseinrichtung unterscheiden. Die Tagespflegepersonen in der Großtagespflege können sich somit nicht auf die in Absatz 2 Satz 1 festgelegte Höchstzahl von je acht Pflegeverhältnissen berufen. Satz 2 ist lex specialis gegenüber Satz 1. Satz 2 ist insoweit auch eine Konkretisierung des § 43 Abs. 3 Satz 3 SGB VIII, wonach in der Pflegestelle nicht mehr Kinder betreut werden dürfen als in einer vergleichbaren Gruppe einer Tageseinrichtung.

Möchte die Großtagespflege mehr als 16 Kinder aufnehmen, muss sie eine Betriebserlaubnis nach § 45 SGB VIII beantragen und in die Betreuungsform der Einrichtung wechseln. Nicht berücksichtigt werden die Pflegeverhältnisse, soweit sie unterbrochen sind bzw. ruhen (s. o. Erl. 3.3.1).

Zum familiennahen Charakter der Großtagespflege gehört verbindlich eine eindeutige Zuordnung der Kinder zu ihrer Tagespflegeperson. Auch die Großtagespflege, beruhend auf Pflegeerlaubnisse der dort tätigen Tagespflegepersonen, ist Tagespflege. Die dort regelmäßig für längere Zeiten angebotene Kindertagespflege setzt die Eignung des Betreuenden zur Voraussetzung und stellt deshalb eine höchstpersönlich zu erbringende soziale Dienstleistung dar. Deren alleinige Erfüllung darf auch nicht im kleineren Umfang auf einen Dritten delegiert werden. Schon eine geringfügige Abweichung von diesem Grundprinzip lässt grundsätzlich auf ein mangelndes Problembewusstsein und damit eine mangelnde Verlässlichkeit schließen. Der Vorteil der Großtagespflege besteht somit vorrangig darin, dass das Unternehmerrisiko auf mehrere Schultern verteilt werden kann und in Zusammenhang mit der Begrenzung der Zahl der gleichzeitig betreuten Kinder eine Vertretungsmöglichkeit vor Ort besteht (zur höchstpersönlichen Dienstleistung s. OVG Bautzen, Beschl. vom 23.10.2017 – Az. 4 B 173/17 –, Rn. 33).

Dieses Erfordernis der eindeutigen Zuordnung der Kinder wird nicht selten verletzt, vielmehr als lästige Formalie abgetan. In der Praxis werden dort die Tagespflegepersonen gleichsam wie Erzieher/innen in einer Kindertageseinrichtung eingesetzt. Diese Großtagespflegestellen gefährden ihre Förderung. Der Anspruch auf ein Tagespflegeentgelt entfällt, weil keine Tagespflege vorliegt (§ 23 SGB VIII). Eine kindbezogene Förderung als Kindertageseinrichtung ist nicht möglich, weil es an der Betriebserlaubnis fehlt.

3.4.5 Eine Betriebserlaubnis nach § 45 SGB VIII ist auch dann zu beantragen, wenn **dauerhaft** mehr als drei Tagespflegepersonen in der Großtagespflege in der Betreuung derselben Kinder eingesetzt werden. Unschädlich ist die Ausbildung von Kräften zur Tagespflegeperson, die Einarbeitung von Ersatzkräften oder der Einsatz zusätzlicher Tagespflegepersonen in Ferien- oder Krankheitszeiten. Die Tätigkeit erfolgt in diesen Fällen nicht dauerhaft. Unschädlich wäre somit auch die gegenseitige Vertretung von Tagesmüttern in zwei kooperierenden Großtagespflegestellen. Förderunschädlich ist auch die Aufnahme von Praktikanten bzw. Praktikantinnen, denn auch diese Tätigkeit ist nicht von Dauer. Problematisch ist die Aufnahme einer vierten Tagespflegeperson, die über keine Pflegeerlaubnis verfügt, weil sie weniger als 15 Wochenstunden tätig ist (§ 43 Abs. 1 SGB VIII). Die Erlaubnispflicht ist für Art. 9 Abs. 1 Satz 3 Nr. 2 BayKiBiG nicht von Belang. Zweck der Vorschrift ist, den Familiencharakter der Tagespflege zu wahren und damit auch eine Unterscheidung zur Kindertageseinrichtung zu treffen. Dies geschieht durch die Anzahl der tätigen Personen. Aufgrund der Außenansicht ist mit der vierten Tagespflegeperson diese Grenze überschritten. Tolerabel sind weitere Mitarbeiter nur, wenn – wie ausgeführt – deren Anwesenheit begründet ist (z. B. wegen Ausbildung, als Ersatzkraft) und zeitlich begrenzt ist. Das bedeutet, dass mit der vierten Tagespflegeperson die Förderfähigkeit der GTP entfällt. Als dritte Tagespflegeperson sind deren Pflegeverhältnisse in die Höchstzahl von 16 Betreuungsverhältnissen einzurechnen.

Beispiel:

Unter einem Dach sind zwei Großtagespflegestellen G1 und G2 mit je drei Tagesmüttern tätig. Die Tagesmütter vertreten sich wechselseitig. Um für den Ersatzfall bereits eine Bindung mit den Kindern aufzubauen, arbeiten Tagesmütter aus G1 immer wieder bei G2 mit und umgekehrt.

3.4.6 Um den Charakter als Tagespflege nicht zu verlieren, ist eine Kooperation über den Fall der Vertretung hinaus **nicht** gestattet. Andernfalls bedarf es auch hier einer Betriebserlaubnis. Maßgebend ist eine feste Zuordnung der Kinder zu den Tagespflegepersonen.

Beispiel:

Unter einem Dach sind die zwei Großtagespflegestellen G1 und G2 mit je drei Tagesmüttern tätig. G1 und G2 bieten gemeinsame Bildungsangebote. Die Kinder aus G1 befinden sich zum Teil in den Räumen von G2 und umgekehrt. G1 und G2 teilen sich zudem die Außenspielfläche. Die Kooperation geht hier über die Sicherstellung einer Vertretung weit hinaus. Das Setting ähnelt dem einer Kindertageseinrichtung mit zwei Gruppen. Die beiden Großtagespflegestellen können nur unter den Voraussetzungen einer Betriebserlaubnis als Einrichtungen betrieben werden.

3.4.7 Großtagespflegestellen, die über eine Betriebserlaubnis verfügen, sind unabhängig von ihrer Namensgebung Einrichtungen nach Art. 2 BayKiBiG, sofern sie regelmäßig Bildung, Erziehung und Betreuung anbieten. Es handelt sich also ggf. z. B. um Kinderkrippen oder Häuser für Kinder. Was die Förderung nach dem BayKiBiG angeht, sind diese Großtagespflegestellen regulär als Einrichtungen förderfähig, wenn auch die sonstigen Fördervoraussetzungen vorliegen (Art. 19 BayKiBiG). Der Anspruch auf ein Tagespflegeentgelt nach § 23 SGB VIII entfällt.

3.4.8 Nach § 24 Abs. 3 SGB VIII besteht ein Anspruch eines Kindes ab dem vollendeten dritten Lebensjahr auf Förderung in einer Kindertageseinrichtung. Nur bei besonderem Bedarf oder ergänzend kann Tagespflege herangezogen werden (s. hierzu auch Erl. 2.9 zu Art. 20 BayKiBiG). Wenn danach Eltern ausdrücklich einen Wunsch auf Förderung in der Kindertageseinrichtung äußern, kann der betreffende öffentliche Träger der Jugendhilfe nicht anspruchsbefreiend auf die Großtagespflege verweisen. Großtagespflege ist keine Einrichtung „light", sondern Tagespflege in einem besonderen Setting.

3.5 Absatz 3 lässt Nebenbestimmungen i. S. d. Art. 36 Abs. 1 BayVwVfG zu. Aufgrund der Verweisung auf § 45 Abs. 3 Satz 1 SGB VIII und aufgrund § 43 Abs. 3 Satz 5 SGB VIII ist die Vorschrift nur deklaratorischer Art. Im Bereich der Tagespflege können beispielsweise Einschränkungen bei der Großtagespflegestellen durch eine Nebenbestimmung (z. B. Auflage) durchgesetzt werden.

3.6 Ausblick: Bei der GTP gestaltet sich in der Praxis die feste Zuordnung der Kinder zu den Tagespflegepersonen bisweilen als schwierig. Das StMAS beabsichtigt daher, modellhaft als weitere Betreuungsform sog. „Mini-Kitas" zu erproben. Die bereits einrichtungsähnlich geförderte GTP nach Art. 20a BayKiBiG kann dann zu einer „Mini-Kita" weiterentwickelt und dadurch ein Impuls für eine Professionalisierung und Aufwertung der (bisherigen) Großtagespflegestellen gesetzt werden.

Mit der „Mini-Kita" werden mehrere Ziele verfolgt: Diese sollen nicht nur die GTPs „legalisieren", bei denen die feste Zuordnung Tagespflegeperson/Kinder Probleme bereitet. Die „Mini-Kita" mit regulärer Betriebserlaubnis erfüllt vielmehr Bedingungen, die die GTP derzeit nicht anbieten kann. Im Gegensatz zur GTP wird die „Mini-Kita" den Rechtsanspruch für Kinder ab dem vollendeten dritten Lebensjahr erfüllen (§ 24 Abs. 3 SGB VIII), es besteht die Möglichkeit des Antrags auf Beitragszuschuss (Art. 23 BayKiBiG) und es gibt keine Begrenzung der Zahl des eingesetzten Personals bzw. der Tagespflegepersonen. Wie bei jeder Einrichtung müssen die „Mini-Kitas" für eine BayKiBiG-Förderung die Fördervoraussetzungen erfüllen, beispielsweise die Fachkraftquote (§ 17 AVBayKiBiG). Unter Berücksichtigung einer Begrenzung der Zahl der maximal gleichzeitig anwesenden Kinder sollen in Ausnahme zu den herkömmlichen Einrichtungen als Ergänzungskräfte auch Tagespflegepersonen zum Einsatz kommen können, wenn diese eine Qualifizierung für den Einsatz in Kitas aufweisen.

Auf diese Weise sollen diese nicht nur dauerhaft für die Kinderbetreuung gebunden, sondern diesen Kräften soll durch Festanstellung auch eine soziale Absicherung geboten werden. Ferner ist geplant, durch modulhafte, berufsbegleitende Weiterqualifizierung eine Aufstiegsmöglichkeit zur Kinderpflegerin, selbst zur Fachkraft zu ermöglichen.

Die Einführung der „Mini-Kita" soll auch eine Antwort auf den Fachkraftmangel (zunehmend auch bei den Ergänzungskräften) sein, Bedarfsspitzen auffangen und in den Großstädten Kinderbetreuung trotz fehlender Grundstücke ermöglichen. Geplant ist der Start der Modelle mit dem Kindergartenjahr 2020/21.

Art. 9a

Verbot der Gesichtsverhüllung

[1] **Beschäftigte in Kindertageseinrichtungen dürfen während der Besuchszeit ihr Gesicht nicht verhüllen, es sei denn, betreuungsbedingte Gründe stehen dem entgegen.** [2] **Satz 1 gilt für Tagespflegepersonen entsprechend.**

Erläuterungen

Ziel der Vorschrift ist es, eine Gesichtsverschleierung als Integrationshindernis in Kindertageseinrichtungen zu verbieten. Die Vorschrift fußt auf § 49 i. V. m. § 45 Abs. 2 Nr. 2 SGB VIII, wonach die Länder Näheres zur Betriebserlaubnis regeln können. In § 45

SGB VIII ist ausdrücklich die gesellschaftliche und sprachliche Integration als Voraussetzung des Kindeswohls beschrieben. Daraus abgeleitet sollen insbesondere Kindertageseinrichtungen und Kindertagespflege Kooperations- und Kommunikationsfähigkeit vermitteln sowie die Kinder zur Integration befähigen. Mit Blick auf die Entwicklung eines Kindes ist es essentiell, dass gute pädagogische Arbeit geleistet wird. Diese wäre stark gefährdet, wenn sich das Kind einer betreuenden oder einer anderen in der Kindertageseinrichtung tätigen Person gegenüber befinden würde, die ihr Gesicht nicht zu erkennen gibt. Die Mimik ist aber wichtig, um die verschiedenen Möglichkeiten der Ausdrucksformen kennenzulernen und verstehen zu können. Des Weiteren verhindert ein verhülltes Gesicht insbesondere Kommunikation und Interaktion zwischen Kindern und Erzieher bzw. Erzieherin und beeinträchtigt damit den für die Bildung und Erziehung der Kinder unabdingbaren Aufbau von Bindung und Beziehung. Schließlich ist gerade der persönliche und vertraute Kontakt zwischen Kind und Personal enorm wichtig für die frühkindliche Bildung. Es ist mithin erforderlich, dass Beschäftigte in Kindertageseinrichtungen während der Besuchszeiten sowie bei Veranstaltungen der Einrichtung ihr Gesicht (zwischen Kinn und Stirn) nicht verhüllen.

Der Begriff „Beschäftigte" ist weit auszulegen und erfasst auch nichtpädagogisches Personal, beispielsweise Hauswirtschaftskräfte oder Externe, die in der Kindertageseinrichtung tätig werden (z. B. Logopäden, Ergotherapeuten).

Der Begriff der Besuchszeiten i. S. d. Art. 9a BayKiBiG soll weit verstanden werden und umfasst zuvörderst den gesamten Zeitraum vom Eintreffen des ersten Kindes in der Kindertageseinrichtung bis zum Verlassen des letzten Kindes, unabhängig davon, ob die Betreuung in der Einrichtung oder im Rahmen eines Ausflugs andernorts stattfindet. Unter den Begriff fallen aber auch solche Veranstaltungen der Einrichtung und in den Einrichtungen, die über den Kreis der in der Einrichtung Beschäftigten hinausgehen und an denen zumindest auch die zu betreuenden Kinder oder deren Erziehungsberechtigte teilnehmen können (z. B. Sommer- und Weihnachtsfeste).

Etwaige Beschränkungen der Religionsfreiheit bzw. des allgemeinen Persönlichkeitsrechts der Beschäftigten, die mit dem Verbot der Gesichtsverhüllung verbunden sein können, lassen sich vor diesem Hintergrund rechtfertigen. Das Verbot soll nicht gelten, soweit betreuungsbedingte Gründe dem entgegenstehen. Betreuungsbedingte Gründe wären z. B. eine Verkleidung in einem Rollenspiel oder auf einer Faschingsfeier.

Das Verbot soll ferner nicht gelten, wenn entsprechende Gebote durch anderweitiges, spezielleres oder vorrangiges Recht geregelt sind (z. B. die Helmpflicht beim Fahren von Kraftädern gem. § 21a Abs. 2 Satz 1 StVO, die beispielsweise auf dem Gelände der Einrichtung geparkt werden).

Auch über die Sanktionsmöglichkeit hat sich die Staatregierung in ihrem Gesetzesentwurf geäußert: Wird gegen Art. 9a BayKiBiG verstoßen, hat zunächst der jeweilige Träger der Einrichtung darauf hinzuwirken, dass dem Gebot Folge geleistet wird. Dabei ist insbesondere auf arbeitsvertraglicher Ebene darauf hinzuwirken, dass die Verhüllung des Gesichts unterbleibt.

Wird gegen das Verbot anhaltend verstoßen, könnte die Betriebserlaubnis auch nachträglich mit einer Nebenbestimmung versehen werden, um z. B. die gesellschaftliche und sprachliche Integration sicherzustellen. Als weitere Rechtsfolge käme in Betracht, dass die zuständige Behörde dem Träger einer erlaubnispflichtigen Einrichtung die weitere Beschäftigung des Leiters, eines Beschäftigten oder eines sonstigen Mitarbeiters ganz oder für bestimmte Funktionen oder Tätigkeiten untersagt, wenn Tatsachen die Annahme rechtfertigen, dass er oder die für seine Tätigkeit erforderliche Eignung nicht besitzt, sog. Tätigkeitsuntersagung nach § 48 SGB VIII. Sollte dem auch nicht Folge geleistet werden, bliebe als Ultima Ratio die Rücknahme oder der Widerruf der Betriebserlaubnis, wenn das Wohl der Kinder oder der Jugendlichen in der Einrichtung gefährdet und der Träger der Einrichtung nicht bereit oder nicht in der Lage ist, die Gefährdung abzuwenden, § 45 Abs. 7 SGB VIII. Daneben kämen auch Förderkürzungen im Bereich des BayKiBiG in Betracht.

Für Tagespflegepersonen soll das Verbot der Gesichtsverhüllung entsprechend gelten. Im Bereich der Tagespflege käme vor allem eine Rücknahme oder ein Widerruf der Pflegeerlaubnis nach § 43 SGB VIII in Betracht, wenn anhaltend gegen das Verbot der Gesichtsverhüllung während der Betreuung von Kindern verstoßen würde.

Die Verortung des Verbots im BayKiBiG ist zu **kritisieren**. Für die nach dem BayKiBiG geförderten Kindertageseinrichtungen bedarf es der geplanten Regelung nicht. Ein Verbot der Gesichtsverhüllung ließe sich unschwer auch aus dem Bildungs- und Erziehungsauftrag ableiten. Eine Regelung bedarf es allenfalls für nicht geförderte Einrichtungen. Hier hätte sich besser das AGSG als Standort angeboten. Vereinzelte Meinungen, die geplante Bestimmung des neuen Art. 9a BayKiBiG richte sich darüber hinaus auch an Einrichtungen, die **keiner** Betriebserlaubnis bedürfen (Maßnahmen einer Kurzzeitbetreuung, Ferienbetreuung), sind jedenfalls verfassungsrechtlich bedenklich. So hat der Europäische Gerichtshof für Menschenrechte (EGMR) in seiner auf Frankreich bezogenen Entscheidung vom 1.7.2014 (NJW 2014 S. 2925) ausgeführt, dass sich ein Verbot der Gesichtsverhüllung im öffentlichen Raum weder unter dem Gesichtspunkt der Gleichberechtigung von Mann und Frau noch unter dem Gesichtspunkt der Achtung der Menschenwürde der in der Öffentlichkeit mit einem solchen Anblick konfrontierten Personen rechtfertigen ließe. Auch zum Schutz der öffentlichen Sicherheit sei ein solches Verbot nicht verhältnismäßig. Folgt man dieser Auffassung, ist ein Verbot der Gesichtsverhüllung erst recht nicht in Einrichtungen verhältnismäßig, die einer Betriebserlaubnis nicht bedürfen und die von den Eltern bzw. deren Kindern freiwillig in Anspruch genommen werden. Die Träger dieser Einrichtungen, die eine Gesichtsverhüllung zulassen, werden im Rahmen ihrer Handlungsfreiheit und ggf. im Rahmen der Berufsausübungsfreiheit tätig. Das Verbot in Art. 9a BayKiBiG hat allein seine Rechtfertigung darin, in Abwägung das Kindeswohl zu gewährleisten. Von einer Gefährdung des Kindeswohls kann aber nur bei regelmäßigem Aufenthalt des Kindes in einer erlaubnispflichtigen Einrichtung ausgegangen werden.

Art. 9b

Kinderschutz

(1) [1]Die Träger der nach diesem Gesetz geförderten Einrichtungen haben sicherzustellen, dass

1. deren Fachkräfte bei Bekanntwerden gewichtiger Anhaltspunkte für die Gefährdung eines von ihnen betreuten Kindes oder Jugendlichen eine Gefährdungseinschätzung vornehmen,

2. bei der Gefährdungseinschätzung eine insoweit erfahrene Fachkraft beratend hinzugezogen wird,

3. die Eltern sowie das Kind oder der Jugendliche in die Gefährdungseinschätzung einbezogen werden, soweit hierdurch der wirksame Schutz des Kindes oder Jugendlichen nicht in Frage gestellt wird.

[2]Insbesondere haben die Träger dafür Sorge zu tragen, dass die Fachkräfte bei den Eltern auf die Inanspruchnahme von Hilfen hinwirken, wenn sie diese für erforderlich halten, und das Jugendamt informieren, falls die Gefährdung nicht anders abgewendet werden kann.

(2) [1]Bei der Anmeldung zum Besuch einer Kindertageseinrichtung oder bei Aufnahme eines Kindes in die Tagespflege haben die Eltern eine Bestätigung der Teilnahme des Kindes an der letzten fälligen altersentsprechenden Früherkennungsuntersuchung vorzulegen. [2]Die Nichtvorlage einer Bestätigung ist für die Förderung nach diesem Gesetz unschädlich. [3]Der Träger ist verpflichtet, schriftlich festzuhalten, ob vonseiten der Eltern ein derartiger Nachweis vorgelegt wurde.

Erläuterungen

1. Die Vorschrift des **Art. 9b BayKiBiG** korrespondiert mit § 8a SGB VIII.

Nach § 8a Abs. 4 SGB VIII haben die Träger der öffentlichen Jugendhilfe Vereinbarungen mit den Trägern und Einrichtungen zu schließen, um den Schutzauftrag bei Kindeswohlgefährdungen sicherzustellen. § 8a SGB VIII regelt damit den Inhalt einer Vereinbarung zwischen Trägern von Einrichtungen und Diensten und dem Träger der öffentlichen Jugendhilfe. Art. 9a BayKiBiG greift dies auf. Kindertageseinrichtungen zählen zu den in § 8a Abs. 4 SGB VIII angesprochenen Einrichtungen bzw. Diensten, mit denen das Jugendamt eine Vereinbarung zur Umsetzung des Schutzauftrages schließen muss. Art. 9a BayKiBiG bezieht sich demgegenüber ausdrücklich nicht auf die Tagespflege oder die Großtagespflege. Unberührt davon bleibt aber die Verpflichtung des Jugendamtes, ggf. auch mit Trägern einer Tagespflege oder mit dem Träger einer Großtagespflege eine Vereinbarung zu schließen, vorausgesetzt, dort wird mindestens eine Fachkraft (§ 72 Abs. 1 SGB VIII, § 16 Abs. 2 AVBayKiBiG) tätig. Die zu schließende Vereinbarung nach § 8a Abs. 4 SGB VIII ist Fördervoraussetzung. Sie ist auf Aufforderung seitens des Trägers im Rahmen der kindbezogenen Förderung nachzuweisen und ist Bestandteil des Förderantrages (Art. 19 Nr. 6 BayKiBiG).

2. Nach Art. 14 Abs. 1 des Gesundheitsdienst- und Verbraucherschutzgesetzes (GDVG) sind die Personensorgeberechtigten verpflichtet, die Teilnahme ihrer Kinder an den Früherkennungsuntersuchungen im Sinn der Richtlinien des Gemeinsamen Bundesausschusses gem. § 26 SBG V sicherzustellen. In **Absatz 2** ist nun die Pflicht der Personensorgeberechtigten (bzw. Eltern, Art. 4 Abs. 1 Satz 1 BayKiBiG) verankert, bei der Anmeldung zum Besuch einer Kindertageseinrichtung oder bei Aufnahme eines Kindes in die Tagespflege eine Teilnahmebestätigung an der letzten altersentsprechenden U-Untersuchung vorzulegen. Dies ist z. B. für den Eintritt in den Kindergarten ab dem vollendeten dritten Lebensjahr die Untersuchung U 7a (s. hierzu https://www.kindergesundheit-info.de/themen/entwicklung/frueherkennung-u1-u9-und-j1/untersuchungen-u1-bis-u9/u7a-untersuchung/).

Die Weigerung der Personensorgeberechtigten, einen Nachweis der U-Untersuchung zu liefern, führt nicht zur Ablehnung des Abschlusses eines Betreuungsvertrags. Die Aufforderung, einen Nachweis für die U-Untersuchungen zu erbringen, soll die Eltern lediglich an die Notwendigkeit der U-Untersuchungen erinnern. Der Träger bzw. das von ihm beauftragte Personal ist verpflichtet, schriftlich festzuhalten, ob ein derartiger Nachweis vonseiten der Eltern (oder nicht) erbracht wurde. Vermerkt werden soll nur die Tatsache der Nachweiserbringung oder ggf. Nichterbringung. Gegen datenschutzrechtliche Bestimmungen würde verstoßen, wenn Untersuchungsergebnisse festgehalten würden oder eine Kopie der Untersuchungsunterlagen bzw. des Untersuchungsheftes zu den Unterlagen der Einrichtung genommen würden. Wird die Teilnahmebestätigung – trotz nachdrücklicher Einforderung durch die Einrichtung – nicht vorgelegt, so steht das dem Förderanspruch der Einrichtung nicht entgegen. Unberührt bleibt der Schutzauftrag nach § 8a SGB VIII, wenn der Fachkraft in der Kindertageseinrichtung Anhaltspunkte für eine Gefährdung des Kindeswohls bekannt würden.

4. TEIL

BILDUNGS- UND ERZIEHUNGSARBEIT

Art. 10

Auftrag zur Bildung, Erziehung und Betreuung in Kindertageseinrichtungen

(1) [1]**Kindertageseinrichtungen bieten jedem einzelnen Kind vielfältige und entwicklungsangemessene Bildungs- und Erfahrungsmöglichkeiten, um beste Bildungs- und Entwicklungschancen zu gewährleisten, Entwicklungsrisiken frühzeitig entgegenzuwirken**

sowie zur Integration zu befähigen. [2] Eine angemessene Bildung, Erziehung und Betreuung ist durch den Einsatz ausreichenden und qualifizierten Personals sicherzustellen.

(2) Die Kinder sollen entwicklungsangemessen an Entscheidungen zum Einrichtungsalltag und zur Gestaltung der Einrichtung beteiligt werden.

Erläuterungen

Absatz 1 Satz 1 legt fest, dass jede Kindertageseinrichtung die Aufgabe hat, die ihr anvertrauten Kinder zu bilden, zu erziehen und zu betreuen, unabhängig davon, ob sie staatlich gefördert wird. Für die Interpretation der Begriffe Bildung, Erziehung und Betreuung besteht an dieser Stelle ein weiter Ermessensspielraum, denn in der Fachliteratur sind die Definitionen nicht deckungsgleich und unterscheiden sich nach theoretischem Hintergrund.

Beispielsweise wird im 12. Kinder- und Jugendbericht der Bundesregierung (Bundesministerium für Familie, Senioren, Frauen und Jugend, 2005) folgendes Begriffsverständnis vorgeschlagen: *Bildung* [...] „als eine umfassende Form des Kompetenzerwerbs mit Blick auf die unterschiedlichen Bereiche der Weltaneignung"; *Erziehung* als ein „Synonym [...] für den Erwerb einer moralischen Urteilskraft bzw. einer lebenspraktischen Entscheidungs- und Orientierungskompetenz sowie einer Kompetenz zur Selbststeuerung"; *Betreuung* bringt „ihre Qualität in der Bindungsintensität wechselseitiger Beziehungen zum Ausdruck [...], wobei im frühen Kindesalter ‚Urvertrauen' und im Lauf des Älterwerdens immer deutlicher der ‚Kampf um Anerkennung' zu einer wesentlichen Basis dieses Interaktionsgeschehens werden", S. 338).

Im Gegensatz dazu versteht der bayerische Bildungs- und Erziehungsplan für Kinder in Tageseinrichtungen bis zur Einschulung Bildung als sozialen Prozess und verzichtet im Wesentlichen darauf, *Bildung* und *Erziehung* begrifflich voneinander zu trennen (Bayerisches Staatsministerium für Familie, Arbeit und Soziales und Staatsinstitut für Frühpädagogik, (Hrsg.), Der Bayerische Bildungs- und Erziehungsplan für Kinder in Tageseinrichtungen bis zur Einschulung, 8. Auflage 2017, S. 16). Nimmt man hinzu, dass der Begriff der Betreuung dort nur implizit bestimmt wird im Zusammenhang der Unterscheidung von Freispiel und geplanten Lernaktivitäten bzw. der Moderierung von Bildungsprozessen und dass festgestellt wird, dass *„die Grenzen zwischen der herkömmlichen Trennung von Freispiel und geplanten Lernaktivitäten zunehmend [verwischen, HE]"* (a. a. O., S. 19), dann kann man davon ausgehen, dass die Trias Bildung-Erziehung-Betreuung als ein mehr oder weniger einheitliches, zeitlich sich erstreckendes Geschehen im sozialen Kontext betrachtet wird.

Praktisch bedeutet dies: Wird bestritten, dass eine Einrichtung ihrem Auftrag zur Bildung, Erziehung und Betreuung nachkommt, liegt es letztlich am Einrichtungsträger, unter Berufung auf seine pädagogische Praxis und ggf. sie fundierende theoretische oder programmatische Schriften für jeden verständigen Laien nachvollziehbar zu begründen, dass das von ihm beauftragte Personal dem Auftrag, für förderliche Entwicklungsbedingungen zu sorgen, und damit seiner Verantwortung den Kindern gegenüber nach bestem Wissen und Gewissen nachkommt.

Leitlinie der pädagogischen Arbeit jeder Einrichtung muss es sein, die Kinder in ihrer Entwicklung individuell zu unterstützen und zu begleiten und dabei ihren Entwicklungsstand zu berücksichtigen. Nicht die Abarbeitung eines wie auch immer gearteten Programms, sondern jedes einzelne Kind mit seinen speziellen Bedürfnissen steht im Vordergrund der pädagogischen Bemühung. Daraus ergibt sich zwingend die Notwendigkeit eines vielfältigen pädagogischen Angebots. Die Vermeidung von Entwicklungsrisiken ist weit zu verstehen. Sie umfasst nicht nur die Abwendung drohender Behinderung durch den Versuch, extrem ungünstigen Einflüssen des familiären oder Herkunftsmilieus oder den Effekten von Minderbegabung durch ressourcenorientierte pädagogische Maßnahmen gegenzusteuern, sondern schließt die Festigung der Stärken und den Abbau der

Schwächen des normal oder hochbegabten Kindes mit ein. Befähigung zur Integration meint ganz allgemein die Erziehung zu einem beziehungsfähigen Menschen, der den Anforderungen in Familie, Staat und Gesellschaft gerecht werden kann.

Satz 2 stellt sicher, dass in staatlich geförderten Einrichtungen für die pädagogische Arbeit ausreichend qualifizierte Personen in genügender Anzahl zur Verfügung stehen. Dies ist dann der Fall, wenn die entsprechenden Vorgaben der Ausführungsverordnung zum Gesetz eingehalten werden.

Absatz 2 ist eine konkrete Folge des Beteiligungsgebots gem. § 45 Abs. 2 Nr. 3 SGB VIII. Danach setzt die Betriebserlaubnis für eine Kindertageseinrichtung notwendig voraus, dass zur Sicherung der Rechte von Kindern und Jugendlichen in der Einrichtung geeignete Verfahren der Beteiligung sowie der Möglichkeit der Beschwerde in persönlichen Angelegenheiten Anwendung finden. Art. 10 Abs. 2 BayKiBiG betont die Bedeutung der Tageseinrichtung als Lebensraum für die Kinder, in dem sie soziales Verhalten erlernen. Die Kinder sollen an Entscheidungen, die sie betreffen, entsprechend dem Stand ihrer Entwicklung mitwirken. Sie erhalten auf diese Weise auch Gelegenheit, den pädagogischen Prozess in der Tageseinrichtung insgesamt mitzugestalten. Dies ist gleichzeitig ein Schutz vor Überforderung und Unterforderung, denn pädagogische Maßnahmen sind dem Entwicklungsstand der Kinder, ihren Interessen und Bedürfnissen anzupassen. Solche Maßnahmen haben Angebotscharakter, die Teilnahme daran ist freiwillig (s. Erl. zu Art. 13).

Art. 11

Bildungs- und Erziehungsarbeit in Kindertageseinrichtungen; Erziehungspartnerschaft

(1) [1] **Das pädagogische Personal in Kindertageseinrichtungen soll alle Kinder entsprechend der Vielfalt des menschlichen Lebens unterschiedslos in die Bildungs- und Erziehungsprozesse einbinden und jedes Kind entsprechend seinen Bedürfnissen individuell fördern.** [2] **Das pädagogische Personal soll die Kompetenzen der Kinder für eine Teilhabe am gesellschaftlichen Leben im Sinn eines sozialen Miteinanders fördern.**

(2) Eltern und pädagogisches Personal arbeiten partnerschaftlich bei der Bildung, Erziehung und Betreuung der Kinder zusammen.

(3) [1] **Die pädagogischen Fachkräfte informieren die Eltern regelmäßig über den Stand der Lern- und Entwicklungsprozesse ihres Kindes in der Tageseinrichtung.** [2] **Sie erörtern und beraten mit ihnen wichtige Fragen der Bildung, Erziehung und Betreuung des Kindes.**

Erläuterungen

Absatz 1 Satz 1 bringt programmatisch zum Ausdruck, dass von Anfang an unterschiedslos alle Kinder entsprechend ihren speziellen Ressourcen, Ansprüchen und Bedürfnissen in die pädagogische Arbeit einbezogen werden und am Leben in der Tageseinrichtung teilhaben sollen. Dies gilt für alle Kindertageseinrichtungen unabhängig davon, ob sie staatlich gefördert werden. Davon abgewichen werden kann nur ausnahmsweise und mit guten Gründen. Zwar war auch in der vorgängigen Fassung des Gesetzes der Gedanke der Integration bestimmter Zielgruppen (Kinder mit [drohender] Behinderung, Kinder mit Migrationshintergrund) fest verankert. Durch die Hervorhebung der Vielfalt menschlichen Lebens und die unterschiedslose Einbindung aller Kinder in die Bildungs- und Erziehungsprozesse von Anfang an in Satz 1 erfährt das Prinzip der Integration jedoch eine deutliche Ausweitung und Aufwertung zum Leitziel Inklusion. Damit verbunden sind entsprechende Erwartungen an die Aus- und Fortbildung des pädagogischen Personals sowie ggf. an die räumliche und sächliche Ausstattung.

Es handelt sich um einen weiten Begriff von Inklusion, der der pädagogischen Arbeit zugrunde liegen soll. Er bezieht alle Heterogenitätsdimensionen ein, hinsichtlich deren sich Menschen unterscheiden können. Es geht beispielsweise um körperliche und psychische Beeinträchtigung ebenso wie um kulturelle Herkunft, Geschlecht, Alter und soziales Milieu, um nur einige besonders wichtige zu nennen.

Satz 2 betont die herausragende Bedeutung der Teilhabe am gesellschaftlichen Leben im Sinn eines sozialen Miteinanders. Keine Inklusion ohne Teilhabe lautet das zugrunde liegende Inklusionsverständnis. Die Ermöglichung von Teilhabe ist damit zugleich eine zentrale und verbindliche Aufgabe des pädagogischen Personals. Ein besonders überzeugendes Beispiel gelingender Inklusion durch Ermöglichung von Teilhabe ist es beispielsweise, wenn die ganze Gruppe oder gar alle Kinder einer Tageseinrichtung befähigt werden, mit hörbeeinträchtigten Kindern in Gebärdensprache zu kommunizieren.

Besonders hingewiesen sei darauf, dass unter inklusiven Bedingungen genügend Raum sein muss, auch die besonders leistungsfähigen Kinder individuell und entwicklungsangemessen in ihrer Entwicklung zu unterstützen. Kinder mit und ohne Behinderung sollen von der gemeinsamen Bildung und Erziehung durch inklusive Pädagogik profitieren. Unabhängig davon ist unter gesellschaftlicher Perspektive zu prüfen, inwieweit bestehende, nicht-inklusive Strukturen und Angebote notwendig bleiben und erhaltenswert sind (unter welchen Bedingungen ist beispielsweise Blindenfußball möglich? Haben Kinder, die behindert oder von Behinderung bedroht sind, auch ein Recht, unter sich zu bleiben?) und inwieweit sie in das sog. Regelangebot überführt werden sollen. Diese Klärung ist auch notwendig, um den Eltern die Freiheit der Wahl, wo sie ihr Kind betreut haben möchten, nachhaltig zu sichern.

Dass mit **Absatz 2** die Bildungs- und Erziehungspartnerschaft mit Eltern in den durch Absatz 1 eröffneten Kontext der Inklusion gestellt wird, ist konsequent, denn zum einen ist die Vielfalt und Verschiedenheit der Kinder das Abbild der Heterogenität der Eltern und zum anderen haben die Eltern den Auftrag zur Bildung und Erziehung an die Tageseinrichtung delegiert. Die Zusammenarbeit mit den Eltern gehört zu den unveräußerlichen Kernaufgaben einer Kindertageseinrichtung. Nach § 1 Abs. 2 SGB VIII (i. V. m. Art. 6 GG) sind Pflege und Erziehung der Kinder das natürliche Recht der Eltern und die zuvörderst ihnen obliegende Pflicht. Daraus leitet sich das Primat der elterlichen Erziehung ab und definiert sich die Rolle von Kindertageseinrichtungen. Kindertageseinrichtungen unterstützen die Eltern, können sie aber nicht ersetzen (s. hierzu auch § 22 Abs. 2 Nr. 2 SGB VIII). Art. 11 BayKiBiG legt für alle Kindertageseinrichtungen verbindliche Grundsätze für die Zusammenarbeit mit den Eltern fest. Das Ziel ist eine Bildungs- und Erziehungspartnerschaft zwischen den Eltern und dem pädagogischen Personal.

Die nach Absatz 2 statuierte partnerschaftliche Zusammenarbeit von Eltern und pädagogischem Personal umfasst nach **Absatz 3** insbesondere den Informationsaustausch über die Lern- und Entwicklungsprozesse des Kindes sowie Fragen der individuellen Bildung, Erziehung und Betreuung nach Maßgabe der einrichtungsspezifischen pädagogischen Konzeption.

Nach Art. 11 BayKiBiG sind die Erziehungsberechtigten an allen Entscheidungen über die wesentlichen Angelegenheiten des Kindes zu beteiligen. Er konkretisiert insoweit die Regelung in § 22a Abs. 2 SGB VIII.

Art. 12

Bildungs- und Erziehungsarbeit in Kindertageseinrichtungen für Kinder bei besonderen Bedarfslagen

(1) Kinder mit Behinderung und solche, die von einer Behinderung bedroht sind, sollen in einer Kindertageseinrichtung gemeinsam mit Kindern ohne Behinderung betreut und gefördert werden, um ihnen eine gleichberechtigte Teilhabe am gesellschaftlichen Leben zu ermöglichen.

(2) [1] Die Träger von Kindertageseinrichtungen fördern die sprachliche Entwicklung der Kinder von Anfang an und tragen hierbei den besonderen Anforderungen von Kindern

aus Migrantenfamilien (Art. 5 des Bayerischen Integrationsgesetzes – BayIntG) und Kindern mit sonstigem Sprachförderbedarf Rechnung. [2] Die Kindertageseinrichtungen sollen im Rahmen des Art. 6 BayIntG dazu beitragen, die Integrationsbereitschaft der Familien von Migrantinnen und Migranten zu fördern.

Erläuterungen

In **Art. 12 BayKiBiG** wird der in Art. 11 BayKiBiG ausgesprochene allgemeine Auftrag zur inklusiven pädagogischen Arbeit für die speziellen Zielgruppen der Kinder, die behindert oder von Behinderung bedroht sind, und der Kinder mit Migrationshintergrund konkretisiert. Diese zwei besonderen Bedarfslagen werden hervorgehoben, weil darin der Inklusionsauftrag nicht nur mit besonderen pädagogischen Herausforderungen verbunden ist, sondern weil sie auch besondere finanzielle Anstrengungen erfordern.

1. Nach **Absatz 1** soll das gemeinsame Aufwachsen von Kindern mit (drohender) Behinderung und Kindern ohne Behinderung wenigstens in den staatlich geförderten Tageseinrichtungen zum Normalfall werden. Nur im Ausnahmefall und gut begründet kann davon abgewichen werden. Im Mittelpunkt steht, wie schon in Art. 11 BayKiBiG dargelegt, das Prinzip, Kindern in allen Lebenslagen eine gleichberechtigte Teilhabe am gesellschaftlichen Leben zu ermöglichen. Um wirklich alle Kinder ihren Bedürfnissen entsprechend in die pädagogische Arbeit einbeziehen zu können und sie am Leben in der Einrichtung teilhaben zu lassen, müssen freilich in jedem Einzelfall bestimmte Voraussetzungen oder Rahmenbedingungen erfüllt sein. Dies reicht von der Barrierefreiheit baulicher Gegebenheiten bis hin zur notwendigen Professionalität des pädagogischen Personals. Inklusives Arbeiten ohne geeignete Rahmenbedingungen kann für die Kinder und das pädagogische Personal zu nicht hinnehmbaren Belastungen führen. Leitlinie inklusiven Arbeitens ist das Wohl des Kindes.

Jede Einrichtung hat zu klären, was sie unter der Vorgabe Inklusion zu leisten in der Lage ist, und dies in die pädagogische Konzeption einzuarbeiten. In Betracht zu ziehen sind dabei im Einzelfall die Art der Behinderung sowie die personelle und räumliche Ausstattung der Einrichtung. Im Zweifelsfall ist stets zu prüfen, ob sich durch geeignete Maßnahmen nicht doch die Voraussetzungen für inklusive pädagogische Arbeit realisieren lassen. Was den Anteil behinderter oder von Behinderung bedrohter Kinder in integrativen Einrichtungen betrifft, so ist inklusive Bildungs- und Erziehungsarbeit möglich von der Einzelintegration bis hin zu maximal einem Drittel behinderter oder von Behinderung bedrohter Kinder in der Einrichtung (s. Erl. zu Art. 2). Ab drei Kindern mit (drohender) Behinderung ist nach Art. 2 BayKiBiG von einer „integrativen Kindertageseinrichtungen" die Rede.

Nach § 2 Abs. 1 SGB IX sind Menschen mit Behinderungen Menschen, die körperliche, seelische, geistige oder Sinnesbeeinträchtigungen haben, die sie in Wechselwirkung mit einstellungs- und umweltbedingten Barrieren an der gleichberechtigten Teilhabe an der Gesellschaft mit hoher Wahrscheinlichkeit länger als sechs Monate hindern können. Eine Beeinträchtigung liegt vor, wenn der Körper- und Gesundheitszustand von dem für das Lebensalter typischen Zustand abweicht. Menschen sind von Behinderung bedroht, wenn eine Beeinträchtigung zu erwarten ist.

In diesem Sinne behinderte oder nach fachlicher Erkenntnis mit hoher Wahrscheinlichkeit von Behinderung bedrohte Menschen haben nach § 53 Abs. 1 bis Abs. 3 SGB XII Anspruch auf Eingliederungshilfe, wenn durch gezielte Maßnahmen eine drohende Behinderung verhütet oder die Folgen einer Behinderung gemildert oder beseitigt werden können.

Zur individuellen Förderung von Kindern mit (drohender) Behinderung sollte in der Tageseinrichtung heilpädagogische oder heilerziehungspflegerische Kompetenz präsent sein. Multiprofessionelle Teams können hierzu einen wertvollen Beitrag leisten. Ebenso von großer Bedeutung ist die Kooperation mit externer Fachkompetenz. So ermöglicht etwa die HeilM-RL (Richtlinie des Gemeinsamen Bundesausschusses über die Verordnung von

Heilmitteln in der vertragsärztlichen Versorgung, Heilmittel-Richtlinie, i. d. F. vom 20.1.2011/19.5.2011, veröffentlicht im Bundesanzeiger 2011 S. 2247, letzte Änderung 21.9.2017, in Kraft getreten am 1.1.2018) in § 11 Abs. 2 die Heilmittelerbringung, also z. B. logopädische und ergotherapeutische Förderung, auch in den Räumen der Kindertageseinrichtung, wenn diese auf die Förderung von Kindern und Jugendlichen bis zum vollendeten 18. Lebensjahr eingerichtet ist.

Generell erfordert inklusive Bildung, Erziehung und Betreuung bei Kindern mit (drohender) Behinderung, dass die Kindertageseinrichtungen eng mit anderen Hilfesystemen kooperieren, in deren Zuständigkeit Hilfen für diese Kinder angeboten werden (interdisziplinäre Frühförderstellen, Behindertenhilfe, Jugendhilfe, Förderschulbereich). Dabei bringen Kindertageseinrichtungen und spezifische Hilfesysteme ihre jeweils besonderen Leistungen und Möglichkeiten in die Zusammenarbeit ein und verknüpfen sie zu einem ganzheitlichen Konzept (Bayerisches Staatsministerium für Familie, Arbeit und Soziales und Staatsinstitut für Frühpädagogik (Hrsg.), Der Bayerische Bildungs- und Erziehungsplan für Kinder in Tageseinrichtungen bis zur Einschulung, 8. Auflage 2016, S. 142 f.). Die Leitprinzipien dieser Zusammenarbeit bei der Bildung, Erziehung und Betreuung von Kindern mit (drohender) Behinderung sind neben sozialer Inklusion der Vorrang präventiver Maßnahmen. Sie sind maßgeblich für das Angebot für Kinder mit besonderen Bedürfnissen in den Tageseinrichtungen und die regionale und überregionale Planung der Hilfsmaßnahmen (a. a. O., S. 143).

Staatlich geförderte Kindertageseinrichtungen erhalten für behinderte und von Behinderung bedrohte Kinder mit Eingliederungshilfeanspruch eine erhöhte Förderung mit dem Ziel, die Kinderzahl der Einrichtung zu reduzieren bzw. das pädagogische Personal bei gleichbleibender Kinderzahl entsprechend aufzustocken und im Einvernehmen mit den zuständigen Gemeinden zusätzliches, für die Arbeit mit diesen Kindern besonders qualifiziertes Personal zu beschäftigen (s. Erl. zu Art. 21 Abs. 5; hinzu kommt bei Kindern mit [drohender] Behinderung die Förderung im Rahmen der Eingliederungshilfe durch die Träger der Eingliederungshilfe). Dies ist der finanzielle Rahmen für die Bildung, Erziehung und Betreuung von Kindern mit (drohender) Behinderung in integrativen Kindertageseinrichtungen. Zur angemessenen Verwendung dieser Mittel führt der Bayerische Bildungs- und Erziehungsplan für Kinder in Tageseinrichtungen bis zur Einschulung (a. a. O.) Folgendes aus:

„Kinder mit (drohender) Behinderung in integrativen Kindertageseinrichtungen [haben, HE] Anspruch auf behinderungsspezifische Förderung und Unterstützung, z. B. durch therapeutische Fachdienste. Dabei handelt es sich um Maßnahmen der Eingliederungshilfe für Behinderte. Ziel dieser Eingliederungshilfe ist es, (a) entsprechend dem individuellen Bedarf des Kindes eine (drohende) Behinderung (oder deren Folgen) durch individuelle Förderung zu beseitigen oder zu mildern und das Kind so zu befähigen, seine Ressourcen auszuschöpfen und so weit wie möglich unabhängig von Eingliederungshilfeleistungen zu leben und (b) die gleichberechtigte Teilhabe am gesellschaftlichen Leben weitestgehend zu ermöglichen. Eine integrative Kindertageseinrichtung kann behinderte oder von Behinderung bedrohte Kinder grundsätzlich nur aufnehmen, wenn diese so, entsprechend ihrem individuellen Bedarf, gefördert werden. Die Kosten für Maßnahmen der Eingliederungshilfe tragen – wie bisher – die zuständigen Träger der Sozialhilfe [nun Träger der Eingliederungshilfe, § 66d AGSG] (S. 150)." Hinzuzufügen ist, dass nach dem Grundsatz der Inklusion nicht nur die sog. integrativen Kindertageseinrichtungen, sondern alle Tageseinrichtungen den speziellen Förderbedarf der Kinder mit (drohender) Behinderung erfüllen und spezielle Anstrengungen unternehmen müssen, diesem Anspruch gerecht zu werden. Vor dem Hintergrund der damit verbundenen Kosten bleibt Inklusion auch auf lange Sicht eine Herausforderung für die gesamte Gesellschaft.

2. In **Absatz 2** wird die besondere Bedarfslage von Kindern aus Migrantenfamilien im Sinne von Kindern mit Migrations- oder Fluchthintergrund angesprochen. Durch den Verweis auf das Bayerische Integrationsgesetz (BayIntG) in Satz 1 (Art. 5 BayIntG) und 2

(Art. 6 BayIntG) wird das primäre Ziel der intensivierten sprachlichen Förderung verdeutlicht, nämlich die Integration von Kindern aus Familien mit Migrations- oder Fluchterfahrung in die deutsche Gesellschaft. Ausreichende Kenntnisse der deutschen Sprache gelten als eine wesentliche Voraussetzung dafür und für die Teilhabe am gesellschaftlichen Leben. Im besonderen Maße gilt dies für Kinder aus Familien mit Migrations- oder Fluchthintergrund, aber auch bei deutschsprachig aufwachsenden Kindern ist die (bildungs-)sprachliche Kompetenz für die gesellschaftliche Teilhabe entscheidend. Ausschlaggebend für die Bestimmung des Migrationshintergrunds ist nicht die Staatsangehörigkeit, sondern die nichtdeutschsprachige Herkunft. Von Familien mit Migrationshintergrund wird dann gesprochen, wenn beide Eltern des Kindes in der Tageseinrichtung nicht Deutsch als Muttersprache sprechen.

Unabhängig davon, ob die Tageseinrichtung staatlich gefördert wird, hat sie insbesondere für Kinder mit Migrationshintergrund sicherzustellen, dass ihre sprachliche Integration unterstützt wird; beispielsweise sollen sie ausreichend Gelegenheit haben, mit deutschsprachigen Kindern zu spielen und mit dem pädagogischen Personal in der Verkehrssprache Deutsch zu kommunizieren. Die Wertschätzung von Zwei- und Mehrsprachigkeit in der pädagogischen Arbeit steht dem nicht entgegen. Sonstigen Sprachförderbedarf haben alle Kinder, die sich vom entwicklungsgemäßen Sprachstand deutlich unterscheiden, d. h. auch deutschsprachig aufwachsende Kinder. Über die allgemeine alltagsintegrierte Sprachförderung hinaus ist nach **Satz 1** bei Kindern mit Migrationshintergrund und bei sonstigem Sprachförderbedarf eine besondere (im Sinne einer zusätzlichen) Sprachfördermaßnahme sicherzustellen. Die gemeinsame sprachliche Förderung von Kindern mit Migrationshintergrund und besonders förderbedürftiger deutschstämmiger Kindern durch eine besondere Maßnahme ist Ausdruck pädagogischer Inklusion. Die inhaltliche und organisatorische Ausgestaltung dieser besonderen Sprachfördermaßnahme wird nicht näher bestimmt. Sie verfolgt bei Vorschulkindern insbesondere das Ziel, dass diese nach der Einschulung dem Unterricht folgen können und in ihren bildungssprachlichen Kompetenzen gestärkt werden. Bei staatlich geförderten Einrichtungen wird dem damit verbundenen zusätzlichen Aufwand finanziell dadurch Rechnung getragen, dass für Kinder mit Migrationshintergrund und besonders förderbedürftigen deutschsprachig aufwachsenden Kindern eine erhöhte Bezuschussung gewährt wird. Zusätzliche besondere Sprachförderungen können in der Tageseinrichtung im Sinne der inneren Differenzierung für eine bestimmte Zeit in Kleingruppen durchgeführt werden. Erfolgt die Sprachfördermaßnahme durch externe Fachleute, bei pathologischen Störungen beispielsweise durch einen Logopäden, gelten besondere Vereinbarungen. Als Maßnahme einer besonderen Sprachförderung für Kinder mit Migrationshintergrund und besonders förderbedürftige deutschstämmige Kinder sind die sog. „Vorkurse Deutsch 240" (vgl. Art. 5 BayIntG und Erl. zu Art. 15 Abs. 2 und § 5 AVBayKiBiG) zu verstehen. Sie werden (einschl. der hierzu notwendigen Sprachstandsfeststellung) derzeit in den letzten beiden Jahren vor der Einschulung zu gleichen Teilen und in jeweils eigener Verantwortung von Tageseinrichtung und Grundschule in einem Umfang von insgesamt 240 (Schul-)Stunden durchgeführt. Um festzustellen, ob ein Kind an einer zusätzlichen besonderen Sprachfördermaßnahme teilnehmen soll, ist es unabdingbar, den Sprachstand bzw. das Sprachvermögen des Kindes möglichst objektiv, verlässlich und zutreffend festzustellen.

Gerade bei Kindern mit besonderem Sprachförderbedarf ist darauf zu achten, dass sie Freude am Sprechen und am Dialog erwerben. Von der pädagogischen Fachkraft werden hier besondere Qualifikationen und Einfühlungsvermögen verlangt. Bei Kindern mit Migrationshintergrund kommen zur Steigerung der Sprechfreude auch der Einsatz fremdsprachiger Fachkräfte, die Einbeziehung der Eltern als Dolmetscher oder die Verwendung besonderer Materialien in Betracht. Die Integration von Kindern aus solchen Familien in die Gesellschaft (vgl. Art. 10 BayKiBiG) setzt voraus, dass die Befähigung zur Integration einhergeht mit der Bereitschaft hierzu. Alle Tageseinrichtungen haben nach **Satz 2** im Rahmen des Art. 6 BayIntG grundsätzlich die Aufgabe, die Integrationsbereitschaft der Familien und damit auch der Kinder zu fördern. Die diesbezüglich auf das Kind gerichteten pädagogischen Aktivitäten sind zu ergänzen durch geeignete Maßnahmen der Zusammenarbeit mit den Eltern.

3. Der BayVerfGH hat sich mit der Verfassungsgemäßheit des BayIntG (s. Anhang 1) befasst und dabei auch die Bestimmungen **Art. 5** („Vorschulische Sprachförderung") und **Art. 6** BayIntG („Frühkindliche Bildung") geprüft (VerfGH, Entsch. vom 3.12.2019 – Vf. 7-VIII-17 –). Beide Vorschriften verstoßen nicht gegen die Bayerische Verfassung. Der Regelungsgehalt wurde dem BayKiBiG entnommen und durch das BayIntG auf alle Tageseinrichtungen übertragen. Das Gericht stellt hierzu fest, dass Art. 5 BayIntG hinreichend bestimmt und damit insgesamt verfassungsgemäß ist. Die Regelungen richten sich ungeachtet des Hinweises auf die „*besonderen Anforderungen von Kindern aus Migrantenfamilien*" nicht nur an den in Art. 2 BayIntG genannten Adressatenkreis, sondern erfassen als spezielle Zielgruppe auch Kinder mit sonstigem Sprachförderbedarf (Art. 5 Abs. 1 Satz 1 BayIntG) und gelten darüber hinaus für alle in Tageseinrichtungen aufgenommenen Kinder und deren Erziehungsberechtigte sowie für die jeweiligen Einrichtungsträger (Rn. 170).

Die in Art. 6 BayIntG enthaltene gesetzliche Vorgabe, wonach alle Kinder in Kindertageseinrichtungen zentrale Elemente der christlich-abendländischen Kultur **erfahren** sollen (Satz 1), verstößt bei zutreffendem Normverständnis ebenfalls nicht gegen die Bayerische Verfassung. Sie ist sowohl mit dem Grundsatz der staatlichen Neutralität (a) als auch mit dem elterlichen Erziehungsrecht (b) vereinbar.

a) Zutreffend weist das Gericht darauf hin, dass die Regelung, aus dem BayKiBiG übernommen und verallgemeinert, lediglich eine kindgerechte Wissensvermittlung von christlichen Glaubensinhalten beabsichtigt. Mit dem Auftrag zur frühkindlichen Bildung wird **nicht** das Ziel verfolgt, die Kinder in den Tageseinrichtungen zu bestimmten religiösen Überzeugungen oder Verhaltensweisen zu bewegen. Vielmehr steht religiöse Vielfalt und weltanschauliche Toleranz im Vordergrund der Bildungs- und Erziehungsarbeit in frühkindlichen Einrichtungen (Rn. 171). Davon hätten sich die Kläger unschwer durch einen Blick in den Bay. Bildungs- und Erziehungsplan überzeugen können, der die gesetzlichen Bildungsinhalte entsprechend eindeutig und klar interpretiert.

Die Weitergabe der christlich-abendländischen Traditionen, Konventionen und außerrechtlichen Normen, die den gesellschaftlichen Zusammenhalt stärken und das gegenseitige Verständnis erleichtern, durfte den Kindertageseinrichtungen, die definitionsgemäß auch Bildungsaufgaben erfüllen, mit der Vorschrift des Art. 6 Satz 1 BayIntG auch zur Pflicht gemacht werden. Ein Eingriff in die durch Art. 107 Abs. 1 BV geschützte negative Glaubensfreiheit ist damit nicht verbunden. Dies gilt sowohl für die Vorschulkinder selbst, die das Grundrecht noch nicht eigenständig ausüben können (vgl. VerfGH, Entsch. vom 12.3.1968, VerfGHE 21, 38/46), als auch für die Erziehungsberechtigten. Deren Glaubens- und Gewissensfreiheit schließt zwar das Recht ein, ihrem Kind die von ihnen für richtig gehaltene religiöse oder weltanschauliche Erziehung zu vermitteln und nicht geteilte Ansichten von ihnen fernzuhalten (VerfGHE 55, 189/196; BVerfG, Entsch. vom 15.3.2007, NVwZ 2008 S. 72/73 m. w. N.). Der Schutzbereich des Grundrechts ist aber nicht berührt, wenn das Kind lediglich mit den grundlegenden kulturellen Gegebenheiten in Deutschland und Europa vertraut gemacht wird, ohne dass damit zugleich für bestimmte Glaubensinhalte oder ethische Überzeugungen geworben wird. Dass der gesetzliche Auftrag des Art. 6 BayIntG in diesem Sinn religions- und weltanschauungsneutral zu verstehen ist, folgt, so der BayVfGH, auch aus dem nachfolgenden Satz 2, der die Achtung vor den religiösen Überzeugungen anderer als weiteres Ziel der frühkindlichen Bildung ausdrücklich vorgibt (Rn. 174).

b) Die erfolgte Festlegung von Bildungsinhalten und Lernzielen berührt das elterliche Erziehungsrecht aus Art. 126 Abs. 1 Satz 1 BV. Das erfolgt jedoch hier im Rahmen der von der Verfassung gezogenen Grenzen. Der BayVerfGH leitet von Art. 130 Abs. 1 BV die Möglichkeit des Staats ab, die Träger der Kindertageseinrichtungen auch im vorschulischen Bereich auf die im Rahmen ihres Bildungsauftrags zu verfolgenden pädagogischen Grundsätze und Erziehungsziele gesetzlich festzulegen. Nach dem BayVerfGH sind diese jedoch so allgemein und neutral gehalten, dass von einer übermäßigen Einschränkung des vorrangigen Erziehungsrechts der Eltern nicht ausgegangen werden kann (Rn. 175 ff).

Art. 13
Grundsätze für die Bildungs- und Erziehungsarbeit in förderfähigen Kindertageseinrichtungen; Bildungs- und Erziehungsziele

(1) [1] Das pädagogische Personal in förderfähigen Kindertageseinrichtungen hat die Kinder in ihrer Entwicklung zu eigenverantwortlichen und gemeinschaftsfähigen Persönlichkeiten zu unterstützen, mit dem Ziel, zusammen mit den Eltern den Kindern die hierzu notwendigen Basiskompetenzen zu vermitteln. [2] Dazu zählen beispielsweise positives Selbstwertgefühl, Problemlösefähigkeit, lernmethodische Kompetenz, Verantwortungsübernahme sowie Kooperations- und Kommunikationsfähigkeit.

(2) [1] Das pädagogische Personal in förderfähigen Kindertageseinrichtungen hat die Kinder ganzheitlich zu bilden und zu erziehen und auf deren Integrationsfähigkeit hinzuwirken. [2] Der Entwicklungsverlauf des Kindes ist zu beachten.

(3) Das Staatsministerium für Familie, Arbeit und Soziales (Staatsministerium) legt Bildungs- und Erziehungsziele für förderfähige Kindertageseinrichtungen in der Ausführungsverordnung fest.

Erläuterungen

Die Beachtung von Art. 13 BayKiBiG ist eine Voraussetzung für die staatliche Förderung nach **Art. 19 Nr. 3 BayKiBiG**.

Leitziel der Bildungs- und Erziehungsarbeit in förderfähigen Tageseinrichtungen ist nach **Absatz 1** die Unterstützung der Kinder in ihrer Entwicklung zu eigenverantwortlichen und gemeinschaftsfähigen Persönlichkeiten. Es soll mittelbar erreicht werden durch die Vermittlung oder Stärkung von hierzu notwendigen Basiskompetenzen (Zwischenziele), von denen einige wesentliche (positives Selbstwertgefühl, Problemlösefähigkeit, lernmethodische Kompetenz, Verantwortungsübernahme, Kooperations- und Kommunikationsfähigkeit) aufgezählt werden. Zusammen mit spezifischen Bildungs- und Erziehungszielen (s. u.) sichern sie Anschlussfähigkeit im Hinblick auf die Schule und sind Grundlagen für einen gelingenden Übergang (vgl. Erl. zu Art. 15). Die Stärkung der Basiskompetenzen erfolgt gemeinsam mit den Eltern, weil Tageseinrichtungen deren Erziehungsprimat zu beachten haben und im Interesse erfolgreicher Bildungs- und Erziehungsanstrengungen beide Instanzen partnerschaftlich zusammenarbeiten und sich nicht gegenseitig behindern sollen.

Die Basiskompetenzen werden ihrerseits wieder mittelbar angezielt durch die Beachtung bestimmter Bildungs- und Erziehungsziele, die nach **Absatz 3** in der Kinderbildungsverordnung gem. Art. 32 BayKiBiG näher spezifiziert werden. Mit diesen näher zu spezifizierenden Bildungs- und Erziehungszielen sind implizit auch die Inhalte verbunden, mit denen sich die pädagogische Arbeit zu befassen und zu denen der Träger jeder förderfähigen Einrichtung nach Art. 19 Nr. 3 BayKiBiG in der pädagogischen Konzeption Stellung zu nehmen hat. Die pädagogische Einrichtungskonzeption regelt die Umsetzung der in der Kinderbildungsverordnung verbindlich festgehaltenen Bildungs- und Erziehungsziele entsprechend den individuellen Bedingungen vor Ort. Sowohl inhaltlich (Leitziel, Zwischenziele, spezifische Bildungs- und Erziehungsziele) als auch formal (Gesetz, Ausführungsverordnung, Bildungs- und Erziehungsplan, pädagogische Konzeption) ist das Bildungs- und Erziehungsgeschehen in der Tageseinrichtung ein mehrstufig determinierter Prozess.

In methodischer Hinsicht wird in **Absatz 2** lediglich vorgegeben, dass die Kinder ganzheitlich zu bilden und zu erziehen sind. In dem Verweis auf das methodische Prinzip der Ganzheitlichkeit kommt zum Ausdruck, dass die pädagogische Arbeit in Kindertageseinrichtungen nicht fächerspezifisch zu erfolgen und nicht die Vermittlung von Fachwissen im Vordergrund zu stehen hat, sondern dass in der Bildungs- und Erziehungsarbeit pädagogische Themen in der Regel in ihrem Facettenreichtum und ihrem lebensweltlichen Kontext bzw. ihrer Integration in den Alltag zu behandeln sind sowie stets die Entwicklung der Persönlichkeit als Ganzes zu beachten ist. Letztlich ist damit festgeschrieben, dass es sich bei Tageseinrichtungen für Kinder um Bildungseinrichtungen eigener Art, d. h. mit eigentümlichem Bildungsauftrag, handelt. Die methodische Freiheit wird dementsprechend insoweit eingeengt, als an den Charakteristika der bisher schon im Elementarbereich praktizierten pädagogischen Arbeit grundsätzlich festzuhalten ist. Dazu gehören etwa das spielerische Lernen, die freiwillige Teilnahme an pädagogischen Maßnahmen – diese haben dadurch Angebotscharakter –, die Projektarbeit, der Lebensweltbezug und der Verzicht auf Leistungsbeurteilung, Fächerkanon und Stundenplan. Die in Absatz 2 Satz 2 geforderte Beachtung des kindlichen Entwicklungsverlaufs im Sinne professioneller Beobachtung und Dokumentation ist eine notwendige Bedingung für die individuelle Förderung und Grundlage für fachliche Gespräche mit den Eltern über das Kind. Die Beachtung des kindlichen Entwicklungsverlaufs erfordert die Qualifikation zur fachgemäßen Beobachtung und Dokumentation und ist Ausgangspunkt für die Planung pädagogischer Maßnahmen. Sie ist professioneller pädagogischer Arbeit inhärent; sie ist nichts, was ihr sozusagen wesensfremd hinzuaddiert wird. Wie die Beachtung des kindlichen Entwicklungsverlaufs fachlich angemessen zu erfolgen hat, ist Gegenstand der Aus- und Fortbildung der pädagogischen Fachkräfte.

Art. 14

Elternbeirat

(1) [1] **Zur Förderung der besseren Zusammenarbeit von Eltern, pädagogischem Personal und Träger ist in jeder Kindertageseinrichtung ein Elternbeirat einzurichten.** [2] **Soweit die Kindertageseinrichtung Kinder ab Vollendung des dritten Lebensjahres betreut, soll der Elternbeirat zudem die Zusammenarbeit mit der Grundschule unterstützen.**

(2) [1] **Der Elternbeirat wird von der Leitung der Kindertageseinrichtung und dem Träger informiert und angehört, bevor wichtige Entscheidungen getroffen werden.** [2] **Der Elternbeirat berät insbesondere über die Jahresplanung, den Umfang der Personalausstattung, die Planung und Gestaltung von regelmäßigen Informations- und Bildungsveranstaltungen für die Eltern, die Öffnungs- und Schließzeiten und die Festlegung der Höhe der Elternbeiträge.**

(3) Die pädagogische Konzeption wird vom Träger in enger Abstimmung mit dem pädagogischen Personal und dem Elternbeirat fortgeschrieben.

(4) Ohne Zweckbestimmung vom Elternbeirat eingesammelte Spenden werden vom Träger der Kindertageseinrichtung im Einvernehmen mit dem Elternbeirat verwendet.

(5) Der Elternbeirat hat einen jährlichen Rechenschaftsbericht gegenüber den Eltern und dem Träger abzugeben.

Erläuterungen

Übersicht

1. Elternbeirat
2. Aufgaben und Rechte des Elternbeirats

1. Elternbeirat

Die Einbeziehung der Eltern in die Entscheidungen des Trägers erfolgt über den Elternbeirat. Der Landesgesetzgeber bestimmt, dass in **jeder** Kindertageseinrichtung im Sinn von Art. 1 und 2 BayKiBiG ein Elternbeirat berufen werden muss **(Absatz 1)**. Auf welche Weise der Elternbeirat bestellt wird und aus wie vielen Mitgliedern ein Elternbeirat bestehen muss, wird nicht näher ausgeführt. Es obliegt somit der Elternschaft, Bildung und Geschäftsgang des Elternbeirats zu regeln. Der Elternschaft wird empfohlen, eine Geschäftsordnung zu erlassen, in der Wahlverfahren und Geschäftsgang reglementiert wird. Die Arbeitsgemeinschaft der Elternverbände in Bayern (ABK) hat hierzu eine Mustergeschäftsordnung erarbeitet (e-Mail: Eltern.Kindergarten.Bayern@t-online.de).

Aufgrund der Verpflichtung, einen Elternbeirat einzurichten, ist die weitere Pflicht des Trägers der Kindertageseinrichtung abzuleiten, für die Handlungsfähigkeit eines Elternbeirats Sorge zu tragen (z. B. Räumlichkeiten und Sachmitteln zur Verfügung stellen).

Besteht in einer Einrichtung aus Gründen, die in der Elternschaft liegen, dennoch kein Elternbeirat, soll die Aufsichtsbehörde über die Bedeutung und die Aufgaben eines Elternbeirats eingehend beraten; auf die Betriebserlaubnis oder die Förderung der Einrichtung hat das Fehlen eines Elternbeirats aber keinen Einfluss. Sollte ein Träger allerdings die Wahl oder die Tätigkeit eines Elternbeirats behindern, sind auch Sanktionen bei der Förderung unter Berücksichtigung des Verhältnismäßigkeitsgrundsatzes denkbar.

2. Aufgaben und Rechte des Elternbeirats

Die Aufgaben des Elternbeirats umfassen die Förderung der Zusammenarbeit von Eltern, pädagogischem Personal und Träger sowie bei Kindertageseinrichtungen mit Kindern ab Vollendung des dritten Lebensjahres auch die Zusammenarbeit mit der Grundschule.

2.1 Um diese Aufgaben erfüllen zu können, steht dem Elternbeirat ein **Informations- und Anhörungsrecht**, aber kein Mitbestimmungsrecht zu. Bevor wichtige Entscheidungen getroffen werden, hat der Träger bzw. die beauftragte Leitung der Kindertageseinrichtung den Elternbeirat **rechtzeitig** zu informieren und anzuhören. Dabei hat der Träger die Tatsachen mitzuteilen, die es dem Elternbeirat ermöglichen, sich ein eigenes Urteil zu bilden und sich gegenüber dem Träger konstruktiv zu äußern. Dem Elternbeirat ist dementsprechend Zeit zur internen Abstimmung, je nach Bedeutung der Angelegenheit ggf. auch zur Abstimmung mit der gesamten Elternschaft, einzuräumen. Spätestens eine Woche **vor** der Entscheidung sollten dem Elternbeirat die Fakten bekannt sein.

2.2 Für Art. 14 Abs. 2 i. V. m. Art. 19 Nr. 10 BayKiBiG wäre es nicht ausreichend, wenn statt des Elternbeirats nur ein eingerichteter Gesamtelternbeirat informiert würde. Ein Gesamtelternbeirat übt eine wichtige Funktion aus wie bei Vorbereitung wesentlicher Entscheidungen bei einem großen Träger oder innerhalb eines Gemeinwesens, indem er die Auffassungen der einzelnen Elternbeiräte bündelt und strukturiert. Davon unberührt bleibt jedoch das Recht eines jeden einzelnen Elternbeirats, selbst und unmittelbar über Einzelheiten informiert zu werden. Dieses Recht kann nicht einseitig seitens des Trägers eingeschränkt werden. Dem Elternbeirat bleibt es aber unbenommen, aus eigener Entscheidung einen Gesamtelternbeirat zu wählen und sich ausschließlich über diesen zu äußern.

2.3 Absatz 2 Satz 2 nennt exemplarisch einige Aufgabenbereiche des Elternbeirats.

Der Elternbeirat berät hinsichtlich des Umfangs der Personalausstattung, aber nicht hinsichtlich der eigentlichen Personalentscheidung. Bewerbungsunterlagen sind dem Elternbeirat daher nicht vorzulegen. Im Bayerischen Kindergartengesetz war als Aufgabe noch die Beratung über die personelle Besetzung genannt. Das BayKiBiG nennt demgegenüber nur die **Beratung über den Umfang der Personalausstattung**. Gerade größere Träger waren nämlich nicht in der Lage, eine Mitwirkung an der personellen Besetzung zu gewährleisten. Konnte man dem Datenschutz noch Rechnung tragen, indem dem Elternbeirat seitens des Trägers die Gelegenheit eingeräumt wurde, sich bei einem Gespräch selbst einen Eindruck von den Stellenbewerbern zu verschaffen, war eine Beteiligung des Elternbeirats bei einer kurzfristigen Besetzung von Stellen aus einem Pool von Ersatzkräften in der Praxis nur beschränkt möglich.

Diese Lockerung im Vergleich zur früheren Regelung im BayKiG darf jedoch nicht derart interpretiert werden, eine Beteiligung des Elternbeirats bei einer Stellenbesetzung sei generell ausgeschlossen. Art. 14 Abs. 2 BayKiBiG trifft keine derartige Einschränkung, da die Aufgaben nur exemplarisch („insbesondere") genannt werden. Vielmehr kommt es auf den konkreten Einzelfall an. Durch die Änderung im BayKiBiG sollte lediglich sichergestellt werden, dass bei einer nachvollziehbaren graduell geringeren Beteiligung des Elternbeirats bei größeren Trägern (s. o.) nicht sofort die Förderung in Frage steht. Bei kleineren Einrichtungen ist vielmehr eine Beteiligung des Elternbeirats bei Stellenbesetzungen auch künftig veranlasst.

Der Elternbeirat berät ebenfalls über die **Höhe der Elternbeiträge** unter Berücksichtigung der förderrechtlichen Erfordernisse, insbesondere über die Staffelung nach den Buchungszeiten entsprechend Art. 19 Nr. 5 BayKiBiG. Bei einer einheitlichen Festlegung der Elternbeitragshöhe für eine Vielzahl von Einrichtungen (z. B. durch Satzung) hat der Träger alle betreffenden Elternbeiräte oder deren gewählte und beauftragte Vertretung (z. B. Gesamtelternbeirat) zu hören. Anders als noch das BayKiG nennt das BayKiBiG in diesem Zusammenhang nicht mehr die Beratung über die Aufstellung des Haushaltsplans. Es genügt, wenn der Träger dem Elternbeirat für die Beratung über die Elternbeitragshöhe die wesentlichen Ausgaben und Einnahmen betreffend die einzelne Einrichtung nennt und ggf. einen Vergleichsmaßstab angibt.

Beispiel:

Eine Gemeinde hat drei Einrichtungen A, B und C. Die Einrichtung A hat einen ausgeglichenen Haushalt, während die Einrichtungen B und C wegen geringer Kinderzahlen Defizite aufweisen. Die Gemeinde nennt dem Elternbeirat von A die Einnahme- und Ausgabesituation für die Einrichtung A. Ferner gibt er den Gesamtsaldo der Einrichtungen A, B und C an und begründet damit eine Steigerung des Elternbeitrags. Die Eltern aller Einrichtungen sollen gleichmäßig an den Kosten beteiligt werden. Der Träger errechnet die entsprechenden Elternbeiträge.

Für den Elternbeirat ist es eine besonders wichtige Aufgabe, die Schlüssigkeit der Argumentation des Trägers zu hinterfragen, auf eine soziale Balance der Beitragsstruktur zu achten, sich z. B. auch für soziale Staffelungen oder Geschwisterabschläge einzusetzen. Hier sollte der Träger schon aus eigenem Interesse darauf bedacht sein, transparent zu agieren, um für Akzeptanz bei dem Elternbeirat und letztlich bei allen Eltern zu sorgen.

Im Sinne der Bildungs- und Erziehungspartnerschaft wird der Träger den Dialog mit der Elternschaft nicht nur suchen, sondern um Konsens bemüht sein. Letztlich entscheidet der Träger aber eigenverantwortlich. Der Träger muss sich an dem Votum des Elternbeirats nicht orientieren, die Entscheidung wird dadurch nicht rechtswidrig. Der Landesgesetzgeber hat sich bewusst gegen einen Kindergartenausschuss mit gleichberechtigten Partnern (Träger, Personal, Eltern) entschieden.

2.4 Die Fortschreibung der pädagogischen Konzeption erfolgt nach **Absatz 3** durch den Träger in enger Abstimmung mit dem pädagogischen Personal und dem Elternbeirat. Insofern kommt dem Elternbeirat ein **qualifiziertes Anhörungsrecht** zu.

Für eine Einrichtung ist es schwierig, bei einer jährlich sich ändernden Elternschaft die Ausrichtung der pädagogischen Arbeit jährlich neu zu justieren. Hier kann und muss der Träger auch Grenzen setzen. **Absatz 3** verlangt jedoch mehr als nur eine routinemäßige Prüfung bzw. Reflexion der pädagogischen Konzeption. Es genügt nicht eine bloße Anhörung. Der Träger bzw. das pädagogische Personal müssen vielmehr bemüht sein, die pädagogische Arbeit nach den Wünschen der Elternschaft auszurichten. In diesem Zusammenhang wird man ggf. die Bereitschaft zu mehreren gemeinsamen Sitzungen und insbesondere eine grundsätzliche Konsensbereitschaft fordern müssen. Die endgültige Festlegung der pädagogischen Ausrichtung und der pädagogischen Inhalte verantwortet der Träger (so auch Jung/Lehner Rn. 105). Soweit der Elternbeirat eine Einschränkung seiner Rechte feststellt und der Träger zu einer Abhilfe nicht bereit ist, besteht die Möglichkeit, die Aufsichtsbehörde (Art. 29 BayKiBiG) einzuschalten. Ein Klagerecht steht dem Elternbeirat mangels eigener Rechtspersönlichkeit **nicht** zu.

2.5 Ohne Zweckbestimmung geleistete **Spenden** an eine Kindertageseinrichtung sind unmittelbar dem Träger zuzurechnen. Bezüglich der Mittelverwendung bestimmt **Absatz 4**, dass der Träger vom Elternbeirat initiierte Spenden (z. B. im Rahmen eines Sommerfestes durch Kuchenverkauf) nur mit dessen **Einvernehmen** verwenden darf. Durch diese Vorschrift soll künftig einer Kontroverse zwischen Träger und Elternbeirat vorgebeugt, das Problem sog. Schwarzer Kassen einer Lösung zugeführt werden. Diese Bestimmung stärkt die Position der Elternbeiräte. Von Elternbeiräten wurde in der Vergangenheit nicht selten geklagt, dass von ihnen eingesammelte bzw. veranlasste Spenden von dem Träger verwendet wurden, um Haushaltslöcher zu schließen. Aus diesem Grund hat der Landesgesetzgeber dem Elternbeirat ein **echtes Mitwirkungsrecht** eingeräumt.

2.6 Der Elternbeirat gibt nach **Absatz 5** jährlich einen Rechenschaftsbericht gegenüber Träger und Eltern ab, der seine Arbeit dokumentiert.

2.7 Eine besonders wichtige Funktion des Elternbeirats ist in Art. 14 BayKiBiG nicht ausdrücklich genannt. Im Zusammenhang mit der örtlichen Bedarfsplanung besteht die Möglichkeit für den Elternbeirat, im Rahmen der Erhebung der Bedürfnisse der Eltern bzw. der Kinder auf Gemeinde- und Trägerebene eine aktive Rolle zu übernehmen. Diese könnte darin bestehen, sich z. B. an einer Arbeitsgemeinschaft zur Vorbereitung der Bedarfsplanung zu beteiligen oder an der Erstellung von Elternfragebögen mitzuwirken (siehe Art. 7 BayKiBiG).

In Art. 19 Nr. 2 BayKiBiG sind als Fördervoraussetzung Qualität sichernde Maßnahmen genannt, z. B. kontinuierliche Elternbefragungen. Auch in diesem Rahmen kann der Elternbeirat seine bisherige Rolle als bloßer Helfer bei Sommerfesten ablegen und zu einem wichtigen Partner für den Träger und sein Personal werden. Art. 14 BayKiBiG beschränkt den Elternbeirat nicht auf das Reagieren auf Vorhaben des Trägers, sondern begrüßt eine aktivere Rolle der Eltern. Dies kommt auch in Absatz 2 Satz 2 zum Ausdruck, wonach Elternbeiräte aktiv Informationsveranstaltungen planen und durchführen sollen.

Eine umfassende Information für den Elternbeirat liefert die Broschüre „Bildungs- und Erziehungspartnerschaft zwischen Eltern und Kindertageseinrichtungen des StMAS, die über folgende Webadresse (http://www.stmas.bayern.de/imperia/md/content/stmas/stmas_internet/familie/bep-elternbeirat.pdf) heruntergeladen werden kann. Die Broschüre wird derzeit aktualisiert.

Art. 15
Vernetzung von Kindertageseinrichtungen; Zusammenarbeit mit der Grundschule

(1) [1] **Kindertageseinrichtungen haben bei der Erfüllung ihrer Aufgaben mit jenen Einrichtungen, Diensten und Ämtern zusammenzuarbeiten, deren Tätigkeit in einem sachlichen Zusammenhang mit den Aufgaben der Tageseinrichtung steht.** [2] **Kindertageseinrichtungen kooperieren insbesondere mit Frühförderstellen, Erziehungs- und Familienberatungsstellen sowie schulvorbereitenden Einrichtungen und heilpädagogischen Tagesstätten.**

(2) [1] Kindertageseinrichtungen mit Kindern ab Vollendung des dritten Lebensjahres haben im Rahmen ihres eigenständigen Bildungs- und Erziehungsauftrags mit der Grund- und Förderschule zusammenzuarbeiten. [2] Sie haben die Aufgabe, Kinder, deren Einschulung ansteht, auf diesen Übergang vorzubereiten und hierbei zu begleiten. [3] Die pädagogischen Fachkräfte in den Kindertageseinrichtungen und die Lehrkräfte an den Schulen sollen sich regelmäßig über ihre pädagogische Arbeit informieren und die pädagogischen Konzepte aufeinander abstimmen.

Erläuterungen

Übersicht

1. Zusammenarbeit mit Einrichtungen
2. Zusammenarbeit mit Grundschulen

1. Zusammenarbeit mit Einrichtungen

1.1 Kindertageseinrichtungen haben den ihnen anvertrauten Kindern bestmögliche Entwicklungsmöglichkeiten zu verschaffen. Das BayKiBiG nimmt Bezug auf §§ 1, 22 SGB VIII, wonach jeder junge Mensch ein Recht hat auf Förderung seiner Entwicklung und auf Erziehung zu einer eigenverantwortlichen und gemeinschaftsfähigen Persönlichkeit. Ziel ist eine möglichst individuelle Förderung unter Berücksichtigung der jeweiligen Stärken und Schwächen. Die Förderung soll sich am Alter und Entwicklungsstand, den sprachlichen und sonstigen Fähigkeiten, an der Lebenssituation sowie den Interessen und Bedürfnissen des einzelnen Kindes orientieren und seine ethnische Herkunft berücksichtigen (siehe hierzu auch § 22 Abs. 3 SGB VIII). Um dies zu erreichen, ist fachliches Know how externer Kräfte möglichst mit in die pädagogische Arbeit zu integrieren. Die in **Absatz 1 Satz 2** gebotene Zusammenarbeit mit den Stellen der Familien- und Erziehungsberatung sichert qualifizierte fachliche Unterstützung in den Fällen von erheblichen Erziehungsproblemen und Entwicklungsschwierigkeiten sowie in Fällen besonderer familiärer Krisensituationen.

Die Formen der Zusammenarbeit sind dabei unterschiedlich.

Die Kooperation kann beispielsweise über Arbeitsgemeinschaften erfolgen. Fachdienste können zu Einzelfragen kontaktiert werden oder ihnen grundsätzlich für Beratung und/ oder Therapie Zugang zur Kindertageseinrichtung verschafft werden. Es können auch gemeinsame Elternabende veranstaltet werden. Hinzuweisen wäre für den Bereich der Frühförderung auf den Vernetzungsbericht des IFP: https://www.ifp.bayern.de/imperia/md/content/stmas/ifp/projektbericht_33_ivo_vernetzung_barrierefrei.pdf.

1.2 Der Träger entscheidet, inwieweit externe Fachkräfte im Rahmen des **Art. 15 BayKi-BiG** zugezogen werden. Der Einsatz externer Kräfte ist grundsätzlich auch in den so genannten Kernzeiten (siehe Art. 21 Abs. 4 Satz 5 BayKiBiG) möglich. Maßgebend für die staatliche Förderung ist, dass für alle Kinder die in der AVBayKiBiG festgelegten Bildungs- und Erziehungsziele umgesetzt werden. Ob und ggf. wann gegen Entgelt für bestimmte Kinder zusätzliche Angebote bereitgestellt werden, entscheidet der Träger. Es sind folgende Fallgestaltungen zu unterscheiden:

- Zur Umsetzung des Bildungs- und Erziehungsauftrags beauftragt der Träger externe Kräfte bzw. kooperiert mit diesen im Sinne einer Vernetzung. Die externen Kräfte werden im Rahmen der pädagogischen Konzeption unmittelbar als fester Bestandteil des pädagogischen Angebots eingebunden, wobei Träger und Kindergartenleitung die Letztverantwortung für das Angebot tragen (integriertes Angebot). Solche Angebote sollen möglichst allen Kindern offenstehen. Es besteht aber auch die Möglichkeit einer „inneren Differenzierung". So kann mit einigen Kindern ein besonderes Angebot wahrgenommen werden (z. B. eine musikalische Früherziehung der Musikschule), während die anderen Kinder mit ihrer Erzieherin ein anderes Thema haben. Grundbedingung ist aber, dass dadurch die Kontinuität der musikalischen Arbeit mit **allen** Kindern des Kindergartens nicht herabgesetzt wird. Derart genutzte Zeiten sind Buchungszeiten.

– Der Träger kooperiert mit anderen Leistungsanbietern, z. B. Frühförderstelle, Logopäden, Sprachtherapeuten, Motopäden, um Entwicklungsverzögerungen der Kinder entgegen zu wirken. Diese Leistungsanbieter kommen während des Betriebs in die Kindertageseinrichtung. Auch in diesen Fällen handelt es sich regulär um Buchungszeiten.

– Der Träger stellt einem externen Anbieter lediglich seine Räumlichkeiten, ggf. gegen Entgelt, zur Verfügung. Eine Einbindung in die pädagogische Konzeption erfolgt nicht. Diese Zeiten gelten nicht als Buchungszeiten, werden somit nicht staatlich über das BayKiBiG gefördert. Diese Form der Kooperation wird in aller Regel nur an den Randzeiten in Frage kommen und ist als eine Dienstleistung für die Eltern zu verstehen, ihnen weite Wege zu ersparen.

2. Zusammenarbeit mit Grundschulen

2.1 In Ergänzung zu Art. 31 BayEUG verpflichtet Art. 15 Abs. 2 BayKiBiG die Träger von Kindertageseinrichtungen nach Art. 2 BayKiBiG bzw. das in Kindertageseinrichtungen tätige pädagogische Personal zur Zusammenarbeit mit der Grundschule bzw. Förderschule. StMAS und StMBW haben die Zusammenarbeit in einer gemeinsamen Bek. konkretisiert. Als Bildungseinrichtungen bereiten Kindertageseinrichtungen i. S. d. BayKiBiG die Kinder auch auf die Schule vor. Schulfähigkeit ist nicht vorrangig eine Eigenschaft des Kindes, sondern primär eine gemeinsame Aufgabe der abgebenden und der aufnehmenden Institution. Gem. **Absatz 2** haben deshalb Kindertageseinrichtung und Schule auf die Anschlussfähigkeit ihrer jeweiligen pädagogischen Arbeit zu achten, sich regelmäßig über die Gestaltung gelingender Bildungsbiografien beim Übergang von der Kindertageseinrichtung in die Grundschule zu konsultieren und auf dieser Grundlage dann geeignete Schritte zu ergreifen.

2.2 Der Freistaat ist bestrebt, diese Zusammenarbeit durch Schaffung dauerhafter und verlässlicher Strukturen besser zu systematisieren. Zu diesem Zweck sind in allen Kindertageseinrichtungen mit Vorschulkindern und in allen Grund- und Förderschulen Ansprechpartner für die Zusammenarbeit zu benennen. Zudem sind ca. 120 Grundschullehrer/innen als Kooperationsbeauftragte im Einsatz, die gemeinsam mit der Fachberatung an den Jugendämtern die Zusammenarbeit von Kindertageseinrichtungen und Schulen auf Schulamts- bzw. Jugendamtsebene fördern sollen. Hierzu sollen insbesondere gemeinsame Fortbildungen von Lehrerinnen und Erzieherinnen durchgeführt, gemeinsame Jahresplanungen für die Zusammenarbeit erarbeitet und generell ein regelmäßiger fachlicher Austausch zwischen den pädagogischen Fachkräften initiiert werden. Bezüglich der Grundlagen des Übergangs wird auf die Kommentierung zu Art. 13 BayKiBiG verwiesen.

2.3 Eine besondere Form der Zusammenarbeit strebt die Staatsregierung in Zusammenhang mit der Sprachförderung von Kindern an. Für Kinder mit besonderem Sprachförderbedarf (s. auch Art. 12 Abs. 2 BayKiBiG) werden sog. Vorkurse angeboten. Kinder, die nicht über die notwendigen Kenntnisse der deutschen Sprache verfügen, um dem Unterricht zu folgen, oder einer zusätzlichen Unterstützung bei der Sprachentwicklung bedürfen, haben diese Kurse zu besuchen. Insgesamt umfassen die Vorkurse 240 Stunden, wobei 120 Stunden von den Erzieher/innen, 120 Stunden von Grundschullehrkräften, möglichst mit einer Ausbildung Deutsch als Zweitsprache, angeboten werden. Diese besondere Form der Sprachförderung beginnt im vorletzten Jahr vor der Einschulung. Der Kreis der Kinder mit Förderbedarf wird anhand des Sprachentwicklungsbogens SISMIK bzw. SELDAK festgestellt. Einzelheiten ergeben sich aus den Newslettern 22 und 32 des StMAS (s. www.stmas.bayern.de/kinderbetreuung) und der Kommentierung zu § 5 AVBayKiBiG.

2.4 Das pädagogische Personal in Kindertageseinrichtungen kann aufgrund seiner Beobachtungen die Stärken und Schwächen eines Kindes gut einschätzen. Hierzu sind auch die eingeführten Beobachtungsbögen hilfreich (§§ 1, 5 AVBayKiBiG). Es liegt nahe, diese Informationen an die Schule weiterzugeben. Die Lehrkräfte können dann ohne Zeitverzögerung die individuelle Bildungsarbeit fortsetzen. Demgegenüber besteht eventuell seitens der Personensorgeberechtigten die Sorge, dass mit der Datenweitergabe ihr Kind von der Schule nicht mehr unvoreingenommen aufgenommen wird. Deshalb war ein Verfahren zu entwickeln, in dem diese Interessenslagen gleichermaßen Berücksichtigung finden:

- Ein Mitte 2008 eingeführtes Übergabeblatt stellt sicher, dass zum Übergang ein Gespräch des pädagogischen Personals mit den Eltern stattfindet (s. auch Art. 11 Abs. 2 Satz 1 BayKiBiG).

- Es sammelt Informationen, die die Grundschule zum Anlass nehmen kann, mit den Eltern ins Gespräch zu kommen bzw. die Hinweise im Übergabeblatt näher zu eruieren und daraus Folgerungen für die eigene Arbeit abzuleiten.

- Darüber hinaus wird aus datenschutzrechtlicher Sicht gewährleistet, dass Informationen des Kindergartens nur im Einvernehmen mit den Eltern an die Schule übermittelt werden.

Den Kindertageseinrichtungen obliegt es, das Verfahren auch bei Wechsel der Kindertageseinrichtung anzuwenden.

2.5 Nach Art. 31 Abs. 2 BayEUG sollen die Schulen durch Zusammenarbeit mit Horten und ähnlichen Einrichtungen die Betreuung von Schülern außerhalb der Unterrichtszeit fördern. Diese Aufforderung zur Kooperation, die ihr Pendant in Art. 15 Abs. 2 BayKiBiG findet, betrifft auch die Schaffung von ausreichend Plätzen zur Ganztagsbetreuung von Schulkindern. In diesem Zusammenhang ist auf die nun erweiterte Möglichkeit hinzuweisen, auch Kurzzeitbetreuungen in Kindertageseinrichtungen und in der Tagespflege im Anschluss an den Unterricht nach dem BayKiBiG zu bezuschussen (s. Erl. 6 zu Art. 2). Auf Basis der Experimentierklausel (Art. 31 BayKiBiG) wird die Zusammenarbeit von Lehrkräften und Hortpersonal noch zusätzlich erprobt, indem Hortpersonal während der Unterrichtszeit bzw. Lehrkräfte im Rahmen des Hortangebots mitarbeiten (s. dazu Art. 31 BayKiBiG).

Art. 16

Bildungs- und Erziehungsarbeit bei Betreuung in Tagespflege

[1] **Tagespflegepersonen haben die Aufgabe, die ihnen anvertrauten Kinder entwicklungsangemessen zu bilden, zu erziehen und zu betreuen.** [2] **Sie haben dabei die erzieherischen Entscheidungen der Eltern zu achten.**

Erläuterungen

Die Tätigkeiten der Tagespflegepersonen sowie der Kindertageseinrichtungen sind grundsätzlich gleichwertig. In beiden Fällen besteht der Auftrag der Bildung, Erziehung und Betreuung (§ 22 Abs. 2 SGB VIII). Tagespflegepersonen müssen daher fachlich und in ihrer Person geeignet sein (§ 43 Abs. 2 Satz 1 SGB VIII). Nach §§ 43 Abs. 2 Satz 3, 23 Abs. 3 Satz 2 SGB VIII sollen Tagespflegepersonen insbesondere über vertiefte Kenntnisse hinsichtlich der Anforderungen der Kindertagespflege verfügen, die sie in qualifizierten Lehrgängen erworben oder in anderer Weise nachgewiesen haben. Das Deutsche Jugendinstitut (DJI) hat hierzu ein Curriculum im Umfang von 160 Stunden erarbeitet.

Für die staatliche Förderung der Tagespflege ist eine Qualifizierung im Umfang von 100 Stunden, sowie die Bereitschaft der Tagespflegeperson zu Fortbildungsmaßnahmen im Umfang von jährlich mindestens 15 Stunden erforderlich (§ 18 AVBayKiBiG).

In der Praxis ergibt sich aufgrund der meist unterschiedlichen Qualifikation (Fachpersonal in Kindertageseinrichtung [Sozialpädagogen, Erzieherinnen, Kinderpflegerinnen] haben eine mehrjährige Ausbildung, Tagespflegepersonen erhalten eine Pflegeerlaubnis bereits nach erfolgreichem Kurzlehrgang) ein heterogenes Bild der Tagespflege:

– Tagespflegepersonen, die eine Pflegeerlaubnis haben und für vermittelte Kinder einen Pflegesatz erhalten (§ 23 Abs. 2 SGB VIII), bei denen aber mangels hinreichender Qualifikation (z. B. nur 80 statt der geforderten 100 Stunden, §§ 18 Nr. 1, 22 AVBayKiBiG) eine darüberhinausgehende Förderung nach dem BayKiBiG nicht in Betracht kommt,

– Tagespflegepersonen mit Pflegeerlaubnis, die zusätzliche Leistungen nach § 18 Nr. 1 AVBayKiBiG erhalten und

– Tagespflegepersonen mit Pflegerlaubnis, die Kinder zur Betreuung aufnehmen, die nicht vom Jugendamt vermittelt werden und daher auch keine öffentlichen Leistungen erhalten.

Tagespflegepersonen haben lediglich ihre Qualifikation nachzuweisen. Eine dem **Art. 19 Nr. 2 BayKiBiG** entsprechende Vorschrift, wonach Tagespflegepersonen über eine schriftliche pädagogische Konzeption verfügen müssen, fehlt. Denkbar wäre jedoch, wenn Träger der öffentlichen Jugendhilfe durch unterschiedliche Pflegesätze gewisse Anreizsysteme schaffen (z. B. Aufschlag auf Tagespflegesatz, wenn bestimmte, die Qualität sichernde Maßnahmen erfüllt werden). Diese Möglichkeit eröffnet insbesondere Art. 20 Satz 1 Nr. 4 BayKiBiG durch eine Differenzierung des Qualifizierungszuschlags (s. dort).

Art. 17
Wissenschaftliche Begleitung, Fortbildung

(1) Für die wissenschaftliche Weiterentwicklung der Inhalte und Methoden der außerschulischen Bildung und Erziehung hat der Staat durch geeignete Einrichtungen Sorge zu tragen.

(2) [1]Zur Qualifizierung des pädagogischen Personals sind geeignete Fortbildungsmaßnahmen sicherzustellen und zu fördern. [2]Hierbei sind die Fortbildungsmaßnahmen der freigemeinnützigen Träger in angemessener Weise zu berücksichtigen. [3]Grundschullehrkräfte sollen im Hinblick auf die Zusammenarbeit mit Kindertageseinrichtungen einbezogen werden.

Erläuterungen

Art. 17 BayKiBiG trägt dem Umstand Rechnung, dass die professionelle außerschulische Erziehung nur dann hohen Qualitätsmaßstäben genügen kann, wenn sie wissenschaftlich fundiert ist und den Anschluss an die einschlägige Forschung nicht verliert.

1. Absatz 1 hält deshalb fest, dass der Staat durch geeignete Einrichtungen für die wissenschaftliche Weiterentwicklung der Inhalte und Methoden der außerschulischen Bildung und Erziehung zu sorgen hat. Der Freistaat unterhält zu diesem Zweck das **Staatsinstitut für Frühpädagogik (IFP)**, das unmittelbar dem StMAS nachgeordnet ist (Verordnung über die Einrichtung der staatlichen Behörden (BayRS 200-1-S) i. V. m. der Verordnung über die Errichtung des Staatsinstituts vom 6.12.1985 (BayRS 2211-6-1-UK).

Zu den Aufgaben der Frühpädagogik zählen **Grundlagenforschung und angewandte Forschung** auf den Gebieten der Anthropologie, der Entwicklungspsychologie und der Pädagogik der frühen Kindheit, die Entwicklung, Überprüfung und Übertragung von Hilfen und Anregungen zur pädagogischen Praxis im Hinblick auf Kinder im Elementarbereich und auf Schulkinder (Hort) sowie die Entwicklung von Maßnahmen zur Förderung der Zusammenarbeit zwischen Kindergarten, Familie, Schule und anderen Einrichtungen.

Das IFP bedient sich zur Verbreitung seiner Ergebnisse u. a. einer **Broschürenreihe**, die jedem Kindergarten kostenlos zur Verfügung gestellt wird. Ferner erscheint jährlich der **Informationsdienst** des IFP, der zugleich als Mitteilungsblatt des StMAS fungiert.

2. Nach **Absatz 2** unterstützt der Staat die Träger bei ihrer Aufgabe, das pädagogische Personal zu qualifizieren. Die Fortbildung erfolgt insbesondere durch Maßnahmen von Fortbildungsträgern (Spitzenverbände der freien Wohlfahrtspflege, Bayerische Verwaltungsschule), die staatlich unterstützt werden. Voraussetzung für die staatliche Unterstützung ist, dass der Fortbildungsträger ein umfassendes Fortbildungsprogramm auflegt, das grundsätzlich allen pädagogischen Fachkräften offen steht.

5. TEIL

FÖRDERUNG

Abschnitt 1

Betriebskostenförderung

Art. 18

Förderanspruch

(1) [1]**Träger von Kindertageseinrichtungen haben unter den Voraussetzungen des Art. 19 und nach Maßgabe von Art. 22 einen kindbezogenen Förderanspruch gegenüber den Gemeinden, in denen die Kinder ihren gewöhnlichen Aufenthalt im Sinn des § 30 Abs. 3 Satz 2 SGB I haben (Aufenthaltsgemeinden).** [2]**Ist die Gemeinde nicht leistungsfähig, besteht der Anspruch gegenüber dem örtlichen Träger der öffentlichen Jugendhilfe in den Grenzen seiner Leistungsfähigkeit.** [3]**Ansprüche kommunaler Träger gegen die Aufenthaltsgemeinde oder im Fall des Satzes 2 gegen den örtlichen Träger der öffentlichen Jugendhilfe sind auf die kindbezogene Förderung nach diesem Gesetz beschränkt.**

(2) [1]**Die Gemeinde hat für Kindertageseinrichtungen, die die Fördervoraussetzungen nach Art. 19 erfüllen, und für Großtagespflegen, die die Voraussetzungen des Art. 20a erfüllen, einen Förderanspruch gegenüber dem Staat nach Maßgabe von Art. 21, wenn sie den vollständigen Förderantrag bis zum 30. Juni des auf den Bewilligungszeitraum (Art. 26 Abs. 1 Satz 4) folgenden Jahres stellt.** [2]**Stellt die Gemeinde den vollständigen Förderantrag in der Zeit vom 1. Juli bis 31. Dezember des auf den Bewilligungszeitraum folgenden Jahres, besteht ein Förderanspruch in Höhe von 96 % des Anspruchs nach Satz 1; dies gilt nicht, wenn der so errechnete Förderanspruch 10 000 Euro nicht überschreitet.** [3]**Macht die Gemeinde den Anspruch nach Satz 1 Alternative 2 geltend, ist ein Förderanspruch des örtlichen Trägers der öffentlichen Jugendhilfe nach Abs. 3 Satz 1 ausgeschlossen.**

(3) [1]**Die örtlichen Träger der öffentlichen Jugendhilfe haben für Angebote der Tagespflege, die die Fördervoraussetzungen des Art. 20 erfüllen, sowie in den Fällen des Abs. 1 Satz 2 einen Förderanspruch gegenüber dem Staat nach Maßgabe von Art. 25.** [2]**Der Förderanspruch setzt voraus, dass der vollständige Förderantrag bis spätestens 30. Juni des auf den Bewilligungszeitraum (Art. 26 Abs. 1 Satz 4) folgenden Jahres gestellt wird.**

Erläuterungen

Übersicht

1. Vorbemerkung
2. Förderanspruch kommunaler, freigemeinnütziger und sonstiger Träger

3. Förderanspruch der Gemeinden

4. Förderanspruch der örtlichen Träger der öffentlichen Jugendhilfe

1. Vorbemerkung

In Art. 18 BayKiBiG werden die Förderansprüche, die Anspruchsberechtigten und die Verpflichteten festgelegt. Die Absätze 1 und 2 betreffen die Förderung bei Kindertageseinrichtungen, Absatz 3 die Förderung bei Tagespflegeangeboten sowie die Fälle, in denen der örtliche Träger der öffentlichen Jugendhilfe Kindertageseinrichtungen fördert.

2. Förderanspruch kommunaler, freigemeinnütziger und sonstiger Träger

2.1 Um Trägern von Kindertageseinrichtungen Planungssicherheit zu gewähren, erhalten sie nach **Absatz 1** einen **gesetzlichen** Förderanspruch gegenüber den Gemeinden, in denen die bei ihnen angemeldeten Kinder ihren gewöhnlichen Aufenthalt haben (Aufenthaltsgemeinden). Die bisherige Unterscheidung der Trägerschaft spielt seit Gesetzesänderung zum 1.1.2013 keine Rolle mehr. Unter den Voraussetzungen des Art. 19 BayKiBiG und nach Maßgabe des Art. 22 BayKiBiG haben alle Träger, unabhängig von der Zuordnung als kommunaler, freigemeinnütziger oder sonstiger Träger (Art. 3 BayKiBiG), einen Förderanspruch gegenüber den Aufenthaltsgemeinden.

2.2 Ein Anspruch einer außerhalb Bayerns ortsansässigen Einrichtung gegenüber der bayerischen Aufenthaltsgemeinde besteht nicht. Der **räumliche Geltungsbereich** des BayKiBiG ist auf das bayerische Staatsgebiet beschränkt. Unschädlich ist, wenn sich zwar der Sitz des Trägers der Einrichtung außerhalb Bayerns befindet, die Einrichtung selbst aber in Bayern und diese von bayerischen Kindern besucht wird.

2.3 Welche Gemeinde zur Förderung verpflichtet ist, richtet sich danach, wo die betreffenden Kinder ihren **gewöhnlichen Aufenthalt** haben. Den gewöhnlichen Aufenthalt hat jemand dort, wo er sich unter Umständen aufhält, die erkennen lassen, dass er an diesem Ort oder in diesem Gebiet nicht nur vorübergehend verweilt (§ 30 Abs. 3 Satz 2 SGB I). Die Feststellung des gewöhnlichen Aufenthalts ist anhand einer dreistufigen Prüfung zu klären. Ausgangspunkt ist der „Aufenthalt". Es sind dann die mit dem Aufenthalt verbundenen „Umstände" festzustellen und schließlich zu prüfen, ob der Betreffende „nicht nur vorübergehend verweilt". Letzteres lässt sich nur im Wege einer Prognoseentscheidung beurteilen, wobei es nicht nur auf den Willen ankommt, sondern objektive, tatsächliche und rechtliche Umstände zu berücksichtigen sind (hierzu BSG vom 16.6.2015 – B 13 R 36/13 R –, Anm. 25). Minderjährige Kinder haben den gewöhnlichen Aufenthalt dort, wo die Eltern ihren gewöhnlichen Aufenthalt haben. An die Stelle der Eltern tritt die Mutter, wenn und solange die Vaterschaft nicht anerkannt oder gerichtlich festgestellt ist. Lebt nur ein Elternteil, so ist dessen gewöhnlicher Aufenthalt maßgebend. Haben die Eltern unterschiedliche gewöhnliche Aufenthalte, üben sie aber die Personensorge gemeinsam aus, hat die Gemeinde, in der sich das Kind gewöhnlich tatsächlich aufhält, den Förderanspruch zu erfüllen. Man wird hier entscheidend auf den Lebensmittelpunkt abstellen. Sollte ein gewöhnlicher Aufenthalt in diesen Fällen nicht festzustellen sein, ist zweckmäßigerweise der Förderantrag bei der Sitzgemeinde zu stellen. Hält sich ein Kind an mehreren Orten auf (z. B. es besucht eine Woche den Kindergarten am Wohnort der Mutter, in der zweiten Woche den Kindergarten am Wohnort des Vaters), bestehen jeweils anteilige Förderansprüche (Art. 21 Abs. 4 Satz 3 BayKiBiG).

Es kommt nicht darauf an, dass die Eltern bzw. der Elternteil dort auch eine Wohnung unterhalten. Es müssen jedoch Tatsachen erkennbar sein, die eine Prognose zulassen, dass sich auch zukünftig der Lebensmittelpunkt an diesem Ort befindet.

Beispiel:

A ist alleinerziehende Mutter. Sie hat einen Wohnsitz in X, studiert jedoch in Y und kommt dort bei einer Tante unter. Sie nimmt das Kind mit nach Y und bringt es dort zu einem städtischen Kindergarten. Der gewöhnliche Aufenthalt ist in Y. Y ist zahlungspflichtig.

Nicht ausdrücklich geregelt ist der Wechsel des gewöhnlichen Aufenthalts. Folgende Fallgestaltungen sind zu unterscheiden:

– *Das Kind A besucht von September bis 30. November einen Kindergarten in X, ab 1. Dezember in Y. Förderrelevante Änderungen werden in dem Kalendermonat berücksichtigt, in dem sie eintreten (§ 26 AVBayKiBiG). Die Änderung tritt hier am 1.12. ein (Besuch des neuen Kindergartens). Bis einschließlich November ist die Gemeinde X, ab Dezember Y zahlungspflichtig.*

– *Das Kind A besucht einen Kindergarten in X. Es zieht mit seinen Eltern im Laufe des 30. November von X in das unmittelbar benachbarte Y. Die förderrelevante Änderung tritt noch im November ein. Sie wirkt somit ab 1. November. X hat die kindbezogene Förderung bis einschließlich Oktober zu leisten. Die Zahlungspflicht der Gemeinde Y beginnt am 1. November.*

2.4 Strittig ist, wann Asylbewerber bzw. ihre Kinder ihren gewöhnlichen Aufenthalt i. S. d. § 30 Abs. 3 Satz 2 SGB I begründen. Nach einer Ansicht begründen Asylbewerber gar keinen gewöhnlichen Aufenthalt im Bundesgebiet, da ihr Aufenthalt per se unsicher sei. Nach Auffassung des StMAS begründet ein Asylbewerber dann einen gewöhnlichen Aufenthalt, wenn er nach der Wohnzeit in der Aufnahmeeinrichtung in die Gemeinschaftsunterkünfte verteilt wird (s. hierzu auch Antwort der Bundesregierung auf die Kleine Anfrage der Grünen [BT-Drs. 13/5876]). Nach dem Urt. des BVerwG vom 24.6.1999 – 5 C 24/98 – begründen minderjährige Ausländer jedenfalls nach Ablauf von sechs Monaten einen gewöhnlichen Aufenthalt i. S. v. Art. 1 des Haager Minderjährigenschutzabkommens (MSA).

2.5 Auf die Anerkennung der Einrichtung als bedarfsnotwendig kommt es für den Förderanspruch nicht mehr an. Allein der Besuch des Kindes in einer nach Art. 19 BayKiBiG förderfähigen Einrichtung löst den Anspruch aus. Der Einwand der Aufenthaltsgemeinde bei einem Kind, das eine Einrichtung an einem anderen Ort besucht (Gastkind), am Wohnort gäbe es ausreichend freie und geeignete Plätze, ist mit Blick auf das elterliche Wunsch- und Wahlrecht (§ 5 SGB VIII) unbeachtlich.

2.6 Ist die Aufenthaltsgemeinde nicht **leistungsfähig**, richtet sich der Anspruch nach **Absatz 1 Satz 2** an den örtlichen Träger der öffentlichen Jugendhilfe (Landkreis). Die Gemeinde trägt bei behaupteter fehlender Leistungsfähigkeit die Darlegungs- und materielle Beweislast (BayVGH, Urt. vom 30.6.2010 – 12 CE 10.767 –, Anm. 32). Sie muss konkret darlegen, dass sie nicht in der Lage ist, die konkreten Betriebskosten zu tragen. Fehlende Leistungsfähigkeit kann jedenfalls dann nicht angenommen werden, wenn in der Höhe vergleichbare Mittel etwa für freiwillige Aufgaben verwendet werden, die die Gemeinde weder erfüllen muss noch erfüllen soll (BayVGH, a. a. O., Anm. 36).

2.7 Mit Abschaffung des Art. 7 Abs. 3 BayKiBiG (Bedarfsanerkennung durch den Träger der öffentlichen Jugendhilfe) besteht der Anspruch gegen den Landkreis regelmäßig nur, wenn die eigentlich verpflichtete Gemeinde selbst nicht leistungsfähig ist. In diesem Fall kann sich der Landkreis beim Freistaat refinanzieren (Absatz 3 Satz 1 Alt. 2). Das Gesetz regelt nicht (mehr) den Fall, dass der Landkreis selbst die kommunale Finanzierung einer Kindertageseinrichtung übernimmt. Es handelt sich dabei um keine Gesetzeslücke, denn grundsätzlich muss für jedes Kind in einer Kindertageseinrichtung eine Aufenthaltsgemeinde die kindbezogene Förderung erbringen. Daraus ist nicht zu schließen, dass der Landkreis künftig selbst keine Finanzierungsverantwortung übernehmen darf. Für den

Landkreis handelt es sich aber um eine freiwillige Leistung. Das Engagement ist daher, wenn die Finanzierung über die Kreisumlage erfolgt, ggf. von der Zustimmung der kreisangehörigen Gemeinden abhängig. Dennoch kann dieses Engagement auch geboten sein, um z. B. die Finanzierung einer Einrichtung auf breitere Füße zu stellen oder den Verwaltungsaufwand zu minimieren. Dies betrifft vor allem Einrichtungen mit überörtlichem Einzugsbereich.

Beispiele:

Die einzelnen Gemeinden sind finanziell nicht in der Lage, die höheren Kosten für die Umsetzung der Inklusion zu tragen. Der Landkreis plant ein flächendeckendes Angebot und übernimmt federführend die kommunalen Kosten. Zugleich soll dadurch der Verwaltungsaufwand minimiert werden.
Im Landkreis befindet sich eine betriebliche Einrichtung. Die Kinder kommen aus über 30 Gemeinden. Der Träger bittet darum, die Förderung zu konzentrieren, damit nicht über 30 Einzelanträge gestellt werden müssen. Der Landkreis übernimmt die kindbezogene Förderung, der Träger hat nur noch einen Ansprechpartner. Die betreffenden Gemeinden erklären sich mit der Vorgehensweise einverstanden.

Es ist eine Frage des Einzelfalles, in welcher Rolle der Landkreis schließlich tätig wird. Der Landkreis kann z. B. als bloße Zahlstelle für die einzelnen betroffenen Gemeinden handeln. In diesem Fall bleibt es eine Förderleistung der einzelnen Aufenthaltsgemeinden. Oder neben der gesetzlichen Verpflichtung tritt eine vertragliche Verpflichtung des Landkreises (Landkreis schließt mit dem Träger der Einrichtung einen Vertrag über die Erbringung der kommunalen Leistung, der Träger stellt den Förderantrag dementsprechend nur beim Landkreis). In diesem Fall handelt es sich um eine Leistung des Landkreises. Unberührt bleibt in beiden Fällen die Refinanzierungsmöglichkeit beim Freistaat Bayern. Im ersten Fall besteht ein Förderanspruch der Gemeinden unmittelbar aus Absatz 2 Satz 1. Im zweiten Fall kann der Landkreis die Förderansprüche aus Absatz 2 Satz 1 als Zessionar geltend machen. Ein unmittelbarer Anspruch des Landkreises gegenüber dem Freistaat aus eigenem Recht, etwa analog Absatz 3 Satz 1, besteht nicht. Bewilligungsstelle ist nach **Art. 29 Abs. 1 Satz 1 BayKiBiG** jeweils die zuständige Regierung.

2.8 Die kindbezogene Förderung deckt nur einen Teil der Betriebskosten. Um die ungedeckten Kosten auszugleichen, schließen die Sitzgemeinden mehrheitlich mit den freigemeinnützigen und sonstigen Trägern Kooperations- oder Leistungsdefizitverträge. Bei Gastkindern können die freigemeinnützigen und sonstigen Träger in aller Regel mangels Anspruchsgrundlage nicht auch die Aufenthaltsgemeinden zu einer höheren Beteiligung an den Betriebskosten bewegen. Im Verhältnis der Kommunen zueinander ist die Begrenzung der Bezuschussung auf den gesetzlichen Förderanspruch nach Art. 18 i. V. m. Art. 22, 23 Abs. 1 BayKiBiG ausdrücklich in **Absatz 1 Satz 3** geregelt. Die Sitzgemeinde kann von der Aufenthaltsgemeinde bei einem Gastkindverhältnis maximal die kindbezogene kommunale Förderung beanspruchen. Dies schließt eine **freiwillige** Leistung der Aufenthaltsgemeinde jedoch nicht aus.

Beispiel:

Drei Gastkinder aus A besuchen eine kommunale Einrichtung in B. B möchte bezogen auf die Gesamtkosten der Einrichtung einen anteiligen Kostenausgleich von der Gemeinde A entsprechend der Zahl der aufgenommenen Kinder. Die Förderung ist begrenzt auf die kindbezogene Förderung. Kosten, die von der kindbezogenen Förderung nicht gedeckt werden, hat die Sitzgemeinde B zu übernehmen.
Alternative: A hat eine Unterkapazität an Plätzen. Da es sich nur um eine vorübergehende Bedarfsspitze handelt, plant A keine weiteren Baumaßnahmen. Um dennoch Plätze zu sichern, verhandelt A mit B wegen der Reservierung der benötigten Plätze. A ist als Gegenleistung bereit, sich über die gesetzlich begrenzte Zahlung des Gastkindbetrages hinaus an den Betriebskosten zu beteiligen.

2.9 Der Träger der Kindertageseinrichtung hat den vollständigen Förderantrag bis zum **30. April** des auf den Bewilligungszeitraum folgenden Jahres zu stellen (Art. 19 Nr. 6). Der Bewilligungszeitraum ist seit 2015 das Kalenderjahr (Art. 26 Abs. 1 Satz 3 BayKiBiG). Es handelt sich um eine materielle Ausschlussfrist. Wird die Frist überschritten, entfällt der gesetzliche Förderanspruch. Zu beachten ist § 26 Abs. 3 SGB X. Fällt die Frist auf einen Sonntag, einen gesetzlichen Feiertag oder einen Samstag, endet die Frist mit Ablauf des nächstfolgenden Werktags.

3. Förderanspruch der Gemeinden

3.1 Die Gemeinden können nach **Absatz 2** für die von ihnen nach Maßgabe des Art. 22 BayKiBiG **geförderten** Kindertageseinrichtungen (s. Erl. zu Art. 22) einen gesetzlichen Förderanspruch gegenüber dem Freistaat geltend machen.

3.1.1 Absatz 2 wurde mit rückwirkender Gesetzesänderung (ab 1.8.2005) mit Blick auf die bisherige starre materielle Ausschlussfrist geändert. Die **bisherige** Fassung lautete:

„(2) [1] *Die Gemeinde hat für Kindertageseinrichtungen, die die Fördervoraussetzungen nach Art. 19 erfüllen, und für Großtagespflegen, die die Voraussetzungen des Art. 20a erfüllen, einen Förderanspruch gegenüber dem Staat nach Maßgabe von Art. 21, wenn sie den vollständigen Förderantrag bis zum 30. Juni des auf den Bewilligungszeitraum (Art. 26 Abs. 1 Satz 4) folgenden Jahres stellt.* [2] *Macht die Gemeinde den Anspruch nach Satz 1 Alternative 2 geltend, ist ein Förderanspruch des örtlichen Trägers der öffentlichen Jugendhilfe nach Abs. 3 Satz 1 ausgeschlossen."*

Demnach musste nach Absatz 2 Satz 1 a. F. die betreffende Gemeinde die Antragsfrist bis 30. Juni des auf den Bewilligungszeitraum folgenden Jahres beachten. Es handelte sich dabei um eine materielle Ausschlussfrist, deren Verstreichen zum Erlöschen des Förderanspruchs führte (BayVGH, Entsch. vom 27.6.2011 – 12 ZB 10.1363 –; vom 25.6.2012 – 12 ZB 12.303 –).

3.1.2 Es hat sich einerseits herausgestellt, dass das Fristensystem zwar auf der einen Seite wie erwartet eine zeitnahe Abrechnung bewirkt. Über das mehrstufige Fördersystem des BayKiBiG kommen jährlich erhebliche Summen zur finanziellen Förderung von Kindertageseinrichtungen zur Auszahlung (im Jahr 2017 insgesamt rund 3,1 Mrd. Euro ohne Berücksichtigung von überobligatorischen Zahlungen der Kommunen). Für über 9500 Einzelanträge können die Verwaltungs- und Auszahlungsverfahren binnen Jahresfrist abgewickelt werden. Die Planungssicherheit für Träger, Kommunen und Freistaat ist sichergestellt.

Andererseits hat das Fristensystem jedoch in mehreren Fällen zu erheblichen Härten geführt. Kurzzeitige Fristüberschreitungen hatten grundsätzlich den vollständigen Entfall des Förderanspruchs zur Folge. Dies führte bei Fristversäumnis zu einer erheblichen Belastung der kommunalen Haushalte. Diese wiederum gefährdete den weiteren Ausbau der Kindertagesbetreuung, da sich der finanzielle Spielraum der Kommunen verringerte.

Dies hat den Bayerischen Landtag bewogen, darauf durch Gesetzesänderung zu reagieren. Diese Härten sind durch den Zweck der Fristenregelung inzwischen nicht mehr gerechtfertigt. Ein wesentlicher Grund für die Fristenregelung war ursprünglich, dass der Freistaat erst durch die fristgerechte Abrechnung und Übermittlung der Förderdaten über die erforderlichen Daten verfügte, um die Entwicklung in der Kindertagesbetreuung nachvollziehen und die durch die Förderung hervorgerufene Haushaltsbelastung genau feststellen zu können. Da die Träger seit dem 1.1.2013 gem. Art. 19 Nr. 8 BayKiBiG verpflichtet sind, die Förderdaten im Abrechnungssystem KiBiG.web vierteljährlich zu aktualisieren, besteht inzwischen eine verbesserte, fortlaufend aktualisierte Planungsgrundlage.

3.1.3 Um gleichwohl weiterhin auf eine zeitnahe Antragstellung und Endabrechnung hinzuwirken, erfolgt für den Fall einer verspäteten Antragstellung im Zeitraum 1. Juli bis 31. Dezember nach Ablauf des Bewilligungszeitraums eine Kürzung des Förderanspruchs um 4 %.

Die auf 96 % gekürzte Förderhöhe korreliert zwar im Zahlenwert mit der Höhe der Abschlagszahlungen an die Kommunen, die ebenfalls 96 % der voraussichtlichen Fördersumme erreichen. Maßgebend für die Kürzung sind aber die im Rahmen der Endabrechnung übermittelten Daten. Die Höhe der tatsächlichen Abschlagszahlung ist somit nicht relevant.

3.1.4 Soweit Bundesmittel für den U3- Ausbau über den sog. Ausbaufaktor über eine Förderrichtlinie ausgereicht werden, sind diese von der Gesetzesänderung nicht berührt. In der U3- Bundesmittelrichtlinie vom 28.10.2009 (AllMBl. S. 355), geändert durch Bekanntmachung vom 11.8.2014 (AllMBl. S. 463), muss nach Ziff. 4 der Richtlinie der vollständige Förderantrag auf kindbezogene Förderung bis zum 30. Juni nach Ablauf des Bewilligungszeitraums gestellt werden. Eine Anpassung dieser Richtlinie im Zuge der Gesetzesänderung erfolgte ausdrücklich nicht.

Um jeweils zum Jahresende Haushaltssicherheit herzustellen und zu unterbinden, dass Anträge zeitlich unbegrenzt eingereicht werden können, ist nun für den 31. Dezember des auf den Bewilligungszeitraum folgenden Jahres eine materielle Ausschlussfrist normiert, die bei Verfristung unweigerlich und verschuldensunabhängig zum Entfall des Förderanspruchs führt.

3.1.5 Nach dem 30. Juni geltend gemachte Förderansprüche werden nur i. H. v. mehr als 10 000 Euro berücksichtigt. Diese Bagatellgrenze soll den Verwaltungsaufwand reduzieren.

3.1.6 Der Gesetzgeber hat Absatz 2 **rückwirkend** geändert. Dementsprechend können betroffene Kommunen noch nachträglich Fördermittel in Anspruch nehmen. Bestandskräftige Ablehnungsbescheide können auf Antrag aufgehoben, verfristet gestellte Förderanträge neu verbeschieden werden (§ 46 SGB X). Nachdem Gemeinden zum Teil Versicherungen wegen Ausfalls der Förderung in Anspruch genommen haben, muss ggf. auch in diesem Rechtsverhältnis eine Änderung erfolgen und müssen ausgezahlte Versicherungsleistungen erstattet bzw. reduziert werden. Da die Gesetzesänderung rückwirkend seit Inkrafttreten des BayKiBiG erfolgt, hat der Gesetzgeber insgesamt drei Gesetzesfassungen des Absatzes 2 entsprechend der Entwicklung des BayKiBiG verabschiedet. Zum Beispiel wurde Art. 20a BayKibiG erst mit Wirkung ab 1.1.2013 eingeführt, auf den im Text Bezug genommen wird.

3.2 Der Förderantrag muss **vollständig** nach Maßgabe des § 19 AVBayKiBiG unter Nutzung des KiBiG.web gestellt werden. Zur Vollständigkeit zählt insbesondere, dass der Träger die für die Errechnung der kindbezogenen Förderung maßgebenden Daten (z. B. Gewichtungsfaktoren und Buchungszeiten, Zeiten des Personals, Erklärung über das Vorliegen der sonstigen Fördervoraussetzungen) an das Rechenzentrum übermittelt hat und die Gemeinde im KiBiG.web „grünes Licht" gibt (Freigabe). Eines schriftlich unterschriebenen Antrags bedarf es nicht mehr (s. hierzu § 19 AVBayKiBiG 2.1).

Fraglich ist die Rechtsfolge, wenn zwar die Gemeinde die Frist des 30. Juni, nicht aber der Träger die Fördervoraussetzung nach Art. 19 Nr. 6 BayKiBiG (30. April) erfüllt. Man könnte die Auffassung vertreten, dass dann der Antrag, den die Gemeinde auf Basis der Daten des freigemeinnützigen oder sonstigen Trägers nach Absatz 2 stellt, nicht vollständig wäre. Zweck der materiellen Ausschlussfrist in Art. 19 Nr. 6 BayKiBiG ist der Schutz der Aufenthaltsgemeinde. Wenn die Gemeinde diese Schutzvorschrift nicht in Anspruch nimmt und die kindbezogene Förderung auszahlt, kann es ihr nicht gleichzeitig verwehrt werden, innerhalb der Frist zum 30. Juni bzw. 31. Dezember die staatliche Refinanzierung in Anspruch zu nehmen. Es würde gegen **Treu und Glauben** (§ 242 BGB) verstoßen, wenn in diesem Fall der Freistaat den Mangel der Vollständigkeit des eigentlich rechtzeitig gestellten Antrages einwenden würde. Dies wird besonders deutlich, wenn zwischen Träger und der Sitzgemeinde eine Kooperations- oder Leistungsdefizitvertrag besteht und sie daher vertraglich verpflichtet ist, den Ausfall der staatlichen Fördermittel auszugleichen. Entsprechendes gilt, wenn die Gemeinde faktisch gezwungen wäre, dem Träger den Ausfall der Fördermittel auszugleichen, damit das für das Sicherstellungsgebot notwendige Betreuungsangebot nicht wegbricht. Die Schutzvorschrift würde sich dann geradezu ins Gegenteil verkehren.

3.3.1 Absatz 2 Satz 1 spricht generell von Gemeinde. Damit ist in erster Linie die Aufenthaltsgemeinde (Absatz 1 Satz 1) gemeint. Denkbar ist aber auch, dass eine nicht nach Absatz 1 Satz 1 verpflichtete Gemeinde eine kindbezogene Förderung einschließlich Eigenanteil nach Art. 22 BayKiBiG an einen Träger einer Kindertageseinrichtung erbringt. Auch dann erwirbt die Gemeinde einen Refinanzierungsanspruch gegen den Freistaat Bayern.

Beispiel:

Die Einrichtung eines freigemeinnützigen Trägers wird auch von Kindern aus Baden-Württemberg besucht. Die Aufenthaltsgemeinde in Baden-Württemberg befindet sich außerhalb des räumlichen Geltungsbereichs des BayKiBiG. Der Träger kann keinen Förderanspruch aufgrund des BayKiBiG geltend machen. Die Sitzgemeinde übernimmt stattdessen den kommunalen Förderanteil, auch wenn es sich um kein bayerisches Kind handelt. Die staatliche Förderung wird für jedes Kind geleistet, das von der Gemeinde gefördert wird (Art. 21 Abs. 1 Satz 2 BayKiBiG). Diese Fallkonstellation trifft natürlich auch für Kinder aus dem Ausland, namentlich Tschechien, zu.

3.3.2 Die Einrichtung, in der das bayerische Kind nach Maßgabe der Bildungs- und Erziehungsziele betreut wird, muss nicht zwingend den Sitz innerhalb Bayerns haben. Sofern die Fördervoraussetzungen des Art. 19 BayKiBiG vorliegen und der Förderanspruch durch die bayerische Gemeinde im Rahmen des KiBiG.web geltend gemacht wird, kann eine staatliche kindbezogene Leistung erbracht werden. Maßgebend ist also, dass die bayerische Aufenthaltsgemeinde die Einrichtung in ihrem Bedarfsplan berücksichtigt bzw. diese zur Deckung des örtlichen Bedarfs benötigt.

3.3.3 Freiwillige Leistungen von Gemeinden sind darüber hinaus aus monetären Gründen vor allem dann überlegenswert, wenn Leistungsdefizitverträge mit einem freigemeinnützigen oder sonstigen Träger bestehen.

Beispiel:

Die Elterninitiative K betreibt in der Gemeinde G eine Kinderkrippe mit 12 Plätzen. 10 Plätze werden von Kindern aus G belegt. Die Gemeinde hat mit dem Träger vereinbart, im Falle eines Betriebskostendefizits 90 % zu übernehmen. Die Betriebskosten belaufen sich p. a. auf insgesamt 130 000 Euro. Die kindbezogene Förderung beträgt (hier ohne Berücksichtigung von weiteren Leistungen wie Qualitätsbonus oder erhöhter Buchungszeitfaktor) 73 057,20 Euro ((1217,62 x 10 Kinder x 1,5 [BF] x 2,0 [GW] x 2 [Gemeinde und Freistaat]). Eine weitere Einnahmequelle des Trägers sind die staatlichen Beitragszuschüsse und Elternbeiträge i. H. v. insgesamt 30 000 Euro (10 Kinder x 12 Monate x 250 Euro). Das Betriebskostendefizit beträgt somit insgesamt 26 942,80 Euro. Aufgrund der Defizitvereinbarung hat die Gemeinde G 24 248,52 Euro (= 90 %) zu tragen. Um das Defizit zu verringern, beschließt der Träger im Einvernehmen mit der Gemeinde, zwei Kinder U3 aus der Nachbargemeinde mit ebenfalls einem BF 1,5 aufzunehmen. Dadurch erhöht sich die kindbezogene Förderung auf 87 688,64 Euro (1217,62 Euro x 12 Kinder x 1,5 [BF] x 2,0 [GW] x

2 [Gemeinde und Freistaat]). Die Einnahmen aus Elternbeiträgen erhöhen sich auf 36 000 Euro (12 Kinder x 12 Monate x 250 Euro). Unterm Strich reduziert sich das Betriebskostendefizit auf 6 311,36 Euro. Die Gemeinde G hat davon 5 680,22 Euro zu tragen. Durch Aufnahme der zwei Kinder reduziert sich die Förderleistung der Gemeinde G im Saldo somit um 11 252,58 Euro von 60 777,12 Euro auf 49 524,54 Euro.

3.3.4 Schließlich berücksichtigt Absatz 2 Satz 1 auch die kommunalen Vereinbarungen zum Ausgleich von Gastkindverhältnissen. Bei Gastkindverhältnissen muss die Einrichtung gegenüber allen Gemeinden, aus denen die Kinder stammen, Förderanträge stellen. Kommen Kinder neben der Sitzgemeinde noch aus fünf anderen Gemeinden in Bayern, muss der Träger über das KiBiG.web insgesamt sechs Einzelanträge (eine Sitzgemeinde, fünf Gastkindergemeinden) stellen. Wenn die Zahl an Gastkindern relativ hoch ist, kann der Verwaltungsaufwand ggf. reduziert werden, indem benachbarte Sitzgemeinden vereinbarungsgemäß regelmäßig für alle Kinder die kommunale Förderung übernehmen und dementsprechend für alle Kinder die staatliche Leistung in Anspruch nehmen. Diese gegenseitigen Vereinbarungen bieten sich vor allem dann an, wenn die Zahl der Gastkinder zwischen den Gemeinden der Vereinbarung nahezu identisch ist.

3.4 Der Förderanspruch der Gemeinde gegen den Freistaat setzt die Förderfähigkeit der Einrichtung nach Art. 19 BayKiBiG voraus (Absatz 2 Satz 1). Mit dieser Vorschrift wird die Funktion des Freistaates als Zuschussgeber im Verhältnis zur Gemeinde deutlich. Nur dann, wenn die für die Kinderbetreuung zuständige Gemeinde Dritten gegenüber auf Grundlage des BayKiBiG zahlungspflichtig ist oder für eigene nach Maßgabe des BayKiBiG Einrichtungen betreibt, besteht die Refinanzierungsmöglichkeit. Entsprechendes gilt bei Großtagespflegestellen, soweit diese einrichtungsähnlich gefördert werden (Art. 20a BayKiBiG).

3.5 Absatz 2 Satz 3 betrifft die Förderung der Großtagespflege. Bei der Tagespflege kann sich der Träger der öffentlichen Jugendhilfe nach Absatz 3 Satz 1 kindbezogen refinanzieren (Erl. 4). Eine Ausnahme hierzu gibt es bei der Großtagespflege, die einrichtungsähnlich nach Art. 20a BayKiBiG gefördert wird. In diesen Fällen übernimmt die Gemeinde die kindbezogene Förderung der Großtagespflegestelle und erhält einen Zuschuss des Freistaates nach Absatz 2 Satz 1. Die Refinanzierungsmöglichkeit des Landkreises entfällt; in Anspruch genommen kann nur noch die Auszahlung des Ausbaufaktors (s. Erl. zu Art. 20a) werden.

4. Förderanspruch der örtlichen Träger der öffentlichen Jugendhilfe

4.1 Bei Angeboten der Tagespflege wird durch **Absatz 3 Satz 1** ein Förderanspruch der örtlichen Träger der öffentlichen Jugendhilfe gegenüber dem Freistaat begründet. Entsprechendes gilt, wenn der Landkreis als örtlicher Träger der öffentlichen Jugendhilfe für eine Gemeinde nach Absatz 1 Satz 2 wegen deren fehlender Leistungsfähigkeit eintritt. Insoweit handelt es sich um den gesetzlichen Fall eines Forderungsübergangs.

4.2 Der Förderanspruch bestimmt sich nach Maßgabe des Art. 25 BayKiBiG. Der Förderanspruch errechnet sich danach kindbezogen nach Art. 21 BayKiBiG. Im Falle der Übernahme der kindbezogenen Förderung wegen mangelnder Leistungsfähigkeit einer Gemeinde erhält der Landkreis die staatliche Leistung ggf. unter Berücksichtigung eines Qualitätsbonus (Art. 25 Satz 2 BayKiBiG). Bei der Tagespflege sind im Gegensatz zu den Kindertageseinrichtungen bei Vorschulkindern ab dem vollendeten dritten Lebensjahr bis zur Einschulung auch Buchungen von weniger als in der Kategorie über drei bis vier Stunden staatlicherseits förderfähig (Art. 25 Satz 1 i. V. m. Art. 21 Abs. 4 Satz 4 BayKiBiG). Näheres s. Erl. zu Art. 25 BayKiBiG.

4.3 Erfüllt der Landkreis subsidiär für eine nicht leistungsfähige Gemeinde den Förderanspruch eines freigemeinnützigen oder sonstigen Trägers nach Absatz 3 Satz 1 i. V. m. mit Absatz 1 Satz 2 oder möchte er sich für Angebote der Tagespflege refinanzieren, muss er seinen Förderanspruch gegen den Freistaat rechtzeitig vor Ablauf der materiellen Ausschlussfrist (bis spätestens 30. Juni im Jahr nach Ablauf des Bewilligungszeitraums, s. Erl. 3.1 und 3.2) mittels vollständigen Förderantrags geltend machen. Diese Ausschlussfrist blieb bei Änderung des Absatzes 2 unverändert.

4.4 Tagespflegepersonen haben **keinen** Anspruch auf kindbezogene Förderung nach dem BayKiBiG. Ihr Anspruch richtet sich gegen den Träger der öffentlichen Jugendhilfe (§ 23 SGB VIII). Der Träger der öffentlichen Jugendhilfe kann sich beim Freistaat Bayern refinanzieren. Die Berechnung erfolgt kindbezogen (Art. 20, 21 Abs. 5 Satz 6, 25 BayKiBiG). Eine Ausnahme gibt es bei der Großtagespflege, sofern diese nach Art. 20a BayKiBiG gefördert wird. In diesem Fall erwirbt die Großtagespflegestelle einen Anspruch auf kindbezogene Förderung gegenüber der Gemeinde.

Art. 19

Fördervoraussetzungen für Kindertageseinrichtungen

Der Förderanspruch in Bezug auf Kindertageseinrichtungen (Art. 18 Abs. 1, Abs. 2 und Abs. 3 Alternative 2) setzt voraus, dass der Träger

1. **eine Betriebserlaubnis nachweisen kann,**

2. **geeignete Qualitätssicherungsmaßnahmen durchführt, d. h. die pädagogische Konzeption der Kindertageseinrichtung in geeigneter Weise veröffentlicht sowie eine Elternbefragung oder sonstige, gleichermaßen geeignete Maßnahme der Qualitätssicherung jährlich durchführt,**

3. **die Grundsätze der Bildungs- und Erziehungsarbeit und die Bildungs- und Erziehungsziele (Art. 13) seiner eigenen träger- und einrichtungsbezogenen pädagogischen Konzeption zugrunde legt,**

4. **die Einrichtung an mindestens vier Tagen und mindestens 20 Stunden die Woche öffnet,**

5. **die Elternbeiträge**

   a) **entsprechend den Buchungszeiten nach Art. 21 Abs. 4 Satz 6 staffelt und**

   b) **soweit für das Kind nach Art. 23 Abs. 3 Satz 1 und 2 ein Anspruch auf einen Zuschuss besteht, in gleicher Höhe ermäßigt,**

6. **den vollständigen Förderantrag bis spätestens 30. April des auf den Bewilligungszeitraum (Art. 26 Abs. 1 Satz 4) folgenden Jahres stellt,**

7. **die Aufnahme eines Kindes mit gewöhnlichem Aufenthalt außerhalb der Sitzgemeinde der Einrichtung binnen drei Kalendermonaten der Aufenthaltsgemeinde oder in den Fällen des Art. 18 Abs. 1 Satz 2 dem örtlich zuständigen Träger der öffentlichen Jugendhilfe in Textform anzeigt,**

8. **die aktuellen Daten für die kindbezogene Förderung unter Verwendung des vom Freistaat kostenlos zur Verfügung gestellten Computerprogramms jeweils zum 15. Januar, 15. April, 15. Juli und 15. Oktober jeden Jahres an das zuständige Rechenzentrum meldet und**

9. **auf die Förderung nach diesem Gesetz sowie die staatliche Leistung nach Art. 23 Abs. 3 Satz 1 und 2 durch Aushang an geeigneter Stelle hinweist und**

10. **die Vorschriften dieses Gesetzes und die auf Grund dieses Gesetzes erlassenen Rechtsvorschriften sowie die Art. 5 und 6 BayIntG beachtet.**

Erläuterungen

Übersicht

1. Vorbemerkung

Die in Art. 19 BayKiBiG normierten Fördervoraussetzungen für Kindertageseinrichtungen gelten sowohl für die Anspruchsbegründung des Trägers der Kindertageseinrichtung gegenüber der Aufenthaltsgemeinde, als auch für deren Anspruch gegenüber dem Freistaat (s. hierzu BayVGH, Beschl. vom 1.10.2015 – 12 ZB 15.1698 –, Anm. 18). Sie gelten des Weiteren für den Förderanspruch des örtlichen Trägers der öffentlichen Jugendhilfe im Falle des Art. 18 Abs. 3 Satz 1 i. V. m. Abs. 1 Satz 2 BayKiBiG.

2. Betriebserlaubnis

Nach **Nummer 1** bedürfen alle nach dem BayKiBiG geförderten Kindertageseinrichtungen einer Betriebserlaubnis. Die Betriebserlaubnispflicht ergibt sich aus § 45 SGB VIII bzw. aus Art. 9 BayKiBiG. Der Förderanspruch entsteht frühestens mit Erteilung der Betriebserlaubnis und erlischt mit dem Entzug jeweils unter Berücksichtigung des § 26 Abs. 1 AVBayKiBiG. Ausreichend ist eine vorläufig erteilte Betriebserlaubnis auch dann, wenn die für eine endgültige Betriebserlaubnis notwendige Bedingung nicht eintreten sollte. Die Förderung entfällt mit Beginn des Monats, in dem die vorläufige Betriebserlaubnis erlischt.

3. Qualitätssicherungsmaßnahmen

Die nach **Nummer 2** geforderten geeigneten Qualitätssicherungsmaßnahmen umfassen verbindlich die Veröffentlichung der pädagogischen Konzeption der Kindertageseinrichtung und die Durchführung einer weiteren Qualitätssicherungsmaßnahme, wobei die Elternbefragung exemplarisch aufgezählt wird.

Die Veröffentlichung der pädagogischen Konzeption kann durch öffentlichen Aushang (z. B. am schwarzen Brett), durch Einstellung ins Internet oder auf sonstige geeignete Weise (z. B. in einer Broschüre) vorgenommen werden.

Elternbefragungen stellen mittelbare Qualitätssicherungsmaßnahmen dar, indem sie Diskussionsprozesse zwischen dem pädagogischen Personal und dem Träger einerseits und der Elternschaft andererseits über die Einrichtung und die pädagogische Arbeit insgesamt in Gang setzen. Inwieweit sonstige Maßnahmen im Sinne der Nummer 2 gleichermaßen geeignet sind, ist an dieser Breitenwirkung zu messen. Als geeignete (weitere) Qualität sichernde Maßnahme ist die Anwendung des Verfahrens des Staatsinstituts für Frühpädagogik zur Feststellung der Qualität des Trägers zu betrachten bzw. zu empfehlen. Zu den Qualitätssicherungsmaßnahmen der Nummer 2 zählt die Beauftragung der staatlich geförderten pädagogischen Qualitätsbegleitung (PQB).

Die Qualität sichernden Maßnahmen sind jährlich durchzuführen. Dadurch soll eine regelmäßige Reflexion der pädagogischen Arbeit sichergestellt werden.

4. Bildungs- und Erziehungsarbeit

Die Grundsätze der Bildungs- und Erziehungsarbeit nach Art. 13 Abs. 1 und 2 BayKiBiG sowie die Bildungs- und Erziehungsziele nach Art. 13 Abs. 3 i. V. m. Art. 32 Nr. 1 BayKiBiG sind nach **Nr. 3** der träger- und einrichtungsbezogenen pädagogischen Konzeption zugrunde zu legen und so in die pädagogische Arbeit zu überführen. Eine Bezugnahme auf die Betriebserlaubnis ist dabei nicht ausreichend. Zwar fordert auch § 45 SGB VIII eine Konzeption der Einrichtung. Bei Antrag auf eine Betriebserlaubnis kann aber schwerlich mehr als nur ein Rahmenkonzept gefordert werden. Art. 19 Nr. 3 BayKiBiG geht darüber hinaus (s. hierzu VG München, Urt. vom 25.6.2015 – 17 K 14.3002 –, Anm. 2.3): In Verbindung mit Art. 19 Nr. 2 BayKiBiG wird deutlich, dass die einrichtungsbezogene Konzeption auf die Verhältnisse vor Ort abstellen muss, die Bedürfnisse von Eltern und Kindern und auch die Vernetzungsstrukturen berücksichtigt. Die Konzeption ist wegen der ständigen Änderung der Verhältnisse auch regelmäßig anzupassen, auf gesellschaftliche Änderung muss entsprechend reagiert werden (z. B. Aufnahme von Kindern mit Fluchterfahrung). Die Einführung der Bildungs- und Erziehungsziele über die pädagogische Konzeption ermöglicht es, sie an Spezifika des Trägers und/oder seiner pädagogischen Ausrichtung anzupassen. Die Ganzheitlichkeit der Bildungs- und Erziehungsarbeit und die Beachtung des Verlaufs der kindlichen Entwicklung durch Beobachtung und Dokumentation dürfen dabei nicht in Frage gestellt werden.

Der Umsetzungsprozess umfasst demzufolge folgende Schritte:

– Schaffung bzw. Aktualisierung der einrichtungsbezogenen pädagogischen Konzeption auf Grundlage der in der AVBayKiBiG normierten Bildungs- und Erziehungsziele und der Orientierung am Bayerischen Bildungs- und Erziehungsplan, der Handreichung hierzu für die pädagogische Arbeit mit unter Dreijährigen und den Bayerischen Leitlinien für die Bildung und Erziehung von Kindern bis zum Ende der Grundschulzeit.

– Setzung von Schwerpunkten unter Berücksichtigung der Leitlinien des Trägers und unter Berücksichtigung der Wünsche der Eltern.

– Konkretisierung der Konzeption in der Jahres-, Monats- und Wochenplanung, wobei die Methodenwahl eigenverantwortlich vom Träger bzw. seinem pädagogischen Personal vorgenommen wird.

– Reflexion der pädagogischen Arbeit unter Einbeziehung des Elternbeirats.

5. Mindestöffnungszeit

5.1 Während die Begrenzung der Förderfähigkeit auf Buchungszeiten von mehr als drei Stunden für Kinder im Alter von drei Jahren bis zu ihrer Einschulung sowie die Möglichkeit der Träger, so genannte Kernzeiten festzulegen (Art. 21 Abs. 4 BayKiBiG), die Kindertageseinrichtungen als Bildungseinrichtung absichern, dient die Fördervoraussetzung nach **Nummer 4**, eine Mindestöffnungszeit von kumulativ vier Tagen und 20 Stunden pro Woche vorzugeben, der Vereinbarkeit von Erwerbstätigkeit und Familie sowie der Planungssicherheit. Durch die Kindertageseinrichtung soll zumindest eine Teilzeitbeschäftigung ermöglicht werden.

Das BayKiBiG kennt drei wesentliche, zu beachtende Mindestzeiten für eine staatliche Förderung:

– Das BayKiBiG und damit die gesetzliche staatliche und kommunale Förderung setzen voraus, dass die überwiegende Zahl der Kinder über einen Zeitraum von mindestens einem Monat die Kindertageseinrichtung durchschnittlich mindestens 20 Stunden pro Woche besucht (Art. 2 Abs. 2 BayKiBiG).

– Die Kindertageseinrichtung hat an mindestens vier Tagen und mindestens 20 Stunden die Woche geöffnet.

– Bei Vorschulkindern im Alter vom vollendeten dritten Lebensjahr bis zur Einschulung sind nur Buchungen ab der Buchungskategorien über drei bis vier Stunden zuschussfähig (Art. 21 Abs. 4 Satz 4 BayKiBiG).

5.2 Die Einrichtung muss kumulativ an mindestens vier Tagen **und** mindestens 20 Stunden geöffnet haben. Das BayKiBiG kennt keine Unterteilung der Einrichtung in einzelne Gruppen. Es gilt eine Gesamtbetrachtungsweise. Wenn die Fördervoraussetzung der Nr. 4 zu mindestens bei einem Teilbereich der Einrichtung vorliegt, wird davon die gesamte Einrichtung erfasst.

Beispiel:

Die Einrichtung umfasst eine Spielgruppe, eine Krippe und einen Kindergarten. Krippe und Kindergarten haben jeweils von Mo. bis Fr. geöffnet, die Spielgruppe nur Di. mit Do. Aufgrund der Gesamtbetrachtungsweise liegt die Voraussetzung nach Art. 19 Nr. 4 BayKiBiG auch für die Förderung der Kinder in der Spielgruppe vor. Wenn auch die sonstigen Fördervoraussetzungen (insbesondere Art. 2 Abs. 2 BayKiBiG; Bildungs- und Erziehungsarbeit nach der AVBayKiBiG mit qualifiziertem Personal) gegeben sind, können auch die Kinder aus der Spielgruppe kindbezogen ab der Buchungskategorie über eine Stunde bis zwei Stunden gefördert werden.

Zur Abgrenzung z. B. von Angeboten zur vorübergehenden Kinderbetreuung muss die nach BayKiBiG geförderte Einrichtung eine wöchentliche Mindestöffnungszeit aufweisen. In aller Regel wird bereits dadurch die Förderfähigkeit von Kinderbetreuung von Geschäften ausgeschlossen, um Eltern sorglos Einkäufe zu ermöglichen oder die Angebote von Hotels zur Kinderbetreuung.

Beispiel:

Eine Einrichtung hat täglich von Mo. bis Fr. jeweils zwei Stunden geöffnet. Die Einrichtung ist nicht förderfähig, weil die 20-Stundengrenze verfehlt wird. Eine andere Einrichtung hat Mo. mit Mi. jeweils acht Stunden geöffnet: Auch hier fehlt es an der Fördervoraussetzung des Art. 19 Nr. 4 BayKiBiG, weil die Einrichtung statt der geforderten vier nur drei Tage betrieben wird.

6. Elternbeitragsstaffelung

6.1.1 Die Buchungszeit (Art. 21 Abs. 2 und 4 BayKiBiG) gehört zu den wesentlichen Bestandteilen der kindbezogenen Förderung. Eine Buchungsstunde kostet dem Freistaat etwa 300 Mio. Euro im Jahr. Daher besteht ein hohes Interesse, dass Eltern nur buchen, was sie tatsächlich benötigen. Als einziges Korrektiv wirkt der Elternbeitrag. Die Praxis hat gezeigt, dass Buchungszeiten und tatsächliche Besuchszeit annähernd identisch sind, wenn der Elternbeitrag signifikant entsprechend der Buchungszeit steigt. Um sog. **Luftbuchungen** (Zeiten, die die Eltern vorsorglich buchen, ohne sie regelmäßig zu nutzen) zu vermeiden, sollen daher die **Elternbeiträge** entsprechend den Buchungszeiten **gestaffelt** sein **(Nr. 5a).** Das heißt zum einen, dass jeder Stundenkategorie, für die nach § 25 AVBay-KiBiG ein eigener Buchungszeitfaktor festgelegt ist, auch ein eigener Elternbeitrag zugeordnet ist (2. Halbsatz). Zum anderen ist erforderlich, dass für die jeweils höhere Stundenkategorie ein deutlich höherer Elternbeitrag zu entrichten ist als für die niedrigere Stufe. Eine linear-proportionale Staffelung ist damit nicht zwingend vorgegeben. Weder BayKiBiG noch Ausführungsverordnung bestimmen, was unter entsprechender Staffelung zu verstehen ist. Daher ist der unbestimmte Rechtsbegriff „entsprechende Staffelung" unter Berücksichtigung der gesetzlichen Intention auszulegen. Nach gemeinsamer Auslegung des StMAS und des StMFH muss die Staffelung zumindest 10 % des Elternbeitrags für die Stundenkategorie über drei bis vier Stunden, mindestens aber 5 Euro betragen, um auf geeignete Weise von den Eltern tatsächlich nicht regelmäßig genutzte Buchungen vermeiden zu können.

Beispiel:

Beträgt der seitens des Trägers festgelegte Elternbeitrag für über drei bis vier Stunden 60 Euro, muss der Beitrag für die Buchung über vier bis fünf Stunden mindestens 66 Euro betragen. Setzt der Träger für die Buchung über drei bis vier Stunden 40 Euro an, muss die nächste Kategorie wegen der 5 Euro -Grenze mindestens 45 Euro betragen.

Orientiert sich ein Träger nicht an der Auslegung des StMAS bzw. StMFH, hat dies nicht zwangsläufig eine Kürzung oder Streichung der Förderung zur Folge. Das StMAS hat die Aufsichtsbehörden angewiesen, dementsprechend ihre Prüfungspraxis auszurichten. Träger, die sich an die Regelung nicht orientieren, müssen z. B. mit regelmäßiger Prüfung der Buchungen rechnen. Eine Förderkürzung kommt nur nach näherer Verwaltungsprüfung in Frage. Erst wenn sich dabei die Anhaltspunkte für eine Buchung über die tatsächliche Nutzung hinaus verdichten und nur wenn diese Abweichung regelmäßig und erheblich (§ 26 Abs. 1 Satz 2 AVBayKiBiG) ist, könnte eine Förderung abgelehnt werden bzw. ein Verfahren zur Rückforderung bereits geleisteter Fördermittel eingeleitet werden. Bei freigemeinnützigen Trägern kommt dabei ein doppeltes Verfahren in Betracht: im Verhältnis freigemeinnütziger Träger zur Gemeinde sowie im Verhältnis der Gemeinde zum Freistaat Bayern.

6.1.2 Mit Ausweitung **des Beitragszuschusses** (Art. 23 Abs. 3 BayKiBiG) im vorschulischen Bereich sind die Beiträge entsprechend der Buchungszeiten nach Art. 21 Abs. 4 Satz 6 BayKiBiG nur noch zu staffeln, sofern Träger und Gemeinden Beiträge erheben, die über dem Elternbeitragszuschuss von 100 Euro monatlich liegen. Führt der Beitragszuschuss zu faktischer Beitragsfreiheit oder wird der Besuch von Kindertageseinrichtungen im Kindergartenalter generell oder für bestimmte Buchungskategorien beitragsfrei gestellt, stellt dies <u>keinen</u> Verstoß gegen die Fördervoraussetzungen nach Art. 19 Nr. 5a) BayKiBiG dar. Die Bestimmung verpflichtet zu einer Staffelung der Elternbeiträge nach Buchungszeiten nur dann, wenn Elternbeiträge auch tatsächlich anfallen. Soweit Beitragsfreiheit vorliegt, entfällt das Erfordernis einer Staffelung.

Unberührt bleibt die Verpflichtung der Träger von Kindertageseinrichtungen aus § 26 Abs. 1 Satz 2 AVBayKiBiG, den Buchungsbeleg zu korrigieren, soweit die tatsächliche Nutzungszeit regelmäßig erheblich von der Buchungszeit i. S. v. § 25 Abs. 1 AVBayKiBiG abweicht. Entsprechende Abweichungen von den gebuchten Zeiten sind aber nur dann förderrelevant, wenn diese länger als einen Kalendermonat andauern und vom zeitlichen Umfang her zu einer anderen (geringeren) Buchungszeit führen. Die tatsächlichen Anwesenheitszeiten der Kinder sind jedoch nicht Gegenstand einer Prüfung. Im Rahmen der Belegprüfung kontrollieren die staatlichen Bewilligungsbehörden die Buchungszeiten lediglich anhand der Buchungsbelege, in denen die von den Eltern mit dem Träger vereinbarte Buchungszeit angegeben ist. Es spielt also keinerlei Rolle, wenn Kinder früher abgeholt oder später gebracht werden. Ebenso wenig von Relevanz ist eine krankheitsbedingte oder urlaubsbedingte Abwesenheit.

6.1.3 Im Fall eines für die Eltern kostenlosen Betreuungsangebots läuft das Korrektiv der Elternbeitragsstaffelung ins Leere. Es wird sich zeigen, inwieweit Eltern diesen Umstand nutzen, um höher zu buchen. Es besteht die Vermutung, dass durch Höherbuchungen auch die Ausgaben bei den Kommunen und beim Freistaat steigen. Diese Möglichkeit war dem Gesetzgeber bewusst. Es liegt nun an den Trägern, Grenzen zu setzen, wenn sich durch Höherbuchungen der Anstellungsschlüssel verschlechtert, nicht mehr ausreichend Personal zur Verfügung steht und darunter ggf. die Qualität leidet. So könnte der Träger z. B. Höherbuchungen nur in begründeten Fällen zulassen. Dass damit die Bürokratie vor Ort steigt, liegt nahe. Aber auch dieses Handeln hat seine Grenzen, nämlich im Rechtsanspruch des Kindes auf einen Betreuungsplatz (§ 24 SGB VIII). Grundsätzlich dürfen die Motive für die Inanspruchnahme außerfamiliärer Betreuung keine Rolle spielen bzw. bewertet werden. Maßgebend ist die individuelle Bedürfnislage. Wenn Ganztagsangebote gewünscht werden, sind diese grundsätzlich vozuhalten.

Die Frage, wie sich der „individuelle Bedarf" bemisst, war zuletzt Gegenstand höchstrichterlicher und obergerichtlicher Rechtsprechung (z. B. BVerwG, Urt. vom 26.10.2017, BVerwGE 160, 212). Den individuellen Bedarf definieren letztlich die Erziehungsberechtigten (Betreuungswunsch). Die Grenze ist lediglich das Kindeswohl. Eine Grenze dürfte bei zehn Stunden liegen. Die gesetzliche Förderung differenziert auch nicht mehr bei einer Buchung länger als neun Stunden (§ 25 AVBayKiBiG). Das OVG Berlin-Brandenburg hält den Rechtsanspruch regelmäßig bereits dann erfüllt, wenn der Betreuungsbedarf im Rahmen der allgemein üblichen Arbeitszeiten gedeckt werden kann (OVG Berlin-Brandenburg, Beschl. vom 5.12.2019 – 6 S 62.19 –).

Der individuelle Bedarf hat somit eine zeitliche wie eine räumliche, und mit Blick auf § 22 ff. SGB VIII auch eine qualitative Dimension. Ein nachgewiesener Betreuungsplatz muss also Bildung, Erziehung und Betreuung anbieten, den zeitlichen Vorstellungen der Eltern entsprechen und in zumutbarer Zeit erreichbar sein. In zeitlicher Hinsicht ist allein zu prüfen, ob der Umfang der von den Eltern als individueller Bedarf geltend gemachten Betreuung mit dem Kindeswohl vereinbar ist, da zumindest der Anspruch nach § 24 Abs. 2 SGB VIII unbedingt ausgestaltet ist und damit eine Erforderlichkeit der Betreuung nicht voraussetzt (OVG Bautzen, Beschl. vom 11.3.2019 – 4 B 242/18 –). Dies bedeutet, dass Eltern auch dann einen Ganztagsplatz für ihr Kind in Anspruch nehmen könnten, wenn sie überhaupt nicht oder nur zum Teil erwerbstätig sind. Der Nachweis von Arbeitszeiten ist somit grundsätzlich nicht zu erbringen. Das OVG Hamburg hält jedoch eine Einschränkung des § 24 Abs. 2 SGB VIII durch Landesgesetz durch § 26 SGB VIII für möglich (OVG HH, Beschl. vom 28.1.2020 – 4 Bs 193/19 –), denn Absatz 2 des § 24 SGB VIII sei keine abschließende Regelung. Dies dürfte zu bezweifeln sein. Denn der Rechtsanspruch sollte nach der Genese des Rechtsanspruchs eben nicht beschränkt werden. Die Förderung und die Übernahme von Dauerlasten aus dem Betrieb durch den Bund fußten auf Berechnungen, die eine zeitliche Beschränkung nicht vorsahen. Unabhängig von dieser Frage ist dies für Bayern aber ohne Relevanz, denn Bayern hat aufgrund des Landesrechtsvorbehalts ohnehin keine Beschränkungen des § 24 Abs. 2 SGB VIII vorgenommen. Der Rechtsanspruch nach § 24 Abs. 3 SGB VIII betrifft die Altersspanne ab dem vollendeten dritten Lebensjahr bis zur Einschulung und ist damit Anwendungsfall für den Beitragszuschuss. Aus dem Gesetzeswortlaut, dass die TröffJH darauf hinzuwirken haben, dass für diese Altersgruppe ein bedarfsgerechtes Angebot an Ganztagsplätzen zur Verfügung steht, wird abgeleitet, dass der Rechtsanspruch per se zeitlich befristet sei (s. hierzu OVG Lüneburg, Beschl. vom 19.12.2018 – 10 ME 395/18 –). Strittig ist in der Literatur und Rechtsprechung, ob ein nur vier- oder ein mindestens sechstündiger Betreuungsplatz angeboten werden muss. Auch in diesem Fall hat der bayerische Gesetzgeber, im Gegensatz zu anderen Bundesländern, keine konkretisierenden Regelungen zu § 24 Abs. 3 SGB VIII getroffen. Aus diesem Grund ist fraglich, worin nach § 24 Abs. 3 Satz 3 SGB VIII der besondere Bedarf bestehen müsste. Das StMAS ging bei seinen Beratungen generell davon aus, dass ein Hinweis auf die Arbeitszeit bereits den Rechtsanspruch auf eine Ganztagsbetreuung eröffnet. Dieser könnte allerdings in Kombination mit der Tagespflege gewährleistet werden.

In der Praxis dürfte ein Hinweis der Gemeinde an die Eltern, dass der Rechtsanspruch auf nur vier oder sechs Stunden begrenzt sei, allenfalls eine vorübergehende Lösung sein. Eher ist anzunehmen, dass die Gemeinden wegen der geringeren Elternbeiträge gezwungen sind, zusätzlich Plätze zu schaffen bzw. zusätzlich Personal einzustellen. Auf wenig Gegenliebe dürfte ebenfalls die Reaktion von Trägern stoßen, die die Elternbeiträge massiv erhöhen, sodass der staatliche Beitragszuschuss weitgehend entwertet wird (s. Erl. 6.2.2). Die weitere Entwicklung bleibt abzuwarten.

6.2.1 Nach **Art. 19 Nr. 5b**) BayKiBiG ist Voraussetzung für den Förderanspruch des Trägers einer Kindertageseinrichtung, dass dieser Elternbeiträge für Kinder, für die ein Anspruch auf den Beitragszuschuss besteht, um den Zuschussbetrag von 100 Euro ermäßigt. Durch diese Regelung soll sichergestellt werden, dass der Beitragszuschuss bei den Eltern tatsächlich zu einer Ersparnis führt. Ist der Elternbeitrag geringer als der Beitragszuschuss, führt dies zur Beitragsfreiheit. Der überschießende Betrag steht dem Träger zu.

Beispiel:

Der Elternbeitrag beträgt 80 Euro für einen Acht-Stunden-Platz. Die Eltern E haben für ihr Kind sechs Stunden gebucht. Die Kosten liegen bei 60 Euro. Aufgrund des Zuschusses i. H. v. 100 Euro ermäßigt der Träger den Elternbeitrag für E in voller Höhe. Der überschießende Betrag i. H. v. 40 Euro sind Mittel des Trägers. Die Eltern haben keinen Anspruch auf Auszahlung dieses Betrags.

6.2.2 Eine (gleichzeitige) Erhöhung von Elternbeiträgen steht nicht per se im Widerspruch zur Regelung des Art. 19 Nr. 5b) BayKiBiG. Turnusmäßige Anpassungen der Elternbeiträge infolge von Kostensteigerungen sind ohnehin nicht ausgeschlossen. Der prozentuale Anteil des Beitragszuschusses i. H. v. 100 Euro pro Kind an der Finanzierung der Betriebskosten wird sich somit im Laufe der Zeit stetig verringern. Aber auch eine außerordentliche Erhöhung in Folge der Erweiterung des Beitragszuschusses auf die ganze Vorschulzeit lässt sich nicht mit Verweis auf Art. 19 Nr. 5b) BayKiBiG verhindern. Eine Handhabe des Freistaats, dagegen einzuschreiten, wenn Eltern wegen der Gebührenerhöhung unterm Strich keine oder keine spürbare finanzielle Entlastung haben, besteht im Grunde nicht. Dies wäre nur dann der Fall, wenn der Träger rechtsmissbräuchlich handelt und sich die Erhöhung als Umgehung der beabsichtigten Entlastung der Eltern darstellt. Ein Beispiel dafür wäre, wenn der Beitragszuschuss einzig zu einer Gewinnmaximierung verwendet würde oder nicht alle betreffenden Eltern entlastet würden. Solche Fälle dürften aber eher theoretischer Natur sein. Faktisch wäre der Rechtsmissbrauch kaum nachweisbar. Nachdem die gesetzliche Refinanzierung nur in Höhe eines Teilbetrags erfolgt (s. Erl. 3 zu Art. 4 BayKiBiG), ist nämlich selbst eine außerordentlich hohe Gebührenerhöhung unschwer begründbar. Letztlich führt der Beitragszuschuss dazu, die Finanzierungslücke mit zu schließen. Verschiebungen bei den Kostenträgern inklusive den Eltern, wer letztlich den verbleibenden Restbetrag zu erbringen hat, sind unter Beachtung der Gebührensatzungen bzw. Betreuungsverträge grundsätzlich immer möglich.

Beispiel:

Die Einrichtung E hat Betriebskosten i. H. v. 400 000 Euro. Die gesetzliche Förderung deckt 300 000 Euro. Durch Gebührenerhebung hat der Träger 50 000 eingenommen, weitere 50 000 Euro erhält der Träger von der Gemeinde als freiwilligen Zuschuss. Durch den erweiterten staatlichen Beitragszuschuss verringert sich der ungedeckte Betrag von 100 000 auf 50 000 Euro.
*Träger und Gemeinde haben die Wahl: a) Der Elternbeitrag wird auf Null gestellt. Das verbleibende Defizit i. H. v. 50 000 Euro trägt weiter die Gemeinde. **Problem**: Bei künftigen Kostensteigerungen müssten, wenn nicht die Gemeinde auch die Kostensteigerungen trägt, wieder Gebühren erhoben werden. Politisch dürfte dies schwierig umzusetzen sein. **Oder** b): Die Eltern werden nur zum Teil entlastet, z. B. i. H. v. 30 000 Euro, die Gemeinde um 20 000 Euro. **Vorteil**: Künftige Kostensteigerungen lassen sich eher durch Erhöhung der Elternbeiträge auffangen. Der Betrag i. H. v. 20 000 Euro könnte zielgerichtet für Qualitätsverbesserungen verwendet werden. Auch Höherbuchungen könnten dadurch mit refinanziert werden.*

7. Materielle Ausschlussfrist

7.1 Art. 19 Nr. 6 BayKiBiG normiert eine materielle Ausschlussfrist. Bei Verstreichen der Frist entfällt der Förderanspruch, bereits geleistete Abschlagszahlungen müssen erstattet werden. Die Frist bis spätestens 30. April des auf den Bewilligungszeitraum (Art. 26 Abs. 1 Satz 3 BayKiBiG) folgenden Jahres wird gewahrt, wenn der vollständige Antrag (s. Erl. 3.2 zu Art. 18) an die Gemeinde oder den Landkreis (Art. 18 Abs. 1 Satz 2 BayKiBiG, fehlende Leistungsfähigkeit der Aufenthaltsgemeinde) unter Anwendung des KiBiG.web gestellt wird (s. Erl. 2.7 zu Art. 18). Zur Problematik der Säumnis freigemeinnütziger oder sonstiger Träger, aber eines fristgerechten Förderantrags der Gemeinde s. Erl. 3.2 zu § 19 AVBayKiBiG

7.2 Durch die Umstellung des Bewilligungszeitraums vom Kindergartenjahr auf das Kalenderjahr (Art. 26 Abs. 1 Satz 3 BayKiBiG mit Wirkung ab 1.1.2015 – Übergangsvorschrift § 2 Abs. 1 Nr. 2 des KiBiGÄndG vom 11.12.2012) erfolgte eine Fristverkürzung von bisher acht Monaten auf vier Monate. Damit war beabsichtigt, eine Verfahrensbeschleunigung und Verbesserung der Planungssicherheit von Trägern, Kommunen und Freistaat herbeizuführen. Im Rahmen des zur Verfügung gestellten Computerprogramms KiBiG.web werden die Träger maschinell über einen drohenden Fristablauf informiert.

8. Anzeigepflicht bei Wechsel des gewöhnlichen Aufenthalts

In **Art. 19 Nr. 7 BayKiBiG** ist die Pflicht für den Träger verankert, die Aufnahme eines Kindes binnen drei Kalendermonaten der Aufenthaltsgemeinde oder in den Fällen des Art. 18 Abs. 1 Satz 2 BayKiBiG dem örtlichen Träger der öffentlichen Jugendhilfe anzuzeigen. Die Anzeigepflicht soll Unsicherheiten bei der kommunalen Finanzplanung verhindern, die entstehen, wenn die Aufnahme von Gemeindekindern der Gemeinde erst nach Ablauf des Bewilligungsjahres bei Übermittlung des Förderantrags bekannt wird. Solange die Einrichtung die Aufnahme eines Gemeindekindes nicht anzeigt, verliert sie für dieses Kind grundsätzlich den Anspruch auf die kindbezogene Förderung durch die Aufenthaltsgemeinde. Unter Aufnahme ist die **tatsächliche** Aufnahme des Kindes in der Einrichtung zu verstehen, die Frist beginnt somit mit dem ersten regulären Besuchstag des Kindes, nicht schon mit Abschluss des Betreuungsvertrags. Auch eine umzugsbedingte Änderung der Aufenthaltsgemeinde während des Kindergartenjahres ist anzuzeigen. Denn auch dann ändert sich die kommunale Förderverpflichtung. Dann beginnt die dreimonatige Frist für die Erfüllung der Anzeigepflicht mit dem ersten Besuch der Kindertageseinrichtung nach dem Umzug. Nach dem Willen des Gesetzgebers handelt es sich bei der Pflicht zur Anzeige gem. Art. 19 Nr. 7 BayKiBiG um eine andauernde Verpflichtung, die nicht mit der einmaligen Prüfung des gewöhnlichen Aufenthalts zum Zeitpunkt der erstmaligen Aufnahme des Kindes in der Einrichtung erlischt (VG München, Urt. vom 28.7.2016 – M17 K 15.5844 –). Durch die Änderung von § 26 Abs. 1 Satz 5 AVBayKiBiG (s. Erl. 4) bleibt zwar die Anzeigepflicht unberührt, doch wurden etwaige Rechtsfolgen für den Träger im Fall der Unkenntnis des Umzugs abgemildert. Die bisherige Aufenthaltsgemeinde bleibt zunächst bis Ende des Kindergartenjahres bzw. Ende des Bewilligungszeitraums zuständig.

Beispiele:

a) Der Träger T schließt mit den Eltern E aus der benachbarten Gemeinde G am 20. August einen Betreuungsvertrag. Die Eltern bringen das Kind erstmals am 10. September in die Einrichtung. Die Kindergartenleitung versäumt die Meldung des Gastkindes an die Gemeinde G und holt diese erst zum 10. Januar nach. Die Frist zur Anzeige lief drei Kalendermonate vom Oktober bis einschließlich Dezember. Bei Anzeige innerhalb dieser Frist würde der Anspruch auf kindbezogene Förderung mit Wirkung ab 1. September bestehen (Art. 19 Nr. 7 i. V. m. § 26 Abs. 1 AVBayKiBiG). Mit Ablauf der Frist kann die Anzeige unter Berücksichtigung von § 26 Abs. 1 Satz 1 AVBayKiBiG nachgeholt werden. Bei der Anzeige vom 10. Januar handelt es sich um eine förderrelevante Änderung, die mit Beginn des 1. Januar wirksam wird.
b) Die Eltern ziehen am 2. Februar in die Nachbargemeinde N, das Kind verbleibt in der Einrichtung. Der Umzug bzw. die Änderung des Aufenthalts (§ 30 Abs. 3 Satz 2 SGB I) wird erst mit Beginn des folgenden Kindergartenjahres (Art. 26 Abs. 1 Satz 5

BayKiBiG) am 1. September wirksam. Der Anspruch von T auf kindbezogene Förderung richtet sich bis zu diesem Zeitpunkt an G. Unberührt bleibt die Anzeigepflicht des Gastkindverhältnisses. Bei Nichtanzeige bis 31. August bleibt diese infolge der Rechtsänderung in § 26 AVBayKiBiG ohne Folge. Es reicht im Beispielsfall eine Anzeige im September (die dreimonatige Frist ist bereits abgelaufen), um den Anspruch gegenüber N mit Wirkung ab 1. September rechtzeitig geltend zu machen (§ 26 Abs. 1 Satz 1 AVBayKiBiG).

9. Aktualisierung der Daten

Zur Erhöhung der Planungssicherheit und Verbesserung der Datengrundlage für die Bedarfsplanung ist in **Art. 19 Nr. 8 BayKiBiG** die Pflicht des Einrichtungsträgers festgelegt, die für die Ermittlung der kindbezogenen Förderung relevanten Daten jeweils vierteljährlich, d. h. zum 15. Januar, 15. April, 15. Juli und 15. Oktober jeden Jahres unter Verwendung des vom Freistaat Bayern kostenlos zur Verfügung gestellten Computerprogramms KiBiG.web zu melden. Zu den aktuellen Daten i. S. d. Art. 19 Nr. 8 BayKiBiG zählen nach § 19 Abs. 3 AVBayKiBiG alle Daten, die für die Förderung nach dem BayKiBiG erforderlich sind, insbesondere die Monatsdaten der betreuten Kinder und die Arbeitszeiten des vorhandenen Personals einschließlich der Fehlzeiten des Personals. Die Meldung der Daten soll sicherstellen, dass für die Planungs- und Finanzierungsverantwortlichen aller Ebenen, d. h. insbesondere Kommunen und Freistaat, zeitnah aktuelle statistische Daten verfügbar sind, um passgenaue Planungen vornehmen zu können. Im Unterschied zur Frist der Nr. 6 handelt es sich bei der unter Nr. 8 vorgesehenen Vierteljahresfrist nicht um eine materielle Ausschlussfrist, sondern um eine Ordnungsfrist, deren schuldhaftes Versäumnis jedoch förderrechtliche Sanktionen nach sich ziehen. Bei Versäumnis ist nach § 22 Abs. 4 AVBayKiBiG die nächste Abschlagszahlung auszusetzen, d. h. die Abschlagszahlung wird aufgeschoben. Die Meldung der aktuellen Daten für die kindbezogene Förderung unter Verwendung des kostenlos zur Verfügung gestellten Computerprogramms an das Rechenzentrum ersetzt nicht die Anzeige gegenüber der Aufenthaltsgemeinde. Dies ergibt sich bereits aus der systematischen Stellung der jeweils eigenständig formulierten und unabhängig voneinander geltenden Nrn. des Art. 19 BayKiBiG. Allein durch die elektronische Datenübermittlung erhält die Kommune auch keine unmittelbare Information. Vielmehr müsste die Gemeinde die Daten erst auswerten. Dies war vom Gesetzgeber aber ausdrücklich nicht gewollt. Die Anzeige nach Art. 19 Nr. 7 BayKiBiG ist vielmehr eine Bringschuld des die Förderung beantragenden Trägers (hierzu VG München, Urt. vom 21.4.2016 – M 17 K 15.5498 –).

Beispiel:

Der Träger der Einrichtung versäumt die Meldung der Daten zum 15.1.2021. Aufgrund dessen kommt die Abschlagszahlung zum 15. Februar nicht zur Auszahlung. Erfolgt die Meldung der Daten rechtzeitig bis zum nächsten Meldetermin am 15. April, kann die Abschlagszahlung für Februar am 15.5.2021 nachgeholt werden.

Verweigert der Träger auf Dauer oder kontinuierlich immer wieder die Meldung, kann der Förderanspruch insgesamt entfallen, weil der Träger nicht die Vorschriften des BayKiBiG beachtet (Art. 19 Nr. 10 BayKiBiG).

10. Hinweispflichten

Neu eingeführt werden durch Art. 19 Nr. 9 BayKiBiG Hinweispflichten der geförderten Träger. Diese müssen auf die BayKiBiG-Förderung an geeigneter Stelle hinweisen bzw. Eltern und Besucher darüber informieren. Dies gilt für die Betriebskostenförderung und die Investitionskostenförderung. Der Hinweis erfolgt auch im Interesse der Träger, denn dadurch können sich die BayKiBiG-Einrichtungen von anderen Kindertageseinrichtungen erkennbar abgrenzen. Das Hinweisschild erfüllt somit auch die Funktion eines Qualitätssiegels, weil damit zum Ausdruck kommt, dass die Einrichtung die gesetzlich verankerten Mindeststandards erfüllt.

Die Verpflichtung, durch Aushang an geeigneter Stelle auf die Förderung nach dem Bay-KiBiG hinzuweisen, wurde mit Gesetzesänderung vom 24.5.2019 auf den Beitragszuschuss (Art. 23 Abs. 3 BayKiBiG) ausgeweitet (Art. 14 Haushaltsgesetz 2019/20; GVBl. S. 266). Der Aushang ist dahingehend zu ergänzen, dass ggf. auch auf den Beitragszuschuss des Freistaats Bayern hinzuweisen ist. Das StMAS hat hierzu ein Muster auf seinen Internetseiten zur Verfügung gestellt; s. unter https://www.stmas.bayern.de/service-kinder/index.php. Auch wenn dies als Formalismus erscheint: Fehlt der Hinweis, fehlt eine Fördervoraussetzung und **entfällt** grundsätzlich auch die Förderung. Die Träger sollten daher darauf achten, dass diese vergleichsweise geringe Anforderung erfüllt wird und z. B. die Hinweisschilder nicht versehentlich verdeckt oder abgehängt werden. Zu bedenken ist dabei, dass ein Fehlen des Hinweises auf den Beitragszuschuss nicht allein zum Verlust dieser Leistung führt. Diese Fördervoraussetzung in Art. 19 Nr. 9 BayKiBiG betrifft den Anspruch auf kindbezogene Förderung und in der Folge auch den Beitragszuschuss.

11. Beachtung der sonstigen gesetzlichen Vorschriften

Durch die **Nummer 10** werden die Vorschriften dieses Gesetzes und der aufgrund dieses Gesetzes erlassenen Rechtsvorschriften Fördervoraussetzung für Kindertageseinrichtungen. Besonders hervorzuheben ist die Einhaltung des in § 17 Abs. 1 AVBayKiBiG i. V. m. Art. 32 Nr. 2 BayKiBiG festgelegten Anstellungsschlüssels. Der Anstellungsschlüssel sichert im Interesse der Bildungs- und Erziehungsarbeit in Kindertageseinrichtungen einen ausreichenden und i. V. m. § 16 AVBayKiBiG einen qualifizierten Personaleinsatz ab. Das Bestehen eines Elternbeirats (Art. 14 Abs. 1 BayKiBiG) ist keine Fördervoraussetzung (s. Erl. 2 zu Art. 14). Neu eingefügt wurde der Verweis auf das Bayerische Integrationsgesetz (Anhang 1). Für nach dem BayKiBiG geförderte Kindertageseinrichtungen bedeutet dies materiell aber keine Änderung. Denn Sprachförderung und frühkindliche Förderung sind essentieller Bestandteil der in der AVBayKiBiG verankerten Bildungs- und Erziehungsziele.

Einwurf:

Fehlt nur eine Fördervoraussetzung, entfällt im Grund der Förderanspruch auf kindbezogene Förderung. Dies erscheint unverhältnismäßig, wenn es sich insbesondere um für die Bildungs- und Erziehungsarbeit doch eher nachrangige Voraussetzungen handelt, beispielsweise, wenn nicht durch Aushang an geeigneter Stelle auf die staatliche Förderung hingewiesen wird (Art. 19 Nr. 9 BAyKiBiG). Aus diesem Grund bestehen Überlegungen, gesetzlich Differenzierung bei den Rechtsfolgen vorzunehmen. Dies gilt umso mehr, als sich eine Kommune im Verhältnis zum Freistaat grundsätzlich nicht auf Vertrauensschutz berufen kann. Bei Fehlern bei der Datenerfassung (z. B. versehentlich falsche Buchungszeit in das KiBiG.web eingetragen) kann demgegenüber bei Rücknahme eines begünstigenden Verwaltungsakts bereits über das Verwaltungsrecht einzelfallbezogen entschieden werden, in dem nur der jeweilige Fehler korrigiert wird.

Art. 20

Fördervoraussetzungen für die Tagespflege

¹ **Der Förderanspruch des örtlichen Trägers der öffentlichen Jugendhilfe (Art. 18 Abs. 3 Satz 1 Alternative 1) setzt voraus, dass eine kommunale Förderung der Tagespflege in mindestens gleicher Höhe erfolgt und**

1. **die Tagespflegeperson die Teilnahme an einer geeigneten, vom örtlichen Träger der öffentlichen Jugendhilfe durchgeführten oder genehmigten Qualifizierungsmaßnahme, die sich an den Bildungs- und Erziehungszielen nach Art. 13 orientiert, nachweisen kann,**

2. die Tagespflegeperson vom örtlichen Träger der öffentlichen Jugendhilfe beziehungsweise von einem von diesem beauftragten Träger vermittelt worden ist und mit dem Kind jeweils bis zum dritten Grad nicht verwandt und nicht verschwägert ist,

3. die Elternbeteiligung auf maximal die 1,5-fache Höhe des staatlichen Anteils der kindbezogenen Förderung nach Art. 21 begrenzt ist, und

4. die Tagespflegeperson vom örtlichen Träger der öffentlichen Jugendhilfe zusätzliche Leistungen in Form eines differenzierten Qualifizierungszuschlags erhält; das Nähere wird durch das Staatsministerium in der Ausführungsverordnung geregelt.

[2] Darüber hinaus müssen die Voraussetzungen der §§ 23 und 43 SGB VIII vorliegen.

Erläuterungen

Übersicht

1. Vorbemerkung
2. Fördervoraussetzungen

1. Vorbemerkung

Die Tagespflege ist nach dem SGB VIII ein den Kindertageseinrichtungen gleichwertiges Betreuungsangebot. Kindertageseinrichtungen und die Tagespflege haben nach § 22 Abs. 2 SGB VIII denselben Bildungs- und Erziehungsauftrag. Landesrecht regelt die Abgrenzung von Kindertageseinrichtung und Tagespflege. Dies geschieht in Bayern insbesondere in Art. 9 BayKiBiG, wonach Tagespflege als besonders familiennahe Betreuungsform an Höchstgrenzen bei der Zahl der Kinder oder der Tagespflegepersonen gebunden ist. Eine Unterscheidung trifft § 24 SGB VIII, wonach zwar der Rechtsanspruch der ein- und zweijährigen Kinder grundsätzlich auch durch Tagespflege erfüllt werden kann, der Rechtsanspruch der Kinder ab dem vollendeten dritten Lebensjahr aber nur durch einen Platz in der Kindertageseinrichtung, sofern Eltern nichts Anderes wünschen. Wegen dieser grundsätzlichen Gleichstellung ist es folgerichtig, dass der Freistaat auch die Tagespflege fördert. Mit der Gesetzesänderung zum 1.1.2013 hat der Gesetzgeber durch Begrenzung des Elternbeitrages oder Veränderung der Förderbedingungen die Attraktivität der Tagespflege erhöht. Die Fördervoraussetzungen ergeben sich insbesondere aus Art. 20 BayKiBiG.

2. Fördervoraussetzungen

2.1 Nach Art. 18 Abs. 3 BayKiBiG haben die Landkreise und kreisfreien Städte als Träger der öffentlichen Jugendhilfe für Angebote der Tagespflege Anspruch auf staatliche Förderung. Der Umfang der Förderung bestimmt sich nach Art. 25 BayKiBiG, die Fördervoraussetzungen regelt **Art. 20 BayKiBiG** i. V. m. § 18 AVBayKiBiG. Grundvoraussetzung für die staatliche Beteiligung an den Kosten der Tagespflege ist eine kommunale Förderung in mindestens gleicher Höhe. Im Gegensatz zur Rechtslage vor 2013 kommt es nicht mehr zwingend auf eine Leistung der Aufenthaltsgemeinde nach Maßgabe des Art. 21 Abs. 2 bis 5 BayKiBiG an. Es genügt der Nachweis der Förderung durch den Landkreis. Dies ermöglicht es den Landkreisen, an alle Tagespflegepersonen, die die Fördervoraussetzungen des BayKiBiG erfüllen, den entsprechenden Qualifizierungszuschlag unabhängig davon auszuzahlen, ob die Aufenthaltsgemeinde des betreuten Kindes sich an der Refinanzierung beteiligt. Die bisher mitunter unterschiedliche Festsetzung des Tagespflegeentgelts trotz gleicher Leistung für eine Tagespflegeperson bei Aufnahme von Kindern aus mehreren Gemeinden eines Landkreises lässt sich dadurch weitgehend vermeiden.

Unterschiedliche Tagespflegeentgelte bei gleicher Leistung sind möglich, wenn die Tagespflegeperson Kinder aus dem Zuständigkeitsbereich mehrerer Träger der öffentlichen Jugendhilfe übernimmt. Landkreise und kreisfreie Städte orientieren sich zwar an den gemeinsamen Empfehlungen von Städtetag und Landkreistag (Rundschreiben des Städtetags vom 20.3.2019), letztlich sind diese aber frei bei Festsetzung des Tagespflegeentgelts (§ 23 Abs. 2a SGB VIII).

Für den Nachweis der Höhe der kommunalen Förderung ist in den Fällen, in denen der Träger der öffentlichen Jugendhilfe die kommunale Leistung erbringt, der Landkreis bzw. die kreisfreie Stadt zuständig. Über die Eintragung der jeweiligen Kinder im KiBiG.web hinaus muss der Zahlungsfluss ggf. im Haushalt bzw. bei den Ausgaben nachvollziehbar sein.

2.2 Soweit die Aufenthaltsgemeinden der Kinder in der Tagespflege den kommunalen Anteil nach Art. 20 BayKiBiG übernehmen, entscheiden sie darüber unter Berücksichtigung der örtlichen Bedarfsplanung (Art. 5 Abs. 1 i. V. m. Art. 7 Satz 1 BayKiBiG). Ein individueller Anspruch des örtlichen Trägers der öffentlichen Jugendhilfe auf Förderung gegen die Gemeinde besteht **nicht**. Der Träger der öffentlichen Jugendhilfe kann Kinder nur dann zur Förderung im KiBiG.web anmelden, wenn er für diese Leistungen erbringt. Mit der Eintragung im Computerprogramm bestätigt er zugleich, dass er das jeweilige Kind nach § 23 Abs. 1 BayKiBiG an die Tagespflegeperson vermittelt hat bzw. die von den Eltern nachgewiesene Tagespflegeperson die Fördervoraussetzungen erfüllt.

2.3 Bei Art. 20 BayKiBiG handelt es sich um ein Refinanzierungsangebot des Freistaats Bayern an die Träger der öffentlichen Jugendhilfe. Satz 2 sieht nun ausdrücklich vor, dass nur eine Tagespflegeperson mit Pflegeerlaubnis (§ 43 SGB VIII) gefördert werden kann. Für die Förderung des BayKiBiG ist entscheidend, dass die Tagespflegeperson qualifiziert ist (Art. 20 Nr. 1 BayKiBiG, § 18 AVBayKiBiG), der Träger der öffentlichen Jugendhilfe Leistungen entsprechend § 23 SGB VIII erbringt, insbesondere ein Tagespflegeentgelt sowie einen Qualifizierungsaufschlag auszahlt, und unangemeldete Kontrollen möglich sind (§ 18 Nr. 1 AVBayKiBiG). Die Personensorgeberechtigten müssen sich als Fördervoraussetzung in jedem Fall verpflichten, eine unangemeldete Kontrolle der Tätigkeit der Tagespflegeperson in ihren Räumlichkeiten zuzulassen.

2.4 Tagespflegepersonen sollen hinsichtlich der Anforderungen der Kindertagespflege über vertiefte Kenntnisse verfügen, die sie in Lehrgängen erworben haben (§§ 43 Abs. 2 Satz 2, 23 Abs. 3 SGB VIII). Die nach § 43 SGB VIII bzw. **Art. 20 Nr. 1 BayKiBiG** notwendige Teilnahme der Tagespflegeperson an einer geeigneten, vom örtlichen Träger der öffentlichen Jugendhilfe vermittelten Qualifizierungsmaßnahme soll gewährleisten, dass die Tagespflegeperson über die notwendigen pädagogischen Grundkenntnisse verfügt. Der örtliche Träger der öffentlichen Jugendhilfe hat entsprechende Maßnahmen anzubieten, kann die Vermittlung von Qualifizierungsmaßnahmen aber auch z. B. an einen Tagespflegeverein übertragen.

Die Qualifizierungsmaßnahme muss die Vermittlung der Bildungs- und Erziehungsziele nach Art. 13 BayKiBiG i. V. m. §§ 1 ff. AVBayKiBiG beinhalten und dementsprechend inhaltlich breit angelegt sein und eine gewisse Dauer aufweisen (zum Umfang siehe näher Erl. zu Art. 16). Der Träger der öffentlichen Jugendhilfe hat jedoch einen Ermessensspielraum bezüglich Inhalt und Umfang der nach Bundesrecht geforderten Qualifizierungsmaßnahme. Aus dem SGB VIII lässt sich nicht unmittelbar eine Festlegung hierzu ableiten. Das Bundesfamilienministerium strebt jedoch sukzessive eine Professionalisierung der Tagespflegeperson an. Als Grundlage für die Qualifizierung dienen das DJI-Curriculum „Qualifizierung in der Kindertagespflege" im Umfang von 160 Unterrichtsstunden oder das kompetenzorientierte Qualifizierungshandbuch Kindertagespflege (QHB) des DJI mit 300 Unterrichtseinheiten (s. https://www.handbuch-kindertagespflege.de/3-wissenswertes/ unter 3.5).

Die staatliche Förderung nach Art. 20 BayKiBiG setzt die in § 18 AVBayKiBiG festgelegten Mindeststandards (100 Stunden) zwingend voraus. Inhaltlich hat das Bayerische Landesjugendamt zu den Qualifizierungsmaßnahmen Empfehlungen herausgegeben. Ob eine

Qualifizierungsmaßnahme die Voraussetzung nach § 18 Nr. 1 AVBayKiBiG erfüllt, ist ggf. von der Bewilligungsbehörde (Regierung) nach Maßgabe der Kriterien des StMAS zu beurteilen.

2.5 Nach Art. 20 Nr. 2 BayKiBiG setzt der Förderanspruch des Trägers der öffentlichen Jugendhilfe die **Vermittlung** der Tagespflegeperson voraus. Demgegenüber genügt nach § 23 Abs. 1 SGB VIII für die Förderung der Kindertagespflege auch der Nachweis einer geeigneten Tagespflegeperson durch eine erziehungsberechtigte Person. In Art. 20 Nr. 2 BayKiBiG wird zwar die Vermittlung vorausgesetzt und bleibt der Nachweis ungenannt, doch schränkt dies den Förderanspruch gegenüber dem Freistaat nicht ein. Denn dann würde das gesetzliche Ziel, die Tagespflege flächendeckend zu etablieren, verfehlt. Eine Vielzahl der Tagespflegeverhältnisse wird nämlich aktiv von den Eltern selbst initiiert und könnte dann förderrechtlich nicht berücksichtigt werden. Der Begriff „Vermittlung" ist daher weit auszulegen. Darunter fallen auch diejenigen Tagespflegeverhältnisse, die nachträglich von dem Träger der öffentlichen Jugendhilfe als geeignet akzeptiert werden. Zu beachten ist – im Unterschied zum Bundesrecht – die Einschränkung, dass für Tagespflegepersonen, die mit dem Kind bis zum dritten Grad verwandt oder verschwägert sind, im Hinblick auf deren familiäre Nähe keine staatliche Förderung nach dem BayKiBiG geleistet wird. Der Anspruch auf eine laufende Geldleistung ist isoliert nach Maßgabe des Bundesrechts zu prüfen (s. § 23 Abs. 2a SGB VIII).

2.6 Neu eingeführt hat der Gesetzgeber eine Begrenzung des Elternbeitrages auf die 1,5-fache Höhe des staatlichen Anteils der kindbezogenen Förderung in der Kindertagespflege. Somit wird der für die Kindertagespflege maßgebende Basiswert zugrunde gelegt. Diese Maßnahme soll dazu beitragen, die Inanspruchnahme der Tagespflege als alternatives Betreuungsangebot durch alle Eltern, unabhängig von ihrem sozialen und finanziellen Hintergrund, zu erhöhen. Vor Einführung der Regelung war der Elternbeitrag faktisch in vielen Fällen wesentlich höher als in der Kindertageseinrichtung. Während im Schnitt der Ganztagsplatz in einer Kinderkrippe etwa 250 Euro monatlich kostete, haben viele Träger der öffentlichen Jugendhilfe im Falle der Tagespflege das Tagespflegeentgelt von den Eltern in voller Höhe zurückgefordert. Das empfohlene Tagespflegeentgelt betrug zum Zeitpunkt der Gesetzesänderung bei einer Ganztagsbetreuung 410 Euro (Stand August 2013), erhöht um einen Qualifizierungszuschlag in Höhe von 20 %. Für die Eltern kostete das Tagespflegeangebot somit mitunter bis zu 492 Euro monatlich und war damit fast um das Doppelte teurer als die Kinderkrippe. Eine staatliche Refinanzierung der Tagespflege ist nunmehr nur noch möglich, wenn der Elternbeitrag von den zuständigen Trägern der öffentlichen Jugendhilfe begrenzt wird. Bei einem Basiswert von 1 155,89 Euro (2020) errechnet sich eine maximale Elternbeitragshöhe bei acht Stunden Betreuung täglich von 375,66 Euro monatlich (1 155,89 Euro x 2,0 BF x 1,3 GW x 1,5: 12 Monate). Die Fördervoraussetzung des Art. 20 Nr. 3 BayKiBiG betrifft das Verhältnis Träger der öffentlichen Jugendhilfe zum Freistaat und damit die Frage, inwieweit der Landkreis oder die kreisfreie Stadt Rückgriff bei den Eltern nehmen kann. Wenn Tagespflegeperson und Eltern über den Grenzbetrag hinaus weitere Entgelte zusätzlich vereinbaren, ändert dies nichts an der Förderfähigkeit.

Exkurs:

Zu unterscheiden ist die öffentlich geförderte und die private Tagespflege. Die öffentlich seitens des Trägers der öffentlichen Jugendhilfe geförderte Tagespflege geht von dem Modell aus, dass zwar die Eltern und die Tagespflegeperson sich wegen der Betreuung und der Betreuungszeit vereinbaren, jedoch zwischen den Parteien kein unmittelbarer Geldfluss stattfindet. Die Tagespflegeperson erhält ein Pflegeentgelt vom Träger der öffentlichen Jugendhilfe, dieser wiederum nimmt die Eltern nach Maßgabe § 90 SGB VIII in Haftung. Mit dem Tagespflegeentgelt sollen nach § 23 SGB VIII alle Kosten abgedeckt sein. Darin enthalten ist ein Beitrag zur Anerkennung der Förderungsleistung, die Erstattung des Sachaufwands und ein Beitrag zur Sozialversicherung. In der Praxis kommt es aber nicht selten vor, dass die Tagespflegeperson wegen eines zu geringen Pflegeentgelts zusätzliche Kosten unmittelbar bei den Eltern geltend macht, etwa Kosten für das Mittagsessen, Spielgeld oder einen Aufschlag zur Entlohnung.

Ein Zuzahlungsverbot besteht insoweit nicht. Das wäre auch unter dem Gesichtspunkt der Berufsausübungsfreiheit (Art. 12 GG) nicht zu rechtfertigen. Dabei hat es der für die Festsetzung des Tagespflegerentgelts nach § 23 Abs. 1 SGB VIII zuständige Träger der öffentlichen Jugendhilfe es in der Hand, durch entsprechende Gestaltung des Anerkennungsbetrags für eine ausreichende Zahl an zuzahlungsfreien Tagespflegeplätzen zu sorgen (OVG Münster, Urt. vom 12.8.2014 – 12 A 591/14 –).

Zuzahlungen sind gleichwohl fachlich bedenklich, weil dadurch in erster Linie Eltern zum Zuge kommen, die sich diese höheren Beiträge leisten können. Dies gilt umso mehr, wenn kein Anspruch auf Übernahme dieser zusätzlichen Kosten im Rahmen der wirtschaftlichen Jugendhilfe (§ 90 Abs. 3 SGB VIII) besteht. Davon ist auszugehen, wenn die Festsetzung des Tagespflegeentgelts rechtlichen Anforderungen genügt.

Auch aus diesem Grund hat der Gesetzgeber den Elternbeitrag der öffentlich geförderten Tagespflege gedeckelt. Dies soll die Träger der öffentlichen Jugendhilfe veranlassen, die Höhe bzw. Auskömmlichkeit des Tagespflegeentgelts zu überdenken.

2.7 Die staatliche Förderung wird gewährt, wenn der Träger der öffentlichen Jugendhilfe die nach § 23 Abs. 2 SGB VIII festgestellte laufende Geldleistung um einen **differenzierten** Qualifizierungszuschlag erhöht (§ 18 AVBayKiBiG). Durch die Gewährung der zusätzlichen Leistung an die Tagespflegeperson soll ein Anreiz geschaffen werden, damit sich mehr geeignete Frauen und Männer für eine Tätigkeit in der Tagespflege interessieren und die Bereitschaft für die Teilnahme an Fortbildungsmaßnahmen steigt. Der bisherige statische Qualifizierungszuschlag von 20 % wurde zugunsten eines differenzierten Zuschlags aufgegeben. Die Träger der öffentlichen Jugendhilfe erhalten durch die Flexibilisierung der staatlichen Leistung die Möglichkeit und den Anreiz, künftig nicht mehr das Tagespflegeentgelt einheitlich unabhängig von Alter des Kindes, Erziehungs- und Pflegeaufwand oder Qualifizierung der Tagespflegeperson festzulegen, sondern gezielt auf Nachfrage und Angebot zu reagieren. Um z. B. mehr Erzieher/innen zu gewinnen, könnten höhere Tagespflegesätze festgelegt werden. Ferner kann ein Ausgleich geschaffen werden, wenn Tagespflegepersonen Kinder mit Behinderung aufnehmen und dadurch faktisch beschränkt sind, die nach der Pflegeerlaubnis möglichen fünf Kinder zu betreuen. Ferner können durch einen höheren Qualifizierungszuschlag Tagespflegepersonen gewonnen werden, speziell an Randzeiten, z. B. im Anschluss an eine Ganztagsschule, tätig zu werden.

Der Mindestqualifizierungszuschlag beträgt 10 %. Näheres zu den Grundbedingungen für die staatliche Förderung regelt § 18 AVBayKiBiG (s. hierzu Erl. zu § 18 AVBayKiBiG).

2.8 Als zusätzliche Förderungsvoraussetzungen sind die Voraussetzungen der §§ 23 und 43 SGB VIII zu beachten. Aufgrund der Verweisung in Art. 20 Satz 2 BayKiBiG konnte auf die bisherigen Nrn. 2, 3 und 5 von Art. 20 BayKiBiG a. F. verzichtet werden.

2.9 Fraglich ist, ob der Förderanspruch auf Refinanzierung der kindbezogenen Kosten in der Kindertagespflege besteht, wenn es sich um Kinderbetreuung in der Altersgruppe ab dem vollendeten dritten Lebensjahr bis zur Einschulung handelt. In der Praxis wird hier vertreten, dass ein Tagespflegeentgelt nach § 23 SGB VIII hier von vornherein ausscheidet. Denn nach § 24 Abs. 3 SGB VIII haben diese Kinder einen Rechtsanspruch auf Förderung in einer Kindertageseinrichtung. Diese Auffassung wird nicht geteilt. Richtig ist, dass ein Träger der öffentlichen Jugendhilfe in diesem Altersbereich nicht anspruchsbefreiend handelt, wenn der Träger der öffentlichen Jugendhilfe nur einen Betreuungsplatz in der Kindertagespflege nachweist, Kind bzw. Eltern aber ausdrücklich einen Platz in der Kindertagesbetreuung wünschen. Nach § 24 Abs. 3 Satz 3 SGB VIII kann ein Kind nur bei besonderem Bedarf oder ergänzend auf die Tagespflege verwiesen werden. Sollten die Eltern aber ausdrücklich Kindertagespflege wünschen, z. B. um eine Wartezeit zu überbrücken, weil der Wunschplatz noch nicht frei ist, kann eine Förderung nach der hier vertretenen Ansicht auch in der Kindertagespflege erfolgen. Der Rechtsanspruch in § 24 SGB VIII schränkt das Wunsch- und Wahlrecht insoweit nicht ein. Dementsprechend bestünde dann auch ein Anspruch der Tagespflegeperson auf ein Tagespflegeentgelt und in der Folge eine Refinanzierungsmöglichkeit im Rahmen des BayKiBiG. Dies ist auch sachgerecht. Die in der Praxis vieler Träger der öffentlichen Jugendhilfe vertretene eingeschränkte Auslegung des § 24 SGB VIII widerspricht der Berufsausübungsfreiheit und greift erheblich in die unternehmerische Freiheit einer Tagespflegeperson ein, weil ihr faktisch eine ganze Altersgruppe vorenthalten wird. Dies betrifft namentlich das Angebot in der Großtagespflege. Eine überzeugende Begründung für die Einschränkung des Grundrechts ist nicht ersichtlich.

3.0 Ausblick

Die Kindertagespflege in Bayern stagniert seit Jahren, obwohl der Freistaat sich seit 2006 auf gesetzlicher Basis an den Kosten beteiligt und seine Beteiligung kontinuierlich verbessert hat. Die Fachpraxis führt dies auf die in der Regel selbstständige Tätigkeit der Tagespflegepersonen zurück. Viele interessierte Tagesmütter und –väter scheuen das unternehmerische Risiko. Vor allem die soziale Absicherung erscheint ungenügend. Aus diesem Grund hat die Staatsregierung beschlossen, bis zu 2000 Personen mit einer Tagespflegequalifikation in einem Angestelltenverhältnis zu fördern. Es soll einerseits ermöglicht und gefördert werden, dass Träger der öffentlichen Jugendhilfe Tagespflegepersonen anstellen. Die staatliche Förderung erfolgt über die kindbezogene Förderung und wird aus Mitteln des sog. Gute-Kita-Gesetzes (KiQuTG, Anhang 15) finanziert. Fiktiv wird der Förderung eine Betreuung von fünf Kindern im Umfang von insgesamt 40 Wochenstunden zugrunde gelegt (Beispiel: Basiswert 1 155,89 Euro (2020) x GW 1,3 x 2 BF x 5 Kinder = 15 026,57 Euro). Bei einer Teilzeitkraft reduziert sich die Förderung durch entsprechende Änderung des Buchungszeitfaktors (s. Anhang 16):

Andererseits sollen Personen mit Tagespflegequalifikation auch in einer Kindertageseinrichtung angestellt werden können. Das pädagogische Stammpersonal würde durch diese weiteren pädagogischen Kräfte entlastet. Zu diesem Zweck müssen die Tagespflegepersonen eine Zusatzqualifikation erwerben (Umfang 40 Stunden). Diese Maßnahme verfolgt mehrere Ziele: Durch den Einsatz dieser Assistenzkräfte wird das pädagogische Stammpersonal in den Einrichtungen entlastet und kann ggf. die Randzeitenbetreuung weiter flexibilisiert werden. Die Maßnahme soll aber auch einen Beitrag zum Fachkräftemangel leisten. Mit dem Inaussichtstellen einer Dauerstellung und einer sozialen Absicherung sollen Tagespflegepersonen im Bereich der Kinderbetreuung gebunden werden. Ferner sollen diese die Möglichkeit erhalten, sich durch ein modular aufgebautes Qualifizierungskonzept bis zur Fachkraft weiter zu qualifizieren (s. hierzu auch Erl. 3.3.5 zu Art. 9 BayKiBiG).

Art. 20a

Fördervoraussetzungen für die Großtagespflege

[1] Der Förderanspruch der Gemeinde gegenüber dem Staat für Großtagespflege (Art. 18 Abs. 2) setzt voraus, dass

1. die Gemeinde eine Leistung in Höhe der staatlichen Förderung erhöht um einen gleich hohen Eigenanteil an den Träger der Großtagespflege erbringt,

2. in der Großtagespflege mindestens eine pädagogische Fachkraft regelmäßig an mindestens vier Tagen und mindestens 20 Stunden die Woche tätig ist,

3. die weiteren in der Großtagespflege tätigen Tagespflegepersonen, die nicht als pädagogische Fachkräfte anzusehen sind, erfolgreich an einer Qualifizierungsmaßnahme

im Sinn des Art. 20 Satz 1 Nr. 1 BayKiBiG im Umfang von 160 Stunden teilgenommen haben und

4. in dem Fall, dass die Tagespflegepersonen zusätzlich einen Anspruch auf Tagespflegeentgelt gegen den örtlichen Träger der öffentlichen Jugendhilfe geltend machen, diese für die Inanspruchnahme der Großtagespflege keine Elternbeiträge erheben.

² Darüber hinaus müssen die Voraussetzungen der §§ 23 und 43 SGB VIII vorliegen.
³ Art. 20 Satz 1 Nr. 3 gilt entsprechend.

Erläuterungen

Übersicht

1. Vorbemerkung
2. Fördervoraussetzungen

1. Vorbemerkung

Art. 20a BayKiBiG, eingefügt durch Gesetz vom 11.12.2012, erweitert die Fördermöglichkeit der Großtagespflege als Bindeglied zwischen Tagespflege und Kindertageseinrichtung. Um die Planungssicherheit der Träger der Großtagespflege zu erhöhen, wird die kindbezogene Förderung der Kindertageseinrichtung nach Art. 19, 21 BayKiBiG und die Förderung der Tagespflegepersonen nach § 23 SGB VIII kombiniert.

2. Fördervoraussetzungen

2.1 Gemeinden können die Großtagespflege analog den Einrichtungen kindbezogen fördern. In diesem Fall erwirbt die Gemeinde nach Art. 18 Abs. 2 Satz 1 BayKiBiG einen Anspruch auf Förderung gegenüber dem Freistaat. Der Anspruch der Gemeinde auf Refinanzierung durch den Staat setzt voraus, dass die Gemeinde als Gesamtleistung den staatlichen Anteil in voller Höhe an die Großtagespflegestelle weiterreicht und zusätzlich einen kommunalen Anteil in gleicher Höhe an die Großtagespflege leistet. Die Großtagespflegestelle erhält danach eine nach Art. 21 BayKiBiG errechnete kindbezogene Förderung (Basiswert x Buchungszeitfaktor x Gewichtungsfaktor [in der Regel 1,3]). Davon unberührt bleibt der gesetzliche Anspruch nach § 23 Abs. 1 SGB VIII der Tagespflegepersonen auf Zahlung eines Tagespflegeentgelts durch den Träger der öffentlichen Jugendhilfe. Die Großtagespflegestelle erhält somit ggf. für ihre Leistung von zwei Kommunen (Landkreis und kreisangehörige Gemeinde) eine Förderung, die Planungssicherheit wird entsprechend erhöht.

2.2 Ein Anspruch der Großtagespflege auf einrichtungsähnliche Förderung gegenüber der Gemeinde besteht nicht. Betroffen ist in erster Linie die Sitzgemeinde. Aufgrund der kindbezogenen Förderung sind jedoch unterschiedliche Kombinationen denkbar:

- Die Sitzgemeinde fördert nach Art. 20a BayKiBiG bezogen der Kinder aus der Sitzgemeinde, für andere Kinder erfolgt die Förderung nach Maßgabe von § 23 SGB VIII, Art. 20 BayKiBiG durch den Träger der öffentlichen Jugendhilfe.

- Sitzgemeinde und Aufenthaltsgemeinde fördern nach Art. 20a BayKiBiG analog einer Kindertageseinrichtung entsprechend die Kinder aus ihrer Gemeinde.

- Eine oder mehrere Aufenthaltsgemeinden (ohne Sitzgemeinde) fördern nach Art. 20a BayKiBiG.

- Der Landkreis fördert (im Auftrag der betreffenden Gemeinden) nach Art. 20a BayKiBiG.

2.3 Die einrichtungsähnliche Förderung mit staatlicher Refinanzierung ist nur möglich, wenn mindestens eine Tagespflegeperson die Qualifikation einer pädagogischen Fachkraft (§ 16 Abs. 2 AVBayKiBiG) aufweist. Der Mindestumfang der Tätigkeit der Fachkraft orientiert sich dabei an Art. 19 Nr. 4 BayKiBiG. Die Förderung als einrichtungsähnliche Betreuungsform kommt nicht für Großtagespflegestellen in Betracht, die wegen Art. 9 Abs. 2 Satz 2 BayKiBiG maximal acht Kinder gleichzeitig betreuen dürfen. Die Fachkraft muss **regelmäßig** an mindestens vier Tagen bzw. mindestens 20 Stunden die Woche tätig sein. Diese Mindestanwesenheit entspricht der Mindestöffnungszeit von Kindertageseinrichtungen (Art. 19 Nr. 4 BayKiBiG). Dieses Fachkraftgebot soll nicht nur eine formale Hürde sein, sondern mit dem Einsatz einer Fachkraft ist die Erwartung verbunden, dass diese die pädagogische Qualität sichert, indem sie Ansprechpartnerin in pädagogischen und organisatorischen Fragen für die weiteren Tagespflegepersonen ist.

Kurzfristige Lücken wegen Verhinderung der Fachkraft (etwa wegen Krankheit, Urlaub, Fortbildung) oder im Falle der Neubesetzung der Fachkraftstelle sind förderunschädlich. Von einer Regelmäßigkeit wird man noch ausgehen können, wenn die Lücke nicht länger als bis zum Beginn des Kalendermonats nach Ablauf von 42 Kalendertagen andauert (analog § 17 Abs. 4 AVBayKiBiG; s. hierzu näher Erl. 3.4.2.2 zu Art. 9 BayKiBiG).

2.4 Die in der nach Art. 20a BayKiBiG geförderten Großtagespflegestelle tätigen Tagespflegepersonen müssen mindestens 160 Qualifizierungsstunden i. S. v. Art. 20 Nr. 1 BayKiBiG aufweisen. Die Fördermöglichkeit nach Art. 20 BayKiBiG i. V. m. § 18 AVBayKiBiG setzt im Vergleich nur eine Qualifizierung im Umfang von 100 Stunden voraus. Eine Großtagespflegestelle liegt nach der Definition des Art. 9 Abs. 2 Satz 2 BayKiBiG bereits bei Zusammenschluss von zwei Tagespflegepersonen vor. Demnach müsste neben der Fachkraft die zweite Tagesmutter an einer Qualifizierungsmaßnahme im Umfang von 160 Stunden erfolgreich teilgenommen haben. Fraglich ist, ob die Förderungsmöglichkeit nach Art. 20a BayKiBiG entfällt, wenn das Team von einer dritten Tagespflegeperson ergänzt wird, die diese Fördervoraussetzung nicht erfüllt. Dagegen spricht der Wortlaut des Art. 20a BayKiBiG, wonach alle weiteren in der Großtagespflege tätigen Tagespflegepersonen die besonderen Qualifizierungsanforderungen erfüllen müssen. Durch die Regelung in Art. 20a Nr. 3 BayKiBiG soll ein möglichst hohes und durchgängiges Qualifikationsniveau sichergestellt werden. Die Eltern sollen wissen, dass bei nach Art. 20a BayKiBiG geförderten Großtagespflegestellen ein qualitativer Mindeststandard nicht unterschritten wird. Eine dritte Tagespflegeperson (Art. 9 Abs. 2 Satz 3 Nr. 2) kann daher nur dann in der Großtagespflegestelle nach Art. 20a BayKiBiG ausnahmsweise tätig werden, wenn ihr nicht Kinder zur eigenverantwortlichen Bildung, Erziehung und Betreuung zugeordnet sind. Praktisch dürfen diese weiteren Tagespflegepersonen nur in Anwesenheit der Fachkraft oder Tagespflegeperson mit 160 Qualifizierungsstunden ergänzend tätig werden. Auf diese Weise können Zeiten bis zur Nachqualifizierung überbrückt werden.

2.5 Der Anspruch auf die Zahlung eines Tagespflegeentgelts gegen den örtlichen Träger der öffentlichen Jugendhilfe nach § 23 Abs. 1 SGB VIII bleibt durch Art. 20a BayKiBiG unberührt. Die Tagespflegepersonen können zusätzlich zur kindbezogenen Förderung das Pflegeentgelt geltend machen, müssen dies aber nicht. Wird der gesetzliche Anspruch gegen den Träger der öffentlichen Jugendhilfe jedoch geltend gemacht, so ist die einrichtungsähnliche Förderung nur möglich, wenn die Großtagespflegestelle keine frei vereinbarten Elternbeiträge erhebt.

Hierdurch soll sichergestellt werden, dass die erhöhte Förderung der Großtagespflege nicht nur mit einer Attraktivitätssteigerung für die Tagespflegepersonen, sondern auch mit einem echten Mehrwert für die Eltern verbunden ist. Gleichzeitig soll eine Überfinanzierung dieser Angebotsform verhindert werden. Der Erhebung eines Elternbeitrags durch den Träger der öffentlichen Jugendhilfe steht die Regelung nicht entgegen.

2.6 Die Förderung der Gemeinde erfolgt an den „Träger der Großtagespflege". Träger kann hier eine juristische Person sein, die die Tagespflegepersonen beschäftigt, eine Tagespflegeperson, die die alleinige Gesamtverantwortung trägt, oder die Gesamthand aller tätigen Tagespflegepersonen sein. Die Aufteilung der Förderung zwischen den Tagespflegepersonen ist ggf. im Innenverhältnis zu klären.

2.7 Die Förderung erfolgt parallel zur kindbezogenen Förderung bei Kindertageseinrichtungen. Der Gewichtungsfaktor ist einheitlich 1,3 (sofern nicht 4,5 bei Kindern mit Behinderung auf Grundlage des Bildungsfinanzierungsgesetzes):

> *Beispiel:*
>
> *Tagespflegekind mit 8-Stunden-Buchung:*
> *kindbezogene Förderung Freistaat gegenüber Gemeinde:*
> *1155,89 Euro (2020) × 1,3 GW × 2,0 BF = 3 005,31 Euro p. a.*
> *Kindbezogene Förderung Gemeinde gegenüber Großtagespflege:*
> *1155,89 Euro × 1,3 GW × 2,0 BF × 2 (staatlicher und kommunaler Anteil) =*
> *6 010,63 Euro p. a.*

2.8 Mit der kindbezogenen staatlichen Förderung an die Gemeinde entfällt der Anspruch des Trägers der öffentlichen Jugendhilfe nach Art. 18 Abs. 3 Satz 1 Alt. 1 BayKiBiG i. V. m. Art. 20 BayKiBiG). Davon nicht betroffen ist die Auszahlung des sog. Ausbaufaktors. Aufgrund der Richtlinie zur Förderung der Betriebskosten von Plätzen für Kinder unter drei Jahren in Kindertageseinrichtungen und in Tagespflege (U3-Bundesmittelrichtlinie vom 11.8.2014 – AllMBl S. 463, zuletzt geändert durch Bekanntgabe vom 5.12.2018, AllMBl. S. 1309) werden die seitens des Bundes für den Ausbau U3 bereitgestellten Mittel zur Betriebskostenförderung ausgereicht. Diese Förderung erhält in gleicher Höhe auch die Tagespflege (z. B. Ausbaufaktor für 2018 0,732; für den Förderabschlag in 2020 0,523). Der Träger der öffentlichen Jugendhilfe kann diese Leistung auch im Falle des Art. 20a BayKiBiG geltend machen (Basiswert × Buchungszeitfaktor × Ausbaufaktor).

2.9 Ergänzend zu den Fördervoraussetzungen in Art. 20a BayKiBiG müssen die Vorgaben der §§ 23 und 43 SGB VIII vorliegen. Auch im Fall des Art. 20a BayKiBiG müssen die Landkreise bzw. die kreisfreien Städte die Begrenzung des Elternbeitrags nach Art. 20 Satz 1 Nr. 3 BayKiBiG beachten. Verzichtet der Träger der Großtagespflege auf das Tagespflegeentgelt, kann er zwar Elternbeiträge erheben, Fördervoraussetzung ist aber auch hier die Begrenzung des Elternbeitrages nach Art. 20 Satz 1 Nr. 3 BayKiBiG.

Art. 21

Umfang des Förderanspruchs der Gemeinde

(1) [1] **Die staatliche Förderung erfolgt kindbezogen.** [2] **Sie wird für jedes Kind geleistet, das von der Gemeinde gefördert wird.**

(2) Der jährliche staatliche Förderbetrag pro Kind an die Gemeinde errechnet sich als Produkt aus Basiswert, Buchungszeit- und Gewichtungsfaktor unter Berücksichtigung der Vorgaben des Art. 23 Abs. 1.

(3) [1] **Der Basiswert ist der Förderbetrag für die tägliche über drei- bis vierstündige Bildung, Erziehung und Betreuung eines Kindes.** [2] **Er wird jährlich durch das Staatsministerium unter Berücksichtigung der Entwicklung der Personalkosten bekannt gegeben.**

(4) [1] **Über Buchungszeitfaktoren wird eine höhere Förderung für längere Buchungszeiten der Kinder gewährt.** [2] **Die Buchungszeit gibt den von den Eltern mit dem Träger der Einrichtung vereinbarten Zeitraum an, während dem das Kind regelmäßig in der Einrichtung vom pädagogischen Personal gebildet, erzogen und betreut wird.** [3] **Wechselnde Buchungszeiten werden auf den Tagesdurchschnitt bei einer 5-Tage-Woche umgerech-**

net; krankheits- und urlaubsbedingte Fehlzeiten sowie Schließzeiten von bis zu 30 Tagen im Jahr bleiben unberücksichtigt. [4] Buchungszeiten von bis zu drei Stunden täglich werden bei Kindern ab Vollendung des dritten Lebensjahres bis zur Einschulung nicht in die Förderung einbezogen. [5] Der Träger kann Mindestbuchungszeiten von 20 Stunden pro Woche beziehungsweise 4 Stunden pro Tag sowie deren zeitliche Lage vorgeben. [6] Für die einzelnen Stundenkategorien werden durch das Staatsministerium durch die Ausführungsverordnung Buchungszeitfaktoren festgelegt.

(5) [1] Über die Gewichtungsfaktoren wird für einen erhöhten Bildungs-, Erziehungs- oder Betreuungsaufwand eine erhöhte Förderung gewährt. [2] Es gelten folgende Gewichtungsfaktoren:

1. 2,0 für Kinder unter drei Jahren

2. 1,0 für Kinder von drei Jahren bis zum Schuleintritt

3. 1,2 für Kinder ab dem Schuleintritt

4. 4,5 für behinderte oder von wesentlicher Behinderung bedrohte Kinder, wenn ein Anspruch auf Eingliederungshilfe nach § 99 SGB IX zur Betreuung in einer Kindertageseinrichtung durch Bescheid gemäß § 120 Abs. 2 SGB IX festgestellt ist, eine Vereinbarung nach Teil 2 Kapitel 8 SGB IX zwischen dem Einrichtungsträger und dem zuständigen Bezirk geschlossen wurde und Leistungen hieraus erbracht werden. Entsprechendes gilt bei einem Anspruch auf Eingliederungshilfe nach § 35a SGB VIII unter Berücksichtigung einer Vereinbarung nach Maßgabe des Fünften Kapitels Dritter Abschnitt SGB VIII

5. 4,5 für einen Zeitraum von sechs Monaten für behinderte oder von wesentlicher Behinderung bedrohte Kinder, für die ein Antrag auf Eingliederungshilfe nach § 99 SGB IX oder § 35a SGB VIII zur Betreuung in einer Kindertageseinrichtung gestellt ist, eine Vereinbarung nach Teil 2 Kapitel 8 SGB IX zwischen dem Einrichtungsträger und dem zuständigen Bezirk geschlossen wurde und Leistungen hieraus erbracht werden

6. 1,3 für Kinder, deren Eltern beide nichtdeutschsprachiger Herkunft sind.

[3] Von dem Gewichtungsfaktor 4,5 kann bei integrativen Kindertageseinrichtungen (Art. 2 Abs. 3) zur Finanzierung des höheren Personalbedarfs im Einvernehmen mit der betroffenen Gemeinde nach oben abgewichen werden. [4] Liegen bei einem Kind die Voraussetzungen für mehrere Gewichtungsfaktoren vor, gilt stets der höchste Gewichtungsfaktor. [5] Vollendet ein Kind in einer Kinderkrippe das dritte Lebensjahr, gilt der Gewichtungsfaktor 2,0 bis zum Ende des Kindergartenjahres. [6] Vollendet ein Kind in einer anderen Kindertageseinrichtung das dritte Lebensjahr und leistet die nach Art. 18 Abs. 2 berechtigte Gemeinde bis zum Ende des Kindergartenjahres weiterhin die kindbezogene Förderung mit dem Gewichtungsfaktor von 2,0, so fördert der Freistaat Bayern in gleicher Höhe. [7] Für Kinder in Tagespflege gilt einheitlich der Gewichtungsfaktor 1,3.

Erläuterungen

Übersicht

1. Vorbemerkung

2. Kindbezogene Förderung (Absätze 1 und 2)

3. Basiswert (Absatz 3)

4. Buchung (Absatz 4)

5. Gewichtungsfaktoren (Absatz 5)

1. Vorbemerkung

1.1 Die Gemeinden haben die **Aufgabe**, ausreichend Plätze für die Kinderbetreuung unter Berücksichtigung der Bedürfnisse von Eltern und Kindern zu schaffen. Insbesondere haben sie dabei das **Subsidiaritätsprinzip** (Art. 4 BayKiBiG, § 4 SGB VIII) und das elterliche **Wunsch- und Wahlrecht** zu beachten (Art. 7 Satz 1 BayKiBiG, § 5 SGB VIII). Der Freistaat Bayern unterstützt die Gemeinden, indem er jedes von den Gemeinden geförderte Betreuungsangebot unabhängig von der Betreuungsform bezuschusst, sofern es bestimmte Grundbedingungen, insbesondere bezüglich der Umsetzung von Bildungs- und Erziehungszielen, erfüllt.

1.2 Die gesetzliche Förderung beruht auf einem einheitlichen kindbezogenen Fördersystem. Dies ermöglicht unproblematisch den Wechsel von einer Betreuungsform zu einer anderen bzw. die Anpassung an geänderte Bedarfslagen. Durch Gewichtungsfaktoren und Buchungszeitfaktoren kann den unterschiedlichen Anforderungen in den Einrichtungen Rechnung getragen werden. Gleichzeitig dienen diese Faktoren der Lenkung und Steuerung, indem gezielt Anreize für den Träger geschaffen werden, das Betreuungsangebot in Richtung einer höheren Förderung auszurichten. Hohe Gewichtungsfaktoren für Kinder mit Behinderung oder für Kinder mit Migrationshintergrund unterstützen so z. B. die Inklusion.

1.3 Durch unterschiedliche Bewertung des Basiswertes, der Gewichtungsfaktoren und der Buchungszeitfaktoren kann der Konnexität Rechnung getragen (s. Art. 23 BayKiBiG) und einseitig höhere staatliche Leistung erbracht werden. Andererseits können Mittel des Bundes zielgenau an die Träger ausgezahlt werden. So können die Betriebsmittel des Bundes für den Ausbau der U3-Plätze über den Gewichtungsfaktor 2,0 zielgenau und leistungsgerecht an alle Einrichtungen mit Kindern dieser Altersgruppe verteilt werden. Über den Gewichtungsfaktor, der in den Anstellungsschlüssel (§ 17 AVBayKiBiG) eingerechnet wird, kann unmittelbar Einfluss genommen werden auf die personelle Besetzung der Einrichtungen.

1.4 Auch wenn die Förderung kindbezogen ermittelt ist, bedeutet dies nicht, dass die Mittel für das **einzelne** Kind aufzuwenden sind. Ebenso wenig besteht ein Anspruch von Eltern oder des Kindes auf Zuordnung oder Änderung eines bestimmten Gewichtungsfaktors. Die Förderung ist eine Objektförderung. Als Betriebskostenförderung steht es den Trägern frei, über die Mittel zu verfügen, sofern die Fördervoraussetzungen erfüllt sind und insbesondere die damit verknüpften Bildungs- und Erziehungsziele verfolgt werden.

1.5 Nach § 74a Satz 1 SGB VIII regelt Landesrecht die Finanzierung der Kindertageseinrichtungen. Der Bayerische Landtag hat nach der Rechtsprechung eine eigenständige und umfassende Finanzierungsregelung getroffen (BayVGH, Urt. vom 23.10.2013 – 12 BV 13.650 –, Anm. 25). Der Freistaat Bayern hat die Planungs- und Finanzierungsverantwortung für die bedarfsnotwendigen Einrichtungen den Gemeinden übertragen (Art. 5, 7 BayKiBiG). Für einen Teil der Betriebskosten gibt es unter den Voraussetzungen des BayKiBiG einen gesetzlichen Förderanspruch unabhängig von der Bedarfsnotwendigkeit. Damit werden je nach Ausgangssituation etwa 60 % der Kosten gedeckt. Die verbleibende Finanzierungslücke ist über Elternbeiträge, Trägermittel, Spenden oder zusätzliche Leistungen der betreffenden Gemeinden zu decken.

2. Kindbezogene Förderung (Absätze 1 und 2)

Der **Förderanspruch der Gemeinde** bestimmt sich in Umfang und Höhe nach der kindbezogenen Förderung, **Absatz 1**. Die kindbezogene Förderung hat eine starke qualitative Komponente. Durch Wettbewerb der Leistungsanbieter untereinander bzw. durch Stärkung der Eltern in ihrer Rolle als Abnehmer einer Dienstleistung werden qualitative Prozesse in Gang gesetzt. Es handelt sich dadurch um eine mittelbare Form der Steuerung, die ihre Grundlagen in der Verpflichtung von Transparenz und Einführung von Methoden der Evaluation hat (Art. 19 BayKiBiG). Die Vorgaben von Standards werden dementsprechend im strukturellen und organisatorischen Bereich auf ein Minimum (Anstellungsschlüssel, § 17 AVBayKiBiG) beschränkt, die inhaltlichen Fördervoraussetzungen (Bildungs- und Erziehungsziele) werden demgegenüber detailliert geregelt.

Die einzelnen **Förderbeträge** werden pro Kind ermittelt. Sie sind zusammen zu addieren und ergeben insgesamt den Förderanspruch des Trägers bzw. der Gemeinde.

Die Förderung bemisst sich somit nach der Zahl der Kinder und dem Bildungs-, Erziehungs- und Betreuungsaufwand der Einrichtung. Der Förderbetrag errechnet sich nach folgender Formel (Art. 21 Abs. 2 BayKiBiG):

Basiswert × Buchungszeitfaktor × Gewichtungsfaktor

Die einzelnen Faktoren werden in den Absätzen 2 bis 5 näher beschrieben.

Absatz 1 Satz 2 bestimmt, dass dem Förderanspruch der Gemeinde nur diejenigen Kinder zugrunde gelegt werden können, die die Gemeinde tatsächlich auch selbst fördert. Der Gesetzgeber hält somit grundsätzlich an der für eine staatliche Förderung unabdingbar erforderlichen **kommunalen Komplementärfinanzierung** fest. Dabei können Sachleistungen auf die kommunale Förderung angerechnet werden (Art. 22 Satz 3 BayKiBiG). Dass die Bildung, Erziehung und Betreuung dieser Kinder auch den Qualitätsstandards des **Art. 19 BayKiBiG** entspricht, wird bereits durch **Art. 18 Abs. 2 BayKiBiG** sichergestellt, der den Förderanspruch der Gemeinde auf förderfähige Kindertageseinrichtungen beschränkt.

3. Basiswert (Absatz 3)

3.1 Für die Berechnung der Förderung ist der Basiswert entscheidend. Die Höhe wurde erstmals durch Umrechnung der staatlichen **Personal**kostenförderung nach dem BayKiG im Jahr 2003 festgesetzt. Der Basiswert wurde somit nicht aufgrund durchschnittlicher Betriebskosten festgestellt. Die Frage, wie sich der Basiswert zusammensetzt und welche Kosten im Einzelnen in welcher Höhe darin abgebildet sind, stellt sich somit nicht. Damit deckt die kindbezogene Förderung auch nur einen Teil der **Betriebskosten**. Nach der Förderumstellung besteht keinerlei Bezug zu den tatsächlichen Personalaufwendungen mehr. Jedoch erfolgt die Anpassung des Basiswertes weiterhin nach Maßgabe der tariflichen Entwicklung der Löhne des pädagogischen Personals.

3.2 Die Berechnung des Basiswertes richtet sich nach dem für die Beschäftigten der deutschen Bundesverwaltung und der Kommunalverwaltung geltenden Tarifvertrag für den öffentlichen Dienst (TVöD-VKA); Besonderer Teil für den Dienstleistungsbereich Pflege- und Betreuungseinrichtungen – Sozial- und Erziehungsdienst (SuE) – **(§ 20 Abs. 1 AVBay-KiBiG)**. Bei der jährlichen Neufestsetzung des Basiswertes wird die durchschnittliche Steigerung aller im SuE für den Bereich der Kindertageseinrichtungen maßgeblichen Entgeltgruppen und -stufen unter Berücksichtigung von Veränderungen der Entgeltnebenkosten errechnet und die sich daraus ergebende prozentuale Erhöhung dem bisher geltenden Basiswert aufgeschlagen:

1. Schritt:

Es werden die jährlichen Arbeitgeberbruttopersonalkosten jeder Entgeltgruppe und -stufe berechnet. Dies erfolgt unter Einbeziehung der Tabellenentgelte, der aktuellen Tarifabschlüsse, eventuellen tariflichen Einmalzahlungen, der Entwicklung der Arbeitgeberanteile an den Entgeltnebenkosten, der jährlichen Sonderzuwendung, dem Leistungsentgelt gem. § 18 TVöD-VKA und der vermögenswirksamen Leistungen.

2. Schritt:

Es wird die prozentuale Steigerung jeder Entgeltgruppe und -stufe gegenüber dem Vorjahr ermittelt. Der Durchschnitt aller prozentualen Steigerungen ergibt die Erhöhung des Basiswertes pro Kalenderjahr.

3. Schritt:

Die Erhöhung wird auf den zuletzt ermittelten Basiswert des Vorjahres aufgeschlagen und bildet den aktuellen Basiswert des aktuellen Jahres.

3.3 Der Basiswert repräsentiert den **Jahresbetrag** der staatlichen Förderung bezogen auf eine Buchung von über drei bis einschließlich vier Stunden (täglich; entspricht über 15 bis 20 Stunden wöchentlich). Auf dieser Grundlage wird die Zuschusshöhe für entsprechend längere oder kürzere Buchungen errechnet. Über Gewichtungsfaktoren wird der unterschiedliche Betreuungsaufwand berücksichtigt (s. nachfolgend Erl. 4).

3.4 Sonstige Weiterentwicklung des Basiswerts: Der ehemals einheitliche Basiswert hat sich durch Änderungen zwecks Qualitätsverbesserungen verändert. Dabei wurde einerseits der staatliche Basiswert einseitig erhöht, anderseits betraf die Erhöhung ausschließlich die Kindertageseinrichtungen.

3.4.1 Zu nennen ist die Änderung des förderrelevanten Anstellungsschlüssels (§ 17 AVBayKiBiG) zum 1.9.2012 von 1: 11,5 auf 1: 11,0. Dabei übernahm der Freistaat Bayern konnexitätsbedingt einseitig die Mehrkosten. Der Freistaat erhöhte zum 1.9.2013 seinen Förderanteil um 58,25 Mio. Euro. Daraus errechnete sich eine Erhöhung des Basiswerts i. H. v. 52 Euro, genannt **Qualitätsbonus**. Der staatliche Basiswert setzt sich insoweit aus dem Basiswert und dem Qualitätsbonus zusammen, insgesamt als Basiswert Plus bezeichnet. Der Qualitätsbonus nimmt an der Dynamisierung des allgemeinen Basiswerts teil. Der Qualitätsbonus beträgt für die Abschläge in 2020 63,97 Euro.

Da der Anstellungsschlüssel nur Kindertageseinrichtungen betrifft, gilt diese Erhöhung nicht für die Kindertagespflege.

3.4.2 Der Ministerrat hat ferner mit Beschluss vom 19.5.2015 im Einvernehmen mit den kommunalen Spitzenverbänden dem Bayerischen Landtag vorgeschlagen, im Bereich der Kindertageseinrichtungen einer außerordentlichen Erhöhung des allgemeinen Basiswerts um 53,69 Euro rückwirkend zum 1.1.2015 zuzustimmen. Die ursprünglich für eine weitere Entlastung der Eltern beim Elternbeitrag vorgesehenen Haushaltsmittel sollen für qualitative Maßnahmen im Bereich der Kindertageseinrichtungen eingesetzt werden. Auch dieser Erhöhungsbetrag wird dynamisiert (Absatz 3 Satz 2) und betrifft ausschließlich die Kindertageseinrichtungen. Der Erhöhungsbetrag betrifft den allgemeinen Basiswert und betrifft somit die Kommunen und den Freistaat; er beträgt in 2020 61,73 Euro und ist im Basiswert eingerechnet.

3.4.3 Insgesamt sind somit zwischenzeitlich drei verschiedene Werte für die Berechnung der kindbezogenen Förderung zu unterscheiden:

Basiswert im Jahr 2020 für	Freistaat	Kommune
Tagespflege	1 155,89 Euro (Basiswert= Ausgangswert)	Kommunale Beteiligung mind. in Höhe staatlicher Förderung
Kindertageseinrichtung	1 281,59 Euro (Basiswert [1 217,62 Euro] + Qualitätsbonus (63,97 Euro))	1 217,62 Euro (Basiswert)

4. Buchung (Absatz 4)

4.1 Die jeweilige Förderhöhe für unterschiedliche Buchungen wird durch Buchungszeitfaktoren errechnet. Diese Buchungszeitfaktoren sind in § 25 AVBayKiBiG festgelegt (siehe dort). Die Förderung steigt linear an. Pro Buchungsstunde erhöht sich die Förderung um ein Viertel des Basiswertes (Faktor 0,25). Sie beginnt mit der Buchungskategorie über ein bis zwei Stunden und steigt bis zur Buchungskategorie über neun Stunden an.

Beispiel:

Für das Kind A im Alter von vier Jahren, Gewichtungsfaktor 1, beträgt bei einer Buchung von über drei bis vier Stunden die staatliche Förderung einschließlich Qualitätsbonus im Jahr 2020 1 281,59 Euro (1 281,59 Euro BW × BF 1 × GW 1).
Für das Kind B haben die Eltern mehr als sechs bis sieben Stunden gebucht. Die staatliche Förderung beträgt 2 242,78 Euro (1 281,59 Euro BW × BF 1,75 × GW 1).
Der Buchungszeitfaktor wird zum Teil einseitig seitens des Freistaates erhöht, um z. B. Mehrkosten bei Durchführung von Vorkursen für Kinder mit Migrationshintergrund auszugleichen (§ 25 Abs. 1 Satz 3 AVBayKiBiG). Die Förderformel ändert sich dann bei Einrichtungen mit einem Anstellungsschlüssel von 1: 11,0 und besser wie folgt:

> *Förderung Gemeinde an freigemeinnützigen und sonstigen Träger:*
> *Basiswert (BW) × Gewichtungsfaktor (GW) × Buchungszeitfaktor (BF)*
> *Förderung des Freistaates an kommunale, freigemeinnützige und sonstige Träger:*
> *BW × GW × (BF + 0,1) + **Qualitätsbonus (QB) × GW × (BF)**.*
> *Der BF wird bei dem Summanden „Qualitätsbonus" wegen § 20 Abs. 2 Satz 3 AVBayKiBiG **nicht** um 0,1 erhöht.*

4.2 Die konkrete Buchungszeit vereinbaren die Eltern im Rahmen des **Betreuungsvertrages** (Buchungsbeleg als Anlage zum Betreuungsvertrag, der ggf. jährlich oder unterjährig angepasst wird). Der Gesetzgeber geht dabei von der Überlegung aus, dass der Träger nicht bestimmte Gruppenöffnungszeiten vorgibt und man nur diese auch wählen kann. Vielmehr sollen die Eltern unter Einbeziehung des Elternbeirats jährlich über ihre Wünsche befragt werden und das Angebot konkret auf die Wünsche im Rahmen der Ressourcen abgestimmt werden.

Beispiel:

Vor Einführung der kindbezogenen Förderung unterschieden die Träger üblicherweise Vormittagsgruppen (z. B. von 9 bis 12 Uhr), überlange Vormittagsgruppen (z. B. von 8 bis 14 Uhr), Nachmittagsgruppen (z. B. von 13 bis 17 Uhr) sowie Ganztagsgruppen (z. B. von 7 bis 17 Uhr). Zum Teil haben die Träger Wechselgruppen betrieben (bei gleichem Personal vormittags 23 Kinder, nachmittags andere 23 Kinder). Die Eltern konnten je nach Angebot bei der Einschreibung des Kindes ihre Wünsche bezüglich der Gruppe anmelden. Das Kind wurde entsprechend der Kapazität einer bestimmten Gruppe zugewiesen.

Die Organisation in Gruppen führte verbunden mit der gruppenbezogenen Personalkostenförderung nicht selten nachmittags zu erheblichen Leerständen. Gleichzeitig mussten Eltern Öffnungszeiten wählen und schließlich bezahlen, die sie oftmals in der Praxis nicht benötigten. Um die Effizienz der Förderung zu erhöhen, sollen die Eltern nun ihre Wünsche äußern und daraufhin die Organisation geplant werden.

Beispiel:

Der Träger führt eine Befragung durch. 28 Eltern wünschen Betreuungszeiten zwischen 8 und 13 Uhr, 12 Eltern von 9 bis 14 Uhr, sieben Eltern von 8 bis 15 Uhr und fünf Eltern von 12 bis 17 Uhr. Der Träger organisiert aufgrund dieser Angaben den Betrieb der Einrichtungen. Er entscheidet im Rahmen der Ressourcen bzw. unter

*Berücksichtigung der zu erwartenden kommunalen bzw. staatlichen Förderung, ob
er die Kinder in Gruppen aufteilt und welche Betriebszeiten diese ggf. jeweils haben,
oder ob er ein offenes Konzept anstrebt. Der Träger erstellt dementsprechend einen
Dienstplan für den Einsatz des pädagogischen Personals. Im Beispiel ist insbesondere zu prüfen, ob die Fördermittel ausreichen, um für fünf Kinder von 15 bis 17 Uhr
Öffnungszeiten anzubieten, oder ob die Eltern auf ein ergänzendes Angebot verwiesen werden müssen (z. B. Tagespflege).*

4.3 Der Gesetzgeber räumt dem Träger die Freiheit ein, Mindestbuchungszeiten von
20 Stunden pro Woche beziehungsweise vier Stunden pro Tag **sowie** deren zeitliche Lage
vorzugeben **(Absatz 4 Satz 5)**. Darin kommen zwei gesetzliche Ziele zum Ausdruck. Zum
einen wird es den Trägern ermöglicht, über die Mindestbuchung in Satz 4 hinaus bei allen
Altersgruppen und bei allen institutionalisierten Betreuungsformen Mindestbuchungen
festzusetzen. Dadurch kann der Träger eine Mindestförderung für eine bessere Finanzplanung erzielen. Zum anderen können die Träger fakultativ auch die **Lage** der Mindestbuchungszeit festlegen. Dies soll eine ungestörte Bildungs- und Erziehungsarbeit ermöglichen. Es handelt sich insoweit um eine sog. „Kernzeitenregelung". Kernzeiten sollen frei
sein von Hol- und Bringzeiten (diese ungestörte Erziehungsarbeit sollte im Betreuungsvertrag ausdrücklich als Nebenpflicht der Eltern fixiert werden).

Beispiel:

*Der Träger der Kindertageseinrichtung im o. a. Beispiel bildet eine zweigruppige
Kindertageseinrichtung mit insgesamt 52 gleichzeitig belegbaren Plätzen. Die Einrichtung ist von 8 bis 17 Uhr geöffnet. Gruppe 1 mit über den Tagesverlauf gesehen
25 bis 26 belegten Plätzen ist von 8 bis 13 Uhr geöffnet, Gruppe 2 mit fünf bis 26
belegten Plätzen von 8 bis 17 Uhr. Für alle Kinder wird eine Mindestbuchungszeit
von 20 Stunden vorgesehen, wobei für Kinder, die die Einrichtung vormittags besuchen, eine Kernzeit von 8.30 bis 12.30, für Kinder, die ausschließlich die Einrichtung
nachmittags besuchen, eine Kernzeit von 13 bis 16.30 Uhr anberaumt wird.*

Das Beispiel soll verdeutlichen: Der Träger kann eine Mindestbuchungszeit vorgeben,
muss dies aber nicht. Der Träger kann eine Mindestbuchungszeit von bis zu 20 Stunden
von den Eltern verlangen, kann jedoch auch eine kürzere Mindestbuchung vorsehen. Für
ein Kind kann es nur eine Mindestbuchungszeit geben (nicht vier Stunden vormittags und
nachmittags erneut vier Stunden).

Fraglich ist, welche Buchungskategorie der Mindestbuchung zugrunde liegt. Wenn nur
eine Mindestbuchungszeit vorgegeben ist (also ohne bestimmte Zeitenvorgabe z. B. von
8.30 bis 12.30 Uhr), ist eine 4-Stunden-Buchung (entspricht Buchungskategorie über drei
bis vier Stunden oder BF 1) anzubieten und ein entsprechend geringerer Elternbeitrag
festzusetzen. In diesen Fällen sind Bring- und Holzeiten in der Buchung integriert.

Wenn der Träger auch die Lage der Mindestbuchungszeit, somit eine Kernzeit, vorgibt und
das Ziel einer ungestörten Bildungs- und Erziehungsarbeit im Umfang von 20 Stunden
verfolgt, ist mindestens die Buchungskategorie über vier bis fünf Stunden zu buchen. Denn
dann können Eltern ihre Kinder erst eine logische Sekunde nach Ablauf der Kernzeit abho-
len. Daher sind in diesen Fällen keine förderrechtlichen Konsequenzen zu ziehen, wenn
ein Träger bei einer Kernzeitvorgabe von 20 Wochenstunden die Buchungskategorie (über
drei bis) vier Stunden **nicht** anbietet. Aus der Förderbestimmung in Absatz 4 Satz 5 lässt
sich im Übrigen kein Anspruch der Eltern gegenüber dem Träger ableiten, bestimmte
Buchungskategorien anbieten zu müssen.

4.4 Im Umkehrschluss muss der Träger über die vier Stunden pro Tag hinaus im Rahmen
seiner Öffnungszeiten die Buchung von 5, 6, 7 usw. Stunden pro Tag zulassen. Eine Mindestbuchungszeit von mehr als vier Stunden, z. B. von fünf Stunden, kann der Träger somit
nicht vorgeben. Tut er dies dennoch, ist eine Förderung nach dem BayKiBiG nicht möglich.

Mit dem Buchungssystem beabsichtigt der Gesetzgeber, die Öffnungszeiten effizienter den Wünschen der Eltern anzupassen. Es wäre daher mit dem Förderrecht nicht vereinbar, wenn der Träger von vornherein die Buchungsmöglichkeit auf 4,6 oder 8 Stunden beschränken würde. Die Eltern müssen grundsätzlich innerhalb der Öffnungszeit auch die Möglichkeit haben z. B. nur fünf Stunden zu buchen. Andernfalls würde der Träger faktisch über Absatz 4 Satz 5 hinaus Mindestbuchungen von den Eltern fordern. Praktisch hat die Regelung Grenzen, wenn der Träger eine Einteilung entsprechend der Wünsche der Eltern vorgenommen hat, diese aber nachträglich eine Verringerung der Buchung wünschen.

> *Beispiel:*
>
> *Im o. a. Beispiel bietet der Träger Öffnungszeiten von 8 bis 17 Uhr an, deshalb müssen grundsätzlich auch Buchungen im Umfang von bis neun Stunden möglich sein. Problematisch wird es im Beispiel, wenn Eltern, die bisher bis 17 Uhr gebucht haben, nunmehr nur noch eine Betreuung bis 15 Uhr benötigen. Dies gefährdet wegen der geringeren Zuschusshöhe ggf. das Aufrechterhalten der Öffnungszeit bis 17 Uhr zum Nachteil weiterer Eltern. Aus diesem Grund kann der Träger die Buchung auf ein Jahr verbindlich vorgeben, entsprechend lange Kündigungsfristen oder für den Fall einer vorzeitigen Kündigung im Betreuungsvertrag eine Ausgleichszahlung vorsehen.*

Der Träger muss die Möglichkeit einer Buchung jeder einzelnen Buchungszeitstufe nicht notwendig in jeder Einrichtung eröffnen. Ein Träger mit mehreren Einrichtungen kann die einzelnen Buchungsstufen auch in verschiedenen Kindergärten anbieten, sofern diese im gleichen Einzugsbereich liegen.

> *Beispiel:*
>
> *Die Gemeinde G betreibt in räumlicher Nähe drei Einrichtungen. Den Eltern wird jede Buchung ab der Buchungskategorie über drei bis einschließlich vier Stunden ermöglicht. Die Einrichtung A nimmt die Kinder mit der Buchung drei bis einschließlich fünf Stunden auf, die Einrichtung B Kinder mit der Buchung sechs und sieben Stunden und die Einrichtung C nur Langzeitbuchungen ab sieben Stunden.*

Der Träger kann förderunschädlich die Hol- und Bringzeiten einschränken, um den pädagogischen Betrieb besser steuern zu können, auch wenn sich dadurch die gebuchte Stunde faktisch reduziert. Dies ist zumindest zulässig, solange grundsätzlich Buchungen in den einzelnen Buchungskategorien möglich bleiben. Eine andere Frage ist, ob diese Maßnahme auch geeignet ist. Sie schränkt die Flexibilität der Eltern erheblich ein.

> *Beispiel:*
>
> *Eine Einrichtung hat eine Öffnungszeit von 6.45 bis 17 Uhr. Von 9 bis 13 Uhr hat der Träger eine Kernzeit vorgegeben. Es sind jeweils Bringzeiten im Umfang von 15 Minuten anberaumt, nämlich von 6.45 bis 7 Uhr, von 7.45 bis 8 Uhr und von 8.45 bis 9 Uhr. Holzeiten sind festgelegt von 13 bis 13.30 Uhr, von 14 bis 14.30 Uhr und ab 15.30 Uhr.*

4.5 Wechselnde Buchungszeiten werden auf den Tagesdurchschnitt einer 5-Tages-Woche umgerechnet (Absatz 4 Satz 3 HS 1).

> *Beispiele:*
>
> a) *Eine Krippe hat lediglich vier Wochentage von Mo. bis Do. jeweils von 8 bis 18 Uhr geöffnet. Eltern buchen Mo. bis Mi. jeweils neun Stunden, am Do. sieben Stunden, insgesamt somit 34 Stunden. Umgerechnet auf fünf Tage sind im Schnitt 6,8 Stunden. Der Förderung ist die Buchungskategorie über sechs bis sieben Stunden zugrunde zu legen. Der Buchungszeitfaktor beträgt 1,75.*

b)   *Eine Mutter bucht für ihr Kind aufgrund ihrer Schichttätigkeit acht Stunden und*
     vier Stunden im zwei-wöchentlichen Wechsel. Der Buchungszeitfaktor beträgt
     umgerechnet 1,5 für fünf bis einschließlich sechs Stunden ((fünf Tage × acht
     Stunden + fünf Tage × vier Stunden): zehn Tage = sechs Stunden).

4.6 Krankheits- und urlaubsbedingte Fehlzeiten der Kinder sowie Schließzeiten von bis zu
30 Tagen im Jahr bleiben unberücksichtigt (Absatz 4 Satz 3 HS 2). Regelmäßige und übliche Unterbrechungen der Betreuung während des Jahres sollen demnach nicht zu einer
Änderung der Buchungen führen. Unter „im Jahr" ist der Bewilligungszeitraum zu verstehen (Art. 26 Satz 2 BayKiBiG). Die genannten Ausfallzeiten sind bei der kindbezogenen
Förderung von vornherein eingerechnet. Die zeitliche Begrenzung auf 30 Tage betrifft nur
die Schließzeitenregelung und bezieht sich nicht auch auf die krankheits- und urlaubsbe-
dingten Fehlzeiten. Eine Addition der Fehlzeiten im Bewilligungszeitraum ist somit ausgeschlossen. Zu den krankheitsbedingten, förder**un**schädlichen Fehlzeiten zählen auch die
vom Gesundheitsamt angeordneten Schließungen. Nicht in die Schließzeiten eingerechnet
werden auch andere Schließtage, die der Träger nicht zu verantworten hat und auf höhere
Gewalt zurückzuführen sind (z. B. Schließung wegen Sturm, Überschwemmung). Auch
Streiktage sind keine Schließtage. Die Aussetzung des Betriebs ist nicht auf eine Entscheidung des Trägers zurückzuführen. Förderunschädlich sind ferner bis zu fünf zusätzliche
Schließtage für die Durchführung von Teamfortbildungen (§ 26 Abs. 1 Satz 4 AVBayKi-
BiG).

Anderweitige erhebliche Unterbrechungen sind im Umkehrschluss dagegen förderrelevant (arg. § 26 Abs. 1 AVBayKiBiG), beispielsweise wenn Eltern ihr Kind für die Monate
Juli und August zwischenzeitlich abmelden würden. Dementsprechend ist es legitim,
wenn sich der Träger durch Kündigungsfristen oder Vereinbarung von Ausgleichszahlungen vor Abmeldungen im Ferienmonat August „schützt".

Jeder zusätzliche Schließtag führt zu einer Kürzung in Höhe des 220sten Teils der Jahres-
förderung für die Kindertageseinrichtung (§ 26 Abs. 1 Satz 4 AVBayKiBiG).

Ist eine Betreuung im geforderten Umfang (Art. 19 Nr. 4 BayKiBiG) aus tatsächlichen
Gründen nicht möglich oder entfallen nachträglich vorübergehend die Voraussetzungen
für die Betriebserlaubnis (Art. 19 Nr. 1 BayKiBiG), so betrifft dies nicht die Buchung, sondern die Fördervoraussetzungen als solche:

Beispiel:

Sollte z. B. wegen eines Brandes eine Renovierung der Einrichtung notwendig und
deswegen eine Betreuung nicht möglich sein, besteht für diese Zeit unter Berück-
sichtigung von § 20 AVBayKiBiG kein Förderanspruch. Kann der Betrieb wegen
Asbestbelastung nicht fortgesetzt werden, entfällt ebenso die Förderung.

4.7 Buchungszeiten von bis zu drei Stunden täglich werden grundsätzlich bei Kindern ab
Vollendung des dritten Lebensjahrs bis zur Einschulung nicht in die Förderung einbezogen
(Absatz 4 Satz 4). Mit dieser Regelung trägt der Gesetzgeber den bildungspolitischen
Erfordernissen Rechnung, indem ein Mindestumfang an Betreuungszeit zur Förderung
und den Erwerb von Basiskompetenzen vorgegeben wird.

Die Vorschrift gilt für Kindertageseinrichtungen und für die nach Art. 20a BayKiBiG geförderten Großtagespflegestellen. Sie greift ausdrücklich nicht für die Tagespflege und die
sonstigen Großtagespflegestellen (Art. 25 Satz 1 BayKiBiG). Weitere Ausnahmen ergeben
sich aus Art. 2 Abs. 5 BayKiBiG. Schulische Zeiten und die Buchungen werden in Kindertageseinrichtungen und in Großtagespflegestellen nach Art. 20a BayKiBiG zusammengerechnet. So werden die Voraussetzungen des Absatzes 4 Satz 4 bei Kindern in einer Schulvorbereitenden Einrichtung (SVE) regelmäßig auch dann erfüllt, wenn die Buchung in der
sich anschließenden Kindertageseinrichtung nur über eine bis zwei oder über zwei bis drei

Stunden beträgt. Kindertageseinrichtung und Großtagespflegestellen müssen jedoch bereits zwei Kalenderjahre kindbezogen gefördert werden (Art. 2 Abs. 5 Satz 3 BayKiBiG).

Entsprechend ist zu verfahren, wenn ein Kind während des Tages mehrere Kindertageseinrichtungen besucht und daher die Mindestbuchungszeit nicht erfüllt.

> *Beispiel:*
>
> *Ein Kind besucht den Betriebskindergarten A am Arbeitsplatz der Mutter von 8 bis 13 Uhr und wechselt anschließend in den Kindergarten W am Wohnort (Besuch von 14 bis 16 Uhr).*

Lösung: Auch die Buchung im Kindergarten W kann angerechnet werden, weil die Buchungen zusammen über drei bis vier Stunden liegen.

Der Zeitpunkt des Wirksamwerdens der Regelung in Absatz 4 Satz 4 bestimmt sich nach § 26 Abs. 1 Satz 1 AVBayKiBiG.

> *Beispiel:*
>
> *Ein Kind ist am 2.12.2013 geboren. Seit September 2014 besucht das Kind eine altersübergreifende Kinderbetreuungseinrichtung im Umfang von drei Stunden täglich. Nach § 26 Abs. 1 Satz 1 AVBayKiBiG i. V. m. Art. 21 Abs. 4 Satz 4 BayKiBiG entfallen die Fördervoraussetzungen im Dezember 2016. Eine Förderung ist nur bis einschließlich November 2016 möglich, wenn die Buchung nicht um mindestens eine Buchungskategorie erhöht wird.*

Ausnahme: Solange Kinder mit dem Gewichtungsfaktor 2,0 gefördert werden (Absatz 5 Satz 5 und 6), können auch geringere Buchungen beibehalten werden.

Ein Eingriff in das Primat der elterlichen Erziehung ist mit der Regelung des Absatzes 4 Satz 4 nicht verbunden. Insbesondere lässt sich eine Kindergartenpflicht nicht ableiten, auch wenn faktisch über den Träger Druck auf die Eltern ausgeübt wird. Eltern müssen sich nicht auf die gesetzlichen Förderbedingungen einlassen. Der Träger kann die Kinder auch kürzer aufnehmen, erhält jedoch dafür keine staatliche Förderung. Diese Fördereinbuße kann der Träger ggf. auf den Elternbeitrag umlegen.

4.8 Der **Nachweis der Buchung** wird allein über den Betreuungsvertrag geführt: Eine tägliche Feststellung der Anwesenheit der Kinder ist somit **nicht** erforderlich und auch nicht vorgesehen. Die Buchungszeit soll, um sog. „Luftbuchungen" (d. h. vorsorgliche Buchungen von Zeiten durch die Eltern, um mehr Flexibilität zu gewinnen, die tatsächlich aber nicht oder nicht regelmäßig in Anspruch genommen werden), zu vermeiden, möglichst der tatsächlichen Nutzung entsprechen. Aus diesem Grund ist grundsätzlich jeder Buchungskategorie nach § 19 AVBayKiBiG ein eigener Elternbeitrag zuzuordnen (s. hierzu Erl. 6 zu Art. 19). Bei **erheblichen** Abweichungen von Buchung und Nutzung ist ggf. eine Änderung der Buchung (Buchungsbeleg als Anlage zum Buchungsvertrag) vorzunehmen. Eine Abweichung ist erheblich, wenn vereinbarte Buchungskategorie und tatsächlich genutzte Stundenzahl voneinander abweichen (mind. eine Buchungskategorie nach § 25 AVBayKiBiG) und diese Abweichung sich über einen Zeitraum von mindestens einem Kalendermonat erstreckt (§ 26 Abs. 1 Satz 2 AVBayKiBiG).

Aufgrund der Stundenbuchung ergibt sich wöchentlich eine Varianz von fünf Stunden, weshalb ein minutengenaues Kommen und Gehen von vornherein nicht notwendig ist.

Für monatlich unterschiedliche Buchungen errechnen sich unter Berücksichtigung von § 26 AVBayKiBiG unterschiedliche Förderbeträge. Förderrelevante Änderungen bei der Buchung werden dabei in dem **Kalendermonat** berücksichtigt, in dem sie eintreten (§ 26 Abs. 1 Satz 1 AVBayKiBiG).

Beispiele:

a) *Die Eltern von A haben über fünf bis sechs Stunden (BF 1,5) für die Zeit von Januar bis Dezember gebucht. Ab 15. Juni nehmen die Eltern die Einrichtung jedoch acht Stunden täglich in Anspruch (BF 2,0). Träger und Eltern ändern dementsprechend den Buchungsbeleg. Die höhere Förderung erfolgt mit Wirkung ab 1. Juni. Entscheidend ist die Änderung des Buchungsbelegs.*

b) *Vom 14. September bis 25. Oktober beträgt die tatsächliche Nutzung nur fünf Stunden. Die Änderung des Besuchsverhaltens ist für die Förderung ohne Bedeutung. Es bleibt bei dem BF 2,0. Zwar ist die Abweichung erheblich, aber weder ist der Buchungsbeleg verändert noch ist das Nutzungsverhalten auf Dauer verändert. Von einer regelmäßigen, dauerhaften Änderung des Nutzungsverhaltens geht man dann aus, wenn sie mindestens einen Kalendermonat dauert. Der Kalendermonat ist die für das Abrechnungsverfahren entscheidende zeitliche Einheit, eine taggenaue Förderung ist nach der AVBayKiBiG nicht vorgesehen.*

c) *Die tatsächliche Nutzung von fünf Stunden dauert vom 14. September bis 3. November. In diesem Fall ist die Abweichung erheblich, der Buchungsbeleg muss angepasst werden bzw. der Träger kann keine höhere Buchung mehr geltend machen. Die förderrelevante Änderung ist am 14. September eingetreten. Wirksam wird die Änderung mit Ablauf des Kalendermonats am 31. Oktober; der BF ändert sich mit Wirkung ab 1. Oktober von 2,0 auf 1,25. Die erneute Verlängerung der Nutzung auf acht Stunden ab 4. November wirkt ab Beginn des Kalendermonats, in dem die Änderung eintritt, also ab 1. November.*

5. Gewichtungsfaktoren (Absatz 5)

5.0 Aufgrund § 2 des Bayerischen Teilhabegesetzes II vom 23.12.2019 (BayTHG II; GVBl. S. 747) wurden die bisherigen Spiegelstriche in **Absatz 5** mit Wirkung ab 1.1 2020 durch Nummern ersetzt. Ferner wurde in den Nrn. 4 und 5 die notwendigen Änderungen infolge der Änderungen des SGB IX (Rehabilitation und Teilhabe von Menschen mit Behinderungen) vorgenommen.

5.1 Die Gewichtungsfaktoren werden abschließend in **Absatz 5** festgelegt. Die Gewichtungsfaktoren sind so gewählt, dass die Zuordnung ohne großen Verwaltungsaufwand und eindeutig möglich ist. Bei dem Gewichtungsfaktor für Kleinkinder ist das **Alter** entscheidend, für den Gewichtungsfaktor für Schüler der **Schulbesuch**, für behinderte Kinder die Feststellung eines Eingliederungshilfeanspruchs durch **Bescheid**. Die Zielsetzung des Gesetzgebers eines einfachen Nachweises der Voraussetzungen für eine höhere Förderung ist lediglich bei dem Gewichtungsfaktor für Kinder, deren Eltern beide nichtdeutschsprachiger Herkunft sind, nicht im gewünschten Maß realisiert (s. Erl. 5.6).

5.2 Die Gewährung eines Gewichtungsfaktors bedeutet nicht, dass die Fördermittel konkret dem jeweiligen Kind zugutekommen müssen. Die um den Faktor 1,3 höhere Förderung muss somit nicht für das betreffende Kind verwendet werden. Der Gesetzgeber vermeidet eine unmittelbare Verknüpfung bestimmter Leistungen mit der höheren Förderung. Dadurch bleibt der Träger in der Methodenwahl und der damit verbundenen Mittelverwendung weitgehend frei und flexibel. Andererseits wird mittelbar über inhaltliche Vorgaben die Mittelverwendung beeinflusst.

So ist z. B. die Pflicht der Träger zur Integrationsarbeit und insbesondere Sprachförderung in Art. 12 BayKiBiG normiert. Der Gesetzgeber gewährt zur Erfüllung eine höhere Förderung, verzichtet aber in Art. 21 Abs. 5 BayKiBiG darauf, die Verwendung der Mittel konkret von einer bestimmten Sprachfördermaßnahme abhängig zu machen (Ausnahme s. u.). Demgemäß entfällt auch insoweit die Prüfung der Mittelverwendung. Vielmehr ist es nicht nur möglich, sondern sogar erwünscht, die um 0,3 höhere Förderung beispielsweise auch für Kinder ohne Migrationshintergrund mit Sprachdefiziten zu verwenden.

5.3 Für Kinder unter drei Jahren wird mit dem Gewichtungsfaktor 2,0 die Förderung verdoppelt. Dadurch soll die Verringerung der Gruppengröße bzw. ein besseres Personal-Kind-Verhältnis ermöglicht werden. Auch hier wird nicht die konkrete Mittelverwendung von der Bewilligungsbehörde überprüft. Einzuhalten ist der Anstellungsschlüssel, der unter Berücksichtigung des Gewichtungsfaktors berechnet wird (§ 17 Abs. 1 Satz 3 AVBayKiBiG).

Mit Vollendung des dritten Lebensjahres entfällt der Gewichtungsfaktor.

> *Beispiel:*
>
> *Ein Kind ist am 10.9.2017 geboren. Der Gewichtungsfaktor 2,0 kann i. V. m. § 26 Abs. 1 Satz 1 AVBayKiBiG bis 31.8.2020 gewährt werden.*

Ausnahme: In Satz 5 ist der Fall geregelt, dass ein in einer **Kinderkrippe** betreutes Kind während des Betreuungsjahres (1. September bis 31. August) drei Jahre alt wird und sich daher sein Gewichtungsfaktor von 2,0 auf 1,0 verringert. Förderrechtlich wird diese Änderung erst zum Beginn des nächsten Kindergartenjahres (1. September) berücksichtigt, weil Kinder in der Regel auch erst zu diesem Zeitpunkt in eine neue Einrichtung wechseln (können). Der Zweck der Regelung besteht darin, dem vorzubeugen, dass ein Träger gezielt und bevorzugt Kinder neu aufnimmt, die nicht schon im laufenden Kindergartenjahr das dritte Lebensjahr vollenden. Zudem dient die Regelung der Planungssicherheit. Eine Krippengruppe umfasst in der Praxis bis zu 12 Kinder. Bei dieser geringen Kinderzahl ist eine Halbierung der kindbezogenen Förderung regelmäßig signifikant und wirkt sich auf die Planungssicherheit des Trägers aus.

Mit Änderung des BayKiBiG zum 1.1.2013 wurde diese Ausnahmeregelung nun auch für andere Kindertageseinrichtungen gesetzlich erweitert (Art. 21 Abs. 5 Satz 6 BayKiBiG). Schon vorher hat das StMAS den Gewichtungsfaktor 2,0 bis längstens Ende des Kindergartenjahres anerkannt, wenn die betreffende Gemeinde entsprechend.

5.4 Für **Schulkinder** gilt ab Schuleintritt der Faktor 1,2. Durch den um 0,2 höheren Faktor wird im Grunde eine Buchungsstunde zusätzlich einberechnet. Der Träger muss nämlich das gesamte Personal meist bereits zu einem Zeitpunkt vorhalten, zu dem noch nicht alle Kinder wegen des unterschiedlichen Schulendes anwesend sind. Dies soll durch den höheren Faktor zum Ausgleich gebracht werden. Fraglich ist, ab wann der erhöhte Gewichtungsfaktor zu leisten ist. Unter Schuleintritt ist der Beginn des Unterrichts zu verstehen, nicht der Beginn des Schuljahres nach Art. 5 Abs. 1 BayEUG. Nach § 26 Abs. 1 AVBayKiBiG wird somit bei einem Unterrichtsbeginn Mitte September der erhöhte Gewichtungsfaktor am 1. September wirksam.

5.5 Durch den Gewichtungsfaktor 4,5 für Kinder mit Behinderung oder für mit von Behinderung bedrohte Kinder sollen die notwendigen organisatorischen Veränderungen für eine inklusive Arbeit der Kindertageseinrichtungen unterstützt werden. In aller Regel setzt Inklusion eine günstigeres Personal-Kind-Verhältnis (kleinere Gruppen) bzw. den Einsatz weiterer pädagogischer Kräfte voraus. Inklusion erfolgt durch Zusammenwirken mehrerer Kostenträger. Dies sind die Gemeinden und Träger, die die Kindertageseinrichtungen bereitstellen. Ihr Auftrag ist es, ein Bildungsangebot unabhängig von Behinderung, kultureller Herkunft, Geschlecht usw. anzubieten. Daneben soll das Teilhaberecht von Kindern mit Behinderung oder von mit Behinderung bedrohter Kinder durch Maßnahmen der Eingliederungshilfe umgesetzt werden. Der Gewichtungsfaktor 4,5 betrifft ausschließlich das Bildungsangebot Kindertageseinrichtung. Den Anspruch auf erhöhte Förderung gegen Gemeinde bzw. den Freistaat hat der Träger. Daneben tritt die Eingliederungshilfeleistung. Dabei handelt es sich um einen Anspruch des Kindes. Auch unter Berücksichtigung der Subsidiarität kann die Förderung nach dem BayKiBiG nicht auf die Eingliederungshilfeleistung angerechnet werden.

Der Leistungserbringer der Eingliederungshilfe (Bezirk, Jugendamt) ist Herr des Verfahrens bezüglich dieser Individualleistung. Bezirk und Jugendamt entscheiden somit auch, wer die Eingliederungsleistung konkret erbringt. In diesem Rahmen kann auch der Träger oder das Personal der Kindertageseinrichtung beauftragt werden. Hierfür haben Bezirke und Trägerverbände eine Rahmenvereinbarung nach dem 10. Kapitel SGB XII geschlossen (T-K-Kita; Anhang 10).

Ob der Faktor 4,5 anzuwenden ist, ist von der Gemeinde bzw. von der Bewilligungsbehörde (Art. 29 BayKiBiG) festzustellen. Der Gewichtungsfaktor 4,5 wird nur dann geleistet, wenn entsprechende Leistungsverträge zur Eingliederungshilfe geschlossen und daraus Leistungen tatsächlich erbracht werden. Durch dieses Abhängigkeitsverhältnis soll sichergestellt werden, dass Eingliederungshilfe und BayKiBiG-Leistung tatsächlich parallel erbracht werden.

Der Gewichtungsfaktor 4,5 wird der kindbezogenen Förderung zugrunde gelegt, wenn folgende Voraussetzungen erfüllt sind:

– Das Kind ist nach Maßgabe des § 2 Abs. 1 SGB IX **behindert oder von wesentlicher Behinderung bedroht**.

– Für das Kind besteht ein Eingliederungshilfebedarf, den der Träger der Eingliederungshilfe (bis 31.12.2019 die zuständige Sozialhilfeverwaltung) nach § 99 SGB IX oder der Träger der öffentlichen Jugendhilfe für Schulkinder nach § 35a SGB VIII durch Bescheid festgestellt hat. Mit Wirkung ab 1.1.2020 wurde der bisherige Gesetzesverweis (§ 53 SGB XII) geändert. Es handelt sich um eine redaktionelle Folgeänderung aufgrund der Herauslösung der Eingliederungshilfe aus dem SGB XII (Sozialhilfe) und deren Überführung als „Besondere Leistungen zur selbstbestimmten Lebensführung für Menschen mit Behinderungen" in das SGB IX (Rehabilitation und Teilhabe von Menschen mit Behinderungen) ab dem Jahr 2020 (s. Gesetzesbegründung, LT-Drs. 18/3646). Die in Art. 21 Abs. 5 Satz 2 BayKiBiG enthaltenen Rechtsverweise auf das SGB XII wurden daher ersetzt durch Verweise auf entsprechende Regelungen im SGB IX. § 99 SGB IX verweist auf § 53 in der am 31.12.2019 geltenden Fassung des SGB XII.

– Kindertageseinrichtung und Leistungserbringer der Eingliederungshilfe haben eine Leistungsvereinbarung abgeschlossen. Daraus werden Leistungen erbracht.

Im Einzelnen:

5.5.1 Für die um 350 % höhere kindbezogene Förderung reicht es nicht aus, wenn eine Behinderung des Kindes, z. B. durch einen Schwerbehindertenausweis, festgestellt ist. Die Gewährung des höheren Gewichtungsfaktors setzt einen Bescheid des zuständigen Bezirks (oder der Jugendhilfe) voraus, in dem auf Antrag der Eltern (Personensorgeberechtigten) ausdrücklich eine Eingliederungshilfemaßnahme in Form einer Kostenübernahme für eine Aufnahme des Kindes in Einzelintegration oder in einer inklusiven Kindertageseinrichtung festgestellt ist, weil das Kind behindert oder von Behinderung bedroht (§ 2 Abs. 1 SGB IX) und dadurch wesentlich in seiner Fähigkeit eingeschränkt ist, an der Gesellschaft teilzuhaben (§ 99 SGB IX bzw. § 35a Abs. 1 SGB VIII). Ein festgestellter Eingliederungshilfeanspruch des Kindes auf eine ambulante Leistung reicht somit für den Faktor 4,5 nicht. Der Gewichtungsfaktor soll einen durch die Inklusion bedingten höheren **einrichtungsbezogenen** Bildungs-, Erziehungs- und Betreuungsaufwand ausgleichen und zielt darauf ab, die Rahmenbedingungen für die inklusive Arbeit durch Absenkung der Gruppengröße zu schaffen. Er erfasst somit nicht Fälle, in denen das Kind mit Behinderung zwar z. B. gewisser medizinischer Leistungen bedarf, dieses die Kindertageseinrichtung aber regulär besuchen kann und der Träger infolge der Aufnahme keine besonderen organisatorischen oder personellen Maßnahmen treffen muss.

5.5.2 Für die Gewährung des Faktors 4,5 ist allein die Feststellung des Eingliederungshilfeanspruchs nicht mehr ausreichend. Die seit 2013 gültige Fassung des BayKiBiG setzt nun voraus, dass nicht nur der Eingliederungshilfeanspruch festgestellt ist, sondern Bezirk oder Jugendamt deswegen Leistungen **tatsächlich** erbringen.

Diese Leistung muss im Bereich der Sozialhilfe aufgrund einer Vereinbarung nach dem 10. Kapitel SGB XII erbracht werden. Nach § 75 SGB XII soll der Bezirk mit den Leistungsanbietern Maßnahmen zu Leistungs-, Vergütungs- und Prüfvereinbarungen treffen. Als Grundlage hierfür hat die Landesentgeltkommission im Jahr 2007 eine Rahmenvereinbarung T-K-Kita beschlossen.

Durch die Neuregelung wird sichergestellt, dass beide Leistungen (kindbezogene Förderung und Eingliederungshilfe) nebeneinander erbracht werden müssen. Gleichzeitig wird durch die Notwendigkeit des Abschlusses einer Vereinbarung nach §§ 75 ff. SGB XII sichergestellt, dass ein Gesamtkonzept für die Bildung, Erziehung und Betreuung des Kindes in der Kindertageseinrichtung entwickelt und die Leistungen der Eingliederungshilfe und die Bildungsarbeit in der Kindertageseinrichtung aufeinander abgestimmt werden. Das Zusammenspiel aus Jugendhilfe und Sozialhilfeträger entspricht im Übrigen der Konzeption des Bundesgesetzgebers in § 22a Abs. 4 Satz 2 SGB VIII, nach dem bei der Gestaltung von inklusiven Angeboten für Kinder mit Behinderung Sozialhilfeträger (nun Träger der Eingliederungshilfe) und Jugendhilfeträger zusammenarbeiten sollen.

5.5.3 Art. 21 Abs. 5 Nr. 4 BayKiBiG sieht vor, dass zwischen Kindertageseinrichtung und Bezirk eine Leistungsvereinbarung geschlossen wurde und der Bezirk hieraus Leistungen erbringt. Damit sollen sog. „**Nullbescheide**" ausgeschlossen werden, wonach manche Bezirke zwar den Eingliederungshilfeanspruch des Kindes feststellen, jedoch mit dem Hinweis selbst keine Leistungen erbringen, dass die Unterbringung des Kindes in einer mit dem Gewichtungsfaktor 4,5 geförderten Einrichtung ausreiche, um die Teilhabemöglichkeiten des Kindes sicherzustellen. Nicht notwendig ist, dass die konkrete Leistungsvereinbarung zwischen Bezirk und Einrichtungsträger **alle** die in der Rahmenleistungsvereinbarung T-K-Kita aufgeführten Einzelleistungen beinhaltet und diese auch alle erbracht werden oder sich überhaupt an der Rahmenleistungsvereinbarung orientiert. Es obliegt aber den inklusiv arbeitenden Einrichtungen, im Interesse der Kinder möglichst nur Vereinbarungen aufgrund der Rahmenleistungsvereinbarung T-K-Kita abzuschließen und die entsprechenden Leistungen auch umfänglich einzufordern. Der Gesetzestext verwendet den Plural „Leistung**en**". Daraus könnte abgeleitet werden, dass mindestens **zwei** unterschiedliche Leistungen gleichzeitig erbracht werden. In der Praxis geht man davon nicht aus, wenn es sich um wiederkehrende Leistungen (z. B. monatliche Zahlungen) handelt.

Die Rahmenleistungsvereinbarung sieht bei der Förderung für Kinder mit Eingliederungshilfeanspruch insbesondere folgende Leistungen vor:

– Zusätzliche Betreuungsstunden über eine Anhebung des Gewichtungsfaktors 4,5 auf 5,5,

– Kostenerstattung für behinderungsspezifische Sachausstattung über eine individuelle Leistungsvereinbarung.

5.5.4 Für die Gewährung des Gewichtungsfaktors 4,5 reicht nicht irgendeine Leistung des Bezirks (bzw. Jugendhilfe) aus. Der Bezirk (bzw. die Jugendhilfe) muss hierzu aufgrund der mit der Kindertageseinrichtung geschlossenen Leistungsvereinbarung verpflichtet sein.

Beispiel:

Problematisch kann dies im Falle des Einsatzes eines Integrationsbegleiters sein. Der Integrationsbegleiter ist eine typische Maßnahme der Eingliederungshilfe. Sie ist nicht Gegenstand der Rahmenleistungsvereinbarung T-K-Kita (Anhang 10). Die Leistung des Bezirks rechtfertigt somit in aller Regel nicht die Gewährung des

Gewichtungsfaktors 4,5. Eine Ausnahme ist dann gegeben, wenn die Kindertages-einrichtung den Integrationshelfer stellt und sich der Bezirk per Vertrag verpflichtet hat, diese Leistung der Einrichtung zu vergüten. Unschädlich wäre dabei, wenn die Einrichtung diesen Fachdienst durch einen externen Anbieter erst beschaffen muss, denn es bleibt eine Leistung der Einrichtung.

5.5.5 Für den Bereich der Jugendhilfe haben die Träger der öffentlichen Jugendhilfe entsprechende Leistungsvereinbarungen nach §§ 78a ff. SGB VIII zu schließen und daraus eine Leistung als Fördervoraussetzung für die Gewährung des Gewichtungsfaktors 4,5 zu erbringen. Eine der T-K-Kita entsprechende, speziell auf die Kindertageseinrichtungen ausgerichtete Vereinbarung nach § 78 f SGB VIII fehlt bisher, wird von den freien Verbänden jedoch angestrebt.

5.5.6 Art. 21 Abs. 5 Satz 2 Nr. 5 BayKiBiG regelt, dass ausnahmsweise die kindbezogene Förderung bzw. der erhöhte Gewichtungsfaktor 4,5 auch dann geleistet werden darf, wenn der Eingliederungshilfeanspruch des Kindes noch nicht festgestellt ist. Die Regelung trägt einerseits zur Planungssicherheit des Trägers der Einrichtung bei, andererseits soll vermieden werden, dass wertvolle Zeit für eine individuelle Förderung des Kindes verloren geht. Damit nicht das Ergebnis des Verfahrens zur Feststellung des Eingliederungshilfeanspruchs abgewartet werden muss, wird der Gewichtungsfaktor 4,5 auf Antrag des Trägers für einen Zeitraum von bis zu sechs Monaten unabhängig vom Ausgang des Verfahrens beim Bezirk oder beim Träger der öffentlichen Jugendhilfe gewährt.

5.5.6.1 Art. 21 Abs. 5 Satz 2 Nr. 5 BayKiBiG dient in erster Linie dem Träger der Einrichtung. Für die Planung ist es wichtig zu wissen, ob Änderungen beim Personal refinanziert werden. Vor diesem Hintergrund hat der Träger die Wahl: Entweder er schätzt die Situation zu unbestimmt ein und er verzichtet zunächst auf eine personelle Entscheidung. In der Wartezeit bis zur Entscheidung wird der sonst reguläre Gewichtungsfaktor im KiBiG.web für das betreffende Kind eingetragen. Oder der Träger stützt sich auf Art. 21 Abs. 5 Satz 2 Nr. 5 BayKiBiG. Mit der Gewährung des Gewichtungsfaktors 4,5 ändert sich auch die Berechnung des Anstellungsschlüssels. Wenn der Träger allerdings die Vorteile der Nr. 5 in Anspruch nimmt, muss er dies in allen Konsequenzen tun und insbesondere das Personal so vorhalten, als wäre der Eingliederungshilfeanspruch bereits positiv verbeschieden. Die Buchungszeit des Kindes wird mit dem Gewichtungsfaktor 4,5 multipliziert und findet so Eingang in den Anstellungsschlüssel (§ 17 AVBayKiBiG).

Im Gegensatz zu Art. 21 Abs. 5 Satz 2 Nr. 4 BayKiBiG hat der Träger somit eine Option, ob er für das Kind den Gewichtungsfaktor 4,5 oder z. B. 1,0 im KiBiG.web einträgt. Im Falle eines Kindes mit Behinderung und **festgestelltem** Eingliederungshilfeanspruch hat der Träger dagegen keine Wahl. Er muss in den Anstellungsschlüssel das betreffende Kind mit dem Gewichtungsfaktor 4,5 einrechnen. In diesem Fall geht es nicht um Planungssicherheit des Trägers, sondern um Erfüllung des nun definitiv höheren Förderbedarfs (s. auch Erl. **5.7**). Eine Ausnahme gilt bei rückwirkend festgestelltem Eingliederungshilfeanspruch, soweit nicht Art. 21 Abs. 5 Satz 2 Nr. 5 BayKiBiG greift.

5.5.6.2 Entsprechend Art. 21 Abs. 5 Satz 2 Nr. 4 BayKiBiG muss es sich um eine Einrichtung handeln, die mit dem Kostenträger eine Leistungsvereinbarung abgeschlossen hat. Dadurch soll sichergestellt werden, dass die betreffende Einrichtung bei einem positiv festgestellten Eingliederungshilfeanspruch in der Lage ist, die Förderungsmaßnahmen der Eingliederungshilfe qualitativ fortzuführen. Es soll mit anderen Worten vermieden werden, dass ggf. der Bezirk den Eingliederungshilfeanspruch des Kindes bejaht und eine Förderung in einer Kindertageseinrichtung unterstützt, dann aber die Einrichtung ablehnt, weil diese den Anforderungen nicht genügt, geeignete Maßnahmen zur Teilhabe des Kindes am gesellschaftlichen Leben zu ergreifen.

5.5.6.3 Aus der Leistungsvereinbarung (s. o. Erl. **5.5.2** und **5.5.5**) müssen nach dem Wortlaut Leistungen erbracht werden. Diese Anforderung ist dahingehend zu interpretieren, dass es bereits ein Vertragsverhältnis nach §§ 75 ff. SGB XII oder §§ 78a ff. SGB VIII zwischen Kostenträger, der mit dem Antrag auf Eingliederungshilfe befasst ist, und Träger der Einrichtung gibt und daraus und in einem anderen Fall bereits Leistungen erbracht werden.

> *Beispiel:*
>
> *Die Eltern haben für ihr Kind K am 15. Mai einen Antrag beim zuständigen Bezirk auf Eingliederungshilfe gestellt. Gleichzeitig melden sie K für die Zeit ab September im inklusiven Kindergarten KG an. Im Kindergarten KG befinden sich bereits drei Kinder mit Behinderung, für die der Bezirk Eingliederungshilfeleistung auf Grundlage der Rahmenleistungsvereinbarung T-K-Kita leistet. Der Gewichtungsfaktor für diese drei Kinder beträgt 4,5. Der Träger beabsichtigt wegen Aufnahme von K eine Erhöhung des Personalanteils, benötigt hierfür aber höhere Fördermittel. Eine Entscheidung des Bezirks über den Eingliederungshilfeanspruch liegt noch nicht vor. Aufgrund von Art. 21 Abs. 5 Satz 2 5. Spiegelstrich BayKiBiG kann der Gewichtungsfaktor 4,5 bereits mit Wirkung ab September für längstens sechs Monate bezahlt werden:*
>
> – *Es läuft ein Verfahren auf Eingliederungshilfe beim Bezirk,*
> – *es handelt sich um eine inklusiv arbeitende Einrichtung, die mit dem Bezirk eine Leistungsvereinbarung geschlossen hat,*
> – *aus dieser Vereinbarung werden Leistungen für drei Kinder erbracht,*
> – *die Tatbestandsvoraussetzungen liegen kumulativ bereits im September vor, sodass der Gewichtungsfaktor 4,5 nach § 26 Abs. 1 Satz 1 AVBayKiBiG von Beginn des Kindergartenbesuchs bezahlt werden kann.*

Dass der Antrag auf Eingliederungshilfe bereits im Mai gestellt wurde, ist für die Gewährung des Gewichtungsfaktors 4,5 unerheblich. Die Monate Mai und August werden nicht etwa auf die sechs Monate im 5. Spiegelstrich angerechnet.

5.5.6.4 Sollte der Bezirk z. B. im Oktober den Antrag abschlägig verbescheiden, ist die Zahlung des höheren Gewichtungsfaktors einzustellen. Dies richtet sich nach § 26 Abs. 1 Satz 1 AVBayKiBiG. Maßgebend ist, wann der ablehnende Bescheid in Bestandskraft erwächst. Der Gewichtungsfaktor entfällt mit Beginn des Monats, in dem dieses Ereignis fällt. Wenn ein Rechtsbehelf eingelegt wird, läuft somit die Förderung mit dem Gewichtungsfaktor 4,5 fort.

Im Beispielsfall könnte die höhere Förderung längstens bis Ende Februar erfolgen.

5.5.6.5 Fraglich ist, ob Art. 21 Abs. 5 Satz 2 Nr. 5 BayKiBiG auch dann greift, wenn zwar eine Leistungsvereinbarung geschlossen wurde, aber derzeit daraus keine Leistungen erbracht werden. Dies wäre z. B. der Fall, wenn die bisher geförderten Kinder mit Behinderung die Einrichtung verlassen und nun z. B. neue Kinder aufgenommen werden sollen, bei denen das Eingliederungshilfeverfahren jeweils noch nicht abgeschlossen ist. Die unterschiedliche Zeitform der Worte „wurde" und „werden" deutet darauf hin, dass die Ausnahmevorschrift des Art. 21 Abs. 5 Satz 2 Nr. 5 BayKiBiG nur für bereits erfahrene inklusiv tätige Einrichtungen gelten soll. Art. 21 Abs. 5 Satz 2 Nr. 5 BayKiBiG gilt nicht für inklusive Einrichtungen, die gerade ihre Tätigkeit aufnehmen oder die erstmals ein Kind mit Behinderung aufnehmen. Das Wort „werden" besagt überdies, dass die Einrichtung **aktiv und aktuell** ein inklusives Konzept verfolgt. Leistungsvereinbarungen, die nicht mehr in Anspruch genommen werden und nur noch auf dem Papier stehen, genügen nicht für die Ausnahmeregelung in Art. 21 Abs. 5 Satz 2 Nr. 5 BayKiBiG Nr. 5. Unschädlich sind demnach kurzfristige Unterbrechungen, die auf den regulären Wechsel in einer Einrichtung zurückzuführen sind.

5.5.7 Der Gewichtungsfaktor für die Bildung, Erziehung und Betreuung von behinderten oder von wesentlicher Behinderung bedrohten Kindern kann nach Satz 3 im Einzelfall von der Bewilligungsbehörde **bei integrativen bzw. inklusiven Kindertageseinrichtungen (Art. 2 Abs. 3 BayKiBiG)** noch erhöht werden.

5.5.7.1 Voraussetzung für die Erhöhung des Gewichtungsfaktors ist das Einvernehmen der Gemeinde. Mit dieser Erhöhung soll erforderliches zusätzliches Fachpersonal bezuschusst werden. Was die Berechnung des erhöhten Faktors anbelangt, wird auf die **konkreten Personalkosten** (Arbeitgeberbrutto) abgestellt.

Die kommunalen Spitzenverbände, die Spitzenverbände der freien Wohlfahrtspflege sowie das StMAS haben mit Erklärung vom 1.9.2007 zur Frage der Gewährung des Faktors 4,5 + × folgende Empfehlungen vereinbart:

„Der Faktor „+x" wird für zusätzlich benötigtes Personal in integrativen Einrichtungen gewährt….

Der Zeitaufwand und die Qualifikation der Integrationskraft sind vom behindertenspezifischen Mehraufwand abhängig. Dieser Bedarf ist vom Träger zu begründen. Ohne gesonderte Begründung wird empfohlen, bei einer durchschnittlichen Buchungszeit von in der Regel sechs Stunden täglich für Einrichtungen mit

– drei behinderten oder von Behinderung bedrohten Kindern 0,6,

– vier behinderten oder von Behinderung bedrohten Kindern 0,8 und

– fünf behinderten oder von Behinderung bedrohten Kindern 1,0

Integrationskräfte einzusetzen.

Der Faktor „+x" wird auf Basis der jährlichen tatsächlichen Personalkosten (Arbeitgeberbrutto) berechnet. Kindbezogen werden 80 % hiervon gefördert."

5.5.7.2 Zusatzkräfte, die nach Maßgabe des Faktors +x beschäftigt werden, werden **nicht** in den Anstellungsschlüssel eingerechnet. Werden diese Zusatzkräfte bei Ausfall des Stammpersonals herangezogen, um den Anstellungsschlüssel einzuhalten, entfällt die Förderung nach dem Faktor +x.

5.5.7.3 Heilerziehungspflegerinnen oder Heilpädagogen sind nach § 16 Abs. 2 Nr. 4 AVBayKiBiG Fachkräfte und können als solche auch ohne Weiterbildung zur Fachkraft im Erziehungsdienst die Leitung der Einrichtung übernehmen (s. § 16 AVBayKiBiG Erl. 2.5). Auch in dieser Funktion ist eine Förderung als Zusatzkraft grundsätzlich möglich. Allerdings ist in diesem Fall die für die Leitungstätigkeiten erforderliche mittelbare Arbeitszeit bei Berechnung des Faktors 4,5 + × zum Abzug zu bringen.

5.5.7.4 Übertarifliche Personalkosten sind mit dem Faktor 4,5 + × grundsätzlich nicht förderfähig. Maßstab ist die Eingruppierung im Tarifvertrag für den öffentlichen Dienst (TVöD-VKA) und den ab 1.11.2009 geltenden Entgeltgruppen für die Beschäftigten im Sozial- und Erziehungsdienst (SuE). Geringfügige Abweichungen im Entgelt, die auf die Anwendung anderer Tarifverträge zurückzuführen sind, sind bei regulärer Eingruppierung entsprechend der Qualifikation, dem Alter und der Zugehörigkeit zum Arbeitgeber unerheblich.

5.5.7.5 Nach Art. 2 Abs. 3 BayKiBiG sind integrative Kindertageseinrichtungen Einrichtungen, die von bis zu einem Drittel, mindestens aber von drei behinderten oder von Behinderung bedrohten Kindern besucht werden. Diese mindestens drei Kinder müssen nicht zwingend gleichzeitig und gemeinsam betreut werden, um den Faktor +x anwenden zu können.

5.5.8 Durch den (teilweisen) Verzicht auf eine Antragstellung nach Absatz 5 Satz 2 kann der Träger **nicht** abwenden, dass die kindbezogene Förderung für die Einrichtung insgesamt entfällt. Auf die Inanspruchnahme der Leistung nach dem BayKiBiG kommt es nicht an. Für die genannten Fördervoraussetzungen ist allein ausschlaggebend, ob diese **objektiv** vorliegen.

Beispiel:

In der dreigruppigen Einrichtung mit insgesamt 60 Kinder haben 26 Kinder einen nach § 99 SGB IX festgestellten Eingliederungsanspruch, wonach sie in einer integrativen Kindertageseinrichtung betreut werden sollen. Ein Förderanspruch nach dem BayKiBiG liegt nicht vor, weil die Einrichtung zu mehr als einem Drittel von Kindern mit Behinderung besucht wird (Art. 2 Abs. 3; 19 Nr. 10 BayKiBiG). Daran ändert auch nichts, wenn der Träger den Gewichtungsfaktor 4,5 nur für 20 Kinder beantragt.

Entsprechendes gilt, wenn wegen der Einrechnung des Gewichtungsfaktors 4,5 der Kinder mit Behinderung der förderrelevante Anstellungsschlüssel von 1 : 11,0 nach § 17 Abs. 1 AVBayKiBiG überschritten werden würde. Eine Nichtantragstellung des Gewichtungsfaktors würde nicht zur Förderfähigkeit der Einrichtung führen.

5.5.9 Sofern die Kinder mit Behinderung aus verschiedenen Ortschaften stammen, errechnet sich der Faktor 4,5 + x nur bezogen auf die Kinder mit Gewichtungsfaktor 4,5, für die die Aufenthaltsgemeinden ihr Einvernehmen erteilt haben.

Beispiel:

Eine inklusiv arbeitende Einrichtung hat einen überörtlichen Einzugsbereich. Die insgesamt fünf Kinder mit Behinderung stammen aus drei verschiedenen Gemeinden: Aus A und B kommen je zwei Kinder, aus C kommt ein Kind. Wird das Einvernehmen begründet von C nicht erteilt (für das betreffende Kind ist zusätzliches Personal nicht erforderlich), errechnet sich die Erhöhung des Gewichtungsfaktors bezogen auf das jährliche Arbeitgeberbrutto für die Zusatzkraft lediglich betreffend der vier Kinder mit Behinderung aus A und B.

5.5.10 Ausblick

Art. 21 BayKiBiG wurde infolge des Gesetzes zur Stärkung der Teilhabe und Selbstbestimmung von Menschen mit Behinderungen (Bundesteilhabegesetz – BTHG) vom 23.12.2016 (BGBl. S. 3234) durch das BayTHG II angepasst. Es bleibt abzuwarten, ob für Kinder im Rahmen der vom Bund geplanten Reform zur Änderung des SGB VIII eine eigenständige Regelung zur Eingliederung geschaffen wird und die unterschiedlichen Bestimmungen im SGB VIII und SGB IX harmonisiert werden (Stichwort: große Lösung).

Ferner hat die verstärkte Zuwanderung von Kindern mit Fluchthintergrund gesetzgeberischen Handlungsbedarf offenbart. Grundsätzlich gilt das SGB VIII und der dort verankerte Rechtsanspruch des Kindes auf einen Betreuungsplatz unabhängig vom Aufenthaltsstatus (s. §§ 6 Abs. 1 und 4 i. V. m. 24 SGB VIII). Damit ist mit dem gewöhnlichen Aufenthalt in Bayern die Geltung des SGB VIII sowie des BayKiBiG eröffnet. Nach Art. 64 Abs. 2 Satz 1 AGSG werden Maßnahmen der Frühförderung für Kinder unabhängig von der Art der Behinderung von den Trägern der Eingliederungshilfe nach den Vorschriften des SGB IX (i. V. m. § 66d AGSG) gewährt. Nach Art. 64 Abs. 1 AGSG erhalten Kinder, die auch eine seelische Behinderung haben, die die gleichen Maßnahmen der Eingliederungshilfe nach dem SGB VIII erfordern, oder die von einer solchen Mehrfachbehinderung bedroht sind, Eingliederungshilfe durch den Träger der Eingliederungshilfe nach SGB IX. Dies bedeutet, dass in Bayern Kinder im Vorschulbereich Eingliederungshilfe ausschließlich vom Träger der Eingliederungshilfe (Bezirk, § 66d AGSG) erhalten. Nach § 100 Abs. 2 SGB IX erhalten aber Leistungsberechtigte nach § 1 AsylbLG (z. B. minderjährige Kinder von Eltern mit Aufenthaltserlaubnis wegen Krieges) keine Leistung nach dem SGB IX. Art. 21

Abs. 5 Satz 2 Nrn. 4 und 5 BayKiBiG verweisen aber gerade auf das SGB IX. Der Zweck des § 64 Abs. 2 AGSG, nämlich im Vorschulbereich die Art der Behinderung des Kindes nicht zu unterscheiden, wird daher bei Kindern von Asylbewerbern verfehlt. Art. 64 Abs. 2 Satz 1 AGSG besagt, dass Maßnahmen der Frühförderung für Kinder unabhängig von der Art der Behinderung vorrangig von den Trägern der Eingliederungshilfe nach den Vorschriften des SGB IX zu gewähren sind. Nachdem bei Kindern mit körperlicher und geistiger Behinderung die Anwendung des SGB IX nach § 100 Abs. 2 SGB IX ausscheidet, können nur Kinder, die von § 35a SGB VIII erfasst werden, den höheren Gewichtungsfaktor 4,5 erhalten. Denn der Vorrang der Eingliederungshilfe in Art. 64 Abs. 2 Satz 1 AGSG bewirkt keine Freistellung des nachrangig verpflichteten Trägers der öffentlichen Jugendhilfe im Verhältnis zum Anspruchsberechtigten und keine alleinige Zuständigkeit des vorrangig verpflichteten Leistungsträgers (Bezirk). Wenn, wie hier, die Leistungspflicht des Bezirks ausscheidet, entfällt nicht zugleich auch die Zuständigkeit des Trägers der öffentlichen Jugendhilfe für Kinder mit seelischer Behinderung, sondern lebt die Zuständigkeit des Jugendhilfeträgers wieder auf. Unabhängig von der Art der Behinderung und der Herkunft der Kinder ist für die Träger der Kindertageseinrichtungen, die Asylbewerberkinder mit Behinderung aufnehmen, von einem höheren erzieherischen und pflegerischen Aufwand auszugehen. Daher sollte für alle Kinder mit Behinderung unterschiedslos die notwendigen Rahmenbedingungen für die Bildung, Erziehung und Betreuung in Kitas refinanziert werden. Hierfür sollten die gesetzlichen Bestimmungen angepasst werden.

5.6 In Art. 21 Abs. 5 Satz 2 Nr. 6 BayKiBiG ist der Gewichtungsfaktor für Kinder mit Migrationshintergrund geregelt. Danach erhalten Kinder den Gewichtungsfaktor 1,3, deren Eltern beide nicht deutschsprachiger Herkunft sind. Auf die gesprochene Familiensprache kommt es, anders als in der Bundesstatistik, somit nicht an. Folgende Kriterien sind maßgebend:

– **Beide** Elternteile müssen einen Migrationshintergrund aufweisen. Lebt das Kind nachweislich bei einem alleinstehenden Elternteil, kommt es allein auf dessen sprachliche Herkunft an.

– Die Staatsbürgerschaft ist zwar ein Indiz für die Anwendung dieses Gewichtungsfaktors, ist allerdings nicht entscheidend. Mit erfasst werden auch die Kinder von Aussiedlern. Auch Kinder von z. B. Eltern türkischer Herkunft mit deutscher Staatsangehörigkeit erhalten den Gewichtungsfaktor.

– Es kommt nicht darauf an, wo die Eltern geboren sind. Bei dem notwendigen Migrationshintergrund kommt es nicht allein auf die Elterngeneration an, sondern es ist ggf. auch auf den der Großeltern abzustellen. Entscheidend ist die Integration der Familie in Deutschland. Wenn die Familien beider Elternteile einen Migrationshintergrund aufweisen und die Familiensprache nicht Deutsch ist, greift der Gewichtungsfaktor von 1,3. Dies gilt auch dann, wenn die Eltern hervorragend deutsch sprechen sollten. Der sonst notwendige Aufwand einer Feststellung des Sprachstands soll gerade vermieden werden (s. auch Erl. 5.2).

Siehe zum Nachweis der Voraussetzungen des Gewichtungsfaktors Newsletter 29 und 43 (s. http://www.stmas.bayern.de/imperia/md/content/stmas/stmas_internet/kinderbetreuung/stmas-baykitag-43.pdf).

5.7 Für die Tagespflege gilt nach Art. 21 Abs. 5 Satz 7 BayKiBiG ein einheitlicher Gewichtungsfaktor von 1,3. Dieser ist der Höhe nach so konzipiert, dass über das reguläre Tagespflegegeld hinaus eine Erhöhung des Tagespflegegeldes, ein Beitrag zur Alterssicherung und ggf. zur Krankenversicherung, die Qualifizierung der Tagespflegepersonen, deren Betreuung und Begleitung sowie die Ersatzbetreuung bei Ausfallzeiten finanziert werden können. Auf die Kommentierung zu § 18 AVBayKiBiG wird insoweit verwiesen.

Auf Richtlinienbasis wird im Vorgriff auf eine künftige Änderung des BayKiBiG zur Umsetzung der Inklusion in der Tagespflege der Gewichtungsfaktor für Kinder mit (drohender)

Behinderung auf 4,5 angehoben (Richtlinie zur Förderung der Inklusion in der Kindertagespflege vom 14.3.2018 – AllMBl 4/2018).

5.8 Soweit für ein Kind tatbestandsmäßig mehrere Gewichtungsfaktoren zutreffen, gilt jeweils nur der höchste Gewichtungsfaktor (Art. 21 Abs. 5 Satz 4 BayKiBiG). Die Gewichtungsfaktoren kommen somit nicht kumulativ zur Anwendung.

Beispiel:

Ein Kind im Alter von zwei Jahren mit beiden Eltern nicht deutschsprachiger Herkunft besucht einen Kindergarten. Es gilt der Gewichtungsfaktor 2,0. Vollendet das Kind das dritte Lebensjahr und entfällt der Faktor 2,0, kommt wegen des Migrationshintergrunds der Faktor 1,3 zur Anwendung.

Art. 22

Umfang des Förderanspruchs des Trägers einer Kindertageseinrichtung

[1] **Der Träger hat gegenüber den Gemeinden einen Anspruch in Höhe der staatlichen Förderung an die Gemeinden erhöht um einen Eigenanteil der Gemeinden. Der jährliche Eigenanteil der Gemeinde pro Kind errechnet sich als Produkt aus Basiswert ohne Erhöhung nach Art. 23 Abs. 1, Buchungszeit- und Gewichtungsfaktor. [3] Sachleistungen der Gemeinde können auf die kommunale Förderung angerechnet werden.**

Erläuterungen

Übersicht

1. Vorbemerkung
2. Förderanspruch gegen die Gemeinde

1. Vorbemerkung

Art. 22 BayKiBiG korrespondiert mit Art. 18 Abs. 1 BayKiBiG, in dem bestimmt ist, gegen welche Gemeinde sich der kindbezogene Förderanspruch richtet. In Art. 22 BayKiBiG wird der Umfang des Förderanspruchs des Trägers einer Kindertageseinrichtung festgelegt. Mit der Änderung des BayKiBiG zum 1.1.2013 entfiel das Erfordernis der Feststellung der Bedarfsnotwendigkeit eines Platzes. Unabhängig davon errechnet sich der Förderanspruch pro Kind nach Maßgabe des Basiswertes, des Gewichtungsfaktors und des Buchungszeitfaktors.

2. Förderanspruch gegen die Gemeinde

2.1 Der Förderanspruch des kommunalen, freigemeinnützigen oder sonstigen Trägers richtet sich gegen die Aufenthaltsgemeinde (Art. 18 Abs. 1 BayKiBiG). Der Umfang des Anspruchs wird ermittelt durch Zusammenrechnung des staatlichen Förderanteils (Art. 18 Abs. 2 Satz 1 BayKiBiG) und des gemeindlichen **Eigenanteils**. Dieser Eigenanteil der Gemeinde errechnet sich pro Kind durch Multiplikation von Basiswert, Gewichtungsfaktor und Buchungszeitfaktor. Parallel hierzu bestimmt Art. 21 Abs. 2 BayKiBiG die Höhe des **staatlichen** Förderbetrags. In Abweichung davon fehlt bei der Ermittlung des gemeindlichen Eigenanteils der Basiswert Plus als zusätzlicher Faktor nach Art. 23 Abs. 1 BayKiBiG. Die gesetzliche gemeindliche und staatliche Förderung unterscheidet sich demnach ggf. in Höhe des Qualitätsbonus, sofern hierfür die Fördervoraussetzungen vorliegen. Darüber hinaus weicht der staatliche Buchungszeitfaktor bei der Aufnahme von Kindern unter drei Jahren und bei der Finanzierung von Vorkursen (§ 25 Abs. 1 Satz 2 und 3 AVBayKiBiG) von dem für die Gemeinden ab. Die Unterschiede sind Folge des Konnexitätsprinzips, wonach der Freistaat einseitig zusätzliche Kosten wegen Übernahme zusätzlicher Aufgaben durch die Gemeinde oder veränderter Förderbedingungen trägt.

Förderanspruch des Trägers			=	
Staatlicher Förderanteil			+	Kommunaler Förderanteil
Basiswert multipliziert mit (staatlich erhöhtem) Buchungszeitfaktor (ggf. Erhöhung bei Vorkursen; Kindern U3) multipliziert mit Gewichtungsfaktor (ggf. erhöht um Ausbaufaktor)	+	Basiswert **Plus** multipliziert mit Buchungszeitfaktor (ohne Erhöhung) multipliziert mit Gewichtungsfaktor	+	Basiswert multipliziert mit Buchungszeitfaktor multipliziert mit Gewichtungsfaktor

Der Basiswert ist in Art. 21 Abs. 3 BayKiBiG geregelt, der Gewichtungsfaktor ergibt sich aus Art. 21 Abs. 5 BayKiBiG und der Buchungszeitfaktor aus § 25 AVBayKiBiG.

2.2 Mit dem Begriff „Eigenanteil" legt der Gesetzgeber zugleich fest, dass es sich um eine kommunale Leistung an den Träger handeln muss. Mit anderen Worten fehlt es an einer Tatbestandsvoraussetzung für einen Anspruch der Gemeinde gegenüber dem Freistaat (Art. 18 Abs. 2 Satz 1 i. V. m. Art. 19 Nr. 10 BayKiBiG), wenn sie keine eigenen Mittel für die kindbezogene Förderung aufbringt.

Beispiel:

Der Träger einer Betriebseinrichtung und die Sitzgemeinde vereinbaren, dass der Träger auf den kommunalen Förderanteil verzichtet. Die Sitzgemeinde soll lediglich den staatlichen Förderanteil an den Betrieb weiterleiten. Da es an einem gemeindlichen Eigenanteil fehlt, besteht auch kein Refinanzierungsanspruch der Gemeinde. Ein unbeachtliches Umgehungsgeschäft wäre es, wenn der Betrieb zum Schein Mittel an die Gemeinde leistet, die dann gemeinsam mit dem staatlichen Förderanteil an den Betrieb zurückfließen. Entsprechendes gilt, wenn zunächst regulär die Gemeinde aus dem Kommunalhaushalt den gemeindlichen Förderanteil erbringt, der Betrieb aber zeitversetzt den kommunalen Anteil an die Gemeinde zurücküberweist.

Letztlich dürfte jedoch der Nachweis eines Umgehungsgeschäftes schwierig sein, wenn der Betrieb eine Spende ohne Zweckbindung an die Gemeinde erbringt.

2.3 Fraglich ist, ob ein Eigenanteil der Gemeinde vorliegt, wenn die Zahlung vom Landkreis erbracht wird (s. Erl. 2.7 zu Art. 18 BayKiBiG). Unproblematisch ist dies, wenn der Landkreis lediglich als Zahlstelle fungiert. In diesem Fall handelt es sich um eine der Gemeinde zurechenbare Leistung. Wird der Landkreis z. B. aufgrund vertraglicher Verpflichtung gegenüber dem Träger tätig und beansprucht er gegenüber dem Freistaat die Leistung aus Art. 18 Abs. 2 Satz 1 aus abgetretenem Recht, ist dem gesetzlichen Erfordernis Genüge getan, wenn der Landkreis die in Art. 18 BayKiBiG festgelegte kommunale Leistung erbringt. Art. 18 BayKiBiG soll sicherstellen, dass der Freistaat entsprechend der Zuständigkeitsverteilung nur dann zu Zahlungen verpflichtet ist, wenn die zuständigen Kommunen ihrerseits die gesetzlichen Leistungen erbringen. Dabei ist es unschädlich, auf welcher kommunalen Ebene diese Leistung erbracht wird. Maßgebend ist die Betroffenheit der kommunalen Familie. Dies ergibt sich auch daraus, dass der Freistaat ohne weiteres auch die Refinanzierung übernimmt, wenn der Landkreis subsidiär bei fehlender Leistungsfähigkeit der Aufenthaltsgemeinde in die Zahlungsverpflichtung eintritt (Art. 18 Abs. 3 Satz 1 BayKiBiG i. V. m. § 25 AVBayKiBiG). Im Übrigen finanziert sich der Landkreis auch über die Kreisumlage, die als Eigenanteil i. S. v. Satz 1 zu qualifizieren ist.

2.4 Sachleistungen der Gemeinde können nach **Satz 3** auf die kommunale Förderung angerechnet werden. Die praktische Relevanz ist allerdings mit Blick auf das Sicherstellungsgebot und der Zahlungsverpflichtungen, die viele Gemeinden über die gesetzliche Förderung hinaus freiwillig eingehen, gering. Die Anrechnung von Sachleistungen der Gemeinde auf die kommunale Förderung setzt voraus, dass die Sachleistung einen bestimmbaren Marktwert hat. In Frage kommt zum Beispiel die Anrechnung mietfreier Räumlichkeiten.

2.5 Die nach Satz 1 errechnete Förderung ist eine Gesamtleistung der Gemeinde. Die Gemeinden leiten somit nicht den staatlichen Förderanteil weiter, sondern vereinnahmen diese an sie gerichtete Förderung. Bei Rechtsstreitigkeiten bezüglich der Förderhöhe richtet sich der Klageanspruch des Trägers der Einrichtung somit gegen die Gemeinde. Der Freistaat ist ggf. wegen des Rückgriffs im Verfahren beizuladen.

Art. 23

Zusätzliche staatliche Leistungen

(1) [1] **Der Staat unterstützt die Träger der Kindertageseinrichtungen bei der Verbesserung der Qualität.** [2] **Hierzu wird der Basiswert bei Bemessung der staatlichen Förderung für Kindertageseinrichtungen an die Gemeinden und Landkreise (Art. 18 Abs. 2 und 3) um einen staatlichen Qualitätsbonus erhöht (Basiswert plus).** [3] **Der Qualitätsbonus wird jährlich entsprechend der Entwicklung des Basiswerts durch das Staatsministerium angepasst und bekannt gegeben.**

(2) **Für jedes Kind, welches einen in der Ausführungsverordnung geregelten Vorkurs „Deutsch lernen vor Schulbeginn" besucht, wird die staatliche Förderung zusätzlich erhöht.**

(3) [1] **Zur Entlastung der Familien leistet der Staat neben der Förderung nach Art. 18 Abs. 2 einen Zuschuss zum Elternbeitrag für Kinder in Kindertageseinrichtungen, die die Voraussetzungen des Art. 19 erfüllen.** [2]**Der Zuschuss beträgt 100 Euro pro Monat und wird für die Zeit vom 1. September des Kalenderjahres, in dem das Kind das dritte Lebensjahr vollendet, bis zum Schuleintritt gewährt.** [3]**Der Zuschuss entfällt, wenn der Schulbesuch trotz Schulpflicht verweigert wird. Die Auszahlung erfolgt an die Gemeinden im Rahmen der kindbezogenen Förderung.** [4]**Die Gemeinden sind verpflichtet, den Förderbetrag an die von ihnen nach diesem Gesetz geförderten Träger weiterzureichen.**

Erläuterungen

Übersicht

1. Vorbemerkung
2. Basiswert plus (Absatz 1)
3. Sprachförderung (Absatz 2)
4. Beitragszuschuss (Absatz 3)

1. Vorbemerkung

Mit Wirkung ab 1.1.2013 wurde die bisherige Gastkinderregelung in Art. 23 BayKiBiG a. F., die schon aufgrund der Rechtsprechung des BayVGH (Urt. vom 5.5.2008 – 12 BV 07.3085 –) keine praktische Relevanz mehr hatte, aufgehoben. In Art. 23 BayKiBiG werden nun staatliche Leistungen aufgeführt, für die es keine entsprechende Kofinanzierung einer Gemeinde gibt. Dementsprechend ist Art. 23 BayKiBiG mit „zusätzliche staatliche Leistungen" überschrieben. Zum einen sollen in Art. 23 BayKiBiG Maßnahmen aufgenommen werden, mit denen der Freistaat gezielt steuernd eingreift, um die Qualität der Einrichtungen und damit den Bildungsaspekt unterstützt. Zum anderen muss der Freistaat aufgrund der Konnexität Mehrkosten tragen, die durch zusätzliche Aufgaben oder Änderung der Aufgaben der Gemeinden entstehen. Zu diesem Zweck wurde in Absatz 1 insbesondere ein „Basiswert plus" geschaffen, um die höhere staatliche Leistung gut sichtbar abgrenzen zu können.

Nicht unbedingt systemkonform ist in Absatz 3 der Elternbeitragszuschuss des Freistaates geregelt. Man nimmt dies in Kauf, um die Verwaltungsstruktur der kindbezogenen Förderung zu nutzen und keine andere Bürokratie aufbauen zu müssen.

2. Basiswert plus (Absatz 1)

2.1 Zur qualitativen Verbesserung der Einrichtungen gewährt der Freistaat einen Qualitätsbonus. Dieser erhöht den staatlichen Basiswert (Basiswert plus).

Kindbezogene Förderung des Freistaats:

(Basiswert + Qualitätsbonus)	× Gewichtungsfaktor	× Buchungszeitfaktor
Basiswert plus		

2.2 Um eine Entwertung des Qualitätsbonus im Laufe der Zeit zu verhindern, nimmt dieser regulär an den tariflichen Steigerungen nach Maßgabe des Art. 21 Abs. 3 Satz 2 BayKiBiG teil. Die Anpassung ist in § 20 Abs. 1 AVBayKiBiG geregelt.

2.3 Der erste Anwendungsfall des Qualitätsbonus ist die Änderung des förderrelevanten Anstellungsschlüssels von 1:11,5 auf 1:11,0. Als Mehrbelastungsausgleich leistet der Freistaat ab 1.9.2013 58,25 Mio. Euro. Dieser wurde in einen Qualitätsbonus in Höhe von 52 Euro (Abrechnungsjahr 2013/2014) umgerechnet und beträgt durch Dynamisierung nun 62,93 Euro (2019, Abschlag 2020: 63,97 Euro). Der Qualitätsbonus kommt nach § 20 Abs. 2 AVBayKiBiG (s. Erl. dort) für jeden Monat zur Auszahlung, in dem die Einrichtung den verbesserten Anstellungsschlüssel nach § 17 Abs. 1 AVBayKiBiG erfüllt. Die Antragstellung des Qualitätsbonus erfolgt im Rahmen der kindbezogenen Förderung und wird im Rahmen des KiBiG.web automatisiert vorgenommen.

3. Sprachförderung (Absatz 2)

3.1 Art. 23 Abs. 2 BayKiBiG bildet einen Beitrag zur Verbesserung der Sprachförderung von Kindern. Der Gesetzgeber legt fest, dass der Freistaat im Rahmen der kindbezogenen Förderung zur Finanzierung der sog. Vorkurse beiträgt. Die Höhe der staatlichen Leistung ist in § 25 Abs. 1 Satz 2 AVBayKiBiG geregelt. Danach wird für Kinder mit Migrationshintergrund in Vorkursen der Buchungszeitfaktor um **0,1**, für Kinder ohne Migrationshintergrund um **0,4** erhöht.

3.2 Der Freistaat Bayern hat sog. Vorkurse eingerichtet. Wenn zu befürchten ist, dass die Vorschulkinder bei der Einschulung nicht über ausreichend Deutschkenntnisse verfügen werden, erhalten diese in den Vorkursen Gelegenheit für eine zusätzliche Sprachförderung. Zur Identifizierung des Bedarfs ermittelt die Kindertageseinrichtung bzw. die Grundschule den Sprachstand der Kinder (Art. 37 Abs. 4 BayEUG; s. Erl. zu § 5 AVBayKiBiG). Soweit der Sprachstand nicht ausreichend ist, sollen die Personensorgeberechtigten für ihr Kind die Möglichkeit des Vorkurses in Anspruch nehmen. Diese Vorkurse beginnen künftig regelmäßig im vorletzten Kindergartenjahr und dauern bis zur Einschulung. In dieser

Zeit erfolgt eine gezielte Sprachförderung seitens des Personals der Kindertageseinrichtungen (im vorletzten und letzten Kindergartenjahr) sowie von Grundschullehrkräften (nur im letzten Kindergartenjahr) im Umfang von je 120 Stunden. Die zuständige Grundschule kann ein Kind, das weder eine Kindertageseinrichtung noch einen Vorkurs besucht hat, von der Schulaufnahme zurückstellen und zur Inanspruchnahme eines Vorkurses verpflichten, wenn es im Rahmen der Schulanmeldung nicht über die notwendigen Deutschkenntnisse verfügt (Art. 37 Abs. 4 BayEUG).

3.3 Die unterschiedliche Erhöhung des Buchungszeitfaktors für Kinder mit und ohne Migrationshintergrund ist auf den unterschiedlichen Mehrbelastungsausgleich des Freistaates zurückzuführen:

Vorkurse wurden zunächst nur für Kinder mit Migrationshintergrund eingeführt. Die Zahl der Vorkursstunden wurden dabei mit Wirkung ab dem Schul- bzw. Kindergartenjahr 2008/2009 von zunächst 160 auf nunmehr insgesamt 240 Stunden angehoben. Der bisherige Stundenumfang (80 Stunden) des pädagogischen Personals der Kindertageseinrichtung wurde über den Gewichtungsfaktor 1,3 (Art. 21 Abs. 5 BayKiBiG) finanziert. Die Erhöhung des Vorkurses um **40** Stunden führte zu einer zusätzlichen Verpflichtung der Träger bzw. der Kommunen. Diese ist konnexitätsrelevant (Art. 83 Abs. 3 BV). Der Freistaat Bayern übernimmt daher für diese 40 Stunden über den Gewichtungsfaktor 1,3 hinaus die zusätzlichen Kosten (staatlicher und gemeindlicher Anteil). Bezogen auf den Umfang der am Vorkurs teilnehmenden Kinder mit Migrationshintergrund errechnet sich zum Ausgleich ein Buchungszeitfaktor 0,1.

Mit dem Bildungsfinanzierungsgesetz wurden im Herbst 2013 auch Vorkurse für Kinder ohne Migrationshintergrund eingerichtet. Auszugleichen sind **120** Stunden Vorkurs, die von den Erzieherinnen in den Einrichtungen geleistet werden. Aufgrund der höheren auszugleichenden Stundenzahl errechnet sich unter Berücksichtigung der Fallzahlen zur Abgeltung der Mehrbelastung der Buchungszeitfaktor 0,4.

3.4 Die Leistung des Freistaates Bayern erfolgt an die Gemeinden, indem einseitig der Buchungszeitfaktor für alle Vorkurskinder im letzten Kindergartenjahr von Amts wegen angehoben wird. Anstatt z. B. des Buchungszeitfaktors 1,5 für die Buchung eines Kindes mit Migrationshintergrund im Umfang von mehr als fünf bis einschließlich sechs Stunden, gewährt der Freistaat Bayern somit den Buchungszeitfaktor 1,6.

3.5 Diese Leistung erfolgt auch dann, wenn nur die Kindertageseinrichtung ihren Vorkursanteil erbringt und der schulische Anteil, z. B. aus organisatorischen Gründen, nicht durchgeführt werden kann.

3.6 Bezogen auf das einzelne Kind kann ggf. die erhöhte Leistung auch zwei Jahre hintereinander erfolgen, wenn ein Kind vom Schulbesuch zurückgestellt wird und den Vorkurs im letzten Jahr vor der Einschulung erneut besucht.

3.7 Die Gemeinde hat die höhere staatliche Leistung an die betroffenen freigemeinnützigen oder sonstigen Träger weiterzureichen. Die Förderung nach Art. 23 Abs. 2 ist Bestandteil der staatlichen Förderung nach Art. 22 Satz 1 BayKiBiG.

4. Beitragszuschuss (Absatz 3)

4.1 Art. 23 Abs. 3 BayKiBiG regelt den staatlichen Zuschuss zum Elternbeitrag für Kinder im Kindergartenalter. Der Elternbeitrag nach § 90 Abs. 1 SGB VIII wird von den Trägern eigenverantwortlich festgelegt. Die Intention der Politik einer Beitragsfreiheit ist daher wegen der unterschiedlichen Elternbeitragshöhen schwerlich umzusetzen. Aus diesem Grund hat sich der Bayerische Landtag dafür ausgesprochen, einen Elternbeitragszuschuss zu leisten. Dieser führt bei einer Buchung von etwa sechs Stunden bei der Mehrzahl der Kindergartenbesuche zu einer Beitragsfreiheit, im Übrigen zumindest zu einer deutlichen Senkung des Elternbeitrags.

4.2 Mit dem Beitragszuschuss soll eine hohe Inanspruchnahme der Kindertageseinrichtungen in den letzten drei Jahren bis zur Einschulung nachhaltig und dauerhaft gesichert werden. Die Entlastung der Eltern soll insgesamt dazu beitragen, dass Eltern ihre Kinder möglichst frühzeitig und im erforderlichen Umfang in einer Kindertageseinrichtung anmelden. Der Beitragszuschuss beträgt seit 1.9.2013 einheitlich 100 Euro monatlich.

4.3 Absatz 3 wurde mit Wirkung vom 1.4.2019 durch Gesetz vom 24.5.2019 (GVBl. S. 266) neu gefasst. Der Beitragszuschuss wird demnach nicht mehr nur für einen Zeitraum von längstens 12 Monaten geleistet, sondern unter Berücksichtigung einer Stichtagsregelung für den gesamten vorschulischen Bereich. Im Einzelnen:

4.3.1 Der Zuschuss i. H. v. 100 Euro wird nach Art. 23 Abs. 3 Satz 2 BayKiBiG für die Zeit vom 1. September des Kalenderjahres, in dem das Kind das dritte Lebensjahr vollendet, bis zum Schuleintritt gewährt. Faktisch wurde dadurch der Bezugszeitraum auf drei bis vier Jahre verlängert.

Der Beitragszuschuss wird bis Schuleintritt gewährt. Kehrt das Kind nach z. B. zwei Monaten von der Grundschule zurück in den Kindergarten, besteht erneut Anspruch auf den Beitragszuschuss ab dem Monat, in dem das Kind wieder die Kindertageseinrichtung besucht.

Im Gegensatz zur bisherigen Regelung wird auch nicht mehr auf schulpflichtige Kinder abgestellt. Damit wird der Beitragszuschuss nun auch für Kinder gewährt, die nicht, weil z. B. in einem anderen Bundesland wohnhaft, in Bayern schulpflichtig sind und eine bayerische Kindertageseinrichtung besuchen. Der

4.3.2 Nach **Satz 4** erfolgt der Beitragszuschuss an die Gemeinden im Rahmen der kindbezogenen Förderung (Art. 18 BayKiBiG). Damit handelt es sich um einen Anspruch des jeweiligen Trägers auf Beitragszuschuss, den dieser über das Auszahlungsprogramm KiBiG.web beantragen muss. Auch wenn es sich somit um eine staatliche Leistung zur Entlastung der Familien handelt, besteht **kein** Förderanspruch der Eltern. Der Beitragszuschuss muss und kann daher von den Eltern auch **nicht** beantragt werden.

4.3.3 Aufgrund der Stichtagsregelung kann der Beitragszuschuss für Kinder bereits ab dem 1. September gewährt werden, obwohl sie das dritte Lebensjahr erst im Zeitraum bis Ende des betreffenden Jahres vollenden.

> *Beispiel:*
>
> *Kind geb. am 12.11.2017*
> *Vollendung 3. Lebensjahr am 11.11.2020*
> *Besuch einer Kinderkrippe, Gewichtungsfaktor 2,0*
> *EB-Zuschuss ab 1.9.2020*

Der Gewichtungsfaktor 2,0 ist somit kein Kriterium für die Ablehnung eines Beitragszuschusses. Das BayKiBiG kann jedoch bei diesen Kindern den Anspruch auf einen Beitragszuschuss nicht automatisiert erkennen. Die Markierung als „Zuschuss-Kind" muss daher in den Ist-Monatsdaten insgesamt manuell vorgenommen werden oder sie erfolgt über die Schnittstelle durch Übertrag der Daten aus einer Kita-Verwaltungssoftware (z. B. Adebis-Kita).

Auch die Betreuungsform, ob Kinderkrippe, Haus für Kinder oder Kindergarten, ist für die Gewährung des Beitragszuschusses ohne Relevanz. Entscheidend ist allein, dass es sich um eine BayKiBiG-finanzierte Einrichtung handelt.

Eine rechtswidrige Verweigerung des Schulbesuchs führt zum Entfall der Zahlung des Beitragszuschusses. Das betrifft ausdrücklich nicht die Entscheidung von Eltern von Kindern, die zwischen dem 1. Juli und dem 30. September sechs Jahre alt werden (Einschulungskorridor) und die den Beginn der Schulpflicht auf das kommende Schuljahr verschieben.

4.3.4 Zur Frage, wann ein Kind das dritte Lebensjahr vollendet, sind die Bestimmungen des BGB heranzuziehen (§ 26 Abs. 1 SGB X). Entscheidend ist für die frühestmögliche Gewährung des Beitragszuschusses, wann das Kind das dritte Lebensjahr vollendet. Bei der Bestimmung der Vollendung des dritten Lebensjahres ist der Geburtstag mitzurechnen (Fristbeginn nach § 187 Abs. 2 BGB). Die Frist endet mit Ablauf desjenigen Tages, welcher dem Tag vorhergeht, der durch seine Benennung dem Anfangstag entspricht (§ 188 Abs. 2 BGB). Bei einem Geburtstag am 1. Januar wäre dies also der 31. Dezember. Der Beitragszuschuss kann also bei einem Geburtstag am 1.1.2021 bereits ab 1.9.2020 ausbezahlt werden.

4.3.5 Der Beitragszuschuss setzt den Besuch einer Kindertageseinrichtung voraus, die die Fördervoraussetzungen des Art. 19 BayKiBiG erfüllt. Die Einrichtung muss auch tatsächlich gefördert werden, denn die Auszahlung erfolgt ausschließlich im Rahmen der kindbezogenen Förderung (Art. 23 Abs. 3 Satz 4 BayKiBiG). Ausgeschlossen ist daher der Zuschuss bei dem Besuch des Kindes einer Schulvorbereitenden Einrichtung (SVE) oder einer Tagespflege. Der Anspruch auf den Beitragszuschuss gilt auch nicht bei Inanspruchnahme eines Angebots der Großtagespflege, selbst wenn diese entsprechend einer Einrichtung gefördert werden (Art. 20a BayKiBiG). Das gilt auch im Fall des § 24 Abs. 3 Satz 3 SGB VIII, wenn der Rechtsanspruch z. B. bei besonderem Bedarf in Kindertagespflege erfüllt wird.

Problem:

Die getroffene Stichtagsregelung erfasst in Zusammenhang mit der Tagespflege nicht alle relevanten Fallgruppen. Daraus resultiert eine **Ungleichbehandlung**.

Beispiel:

Kind vollendet das dritte Lebensjahr in der Zeit vom 1. September bis 31. Dezember. Es besucht eine Tagespflege. Nach geltendem Recht entfällt ab September das Bayerische Krippengeld (Art. 23a BayKiBiG). Beitragszuschuss wird nur bei Besuch einer BayKiBiG-Einrichtung bezahlt. Folglich entfällt mit Wirkung ab September eine staatliche Leistung zum Elternbeitrag. Der Rechtsanspruch ab dem vollendeten ersten Lebensjahr kann grundsätzlich auch mit einem Platz in der Tagespflege erfüllt werden. Ob somit eine staatliche Beitragsentlastung erfolgt, ist im Beispielsfall somit allein von dem Zufall abhängig, ob der Träger der Jugendhilfe bei Geltendmachung des Rechtsanspruchs des Kindes einen Platz in einer Kindertageseinrichtung oder in der Tagespflege nachweist. Entsprechendes gilt im Falle des § 24 Abs. 3 Satz 3 SGB VIII, wenn Kinder, die das dritte Lebensjahr vollendet haben, wegen eines besonderen Bedarfs auf die Tagespflege ausweichen müssen.

Fraglich ist, ob diese Ungleichbehandlung gegen Art. 3 GG verstößt. Das BVerfG hat Stichtage grundsätzlich für verfassungsgemäß angesehen, obwohl das unvermeidlich gewisse Härten mit sich bringt (vgl. z. B. BVerfG [3. Kammer des Zweiten Senats], Beschl. vom 19.11.1999 – 2 BvR 1201/99 –). Denn die verfassungsgerichtliche Prüfung von Stichtagsregelungen beschränkt sich darauf, ob der Gesetzgeber den ihm zustehenden Spielraum in sachgerechter Weise genutzt hat, insbesondere ob sich die Einführung des Stichtags überhaupt und die Wahl des Zeitpunkts an dem gegebenen Sachverhalt orientiert und damit vertretbar ist. Für den eingeführten Elternbeitragszuschuss ist dies zu bejahen, da mit dem 1. September das neue Kindergartenjahr beginnt und damit ein tragfähiger Sachgrund vorliegt. Es handelt sich um den Zeitpunkt, bei dem die Inanspruchnahme außerfamiliärer Kinderbetreuung erheblich ansteigt (von etwa 60 auf 90 %). Dass im Gegensatz zum Beitragszuschuss das Krippengeld grundsätzlich auch bei Inanspruchnahme einer

Tagespflege gewährt wird, stößt nicht auf rechtliche Bedenken. Denn der Grundsatz „Gleiches muss gleich und Ungleiches muss ungleich behandelt werden" greift nur dort, wo eine gemeinsame Obergruppe zu bilden ist. Dies ist hier nicht der Fall, insbesondere lässt sich die Obergruppe nicht mit dem Begriff des „Dreijährigen" begründen. Es handelt sich aber bei Beitragszuschuss und Krippengeld vor allem um zwei sich ausschließende Leistungen an unterschiedliche Empfänger.

Zweifelhaft erscheint dies jedoch im Beispielsfall. Wenn ein Träger der öffentlichen Jugendhilfe in Erfüllung des Rechtsanspruchs nach § 24 SGB VIII rechtmäßig auf eine kostenpflichtige Tagespflege verweist, wäre zu prüfen, ob die Kostenübernahme durch die Eltern im Vergleich zu den Fällen einer Betreuung in einer Kindertageseinrichtung zumutbar ist bzw. ob eine relevante Ungleichbehandlung vorliegt. Zum Teil treten in der Praxis Kostenunterschiede i. H. v. bis zu 700 Euro auf. Daraus könnte ein Anspruch auf Kostenausgleich durch den Träger der öffentlichen Jugendhilfe resultieren.

4.3.6 Nach Art. 19 Nr. 5b) BayKiBiG wird der Beitragszuschuss geleistet, wenn der Träger im Gegenzug den Elternbeitrag in mindestens dieser Höhe senkt. Ein überschießender Betrag verbleibt beim Träger.

Beispiel:

Die Eltern haben für ihr fünfjähriges Kind aus dem vorherigen Beispiel vier Stunden gebucht. Der Elternbeitrag ist für diesen zeitlichen Umfang regulär auf 60 Euro festgelegt. Der Träger erhält einen Beitragszuschuss von 100 Euro. Der Besuch des Kindergartens für K wird dadurch kostenfrei. Die überschießenden 40 Euro kann sich der Träger gutschreiben. Eine Spitzabrechnung ist nicht vorgesehen.

Fraglich ist, ob die Ermäßigung des Beitragszuschusses auch nachträglich erfolgen kann. Der Träger könnte die Ermäßigung des Beitragszuschusses in Form einer Einmalzahlung an die Eltern vor Beantragung der Endabrechnung durchführen.

Die Frage ist zu bejahen. Der freigemeinnützige oder sonstige Träger kann die kindbezogene Förderung bis 30. April nach Ablauf des Bewilligungszeitraumes beantragen. Er muss keine Abschlagszahlungen beantragen. Elternbeitragszuschuss und die kindbezogene Förderung sind gekoppelt (Art. 23 Abs. 3 Satz 4 BayKiBiG). Den Rechtsanspruch auf Elternbeitragszuschuss kann der Träger auch somit erst in der Endabrechnung und somit erst nach Ablauf des Kindergartenjahres geltend machen. Es reicht aus, wenn die Ermäßigung des Elternbeitrages erst zum Zeitpunkt des Förderantrages vorliegt. Stellt der Träger allerdings einen Antrag auf Abschlagszahlungen nach § 22 AVBayKiBiG, muss zu diesem Zeitpunkt auch die Ermäßigung bereits vollzogen sein (Art. 19 Nr. 5b). Die Fördervoraussetzungen müssen bereits zum Zeitpunkt der Abschlagszahlungen vorliegen. Lediglich im Jahr 2019, in dem der Beitragszuschuss mit Wirkung ab April erweitert wurde, hat das StMAS akzeptiert, wenn Träger erst zeitverzögert ihre Elternbeiträge angepasst haben. Der Beginn der Leistung richtet sich nach § 26 Abs. 1 AVBayKiBiG.

4.3.7 Die Auszahlung des Zuschussbetrages erfolgt an die Gemeinde oder den Landkreis, die den kommunalen Teil der kindbezogenen Förderung zahlt. Die Zahlung ist ggf. an den Träger, der die Elternbeiträge erhebt, weiterzuleiten **(Satz 5).**

4.3.8 Nach **Satz 3** führt eine **rechtswidrige** Verweigerung des Schulbesuchs zum Entfall der Zahlung des Beitragszuschusses. Das betrifft ausdrücklich nicht die Entscheidung von Eltern von Kindern, die zwischen dem 1. Juli und dem 30. September sechs Jahre alt werden (Einschulungskorridor) und die den Beginn der Schulpflicht auf das kommende Schuljahr verschieben. Gemeint sind die seltenen Fälle einer grundsätzlichen Schulverweigerung.

Art. 23a

Bayerisches Krippengeld

(1) [1] Wer für ein Kind, für das er personensorgeberechtigt ist und das in einer nach diesem Gesetz geförderten Einrichtung oder Tagespflege betreut wird, den hierfür anfallenden Beitrag tatsächlich trägt, erhält auf Antrag nach Maßgabe nachfolgender Bestimmungen einen staatlichen Beitragszuschuss (Krippengeld). [2] Anspruchsberechtigt ist auch, wer nicht personensorgeberechtigt ist, aber das Kind mit dem Ziel der Annahme als Kind aufgenommen hat oder dem Personensorgeberechtigten Hilfe zur Erziehung in Vollzeitpflege nach Maßgabe des § 33 SGB VIII bietet.

(2) [1] Das Krippengeld will beitragsbedingte Zugangshürden zur frühkindlichen Bildung und Erziehung von Kleinkindern abbauen und es allen Berechtigten finanziell erleichtern, einen passenden Betreuungsplatz in Anspruch nehmen zu können. [2] Das Krippengeld soll den Anspruch aus § 24 Abs. 2 SGB VIII stärken und daher auf existenzsichernde Sozialleistungen zugunsten des Kindes oder der berechtigten Person nicht angerechnet werden.

(3) [1] Der Anspruch besteht nur, wenn das Einkommen eine Einkommensgrenze von 60 000 Euro nicht übersteigt. [2] Dieser Betrag erhöht sich um 5 000 Euro für jedes weitere Kind

1. der berechtigten Person,
2. ihres Ehegatten oder Lebenspartners, soweit sie nicht dauernd getrennt leben,
3. eines in nichtehelicher Lebensgemeinschaft mit der berechtigten Person lebenden Elternteils des Kindes,

für das ihr, ihrem Ehegatten oder Lebenspartner oder dem Elternteil Kindergeld gezahlt wird oder ohne die Anwendung des § 65 Abs. 1 des Einkommensteuergesetzes (EStG) oder des § 4 Abs. 1 des Bundeskindergeldgesetzes gezahlt würde. [3] Als Einkommen gilt die Summe der positiven Einkünfte im Sinne des § 2 Abs. 1 und 2 EStG und der Leistungen nach § 32b Abs. 1 EStG.

(4) Zum Einkommen nach Abs. 3 zählen das Einkommen

1. der berechtigten Person,
2. ihres Ehegatten oder Lebenspartners, soweit sie nicht dauernd getrennt leben,
3. eines in nichtehelicher Lebensgemeinschaft mit der berechtigten Person lebenden Elternteils des Kindes.

(5) Maßgeblich für die Einkommensgrenze nach den Abs. 3 und 4 sind die Familienverhältnisse zum Zeitpunkt der Antragstellung.

(6) [1] Für die Bemessung des Einkommens ist das Kalenderjahr maßgeblich, in dem das Kind das erste Lebensjahr vollendet. [2] Wird ein Kind in den Fällen des Abs. 1 Satz 2 oder ein angenommenes Kind erst in einem späteren Kalenderjahr in den Haushalt der berechtigten Person aufgenommen, so ist dieses spätere Kalenderjahr maßgeblich.

(7) [1] Der Zuschuss wird in der Höhe gewährt, in der Elternbeiträge tatsächlich zu tragen sind. [2] Er beträgt jedoch höchstens 100 Euro pro Monat und Kind. [3] Der Zuschuss wird auch in Monaten, in denen Beiträge im laufenden Monat nur anteilig zu tragen sind, auf der Grundlage des Regelbeitrags für einen vollen Monat gewährt.

(8) Der Zuschuss wird für den Zeitraum ab dem auf die Vollendung des ersten Lebensjahres des Kindes nachfolgenden Kalendermonat bis 31. August des Kalenderjahres gewährt, in dem das Kind das dritte Lebensjahr vollendet.

(9) [1] Erfüllen mehrere Personen die Anspruchsvoraussetzungen, so wird der Zuschuss demjenigen gezahlt, den die Personensorgeberechtigten zur berechtigten Person bestim-

men. [2] Ein Wechsel in der Anspruchsberechtigung wird mit Beginn des folgenden Kalendermonats wirksam.

(10) [1] Der Zuschuss ist unter Verwendung der amtlich bereitgestellten Formulare schriftlich zu beantragen. [2] Der Antrag kann frühestens drei Monate vor dem beabsichtigten Leistungsbeginn gestellt werden. [3] Zuvor gestellte Anträge sind unbeachtlich. [4] Der Zuschuss kann rückwirkend für höchstens 12 Kalendermonate gewährt werden, wenn der Antrag spätestens bis 31. August des Kalenderjahres, in dem das Kind das dritte Lebensjahr vollendet, gestellt wird.

(11) [1] Ergänzend zu den Pflichten nach § 60 SGB I hat die begünstigte Person nach Ablauf des Bewilligungszeitraums eine erneute Erklärung über das tatsächliche Vorliegen der Anspruchsvoraussetzungen für den gesamten Bewilligungszeitraum abzugeben. [2] § 60 SGB I gilt auch für den Ehegatten oder Lebenspartner der berechtigten Person und für den Partner der nichtehelichen Lebensgemeinschaft.

(12) [1] Der Zuschuss wird unter dem Vorbehalt der Rückforderung gewährt, solange die Anspruchsvoraussetzungen nach den vorstehenden Absätzen nicht geprüft sind. [2] Soweit diese Anspruchsvoraussetzungen im Bewilligungszeitraum nicht vorgelegen haben, ist der Bewilligungsbescheid mit Wirkung für die Vergangenheit aufzuheben und das Krippengeld zu erstatten. [3] Satz 2 gilt auch, wenn die begünstigte Person nicht, nicht richtig, nicht vollständig oder nicht rechtzeitig an der Prüfung nach Satz 1 mitwirkt.

(13) [1] Ergänzend gelten das Erste Buch Sozialgesetzbuch, § 331 SGB III und das Erste und Zweite Kapitel des Zehnten Buches Sozialgesetzbuch. [2] Für öffentlich-rechtliche Streitigkeiten in Angelegenheiten dieses Artikels ist der Rechtsweg zu den Sozialgerichten gegeben.

Erläuterungen

Übersicht

1. Vorbemerkung
2. Anspruchsberechtigung (Absätze 1 und 9)
3. Förderhöhe (Absatz 7)
4. Zweckbestimmung (Absatz 2)
5. Einkommensanrechnung (Absätze 3 bis 6)
6. Auszahlung

1. Vorbemerkung

Mit Gesetz vom 23.12.2019 (GVBl. S. 743) wurde das Bayerische Krippengeld eingeführt. Damit der Elternbeitrag auch für Kinder unter drei Jahren keine Zugangshürde zur frühkindlichen Erziehung und Bildung darstellt und die Geltendmachung des Rechtsanspruchs des Kindes auf einen Betreuungsplatz nicht aus finanziellen Gründen scheitert, werden Eltern von Kindern ab dem zweiten Lebensjahr i. H. v. bis zu 100 Euro finanziell entlastet (s. Gesetzentwurf, LT-Drs. 18/3888).

2. Anspruchsberechtigung (Absätze 1 und 9)

2.1 Absatz 1 Sätze 1 und 2 bestimmen den Kreis der Berechtigten. Anspruch auf das Krippengeld haben die Personensorgeberechtigten (§ 1626 Abs. 1 Satz 2 BGB). Personensorgeberechtigt ist, wem die Personensorge zusteht. Die Personensorge umfasst das Recht und die Pflicht der Erziehung, Beaufsichtigung und Aufenthaltsbestimmung des Kindes (§ 1631 BGB). Durch das Kriterium der Sorgeberechtigung wird ein Missbrauch der Leistung dergestalt verhindert, dass als Antragsteller eine beliebige Person gewählt wird, deren Einkommen unterhalb der Einkommensgrenze nach Absatz 3 liegt. Die Personensorge steht als Teil des elterlichen Sorgerechts bei **verheirateten** Eltern grundsätzlich beiden Elternteilen gemeinsam zu. Wenn nichts Anderes erklärt wurde, steht die Personensorge bei **nicht** miteinander **verheirateten** Eltern grundsätzlich der Mutter allein zu (§ 1626 a Abs. 3 BGB). Durch das Kriterium des Personensorgerechts können auch andere natürliche Personen, die nicht zwingend die leiblichen Eltern des Kindes sind, das Krippengeld beantragen, sofern sie die Personensorge über das Kind besitzen (bspw. Adoptiveltern, vgl. § 1754 Abs. 3 BGB). In Einzelfällen kann das Personensorgerecht auch anderen Personen, wie z. B. den Großeltern, übertragen werden. Ist ein Elternteil minderjährig, ist er gem. § 1673 Abs. 2 Satz 2 BGB neben dem gesetzlichen Vertreter (in der Regel der volljährige andere Elternteil) des Kindes personensorgeberechtigt und damit auch anspruchsberechtigt.

2.2 Nach Absatz 1 Satz 2 sind auch Personen, die dem Personensorgeberechtigten Hilfe zur Erziehung in Vollzeitpflege nach Maßgabe des § 33 SGB VIII bieten, berechtigt. Pflegeeltern sind in der Regelung nicht selbst personensorgeberechtigt, wenn nicht das Familiengericht die elterliche Sorge gem. § 1630 Abs. 3 BGB auf die Pflegeperson übertragen hat. Das Pflegeverhältnis wird durch eine Pflegevereinbarung zwischen dem jeweiligen Jugendamt als Träger der öffentlichen Jugendhilfe sowie den Pflegepersonen begründet. Absatz 1 Satz 2 bestimmt auch Personen, die ein Kind mit dem Ziel der Annahme als Kind (§§ 1741 ff. BGB) aufgenommen haben und daher noch kein Personensorgerecht haben, als Berechtigte.

2.3 Erfüllen mehrere Personen die Anspruchsvoraussetzungen, so wird das Krippengeld demjenigen gezahlt, den die Personensorgeberechtigten zur berechtigten Person bestimmen **(Absatz 9)**. Die Regelung entspricht Art. 5 BayFamGG. Das Krippengeld kann daher nicht auf verschiedene Anspruchsberechtigten aufgeteilt und der Höchstbetrag des Krippengeldes von 100 Euro nicht überschritten werden. Solange die Bestimmung der berechtigten Person nicht getroffen ist, fehlt es an der Fördervoraussetzung. Ein Wechsel in der Anspruchsberechtigung würde mit Beginn des folgenden Kalendermonats wirksam.

2.4.1. Das Krippengeld setzt voraus, dass der/die Anspruchsberechtigte für die Inanspruchnahme einer **nach dem BayKiBiG** geförderten **Einrichtung** oder Tagespflege tatsächlich Elternbeiträge trägt. Damit ist die Leistung eines Krippengeldes ausgeschlossen für Kinder, die z. B. ausschließlich eine Schulvorbereitende Einrichtung oder eine Einrichtung des Studentenwerks besuchen, die nicht nach dem BayKiBiG gefördert wird. Ebenso ausgeschieden sind damit Fälle, bei denen zwar die Voraussetzungen für eine kindbezogene Förderung nach dem BayKiBiG vorliegen, der Träger aber eine gemeindliche bzw. staatliche Förderung nicht in Anspruch nimmt. Fraglich ist, ob überhaupt nur der Besuch einer nach dem BayKiBiG geförderten Einrichtung genügt, oder ob tatsächlich für das betreffende Kind eine kindbezogene Leistung erbracht wird. Der Wortlaut des **Absatzes 1 Satz 1** stellt nur ab auf die beiden Punkte Betreuung und hierfür anfallende Beiträge. Dann könnte aber die Anspruchsberechtigung davon abhängig sein, wie ein Träger seine Einrichtung organisiert. Dies wäre mit Blick auf die notwendige Bestimmtheit der Regelung jedoch nicht akzeptabel.

Beispiel:

In der Einrichtung des Trägers T gibt es zwei Krippengruppen und eine Spielgruppe. Würde T diese Einrichtung als Einheit begreifen, müsste auch für Kinder in der Spielgruppe das Krippengeld ausbezahlt werden, selbst wenn die kindbezogene Förderung nach dem BayKiBiG ausschließlich die beiden Krippengruppen betrifft. Daher ist zu fordern, dass die gesamte Einrichtung von der Betriebserlaubnis erfasst sein und grundsätzlich für alle Kinder eine kindbezogene Förderung beantragt werden muss, wenn die Fördervoraussetzungen vorliegen. Dies bedeutet z. B., dass alle betreffenden Kinder in den Anstellungsschlüssel eingerechnet werden. Nicht erfasst

*würden daher lediglich Kinder mit maximal einer Buchungsstunde (§ 25 Abs. 1
AVBayKiBiG). Nur für diesen Fall könnte Krippengeld auch ohne kindbezogene
Förderung ausgereicht werden.*

2.4.2. Im Fall der **Kindertagespflege** ist immer auf den Einzelfall abzustellen. Nur dann,
wenn für das betreffende Kind unter Anwendung des KiBiG.web eine staatliche Förderung
nach Art. 18 Abs. 3 i. V. m. Art. 20, 20a BayKiBiG erfolgt, liegen die Fördervoraussetzungen für die Gewährung des Krippengeldes vor. Tagespflegepersonen erhalten unter den
Voraussetzungen der §§ 23, 43 SGB VIII seitens des Trägers der öffentlichen Jugendhilfe
zwar ein Tagespflegeentgelt, doch dies allein lässt keinen Rückschluss zu, ob es sich auch
um ein BayKiBiG-gefördertes Tagespflegeverhältnis handelt. Der Bezug von Tagespflegeentgelt durch die Tagespflegeperson allein reicht somit nicht für Art. 23a Abs. 1 BayKi-
BiG aus. Ebenso wenig aussagekräftig ist, wenn der Träger der öffentlichen Jugendhilfe
Eltern zur Entrichtung von Elternbeiträgen heranzieht. Im Bereich der Tagespflege wird
man daher in aller Regel nicht auf Rückfragen bei den Trägern der öffentlichen Jugendhilfe verzichten können, um sich die staatliche Förderung bestätigen zu lassen.

2.4.3. Die staatliche Förderung kann rückwirkend entfallen. Dies könnte z. B. der Fall
sein, wenn der Anstellungsschlüssel nicht eingehalten wird und es daher zu einer Förderkürzung kommt (§ 17 AVBayKiBiG). Für die Praxis ist es unschädlich, wenn die Förderung
nach dem BayKiBiG im Bewilligungszeitraum für einen Zeitraum von höchstens **drei**
Monaten entfällt. Für den Anspruch auf Krippengeld ist es ausreichend, wenn die BayKi-
BiG-Förderung dem Grunde nach besteht.

2.5 Der/die Anspruchsberechtigte muss die für die Inanspruchnahme der Kinderbetreuung anfallenden Beiträge **tatsächlich** tragen. Dies ist z. B. nicht der Fall, wenn der Elternbeitrag bis 100 Euro monatlich auf Grundlage einer sonstigen öffentlichen Leistung seitens
einer Behörde übernommen wird. Dies gilt insbesondere bei Übernahme des Elternbeitrags durch die wirtschaftliche Jugendhilfe (§ 90 SGB VIII). Entsprechendes gilt, wenn
z. B. eine **Geschwisterermäßigung** eingeräumt wird, und daher der Elternbeitrag nicht
anfällt. Ein möglicher Anspruch gegenüber anderen Stellen, der hingegen **nicht** realisiert
wird, ist unschädlich.

Exkurs

Verhältnis zur wirtschaftlichen Jugendhilfe

Nach § 90 Abs. 4 Satz 1 SGB VIII können bei unzumutbarer Belastung die Kostenbeiträge
für die Inanspruchnahme von Kindertageseinrichtungen und -tagespflege im Rahmen der
wirtschaftlichen Jugendhilfe erlassen bzw. übernommen werden. Die Regelungen zum
Krippengeld sehen keinen Vorrang der wirtschaftlichen Jugendhilfe vor. Die Leistungssys-
teme bestehen nebeneinander. Allein die Möglichkeit der Inanspruchnahme der wirtschaftlichen Jugendhilfe führt nicht zur Ablehnung des Krippengeldes. Eine Ablehnung ist
nur für den Fall der tatsächlichen vollständigen Kostenübernahme im Rahmen der wirtschaftlichen Jugendhilfe vorgesehen. Denn dann sind Eltern durch Beiträge finanziell
nicht belastet. Fraglich ist, welche Kriterien Jugendämter bei der Prüfung des Kriteriums
„Zumutbarkeit" anlegen. Nach § 90 Abs. 4 Satz 2 SGB VIII sind Kostenbeiträge immer dann unzumutbar, wenn Eltern oder Kinder Leistungen zur Sicherung des Lebensunterhalts nach dem Zweiten Buch, Leistungen nach dem Dritten und Vierten Kapitel des Zwölften Buches oder Leistungen nach den §§ 2 und 3 des Asylbewerberleistungsgesetzes
beziehen oder wenn die Eltern des Kindes Kinderzuschlag gem. § 6a des Bundeskindergeldgesetzes oder Wohngeld nach dem Wohngeldgesetz erhalten. Im Übrigen verweist
§ 90 Abs. 4 Satz 4 SGB VIII zur Ermittlung der zumutbaren Belastung auf Absatz Satz 2 bis
4 und auf die entsprechende Anwendung von Vorschriften des SGB XII zur Einkommens-
ermittlung. Es darf die Rechtmäßigkeit bezweifelt werden, wenn Träger der öffentlichen
Jugendhilfe von den betreffenden Eltern verlangen, einen Krippengeldanspruch geltend
zu machen oder fordern, diesen an den Träger abzutreten. Der Anspruch allein ist keine

Einnahme bzw. kein Einkommen nach § 82 SGB XII. Erst mit dem **Zufluss** besteht die Möglichkeit der Berücksichtigung des Krippengeldes. Wenn Eltern sich verweigern, ist das auch kein Fall mangelnder Mitwirkung i. S. d. § 66 SGB I. Es besteht auch keine Rechtsgrundlage im SGB VIII, Anspruchsberechtigte auf die vorrangige Inanspruchnahme des Krippengeldes zu verweisen. Vielmehr besteht nach § 10 Abs. 1 SGB VIII auch kein Nachrang der Jugendhilfe in dem Sinn, dass eine Leistungsgewährung deshalb abgelehnt werden darf, weil zweckgleiche Leistungen in Betracht kommen.

Sofern sich der Arbeitgeber der berechtigten Person an den Kinderbetreuungskosten in Form eines Zuschusses beteiligt, wirkt sich dies **nicht** auf die Höhe des Krippengeldes aus. Ein Elternbeitrag wird vom Arbeitgeber entweder als Ersatz für eine Gehaltserhöhung – dann ist die Befreiung von der Einkommenssteuer- und Sozialversicherungspflicht für den Arbeitnehmer gewährleistet (§ 3 Nr. 33 EStG i. V. m. § 16 SGB IV) – oder als Teil des Arbeitslohns gewährt. Dementsprechend wird der Elternbeitrag in diesen Fällen tatsächlich vom Anspruchsberechtigten getragen.

2.6. Der Wohnort des Kindes ist nicht von Relevanz. Maßgebend ist der Besuch einer nach dem BayKiBiG geförderten Einrichtung. Dies betrifft vor allem Einrichtungen an der Grenze zu anderen Bundesländern oder zum Ausland. Wenn eine bayerische Gemeinde z. B. freiwillig ein Gastkind aus Thüringen oder Tschechien fördert, führt dies somit letztlich auch zur Zahlung des Krippengeldes. Der Freistaat fördert jedes Kind, das eine Kommune nach Maßgabe des BayKiBiG fördert. Nachdem der Beitragszuschuss nach Art. 23 Abs. 3 BayKiBiG nicht mehr auf die Schulpflicht des Kindes abstellt, gibt es somit insoweit keinen Bruch beim Übergang Krippengeld zu Beitragszuschuss.

3. Förderhöhe (Absatz 7)

3.1 Der Zuschuss wird in der Höhe gewährt, in der Elternbeiträge tatsächlich getragen werden. Dieser beträgt jedoch **maximal 100 Euro** pro Kind und Monat. Dementsprechend stellt sich die Frage, was unter Elternbeitrag zu verstehen ist. Unter den Begriff der Beiträge fallen sowohl die Gebühren für die Betreuung in kommunalen Einrichtungen als auch die Beiträge von Einrichtungen freier Träger. Davon erfasst sind alle Kosten, die die Eltern für die Betreuung des Kindes an die Träger der Einrichtung leisten müssen und die im von den Eltern beizufügenden Betreuungsvertrag bzw. Gebührenbescheid aufgeführt sind. Eine Differenzierung nach einem Grundbeitrag sowie weiteren Kosten (z. B. Getränkegeld oder Spielgeld) ist nicht erforderlich. Für die Höhe des Krippengeldes kann der Gesamtbetrag zugrunde gelegt werden. In der Praxis dürfte es in der Altersgruppe U3 kein Problem bereiten, wenn Elternbeiträge in einzelne Posten aufgesplittet werden. Denn die Grundkosten dürften den Förderbetrag von maximal 100 Euro in aller Regel bereits erreichen. Andernfalls müssten die Eltern, wenn z. B. einmalig Materialgeld zu zahlen ist und erst dadurch die 100 Euro erreicht werden, einen Änderungsantrag beim ZBFS stellen (§ 48 Abs. 1 Satz 2 Nr. 1 SGB X). Beim Besuch mehrerer Einrichtungen (z. B. vormittags Kita, nachmittags Tagespflegeperson) besteht der Anspruch auf das Krippengeld nur einmal i. H. v. maximal 100 Euro. Dabei können ggf. die Beiträge mehrerer Einrichtungen bis zu einer Gesamthöhe von 100 Euro addiert werden.

3.2. Bei der öffentlich nach dem BayKiBiG geförderten Tagespflege sind Elternbeiträge i. S. d. Art. 23a BayKiBiG nur solche Kosten, die das Jugendamt von den Eltern erhebt. Grundsätzlich findet ein Geldfluss zwischen den Eltern und der Tagespflegeperson nicht statt. Die Tagespflegeperson erhält nach § 23 Abs. 1 SGB VIII ein Pflegeentgelt vom Träger der öffentlichen Jugendhilfe. Dieser refinanziert sich zum Teil, indem er Rückgriff bei den Eltern nimmt. Dementsprechend setzt den Elternbeitrag das jeweilige Jugendamt fest. Daneben ist – von den Fällen des Art. 20 Satz 1 Nr. 4 BayKiBiG abgesehen – nicht ausgeschlossen, dass Tagespflegepersonen zusätzlich zum Tagespflegeentgelt von den Eltern einen Beitrag verlangen. Dieser zusätzliche Beitrag kann weder über die wirtschaftliche Jugendhilfe (§ 90 Abs. 4 SGB VIII) übernommen werden noch handelt es sich um einen

Beitrag i. S. d. Absatzes 1. Aus den Worten „hierfür anfallend" ist zu entnehmen, dass ein Bezug zu der nach diesem Gesetz (BayKiBiG) geförderten Tagespflege hergestellt wird. Eine staatliche Refinanzierung erfolgt jedoch nur für eine Leistung des Trägers der öffentlichen Jugendhilfe. Somit werden auch nur vom Träger der öffentlichen Jugendhilfe erhobene Beiträge durch die Worte „hierfür anfallend" erfasst.

Demgegenüber ist ohne Relevanz für den Förderanspruch, wenn zwar die Anspruchsberechtigten rechtlich zur Zahlung des Beitrags verpflichtet sind, aber tatsächlich die Mittel von privater Seite übernommen werden (z. B. Großeltern, gemeinnütziger Verein). Auch dann gilt der Beitrag als vom Anspruchsteller getragen.

3.3 Das Krippengeld soll auf existenzsichernde Sozialleistungen zugunsten des Kindes oder des/der Anspruchsberechtigten nicht angerechnet werden (**Absatz 2 Satz 2**). Dies betrifft z. B. Bildungs- und Teilhabeleistungen nach dem SGB II bzw. dem SGB XII oder BKGG. Das Wort „soll" irritiert in diesem Zusammenhang. Der atypische Ausnahmefall, wonach ausnahmsweise doch eine Anrechnung erfolgt, ist schwerlich vorzustellen. In der Gesetzesbegründung wird demgegenüber eindeutig formuliert: „*Das Krippengeld dient* **nicht** *der Existenzsicherung*" (LT-Drs., a. a. O.). Werden existenzsichernde Leistungen erbracht und dadurch der Elternbeitrag unter 100 Euro minimiert (z. B. durch Zahlung der Mittagsverpflegung im Rahmen einer Bildungs- und Teilhabeleistung), wären diese bei Festsetzung des Krippengeldes zu berücksichtigen. Praktische Relevanz könnte dies vor allem haben, wenn Transferleistungen nachträglich festgestellt werden und das Krippengeld nachträglich korrigiert werden müsste (§ 48 SGB X).

4. Zweckbestimmung (Absatz 2)

Absatz 2 regelt die Zweckbestimmung. Es handelt sich um **keine** Anspruchsvoraussetzung.

Das Krippengeld will beitragsbedingte Zugangshürden zur frühkindlichen Bildung und Erziehung von Kleinkindern abbauen und es allen Berechtigten finanziell erleichtern, einen passenden Betreuungsplatz in Anspruch nehmen zu können. Es soll den Rechtsanspruch nach § 24 Abs. 2 SGB VIII stärken. Aufgrund der Überschneidung hinsichtlich des Lebensalters der Kinder kann es zu einem gleichzeitigen Bezug von Bayerischem Familiengeld und der Gewährung des Krippengeldes kommen. Beide Leistungen stehen unabhängig nebeneinander und verfolgen unterschiedliche Zwecke. Im Gegensatz zur Zweckbestimmung des Krippengeldes in Absatz 2 ist das Bayerische Familiengeld eine Weiterentwicklung des Bayerischen Landeserziehungsgeldes und dient der Anerkennung und Unterstützung der Erziehungsleistung **von Eltern**. Das Krippengeld soll dagegen dazu beitragen, dass der Elternbeitrag bei nach dem BayKiBiG, also öffentlich, geförderten Einrichtungen oder Tagespflege auch für Kinder im Kleinkindalter keine Zugangshürde zur frühkindlichen Erziehung und Bildung darstellt und die Geltendmachung des Rechtsanspruchs des Kindes auf einen Betreuungsplatz nicht aus finanziellen Gründen scheitert. Das Krippengeld hat insoweit den Zweck, den Rechtsanspruch aus § 24 Abs. 2 SGB VIII zu stärken.

5. Einkommensanrechnung (Absätze 3 bis 6)

5.1 Die Absätze 3 bis 6 betreffen die Einkommensanrechnung. Das Krippengeld wird nur gewährt, wenn das familienbezogene Einkommen max. 60 000 Euro beträgt. Durch die Festlegung einer Einkommensgrenze soll sichergestellt werden, dass mit dem Krippengeld gezielt Berechtigte im unteren und mittleren Einkommensbereich unterstützt werden. Für Mehrkindfamilien wird das Einkommen um 5 000 Euro für jedes weitere Kind i. S. d. Satz 2 erhöht. Dadurch soll der besonderen, insbesondere auch der finanziellen, Belastung von Mehrkindfamilien gegenüber Familien mit nur einem Kind Rechnung getragen werden. Durch die Formulierung „jedes weitere Kind" wird klargestellt, dass das Gesetz im Hinblick auf die Grenze von 60 000 Euro von der Konstellation mit einem Kind, nämlich desjenigen, für das Krippengeld gewährt wird, als Grundfall ausgeht. Satz 2 kommt daher erst

149

zum Tragen, wenn mindestens ein weiteres Kind im Kindergeldbezug ist. Die Regelung ist angelehnt an Art. 5 Abs. 1 Satz 2 und Abs. 2 Satz 3 des Bayerischen Landeserziehungsgeldgesetzes (BayLErzGG). Berücksichtigt werden Kinder der berechtigten Person sowie derjenigen Personen, deren Einkommen nach Absatz 4 bei der Einkommensberechnung mitzählen. Dies gewährleistet einen Gleichlauf zwischen der Berücksichtigung des Einkommens und der Erhöhung der Einkommensgrenze auch durch deren Kinder, sofern für diese Kindergeld bezogen wird.

5.2 Für die Bestimmung des Einkommens ist nach Absatz 3 Satz 3 zunächst die Summe der positiven Einkünfte nach § 2 Abs. 1 und 2 EStG maßgeblich. Die Einkünfte sind der Gewinn (§§ 4–7k und 13a EStG) oder der Überschuss der Einnahmen über die Werbungskosten (§§ 8–9a EStG), die der Steuerpflichtige im Rahmen der sieben Einkunftsarten erzielt (§ 2 Abs. 2 EStG). Da sich die Summe der positiven Einkünfte aus dem Steuerbescheid ermitteln lässt, besteht für die Anspruchsberechtigten eine einfache Möglichkeit, diese Anspruchsvoraussetzung zu prüfen und gegenüber der zuständigen Behörde Angaben dazu zu machen. Auch für den Fall, dass für den Bemessungszeitraum noch kein Steuerbescheid vorliegt, lässt sich das Einkommen auf der Basis dieses Begriffs für die Berechtigten mit zumutbarem Aufwand ermitteln. Hinzuzurechnen sind Leistungen nach dem § 32b Abs. 1 EStG. Dort sind abschließend die sog. Entgeltersatzleistungen aufgezählt.

5.3 Während **Absatz 3** die Grundlage zur Ermittlung des Einkommens beschreibt, bestimmt **Absatz 4**, wessen Einkommen über den/die Anspruchsberechtigte/n hinaus zu berücksichtigen ist, z. B. auch des Lebenspartners, mit dem der/die Anspruchsberechtigte in nichtehelicher Lebensgemeinschaft lebt.

Absatz 5 wiederum bestimmt für die Einkommensgrenze die Familienverhältnisse zum Zeitpunkt der Antragstellung, **Absatz 6** das für die Bemessung des Einkommens maßgebliche Kalenderjahr. Die Ermittlung des maßgeblichen Zeitraums erfolgt nach den §§ 187 ff. BGB.

6. Auszahlung

6.1 Das Krippengeld beträgt höchstens 100 Euro pro Monat und Kind (**Absatz 7**). Bei niedrigerem Elternbeitrag verringert sich das Krippengeld entsprechend. Unter „Monat" wird der Kalendermonat verstanden. In den Monaten, in denen die Beiträge nur anteilig zu tragen sind, wird derjenige Beitrag zugrunde gelegt, der **regelmäßig** für den vollen Monat zu tragen ist. Eine taggenaue Abrechnung soll dadurch verhindert werden. Der Höchstbetrag von 100 Euro nach **Satz 1** gilt jedoch auch für solche Rumpfmonate. Bei Mehrlingsgeburten und Geschwisterkindern wird Krippengeld für jedes Kind bezahlt.

6.2 Der maximale Bezugszeitraum für jedes Kind erstreckt sich beginnend ab dem auf die Vollendung des ersten Lebensjahres des Kindes nachfolgenden Kalendermonat bis 31. August des Kalenderjahres, in dem das Kind das dritte Lebensjahr vollendet **(Absatz 8)**. Der Beitragszuschuss nach Art. 23 Abs. 3 BayKiBiG schließt daher an diese Leistung an, eine Überschneidung ist ausgeschlossen (s. Erl. 4.3 zu Art. 23 BayKiBiG). Ein Kind vollendet sein drittes Lebensjahr an dem Tag, der seinem dritten Geburtstag vorangeht. Mit diesem Bezugszeitraum wird klargestellt, dass das Krippengeld als eigenständige Leistung nicht mit dem Familiengeld, das ein eigenständiges Ziel verfolgt, gleichgeschaltet ist oder etwa ein Bestandteil des Familiengeldes wäre. Krippengeld wird ggf. über die Vollendung des dritten Lebensjahres hinaus bis 31. August gewährt. Auch wenn der Name **Krippen**geld vermuten lässt, dass es nur bei Inanspruchnahme einer Kinderkrippe i. S. d. Art. 2 Abs. 1 Nr. 1 BayKiBiG gewährt würde, ist dies nicht der Fall. Es muss sich überhaupt um eine BayKiBiG-geförderte Einrichtung handeln. Der Bezugszeitraum des Krippengeldes endet somit nicht, wenn z. B. das Kind in einen Kindergarten wechselt. Entsprechendes gilt für den Beitragszuschuss, wenn das Kind ab September, in dem es das dritte Lebensjahr vollendet, noch eine Kinderkrippe besucht. Die Bezeichnung der Kindertageseinrichtung ist ohne Relevanz, ausschlaggebend ist die BayKiBiG-Förderung.

6.3 Das Krippengeld wird im Laufe des Kalendermonats gezahlt, für den es bestimmt ist. Eine Verpflichtung der zuständigen Behörde, die Leistung zu Beginn eines Monats auszuzahlen, besteht nicht. Grundsätzlich erfolgt die laufende Zahlung zu Beginn eines Kalendermonats, in der Regel innerhalb der ersten fünf Arbeitstage des jeweiligen Kalendermonats. Ausnahmen, z. B. nach Feiertagen und Wochenenden, sind möglich.

6.4 Die Auszahlung setzt einen **Antrag** voraus **(Absatz 10)**. Der Antrag ist wegen des unbürokratischen Erklärungsprinzips schriftlich zu stellen. Dieser ist formwirksam gestellt, wenn er die erforderliche Unterschrift der antragstellenden Person aufweist. Die Übersendung eines eingescannten Antrags per E-Mail genügt der Schriftform nur dann, wenn das elektronische Dokument mit einer qualifizierten elektronischen Signatur versehen ist (Art. 36 a Abs. 2 Satz 2 SGB I). Für eine wirksame Antragstellung sind die hierfür (online) amtlich zur Verfügung gestellten Formulare zu verwenden. Es stehen sowohl eine Downloadversion als auch ein Onlineantrag zur Verfügung.

Erklärungsprinzip

Um den Verwaltungsaufwand beim ZBFS möglichst gering zu halten, hat sich der Freistaat entschieden, das Erklärungsprinzip ausreichen zulassen. Damit vertraut der Freistaat grundsätzlich auf die Richtigkeit der Angaben der Anspruchsberechtigten. Allerdings wird das Krippengeld unter dem Vorbehalt der Rückforderung gewährt, solange nicht die Anspruchsvoraussetzungen nach den **Absätzen 1 bis 11** geprüft sind. Mit Ausnahme der Höhe der Elternbeiträge erfolgt daher keine Prüfung der Anspruchsvoraussetzungen. Der Betreuungsvertrag für die Betreuung des Kindes, für das Krippengeld begehrt wird, ist dem Antrag als Nachweis über die Höhe der Beiträge in Kopie beizufügen. Sofern dieser nicht vorliegt, ist ersatzweise ein entsprechender Gebührenbescheid zu übermitteln. Falls für dasselbe Kind mehrere Betreuungseinrichtungen in Anspruch genommen werden, müssen Kopien sämtlicher Betreuungsverträge oder Gebührenbescheide beigefügt werden, sofern nicht bereits für die Betreuung in einer Einrichtung Beiträge i. H. v. mindestens 100 Euro anfallen. Bei Mehrlingen ist für jedes Kind ein eigener Antrag mit der dazugehörigen Anlage zu stellen.

6.5. Der Antrag kann frühestens drei Monate vor dem beabsichtigten Leistungsbeginn gestellt werden **(Absatz 10 Sätze 2 und 3)**. Durch das Erfordernis einer zeitnahen Antragstellung wird sichergestellt, dass für Anträge nur aktuelle Angaben verwendet werden und dadurch verfrühte und somit später obsolet werdende Antragstellungen bzw. die Korrektur von Angaben aufgrund veränderter Lebensumstände vermieden werden. Der Antrag soll bewusst zeitnah zum beabsichtigten Leistungsbeginn gestellt werden, um auch die darin enthaltenen Prognoseauskünfte, z. B. zum erwarteten Einkommen, möglichst sachgerecht beantworten zu können. Verfrüht gestellte Anträge sind daher vollständig unbeachtlich. Die Betroffenen müssen ggf. einen neuen Antrag stellen.

6.6 Der Antrag kann rückwirkend für höchstens 12 Kalendermonate gewährt werden **(Absatz 10 Satz 4)**, spätestens aber bis 31. August des Jahres, in dem das Kind das dritte Lebensjahr vollendet. Diese Bestimmung ist in Zusammenhang mit **Absatz 12** zu sehen, wenn für den/die Anspruchsberechtigte noch keine Klarheit über die Einkommensverhältnisse besteht. Dadurch lassen sich ggf. Rückforderungen vermeiden. Bei der Frist 31. August handelt es sich um **keine** materielle Ausschlussfrist i. S. d. § 27 Abs. 5 SGB X. Somit ist grundsätzlich eine Wiedereinsetzung in den vorigen Stand möglich. Nachdem das Krippengeld pro Kalendermonat geleistet wird, besteht ggf. bis zu einen Monat Zeit, um noch die volle Leistung erhalten zu können.

Beispiel:

Geburt des Kindes am 1.1.2019; Vollendung des ersten Lebensjahres somit am 31.12.2020. Das Kind besucht ein Haus für Kinder ab 1.7.2021. Die Eltern stellen online einen Antrag auf das Krippengeld am Samstag, den 31.7.2021, und haben den Antrag auch unterschrieben. Unter der Voraussetzung, dass die Fördervoraussetzungen vorliegen, besteht Anspruch auf Krippengeld mit Wirkung ab 1.7.2021. Der nach Absatz 10 Satz 4 betreffende rückwirkende Bezugszeitraum erstreckt sich von Juli 2020 bis Juni 2021. Ebenso rechtzeitig ist der Antrag für Juli 2021 abgegeben worden.

Im Übrigen wird auf die Fristenregelungen in § 26 SGB X i. V. m. Absatz 13 hingewiesen.

6.7 Absatz 11, der auf § 60 SGB I verweist, postuliert Mitteilungs- und Mitwirkungspflichten. Gem. § 60 Abs. 1 Satz 1 Nrn. 1 und 3, Abs. 2 SGB I besteht für Antragsteller die Pflicht, alle Tatsachen anzugeben und Beweismittel vorzulegen, die auf dem Antragsformular vorgesehen sind. Änderungen in den tatsächlichen oder rechtlichen Verhältnissen, über die eine Angabe im Antrag erforderlich war, sind unverzüglich anzuzeigen (§ 60 Abs. 1 Satz 1 Nr. 2 SGB I). Der Begriff „unverzüglich" orientiert sich dabei an § 121 Abs. 1 Satz 1 BGB, wonach eine Mitteilung dann unverzüglich erfolgt, wenn sie ohne schuldhaftes Zögern vorgenommen wurde. Aufgrund der reinen Prognose bei der Erklärung im Rahmen der Antragstellung ist die begünstigte Person nach Satz 1 angehalten, am Ende der Leistungszeit erneut eine Erklärung darüber abzugeben, dass die Anspruchsvoraussetzungen tatsächlich im Leistungszeitraum vorgelegen haben.

6.8 Der bewilligende Krippengeldbescheid ist stets, auch bei rückwirkender Antragstellung, unter dem Vorbehalt der Rückforderung zu erteilen. Eine abschließende Entscheidung liegt demzufolge nur dann vor, wenn das zuständige ZBFS eine Prüfung des betreffenden Falls vorgenommen hat. Nachdem nur stichprobenartig geprüft wird, bleibt für die Masse der Fälle die Zahlung unter Vorbehalt. **Art. 23a Abs. 12** BayKiBiG ist dabei eine Spezialvorschrift gegenüber dem allgemeinen Verfahrensrecht, wobei das SGB X nur ergänzend über Absatz 13 statt des BayVwVfG Anwendung findet. Das BayVwVfG findet keine Anwendung, weil entgegenstehende Bestimmungen durch den Freistaat getroffen wurden (Art. 1 Satz 1 BayVwVfG). Im Gegensatz zum allgemeinen Verfahrensrecht fehlen in Absatz 12 Vertrauensschutzregelungen oder eine Verjährungsregelung. Dies ist rechtlich bedenklich mit Blick auf rechtsstaatliche Grundsätze. Richtig ist, dass hier der Freistaat wegen des Erklärungsprinzips ein besonderes Interesse daran hat, rückwirkend rechtswidrig erhaltene Leistungen zurückfordern zu können. Doch dies muss zum Zweck des Rechtsfriedens Grenzen haben. Dies gilt umso mehr, als der Bürger ggf. endlos Unterlagen aufzubewahren hätte.

Zwar gelten die einschlägigen Vorschriften des SGB X über Absatz 13 nur ergänzend, doch wendet die Verwaltung die §§ 45 Abs. 3 Satz 3 Nr. 2, 48 Abs. 4 Satz 1 SGB X entsprechend an. Demnach ist eine Zehnjahresfrist auch beim Krippengeld entsprechend einzuhalten. Wenn ein Erstattungsanspruch bereits festgestellt wurde, ist die zu erstattende Leistung schriftlich durch Verwaltungsakt festzusetzen und mit der Aufhebung des Bewilligungsbescheids zu verbinden (§ 50 Abs. 3 SGB X). Öffentlich-rechtliche Erstattungsansprüche müssen innerhalb von drei Jahren ab Kenntnis der den Erstattungsanspruch begründenden Tatsachen analog §§ 193, 199 BGB geltend gemacht, d. h. mittels Verwaltungsakt festgesetzt werden (BVerwG, Urt. vom 15.3.2017 – 10 C 3.16 –). Nach § 50 Abs. 4 SGB X verjährt der festgesetzte Erstattungsanspruch in vier Jahren nach Ablauf des Kalenderjahres, in dem der den Erstattungsanspruch festsetzende Verwaltungsakt unanfechtbar wird. Unanfechtbarkeit des Verwaltungsakts tritt nach Ablauf der einmonatigen Klagefrist nach § 87 Abs. 1 Satz 1, Abs. 2 SGG ein.

6.9 Bei Rechtswidrigkeit des Bewilligungsbescheids ist die Zahlung des Krippengeldes einzustellen (Absatz 13 i. V. m. § 331 SGB III) und ein Aufhebungsbescheid für den betreffenden Bezugszeitraum zu erlassen (Absatz 12 Satz 2). Das ist insbesondere der Fall bei Änderungen der Verhältnisse, die Empfänger des Krippengeldes mitzuteilen haben. Wird z. B. die Betreuung beendet, muss die Leistung nur noch für diesen Monat, in dem das Ereignis (z. B. Beendigung des Betreuungsvertrags) fällt, erbracht werden (s. auch Absatz 7 Satz 3).

6.10 Bei Streitigkeiten über das Krippengeld ist das Sozialgericht zuständig **(Absatz 13 Satz 2).** Gem. § 57 Abs. 1 Satz 1 HS 1 SGG ist das Sozialgericht örtlich zuständig, in dessen Bezirk der Kläger zur Zeit der Klageerhebung seinen Sitz oder Wohnsitz oder in Ermangelung dessen seinen Aufenthaltsort hat. Hat der Beklagte seinen Wohnsitz oder Aufenthaltsort im Ausland, so kann der Kläger auch vor dem für den Beschäftigungsort zuständigen Sozialgericht klagen.

Art. 24

Kindertageseinrichtungen im ländlichen Raum

[1] **Nach Art. 19 förderfähigen Kindertageseinrichtungen, die das einzige Angebot in einer Gemeinde darstellen und von weniger als 25 Kindern besucht werden, obwohl sie von der Altersöffnung Gebrauch gemacht und kein Kind abgewiesen haben, wird auf Antrag der Gemeinde der Basiswert plus für die durchschnittliche Buchungszeit der Kinder mit dem Gewichtungsfaktor 1,0 für 25 Kinder bei Zugrundelegung eines Gewichtungsfaktors von 1,0 gewährt.** [2] **Satz 1 findet entsprechende Anwendung auf das einzige Angebot in einem Gemeindeteil, wenn dieser aufgrund seiner Infrastruktur einer selbständigen Gemeinde gleicht; das Nähere wird in der Ausführungsverordnung festgelegt.** [3] **Kindertageseinrichtungen im Sinn von Satz 1 und 2, die von weniger als zehn aber mehr als sechs Kindern besucht werden, erhalten diese Förderung entsprechend Satz 1 für zehn Kinder, wenn die Betreuung durch eine pädagogische Fachkraft und die regelmäßige Mitarbeit eines Elternteils sichergestellt wird.**

Erläuterungen

Übersicht

1. Vorbemerkung
2. Einziges Angebot
3. Berechnung der Sonderförderung
4. Definition Gemeindeteil

1. Vorbemerkung

Das BayKiBiG zielt auf eine wohnortnahe Versorgung mit Kindertageseinrichtungen ab. Durch die Sonderregelung in Art. 24 BayKiBiG erfolgt eine finanzielle Absicherung des wohnortnahen Angebots für den Fall sinkender Kinderzahlen. Mit Gesetzesänderung zum 1.1.2013 wurden die Rahmenbedingungen für die Kindertagesbetreuung insbesondere im strukturschwachen ländlichen Raum verbessert. Dies war mit Blick auf die Stärkung des elterlichen Wunsch- und Wahlrechts und die Streichung der Gastkinderregelung in Art. 23 BayKiBiG a. F. geboten. Zum einen wurde der Anwendungsbereich auf Einrichtungen mit bis zu 24 Kindern erweitert. Zum anderen wurde der Berechnungsmodus verändert.

2. Einziges Angebot

2.1 Art. 24 BayKiBiG ermöglicht in Abweichung von Art. 19 und 21 BayKiBiG eine Sonderförderung, um zumindest **ein** geeignetes Kinderbetreuungsangebot i. S. v. Art. 2 Abs. 1 bis 5 BayKiBiG vor Ort aufrechterhalten zu können. Die Regelung kann somit nur für ein

Kinderbetreuungsangebot in der Gemeinde oder in einem Gemeindeteil Anwendung finden. Unabhängig von der Überschrift des Art. 23 BayKiBiG ist die Sonderförderung auch in Städten denkbar, wenn auch dies in der Praxis meist an der Tatbestandsvoraussetzung „einziges Angebot" scheitern dürfte. Wie das einzige Angebot konkret organisiert ist, ob es sich um einen Kindergarten oder um eine altersübergreifende Einrichtung handelt, ist nicht von Relevanz. Angebote der Tagespflege hindern nicht die Anwendung des Art. 24 BayKiBiG. Die Vorschrift ist jedoch insoweit eingeschränkt, als nur Einrichtungen mit weniger als 22 Kindern in Betracht kommen (beispielsweise keine Anwendung für zweigruppige Kindergärten mit 50 Plätzen).

2.2 Der Träger wird durch die Landkindergartenregelung in die Lage versetzt, zumindest eine Teilzeittätigkeit einer pädagogischen Fach- und einer pädagogischen Zweitkraft zu rund 80 % zu finanzieren. Für eine ordnungsgemäße Beaufsichtigung und eine hinreichende Bildungs- und Erziehungsarbeit sind auch bei weniger Kindern regelmäßig zwei pädagogische Kräfte erforderlich. Um eine staatliche Finanzierungsbeteiligung zumindest bei einem Betreuungsangebot in der Gemeinde (oder in einem Gemeindeteil) etwa in Höhe der bisherigen Personalkostenförderung sicherzustellen, erfolgt zur Sicherstellung der Grundversorgung an Betreuungsplätzen eine Sonderförderung. Ab 11 angemeldeten Kindern wird die Zahl der Kinder fiktiv auf 25 Kinder hochgerechnet.

Die Sonderförderung findet keine Anwendung bei weniger als **sieben** Kindern. Bei sieben bis neun Kindern wird die durchschnittliche Förderung nach denselben Regeln fiktiv auf zehn Kinder hochgerechnet. Dies ermöglicht zumindest die Finanzierung einer pädagogischen Fachkraft.

2.3 Fraglich ist, ob der Wortlaut bzw. die zahlenmäßige Einschränkung durch „weniger als 25 Kinder" eine Auslegung in Richtung **gleichzeitig anwesende** (im Sinn einer Platzteilung) zulässt. Die Relevanz dieser Frage veranschaulicht folgendes Beispiel:

> *Beispiel:*
>
> *In einer gemeindlichen Einrichtung, die die einzige am Ort ist, sind insgesamt 30 Kinder angemeldet. 15 Kinder besuchen die Einrichtung von 8 bis 12 Uhr, 15 Kinder die Einrichtung von 12 bis 16 Uhr. Geht man von der Kinderzahl 25 aus, kann die Sonderförderung nicht greifen. Der Träger hätte Anspruch auf eine staatliche Förderung in Höhe von 36 528,60 Euro (Basiswert 1 217,62 Euro × 30 Kinder).*

Lässt man dagegen eine Platzteilung zu, ergibt sich folgende Berechnung: Umgerechnet sind 15 Ganztagskinder zu berücksichtigen mit einer Buchung von acht Stunden. Die Förderung ist wegen Art. 24 BayKiBiG von 15 auf 25 Kinder hochzurechnen. Die Förderung erhöht sich auf 60 881 Euro (1 217,62 Euro BW × 25 Kinder × 2 BF).

Den Gründen des Gesetzes ist ein über den Wortlaut des Gesetzes hinausgehender Wille des Gesetzgebers nicht zu entnehmen. Für eine Gesetzeslücke, die es im Wege der Auslegung zu schließen gilt, können ebenfalls keine überzeugenden Argumente angeführt werden. Der Gesetzgeber differenziert nämlich durchaus die Begriffe Plätze und Kinder. So spricht Art. 9 Abs. 2 BayKiBiG ausdrücklich von gleichzeitig anwesenden, fremden Kindern. Aus diesen Gründen kommt es auf die tatsächliche Kinderzahl an mit der Folge, dass die Aufnahme mehrerer Kinder mit geringer Buchungszeit den Anwendungsbereich der Landkindergartenregelung minimiert. Lange Öffnungszeiten lassen sich unter diesen Umständen in der Regel nach dem BayKiBiG nicht finanzieren. Deshalb ist in diesen Fällen an eine Randzeitenbetreuung durch Tagespflege zu denken.

2.4 Dem Gesetzeswortlaut nicht unmittelbar ist zu entnehmen, ob die Mindestzahl an Kindern (25 bzw. 11) während des gesamten Abrechnungszeitraumes unterschritten werden muss. Dies ist mit Blick auf die Planungssicherheit des Trägers nicht anzunehmen. Nachdem die Berechnung der kindbezogenen Förderung den jeweiligen förderrelevanten Sachverhalt in den einzelnen Kalendermonaten berücksichtigt, ist die fiktive Hochrechnung entsprechend **monatsweise** durchzuführen. Für die Kalendermonate, in denen bei der Berechnung der kindbezogenen Förderung weniger als 25 bzw. 11 Kinder angerechnet werden, kommt es zu einer fiktiven Hochrechnung.

3. Berechnung der Sonderförderung

3.1 Adressat der Regelung in Art. 24 BayKiBiG ist die Gemeinde. Auf ihren **Antrag** wird fiktiv die Zahl der Kinder unter folgenden Voraussetzungen hochgerechnet und dadurch die Fördersumme erhöht. Weist die Einrichtung 11 bis 24 Kinder auf, so wird die im Jahresverlauf (Kindergartenjahr) durchschnittliche Buchung für die Kinder bzw. der entsprechende Buchungszeitfaktor festgestellt und mit 25 multipliziert. **Tatsächlich anwesende** Kinder sind die Kinder, für die gebucht wurde und die die Einrichtung im entsprechenden Umfang besuchen. Gewichtungsfaktoren werden nicht berücksichtigt. Im Rahmen der Berechnung der durchschnittlichen Buchungszeit werden nur die Kinder berücksichtigt, die als Regelkind, d. h. mit einem Gewichtungsfaktor von 1,0, gewichtet werden. Die Buchungszeiten anderer Kinder, z. B. von Kindern unter drei Jahren oder Kindern mit bestehender oder drohender Behinderung, bleiben unberücksichtigt. Dadurch wird durch die Einbeziehung der meist geringeren Buchungen bei Kindern unter drei Jahren eine geringere fiktive Förderung vermieden. Ebenso unberücksichtigt bleibt ein etwaiger höherer Buchungszeitfaktor, z. B. wegen Besuchs eines Vorkurses (§ 25 Abs. 1 Satz 3 AVBayKiBiG).

Beispiel:

Dem Buchungsblatt ist zu entnehmen: fünf Kinder mit einer Buchung im Umfang von fünf Stunden, zehn Kinder im Umfang von vier Stunden, davon zwei Kinder im Alter von zwei Jahren. Bei Errechnung der durchschnittlichen Buchung werden nur die Buchungen der Regelkinder berücksichtigt: Im Durchschnitt wurde für die Kinder 4,38 Stunden gebucht ((fünf × fünf Stunden + acht × vier Stunden): 13). In Anwendung kommt der Buchungszeitfaktor für die Buchungskategorie über vier bis fünf Stunden (= 1,25). Multipliziert mit dem Basiswert errechnet sich eine staatliche Förderung in Höhe von 38 050,63 Euro (25 Kinder × 1,25 × 1 217,62 Euro).

3.2 Die maximale Sonderförderung beträgt unter Berücksichtigung der höchsten Buchungskategorie bei einem BW von 1 217,62 Euro (Stand 2020) = 76 101,25 Euro [BF 2,5]). Der Basiswert wird in aller Regel bei Landkindergärten noch um den Qualitätsbonus erhöht. Bei einem Qualitätsbonus von 63,97 Euro (Stand 2020) errechnen sich maximal zuzüglich 3 998,13 Euro.

3.3 Voraussetzung für die fiktive Hochrechnung ist, dass von der **Altersöffnung** Gebrauch gemacht und kein Kind abgewiesen wurde, also der Träger alles Mögliche zur Existenzsicherung beigetragen hat.

3.4 Die fiktive Sonderförderung wird nicht auf den Anstellungsschlüssel angerechnet. Maßgebend für die Berechnung des Anstellungsschlüssels nach § 17 Abs. 1 AVBayKiBiG sind die tatsächlichen Verhältnisse.

4. Definition Gemeindeteil

Art. 24 BayKiBiG gilt nicht nur für das einzige Angebot in einer Gemeinde, sondern auch in einem Gemeindeteil, der aufgrund seiner Infrastruktur einer selbstständigen Gemeinde gleicht. Wann ein Gemeindeteil einer selbstständigen Gemeinde gleicht, ist näher in der Ausführungsverordnung (§ 27 AVBayKiBiG) bestimmt. Danach gleicht ein Gemeindeteil aufgrund seiner Infrastruktur einer selbstständigen Gemeinde, wenn er vor den Eingemeindungsmaßnahmen im Zuge der oder im Hinblick auf die kommunale Gebietsreform von 1972 eine selbstständige Gemeinde war (s. hierzu näher Erl. zu § 27 AVBayKiBiG).

Art. 25
Umfang des Förderanspruchs des örtlichen Trägers der öffentlichen Jugendhilfe

[1] Für den Umfang des Förderanspruchs der örtlichen Träger der öffentlichen Jugendhilfe für die Tagespflege findet Art. 21 mit Ausnahme von Abs. 4 Sätze 4 und 5 entsprechende Anwendung; Art. 23 Abs. 1 findet keine Anwendung. [2] In den Fällen des Art. 18 Abs. 3 Satz 1 Alternative 2 finden Art. 21 und 23 Abs. 1 uneingeschränkt entsprechende Anwendung.

Erläuterungen

Die staatliche Förderung für die Betreuung von Kindern in **Tagespflege** bemisst sich grundsätzlich nach den gleichen Rechenregeln wie diejenige für Kinder in Kindertageseinrichtungen.

Lediglich Art. 21 Abs. 4 Sätze 4 und 5 BayKiBiG ist nicht anzuwenden, da Tagespflege gerade auch Betreuungsbedarfe von unter drei Stunden abdeckt und anders als bei Einrichtungen auch die Betreuungszeiten zwischen Tagespflegeperson und Eltern individuell festgelegt werden, sodass weder ein Bedürfnis nach einer Festlegung von Kernzeiten besteht noch die freie Buchungsmöglichkeit der Eltern abgesichert werden müsste. Eine weitere Ausnahme betrifft den Qualitätsbonus (Satz 1 HS 2). Dieser gilt nur für die Tageseinrichtungen. Der Qualitätsbonus erfolgt ausschließlich bei Tageseinrichtungen, die als Institution bestimmte Vorgaben einzuhalten haben, z. B. den Anstellungsschlüssel, der bei der Tagespflege nicht gilt.

Der Umfang des Förderanspruchs der örtlichen Träger der öffentlichen Jugendhilfe für den Fall, dass sie anstelle der Gemeinden **Kindertageseinrichtungen** fördern, bestimmt sich entsprechend den für die Gemeinden bestehenden Vorschriften (Art. 25 Satz 2 i. V. m. Art. 18 Abs. 3 Satz 1 Alt. 2 und Abs. 1 Satz 2 BayKiBiG).

Art. 26
Förderverfahren bei Kindertageseinrichtungen und der Tagespflege

(1) [1] Die Träger einer Kindertageseinrichtung sowie im Fall des Art. 20a in Verbindung mit Art. 18 Abs. 2 der Träger der Großtagespflege richten ihren Förderantrag an die Aufenthaltsgemeinden. [2] Die Gemeinden und örtlichen Träger der öffentlichen Jugendhilfe richten ihren Antrag an die jeweils zuständige Bewilligungsbehörde (Art. 28). [3] Die Anträge nach den Sätzen 1 und 2 sind unter Verwendung des vom Freistaat Bayern kostenlos zur Verfügung gestellten Computerprogramms zu stellen. [4] Bewilligungszeitraum ist das Kalenderjahr. [5] Das Kindergartenjahr beginnt am 1. September eines Jahres und endet am 31. August des Folgejahres.

(2) [1] Die Bewilligungsbehörde prüft beim ersten Förderantrag das Vorliegen einer Erklärung der Gemeinde beziehungsweise des örtlichen Trägers der öffentlichen Jugendhilfe über die Erfüllung der Fördervoraussetzungen nach Art. 19 beziehungsweise Art. 20. [2] Bei einem Folgeantrag ist eine erneute Erklärung der Gemeinde bezüglich der Einhaltung der Staffelung entsprechend der Buchungszeiten (Art. 19 Abs. 1 Nr. 4) notwendig; bezüglich der übrigen Fördervoraussetzungen ist eine erneute Erklärung nur notwendig, wenn sich die förderrelevanten Tatsachen geändert haben.

(3) Der Förderanspruch der Gemeinde beziehungsweise des örtlichen Trägers der öffentlichen Jugendhilfe wird durch die Bewilligungsbehörde grundsätzlich in einem Bescheid festgestellt.

Erläuterungen

Übersicht

1. Vorbemerkung

In Art. 26 BayKiBiG finden sich Ausführungen des Gesetzgebers zum Förderverfahren. Zu unterscheiden sind zwei Förderebenen: nämlich der Anspruch des freigemeinnützigen Trägers gegenüber der Gemeinde bzw. dem Träger der öffentlichen Jugendhilfe sowie die Refinanzierungsmöglichkeit der Gemeinde bzw. des Trägers der öffentlichen Jugendhilfe beim Freistaat Bayern.

2. Förderantrag (Absatz 1)

In **Absatz 1** sind die Adressaten des jeweiligen Förderantrags bestimmt. Die Träger von Kindertageseinrichtungen oder der Großtagespflege im Falle des Art. 20a BayKiBiG – in der Regel die dort tätigen Tagespflegepersonen als Gesellschaft bürgerlichen Rechts – richten ihren Förderantrag an die Aufenthaltsgemeinden. Bei Einrichtungen mit überörtlichem Einzugsbereich, also bei Kindern aus verschiedenen Gemeinden, hat der Träger entsprechend mehrere Anträge zu stellen. Die Gemeinden wiederum richten ihren Refinanzierungsanspruch an die jeweils **zuständige** Bewilligungsbehörde (Art. 29 Abs. 1 BayKiBiG).

Beispiel:

Eine freigemeinnützige Einrichtung in der kreisfreien Stadt A hat einen überörtlichen Einzugsbereich, der sich neben der Sitzgemeinde auch auf die kreisangehörigen Gemeinden B und C erstreckt. Der Träger richtet seinen Förderanspruch für die Kinder aus A an die kreisfreie Stadt, für die Kinder aus B und C an die Gemeindeverwaltungen B und C. Die kreisfreie Stadt wiederum stellt ihren Antrag bei der Regierung. Die Gemeinden B und C refinanzieren sich über die Bewilligungsstelle beim Landratsamt (Kreisverwaltungsbehörde, Art. 29 Abs. 1 BayKiBiG).

Die Förderanträge sind online einzureichen. Demnach verstößt ein Antrag auf Papier dem Formerfordernis und wäre rechtswidrig eingereicht. Der Förderantrag wäre abzulehnen. Zu benutzen ist das vom Freistaat zur Verfügung gestellte Computerprogramm KiBiG.web. Dieses gewährt einen hinreichenden Datenschutz. Verwaltungsprogramme der Träger müssen ggf. eine entsprechende Schnittstelle aufweisen.

Beispiel:

Die Gemeinde G betreibt eine Einrichtung, die verschiedene Einrichtungsteile in verschiedenen Ortsteilen aufweist. Die Einrichtung hat eine pädagogische Gesamtleitung. Die Gemeinde verwendet das Verwaltungsprogramm AdebisKITA. Dieses Verwaltungsprogramm ist in der Lage, die förderrelevanten Daten für die einzelnen Einrichtungsteile darzustellen. Es fehlt aber an einer Schnittstelle zum KiBiG.web, um diese Daten zu transferieren. Dort kann daher nur die Gesamteinrichtung erfasst werden. Dies ist für eine Förderung nicht ausreichend. Nach Satz 3 muss der Förderantrag unter Verwendung des KiBiG.web gestellt werden. Die Einzeldaten der Dependancen sind förderrelevant. Erst daraus lässt sich ableiten, ob der Anstellungsschlüssel nach § 17 Abs. 1 Satz A VBayKiBiG in allen Einrichtungsteilen einge-

halten wird und damit die Voraussetzungen für die Umsetzung der Bildungs- und Erziehungsziele vorliegen.

Lösung: Die Bewilligungsbehörde muss für jeden Einrichtungsteil eine eigene Einrichtungsnummer vergeben, der Träger muss jeweils die Einzeldaten im KibiG.web eintragen.

Von dieser für die Förderung erforderlichen Maßnahme bleibt die Qualifizierung als Gesamteinrichtung unberührt. Das von dem Einrichtungsbegriff des § 45 Abs. 1 SGB VIII geforderte Merkmal des Orts- und Gebäudebezugs ist auch erfüllt, wenn die Einrichtung nach der Konzeption aus zwei oder mehr Einrichtungsteilen an unterschiedlichen Standorten besteht (BVerwG, Urt. vom 24.8.2017 – C 1.16 –). Dieselbe Einrichtungskonzeption muss aber auch sicherstellen, dass in allen Einrichtungsteilen eine Kindeswohlgefährdung ausgeschlossen ist (Rn. 17). Entsprechendes gilt für den Anstellungsschlüssel.

Mit Änderung durch Art. 9a des BayEGovG (Gesetz über die elektronische Verwaltung in Bayern vom 22.12.2015, GVBl. S. 458) entfiel das Schriftformerfordernis. Eine Unterschrift ist nicht mehr erforderlich. Dies ist möglich, weil durch das KiBiG.web ein anderweitiges ausreichendes Mittel zur Identifizierung besteht. Der Zugang zum KiBiG.web ist beschränkt und durch Passwort gesichert.

Bewilligungszeitraum ist seit 2015 das Kalenderjahr. Während des laufenden Förderjahres leisten die Gemeinden bzw. die Bewilligungsbehörden im Vierteljahr je eine **Abschlagszahlung** (s. Näheres Erl. zu § 22 AVBayKiBiG).

3. Prüfung des Förderantrages (Absatz 2)

Zur Vereinfachung des Förderverfahrens prüft die Bewilligungsbehörde nach Absatz 2 beim ersten Förderantrag nur das Vorliegen der Erklärung der Gemeinde bzw. des örtlichen Trägers der öffentlichen Jugendhilfe über die Erfüllung der Fördervoraussetzungen nach Art. 19 bzw. 20 (Erklärungsprinzip). Eine Überprüfung der Aufsichtsbehörde, ob die Fördervoraussetzungen wirklich vorliegen, erfolgt nach Maßgabe des § 23 AVBayKiBiG (s. Erl. dort).

4. Förderbescheid

Der Gemeinde bzw. dem örtlichen Träger der öffentlichen Jugendhilfe steht ein einheitlicher Förderanspruch zu, der sich aus den Förderbeträgen für die einzelnen Kinder zusammensetzt. Über den Anspruch wird daher gem. Absatz 3 in der Regel in einem Gesamtbetrag entschieden. Die Gemeinde erlässt aufgrund des Antrages des Trägers nach Art. 18 Abs. 1 BayKiBiG einen Leistungsbescheid, erhöht den staatlichen Zahlbetrag um die kommunale Leistung (= kindbezogene Förderung ohne die seitens des Freistaates einseitig erbrachten Leistungen) zuzüglich etwaiger sonstiger kommunaler Leistungen, die aufgrund Leistungsdefizitverträgen bestehen, und reicht die Förderung an den Träger weiter.

5. Insolvenzrisiko

5.1 Bewilligungsbehörden und Gemeinden sind verpflichtet, Belegprüfungen durchzuführen und Förderanträge bzw. Förderbescheide **stichprobenartig** auf Ordnungsmäßigkeit zu überprüfen (siehe hierzu § 23 AVBayKiBiG). Stellt eine Bewilligungsstelle fest, dass ein Förderbescheid gegenüber einer Gemeinde fehlerhaft ist, ist die Möglichkeit der Rücknahme des entsprechenden Verwaltungsakts zu prüfen. Entsprechend verfährt die Gemeinde bei einem fehlerhaften Förderbescheid im Verhältnis zu einem freien oder sonstigen Träger. Problematisch ist in der Praxis die Rückabwicklung mit Blick auf den Vertrauensschutzgedanken. Denn nach ständiger Rechtsprechung des BVerwG kann sich eine Behörde gegenüber einer anderen nicht auf **Vertrauensschutz** berufen. Dies gilt auch für Selbstverwaltungskörperschaften, wie z. B. Gemeinden (z. B. BVerwG vom 27.4.2006 –. 3 C 23.05 –; BayVGH, Beschl. vom 1.10.2015 – 12 ZB 15.1698 –, Rn. 21 mit weiteren Nachweisen).

5.2 Sollte es sich um einen kommunalen Träger handeln, kommt Vertrauensschutz somit nicht in Betracht. Fehlerhafte Förderbescheide sind demnach nach Maßgabe § 45 SGB X, § 23 Abs. 4 AVBayKiBiG i. V. m. Art 18 Abs. 2 Satz 1 BayKiBiG aufzuheben, gezahlte Förderbeträge zu erstatten. Das Ermessen kann hier nur durch eine bestimmte Entscheidung ausgeübt werden (BayVGH, a. a.O, Rn. 23). Zu differenzieren ist dagegen bei freigemeinnützigen und sonstigen Trägern. Zu betrachten ist zum einen der Anspruch nach Art. 18 Abs. 1 BayKiBiG dieser Träger gegenüber der Gemeinde sowie der Refinanzierungsanspruch der Gemeinde gegenüber dem Freistaat nach Art. 18 Abs. 2 BayKiBiG. Sollte Vertrauensschutz auch im Verhältnis freigemeinnütziger bzw. sonstiger Träger zur Gemeinde nicht in Betracht kommen, sind auch hier die jeweiligen Förderbescheide nach Maßgabe § 45 SGB X aufzuheben. Sind die Überzahlungen nicht einbringlich und droht Insolvenz, trägt dieses Risiko grundsätzlich die Gemeinde. Der Rückforderungsanspruch des Freistaates bleibt davon unberührt.

Der VGH (BayVGH, a. a., O. Rn. 28) führt hierzu aus, dass die Gemeinde keineswegs rechtlos gestellt sei. Es bliebe ihr unbenommen, einen Anspruch auf Mehrbelastungsausgleich gemäß Art. 83 Abs. 3 Satz 2 Bay. Verfassung geltend zu machen. Denn überträgt der Staat den Gemeinden Aufgaben, verpflichtet er sie zur Erfüllung von Aufgaben im eigenen Wirkungskreis oder stellt er besondere Anforderungen an die Erfüllung bestehender oder neuer Aufgaben, so hat er gleichzeitig Bestimmungen über die Deckung der Kosten zu treffen (BayVGH, a. a. O., Rn. 29).

Diese Übertragung neuer Aufgaben oder besondere Anforderungen sind aber gerade bezüglich des Sicherstellungsgebots nach Art. 5 Abs. 1 BayKiBiG in Frage zu stellen. Neue Aufgaben wurden den kreisangehörigen Gemeinden mit dem BayKiBiG nicht übertragen. Art. 5 BayKiBiG entspricht insoweit fast wortgleich dem § 17 Abs. 1 Satz 1 BayKJHG (vom 18.6.1993 GVBl. S. 392). Kreisfreie Städte sind schon als Träger der öffentlichen Jugendhilfe verpflichtet, ausreichend Plätze zur Kinderbetreuung nach §§ 22 ff. SGB VIII zur Verfügung zu stellen.

Lediglich im Bereich der Kindergärten stellt sich die Frage, ob das BayKiBiG besondere Anforderungen an die Erfüllung bestehender Aufgaben stellt. Denn vor Inkrafttreten des BayKiBiG war die Personalkostenförderung zweigeteilt. Der freigemeinnützige Träger hatte einen Anspruch gegenüber der Gemeinde **und** gegenüber dem Freistaat. Ob die Hintereinanderschaltung der Förderverhältnisse im BayKiBiG tatsächlich die Anforderungen an der Erfüllung einer Aufgabe besonders verändert haben, ist zu bezweifeln. Eine Aufgabe ändert sich nicht per se, wenn die Kostenverteilung neu geordnet wird. Unabhängig davon ging die vom Landesgesetzgeber gewählte Konstruktion mit einer grundsätzlichen Änderung der Finanzierung einher. Mit Inkrafttreten des BayKiBiG im Jahr 2005 hat der Freistaat alle Formen der Kinderbetreuung in die gesetzliche Förderung aufgenommen. So wurden Häuser für Kinder, Kinderkrippen und Kinderhorte sowie die Tagespflege auf gesetzlicher Grundlage fortan staatlich bezuschusst. Mit dieser Änderung wurde Forderungen der Kommunalen Spitzenverbände Rechnung getragen, eine verlässliche Förderung sicher zustellen, die auch den künftigen Ausbau der Kinderbetreuung berücksichtigt. Zudem wurde die Anpassung der Förderung an tariflichen Entwicklungen in allen Bereichen automatisiert (Art. 21 Abs. 3 BayKiBiG). Ein Mehrbelastungsausgleich käme daher allenfalls bei Kindergärten in Betracht, wenn sich die Sachlage, die den damaligen Konsultationsverfahren zugrunde lag, erheblich verändert hätte. Dafür gibt es aber keine Hinweise. Eine Revision der damaligen Vereinbarungen ist nicht angezeigt.

5.3 Keine Entscheidung ist bisher in dem Fall getroffen worden, in dem im Verhältnis Träger zur Gemeinde **Vertrauensschutz** anzunehmen ist. Fraglich ist, ob der bestandskräftige Verwaltungsakt Tatbestandswirkung auch im Verhältnis Gemeinde zum Freistaat entfaltet. Nach der hier vertretenen Auffassung ist dies der Fall. Wenn die Gemeinde aus Gründen des Vertrauensschutzes den Förderbescheid gegen den freigemeinnützigen oder sonstigen Träger nicht aufheben kann, muss sich dies auch der Freistaat entgegenhalten lassen. Dies ist sachgerecht. Die kindbezogene Förderung ist ein Massenverfahren und umfasst ein Fördervolumen von rund vier Mrd. Euro jährlich. Es ist nur dann schnell und unbürokratisch umsetzbar, wenn auf eine kleinteilige Prüfung verzichtet wird. Die Belegprüfung beschränkt sich daher auf Stichproben im Umfang von 20 %. Deshalb gilt auch das Erklärungsprinzip bei Antragstellung im Verhältnis Gemeinde zu Träger ebenso wie im Verhältnis Freistaat zur Gemeinde. Dass Fehler passieren können, liegt auf der Hand und kann in einem Massenverfahren nicht ausgeschlossen werden. Wenn Fehler nicht vorsätzlich oder grob fahrlässig verursacht werden, ist daher grundsätzlich Vertrauensschutz im Verhältnis zu freigemeinnützigen oder sonstigen Trägern zu gewähren. Dass daher nicht alle Überzahlungen zurückgefordert werden können, was wiederum zu einem Mehr an Bürokratie führen würde, wurde bei Änderung der Konstruktion der Förderung mit dem BayKiBiG in Kauf genommen und ist dem Fördersystem immanent.

Etwas Anderes gilt nur, wenn die Gemeinde selbst dazu beigetragen hat, dass der Förderbescheid rechtswidrig ist. Dies könnte z. B. eine Falschauskunft sein. Auch das Fehlen von gemeindlichen Kontrollmaßnahmen (Belegprüfungen, § 23 AVBayKiBiG), wodurch die Wahrscheinlichkeit fehlerhafter Förderbescheide steigt, könnte Anlass sein, die Tatbestandswirkung nicht gelten zu lassen. Denn in diesen Fällen ist diese überlagert von einer von der Gemeinde zu verantwortenden anderweitigen Ursache für die Fehlerhaftigkeit des Förderbescheides. Die Gemeinde hat gegebenenfalls den Gegenbeweis zu führen. Ob die Tatbestandswirkung eintritt, ist im Einzelfall zu prüfen.

5.4. Ausblick

Dass Kommunen im Fall einer erfolglosen Rückforderung eines an einen freigemeinnützigen oder sonstigen Träger rechtswidrig ausbezahlten Förderbetrags auf ihren Kosten sitzen bleiben, ist unbefriedigend. Dies betrifft gleichermaßen Fälle, bei denen die Rechtswidrigkeit auf vorsätzliches oder grob fahrlässiges Verhalten zurückzuführen ist. Zu prüfen wäre daher, ob nicht eine gesetzliche Regelung aufgenommen wird, um dieses Risiko bzw. ein Insolvenzrisiko auf Kommune und Freistaat aufzuteilen. Insbesondere wäre zu begrüßen, wenn die Kommune die Förderfälle regelmäßig überprüft und sich möglichst mit den staatlichen Bewilligungsstellen bezüglich der Belegprüfungen abstimmt.

Art. 27
Mitteilungspflichten

[1] Die Eltern sind verpflichtet, dem Träger bzw. dem nach Art. 20 zuständigen Träger der öffentlichen Jugendhilfe zur Erfüllung von Aufgaben nach diesem Gesetz folgende Daten mitzuteilen:

1. **Name und Vorname des Kindes,**
2. **Geburtsdatum des Kindes,**
3. **Geschlecht des Kindes,**
4. **Staatsangehörigkeit des Kindes und der Eltern,**
5. **Namen, Vornamen und Anschriften der Eltern,**
6. **Anspruch des Kindes auf Eingliederungshilfe (Art. 21 Abs. 5) und**
7. **Rückstellung des Kindes von der Aufnahme in die Grundschule nach Art. 37 Abs. 2 BayEUG.**

[2] Änderungen sind dem Träger unverzüglich mitzuteilen. [3] Der Träger bzw. die Tagespflegeperson hat die Eltern auf diese Pflichten und die Folgen eines Verstoßes hinzuweisen.

Aufgehoben mit Wirkung ab 1.9.2020:

(2) Der Träger beziehungsweise der nach Art. 20 zuständige Träger der öffentlichen Jugendhilfe informiert die Eltern bei Abschluss des Betreuungsvertrages oder bei Ver-

mittlung einer Tagespflegeperson, dass mit Inanspruchnahme der staatlich geförderten Kinderbetreuung der Anspruch auf Betreuungsgeld entfällt und die Inanspruchnahme gegebenenfalls der zuständigen Behörde unverzüglich mitzuteilen ist.

Erläuterungen

Im Zuge der Verabschiedung des Gesetzes zur Einführung eines Bayerischen Krippengeldes wurde der bisherige **Art. 26a BayKiBiG**, der erst durch Gesetz vom 11.12.2012 eingeführt wurde, zu **Art. 27 BayKiBiG**. **Absatz 2** wurde mit Gesetz vom 24.7.2018 (GVBl. S. 613) mit Wirkung **vom 1.9.2020** aufgehoben. Mit Einführung des Familiengeldes ab 1.9.2018 ist die dort normierte Mitteilungspflicht obsolet. Sie gilt nur noch, bis das Betreuungsgeld faktisch ausläuft.

Art. 27 BayKiBiG regelt Mitteilungspflichten der Eltern gegenüber den Trägern der Kindertageseinrichtung bzw. den Trägern der öffentlichen Jugendhilfe oder Großtagespflege. Diesen sind alle Daten mitzuteilen, die für die Beantragung und die Richtigkeit der staatlichen und kommunalen Förderung, insbesondere die Ermittlung der Gewichtungsfaktoren und die Gewährung zusätzlicher staatlicher Leistungen i. S. d. Art. 23 BayKiBiG erforderlich sind. In **Art. 27 Satz 2 BayKiBiG** wird ferner explizit die Pflicht der Eltern verankert, Änderungen dem Träger unverzüglich mitzuteilen. Dies ist insbesondere dann von entscheidender Bedeutung, wenn innerhalb des Bewilligungszeitraums ein Umzug erfolgt, sich somit der Anspruchsgegner u. a. für die Ansprüche auf kindbezogene Förderung verändert:

Der kindbezogene Förderanspruch richtet sich gegen die Aufenthaltsgemeinde (Art. 18 Abs. 1 BayKiBiG). Die Praxis hat gemeldet, dass während des Jahres nicht selten Umzüge der Eltern in andere Gemeinden stattfinden, wobei aber das Kind im bisherigen Kindergarten verbleibt, um die vertraute Umgebung nicht zu verlieren. Damit ändert sich aber der Anspruchsgegner. Wenn der Träger dies nicht erfährt, richtet er seinen Antrag womöglich fälschlich an die bisher verpflichtete Gemeinde. Wenn der Irrtum bei Prüfung entdeckt wird, war es oftmals wegen Ablaufs der materiellen Ausschlussfrist zu spät, die aktuelle Aufenthaltsgemeinde in Anspruch zu nehmen. Die Träger bleiben dann auf ihren Kosten sitzen. Selbst wenn Defizitverträge mit den Sitzgemeinden abgeschlossen waren, war eine Deckung dieses Defizits meist ausgeschlossen. Der Gesetzgeber hat darauf reagiert, indem der Träger Gastkinder binnen drei Kalendermonaten an die Aufenthaltsgemeinde (Art. 19 Nr. 7 BayKiBiG) und die Eltern den Umzug melden müssen. Mit Änderung des § 26 Abs. 1 AVBayKiBiG und der Anfügung von Satz 5 hat sich der ursprüngliche Grund für die gesetzliche Regelung weitgehend erledigt. Denn nun führt nicht jede Änderung des Aufenthaltsorts sofort zu einer Änderung der zur kindbezogenen Förderung verpflichteten Gemeinde. Verbleibt das Kind in der Einrichtung, wird ein Wechsel des gewöhnlichen Aufenthalts nach Beginn des Bewilligungszeitraums (=Kalenderjahr) erst ab dem folgenden Kindergartenjahr wirksam. Ein Wechsel nach Beginn des Kindergartenjahres wird erst mit Beginn des folgenden Bewilligungszeitraums wirksam. Unberührt davon bleiben aber die gesetzlichen Informationspflichten für die Eltern nach Art. 27 BayKiBiG, für die Träger nach Art. 19 Nr. 7 BayKiBiG.

Nach Art. 27 Satz 3 BayKiBiG hat der Träger bzw. die Tagespflegeperson die Eltern auf die Mitteilungspflichten nach Absatz 1 Sätze 1 und 2 und die Folgen eines Verstoßes (vgl. hierzu Art. 33 Abs. 1 BayKiBiG) hinzuweisen.

Als Voraussetzung für eine hinreichende Planungssicherheit müssen die Daten **aktuell** erfasst und gespeichert werden **(s. Art. 19 Nr. 8 BayKiBiG)**. Dementsprechend müssen Eltern den Trägern Änderungen der Daten unverzüglich (ohne schuldhaftes Zögern, s. § 121 BGB) melden **(Art. 27 Satz 2 BayKiBiG)**. Zu den möglichen Konsequenzen einer vorsätzlich oder fahrlässig, nicht richtig, nicht vollständig oder nicht rechtzeitig erteilten Auskunft s. Art. 33 BayKiBiG.

Abschnitt 2
Investitionskostenförderung

Art. 28
Investitionskostenförderung

[1] **Der Staat gewährt nach Maßgabe des Art. 10 des Bayerischen Finanzausgleichsgesetzes Finanzhilfen zu Investitionsmaßnahmen an Kindertageseinrichtungen, soweit Gemeinden, Landkreise, Verwaltungsgemeinschaften und kommunale Zweckverbände die Investitionskosten unmittelbar oder in Form eines Investitionskostenzuschusses tragen.** [2] **Die Gewährung von Finanzhilfen setzt zudem voraus, dass die Kindertageseinrichtung nach Art. 19 förderfähig ist.** [3] **Sie beschränken sich auf den nach Art. 7 anerkannten Bedarf.**

Erläuterungen

Übersicht

1. Vorbemerkung

2. Fördervoraussetzungen

3. Sonderprogramm zum Ausbau der Kinderbetreuung unter drei Jahren

1. Vorbemerkung

Art. 28 BayKiBiG (mit Gesetz zur Einführung eines Bayerischen Krippengeldes vom 23.12.2019, GVBl. S. 743, wurde Art. 27 zu Art. 28 BayKiBiG) wurde mit Wirkung ab 1.9.2012 (§ 2 Abs. 5 ÄndG vom 11.12.2012) der neuen Systematik des Gesetzes angepasst. Mit dem Ziel der Deregulierung wurde die Vorschrift zudem erheblich verkürzt. Im Unterschied zur bisherigen Fassung wird nur noch das Verhältnis zwischen Freistaat und Kommune im Bereich der Investitionskostenförderung geregelt. Die Höhe der Finanzierungsverpflichtung der Kommunen gegenüber freigemeinnütziger oder sonstiger Träger erfolgt im Verhandlungswege.

2. Fördervoraussetzungen

2.1 Zuwendungsempfänger: Wie bisher gewährt der Freistaat Finanzhilfen zu Investitionsmaßnahmen an Kindertageseinrichtungen an Gemeinden, Landkreise, Verwaltungsgemeinschaften und Kommunale Zweckverbände. Die Regelung des Art. 28 BayKiBiG nimmt dabei Bezug auf die jeweils geltende Fassung des Bayerischen Finanzausgleichsgesetzes (Art. 10 Abs. 1 Nr. 2 BayFAG, Anhang 7). Hierzu hat das StMFH Zuwendungsrichtlinien erlassen („Neufassung der Richtlinien über die Zuweisungen des Freistaates Bayern zu kommunalen Baumaßnahmen im kommunalen Finanzausgleich" (http://www.gesetze-bayern.de/Content/Document/BayVwV295492?hl=true; zuletzt geprüft am 27.1.2020).

2.2 Gegenstand der Förderung: Förderfähige Maßnahmen sind danach der Neubau, Umbau und der Erweiterungsbau von Kindertageseinrichtungen. Ferner zuschussfähig sind der Erwerb einschließlich Umbau bzw. Instandsetzung eines Gebäudes, soweit er einen an sich notwendigen Neu- oder Erweiterungsbau entbehrlich macht, und Maßnahmen zur Generalsanierung. Der Begriff Kindertageseinrichtung ist mit dem in Art. 2 BayKiBiG gleichzusetzen. Damit ausgeschlossen ist die Förderung der Tagespflege und auch der Großtagespflege, soweit diese keine Betriebserlaubnis hat und auch nicht als Kindertageseinrichtung förderfähig ist (Art. 28 Satz 2 BayKiBiG). Mit anderen Worten sind Großtagespflegestellen mit Betriebserlaubnis förderfähig, wenn sie z. B. über 16 Kinder betreuen oder mehr als drei Tagespflegepersonen aufweisen, den Anstellungsschlüssel nach § 17

AVBayKiBiG einhalten und die im BayKiBiG bzw. in der AVBayKiBiG festgelegten Bildungs- und Erziehungsziele umsetzen. Unschädlich wäre, wenn die Förderung selbst tatsächlich als Tagespflege erfolgen sollte (Tagespflegeentgelt und kindbezogene Förderung der Tagespflege oder kindbezogene Förderung nach Art. 20a BayKiBiG).

2.3 Förderhöhe: Für die Bemessung der staatlichen Finanzhilfe gelten Kostenrichtwerte (jährlich festzulegender Betrag pro qm förderungsfähiger Hauptnutzfläche). Dieser beträgt für Kindertageseinrichtungen derzeit 4 682 Euro pro m² (Stand: 1.1.2019). Bei Neubaumaßnahmen gelten diese Kostenrichtwerte als Kostenpauschalen. In diesen Fällen hat der Bauträger die Höhe der tatsächlich entstandenen Kosten der Verwaltung nicht mehr nachzuweisen. In allen anderen Fällen gelten die Kostenrichtwerte als Kostenhöchstbeträge, d. h. der Bauträger muss die Kosten nachweisen; die angefallenen Kosten werden maximal bis zur Höhe des Kostenrichtwerts anerkannt. Durch die Kostenrichtwerte gelten grundsätzlich alle zuwendungsfähigen Aufwendungen als erfasst. Zu den **förderungsfähigen** Flächen haben das StMFH und das StMAS Raumprogrammempfehlungen erlassen (Anhang 8).

Bei der Bemessung der Zuweisung sind die Bedeutung der Baumaßnahme, die finanzielle Lage des Zuweisungsempfängers, ein über das Hoheitsgebiet des Zuweisungsempfängers hinausgehendes Einzugsgebiet, das Staatsinteresse und die Höhe der verfügbaren Mittel zu berücksichtigen (5.3 FA-ZR). Die Förderhöhe beträgt danach 0 bis 80 %. Bei einer durchschnittlichen Finanzkraft der Gemeinde kann von einer Förderung i. H. v. etwa 50 % ausgegangen werden.

> *Beispiel:*
> *Eine Neubaumaßnahme für einen Kindergarten für 50 Kinder kostet eine Mio. Euro. Nach der Raumprogrammempfehlung (Anhang 7) sind bei 50 Kindern 267 m² förderfähig. Danach errechnen sich förderfähige Baukosten i. H. v. pauschal 1 250 094 Euro (267 × 4.682 Euro). Bei einer Förderung i. H. v. 50 % ergeben sich 625 047 Euro.*

2.4 Bagatellgrenze: Die o. a. Maßnahmen können nur gefördert werden, wenn deren abschließend festgestellten zuweisungsfähigen Kosten 100 000 Euro überschreiten bzw. der Baukostenzuschuss der Kommune 100 000 Euro überschreitet. Durch eine Naturkatastrophe veranlasste Maßnahmen an mehreren Objekten eines Zuweisungsempfängers können gefördert werden, wenn deren abschließend festgestellten zuweisungsfähigen Kosten insgesamt 100 000 Euro überschreiten. Maßnahmen zur Umsetzung von Barrierefreiheit/ Inklusion sind förderfähig, wenn deren abschließend festgestellten zuweisungsfähigen Kosten mindestens 25 000 Euro betragen.

2.5 Zweckbindung: Der Zuweisungsempfänger muss die geförderte Kindertageseinrichtung mindestens 25 Jahre entsprechend dem Zuweisungszweck verwenden. Bei einer kürzeren Verwendungsdauer sind ggf. Fördermittel zurückzuzahlen, soweit der Bau nicht für andere kommunale Aufgaben Verwendung findet und daher die Förderung als nicht zweckwidrig eingesetzt gilt (Art. 10 Abs. 2 BayFAG).

2.6 Bedarfsnotwendigkeit: Die Fördermaßnahmen beschränken sich nach Art. 28 Satz 3 BayKiBiG auf Maßnahmen, die nach Art. 7 BayKiBiG bedarfsnotwendig sind. Die Kommunen, in erster Linie die Sitzgemeinden, haben danach zu entscheiden, welche Investitionen im Bereich der Kinderbetreuung sie unterstützen. Während bei der kindbezogenen Förderung zum Ausgleich der Betriebsausgaben keinerlei Ermessensspielraum besteht, können die betreffenden Kommunen Schwerpunkte bei den Baukostenzuschüssen setzen. Aufgrund des elterlichen Wunsch- und Wahlrechts müssen die Aufenthaltsgemeinden den kindbezogenen Förderanteil für ihre Kinder leisten, wenn die Einrichtung die Fördervoraussetzungen des BayKiBiG (Art. 19 BayKiBiG) erfüllt. Bei den Investitionskosten fehlt im BayKiBiG ein entsprechender ausdrücklicher Anspruch des Trägers. Die Gemeinde entscheidet auf Antrag des Trägers im Einzelfall. Die Gemeinde hat die objektivrechtliche Verpflichtung, ausreichend Betreuungsplätze in Tageseinrichtungen und in der Tagespflege zu schaffen und zu betreiben. Ob, in welchem Umfang und in welcher Form Betreuungsangebote erforderlich sind, ermittelt die Gemeinde im Rahmen der örtlichen Bedarfsplanung unter Berücksichtigung des Wunsch- und Wahlrechts und des Subsidiaritätsprinzips (Art. 4 Abs. 3 und 5 BayKiBiG).

Sie kann demnach auch Investitionsmaßnahmen ablehnen, wenn sie nicht zur Bedarfsdeckung beitragen. Der Gemeinde steht insoweit ein planerisches Ermessen zu. Fraglich ist, ob daraus auch ein subjektiver Anspruch des Trägers erwachsen kann. Nach der hier vertretenen Auffassung verdichtet sich das Ermessen zu einem Anspruch dann, wenn die Gemeinde keine Bedarfsplanung durchgeführt hat oder diese fehlerhaft ist.

Auf einer zweiten Ebene hat die Gemeinde ggf. zu entscheiden, in welcher Höhe sie sich an den Investitionskosten beteiligt. Dies ist abhängig z. B. von der Inanspruchnahme der Einrichtung durch Kinder aus der Gemeinde, ihrer Leistungsfähigkeit und dem zumutbaren Trägeranteil. Letztlich ist die Höhe der Finanzierung somit auch eine Frage der Aushandlung zwischen Kommune und Träger. Der Eigenanteil der Kommune muss mindestens 10 % der zuweisungsfähigen Kosten betragen (5.3.2 FA-ZR). Ferner hat eine Gemeinde Träger grundsätzlich unter Beachtung des Art. 3 Abs. 1 GG gleich zu behandeln. Wenn ein freigemeinnütziger oder sonstiger Träger eine kommunale Investitionskostenförderung erhält, bindet sich die Gemeinde, in anderen Fällen bei im Wesentlichen gleichen Bedingungen entsprechend zu verfahren.

2.7 Bau durch Investoren: Vermehrt übernehmen Investoren den Bau von Kindertageseinrichtungen. Die Übergabe an einen Betreiber erfolgt meist zu einem späteren Zeitpunkt. Strittig ist, ob in diesen Fällen eine Förderung nach Art. 10 BayFAG zu versagen ist, da nicht von einer gesetzlichen Verpflichtung zur Leistung des Baukostenzuschusses nach dem BayKiBiG ausgegangen werden könne. Dies wäre jedoch nicht interessengerecht. Die für den Ausbau gesetzlich zuständigen Gemeinden sind zunehmend darauf angewiesen, dass Investoren den Bau von Kindertageseinrichtungen übernehmen. Entscheidend für die Förderfähigkeit ist, ob die betreffende Gemeinde die Bedarfsnotwendigkeit des Objekts anerkennt, sich dieses also im Einklang mit der gemeindlichen Bedarfsplanung befindet. Dies rechtfertigt dann auch die staatliche Refinanzierung. Wichtig ist, dass die Gemeinden sich die Zweckbindung sichern. Investoren ziehen sich nach Abwicklung des Projekts meist zurück. Die langfristige Nutzung als Kindertageseinrichtung darf dadurch nicht gefährdet werden.

3. Sonderprogramme zum Ausbau der Kinderbetreuung unter drei Jahren

3.1 Der **Bund** hat mit dem Kinderförderungsgesetz den Ausbau der Kinderbetreuung im Bereich der Altersgruppe der unter dreijährigen Kinder und zuletzt auch für Kinder bis zur Einschulung angestoßen und hierfür vier Investitionsprogramme aufgestellt. Der **Freistaat Bayern** hat dementsprechend Sonderprogramme zum bedarfsgerechten Ausbau der Kinderbetreuung für Kinder bis zur Einschulung aufgelegt. Das aktuelle vierte Sonderinvestitionsprogramm (4. SIP) weist insgesamt ein Volumen von etwa 540 Mio. Euro auf (davon 178 Mio. Euro Bund) (Anhang 12). Im 4. SIP wird die reguläre staatliche Investitionskostenförderung nach dem BayFAG um 35 % erhöht, maximal bis zu einer Förderquote von 90 %. Betroffen sind dabei die **zuweisungsfähigen** Kosten. Die zuweisungsfähigen Kosten differieren zum Teil erheblich von den tatsächlichen Baukosten. Das ist z. B. der Fall, wenn der Bauträger über das Summenraumprogramm hinausgeht (Anhang 8). Zu den zuweisungsfähigen Kosten zählen z. B. auch keine Grunderwerbskosten oder Erschließungskosten.

Gefördert werden nur Förderanträge, die bis **31.8.2019** gestellt wurden. Eine zunächst beabsichtigte Verlängerung der Antragsfrist um ein Jahr ist obsolet, weil die Zielmarke von zusätzlich zu fördernden 50 000 Plätzen bereits zum 31.8.2019 weit übertroffen war.

Der Ministerrat hat das Ausbauziel daher mit Beschluss vom 26.11.2019 nochmals angehoben. Alle Anträge, die bis zum 31.8.2019 bei der zuständigen Regierung eingegangen **und** bewilligungsfähig waren, können positiv verbeschieden werden. Das 4. SIP erfasst damit über die bisher beabsichtigten 50 000 Plätze hinaus rund 13 500 zusätzliche Plätze und damit insgesamt rund 63 500 Plätze.

3.2 Gefördert werden nach den Sonderinvestitionsprogrammen grundsätzlich nur **zusätzliche** Plätze. Zusätzliche Betreuungsplätze sind solche, die entweder neu entstehen oder Plätze, die ohne Durchführung von Erhaltungsmaßnahmen ersatzlos wegfallen würden. Entsprechende Erhaltungsmaßnahmen sind General- oder Teilsanierungen oder ein Ersatzneubau, der als wirtschaftlichere Alternative zur Generalsanierung durchgeführt wird. Somit ist nach dem 4. SIP nicht jede Erhaltungsmaßnahme bzw. Generalsanierung förderfähig. Zusätzlich müssen Umstände vorliegen, wonach der Wegfall der Betreuungsplätze droht. Mit dem Wegfall eines Platzes ist zu rechnen, wenn ohne Erhaltungsmaßnahmen eine befristet erteilte Betriebserlaubnis nicht verlängert würde. Entsprechendes gilt, wenn voraussichtlich die Betriebserlaubnis wegen Kindeswohlgefährdung innerhalb der Laufzeit der Förderrichtlinie für das SIP entzogen werden müsste bzw. Auflagen zur Gefahrenbeseitigung angeordnet werden müssten und somit die Baumaßnahme unaufschiebbar ist. Dies hat ggf. die antragstellende Kommune nachzuweisen. Die Erstellung eines bloßen Ersatzbaus (neu für alt) ist demnach grundsätzlich nicht nach dem 4. SIP förderfähig.

Fraglich ist, ob Fördermittel aus den ersten drei SIP zu erstatten sind, wenn die neu geschaffenen Plätze für Kinder U3 nun z. B. von Kindern im Vorschulalter belegt werden. Dies ist dann förderunschädlich, wenn dies nur vorübergehend der Fall ist. Ein Platzwechsel oder Wechsel der Einrichtung wegen Vollendung des dritten Lebensjahres ist somit nicht erforderlich. Sobald ein Platz frei ist, muss dieser jedoch vorrangig einem Kleinkind angeboten werden. Eine „Falschbelegung" zumindest für den Zeitraum von bis zu drei Jahren wird in der Praxis toleriert. Bei einem längeren Zeitraum liegt die Annahme nahe, dass der Bedarf falsch eingeschätzt wurde und die Schaffung der neuen Plätze zu Unrecht nach dem SIP gefördert wurde. Anders verhält es sich, wenn die geförderten Plätze formal umgewidmet werden.

Beispiel:

Nach dem 2. SIP wurden 36 Plätze U3 neu geschaffen. Die Einrichtung hat eine Betriebserlaubnis als Kinderkrippe erhalten. Aufgrund der Nachfrage der Eltern möchte der Träger 12 Krippenplätze und 24 Plätze für Kinder ab dem vollendeten dritten Lebensjahr bis zur Einschulung anbieten. Hierzu stellt er nach fünf Jahren beim zuständigen Landkreis einen Antrag auf Änderung der Betriebserlaubnis. Mit dieser Umwidmung der Plätze wird nicht mehr dem Förderzweck des 2. SIP entsprochen. Die Fördermittel hat die betreffende Gemeinde anteilig zu erstatten. Bei Ermittlung der Höhe der Rückforderung ist Folgendes zu bedenken. Es wäre unbillig, wenn die Gemeinde die Förderung in voller Höhe verlieren würde (abzüglich eines Zeitraums von fünf Jahren [5/25 der Förderung]) und nicht in die Gesamtrechnung einfließen würde, dass auch die Schaffung neuer Plätze Ü3 grundsätzlich nach Art. 28 i. V. m. BayFAG förderfähig ist. Es muss daher eine Vergleichsberechnung angestellt werden, mit welcher Förderhöhe die Gemeinde Fördermittel erhalten hätte, wenn sie von Anfang an 12 Krippenplätze und 24 Ü3-Plätze geschaffen hätte. Dies gilt zumindest für die SIP, bei denen der Freistaat auch eigene Mittel aufgewendet hat.

3.3 Die Förderprogramme nach Art. 28 BayKiBiG und dem Sonderprogramm können wegen des Verbots der Mehrfachförderung nicht gleichzeitig für eine Baumaßnahme in Anspruch genommen werden. Eine Kombination der Förderprogramme ist ausnahmsweise möglich, wenn eine sachliche Differenzierung z. B. nach Plätzen oder Altersgruppen getroffen werden kann.

3.4 Grundsätzlich ist bei dem Investitionsprogramm Kinderbetreuungsfinanzierung wie auch bei Art. 28 BayKiBiG zu beachten, dass eine Förderung bereits begonnener Baumaßnahmen nicht mehr in Betracht kommt. Um dies zu vermeiden, wird empfohlen, **vor** Beginn der Umsetzung der Maßnahme (z. B. Vertrag zur Ausführung des Aushubs) bei der zuständigen Behörde (Regierung) einen **vorzeitigen Maßnahmebeginn** zu beantragen.

3.5 Ausblick

Sonderinvestitionsprogramme sind auch im Bereich der Schulkindbetreuung beabsichtigt. Hintergrund ist der Koalitionsvertrag der die Bundesregierung tragenden Parteien im Bund. Danach ist beabsichtigt, einen Rechtsanspruch von Grundschulkindern auf Ganztagsbetreuung einzuführen und diesen 2025 in Kraft zu setzen. Nach Schätzungen des StMAS werden im Schnitt 80 % der Schulkinder diesen Rechtsanspruch geltend machen. Die Betreuungsformen in schulischer Verantwortung und im Rahmen der Jugendhilfe decken in 2019 rund 57 % des aktuellen Bedarfs. Dabei ist auszugehen, dass in vielen Fällen schon wenige Betreuungsstunden, z. B. in der Mittagsbetreuung, bedarfsgerecht sind. Die Erfahrungen in Zusammenhang mit dem Ausbau der Betreuungsplätze für Kinder unter drei Jahren zeigen jedoch, dass sich bei Einführung eines einklagbaren Rechtsanspruchs das Buchungsverhalten der Eltern verändern wird und die erforderlichen Betreuungsstunden erheblich ansteigen dürften.

Der Bund hat Investitionsmittel i. H. v. rund zwei Mrd. Euro für ganz Deutschland in Aussicht gestellt (Anteil Bayern rund 15,5 %) und wird dafür ein Sondervermögen einrichten. Die Staatsregierung hat unabhängig davon ein Sonderprogramm für 10 000 Hortplätze gestartet. Danach wird die reguläre Förderung nach dem BayFAG um 6 000 Euro pro neuem Platz erhöht (s. Anhang 14).

Abschnitt 3

Zuständigkeiten

Art. 29

Bewilligungsbehörden, sachliche Zuständigkeit

(1) [1] **Bewilligungsbehörden für die staatliche Betriebskostenförderung an die kreisangehörigen Gemeinden sind die Kreisverwaltungsbehörden, für die staatliche Betriebskostenförderung an kreisfreie Gemeinden und die örtlichen Träger der öffentlichen Jugendhilfe sowie für die Finanzhilfen nach Art. 28 die Regierungen.** [2] **Sachlich zuständig für die Wahrnehmung der Aufgaben nach § 45 SGB VIII und Art. 9 Abs. 1 sind die Kreisverwaltungsbehörden, im Fall von Kindertageseinrichtungen in Trägerschaft der kreisfreien Gemeinden und der Landkreise die Regierungen.**

(2) Für den Vollzug des Zuschusses nach Art. 23a ist das Zentrum Bayern Familie und Soziales zuständig.

Erläuterungen

Übersicht

1. Vorbemerkung
2. Bewilligungsbehörde
3. Sachliche Zuständigkeit
4. Zuständigkeit für das Krippengeld

1. Vorbemerkung

Der bisherige Art. 28 BayKiBiG wurde mit Gesetz zur Einführung eines Bayerischen Krippengeldes vom 23.12.2019 (GVBl. S. 743) zu **Art. 29** BayKiBiG. Die bisherige Regelung wurde **Absatz 1. Art. 29 Abs. 1 Satz 1 BayKiBiG** regelt die behördliche Zuständigkeit für die staatliche Betriebskostenförderung. Die sachliche Zuständigkeit bzw. die Bestimmungen der für das Aufsichtsverfahren zuständigen Behörden ergeben sich aus dem Gesetz zur Ausführung der Sozialgesetze (AGSG) vom 8.12.2006 sowie **Satz 2**. Der neu angefügte **Absatz 2** regelt die Zuständigkeit für den Vollzug des Bayerischen Krippengeldes (Art. 23a BayKiBiG).

2. Bewilligungsbehörde

Als Bewilligungsbehörden für die staatliche Förderung an die kreisangehörigen Gemeinden sind die Landratsämter (i. d. R. die Kreisjugendämter), bei Anträgen kreisfreier Städte und der örtlichen Träger der öffentlichen Jugendhilfe sowie für die Investitionskostenförderung die Regierungen vorgesehen. Die Landratsämter handeln somit in ihrer Eigenschaft als staatliche Vollzugsbehörden. Anträge auf Investitionskostenzuschüsse sind gegenüber den örtlich zuständigen Regierungen geltend zu machen.

3. Sachliche Zuständigkeit

Nach Art. 24 Satz 3 BayKiBiG i. V. m. Art. 12 Abs. 2 AGSG nehmen die Kreisverwaltungsbehörden für den Bereich der Kindertageseinrichtungen i. S. d. BayKiBiG die Aufgaben nach den §§ 45 bis 48a SGB VIII wahr, im Fall der Trägerschaft der kreisfreien Gemeinden und der Landkreise die Regierungen. Ergänzend regelt Art. 46 AGSG die Zuständigkeit für den Fall der Untersagung des Betriebs einer Kindertageseinrichtung. Die entsprechende Zuständigkeitsregelung gilt nach Satz 2 für die in Art. 9 Abs. 1 Satz 1 BayKiBiG erfassten Genehmigungsverfahren. Für Einrichtungen, die nicht unter das BayKiBiG fallen, z. B. Kindertageseinrichtungen, in denen keine regelmäßige Bildung stattfindet (s. Art. 2 Abs. 1 Satz 1, Abs. 2 BayKiBiG) und die nach § 45 SGB VIII genehmigungspflichtig sind, sind die Regierungen zuständig (Art. 45 Abs. 1 Satz 1 AGSG).

4. Zuständigkeit für das Krippengeld

Das Krippengeld nach Art. 23a BayKiBiG ist eine eigenständige Leistung. Zwar setzt das Krippengeld einen Beitrag voraus, den Eltern für die Inanspruchnahme einer nach dem BayKiBiG geförderten Kindertageseinrichtung oder Kindertagespflege zu entrichten haben. Für die Auszahlung des Krippengeldes wurde jedoch, im Gegensatz zum Beitragszuschuss nach Art. 23 Abs. 3 BayKiBiG, ein Verwaltungsverfahren unabhängig von der kindbezogenen Förderung konzipiert. Das Krippengeld wird direkt an die Eltern, nicht an die Gemeinde oder den Träger ausbezahlt. Für den Vollzug des Krippengeldes ist nach **Absatz 2** das Zentrum Bayern Familie und Soziales (ZBFS) die sachlich zuständige Behörde. Örtlich zuständig ist in der Regel die Regionalstelle ZBFS, in dessen Regierungsbezirk sich die Hauptwohnung oder der gewöhnliche Aufenthalt befindet (https:// www.zbfs.bayern.de/familie/zustaendigkeit-familienleistungen.php).

Abschnitt 4

Datenschutz

Art. 30

Erhebung, Verarbeitung und Nutzung von Daten

(1) Die Erhebung, Verarbeitung und Nutzung von personenbezogenen Daten ist zulässig, wenn dies zur Erfüllung einer Aufgabe oder für eine Förderung nach diesem Gesetz erforderlich ist oder der Betroffene eingewilligt hat.

(2) Datenschutzrechtliche Regelungen in anderen Rechtsvorschriften bleiben unberührt.

(3) Im Falle der Leistung nach Art. 23a darf die zuständige Behörde zur Erleichterung der Antragstellung und zur Überprüfung der Anspruchsberechtigung die im Rahmen des Vollzugs des Bayerischen Familiengeldgesetzes und des Bundeselterngeld- und Elternzeitgesetzes erhobenen personenbezogenen Daten soweit erforderlich verarbeiten.

Erläuterungen

Der bisherige Art. 28a BayKiBiG wurde mit Gesetz zur Einführung eines Bayerischen Krippengeldes vom 23.12.2019 (GVBl. S. 743) zu **Art. 30 BayKiBiG.** Neu angefügt wurde ein **Absatz 3**, der eine Möglichkeit schafft, die im Rahmen des Vollzugs des Bayerischen Familiengeldgesetzes und des Bundeselterngeld- und Elternzeitgesetzes erhobenen personenbezogenen Daten für den Vollzug des Krippengeldes (Art. 23a BayKiBiG) zu verarbeiten.

1. Die Vielzahl der Vorgänge und Daten erfordern zur Abrechnung der kindbezogenen Förderung eine elektronische Datenverarbeitung. Um die Zahl der Speicherplätze zu minimieren, hat sich das StMAS entschlossen, das Förderverfahren neu zu konzipieren. Anstatt Excel-Programme gesondert in den Gemeindeverwaltungen und Bewilligungsstellen zu installieren und jeweils Speicherungen von Daten vorzunehmen und diese dann per Mail zu versenden, wurde das Programm KiBiG.web entworfen und werden die Daten zentral in einem Rechenzentrum gespeichert. Wenn also Sachbearbeiter auf Daten zugreifen wollen, müssen sie sich über eine Kennung und ein Passwort einloggen und die Daten online bearbeiten. Es werden dabei nur anonymisierte Daten übertragen und gespeichert. Damit ist ein weitest gehender Datenschutz gewährleistet.

Durch **Art. 30 BayKiBiG** wurden die gesetzlichen Grundlagen geschaffen, die Befugnis zur Erhebung, Verarbeitung und Nutzung von personenbezogenen Daten für den Bereich des BayKiBiG zentral zu regeln. Die Befugnis besteht, soweit dies zur Erfüllung einer Aufgabe oder Förderung nach dem BayKiBiG erforderlich ist. Konkret beinhaltet sie z. B. auch ein Einsichtsrecht für die Kommunen in die Daten, die für diese erforderlich sind, um ihre Aufgaben nach dem BayKiBiG zu erfüllen. Hier ist insbesondere an Angaben zu denken, die zur Überprüfung der Rechtmäßigkeit eines Antrags auf kindbezogene Förderung erforderlich sind, z. B. die Adresse des Kindes.

2. Bei der derzeitigen Ausgestaltung des Krippengeldverfahrens findet keine Verknüpfung zu den Daten aus dem Eltern- und Familiengeldverfahren statt. Deren Verfahren sind im Vergleich zum Krippengeld unterschiedlich ausgestaltet. Insofern ist **Absatz 2** derzeit ohne Relevanz. Durch die Regelung des Absatzes 2 wird jedoch eine ggf. künftig zu schaffende Datenschnittstelle zum Elterngeld- und Familiengeldverfahren ermöglicht.

Art. 31

Experimentierklausel

Zur Erprobung innovativer Konzepte für die pädagogische Arbeit, die Förderung und das Bewilligungs- und Aufsichtsverfahren kann von den Vorschriften dieses Gesetzes und der hierzu ergangenen Ausführungsverordnung mit Zustimmung des Staatsministeriums unter Beteiligung der übrigen zuständigen Staatsministerien abgewichen werden.

Erläuterungen

Der bisherige Art. 29 BayKiBiG wurde mit Gesetz zur Einführung eines Bayerischen Krippengeldes vom 23.12.2019 (GVBl. S. 743) zu **Art. 31 BayKiBiG.** Der Artikel hat sich inhaltlich nicht verändert.

Sowohl im pädagogisch-inhaltlichen als auch im fördertechnischen Bereich gibt es das Bedürfnis, innovative Konzepte modellhaft zu erproben. Dazu ermöglicht Art. 31 BayKiBiG Abweichungen von den Vorschriften dieses Gesetzes und der hierzu ergangenen Ausführungsverordnung. Durch den Bezug auf die Erprobung innovativer Konzepte wird klargestellt, dass Art. 31 BayKiBiG **nicht für Einzelfallentscheidungen** missbraucht werden darf, sondern die Vorschrift einer allgemeinen Weiterentwicklung der Kinderbetreuung dient. Im Mittelpunkt der Experimentierklausel steht aktuell die Erprobung der Kombination Hort und gebundene Ganztagsgrundschule und das sog. Kombimodell zur Einführung der offenen Ganztagsschule an Grund- und Förderschulen (s. a. Erl. 3.2 zu § 25 AVBayKiBiG). Des Weiteren wird sie mit Zustimmung des Staatsministeriums bei Schulversuchen des StMUK angewendet.

6. TEIL

SCHLUSSBESTIMMUNGEN

Art. 32

Ausführungsverordnung

[1] **Das Staatsministerium wird ermächtigt, durch Rechtsverordnung**

1. **die Bildungs- und Erziehungsziele für förderfähige Kindertageseinrichtungen (Art. 13 Abs. 3),**

2. **den Anstellungsschlüssel, der Zahl und Qualifikation des erforderlichen Personals in Abhängigkeit von den betreuten Kindern festlegt,**

3. **Näheres über die zusätzlichen Leistungen nach Art. 20 Nr. 3 und Art. 23,**

4. **das Abrechnungsverfahren einschließlich Buchungszeitfaktoren (Art. 21 Abs. 4 Satz 6) und das Verfahren bei Elternbeitragsfreiheit,**

5. **die Bestimmung der Bereiche im Sinn des Art. 24 Satz 2 sowie der zum Stichtag 31. Juli 2005 bestehenden, staatlich geförderten Gruppen in Netzen für Kinder und**

6. **den Zeitpunkt, zu dem für die Förderung maßgebliche Veränderungen wirksam werden,**

festzulegen. [2] **Vor Erlass der Ausführungsverordnung sind die Spitzenverbände der freigemeinnützigen Träger, Vertreter der freien und gewerblichen Träger und die kommunalen Spitzenverbände zu hören.** [3] **Für Festlegungen nach Satz 1 Nr. 3 hinsichtlich zusätzlicher Leistungen nach Art. 23 und für Festlegungen nach Satz 1 Nr. 4 ist Einvernehmen mit dem Staatsministerium der Finanzen und für Heimat herzustellen.**

Erläuterungen

1. Der bisherige Art. 30 BayKiBiG wurde mit Gesetz zur Einführung eines Bayerischen Krippengeldes vom 23.12.2019 (GVBl. S. 743) zu **Art. 32** BayKiBiG. Art. 32 Satz 1 BayKiBiG ermächtigt das Staatsministerium für Familie, Arbeit und Soziales zur Konkretisierung des BayKiBiG, eine Ausführungsverordnung (Kinderbildungsverordnung) zu erlassen. Die Ermächtigung erfasst nur die in Satz 1 Nrn. 1 bis 6 **abschließend** aufgezählten Bereiche. Von dieser Ermächtigung hat das StMAS Gebrauch gemacht. Die AVBayKiBiG wurde am 16.12.2005 bekannt gegeben und zuletzt durch Art. 15 des Gesetzes vom 24.5.2019 (GVBl. S. 266) geändert.

2. Das Staatsministerium der Finanzen und für Heimat ist vor Erlass oder Änderung der Ausführungsverordnung nach Art. 40 BayHO einzubeziehen. Nach **Satz 2** sollen die Vorstellungen und Erfahrungen der Trägerverbände durch ein Anhörungsverfahren berücksichtigt werden. Unberührt hiervon bleibt das zu beachtende Konnexitätsverfahren. Mit Änderung des Art. 30 BayKiBiG a. F. mit Gesetz vom 11.12.2012 wurde der Kreis der im Anhörungsverfahren zu berücksichtigenden Trägerverbände auf freie und gewerbliche Träger erweitert und hierdurch der Veränderung der Trägerlandschaft seit Einführung des BayKiBiG Rechnung getragen. Die Bestimmung soll zugleich Anreiz für die genannten

Träger sein, Vertretungsstrukturen auf Landesebene zu schaffen. Die Vorschrift erfasst weiterhin nicht die Einbindung von Berufs- oder Elternverbänden, auch wenn in der Praxis in aller Regel das Anhörungsverfahren auf diesen Beteiligtenkreis erweitert wird. In Nr. 3 wird auf Art. 20 Nr. 3 BayKiBiG verwiesen. Hier handelt es sich um einen Übertragungsfehler. Korrekt müsste es Art. 20 Nr. 4 BayKiBiG heißen.

3. Durch **Art. 32 Satz 3 BayKiBiG** wird gesetzlich verankert, dass im Hinblick auf die Entwicklung elternbeitragsfreier Verfahren im Rahmen der Ausführungsverordnung Einvernehmen mit dem StMFH herzustellen ist.

Art. 33

Ordnungswidrigkeiten

(1) [1] **Mit einer Geldbuße kann belegt werden, wer entgegen Art. 27 Abs. 1 vorsätzlich oder fahrlässig eine Auskunft nicht, nicht richtig, nicht vollständig oder nicht rechtzeitig erteilt.** [2] **Zuständig für die Verfolgung und Ahndung von Zuwiderhandlungen nach Satz 1 sind die örtlichen Träger der öffentlichen Jugendhilfe.**

(2) Mit einer Geldbuße bis zu 5 000 Euro kann belegt werden, wer im Falle des Art. 23a vorsätzlich oder fahrlässig

1. **entgegen § 60 Abs. 1 Satz 1 Nr. 1 oder Satz 2 SGB I oder Art. 23a Abs. 11 eine Angabe nicht, nicht richtig, nicht vollständig oder nicht rechtzeitig macht oder auf Verlangen der zuständigen Behörde der Erteilung der erforderlichen Auskünfte durch Dritte nicht zustimmt,**

2. **entgegen § 60 Abs. 1 Satz 1 Nr. 2 oder Satz 2 SGB I oder Art. 23a Abs. 11 eine Mitteilung nicht, nicht richtig, nicht vollständig oder nicht rechtzeitig macht oder**

3. **entgegen § 60 Abs. 1 Satz 1 Nr. 3 oder Satz 2 SGB I oder Art. 23a Abs. 11 auf Verlangen der zuständigen Behörde eine Beweisurkunde nicht, nicht richtig, nicht vollständig oder nicht rechtzeitig vorlegt oder ihrer Vorlage nicht zustimmt.**

Erläuterung

Der bisherige Art. 26b BayKiBiG wurde mit Gesetz zur Einführung eines Bayerischen Krippengeldes vom 23.12.2019 (GVBl. S. 743) aufgehoben. Die bisherige Regelung wurde in dem neuen **Art. 33 BayKiBiG** übernommen, die beiden bisherigen Absätze wurden die Sätze 1 und 2 des Art. 33 Abs. 1 BayKiBiG. **Art. 33 Abs. 2** belegt künftig mit einer Geldbuße ein Fehlverhalten der Anspruchsberechtigten im Krippengeldverfahren. Neben dem Vollstreckungsverfahren (Art. 23a Abs. 13 Satz 1, §§ 66 Abs. 3 Satz 1 SGB X, Art. 18 ff. Bayerisches Verwaltungszustellungs- und Vollstreckungsgesetz – BayVwZVG) ist das Bußgeldverfahren ein wesentliches Mittel zur Durchsetzung von Mitwirkungs- und Mitteilungspflichten im Zusammenhang mit der Gewährung und Erstattung von Krippengeld. Nachdem die Gewährung des Krippengeldes auf dem Erklärungsprinzip beruht und damit unbürokratisch beantragt werden kann, muss die Behörde auf die wahrheitsgemäßen Angaben der Antragsteller und deren rechtzeitigen und richtigen Mitteilungen vertrauen. Mit der Möglichkeit, Verstöße zu ahnden, wird dem Nachdruck verliehen. Für die Durchführung von Ordnungswidrigkeitsverfahren gelten die Vorschriften des Gesetzes über Ordnungswidrigkeiten (§ 2 OWiG). Zuständig für die Verfolgung und Ahndung von Ordnungswidrigkeiten ist nach § 36 Abs. 2 Satz 1 OWiG i. V. m. § 87 Zuständigkeitsverordnung diejenige Verwaltungsbehörde, der der Vollzug des Art. 23a Abs. 11 BayKiBiG obliegt. Dies ist nach Art. 29 Abs. 2 BayKiBiG das ZBFS.

Art. 34
Übergangsvorschriften

(1) [1] Der Zuschuss nach Art. 23 Abs. 3 Satz 1 wird erstmals für Monate ab dem 1. April 2019 gewährt. [2] Ansprüche auf Gewährung eines Zuschusses nach Art. 23 Abs. 3 Satz 1 in der bis zum 31. März 2019 geltenden Fassung bleiben unberührt.

(2) Der Zuschuss nach Art. 23a wird nur für Bezugsmonate ab 1. Januar 2020 gewährt.

Erläuterung

Art. 34 BayKiBiG regelt den Zeitpunkt, ab dem die neuen Leistungen (erweiterter Beitragszuschuss und Bayerisches Krippengeld) gewährt werden.

§§ 2 und 3 des Bayerischen Gesetzes zur Bildung, Erziehung und Betreuung von Kindern in Kindergärten, anderen Kindertageseinrichtungen und in Tagespflege und zur Änderung anderer Gesetze

vom 8. Juli 2005 (GVBl S. 236),

§ 2
Änderung des Bayerischen Kinder- und Jugendhilfegesetzes

Das Bayerische Kinder- und Jugendhilfegesetz (BayKJHG) vom 18. Juni 1993 (GVBl S. 392, BayRS 2162-1-A), zuletzt geändert durch Art. 3 des Gesetzes vom 23. November 2001 (GVBl S. 734), wird wie folgt geändert:

1. *Art. 1 Abs. 2 erhält folgende Fassung: „(2) Dieses Gesetz gilt nicht für Kindertageseinrichtungen und Tagespflege mit Ausnahme des Art. 29 sowie der Bestimmungen über den örtlichen Träger der öffentlichen Jugendhilfe."*

2. *In Art. 17 Abs. 1 Satz 1 werden die Worte „und zur Förderung von Kindern in Tageseinrichtungen (§ 22 in Verbindung mit § 24 sowie § 25 des Achten Buchs Sozialgesetzbuch)" gestrichen.*

3. *Art. 26 Satz 2 wird aufgehoben; die Satzbezeichnung 1 entfällt.*

4. *Art. 32 wird wie folgt geändert:*
   a) *Abs. 2 wird aufgehoben.*
   b) *Der bisherige Abs. 3 wird Abs. 2.*

Erläuterungen

In § 2 BayKJHG wurden die aufgrund des BayKiBiG erforderlichen Anpassungen im Bayerischen Kinder- und Jugendhilfegesetz (BayKJHG) vorgenommen. Zwischenzeitlich wurde das BayKJHG mit Wirkung zum 1.1.2007 in das Gesetz zur Ausführung der Sozialgesetze (AGSG) überführt.

§ 3
In-Kraft-Treten, Außer-Kraft-Treten, Übergangsregelungen

(1) Dieses Gesetz tritt am 1. August 2005 in Kraft.

(2) Mit Ablauf des 31. Juli 2005 treten außer Kraft:

1. *das Bayerische Kindergartengesetz (BayKiG) vom 25. Juli 1972 (BayRS 2231-1-A),*

2. die Erste Verordnung zur Durchführung des Bayerischen Kindergartengesetzes (1. DVBayKiG) vom 15. Dezember 1972 (BayRS 2231-1-1-A), zuletzt geändert durch Verordnung vom 6. Juli 1993 (GVBl S. 487),

3. die Verordnung über die Bildung und den Geschäftsgang der Kindergartenbeiräte bei den anerkannten Kindergärten (2. DVBayKiG) vom 14. Juni 1973 (BayRS 2231-1-2-A),

4. die Verordnung über die Förderungsfähigkeit der Personalkosten anerkannter Kindergärten (3. DVBayKiG) vom 31. Juli 1978 (BayRS 2231-1-3-A), zuletzt geändert durch Verordnung vom 18. August 2004 (GVBl S. 354),

5. die Verordnung über die Rahmenpläne für anerkannte Kindergärten (4. DVBayKiG) vom 25. September 1973 (BayRS 2231-1-4-A), kolpara=„§§ 2, 3 BayKiBiG/ÄndG"/>

6. die Verordnung über die an die sonstigen Kindergärten zu stellenden Mindestanforderungen (5. DVBayKiG) vom 19. März 1985 (GVBl S. 102, BayRS 2231-1-5-A), geändert durch § 9 Abs. 2 Nr. 1 der Verordnung vom 5. Juli 1993 (GVBl S. 491),

7. die Verordnung über Bau, Beschaffenheit und Ausstattung anerkannter und sonstiger Kindergärten (6. DVBayKiG) vom 5. Juli 1993 (GVBl S. 491, BayRS 2231-1-6-A).

(3) Es gelten folgende Übergangsregelungen:

1. Zum Stichtag 31. Juli 2005 bestehende, staatlich geförderte Kindergarten- und Hortgruppen sowie Kinderbetreuungsgruppen im Sinn der Richtlinie zur Förderung von altersgemischten Kinderbetreuungsgruppen im „Netz für Kinder" werden bis zum 31. August 2006 nach den zum 31. Juli 2005 geltenden Vorschriften gefördert, soweit die jeweiligen Fördervoraussetzungen weiterhin erfüllt werden. Die Vorschriften des Abschnitt 1 des 5. Teils BayKiBiG finden mit Ausnahme von Art. 13 Abs. 3, bei Horten zusätzlich von Art. 18, bis zum 31. August 2006 insoweit keine Anwendung. Für Netze für Kinder im Sinn des Satz 1 gilt Art. 24, solange die Fördervoraussetzungen weiterhin erfüllt sind, mit der Maßgabe entsprechend, dass für solche Gruppen mit mindestens 12 Kindern der Basiswert für die durchschnittliche Buchungszeit der tatsächlich anwesenden Kinder bei Zugrundelegung eines Gewichtungsfaktors von 1,0 für 22 Kinder gewährt wird.

2. Kindergarten- und Hortgruppen sowie Kinderbetreuungsgruppen im Sinn der Richtlinie zur Förderung von altersgemischten Kinderbetreuungsgruppen im „Netz für Kinder" im Sinn der Nr. 1 sollen ab dem 1. September 2005 stundenbezogene Buchungszeiten anbieten und eine entsprechende Beitragsstaffelung nach Art. 19 Abs. 4 BayKiBiG erheben. Dabei können Mindestbuchungszeiten nach Art. 21 Abs. 4 Satz 5 BayKiBiG vorgegeben werden.

3. [1] Die Plätze in zum Stichtag 31. Juli 2005 anerkannten Kindergärten gelten bis zum 31. August 2008 als bedarfsnotwendig im Sinn des Art. 22 Abs. 1 BayKiBiG. [2] Für welche Gemeinden die bestehenden Plätze als bedarfsnotwendig gelten, bestimmt sich nach dem im Anerkennungsbescheid oder im Bedarfsplan (Art. 4 BayKiG) festgestellten Einzugsbereich in der zum Stichtag geltenden Fassung. [3] Soweit Plätze in anerkannten Kindergärten zum Stichtag 1. September 2005 durch Kinder aus Gemeinden von außerhalb des festgelegten Einzugsbereichs belegt sind, richtet sich der Förderanspruch nach Art. 18 auch für diese Kinder gegen die Sitzgemeinde; sind mehrere Gemeinden betroffen, tragen diese die Kosten für die betroffenen Kinder anteilig.

4. Bis zum In-Kraft-Treten der Ausführungsverordnung (Art. 30 BayKiBiG; neu Art. 32) ist der 2. Abschnitt der 4. DVBayKiG weiterhin für Kindergärten im Sinn dieses Gesetzes anzuwenden.

5. In die staatliche Förderung bis zum Stichtag 31. Juli 2005 aufgenommene Krippen gelten bis zum 31. August 2008 auch dann als Kindertageseinrichtung, wenn sie die Voraussetzungen des Art. 2 Abs. 2 BayKiBiG nicht erfüllen.

6. [1] Auf Antrag des örtlichen Trägers der öffentlichen Jugendhilfe wird für die Zeit zwischen dem 1. Januar 2007 und dem 31. Dezember 2010 einmalig und für längstens

einen Bewilligungszeitraum (Art. 26 Abs. 1 Satz 3 BayKiBiG) ein Pauschalbetrag für den Aufbau einer Tagespflegestruktur gewährt. [2] Die Einzelheiten werden in Richtlinien festgelegt.

Erläuterungen

Übersicht

1. Vorbemerkung
2. Inkrafttreten, Außerkrafttreten
3. Übergangsregelungen

1. Vorbemerkung

§ 3 BayKiBiG bewerkstelligt den Übergang der Personalkostenförderung im Kindergartenbereich bzw. die Einführung der kindbezogenen Förderung im gesamten Bereich der staatlich finanzierten Kinderbetreuung. Hervorzuheben sind der Bestandsschutz bestehender Netze für Kinder (Absatz 3 Nr. 1 Satz 3), die zum 31.8.2008 abgelaufene Bedarfsfiktion für nach dem früher geltenden Bayerischen Kindergartengesetz anerkannte Kindergärten (Absatz 3 Nr. 3 Satz 1) sowie die Übergangsregelung im Bereich der Gastkinder in Absatz 3 Nr. 3 Satz 3.

2. Inkrafttreten, Außerkrafttreten

Absatz 1 regelt das In-Kraft-Treten des BayKiBiG am 1.8.2005.

Absatz 2 zählt die mit Wirkung zum 31.7.2005 außer Kraft tretenden Normen abschließend und vorbehaltlich der Übergangsregelungen des 3. Absatzes auf.

3. Übergangsregelungen

3.1 § 3 Abs. 3 Nr. 1 Satz 3:

Für die Netze für Kinder wurde die kindbezogene Förderung am 1.9.2006 eingeführt. Für die Netze für Kinder i. S. d. Satzes 1 gilt dabei Art. 24 BayKiBiG, solange die Fördervoraussetzungen weiterhin erfüllt sind, mit der Maßgabe entsprechend, dass für solche Gruppen mit mindestens 12 Kindern der Basiswert für die durchschnittliche Buchungszeit der tatsächlich anwesenden Kinder bei Zugrundelegung eines Gewichtungsfaktors von 1,0 für 22 Kinder gewährt wird.

Für die Netze für Kinder wird damit eine Sonderförderung auf Basis der Landkindergartenregelung fixiert. Voraussetzung ist zum einen, dass die betreffende Gruppe des Netzes für Kinder zum 31.7.2005 bestanden haben muss. Zum anderen müssen die Fördervoraussetzungen der Richtlinie zur Förderung von altersgemischten Kinderbetreuungsgruppen im „Netz für Kinder" (Netz für Kinder – Richtlinie, NfKR) vom 24.1.2005 (Az.: VI 4/7330/11/05) erfüllt sein (Download: www.stmas.bayern.de/kinderbetreuung/download/netzfkrl.pdf).

Netze für Kinder haben bisher eine Personalkosten- und Sachkostenförderung erhalten. Für die mitarbeitenden Eltern wurde eine Aufwandsentschädigung geleistet. Nachdem per definitionem Netze für Kinder nur 12 bis 15 Kinder aufweisen, wäre die kindbezogene Förderung ohne Sonderzahlung in aller Regel hinter dem bisherigen Förderbetrag gem. der NfKR zurückgeblieben. Durch die entsprechende Anwendung der Regelung in Art. 24 BayKiBiG wird die kindbezogene Förderung auf 22 Kinder fiktiv hochgerechnet. Dieser derart berechnete Zahlbetrag deckt pauschal die bisherigen Personal- und Sachkosten ab.

Durch die Regelung „solange die Fördervoraussetzungen weiterhin erfüllt sind" macht der Gesetzgeber deutlich, dass das Förderprivileg nur für **bestehende** Netze für Kinder für die Dauer ihrer Existenz besteht. Entfallen die Definitionsmerkmale eines Netzes für Kinder und werden diese später wieder erfüllt, lebt das Privileg der Übergangsvorschrift nicht wieder auf. Bei Eröffnung zusätzlicher Gruppen findet das BayKiBiG für diese Gruppen ohne Einschränkung Anwendung. Mit der Änderung des Art. 24 BayKiBiG zum 1.1.2013 ist keine Änderung im Hinblick auf die Vorgaben für Netze für Kinder verbunden. § 3 Abs. 3 Nr. 1 BayKiBiG und ÄndG stellt eine statische Verweisung dar, es bleibt somit die Vorgabe des Art. 24 BayKiBiG a. F. maßgeblich. Es bleibt bei der Hochrechnung auf **22** Kinder.

3.2 § 3 Abs. 3 Nr. 3 Satz 1:

Die Plätze in zum Stichtag 31.7.2005 anerkannten Kindergärten galten bis zum 31.8.2008 als **bedarfsnotwendig** im Sinn des Art. 22 Abs. 1 BayKiBiG. Durch diese Regelung sollte einerseits dem Vertrauensschutz der Träger **anerkannter Kindergärten** Rechnung getragen werden. Die Vorschrift hat durch Neuregelung der Art. 7, 18 und 27 BayKiBiG seine Bedeutung verloren.

3.3 § 3 Abs. 3 Nr. 3 Satz 3:

3.3.1 Vor In-Kraft-Treten des BayKiBiG erhielten viele Kindergärten Personalkostenförderung in vollem Umfang, weil mindestens 15 Kinder aus der Sitzgemeinde stammten. Der Träger konnte die Gruppe mit Kindern aus Umlandgemeinden auffüllen. Um einen Wechsel der Förderzuständigkeit zu vermeiden, wurde die **Sitzgemeinde** gesetzlich verpflichtet, weiterhin für alle Kinder, die zum Stichtag 1.9.2005 Plätze in anerkannten Kindergärten belegten, die gesetzliche Förderung zu leisten. Diese Regelung hat aufgrund Zeitablaufs seine Bedeutung verloren.

Verordnung zur Ausführung des Bayerischen Kinderbildungs- und -betreuungsgesetzes (Kinderbildungsverordnung – AVBayKiBiG)

vom 5. Dezember 2005 (GVBl S. 633),
zuletzt geändert durch Art. 15 des Gesetzes vom 24. Mai 2019 (GVBl. S. 266)

– Text –

Auf Grund des Art. 30[1] des Bayerischen Gesetzes zur Bildung, Erziehung und Betreuung von Kindern in Kindergärten, anderen Kindertageseinrichtungen und in Tagespflege (Bayerisches Kinderbildungs- und -betreuungsgesetz – BayKiBiG) vom 8. Juli 2005 (GVBl S. 236, BayRS 2231-1-1-A; geändert durch Verordnung vom 18. August 2008 (GVBl S. 584) erlässt das Bayerische Staatsministerium für Familie, Arbeit und Soziales folgende Verordnung:

Inhaltsübersicht

---

1) Art. 32 durch Gesetz zur Einführung eines Bayerischen Krippengeldes.

1. ABSCHNITT
BILDUNGS- UND ERZIEHUNGSZIELE

§ 1
Allgemeine Grundsätze für die individuelle Bildungsbegleitung

(1) [1] Das Kind gestaltet entsprechend seinem Entwicklungsstand seine Bildung von Anfang an aktiv mit. [2] Das pädagogische Personal in den Kindertageseinrichtungen hat die Aufgabe, durch ein anregendes Lernumfeld und durch Lernangebote dafür Sorge zu tragen, dass die Kinder anhand der Bildungs- und Erziehungsziele Basiskompetenzen entwickeln. [3] Leitziel der pädagogischen Bemühungen ist im Sinn der Verfassung der beziehungsfähige, wertorientierte, hilfsbereite, schöpferische Mensch, der sein Leben verantwortlich gestalten und den Anforderungen in Familie, Staat und Gesellschaft gerecht werden kann.

(2) [1] Das pädagogische Personal unterstützt die Kinder auf Grundlage einer inklusiven Pädagogik individuell und ganzheitlich im Hinblick auf ihr Alter und ihre Geschlechtsidentität, ihr Temperament, ihre Stärken, Begabungen und Interessen, ihr individuelles Lern- und Entwicklungstempo, ihre spezifischen Lern- und besonderen Unterstützungsbedürfnisse und ihren kulturellen Hintergrund. [2] Es begleitet und dokumentiert den Bildungs- und Entwicklungsverlauf anhand des Beobachtungsbogens „Positive Entwicklung und Resilienz im Kindergartenalltag (PERIK)" oder eines gleichermaßen geeigneten Beobachtungsbogens.

(3) [1] Die Arbeit des pädagogischen Personals basiert auf dem Konzept der Inklusion und Teilhabe, das die Normalität der Verschiedenheit von Menschen betont und eine Ausgrenzung anhand bestimmter Merkmale ablehnt und die Beteiligung ermöglicht. [2] Kinder mit und ohne Behinderung werden nach Möglichkeit gemeinsam gebildet, erzogen und betreut sowie darin unterstützt, sich mit ihren Stärken und Schwächen gegenseitig anzunehmen. [3] Alle Kinder werden mit geeigneten und fest im Alltag der Einrichtung integrierten Beteiligungsverfahren darin unterstützt, ihre Rechte auf Selbstbestimmung, Mitbestimmung und Mitwirkung an strukturellen Entscheidungen sowie ihre Beschwerdemöglichkeiten in persönlichen Angelegenheiten wahrzunehmen.

§ 2
Basiskompetenzen

Zur Bildung der gesamten Persönlichkeit der Kinder unterstützt und stärkt das pädagogische Personal auf der Grundlage eines christlichen Menschenbildes

1. die Entwicklung von freiheitlich-demokratischen, religiösen, sittlichen und sozialen Werthaltungen,

2. die Entwicklung von personalen, motivationalen, kognitiven, physischen und sozialen Kompetenzen,

3. das Lernen des Lernens,

4. die Bereitschaft zur Verantwortungsübernahme sowie zur aktiven Beteiligung an Entscheidungen,

5. die Entwicklung von Widerstandsfähigkeit,

6. die musischen Kräfte sowie

7. die Kreativität.

§ 3

Erziehungspartnerschaft, Teilhabe

(1) [1]Im Mittelpunkt der Erziehungspartnerschaft (Art. 11 Abs. 2 BayKiBiG) steht die gemeinsame Verantwortung für das Kind. [2]Die Umsetzung der Erziehungspartnerschaft bedarf einer von gegenseitiger Wertschätzung getragenen aktiven Teilhabe der Eltern und berücksichtigt die Vielfalt der Familien, deren Bedürfnisse, Interessen und Möglichkeiten, sich am Geschehen in der Einrichtung zu beteiligen. [3]Sie findet in unterschiedlichen Formen der Mitgestaltung, der Mitverantwortung und der Mitbestimmung ihren Ausdruck.

(2) Die im Rahmen der Erziehungspartnerschaft erfolgende Information der Eltern über die Lern- und Entwicklungsprozesse sowie die Beratung der Eltern über Fragen der Bildung, Erziehung und Betreuung des Kindes (Art. 11 Abs. 3 BayKiBiG) umfasst auch die Frage einer möglichen Antragsstellung der Eltern nach Art. 37 Abs. 1 Satz 2 oder Satz 3 des Bayerischen Gesetzes über das Erziehungs- und Unterrichtswesen (BayEUG).

§ 4

Ethische und religiöse Bildung und Erziehung; Emotionalität und soziale Beziehungen

(1) Alle Kinder sollen zentrale Elemente der christlich-abendländischen Kultur erfahren und lernen, sinn- und werteorientiert und in Achtung vor religiöser Überzeugung zu leben sowie eine eigene von Nächstenliebe getragene religiöse oder weltanschauliche Identität zu entwickeln.

(2) Das pädagogische Personal soll die Kinder darin unterstützen, mit ihren eigenen Gefühlen umzugehen, in christlicher Nächstenliebe offen und unbefangen Menschen in ihrer Unterschiedlichkeit anzunehmen, sich in die Kinder einzufühlen, Mitverantwortung für die Gemeinschaft zu übernehmen und untereinander nach angemessenen Lösungen bei Streitigkeiten zu suchen.

§ 5

Sprachliche Bildung und Förderung

(1) [1]Kinder sollen lernen, sich angemessen in der deutschen Sprache sowie durch Mimik und Körpersprache auszudrücken, längeren Darstellungen oder Erzählungen zu folgen und selbst Geschichten zusammenhängend zu erzählen. [2]Sie sollen Wortschatz, Begriffs- und Lautbildung, Satzbau und sprachliche Abstraktion entsprechend ihrem Entwicklungsstand erweitern und verfeinern. [3]Die Verwendung der Dialekte wird unterstützt und gepflegt.

(2) [1]Der Sprachstand von Kindern, deren Eltern beide nichtdeutschsprachiger Herkunft sind, ist in der ersten Hälfte des vorletzten Kindergartenjahres anhand des zweiten Teils des Bogens „Sprachverhalten und Interesse an Sprache bei Migrantenkindern in Kindertageseinrichtungen (SISMIK) – Sprachliche Kompetenz im engeren Sinn (deutsch)" zu erheben. [2]Die sprachliche Bildung und Förderung von Kindern, die nach dieser Sprachstandserhebung besonders förderbedürftig sind oder die zum Besuch eines Kindergartens mit integriertem Vorkurs verpflichtet wurden, ist in Zusammenarbeit mit der Grundschule auf der Grundlage der entsprechenden inhaltlichen Vorgaben „Vorkurs Deutsch lernen vor Schulbeginn" oder einer gleichermaßen geeigneten Sprachfördermaßnahme durchzuführen.

(3) [1]Der Sprachstand von Kindern, bei denen zumindest ein Elternteil deutsch-sprachiger Herkunft ist, ist ab der ersten Hälfte des vorletzten Kindergartenjahres vor der Einschulung anhand des Beobachtungsbogens „Sprachentwicklung und Literacy bei deutschsprachig aufwachsenden Kindern (SELDAK)" zu erheben. [2]Auf Grundlage der Beobach-

tung nach dieser Sprachstandserhebung wird entschieden, ob ein Kind besonders sprachförderbedürftig ist und die Teilnahme am Vorkurs Deutsch oder einer gleichermaßen geeigneten Sprachfördermaßnahme empfohlen wird. [3] Der Bogen kann auch in Auszügen verwendet werden.

§ 6
Mathematische Bildung

[1] Kinder sollen lernen, entwicklungsangemessen mit Zahlen, Mengen und geometrischen Formen umzugehen, diese zu erkennen und zu benennen. [2] Kinder sollen Zeiträume erfahren, Gewichte wiegen, Längen messen, Rauminhalte vergleichen, den Umgang mit Geld üben und dabei auch erste Einblicke in wirtschaftliche Zusammenhänge erhalten.

§ 7
Naturwissenschaftliche und technische Bildung

[1] Kinder sollen lernen, naturwissenschaftliche Zusammenhänge in der belebten und unbelebten Natur zu verstehen und selbst Experimente durchzuführen. [2] Sie sollen lernen, lebensweltbezogene Aufgaben zu bewältigen, die naturwissenschaftliche oder technische Grundkenntnisse erfordern.

§ 8
Umweltbildung und -erziehung

Kinder sollen lernen, ökologische Zusammenhänge zu erkennen und mitzugestalten, ein Bewusstsein für eine gesunde Umwelt und für die Bedeutung umweltbezogenen Handelns zu entwickeln und so zunehmend Verantwortung für die Welt, in der sie leben, zu übernehmen.

§ 9
Informationstechnische Bildung, Medienbildung und -erziehung

Kinder sollen die Bedeutung und Verwendungsmöglichkeiten von alltäglichen informationstechnischen Geräten und von Medien in ihrer Lebenswelt kennen lernen.

§ 10
Ästhetische, bildnerische und kulturelle Bildung und Erziehung

Kinder sollen lernen, ihre Umwelt in ihren Formen, Farben und Bewegungen sowie in ihrer Ästhetik wahrzunehmen und das Wahrgenommene schöpferisch und kreativ gestalterisch umzusetzen.

§ 11
Musikalische Bildung und Erziehung

[1] Kinder sollen ermutigt werden, gemeinsam zu singen. [2] Sie sollen lernen, Musik konzentriert und differenziert wahrzunehmen und Gelegenheit erhalten, verschiedene Musikinstrumente und die musikalische Tradition ihres Kulturkreises sowie fremder Kulturkreise kennen zu lernen.

§ 12
Bewegungserziehung und -förderung, Sport

Kinder sollen ausgiebig ihre motorischen Fähigkeiten erproben und ihre Geschicklichkeit im Rahmen eines ausreichenden und zweckmäßigen Bewegungsfreiraums entwickeln können.

§ 13
Gesundheitsbildung und Kinderschutz

(1) [1]Kinder sollen lernen, auf eine gesunde und ausgewogene Ernährung, ausreichend Bewegung und ausreichend Ruhe und Stille zu achten. [2]Sie sollen Hygiene- und Körperpflegemaßnahmen einüben sowie sich Verhaltensweisen zur Verhütung von Krankheiten aneignen, unbelastet mit ihrer Sexualität umgehen und sich mit Gefahren im Alltag, insbesondere im Straßenverkehr, verständig auseinandersetzen. [3]Richtiges Verhalten bei Bränden und Unfällen ist mit ihnen zu üben.

(2) [1]Das pädagogische Personal klärt die Kinder über die Gefahren des Rauchens und über sonstige Suchtgefahren auf und trägt dafür Sorge, dass die Kinder in der Kindertageseinrichtung positive Vorbilder erleben. [2]Der Träger stellt die Einhaltung des Rauchverbots in den Innenräumen und auf dem Gelände der Einrichtung nach Art. 3 Abs. 1 und 7 Satz 1 Nr. 2 des Gesundheitsschutzgesetzes sicher.

§ 14
Aufgaben des pädagogischen Personals und des Trägers

(1) [1]Das pädagogische Personal hat die Aufgabe dafür zu sorgen, dass die Kinder die Bildungs- und Erziehungsziele durch begleitete Bildungsaktivitäten erreichen. [2]Hierzu gehören geplante Angebote ebenso wie das freie Spiel in Alltagssituationen, bei dem die Kinder im Blick des pädagogischen Personals bleiben, die Anregung der sinnlichen Wahrnehmung und Raum für Bewegung, Begegnungen mit der Buch-, Erzähl- und Schriftkultur, der darstellenden Kunst und der Musik, Experimente und der Vergleich und die Zählung von Objekten, umweltbezogenes Handeln und die Heranführung an unterschiedliche Materialien und Werkzeuge für die gestalterische Formgebung.

(2) [1]Der Träger hat dafür zu sorgen, dass das pädagogische Personal sich zur Erfüllung der Bildungs- und Erziehungsaufgaben an den Inhalten des bayerischen Bildungs- und Erziehungsplans, der Handreichung Bildung, Erziehung und Betreuung von Kindern in den ersten drei Lebensjahren und der Bayerischen Leitlinien für die Bildung und Erziehung von Kindern bis zum Ende der Grundschulzeit orientiert. [2]Auf der Grundlage der Bayerischen Leitlinien ist der Bayerische Bildungs- und Erziehungsplan eine Orientierung für die pädagogische Arbeit auch in Horten.

(3) Die Leiterin oder der Leiter der Kindertageseinrichtung (§ 17 Abs. 3)

1. übernimmt die Verantwortung für die Gestaltung und Fortentwicklung der pädagogischen Arbeit in der Kindertageseinrichtung,

2. nimmt die fachliche Unterstützung, Anleitung und Aufsicht für das pädagogische Personal wahr,

3. fördert die Erziehungspartnerschaft zwischen den Eltern und dem pädagogischen Personal und

4. unterstützt die Zusammenarbeit mit anderen Einrichtungen, Diensten und Ämtern gemäß Art. 15 BayKiBiG.

2. ABSCHNITT
PERSONELLE MINDESTANFORDERUNGEN

§ 15
Fachkräftegebot

In jeder Kindertageseinrichtung muss die Bildung, Erziehung und Betreuung der Kinder durch pädagogische Fachkräfte im Sinn des § 16 Abs. 2 sichergestellt sein.

§ 16
Pädagogisches Personal

(1) [1] Pädagogisches Personal sind pädagogische Fachkräfte und pädagogische Ergänzungskräfte. [2] Das pädagogische Personal muss bei Aufnahme der Tätigkeit in einer förderfähigen Kindertageseinrichtung über die zur Erfüllung der Bildungs- und Erziehungsziele erforderlichen deutschen Sprachkenntnisse verfügen. [3] Der Nachweis über die erforderlichen deutschen Sprachkenntnisse muss spätestens sechs Monate nach Aufnahme der Tätigkeit vorgelegt werden.

(2) Pädagogische Fachkräfte sind

1. Personen mit einer umfassenden fachtheoretischen und fachpraktischen sozialpädagogischen Ausbildung, die durch einen in- oder ausländischen Abschluss mindestens auf dem Niveau einer Fachakademie nachgewiesen wird;

2. Personen, soweit sie auf Grund des mit Ablauf des 31. Juli 2005 außer Kraft getretenen Bayerischen Kindergartengesetzes vom 25. Juli 1972 (BayRS 2231-1-A) über eine Gleichwertigkeitsanerkennung als pädagogische Fachkraft verfügen;

3. Personen, die bei Inkrafttreten dieser Verordnung rechtmäßig als pädagogische Fachkraft in einer Kindertageseinrichtung tätig sind oder einen diesbezüglichen Vertrag abgeschlossen haben. In diesen Fällen beschränkt sich die Fachkraftqualifikation auf das betreffende Arbeitsverhältnis;

4. in integrativen Kindertageseinrichtungen zusätzlich
   a) staatlich anerkannte Heilpädagoginnen und Heilpädagogen, soweit sie nicht bereits von Nr. 1 erfasst sind,
   b) staatlich anerkannte oder staatlich geprüfte Heilerziehungspflegerinnen und Heilerziehungspfleger.

(3) Fachkräfte in Leitungsfunktion (§ 17 Abs. 3) sollen über ausreichend praktische Erfahrung verfügen und an einer Fortbildung für Leitungskräfte teilgenommen haben.

(4) [1] Pädagogische Ergänzungskräfte für die Betreuung von Kindern aller Altersgruppen sind Personen mit einer mindestens zweijährigen, überwiegend pädagogisch ausgerichteten, abgeschlossenen Ausbildung. [2] Abs. 2 Nrn. 2 und 3 gelten entsprechend.

(5) [1] Qualifizierte Tagespflegepersonen können in Kindertageseinrichtungen die Betreuung vor 9.00 Uhr und nach 16.00 Uhr übernehmen, wobei eine qualifizierte Tagespflegeperson höchstens fünf gleichzeitig anwesende Kinder und bis zu drei qualifizierte Tagespflegepersonen höchstens zehn gleichzeitig anwesende Kinder betreuen dürfen. [2] Qualifizierte Tagespflegepersonen sind Tagespflegepersonen mit einer Pflegeerlaubnis nach dem Achten Buch Sozialgesetzbuch (SGB VIII), die über vertiefte Kenntnisse hinsichtlich der Anforderungen der Tagespflege im Umfang von mindestens 160 Qualifizierungsstunden verfügen; Abs. 1 Satz 2 gilt entsprechend.

(6) [1] Die für die Erteilung einer Betriebserlaubnis zuständige Behörde kann im Einzelfall von den Anforderungen nach den Abs. 2 bis 4 abweichen, wenn die Vermittlung der Bildungs- und Erziehungsziele gleichwertig sichergestellt werden kann. [2] Für die Beur-

teilung einer Person als Fach- oder Ergänzungskraft soll die vom Bayerischen Landesjugendamt veröffentlichte Liste bereits geprüfter Berufe zur Entscheidung herangezogen werden.

§ 17
Anstellungsschlüssel

(1) [1]Zur Absicherung des Einsatzes ausreichenden pädagogischen Personals ist für je 11,0 Buchungszeitstunden der angemeldeten Kinder jeweils mindestens eine Arbeitsstunde des pädagogischen Personals anzusetzen (Anstellungsschlüssel von 1 : 11,0); empfohlen wird ein Anstellungsschlüssel von 1 : 10. [2]Buchungszeiten von Kindern mit Gewichtungsfaktor sind entsprechend vervielfacht einzurechnen. [3]Die in den Anstellungsschlüssel eingerechnete Arbeitszeit des pädagogischen Personals verteilt sich auf unmittelbare und mittelbare Tätigkeiten. [4]Unmittelbare Tätigkeit ist die pädagogische Arbeit mit den Kindern. [5]Mittelbare Tätigkeit ist der Teil der pädagogischen Arbeit der Leiterin oder des Leiters und der pädagogischen Fach- und Ergänzungskräfte, der neben den Betreuungszeiten der Kinder, aber in Umsetzung von Gesetzen, Verordnungen, den Bayerischen Bildungsleitlinien und dem Bayerischen Bildungs- und Erziehungsplan erbracht wird.

(2) [1]Mindestens 50 v. H. der nach Abs. 1 erforderlichen Arbeitszeit des pädagogischen Personals ist von pädagogischen Fachkräften zu leisten. [2]Der Gewichtungsfaktor für behinderte oder von wesentlicher Behinderung bedrohte Kinder ist für die Fachkraftquote nach Satz 1 nicht einzurechnen.

(3) Die Leitung von Kindertageseinrichtungen muss durch pädagogische Fachkräfte erfolgen.

(4) [1]Der Anstellungsschlüssel und die Fachkraftquote werden monatlich berechnet. [2]Soweit pädagogisches Personal über einen Zeitraum von 42 Kalendertagen aufeinanderfolgend keine Arbeitsleistung mehr erbringt, bleibt die bisherige arbeitsvertragliche Arbeitszeit ab Beginn des nächstfolgenden Kalendermonats unberücksichtigt. [3]Satz 2 gilt nicht, wenn im laufenden oder im nächstfolgenden Kalendermonat die Arbeit im Umfang von mindestens der Hälfte der im Kalendermonat arbeitsvertraglich vereinbarten Arbeitstage wieder aufgenommen oder Personal im erforderlichen Umfang neu eingestellt wird. [4]Gefördert werden im Bewilligungszeitraum nur Kalendermonate, die im Jahresdurchschnitt den förderrelevanten Anstellungsschlüssel und die Fachkraftquote einhalten. [5]Wenn die Aufnahme von Kindern auf Veranlassung des Jugendamts zur Vermeidung einer Kindeswohlgefährdung erfolgt und das Staatsministerium für Familie, Arbeit und Soziales (Staatsministerium) zustimmt, wird bei Berechnung der Jahresdurchschnittswerte eine Überschreitung des Anstellungsschlüssels oder eine Unterschreitung der Fachkraftquote für einen Zeitraum von längstens drei Kalendermonaten nicht berücksichtigt. [6]§ 45 SGB VIII bleibt unberührt.

3. ABSCHNITT
KINDBEZOGENE FÖRDERUNG

§ 18
Zusätzliche Leistungen für die Tagespflegeperson

[1]Die Tagespflegeperson erhält vom örtlichen Träger der öffentlichen Jugendhilfe einen Qualifizierungszuschlag als zusätzliche Leistung im Sinn von Art. 20 Satz 1 Nr. 4 BayKiBiG. [2]Der Qualifizierungszuschlag ist durch den örtlichen Träger der öffentlichen Jugendhilfe zu differenzieren und beträgt mindestens 10 von Hundert des vom örtlichen Träger der öffentlichen Jugendhilfe festgesetzten Tagespflegegeldes nach § 23 Abs. 2

Nr. 2 SGB VIII. [3] Kriterien zur Differenzierung des Qualifizierungszuschlags sind die Qualifikation der Tagespflegeperson, das Alter oder der persönliche Betreuungsbedarf der betreuten Kinder. [4] Der Qualifizierungszuschlag ist abhängig von der erfolgreichen Teilnahme der Tagespflegeperson an einer Qualifizierungsmaßnahme im Sinn von Art. 20 Satz 1 Nr. 1 BayKiBiG im Umfang von mindestens 100 Stunden und einer schriftlichen Erklärung zur Bereitschaft, an Fortbildungsmaßnahmen im Umfang von mindestens 15 Stunden jährlich teilzunehmen und auch unangemeldete Kontrollen zuzulassen. [5] Die Tagespflegeperson muss über die zur individuellen Bildungsbegleitung erforderlichen deutschen Sprachkenntnisse verfügen. [6] Von Satz 5 kann in begründeten Einzelfällen und zeitlich befristet im Einvernehmen mit dem örtlichen Träger der öffentlichen Jugendhilfe abgewichen werden.

§ 19
Antragsverfahren

(1) [1] Zur Beantragung der kindbezogenen Förderung nach Art. 19 Nr. 6 BayKiBiG muss der Träger die förderrelevanten Daten über das vom Freistaat zur Verfügung gestellte Computerprogramm freigeben und den Antrag auf kindbezogene Förderung nach Art. 26 Abs. 1 Satz 1 BayKiBiG schriftlich (§ 126 Bürgerliches Gesetzbuch – BGB) bei der Aufenthaltsgemeinde der jeweiligen Kinder (Art. 18 Abs. 1 BayKiBiG) stellen. [2] Für die Einhaltung der Frist nach Art. 19 Nr. 6 BayKiBiG gilt § 16 Abs. 2 des Ersten Buch Sozialgesetzbuches (SGB I) entsprechend. [3] Die Sitzgemeinde prüft den Gesamtantrag, gibt ihn bei Vorliegen der Fördervoraussetzungen im vom Freistaat zur Verfügung gestellten Computerprogramm für alle anderen betroffenen Aufenthaltsgemeinden zur weiteren Bearbeitung frei und erlässt bezogen auf ihre Kinder den Förderbescheid. [4] Nach Freigabe des Gesamtantrags durch die Sitzgemeinde verfahren die anderen Aufenthaltsgemeinden für die Gastkinderanträge in entsprechender Weise.

(2) [1] Die Gemeinden beantragen die staatliche Förderung nach Art. 18 Abs. 2 BayKiBiG schriftlich nach Art. 26 Abs. 1 Satz 2 BayKiBiG bei der Bewilligungsbehörde (Art. 28 BayKiBiG), nachdem sie die förderrelevanten Daten freigegeben haben. [2] Für die Einhaltung der Frist nach Art. 18 Abs. 2 BayKiBiG ist der Zugang (§ 130 BGB) bei der Bewilligungsbehörde maßgeblich. [3] Nach Prüfung erlässt die Bewilligungsbehörde einen Bescheid über die Förderung nach Art. 18 Abs. 2, Art. 19 und 21 BayKiBiG.

(3) Zu den aktuellen Daten im Sinn des Art. 19 Nr. 8 BayKiBiG zählen alle Daten, die für die Förderung nach dem Bayerischen Kinderbildungs- und -betreuungsgesetz erforderlich sind, insbesondere die Monatsdaten der betreuten Kinder und die Arbeitszeiten des vorhandenen Personals einschließlich der Fehlzeiten des Personals.

§ 20
Basiswert und Qualitätsbonus

(1) Bei der Berechnung des Basiswerts nach Art. 21 Abs. 3 Satz 2 BayKiBiG werden die Entwicklungen der Tarife nach dem Tarifvertrag für den öffentlichen Dienst (TVöD) – Allgemeiner Teil – und dem Besonderen Teil Pflege- und Betreuungseinrichtungen (BT-B) sowie die Entgeltnebenkosten berücksichtigt.

(2) [1] Kindertageseinrichtungen haben einen Anspruch auf ein Zwölftel des als Qualitätsbonus nach Art. 23 Abs. 1 Satz 3 BayKiBiG festgesetzten Betrags für jeden Monat, in dem die Fördervoraussetzungen nach § 17 Abs. 1 bis 4 vorliegen. [2] Der Qualitätsbonus findet keine Anwendung bei der Berechnung der staatlichen kindbezogenen Förderung in Fällen der Erhöhung der Buchungszeitfaktoren nach § 25 Abs. 1 Satz 2 und Satz 3.

(3) Die Beantragung des Qualitätsbonus erfolgt im Rahmen der kindbezogenen Förderung nach § 19.

§ 21
Beitragszuschuss

[1] Die Beantragung der Beitragszuschüsse nach Art. 23 Abs. 3 Satz 1 BayKiBiG erfolgt durch den Träger der Kindertageseinrichtung nach § 19 für jedes Kind, für das nach Art. 21 Abs. 1 BayKiBiG die staatliche Förderung gewährt wird. [2] Ist der tatsächlich erhobene Elternbeitrag niedriger als der staatliche Zuschuss, verbleibt der überschießende Betrag beim Träger. Stellen die Eltern einen Antrag zur Schulpflicht des Kindes, haben sie dies dem Träger unverzüglich mitzuteilen. § 26 Abs. 1 Satz 1 gilt entsprechend.

§ 22
Abschlagszahlungen

(1) [1] Die freigemeinnützigen und sonstigen Träger von Kindertageseinrichtungen und Großtagespflege nach Art. 20a BayKiBiG haben im jeweiligen Bewilligungszeitraum gegen die Aufenthaltsgemeinde einen Anspruch auf mindestens vier Abschlagszahlungen in Höhe von insgesamt 96 v. H. der im Bewilligungszeitraum zu erwartenden kindbezogenen Förderung und des Qualitätsbonus. [2] Mit den Abschlagszahlungen werden auch die auf den jeweiligen Abschlagszeitraum entfallenden Beitragszuschüsse nach Art. 23 Abs. 3 BayKiBiG quartalsweise ungekürzt an die Träger ausbezahlt. [3] Der Träger beantragt die Abschlagszahlungen unter Verwendung des bereitgestellten Computerprogramms. [4] Ein Änderungsantrag ist zulässig, wenn sich die Personalstunden im Lauf eines Quartals um mindestens 15 v. H. erhöht haben.

(2) [1] Die Bewilligungsbehörden für die staatliche Betriebskostenförderung (Art. 28 BayKiBiG) leisten Abschlagszahlungen in Höhe von 96 v. H. der im Bewilligungszeitraum zu erwartenden staatlichen Fördersumme zum 15. Februar, 15. Mai und 15. August jeweils in Höhe von 23 v. H. sowie zum 15. November in Höhe von 31 v. H. an die kreisfreien Städte und kreisangehörigen Gemeinden. [2] Die kreisfreien Städte und die kreisangehörigen Gemeinden müssen den auf die freigemeinnützigen und sonstigen Träger entfallenden Teil der Abschlagszahlungen innerhalb von zwei Wochen nach Eingang der jeweiligen staatlichen Quartalszahlung an die freigemeinnützigen und sonstigen Träger auszahlen, soweit keine andere Abschlagsvereinbarung getroffen wurde. [3] Für die kreisfreien Städte gilt Satz 2 entsprechend mit der Maßgabe, dass die Frist von zwei Wochen für die Abschlagszahlungen an die freigemeinnützigen und sonstigen Träger jeweils mit den in Satz 1 genannten Terminen beginnt. [4] Im Fall des Verzugs sind die Abschlagszahlungen an die freigemeinnützigen und sonstigen Träger ab dem fünften Tag nach Fälligkeit zu verzinsen; § 44 SGB I gilt entsprechend.

(3) Für die kindbezogene Förderung der Tagespflege nach Art. 20 BayKiBiG hat der Träger der öffentlichen Jugendhilfe einen Anspruch auf Abschlagszahlungen gegenüber dem Freistaat; Abs. 2 gilt entsprechend.

(4) Nimmt der Träger die in Art. 19 Nr. 8 BayKiBiG aufgeführten Meldungen nicht rechtzeitig vor, so ist die entsprechende Auszahlung der Abschlagszahlungen an den Träger auszusetzen.

§ 23
Belegprüfungen in Kindertageseinrichtungen und Kindertagespflege; Rücknahme-, Widerrufs- und Vollstreckungsverfahren

(1) [1] Die Bewilligungsbehörden (Art. 28 BayKiBiG) sind verpflichtet zu prüfen, ob der Träger der Kindertageseinrichtungen und die Tagespflegepersonen die tatsächlichen und rechtlichen Voraussetzungen für die kindbezogene Förderung im Prüfungszeitraum erfüllt haben. [2] Die Prüfung umfasst einen Zeitraum von mindestens einem Jahr und erstreckt sich höchstens auf die fünf letzten Jahre. [3] Die Regierungen, Kreisverwaltungs-

behörden und Gemeinden (Abs. 6) sollen gemeinsam jährlich Belegprüfungen durchführen, wobei mindestens 20 v. H. der erfassten Förderfälle zu prüfen sind.

(2) [1] Die Bewilligungsbehörden sind berechtigt, Bücher, Belege und sonstige erforderliche Geschäftsunterlagen vom Träger und der Gemeinde zum Zweck der Belegprüfung anzufordern sowie die Verwendung der Förderung durch örtliche Erhebungen zu prüfen oder durch Beauftragte prüfen zu lassen. [2] Der Träger der Kindertageseinrichtung und der Großtagespflege sowie die Tagespflegepersonen haben die erforderlichen Unterlagen zur Verfügung zu stellen und die notwendigen Auskünfte zu erteilen; § 66 SGB I gilt entsprechend.

(3) [1] Stellt die Bewilligungsbehörde im Rahmen der Belegprüfung fest, dass die Voraussetzungen für die kindbezogene Förderung nicht erfüllt oder weggefallen sind, ist sie verpflichtet, die Sitzgemeinde, die betroffenen Aufenthaltsgemeinden und andere betroffene Träger der öffentlichen Jugendhilfe unverzüglich darüber zu informieren.

(4) [1] Für die Rücknahme, den Widerruf und die Erstattung der kindbezogenen Förderung gelten §§ 39 bis 51 des Zehnten Buches Sozialgesetzbuch, für das Vollstreckungsverfahren gelten die Vorschriften des zweiten Hauptteils des Bayerischen Verwaltungs- und Vollstreckungsgesetzes. [2] Soweit mehrere Aufenthaltsgemeinden nach Art. 18 Abs. 1 BayKiBiG betroffen sind, betreibt die Sitzgemeinde der jeweiligen Kindertageseinrichtung das Rücknahme-, Widerrufs-, Erstattungs- und Vollstreckungsverfahren gegen den freigemeinnützigen oder sonstigen Träger mit Wirkung für alle Aufenthaltsgemeinden. [3] Sofern die Sitzgemeinde keine Aufenthaltsgemeinde im Sinn von Art. 18 Abs. 1 BayKiBiG ist, überträgt die örtlich zuständige Bewilligungsbehörde die Aufgabe nach Satz 2 auf die überwiegend betroffene Aufenthaltsgemeinde. [4] Bei überörtlichen Fällen kann das Staatsministerium auf Antrag der Sitzgemeinde die Aufgabe nach Satz 2 an eine betroffene Bewilligungsbehörde nach Art. 28 BayKiBiG übertragen. [5] Die Sitzgemeinde, die überwiegend betroffene Aufenthaltsgemeinde oder die nach Satz 4 zuständige Bewilligungsbehörde hat erstattete kindbezogene Fördermittel unverzüglich nach Eingang anteilig an die betroffenen Aufenthaltsgemeinden weiterzuleiten.

(5) [1] Zur statistischen Erhebung berichten die Bewilligungsbehörden dem Staatsministerium für Familie, Arbeit und Soziales jährlich über die Zahl und Ergebnisse der Belegprüfungen nach Abs. 1 Satz 1. [2] Das Staatsministerium ist darüber hinaus berechtigt, in Einzelfällen Auskünfte über die Belegprüfung von den Bewilligungsbehörden anzufordern.

(6) [1] Die Sitzgemeinden und Aufenthaltsgemeinden können eigene Belegprüfungen bei den Trägern von Kindertageseinrichtungen und Kindertagespflege durchführen. [2] Abs. 1 bis 3 gelten entsprechend.

§ 24

(aufgehoben)

§ 25

Buchungszeitfaktoren

(1) [1] Es gelten folgende Buchungszeitfaktoren:

1. für Kinder unter drei Jahren und Schulkinder:
   - 0,5 für eine Buchungszeit von mehr als einer bis einschließlich zwei Stunden
   - 0,75 für eine Buchungszeit von mehr als zwei bis einschließlich drei Stunden

2. für alle Kinder:
   - 1,00 für eine Buchungszeit von mehr als drei bis einschließlich vier Stunden

- 1,25 für eine Buchungszeit von mehr als vier bis einschließlich fünf Stunden
- 1,50 für eine Buchungszeit von mehr als fünf bis einschließlich sechs Stunden
- 1,75 für eine Buchungszeit von mehr als sechs bis einschließlich sieben Stunden
- 2,00 für eine Buchungszeit von mehr als sieben bis einschließlich acht Stunden
- 2,25 für eine Buchungszeit von mehr als acht bis einschließlich neun Stunden
- 2,50 für eine Buchungszeit von mehr als neun Stunden.

[2] Der Buchungszeitfaktor für die staatliche kindbezogene Förderung in Kindertageseinrichtungen erhöht sich um 0,15 für jedes Kind unter drei Jahren sowie für Kinder im Sinn von Art. 21 Abs. 5 Sätze 5 und 6 BayKiBiG. [3] Im Rahmen einer zusätzlichen staatlichen Leistung nach Art. 23 Abs. 2 BayKiBiG erhöht sich der Buchungszeitfaktor für jedes Kind, das einen Vorkurs nach § 5 Abs. 2 besucht, im letzten Jahr vor der Einschulung um 0,1 und für jedes Kind, das einen Vorkurs nach § 5 Abs. 3 besucht, im letzten Jahr vor der Einschulung um 0,4. [4] Die Erhöhungen nach Satz 2 und 3 finden keine Berücksichtigung bei der Ermittlung des Anstellungsschlüssels und der Fachkraftquote.

(2) [1] Bei Schulkindern können außerhalb der Schulferien Zeiten zwischen 8.00 Uhr und 11.00 Uhr nicht in die förderfähige Buchungszeit mit einbezogen werden. [2] Bei höheren Buchungen in den Ferienzeiten wird zur Bestimmung des Buchungszeitfaktors ein gesonderter Durchschnitt aller Ferienbuchungen ermittelt.

§ 26
Wirksamwerden von Änderungen

(1) [1] Förderrelevante Änderungen werden, soweit in dieser Verordnung keine anderen Regelungen getroffen sind, ab Beginn des Kalendermonats berücksichtigt, in dem sie eintreten. [2] Soweit die tatsächliche Nutzungszeit regelmäßig erheblich von der Buchungszeit im Sinn von § 25 Abs. 1 abweicht, stellt dies eine förderrelevante Änderung dar. [3] Im Fall des Art. 21 Abs. 5 Sätze 5 und 6 BayKiBiG werden abweichend von Art. 21 Abs. 4 Satz 4 BayKiBiG auch Buchungszeiten von bis zu drei Stunden täglich bis zum Ende des Betreuungsjahres in die Förderung einbezogen. [4] Schließtage der Einrichtungen über Art. 21 Abs. 4 Satz 3 Halbsatz 2 BayKiBiG hinaus führen für jeden weiteren Schließtag zu einem Abzug in Höhe des 220sten Teils der Förderung der Einrichtung für den Bewilligungszeitraum; davon ausgenommen sind bis zu fünf zusätzliche Schließtage, die der Fortbildung dienen. [5] Verbleibt ein Kind in der Einrichtung, wird ein Wechsel des gewöhnlichen Aufenthalts nach Beginn des Bewilligungszeitraums mit Wirkung ab dem folgenden Kindergartenjahr wirksam; erfolgt der Wechsel nach Beginn des Kindergartenjahres, wird dieser ab Beginn des folgenden Bewilligungszeitraums wirksam.

(2) Erfolgen Anfang und Ende des Buchungszeitraums binnen weniger als einem Monat, so kann der Förderung ein Kalendermonat zugrunde gelegt werden, wenn die Buchungszeit mindestens 15 Betriebstage umfasst.

(3) [1] Erfolgen mehrere Kurzzeitbuchungen beispielsweise für die Ferienzeiten im Bewilligungszeitraum, die zeitlich nicht zusammenhängende Zeiträume umfassen, so werden die Buchungszeiträume zusammengezählt. [2] Umfassen die zusammengezählten Buchungszeiträume mindestens 15 Betriebstage, können ein Kalendermonat, ab mindestens 30 Betriebstagen zwei Kalendermonate und ab 45 Betriebstagen drei Kalendermonate abgerechnet werden.

(4) Eine neu gegründete Kindertageseinrichtung kann für die ersten drei Monate Betriebszeit die Zahl der Kinder der Förderung zugrunde legen, die sie im dritten Monat nach Betriebsbeginn erreicht.

§ 27
Netze für Kinder; Landkindergärten

(1) Die Ansprüche nach der Übergangsvorschrift für ein Netz für Kinder des § 3 Abs. 3 Nr. 1 des Gesetzes vom 8. Juli 2005 (GVBl S. 236) erlöschen, wenn von den Definitionsmerkmalen eines Netzes für Kinder abgewichen wird.

(2) Ein Gemeindeteil gleicht auf Grund seiner Infrastruktur einer selbstständigen Gemeinde im Sinn des Art. 24 Satz 2 BayKiBiG, wenn er vor den Eingemeindungsmaßnahmen im Zuge der oder im Hinblick auf die kommunale Gebietsreform von 1972 eine selbstständige Gemeinde war.

(3) Für die Berechnung des Anstellungsschlüssels ist bei Landkindergärten im Sinn des Art. 24 BayKiBiG auf die Zahl, Gewichtungsfaktoren und Buchungszeiten der tatsächlich betreuten Kinder abzustellen.

4. ABSCHNITT
ABSCHNITTÜBERGANGS- UND SCHLUSSBESTIMMUNG

§ 28
Übergangsregelung

Aufgehoben durch G vom 5.12.2017 (GVBl.538)

§ 29
Inkrafttreten, Außerkrafttreten

(1) [1] Diese Verordnung tritt am 16. Dezember 2005 in Kraft. [2] Abweichend von Satz 1 tritt der 3. Abschnitt mit Wirkung vom 1. August 2005 in Kraft.

(2) [1] § 28 Abs. 1 tritt mit Ablauf des 31. Dezember 2014 außer Kraft. [2] § 28 Abs. 2 tritt mit Ablauf des 31. Dezember 2016 außer Kraft.

Kinderbildungsverordnung (AVBayKiBiG)

vom 5. Dezember 2005 (GVBl S. 633),
zuletzt geändert durch Art. 15 des Gesetzes vom 24. Mai 2019 (GVBl. S. 266)

– Kommentar –

Einführung

Aufgrund Art. 30 BayKiBiG hat das Staatsministerium für Familie, Arbeit und Soziales (StMAS) am 5.12.2005 eine Ausführungsverordnung zum Bayerischen Kinderbildungs- und -betreuungsgesetz (AVBayKiBiG) erlassen. Wesentliche Änderungen der AVBayKiBiG erfolgten mit den Änderungsverordnungen vom 18.8.2008 und 12.9.2013. Die Regelungen der AVBayKiBiG sind entsprechend der Ermächtigungsgrundlage auf folgende Punkte beschränkt:

– Bildungs- und Erziehungsziele,

– Anstellungsschlüssel und Qualifikation des Personals,

– Leistungen zur Tagespflege,

– Verfahrensvorschriften (Antragsverfahren, Abschlagszahlungen, Belegprüfungen; Härtefallregelung, Wirksamwerden der Änderung eines fördererheblichen Sachverhalts),

– Berechnung des Basiswertes und Qualitätsbonus,

– Auszahlung des Elternbeitragszuschusses,

– Bestimmung der Buchungszeitfaktoren,

– Bestimmungen zur Landkindergartenregelung sowie zum Netz für Kinder.

Die Vorschriften wenden sich zum einen an die Träger und das pädagogische Personal zwecks Umsetzung des Bildungs- und Erziehungsauftrages. Zum anderen sind alle die mit der kindbezogenen Förderung befassten Kräfte in den Behörden und Gemeinden und bei den Trägern Normadressaten.

1. ABSCHNITT
BILDUNGS- UND ERZIEHUNGSZIELE

§ 1
Allgemeine Grundsätze für die individuelle Bildungsbegleitung

(1) [1] Das Kind gestaltet entsprechend seinem Entwicklungsstand seine Bildung von Anfang an aktiv mit. [2] Das pädagogische Personal in den Kindertageseinrichtungen hat die Aufgabe, durch ein anregendes Lernumfeld und durch Lernangebote dafür Sorge zu tragen, dass die Kinder anhand der Bildungs- und Erziehungsziele Basiskompetenzen entwickeln. [3] Leitziel der pädagogischen Bemühungen ist im Sinn der Verfassung der beziehungsfähige, wertorientierte, hilfsbereite, schöpferische Mensch, der sein Leben verantwortlich gestalten und den Anforderungen in Familie, Staat und Gesellschaft gerecht werden kann.

(2) [1] Das pädagogische Personal unterstützt die Kinder auf Grundlage einer inklusiven Pädagogik individuell und ganzheitlich im Hinblick auf ihr Alter und ihre Geschlechtsidentität, ihr Temperament, ihre Stärken, Begabungen und Interessen, ihr individuelles Lern- und Entwicklungstempo, ihre spezifischen Lern- und besonderen Unterstützungsbedürfnisse und ihren kulturellen Hintergrund. [2] Es begleitet und dokumentiert den Bildungs- und Entwicklungsverlauf anhand des Beobachtungsbogens „Positive Entwicklung und Resilienz im Kindergartenalltag (PERIK)" oder eines gleichermaßen geeigneten Beobachtungsbogens.

(3) [1] **Die Arbeit des pädagogischen Personals basiert auf dem Konzept der Inklusion und Teilhabe, das die Normalität der Verschiedenheit von Menschen betont und eine Ausgrenzung anhand bestimmter Merkmale ablehnt und die Beteiligung ermöglicht.** [2] **Kinder mit und ohne Behinderung werden nach Möglichkeit gemeinsam gebildet, erzogen und betreut sowie darin unterstützt, sich mit ihren Stärken und Schwächen gegenseitig anzunehmen.** [3] **Alle Kinder werden mit geeigneten und fest im Alltag der Einrichtung integrierten Beteiligungsverfahren darin unterstützt, ihre Rechte auf Selbstbestimmung, Mitbestimmung und Mitwirkung an strukturellen Entscheidungen sowie ihre Beschwerdemöglichkeiten in persönlichen Angelegenheiten wahrzunehmen.**

Erläuterungen

Übersicht

1. Vorbemerkung zu §§ 1 bis 14 AVBayKiBiG
2. Zu § 1 AVBayKiBiG

1. Vorbemerkung zu §§ 1 bis 14 AVBayKiBiG

Auswahl der Bildungs- und Erziehungsziele

Die Bildungs- und Erziehungsziele gelten für alle Kinder in Kindertageseinrichtungen i. S. d. BayKiBiG. Auf eine umfassende Konkretisierung der Ziele wird an dieser Stelle verzichtet, weil mit dem Bayerischen Bildungs- und Erziehungsplan für Kinder in Tageseinrichtungen bis zur Einschulung (BayBEP) in Verbindung mit der zugehörigen Handreichung „Bildung, Erziehung und Betreuung von Kindern in den ersten drei Lebensjahren" sowie den Bayerischen Leitlinien für die Bildung und Erziehung von Kindern bis zum Ende der Grundschulzeit (BayBL) eine anschauliche Norminterpretation für die pädagogische Arbeit mit Kindern bis zum Ende der Grundschulzeit verfügbar ist. Der Bildungs- und Erziehungsplan kann i. V. m. den BayBL (Kurzfassung Anhang 13) auch zur Norminterpretation für die pädagogische Arbeit in Horten herangezogen werden, denn beide Texte sind im Hinblick auf pädagogische Grundlagen und Zielsetzungen deckungsgleich.

BayBEP, die zugehörige Handreichung zur Präzisierung der pädagogischen Arbeit mit Kindern unter drei Jahren sowie die BayBL sind einsehbar bzw. erhältlich unter:

– https://www.ifp.bayern.de/projekte/curricula/BayBEP.php
– https://www.ifp.bayern.de/projekte/curricula/handreichung_U3.php
– Bayerische Leitlinien für die Bildung und Erziehung von Kindern bis zum Ende der Grundschulzeit (Stand: 2014): https://www.ifp.bayern.de/projekte/curricula/bayerische_bildungsleitlinien.php

Die Ausdifferenzierung des Bildungs- und Erziehungsauftrags durch allgemeine Grundsätze für die individuelle Förderung und konkrete Zielvorgaben für die Bildung und Erziehung unterstreicht die Verantwortung der Kindertageseinrichtungen, den Blick gezielt auf das einzelne Kind zu richten – und nicht die Belange der Institution in den Mittelpunkt zu rücken – sowie bildungs- und entwicklungsförderliche Umwelten bereitzustellen und entsprechende Auseinandersetzungen mit Personen zu ermöglichen. Die Auswahl der Bildungs- und Erziehungsziele verfolgt dabei drei zentrale Absichten:

(1) die Grundlegung von **Basiskompetenzen,** verstanden als grundlegende und generelle bzw. generalisierte Wissensbestände, Fähigkeiten und Einstellungen, die für die Bewältigung der Anforderungen des täglichen Lebens notwendig sind,

(2) die Anbahnung eines breiten Spektrums inhaltlich spezifizierter Kompetenzen, die in übergeordnete Bildungs- und Erziehungsziele eingebettet sind und letztlich der mittelbaren Ausbildung der Basiskompetenzen dienen und schließlich

(3) die Sicherung der **Anschlussfähigkeit** der Bildungsprozesse in Kindertageseinrichtung und Schule.

Zu 1: Die Grundlegung von Basiskompetenzen als vorrangige Aufgabe der Tageseinrichtung bringt zum Ausdruck, dass Bildung und Erziehung nicht fächerorientiert, sondern in einem **ganzheitlichen** Sinn verstanden wird, der den Erwerb von **personenbezogenen Kompetenzen** (personale Kompetenz, Motivation, Kognition, Umgang mit dem eigenen Körper) ebenso umfasst wie Kompetenzen zum **Handeln im sozialen Kontext** (soziale Kompetenz, Werteentwicklung, Verantwortungsübernahme, aktive Beteiligung an Entscheidungen). Neben dem ausdrücklichen Bezug auch auf **kognitive Kompetenzen,** die in der älteren Elementarpädagogik eher vernachlässigt wurden, ist hervorzuheben, dass mit dem verstärkten Ausbau des Platzangebots für unter Dreijährige die Aspekte der **Pflege** und **Betreuung** als Grundlage sicherer Bindung verstärkt an Bedeutung gewinnen. Je jünger die Kinder sind, desto wichtiger sind Bindung und Beziehung für Bildung und Erziehung.

Eigenständig angeführt wird die – metakognitive – **lernmethodische Kompetenz** („Lernen des Lernens"), die als eine wesentliche Grundlage für das infolge gesellschaftlicher Veränderungen unabweisbar gewordene lebenslange Lernen gilt. Ebenfalls eine Antwort auf gesellschaftliche Entwicklungen ist die Aufnahme der Basiskompetenz Resilienz oder **Widerstandsfähigkeit,** die den Blick darauf richtet, was Kinder stark macht und sie befähigt, mit schwierigen Lebensumständen und Brüchen in der eigenen Biografie fertig zu werden.

Zu 2: Entwicklungspsychologie und Neurowissenschaften haben deutlich gemacht, dass die frühe Kindheit ein besonders lernintensiver Abschnitt in der Bildungsbiografie jedes einzelnen ist. Das pädagogische Angebot einer Kindertageseinrichtung muss schon aus diesem Grund ein breites inhaltliches Spektrum umfassen, will es seinem Anspruch, die Entwicklung der Kinder bestmöglich zu unterstützen, tatsächlich gerecht werden. Darüber hinaus hat die Einrichtung dafür Sorge zu tragen, dass sensible Phasen für den Erwerb bestimmter Kompetenzen in der kindlichen Entwicklung nicht ungenutzt verstreichen. Die in der AVBayKiBiG angeführten inhaltlich bestimmten Bildungs- und Erziehungsziele wenden sich einerseits gegen die Verkürzung von Bildung auf instrumentell verwertbare Kompetenzen, beispielsweise in Schule oder Beruf, oder auf Wissensvermittlung, sondern zielen letztlich auf Selbstbestimmung und Mündigkeit. Andererseits bringen sie eine Vielfalt von Weltbezügen zum Ausdruck, die die Ausbildung der kulturellen und objektbezogenen Kompetenzen unterstützt, die für die konkrete Lebensbewältigung notwendig sind. Dies ist ein weiterer Grund für die breite inhaltliche Fächerung der Bildungs- und Erziehungsziele. Gleichzeitig ist die Liste dieser Ziele kein abgeschlossener Kanon, sondern gleichsam ein anpassungsfähiges, offenes Projekt. Sie gibt der pädagogischen Arbeit Orientierung und wirkt thematischer Beliebigkeit entgegen. Schließlich steht, wie bereits erwähnt, die pädagogische Beschäftigung mit ausgewählten Inhalten im Dienste des Erwerbs übergeordneter oder, perspektivisch gewendet, grundlegender Basiskompetenzen.

Zu 3: Unter Fachleuten herrscht mittlerweile Einigkeit darüber, dass Bildungsprozesse von Geburt an beginnen (auf pränatale Vorgänge braucht hier nicht eingegangen zu werden), aufeinander aufbauen und sich gegenseitig beeinflussen. Dieser Erkenntnis ist Rechnung zu tragen, damit die Bereitschaft zu lebenslangem Lernen nach Möglichkeit fachgemäß geweckt und aufrechterhalten und nicht strukturell behindert wird. Gefordert ist die Anschlussfähigkeit der Bildungsprozesse in Tageseinrichtung und Schule sowohl in inhaltlicher Hinsicht als auch im Hinblick auf individuelle Förderung. Die Bildungs- und Erziehungsziele bieten eine Fülle von inhaltlichen Anknüpfungspunkten, beispielsweise in den Inhaltsbereichen Sprache, Mathematik, Naturwissenschaften/Technik, Umwelt, Medien, Ästhetik, Musik und Bewegung/Sport, und sind insoweit auch als Vorbereitung auf die Anforderungen in der Schule zu verstehen – über die dafür ebenfalls notwendigen Basiskompetenzen hinaus. Sie leisten damit auch einen wichtigen Beitrag zur Förderung der

§ 1 Kommentar – AVBayKiBiG

Integration von Kindern aus bildungsfernen Milieus oder mit Migrationshintergrund. Durch die Ausweitung der „Vorkurse Deutsch 240" auf deutschsprachig aufwachsende Kinder und die Intensivierung der Zusammenarbeit von Kindertageseinrichtung und Schule im Rahmen des Bildungsfinanzierungsgesetzes vom 24.4.2013 (LT-Drs. 16/15926) sowie die Verabschiedung der Bayerischen Leitlinien für die Bildung und Erziehung für Kinder bis zum Ende der Grundschulzeit wurden die Rahmenbedingungen für die Anschlussfähigkeit weiter verbessert.

2. Zu § 1 AVBayKiBiG

In § 1 AVBayKiBiG werden Leitvorstellungen für die Bildungs- und Erziehungsarbeit formuliert, die die Bildungs- und Erziehungsziele inhaltlich ausgestalten. Absatz 1 Sätze 1 und 2 charakterisiert das Bildungsgeschehen in der Kindertageseinrichtung: Das Kind ist nicht bloß Empfänger von Bildungsangeboten, sondern die pädagogischen Kräfte und die Kinder gestalten zusammen den Bildungsprozess, in den selbstverständlich auch die Familie als erster und einflussreichster Bildungsort einzubeziehen ist. Ausgangspunkt aller Bildungs- und Erziehungsziele ist nach Satz 3 das beziehungsfähige, wertorientierte, schöpferische Kind.

Die Ganzheitlichkeit und Entwicklungsangemessenheit der elementaren Bildung wird durch Absatz 2 Satz 1 aufgegriffen. Verbindlich vorgegeben ist, dass frühpädagogische Arbeit inklusiv ausgerichtet ist. Zur inklusiven Pädagogik gehört notwendig der Grundsatz der individuellen Förderung, da anders die Kinder mit ihren unterschiedlichen Bedürfnissen und Lernausgangslagen nicht optimal in ihrer Entwicklung unterstützt und pädagogisch begleitet werden können. In Absatz 2 werden einige bedeutsame Heterogenitätsdimensionen (u. a. Alter, Temperament, Stärken, Begabungen, Interessen, Lern- und Entwicklungstempo, Lern- und Unterstützungsbedürfnisse) erwähnt, von denen an dieser Stelle zwei hervorgehoben seien: die Herausbildung der Geschlechtsidentität und das damit verbundene Erfordernis einer geschlechtersensiblen Erziehung sowie Unterschiede im kulturellen Hintergrund mit dem Erfordernis von interkultureller Kompetenz auf Seiten des pädagogischen Personals.

Die Beobachtung und Begleitung der Kinder als wesensimmanente Bestandteile pädagogischer Arbeit sind in Absatz 2 Satz 2 herausgestellt. Vorgeschrieben wird das nach den Kriterien der klassischen Testtheorie am Staatsinstitut für Frühpädagogik entwickelte Beobachtungsverfahren PERIK („Positive Entwicklung und Resilienz im Kindergartenalltag") oder ein gleichermaßen geeigneter Beobachtungsbogen. Mit PERIK werden auf wissenschaftlicher Grundlage bei jedem Kind Informationen über Kontaktfähigkeit, Selbststeuerung/Rücksichtnahme, Selbstbehauptung, Stressregulierung, Aufgabenorientierung und Explorationsfreude erhoben mit dem Ziel, individuelle pädagogische Maßnahmen einzuleiten. Es versteht sich, dass „gleichermaßen geeignete" Beobachtungsbögen hinsichtlich Inhalt, methodischer Qualität und Handlungsrelevanz vergleichbare Daten liefern müssen. Der Nachweis kann etwa durch entsprechende Publikationen geführt werden. Die Geeignetheit eines anderen Beobachtungsverfahrens im Sinne der Äquivalenz zu PERIK wird vom Bayerischen Staatsministerium für Familie, Arbeit und Soziales festgestellt.

Unabhängig davon, dass PERIK oder ein vergleichbares Verfahren ausdrücklich vorgegeben sind, umfasst Beobachtung neben standardisierten Verfahren auch freie Aufzeichnungen und die Sammlung von Produkten der Kinder. Die Fachkraft entscheidet in eigener pädagogischer Verantwortung, welches Beobachtungsverfahren sie über die konkrete Vorgabe hinaus einsetzt.

Besonders hohe Ansprüche an die inklusive Pädagogik stellen Kinder, die behindert oder von Behinderung bedroht sind. Ihnen wird ein eigener Absatz (Absatz 3) gewidmet. Das Wohl des Kindes steht hier im Zentrum der Überlegungen. Jede Einrichtung hat die Aufgabe, ihr Konzept für inklusives pädagogisches Arbeiten und was zu leisten sie im Hinblick auf Barrierefreiheit und Kompetenz des pädagogischen Personals in der Lage ist, in der

Einrichtungskonzeption zu verankern. Satz 3 greift die Regelung in § 45 Abs. 2 Nr. 3 SGB VIII auf, wonach die Träger von Kindertageseinrichtungen zum Erhalt einer Betriebserlaubnis nachweisen müssen, dass geeignete Verfahren der Beteiligung sowie Möglichkeiten der Beschwerde in persönlichen Angelegenheiten Anwendung finden. Die Bundesarbeitsgemeinschaft der Landesjugendämter gibt in dem auf der 114. Arbeitstagung vom 10. bis 12.4.2013 in Eisenach beschlossenen Papier zur „Sicherung der Rechte von Kindern als Qualitätsmerkmale von Kindertageseinrichtungen" Empfehlungen, wie Beteiligung und Beschwerdemanagement – auch im Hinblick auf unter Dreijährige – im Einzelnen realisiert werden können.

§ 2
Basiskompetenzen

Zur Bildung der gesamten Persönlichkeit der Kinder unterstützt und stärkt das pädagogische Personal auf der Grundlage eines christlichen Menschenbildes folgende Basiskompetenzen:

1. **die Entwicklung von freiheitlich-demokratischen, religiösen, sittlichen und sozialen Werthaltungen,**

2. **die Entwicklung von personalen, motivationalen, kognitiven, physischen und sozialen Kompetenzen**

3. **das Lernen des Lernens,**

4. **die Bereitschaft zur Verantwortungsübernahme sowie zur aktiven Beteiligung an Entscheidungen,**

5. **die Entwicklung von Widerstandsfähigkeit,**

6. **die musischen Kräfte sowie**

7. **die Kreativität.**

Erläuterungen

Ziel aller Bildungs- und Erziehungsarbeit ist es, das Kind zu befähigen, den Herausforderungen in einer sich wandelnden Welt gewachsen zu sein. Die hierzu erforderlichen Basiskompetenzen sind in § 2 AVBayKiBiG aufgeschlüsselt. Dabei wird auf die gebräuchliche Fachterminologie – wie sie auch dem Bildungs- und Erziehungsplan zugrunde liegt – Bezug genommen. Basiskompetenzen, z. B. Selbstvertrauen, werden einerseits mittelbar durch konkrete, inhaltlich bestimmte Lernprozesse und die dabei gemachten förderlichen Erfahrungen entwickelt, andererseits können sie wiederum nachfolgende Lernvorgänge im Sinn eines sich selbst verstärkenden Prozesses positiv beeinflussen. Als ein Charakteristikum frühpädagogischer Arbeit kann gelten, dass sie den Akzent bei den einander bedingenden Bildungs- und Erziehungsprozessen nicht auf die Entwicklung fachspezifischer, sondern grundlegender Kompetenzen legt.

§ 3
Erziehungspartnerschaft, Teilhabe

(1) [1]Im Mittelpunkt der Erziehungspartnerschaft (Art. 11 Abs. 2 BayKiBiG) steht die gemeinsame Verantwortung für das Kind. [2]Die Umsetzung der Erziehungspartnerschaft bedarf einer von gegenseitiger Wertschätzung getragenen aktiven Teilhabe der Eltern und berücksichtigt die Vielfalt der Familien, deren Bedürfnisse, Interessen und Möglichkeiten, sich am Geschehen in der Einrichtung zu beteiligen. [3]Sie findet in unterschiedlichen Formen der Mitgestaltung, der Mitverantwortung und der Mitbestimmung ihren Ausdruck.

(2) Die im Rahmen der Erziehungspartnerschaft erfolgende Information der Eltern über die Lern- und Entwicklungsprozesse sowie die Beratung der Eltern über Fragen der Bildung, Erziehung und Betreuung des Kindes (Art. 11 Abs. 3 BayKiBiG) umfasst auch die Frage einer möglichen Antragsstellung der Eltern nach Art. 37 Abs. 1 Satz 2 oder Satz 3 des Bayerischen Gesetzes über das Erziehungs- und Unterrichtswesen (BayEUG).

Erläuterungen

Die Familie ist der erste und nach aktuellem Erkenntnisstand einflussreichste Bildungsort. Nach dem ko-konstruktivistischen Bildungsverständnis des Bayerischen Bildungs- und Erziehungsplans ist die enge Zusammenarbeit mit den Eltern im Sinn einer Bildungs- und Erziehungspartnerschaft, als solche ist „Erziehungspartnerschaft" hier zu verstehen, allein aus fachlichen Gründen geboten. Dies kommt in Absatz 1 zum Ausdruck. Neben dem Kind selbst sind die Eltern, das pädagogische Personal der Kindertageseinrichtungen und die Gleichaltrigen die maßgeblichen Akteure in der frühen Bildungsbiografie. Da Vielfalt und Verschiedenheit in der Elternschaft nicht minder groß sind als unter den Kindern, ist nach den Prinzipien der Inklusion auch im Hinblick auf die Eltern differentielles und von Wertschätzung getragenes Vorgehen geboten. Alle Eltern sollen die Möglichkeit erhalten, ihre individuellen Ressourcen in das Einrichtungsgeschehen einzubringen und entsprechend Verantwortung zu übernehmen.

Absatz 2 präzisiert den Inhalt der Zusammenarbeit mit den Eltern. Die Bildungs- und Erziehungspartnerschaft ist auf das Kind ausgerichtet und umfasst kindbezogene Information und Beratung. Dazu gehört auch die Beratung über eine vorzeitige Einschulung. Unterschieden wird im Bayerischen Gesetz über das Erziehungs- und Unterrichtswesen (BayEUG) zwischen Kindern, die nach dem 30. September, aber noch im selben Jahr sechs Jahre alt werden (Art. 37 Abs. 1 Satz 2 BayEUG) und Kindern, die nach dem 31. Dezember das sechste Lebensjahr vollenden (Art. 37 Abs. 1 Satz 3 BayEUG). Bei Letzteren muss in einem schulpsychologischen Gutachten die Schulfähigkeit bestätigt werden.

§ 4
Ethische und religiöse Bildung und Erziehung; Emotionalität und soziale Beziehungen

(1) Alle Kinder sollen zentrale Elemente der christlich-abendländischen Kultur erfahren und lernen, sinn- und werteorientiert und in Achtung vor religiöser Überzeugung zu leben sowie eine eigene von Nächstenliebe getragene religiöse oder weltanschauliche Identität zu entwickeln.

(2) Das pädagogische Personal soll die Kinder darin unterstützen, mit ihren eigenen Gefühlen umzugehen, in christlicher Nächstenliebe offen und unbefangen Menschen in ihrer Unterschiedlichkeit anzunehmen, sich in die Kinder einzufühlen, Mitverantwortung für die Gemeinschaft zu übernehmen und untereinander nach angemessenen Lösungen bei Streitigkeiten zu suchen.

Erläuterungen

Werteorientierung, Verantwortungsbewusstsein und Konfliktfähigkeit sind Grundvoraussetzungen für ein funktionierendes Gemeinwesen, die durch die pädagogische Arbeit weiterentwickelt und gestärkt werden müssen. Achtung vor religiöser Überzeugung und Kenntnisse zentraler Elemente der christlich-abendländischen Kultur stärken die Fähigkeit, sich in einer offenen, christlich-abendländisch geprägten Gesellschaft zu integrieren.

§ 5
Sprachliche Bildung und Förderung

(1) [1] Kinder sollen lernen, sich angemessen in der deutschen Sprache sowie durch Mimik und Körpersprache auszudrücken, längeren Darstellungen oder Erzählungen zu folgen

und selbst Geschichten zusammenhängend zu erzählen. [2] Sie sollen Wortschatz, Begriffs-
und Lautbildung, Satzbau und sprachliche Abstraktion entsprechend ihrem Entwicklungsstand erweitern und verfeinern. [3] Die Verwendung der Dialekte wird unterstützt
und gepflegt.

(2) [1] Der Sprachstand von Kindern, deren Eltern beide nichtdeutschsprachiger Herkunft
sind, ist in der ersten Hälfte des vorletzten Kindergartenjahres anhand des zweiten Teils
des Bogens „Sprachverhalten und Interesse an Sprache bei Migrantenkindern in Kindertageseinrichtungen (SISMIK) – Sprachliche Kompetenz im engeren Sinn (deutsch)" zu
erheben. [2] Die sprachliche Bildung und Förderung von Kindern, die nach dieser Sprachstandserhebung besonders förderbedürftig sind oder die zum Besuch eines Kindergartens mit integriertem Vorkurs verpflichtet wurden, ist in Zusammenarbeit mit der Grundschule auf der Grundlage der entsprechenden inhaltlichen Vorgaben „Vorkurs Deutsch
lernen vor Schulbeginn" oder einer gleichermaßen geeigneten Sprachfördermaßnahme
durchzuführen.

(3) [1] Der Sprachstand von Kindern, bei denen zumindest ein Elternteil deutsch-sprachiger
Herkunft ist, ist ab der ersten Hälfte des vorletzten Kindergartenjahres vor der Einschulung anhand des Beobachtungsbogens „Sprachentwicklung und Literacy bei deutschsprachig aufwachsenden Kindern (SELDAK)" zu erheben. [2] Auf Grundlage der Beobachtung nach dieser Sprachstandserhebung wird entschieden, ob ein Kind besonders sprachförderbedürftig ist und die Teilnahme am Vorkurs Deutsch oder einer gleichermaßen
geeigneten Sprachfördermaßnahme empfohlen wird. [3] Der Bogen kann auch in Auszügen
verwendet werden.

Erläuterungen

Absatz 1 bringt zum Ausdruck, dass der Schlüssel zur Bildung die aktive und passive
Beherrschung der deutschen Sprache ist. Hierzu ist es nicht ausreichend, dass der Alltag
der Kindertageseinrichtung mit Gesprächen begleitet wird, sondern es ist auch eine gezielte Sprachförderung, die der Wortschatzerweiterung, der Begriffs- und Lautbildung, der
Erlernung richtigen Satzbaus und der Befähigung zur sprachlichen Abstraktion dient,
erforderlich.

Dialekte sind eine Bereicherung des sprachlichen Ausdrucksvermögens. Ihre Beherrschung zusätzlich zur Hochsprache ist zu unterstützen.

Für Kinder mit besonderem Sprachförderbedarf ist nach Art. 12 Abs. 2 BayKiBiG eine
besondere Sprachförderung vorzusehen. Dies erfordert keine besonderen Sprachförder-
programme, wohl aber eine besondere Ausgestaltung der pädagogischen Arbeit. Hierzu
wurden für Kinder mit Migrationshintergrund, also Kinder, deren beide Elternteile nichtdeutschsprachiger Herkunft sind, die Vorkurse entwickelt (Absatz 2), die jeweils zur Hälfte und in gegenseitiger Abstimmung von pädagogischen Fachkräften der Tageseinrichtung und Lehrkräften der Grundschule durchgeführt werden und die mittlerweile auch für
besonders förderbedürftige deutschsprachig aufwachsende Kinder geöffnet sind. Der auf
die pädagogischen Fachkräfte entfallende Anteil ist als integraler Bestandteil der pädagogischen Arbeit in Kindertageseinrichtungen konzipiert. Um den besonderen Sprachförderbedarf und die Notwendigkeit einer Teilnahme am Vorkurs festzustellen, ist nach Absatz 2
Satz 1 bei den Kindern mit Migrationshintergrund der Sprachstand anhand des SISMIK
Teil 2 in der ersten Hälfte des vorletzten Kindergartenjahres festzustellen, d. h. konkret in
der Zeit von September bis Dezember, um die Planung des Schulanteils am Vorkurs zu
unterstützen. Bei späterer Aufnahme des Kindes in die Kindertageseinrichtung ist der
Sprachstand bei Aufnahme zu erheben. Unabhängig von der Entscheidung über die Teilnahme am Vorkurs ist der gesamte SISMIK-Bogen für die Begleitung und Förderung der
sprachlichen Entwicklung des Kindes mit Migrationshintergrund zu empfehlen. Für Kinder, bei denen die Sprachstandsdiagnose im Kindergarten einen erhöhten Sprachförderbedarf ergab oder die zum Besuch eines Kindergartens mit Vorkursangebot verpflichtet wurden, ist gemäß Absatz 2 Satz 2 die Sprachförderung nach den inhaltlichen Vorgaben in

den „Lernszenarien – ein neuer Weg, der Lust auf Schule macht, Teil I: Vorkurs. Deutsch lernen vor Schulbeginn" – beziehbar beispielsweise online unter http://www.isb.bayern.de/schulartspezifisches/materialien/lernszenarien-lust-auf-schule-teil-1/ – oder auf der Grundlage einer **gleichwertigen** Sprachfördermaßnahme durchzuführen. Mittlerweile gibt es hierzu umfangreiche, vom Staatsinstitut für Frühpädagogik entwickelte Materialien unter https://www.ifp.bayern.de/projekte/professionalisierung/vorkurs_deutsch.php. Der „Kindergartenanteil" des Vorkurses findet während der normalen pädagogischen Arbeit in der Kindertageseinrichtung statt.

Aus **Absatz 2** ergibt sich die Pflicht der Kindertageseinrichtung, zur Organisation von Vorkursen mit der bzw. den Grundschulen zusammenzuarbeiten. Diese Pflicht hat jedoch ihre Grenze, wo die Interessen des Trägers der Kindertageseinrichtung verletzt würden. So wäre es nicht hinnehmbar, wenn die Bildungsarbeit in der Kindertageseinrichtung durch die notwendige Beförderung der betreffenden Kinder zu den Vorkursveranstaltungen in den Räumlichkeiten der Grundschule nachhaltig gestört würde. Dies wäre beispielsweise anzunehmen, wenn Personal des Kindergartens Kinder dreimal wöchentlich in der Kernzeit zur Grundschule begleiten müsste. Die Grundschule hat in diesen Fällen auch kein Recht, auf die Organisation des Trägers der Kindertageseinrichtung Einfluss zu nehmen. Kindertageseinrichtung und Grundschule sind gleichberechtigte Partner. Unberührt bleibt die Pflicht, sollte eine Einigung nicht möglich sein, den Vorkursanteil der Kindertageseinrichtung durchzuführen.

An der Stelle ist auch darauf hinzuweisen, dass für die Eltern **keine** Pflicht zur Teilnahme ihres Kindes an einem Vorkurs besteht, wenn man von dem Fall des Art. 37 Abs. 4 BayEUG absieht (s. hierzu auch Art. 5 Abs. 3 BayIntG). Danach kann die zuständige Grundschule ein Kind, das weder eine Kindertageseinrichtung noch einen Vorkurs nach Absatz 2 besucht hat und bei dem im Rahmen der Schulanmeldung festgestellt wird, dass es nicht über die notwendigen Deutschkenntnisse verfügt, von der Aufnahme zurückstellen und es verpflichten, im nächsten Schuljahr eine Kindertageseinrichtung mit integriertem Vorkurs zu besuchen.

Unberührt von dieser Konkretisierung des Art. 12 BayKiBiG für Migrantenkinder bleibt die Pflicht des pädagogischen Personals, die Sprachentwicklung **eines jeden Kindes** zu fördern und zu begleiten. In Absatz 3 wird deshalb der Beobachtungsbogen SELDAK ab der ersten Hälfte des vorletzten Kindergartenjahres vor der Einschulung vorgegeben, um Sprachentwicklung und Literacy bei deutschsprachig aufwachsenden Kindern mit einem nach wissenschaftlichen Kriterien entwickelten Bogen, eben dem SELDAK, festzustellen und darauf aufbauend zu fördern. Der Bogen kommt bei denjenigen Kindern zur Anwendung, bei denen mindestens ein Elternteil deutschsprachiger Herkunft ist.

Besonders förderbedürftige deutschsprachig aufwachsende Kinder können durch das Bildungsfinanzierungsgesetz nun ebenfalls eine spezielle Förderung im Vorkurs Deutsch erhalten. Die Öffnung der Vorkurse, die ursprünglich Kindern mit Migrationshintergrund vorbehalten waren, für deutschsprachig aufwachsende Kinder entspricht dem Prinzip der Inklusion. Die spezielle Förderung der deutschsprachigen Kinder wird ihren Schwerpunkt bei der Stärkung bildungssprachlicher Kompetenzen haben. Die Feststellung der speziellen Förderbedürftigkeit erfolgt durch eine Kurzversion des SELDAK, bestehend aus den Skalen „Aktive Sprachkompetenz" und „Grammatik". Sie wurde vom Staatsministerium für Familie, Arbeit und Soziales allen Kindertageseinrichtungen zugänglich gemacht. Die Fachkraft wird diese spezielle Kurzversion vorrangig bei den Kindern verwenden, bei denen sie eine besondere Förderbedürftigkeit vermutet.

Unabhängig von der Frage, ob einem Kind die Teilnahme am Vorkurs Deutsch empfohlen werden soll, können die Fachkräfte den Bogen bei allen deutschsprachig aufwachsenden Kindern zielgerichtet auch in Auszügen verwenden.

§ 6
Mathematische Bildung

[1] **Kinder sollen lernen, entwicklungsangemessen mit Zahlen, Mengen und geometrischen Formen umzugehen, diese zu erkennen und zu benennen. [2] Kinder sollen Zeiträume erfahren, Gewichte wiegen, Längen messen, Rauminhalte vergleichen, den Umgang mit Geld üben und dabei auch erste Einblicke in wirtschaftliche Zusammenhänge erhalten.**

Erläuterungen

Bei Kindern im Vorschulalter ist die Entwicklung von räumlichem Vorstellungsvermögen und Zahlenverständnis zu unterstützen. Diese Fertigkeiten kommen auch der Anschlussfähigkeit der Bildungsprozesse in Kindertageseinrichtung und Grundschule zugute. Der Kompetenzerwerb erfolgt vor allem durch praktische Übungen wie wiegen, messen, vergleichen. Auch die Bedeutung von Geld und wirtschaftliche Zusammenhänge sind den Kindern näherzubringen.

§ 7
Naturwissenschaftliche und technische Bildung

[1] **Kinder sollen lernen, naturwissenschaftliche Zusammenhänge in der belebten und unbelebten Natur zu verstehen und selbst Experimente durchzuführen. [2] Sie sollen lernen, lebensweltbezogene Aufgaben zu bewältigen, die naturwissenschaftliche oder technische Grundkenntnisse erfordern.**

Erläuterungen

In einer zunehmend von Naturwissenschaft und Technik geprägten Welt ist es wichtig, den Kindern frühzeitig einen spielerischen Zugang hierzu insbesondere durch Experimente zu eröffnen. Wichtige Ziele der pädagogischen Arbeit sind einerseits das Interesse an den entsprechenden Phänomenen zu wecken und aufrechtzuerhalten und andererseits ein sach- und zugleich kindgemäßes Verständnis des Beobachteten zu ermöglichen.

§ 8
Umweltbildung und -erziehung

Kinder sollen lernen, ökologische Zusammenhänge zu erkennen und mitzugestalten, ein Bewusstsein für eine gesunde Umwelt und für die Bedeutung umweltbezogenen Handelns zu entwickeln und so zunehmend Verantwortung für die Welt, in der sie leben, zu übernehmen.

Erläuterungen

Zur Umweltbildung und -erziehung gehören das Wissen um ökologische Zusammenhänge und die Einübung umweltbewussten Handelns. An beides sollen Kinder in Kindertageseinrichtungen herangeführt werden. Wird umweltbewusstes Handeln in einem umfassenden Sinn als zukunftsfähige, kurz-, mittel- und langfristige Einflussnahme von Einzelnen oder Gruppen auf andere Menschen und die Welt verstanden, spricht man bei Umweltbildung und -erziehung auch von Bildung für nachhaltige Entwicklung (BNE)

§ 9
Informationstechnische Bildung, Medienbildung und -erziehung

Kinder sollen die Bedeutung und Verwendungsmöglichkeiten von alltäglichen informationstechnischen Geräten und von Medien in ihrer Lebenswelt kennen lernen.

Erläuterungen

Informationstechnische Geräte im Allgemeinen und elektronische Medien im Besonderen prägen zunehmend auch die Lebenswelt von Kindern. Mit dieser Technik und den dadurch übermittelten Inhalten sachgerecht, selbstbestimmt und verantwortlich umzugehen ist daher eine Kompetenz, die in einer modernen Gesellschaft unerlässlich ist. Zum sachgerechten Umgang mit Medien gehört es auch, dass Kinder lernen, zwischen Realität einerseits und Virtualität und Fiktion andererseits immer sicherer zu unterscheiden. Das Zentrum für Medienkompetenz in der Frühpädagogik (ZMF) hat u. a. die Aufgabe, die Kindertageseinrichtungen bei der frühen informationstechnischen Bildung und der Bildung zum kompetenten Umgang mit elektronischen Medien zu unterstützen. Dazu gehören die Schaffung von Fortbildungsmöglichkeiten und Beratungsangeboten für das pädagogische Personal in Kindertageseinrichtungen und in der Kindertagespflege, die Unterstützung der Eltern bei der Medienerziehung sowie die Förderung des selbstbestimmten, kritischen und verantwortlichen Umgangs von Kindern und Jugendlichen mit elektronischen Medien.

§ 10
Ästhetische, bildnerische und kulturelle Bildung und Erziehung

Kinder sollen lernen, ihre Umwelt in ihren Formen, Farben und Bewegungen sowie in ihrer Ästhetik wahrzunehmen und das Wahrgenommene schöpferisch und kreativ gestalterisch umzusetzen.

Erläuterungen

Kinder sind Künstler. Ihre Wahrnehmungsfähigkeit zu schärfen und ihnen Raum für kreatives Gestalten zu geben ist Teil ihrer Persönlichkeitsbildung.

§ 11
Musikalische Bildung und Erziehung

[1] **Kinder sollen ermutigt werden, gemeinsam zu singen.** [2] **Sie sollen lernen, Musik konzentriert und differenziert wahrzunehmen und Gelegenheit erhalten, verschiedene Musikinstrumente und die musikalische Tradition ihres Kulturkreises sowie fremder Kulturkreise kennen zu lernen.**

Erläuterungen

Der Musik zu lauschen, selbst zu singen und zu musizieren stärkt Kinder nicht nur in ihrer musikalischen Kompetenz, sondern auch in ihrer emotionalen, sozialen und kognitiven Intelligenz, es fördert das kulturelle Interesse, den Zusammenhalt und den Gemeinsinn. Die Zusammenarbeit mit externen Institutionen, z. B. Sing- und Musikschulen und der Bayerischen Landeskoordinierungsstelle Musik (BLKM, www.blkm.de), kann hierzu einen wichtigen Beitrag leisten.

§ 12
Bewegungserziehung und -förderung, Sport

Kinder sollen ausgiebig ihre motorischen Fähigkeiten erproben und ihre Geschicklichkeit im Rahmen eines ausreichenden und zweckmäßigen Bewegungsfreiraums entwickeln können.

Erläuterungen

Kindern ist die Freude an Bewegung angeboren. Sie benötigen ausreichend Freiraum, diese auszuleben, damit sie nicht nur ihre Motorik entwickeln, sondern auch ihr geistiges

Leistungsvermögen und ihre Gesundheit stärken können. Zur Bewegungserziehung und -förderung gehören neben der Möglichkeit zu selbstinitiierten Bewegungsspielen und dem selbstbestimmten Gebrauch eines entsprechenden Geräteangebots auch angeleitete Bewegungsspiele und -übungen. Die Kooperation mit Sportvereinen kann hilfreich sein.

§ 13
Gesundheitsbildung und Kinderschutz

(1) [1] **Kindern sollen lernen, auf eine gesunde und ausgewogene Ernährung, ausreichend Bewegung und ausreichend Ruhe und Stille zu achten. [2] Sie sollen Hygiene- und Körperpflegemaßnahmen einüben sowie sich Verhaltensweisen zur Verhütung von Krankheiten aneignen, unbelastet mit ihrer Sexualität umgehen und sich mit Gefahren im Alltag, insbesondere im Straßenverkehr, verständig auseinandersetzen. [3] Richtiges Verhalten bei Bränden und Unfällen ist mit ihnen zu üben.**

(2) [1] **Das pädagogische Personal klärt die Kinder über die Gefahren des Rauchens und über sonstige Suchtgefahren auf und trägt dafür Sorge, dass die Kinder in der Kindertageseinrichtung positive Vorbilder erleben. [2] Der Träger stellt die Einhaltung des Rauchverbots in den Innenräumen und auf dem Gelände der Einrichtung nach Art. 3 Abs. 1 und 7 Satz 1 Nr. 2 des Gesundheitsschutzgesetzes sicher.**

Erläuterungen

Gesundheitserziehung dient nach Absatz 1 dazu, dass die Kinder entsprechend ihrem Entwicklungsstand Verantwortung für sich und ihren Körper übernehmen und sich vor Gefährdungen schützen. Die Kooperation mit externen Kräften, z. B. aus dem Gesundheitswesen oder der Landesverkehrswacht, kann dieses Ziel unterstützen. Vor Gefahren für Leib und Leben können Kinder insbesondere bewahrt werden, wenn sie lernen, in Freibädern, Seen und sonstigen Gewässern Regeln zu beachten. Dass Kinder bereits im Vorschulalter schwimmen lernen können, sollte besonders beachtet werden.

Dem Schutz der Kinder dient auch die Aufklärung über die Gefahren des Rauchens und anderer Suchterkrankungen sowie die Verpflichtung des Trägers zum Erlass eines Rauchverbots in Kindertageseinrichtungen nach Absatz 2. Entsprechende Einschränkungen sind dem Schutz der Kinder vor gesundheitlichen Schäden des Passivrauchens einerseits sowie der Vorbildfunktion der Erwachsenen in Kindertageseinrichtungen andererseits geschuldet.

§ 14
Aufgaben des pädagogischen Personals und des Trägers

(1) [1] **Das pädagogische Personal hat die Aufgabe dafür zu sorgen, dass die Kinder die Bildungs- und Erziehungsziele durch begleitete Bildungsaktivitäten erreichen. [2] Hierzu gehören geplante Angebote ebenso wie das freie Spiel in Alltagssituationen, bei dem die Kinder im Blick des pädagogischen Personals bleiben, die Anregung der sinnlichen Wahrnehmung und Raum für Bewegung, Begegnungen mit der Buch-, Erzähl- und Schriftkultur, der darstellenden Kunst und der Musik, Experimente und der Vergleich und die Zählung von Objekten, umweltbezogenes Handeln und die Heranführung an unterschiedliche Materialien und Werkzeuge für die gestalterische Formgebung.**

(2) [1] **Der Träger hat dafür zu sorgen, dass das pädagogische Personal sich zur Erfüllung der Bildungs- und Erziehungsaufgaben an den Inhalten des bayerischen Bildungs- und Erziehungsplans, der Handreichung Bildung, Erziehung und Betreuung von Kindern in den ersten drei Lebensjahren und der Bayerischen Leitlinien für die Bildung und Erziehung von Kindern bis zum Ende der Grundschulzeit orientiert. [2] Auf der Grundlage der**

Bayerischen Leitlinien ist der Bayerische Bildungs- und Erziehungsplan eine Orientierung für die pädagogische Arbeit auch in Horten.

(3) Die Leiterin oder der Leiter der Kindertageseinrichtung (§ 17 Abs. 3)

1. übernimmt die Verantwortung für die Gestaltung und Fortentwicklung der pädagogischen Arbeit in der Kindertageseinrichtung,

2. nimmt die fachliche Unterstützung, Anleitung und Aufsicht für das pädagogische Personal wahr,

3. fördert die Erziehungspartnerschaft zwischen den Eltern und dem pädagogischen Personal und

4. unterstützt die Zusammenarbeit mit anderen Einrichtungen, Diensten und Ämtern gemäß Art. 15 BayKiBiG.

Erläuterungen

Absatz 1 beschreibt die pädagogische Arbeit. Das pädagogische Personal soll die Bildungs- und Erziehungsziele durch die Schaffung von Gelegenheiten, in denen das Kind das Lernen selbst steuert, und durch Anleitung erreichen. Einzelne praktische Umsetzungsformen sind in nicht abschließender Form aufgezählt. Das freie Spiel in Alltagssituationen nimmt in der frühpädagogischen Arbeit neben den geplanten Angeboten und Aktivitäten einen herausgehobenen Platz ein, weil das beiläufige Lernen, das im Freispiel stattfindet, eine Hauptform frühkindlichen Lernens ist. Im freien Spiel kommen die Themen, die Kindern wichtig sind, selbstbestimmt zum Ausdruck, im freien Spiel realisieren Kinder selbstgesteuert verschiedenste Methoden der Weltaneignung. Gleichzeitig heißt freies Spiel nicht, dass die Kinder sich selbst überlassen oder allein gelassen werden und außerhalb jeglicher Beobachtung und Begleitung durch das Fachpersonal agieren. Ganz im Gegenteil: Unter der Voraussetzung, dass Initiative und Regie des freien Spiels beim Kind verbleiben, entscheidet die pädagogische Kraft in eigener Verantwortung, wie sie dieses Spiel unterstützt und begleitet, inwieweit sie Anteil nimmt, nach Absichten und Gefühlen fragt, das Spiel sprachlich kommentiert, Gedankengänge aufgreift oder Hilfestellung gibt. Das freie Spiel sollte die pädagogischen Kräfte zu eigenen pädagogischen Impulsen anregen.

In **Absatz 2** sind die maßgeblichen normkommentierenden Quellen für die pädagogische Arbeit mit Kindern bis zum Ende der Grundschulzeit aufgeführt. Das pädagogische Personal soll seine Arbeit daran ausrichten. Der Bayerische Bildungs- und Erziehungsplan in Verbindung mit der Handreichung für die pädagogische Arbeit mit unter Dreijährigen und den Bayerischen Bildungsleitlinien sollen den pädagogischen Kräften eine anschauliche Interpretationshilfe für die verbindlichen Bildungs- und Erziehungsziele und die Zielerreichung geben. Hervorzuheben ist, dass der Bildungs- und Erziehungsplan in Verbindung mit den Bildungsleitlinien auch für die pädagogische Arbeit in Horten herangezogen werden kann. Die im Plan enthaltenen Ziele sind entwicklungsgemäß auszulegen und zu verwirklichen.

Absatz 3 konkretisiert die Aufgaben der Leiterin oder des Leiters einer Kindertageseinrichtung und weist ihr oder ihm für das Geschehen in der Tageseinrichtung eine Schlüsselstellung zu. Zunächst trägt sie oder er Verantwortung für die pädagogische Arbeit mit den Kindern, sofern sie oder er vom Einrichtungsträger davon nicht freigestellt ist. Ihre oder seine Führungsverantwortung betrifft darüber hinaus vier zentrale Bereiche: die pädagogische Konzeption und deren Fortentwicklung, das pädagogische Personal, die partnerschaftliche Zusammenarbeit mit den Eltern sowie die Außenkontakte und die Vernetzung der Einrichtung.

2. ABSCHNITT
PERSONELLE MINDESTANFORDERUNGEN

§ 15
Fachkräftegebot

In jeder Kindertageseinrichtung muss die Bildung, Erziehung und Betreuung der Kinder durch pädagogische Fachkräfte im Sinn des § 16 Abs. 2 sichergestellt sein.

Erläuterungen

1. Für alle Kindertageseinrichtungen in Bayern gilt das Fachkräftegebot. Eine Kindertageseinrichtung erhält keine Betriebserlaubnis nach § 45 SGB VIII, wenn die erforderliche Bildungs- und Erziehungsarbeit nicht durch mindestens eine pädagogische Fachkraft sichergestellt wird. § 15 AVBayKiBiG konkretisiert diese Praxis der Betriebserlaubnisbehörden für alle Kindertageseinrichtungen nach Art. 2 BayKiBiG, unabhängig davon, ob diese auch nach dem BayKiBiG gefördert werden.

Das Fachkräftegebot gilt demgegenüber nicht bei Einrichtungen, die auch ohne Betriebserlaubnis betrieben werden können, z. B.:

– Einrichtungen, die nicht gebäudebezogen sind und bei denen nicht mindestens die Hälfte der Kinder die Einrichtung durchschnittlich mindestens 20 Stunden pro Woche besucht (Art. 2 Abs. 2 BayKiBiG);

– Spielgruppen, die eine Öffnungszeit von weniger als 10 Stunden/Woche aufweisen. Die elterliche Erziehungsverantwortung ist in diesen Fällen aufgrund der kurzen Aufenthaltsdauer nur geringfügig gelockert, ein Bedürfnis für eine staatliche Aufsicht besteht daher nicht.

Exkurs:

Fraglich ist, ob das Fachkraftgebot auch für Einrichtungen außerhalb der Kindertageseinrichtungen gilt. Dies ist zu bejahen. Eine Betriebserlaubnis für eine Einrichtung ohne Fachkraft, dürfte nicht in Betracht kommen. Der VGH vertritt hierzu eine abweichende Auffassung (Beschl. vom 2.2.2017 – Az. 12 CE 17.71 –). Das Gericht weist darauf hin, dass ein Rechtsanspruch auf Erteilung einer Betriebserlaubnis nach § 45 SGB VIII bestehe, wenn das Wohl der Kinder und Jugendlichen gewährleistet sei. Dabei richteten sich die Anforderungen an die fachliche und persönliche Eignung des Personals nach der Zweckbestimmung der Einrichtung und den jeweiligen Funktionen in ihr (a. a.O, Rn. 30–32). § 45 SGB VIII verzichte dabei darauf, eine fachliche Ausbildung als Voraussetzung für die Betreuung Minderjähriger als Regelfall vorzuschreiben. Deshalb sei die Eignung von Personal differenziert zu betrachten. Im Lichte der Berufsfreiheit könnten stets nur Mindestvoraussetzungen vorgegeben werden (a. a. O. Rn. 33). Diese Aussagen sind grundsätzlich richtig. Doch verkennt der VGH nach der hier vertretenen Meinung, dass sich die Frage der Kindeswohlgefährdung nach Änderung des § 45 SGB VIII (durch KICK 2005) neu stellt. Der Gesetzgeber hat das Kindeswohl nun neu definiert. § 45 Abs. 2 Nr. 2 SGB VIII anerkennt, dass zum Kindeswohl auch gehört, dass eine Einrichtung die gesellschaftliche und sprachliche Integration und ein gesundheitsförderndes Lebensumfeld in der Einrichtung unterstützt sowie die gesundheitliche Vorsorge und die medizinische Betreuung nicht erschwert werden. Die sprachliche Differenzierung „unterstützen" einerseits und „nicht erschweren" anderseits zeigt, dass von einer Einrichtung mehr erwartet wird, als nur für Unterkunft und Versorgung mit Essen zu sorgen. Die Einrichtung muss aktiv tätig werden, um z. B. Integrationsprozesse zu unterstützen. Die Einrichtung bedarf einer pädagogischen Konzeption (§ 45 Abs. 3 SGB VIII). Diesen Aspekt hat die Rechtsprechung, soweit ersichtlich, aber auch die Literatur noch nicht hinreichend aufgegriffen. Der Kindeswohlbegriff geht nach der hier vertretenen Auffassung nun über den des § 1666 Abs. 1 BGB hinaus. Wenn aber höhere Anforderungen an die Leistung der Einrichtung gestellt werden, schlägt das auch auf die Frage der Eignung des Personals durch. Die genannten Aufgaben können in aller Regel nur von Fachkräften erfüllt werden. Man kann hier nur insoweit eine Unterscheidung treffen, ob hier eine Fachkraft immer auch in der Einrichtung anwesend sein muss oder es auch ausreichend ist, wenn sie organisiert, plant und das sonstige Personal beaufsichtigt. Die pädagogische Leitung jedenfalls kann nur von einer Fachkraft mit entsprechender (sozialpädagogischer) Ausbildung ausgeübt werden. Diese Fragen sind im Einzelfall in Abhängigkeit von der konkreten Maßnahme bzw. Zweckbestimmung der Einrichtung zu entscheiden. Der vom VGH entschiedene Fall betraf eine Ferienbetreuung. Es mag sein, dass für diese kurzzeitigen Maßnahmen in Verbindung mit einer Einrichtung Abstriche bei den persönlichen Anforderungen wünschenswert sind. § 45 SGB VIII in der gegenwärtigen Fassung unterstützt diese Auffassung jedenfalls nicht. Zu überlegen wäre, die Betriebserlaubnis zu differenzieren. Auf Länderebene ist das Thema durchaus angekommen. Zu prüfen wäre vom Gesetzgeber, ob z. B. § 45 Abs. 2 Nr. 2 SGB VIII nicht besser ausschließlich in §§ 22 ff. SGB VIII aufgehoben wäre.

2. Kindertageseinrichtungen bedürfen einer Betriebserlaubnis zur Abwendung einer **Kindeswohlgefährdung**. Um dies zu gewährleisten, haben Kindertageseinrichtungen u. a. in personeller und räumlicher Hinsicht Mindestanforderungen zu erfüllen. Das Personal von Kindertageseinrichtungen, die einer Betriebserlaubnis bedürfen, übt nicht nur Betreuungs- und Aufsichtsfunktionen aus. Das Personal muss vielmehr auch fachlich in der Lage und fähig sein, Erziehungsaufgaben zu übernehmen sowie die für den Erwerb von Basiskompetenzen erforderlichen Bildungsprozesse zu initiieren und zu begleiten. Im Umkehrschluss ist Personal in Kindertageseinrichtungen ungeeignet, wenn es negativ Einfluss auf die Persönlichkeitsentwicklung des Kindes nimmt oder Bildungschancen nicht erkennt oder diese bewusst oder unbewusst nicht fördert. Eine Kindeswohlgefährdung ist demnach in Kindertageseinrichtungen nicht nur dann zu befürchten, wenn ein Kind etwa physischen oder psychischen Schaden nimmt oder zu nehmen droht, sondern auch, wenn das Recht des Kindes auf Förderung seiner Entwicklung und auf die Erziehung zu einer eigenverantwortlichen und gemeinschaftsfähigen Persönlichkeit durch aktives Handeln oder Unterlassen (bei Garantenstellung aufgrund Betreuungsvertrages) beeinträchtigt wird.

Nach Auffassung des StMAS hat das Fachpersonal daher neben charakterlichen und gesundheitlichen Voraussetzungen fachspezifische Fähigkeiten durch den erfolgreichen Abschluss einer sozialpädagogischen Ausbildung nachzuweisen. Eine entsprechende fachtheoretische und fachpraktische Ausbildung indiziert zumindest, dass die Bildungs- und Erziehungsziele methodisch nach bester Fachpraxis umgesetzt werden.

Durch § 16 AVBayKiBiG wird der Begriff „Fachkraft" näher definiert.

§ 16

Pädagogisches Personal

(1) [1]**Pädagogisches Personal sind pädagogische Fachkräfte und pädagogische Ergänzungskräfte.** [2]**Das pädagogische Personal muss bei Aufnahme der Tätigkeit in einer förderfähigen Kindertageseinrichtung über die zur Erfüllung der Bildungs- und Erziehungsziele erforderlichen deutschen Sprachkenntnisse verfügen.** [3]**Der Nachweis über die erforderlichen deutschen Sprachkenntnisse muss spätestens sechs Monate nach Aufnahme der Tätigkeit vorgelegt werden.**

(2) Pädagogische Fachkräfte sind

1. **Personen mit einer umfassenden fachtheoretischen und fachpraktischen sozialpädagogischen Ausbildung, die durch einen in- oder ausländischen Abschluss mindestens auf dem Niveau einer Fachakademie nachgewiesen wird;**

2. **Personen, soweit sie auf Grund des mit Ablauf des 31. Juli 2005 außer Kraft getretenen Bayerischen Kindergartengesetzes vom 25. Juli 1972 (BayRS 2231-1-A) über eine Gleichwertigkeitsanerkennung als pädagogische Fachkraft verfügen;**

3. Personen, die bei In-Kraft-Treten dieser Verordnung rechtmäßig als pädagogische Fachkraft in einer Kindertageseinrichtung tätig sind oder einen diesbezüglichen Vertrag abgeschlossen haben. In diesen Fällen beschränkt sich die Fachkraftqualifikation auf das betreffende Arbeitsverhältnis;

4. in integrativen Kindertageseinrichtungen zusätzlich

   a) staatlich anerkannte Heilpädagoginnen und Heilpädagogen, soweit sie nicht bereits von Nr. 1 erfasst sind,

   b) staatlich anerkannte oder staatlich geprüfte Heilerziehungspflegerinnen und Heilerziehungspfleger.

(3) Fachkräfte in Leitungsfunktion (§ 17 Abs. 3) sollen über ausreichend praktische Erfahrung verfügen und an einer Fortbildung für Leitungskräfte teilgenommen haben.

(4) [1] Pädagogische Ergänzungskräfte für die Betreuung von Kindern aller Altersgruppen sind Personen mit einer mindestens zweijährigen, überwiegend pädagogisch ausgerichteten, abgeschlossenen Ausbildung. [2] Abs. 2 Nrn. 2 und 3 gelten entsprechend.

(5) [1] Qualifizierte Tagespflegepersonen können in Kindertageseinrichtungen die Betreuung vor 9.00 Uhr und nach 16.00 Uhr übernehmen, wobei eine qualifizierte Tagespflegeperson höchstens fünf gleichzeitig anwesende Kinder und bis zu drei qualifizierte Tagespflegepersonen höchstens zehn gleichzeitig anwesende Kinder betreuen dürfen. [2] Qualifizierte Tagespflegepersonen sind Tagespflegepersonen mit einer Pflegeerlaubnis nach dem Achten Buch Sozialgesetzbuch (SGB VIII), die über vertiefte Kenntnisse hinsichtlich der Anforderungen der Tagespflege im Umfang von mindestens 160 Qualifizierungsstunden verfügen; Abs. 1 Satz 2 gilt entsprechend.

(6) [1] Die für die Erteilung einer Betriebserlaubnis zuständige Behörde kann im Einzelfall von den Anforderungen nach den Abs. 2 bis 4 abweichen, wenn die Vermittlung der Bildungs- und Erziehungsziele gleichwertig sichergestellt werden kann. [2] Für die Beurteilung einer Person als Fach- oder Ergänzungskraft soll die vom Bayerischen Landesjugendamt veröffentlichte Liste bereits geprüfter Berufe zur Entscheidung herangezogen werden.

Erläuterungen

Übersicht

1. Pädagogisches Personal
2. Pädagogische Fachkräfte
3. Pädagogische Ergänzungskräfte
4. Vertrauensschutzregelung
5. Einzelfallregelung
6. Exkurs „Weiterbildung Ergänzungskräfte zu Fachkräften"
7. Qualifizierte Tagespflegepersonen
8. Gute-Kita-Gesetz

1. Pädagogisches Personal

1.1 „Pädagogisches Personal" ist der Oberbegriff für die in Kindertageseinrichtungen für die Bildungs- und Erziehungsarbeit zuständigen Beschäftigten. Absatz 1 teilt das pädagogische Personal in den Kindertageseinrichtungen in **Fachkräfte und Ergänzungskräfte** ein. Diese Kategorisierung ist generell für die Betriebserlaubnis nach § 45 SGB VIII bzw. Art. 9 BayKiBiG von Bedeutung. Durch die damit verbundene Standardisierung werden qualitative Mindestanforderungen normiert. Ergänzt wird die Regelung durch einen Personal-Kind- Schlüssel, den § 17 AVBayKiBiG in Form eines Anstellungsschlüssels darstellt.

1.2 Kindertageseinrichtungen haben das Wohl der Kinder zu gewährleisten. Hierzu zählt, die gesellschaftliche und sprachliche Integration in der Einrichtung zu unterstützen (s. § 45 Abs. 2 Nr. 2 SGB VIII). Sprachliche Bildung als Voraussetzung für gesellschaftliche und sprachliche Integration ist daher ein Kernpunkt im Bildungsverständnis des Bayerischen Bildungs- und Erziehungsplans. Die pädagogischen Fachkräfte in den bayerischen Kindertageseinrichtungen sind gehalten, jedes Kind individuell zu fördern (s. auch § 1 Abs. 2 AVBayKiBiG). Dies gilt auch für die Sprachentwicklung. Sprachliche Bildung ist ein durchgängiges Prinzip in allen Bildungsbereichen, das aber nur dann gelingen kann, wenn das pädagogische Personal über entsprechende Deutschkompetenzen verfügt. Daher muss das pädagogische Personal zur Vermittlung der Bildungs- und Erziehungsziele, insbesondere der sprachlichen Bildung und Förderung nach § 5 AVBayKiBiG ein Mindestmaß an deutschen Sprachkenntnissen nachweisen. In **Satz 2** wird daher geregelt, dass das pädagogische Personal **bei Aufnahme** der Tätigkeit in Kindertageseinrichtungen über die erforderlichen deutschen Sprachkenntnisse verfügen und diese spätestens sechs Monate nach Aufnahme der Tätigkeit in Kindertageseinrichtungen nachweisen muss. Die Erforderlichkeit der Sprachkenntnisse nach § 16 Abs. 1 Satz 2 AVBayKiBiG richtet sich nach den Bedürfnissen der Kinder (insbes. nach dem Alter der Kinder) und der Art der Einrichtung (einsprachige oder mehrsprachige Einrichtung). Insoweit liegt es grundsätzlich im Ermessen der Bewilligungsbehörde zu entscheiden, ob das pädagogische Personal die erforderlichen Sprachkenntnisse erfüllt. Für die Beurteilung der erforderlichen Sprachkenntnisse bei fremdsprachigen Bewerbern können der Gemeinsame Europäische Referenzrahmen für Sprachen (GeR) und die Vorgaben des Staatsministeriums für Unterricht und Kultus für den Besuch einer Berufsfachschule für Kinderpflege (Niveau B2 GeR) herangezogen werden.

2. Pädagogische Fachkräfte

2.1 Der Verordnungsgeber hat zur Feststellung, wer die Anforderungen einer pädagogischen Fachkraft erfüllt, nicht den Weg einer Aufzählung von einschlägigen Berufen gewählt. Diese Vorgehensweise ist mit Blick auf die sich verändernden Berufsbilder zu unflexibel und entspricht nicht den Anforderungen des Arbeitsmarktes. Stattdessen wird zum einen als pädagogische Fachkraft abstrakt eine Person „mit einer umfassenden fachtheoretischen und fachpraktischen **sozialpädagogischen** Ausbildung, die durch einen in- oder ausländischen Abschluss **mindestens auf dem Niveau einer Fachakademie** nachgewiesen wird" definiert (Absatz 2 Nr. 1). Zum anderen wird die Möglichkeit eröffnet, auch andere Personen in Kindertageseinrichtungen als Fachkräfte zuzulassen, wenn die Vermittlung der Bildungs- und Erziehungsziele gleichwertig sichergestellt werden kann (Absatz 6).

2.2 Mit der Definition „Pädagogische Fachkräfte" trägt das StMAS zwei Entwicklungen Rechnung: Durch die Öffnung der Grenzen wollen einerseits zunehmend pädagogische Kräfte, die ihren Berufsabschluss im Ausland absolviert haben, in bayerischen Kindertageseinrichtungen tätig werden. Um den Zugang zu diesem Arbeitsmarkt zu ermöglichen, aber auch personelle Mindestanforderungen sicherzustellen, setzt § 16 Abs. 1 Nr. 1 AVBayKiBiG für die Aufnahme der Tätigkeit einer Fachkraft ein bestimmtes **Ausbildungsniveau** voraus. Mit Blick auf den breiten Bildungsbegriff und der entsprechenden Methodik in Kindertageseinrichtungen (s. § 14 AVBayKiBiG) zur Umsetzung der Bildungs- und Erziehungsziele werden Kenntnisse und Fertigkeiten zur praktischen Umsetzung der Bildungs- und Erziehungsziele erwartet.

Andererseits berücksichtigt das StMAS mit der Formulierung „**mindestens** auf dem Niveau einer Fachakademie" bereits künftige Entwicklungen. Der Anteil an Akademikerinnen und Akademikern in den Einrichtungen soll kontinuierlich steigen. Dadurch soll einerseits die pädagogische Tätigkeit in Kindertageseinrichtungen allgemein eine Aufwertung erfahren. Andererseits ist damit die Erwartung verbunden, dass die Qualität in den Einrichtungen gesteigert werden kann. Zu den betreffenden Berufen zählt insbesondere die staatlich anerkannte Kindheitspädagogin/der staatlich anerkannte Kindheitspädagoge (Art. 2 BaySozKiPädG), der durch Beschluss der Jugendministerkonferenz 2011 etabliert wurde.

2.3 Ausgehend von der Definition der Fachkraft prüft die für die Erteilung der Betriebserlaubnis zuständige Behörde, das ist nach § 45 SGB VIII und Art. 9 BayKiBiG i. V. m. Art. 28 Satz 2 BayKiBiG die Kreisverwaltungsbehörde, im Fall von Kindertageseinrichtungen in Trägerschaft der kreisfreien Gemeinden und der Landkreise die Regierung, ob das pädagogische Personal für die Tätigkeit in einer Einrichtung geeignet ist. Sie stellt fest, ob die betreffende Person einen inländischen Referenzberuf erlernt hat, einen gleichwertigen ausländischen Berufsabschluss erworben hat oder ob durch Einzelgenehmigung der Zugang zum Tätigkeitsfeld Kindertageseinrichtung eröffnet werden kann.

2.3.1 Inländischer Referenzberuf

Inländischer Referenzberuf, der die Merkmale des § 16 Abs. 2 Nr. 1 AVBayKiBiG erfüllt, ist in erster Linie der/die staatlich anerkannte Erzieher/-in. Ferner zählt hierzu der/die staatlich anerkannte Sozialpädagoge/Sozialpädagogin. Neu hinzugekommen sind die inländischen Bachelor-Studiengänge, die zur staatlichen Anerkennung als Kindheitspädagoge/Kindheitspädagogin führen. Die staatliche Anerkennung der Bachelor-Studiengänge zum Sozialpädagogen/in und Kindheitspädagogen/in wird im zum 1.8.2013 in Kraft getretenen Bayerische Sozial- und Kindheitspädagogengesetz (BaySozKiPädG) geregelt. Wer an einer bayerischen Hochschule einen entsprechenden Bachelor-Studiengang zur „Sozialen Arbeit" oder „Frühen Kindheit" (oder vergleichbaren Studiengang – Bezeichnung nicht einheitlich) erfolgreich abgeschlossen hat und nicht rechtskräftig wegen einer Straftat i. S. d. § 72a SGB VIII verurteilt worden ist, darf nach Art. 2 BaySozKiPädG die Berufsbezeichnung „Staatlich anerkannte/r Sozialpädagoge/pädagogin" bzw. „Kindheitspädagoge/pädagogin" führen und ist für die Tätigkeit in einer Kindertageseinrichtung nach § 45 SGB VIII geeignet. Entsprechendes gilt für Bewerber/-innen aus anderen Bundesländern, die nach den jeweiligen landesgesetzlichen Regelungen die Voraussetzungen zum Führen der o. a. Berufsbezeichnungen „Kindheitspädagoge/-pädagogin" erfüllen.

2.3.2 Bewerber/-innen mit einem ausländischen Bachelorabschluss

Zum 1.8.2013 ist das Bayerische Berufsqualifikationsfeststellungsgesetz (BayBQFG) in Kraft getreten. Hiernach haben Bewerber/-innen künftig einen Anspruch auf Anerkennung ihres **ausländischen** Abschlusses mit einem gleichwertigen inländischen Referenzberuf.

Das BayBQFG gilt ausschließlich für die landesgesetzlich geregelten Berufe, dazu gehört auch der Beruf der Erzieher/-in. Die Anerkennung nach dem BayBQFG hat den Vorteil, dass verbindlich durch Bescheid festgestellt wird, dass der ausländische Berufsabschluss mit einem deutschen Beruf gleichwertig ist. Dieser Bescheid gilt für das gesamte Bundesgebiet, sodass nicht bei jedem Wechsel der Einrichtung erneut das Fachkraftgebot geprüft werden muss.

Nach dem BayBQFG sind auch sog. Teilanerkennungen möglich, d. h. dass der/die Bewerber/-in möglicherweise nur in Teilen die Voraussetzungen für die Gleichwertigkeit erfüllt. Die zuständige Anerkennungsstelle (Regierung von Niederbayern) stellt im Bescheid fest, welche Qualifikationsmerkmale fehlen und durch welche Maßnahmen sie ausgeglichen werden können (bspw. bei fehlender Praxiserfahrung kann diese durch ein Praktikum nachgewiesen werden; bei mangelnden Rechtskenntnissen kann dies durch einen Lehrgang an einer Hochschule oder einer Fortbildungsakademie nachgewiesen werden etc.).

Nach Art. 3 BaySozKiPädG i. V. m. dem BayBQFG haben Bewerber/innen mit einem ausländischen **Bachelorabschluss** einen Anspruch auf staatliche Anerkennung als Sozialpädagoge/-in bzw. Kindheitspädagoge/-pädagogin. Im Rahmen der Anerkennung wird geprüft, ob der/die Bewerber/-in einen gleichwertigen Bachelorstudiengang erfolgreich absolviert hat und ob sie/er über die zur Berufsausübung erforderlichen Kenntnisse der deutschen Sprache und über die einschlägigen deutschen Rechtskenntnisse (SGB VIII, BayKiBiG, AVBayKiBiG) verfügt. Kann sie/er eine der Voraussetzungen nicht erfüllen, so können die Kenntnisse durch Ausgleichsmaßnahmen (Lehrgänge, Sprachkurse, Praktika etc.) nachgeholt werden. Zuständig für die Anträge nach Art. 3 BaySozKiPädG ist das **Zentrum Bayern Soziales und Familie** (ZBFS), Region Unterfranken.

2.3.3 Durch **Absatz 6** wird es den für das Betriebserlaubnisverfahren zuständigen Behörden ermöglicht, **ausländische** Berufe auch **ohne** Gleichwertigkeitsanerkennung anzuerkennen und die betreffenden Personen als Fach-(oder Ergänzungskräfte) in der Kindertageseinrichtung zuzulassen. Das Bayerische Landesjugendamt führt hierzu auf seiner Homepage eine Liste von Einzelfällen, bei denen eine Vergleichbarkeit mit den einschlägigen Qualifikationen als pädagogischer Fach- oder Ergänzungskraft geprüft wurde, siehe unter https://www.blja.bayern.de/unterstuetzung/kindertagesbetreuung/paedagogisches-personal/index.php.

In § 16 Abs. 6 Satz 2 AVBayKiBiG wird der Bezug zu dieser sog. **Berufeliste** hergestellt, die vom Landesjugendamt geführt und ständig aktualisiert wird. Die Berufeliste dient als Auslegungshilfe für die Bewilligungsbehörden, hat aber keinen allgemein verbindlichen Charakter und begründet keinen subjektiv einklagbaren Rechtsanspruch für Träger und potenzielle Bewerber/-innen. Die Aufsichtsbehörde entscheidet vielmehr nach eigenem Ermessen, sodass sie im begründeten Einzelfall auch von der Berufeliste abweichen kann.

2.3.4 Stellt die Aufsichtsbehörde fest, dass allein durch Prüfung eines inländischen oder ausländischen Berufsabschlusses keine Qualifikation als Fachkraft möglich ist, kann sie nach **Absatz 6** zur Feststellung der Eignung von pädagogischem Personal in Kindertageseinrichtungen auch **praktische Erfahrungen und Fertigkeiten** berücksichtigen. Durch diese Regelung erhalten die Aufsichtsbehörden einen Ermessensspielraum, weil sie im Einzelfall eine gewonnene Berufserfahrung und die konkrete Situation der Kindertageseinrichtung berücksichtigen können. So kann sie z. B. von einer umfassenden fachtheoretischen sozialpädagogischen Ausbildung absehen, wenn in der Gesamtschau der Professionen in der Einrichtung die Bildungs- und Erziehungsziele gleichwertig sichergestellt werden können. So könnte der Träger im Einvernehmen mit der Aufsichtsbehörde auch Ausbildungsdefizite tolerieren, wenn es ihm wegen der pädagogischen Ausrichtung der Einrichtung besonders auf Sprachkenntnisse oder auf Spezialwissen in einem Teilbereich ankommt. Im Gegensatz zum Fall der staatlichen Anerkennung – die staatliche Anerkennung gewährleistet Freizügigkeit bzw. Einsetzbarkeit im gesamten Bundesgebiet – betrifft diese Einzelfallentscheidung nur die konkrete Einrichtung. Wechselt die betreffende Kraft die Einrichtung, wäre erneut über die Einstufung zu entscheiden. Die betreffende Kraft kann sich nicht auf Vertrauensschutz berufen. Eine Neuprüfung ist ggf. auch bei Trägerwechsel und/oder Änderung der pädagogischen Ausrichtung vorzunehmen.

2.4 Fachkräfte in Leitungsfunktion sollen über ausreichend praktische Erfahrungen verfügen und an einer Fortbildung für Leitungskräfte teilgenommen haben. Damit wird dem Umstand Rechnung getragen, dass die Ausbildung an den Fachakademien nicht die Ausbildung als Leitungskraft integriert und daher der Fort- und Weiterbildung vorbehalten bleibt. Dementsprechend obliegt es den Trägern, ihrem Leitungspersonal entsprechende Fortbildungen zu ermöglichen.

2.5 Für integrative Kindertageseinrichtungen wurde in **Absatz 2 Nr. 4** eine Sonderregelung getroffen und der Fachkraftbegriff erweitert. Zu den Fachkräften in integrativen Kindertageseinrichtungen zählen ergänzend staatlich anerkannte Heilpädagoginnen und

Heilerziehungspflegerinnen. Die Definition **integrative Kindertageseinrichtung** ergibt sich unmittelbar aus Art. 2 Abs. 3 BayKiBiG, wonach eine integrative Kindertageseinrichtung mindestens von drei behinderten oder von Behinderung bedrohten Kindern besucht werden muss.

Schon bisher wurde den genannten Berufsgruppen über eine Gleichwertigkeitsanerkennung im Einzelfall eine Tätigkeit in einem integrativen Kindergarten ermöglicht. Die Gleichwertigkeitsanerkennung beschränkte jedoch den Einsatz auf eine Tätigkeit als **Drittkraft** in Ergänzung zu dem Regelpersonal in einer Kindergartengruppe. Im Gegensatz hierzu führt die generelle Erweiterung des Fachkraftbegriffs dazu, dass die in Absatz 2 Nr. 4 genannten Kräfte nun unter Berücksichtigung von **Absatz 3** auch die **Leitungsfunktion** übernehmen können.

Die Ausbildung als staatlich anerkannte Heilpädagogin setzt in Bayern die Ausbildung als Erzieherin voraus. Daher hätte es einer Sonderregelung für diesen Personenkreis nicht bedurft. Da einige Länder eine Ausbildung als Erzieherin für die staatliche Anerkennung als Heilpädagogin jedoch nicht vorschalten, werden diese zur Gleichbehandlung mit den Heilerziehungspflegerinnen in Buchst. a zu Absatz 2 Nr. 4 erfasst.

3. Pädagogische Ergänzungskräfte

3.1 Pädagogische Ergänzungskräfte für die Betreuung von Kindern aller Altersgruppen sind Personen mit einer mindestens zweijährigen, überwiegend pädagogisch ausgerichteten, **abgeschlossenen** Ausbildung. Dies entspricht dem Anforderungsprofil der Kinderpflegerin bzw. dem erreichten Anforderungsprofil nach erfolgreichem Erzieherpraktikum. Berufspraktikantinnen sind daher als Ergänzungskräfte einsetzbar und werden im Anstellungsschlüssel berücksichtigt. Neben diesen herkömmlichen Berufsabschlüssen kommen für den Einsatz als Ergänzungskräfte aber auch andere Berufe in Betracht, wenn sie in Umfang und Ausrichtung den Erfordernissen des **Absatzes 4** entsprechen. Neben zahlreichen Ausbildungsabschlüssen im Ausland können aufgrund dieser Bestimmung z. B. die Sozialassistenten mit Schwerpunkt Sozialpädagogin mit Prüfung in Niedersachsen als Ergänzungskräfte in bayerischen Kindertageseinrichtungen tätig werden. In bestimmten Fällen kann der Status einer Ergänzungskraft auch durch spezielle, vom Staatsministerium zertifizierte Weiterbildungen erworben werden, z. B. für die Tätigkeit in Ganztagsschulen oder Kinderkrippen.

3.2 Im Gegensatz zu Absatz 2 Nr. 1 ist in Absatz 4 ausdrücklich nicht von **sozial**pädagogischer Ausbildung die Rede. Es können somit auch Lehrkräfte als Ergänzungskräfte in Kindertageseinrichtungen tätig werden. Über die konkrete Eignung trägt der Träger mit Verantwortung. Ein Einsatz von Lehrkräften dürfte insbesondere in Horten in Betracht kommen. Im Umkehrschluss kann eine Lehrkraft eine sozialpädagogische Fachkraft im Sinn des Absatzes 2 Nr. 1 i. d. R. **nicht** ersetzen, es sei denn, es kann nach Absatz 6 verfahren werden.

4. Vertrauensschutzregelung

Absatz 2 Nrn. 2 und 3 tragen dem Vertrauensschutz Rechnung. Pädagogische Kräfte, deren Ausbildung zum Zeitpunkt des Inkrafttretens des BayKiBiG im Einzelfall oder generell aufgrund Bekanntmachung als gleichwertig nach Art. 13 Abs. 2 BayKiG anerkannt wurde, können weiterhin als Fachkraft bzw. pädagogische Ergänzungskraft (i. V. m. Absatz 4 Satz 2) in einem **Kindergarten** nach Art. 2 Abs. 1 Nr. 2 BayKiBiG tätig werden. Aufgrund Zeitablaufs haben die Bestimmungen nur noch geringe praktische Relevanz.

5. Einzelfallregelung

Die Einzelfallregelung des § 16 Abs. 6 AVBayKiBiG gilt nicht nur für Fachkräfte, sondern – wenn auch bei wesentlich geringerer Relevanz – auch für die Ergänzungskräfte.

Das Bayerische Landesjugendamt berät die zuständige Aufsichtsbehörde in schwierigen Fällen, ob einem Antrag auf Einzelfallentscheidung stattgegeben werden soll. In Absatz 6 Satz 2 wird Bezug zur Berufeliste des Bayerischen Landesjugendamts hergestellt. Die Berufeliste dient als Auslegungshilfe für die Bewilligungsbehörden, hat aber keinen allgemein verbindlichen Charakter und begründet keinen subjektiv einklagbaren Rechtsanspruch für Träger und potentielle Bewerber/innen (AMS VI 4 02/2013; http:// www.blja.bayern.de/unterstuetzung/kindertagesbetreuung/paedagogisches-personal/ index.php).

6. Exkurs „Weiterbildung Ergänzungskräfte zu Fachkräften"

Berufstätige Ergänzungskräfte haben als einzige Möglichkeit zum beruflichen Aufstieg zur pädagogischen Fachkraft oft nur die dreijährige Aufstiegsfortbildung an der Fachakademie für Sozialpädagogik zur „Staatlich anerkannten Erzieherin" bzw. zum „Staatlich anerkannten Erzieher". Dies ist für viele nach vielen Jahren Berufstätigkeit keine realistische Perspektive. Um anzuerkennen, dass hohe Qualifikation nicht nur auf schulischem Weg, sondern auch im Beruf durch entsprechenden Kompetenzerwerb erreicht werden kann, wurde für besonders qualifizierte Kinderpfleger/innen das berufsbegleitende Weiterbildungsprogramm „Ergänzungskräfte zu Fachkräften" aufgelegt. Mit erfolgreichem Abschluss erhalten die Teilnehmenden, die eine anspruchsvolle Auswahl durchlaufen haben, ein Zertifikat, das in die vom Landesjugendamt geführt Liste geprüfter Berufe aufgenommen wird (s. Absatz 6 Satz 2) und in Bayern den Einsatz als pädagogische Fachkraft ermöglicht.

Um einerseits zusätzliches Fachpersonal zu gewinnen und andererseits zusätzliche Fachkompetenz für multiprofessionelle Teams in Kindertageseinrichtungen zu erschließen, wurde neben dem Weiterbildungsprogramm für besonders qualifizierte Kinderpfleger/innen ein berufsbegleitendes Weiterbildungsprogramm für Grundschullehrkräfte und Heilerziehungspfleger/innen aufgelegt. In der modularisierten Weiterbildung werden sie mit den Grundlagen der pädagogischen Arbeit nach dem Bayerischen Bildungs- und Erziehungsplan und den Bayerischen Bildungsleitlinien vertraut gemacht. Während der Weiterbildung können die Teilnehmenden als Ergänzungskräfte beschäftigt werden, nach Abschluss erhalten sie ein Zertifikat, das in die vom Landesjugendamt geführte Berufeliste aufgenommen wird und ihnen bayernweit den Einsatz als pädagogische Fachkraft ermöglicht.

7. Qualifizierte Tagespflegepersonen

7.1 In **§ 16 Abs. 5 AVBayKiBiG** wird den Trägern ermöglicht, qualifizierte Tagespflegepersonen i. S. d. § 23 SGB VIII für eine allein verantwortliche Betreuung von bis zu fünf Kindern in den Randzeiten (Bring- und Holzeiten) einzusetzen. Durch diese Regelung werden diese Tagespflegepersonen nicht zu Fachkräften oder Ergänzungskräften, die allein in den Anstellungsschlüssel eingerechnet werden (Art. 17 BayKiBiG). Qualifizierte Tagespflegepersonen ersetzen somit nicht das Stammpersonal. Vielmehr sollen sie das Stammpersonal entlasten, damit es Zeit gewinnt, sich auf die Bildungs- und Erziehungsarbeit zu konzentrieren. Dies ist z. B. nur bedingt möglich, wenn das Stammpersonal lange Öffnungszeiten abdecken muss und sich dadurch die Zeit für eine gemeinsame Bildungs- und Erziehungsarbeit von Fach- und Ergänzungskräften entsprechend reduziert.

Beispiel:
Der Kindergarten hat eine Öffnungszeit von 7.30 bis 16.15 Uhr. Der Träger setzt eine Fach- und eine Ergänzungskraft zu je 38,5 Stunden/Woche ein. Der Dienstplan sieht wie folgt aus:
Frühdienst Ergänzungskraft von 7.30 bis 8.30 Uhr.
Gemeinsame Anwesenheit Fachkraft und Ergänzungskraft von 8.30 bis 14.30 Uhr, davon Kernzeit von 9 bis 13 Uhr.

Spätdienst Fachkraft 14.30 bis 16.15 Uhr.

Durch die verschränkte Anwesenheit können Öffnungszeiten im Umfang von acht Stunden 45 Minuten angeboten werden. Allerdings geht dies auf Kosten der Bildungs- und Erziehungsarbeit. Über einen Zeitraum von 3,15 Stunden arbeiten die beiden Kräfte allein. Die mittelbare Arbeitszeit (Verfügungszeit) ist auf ein Minimum beschränkt.

Der Einsatz von qualifizierten Tagespflegepersonen kann hier für Entlastung sorgen. Die Tagespflegepersonen sollen im Team eingebunden werden und möglichst fest angestellt sein. Sie können alleine die Betreuung von **bis zu fünf** Kindern übernehmen. Kommt das sechste Kind, muss zumindest eine Ergänzungskraft anwesend sein. Diese kann in der Regel bis maximal eine Stunde acht Vorschulkinder eigenverantwortlich betreuen. Ab dem neunten Vorschulkind müssen Fachkraft und Ergänzungskraft anwesend sein. Bei kleineren Kindern muss die zweite Kraft entsprechend früher anwesend sein.

Beispiel:
Zur Entlastung des Stammpersonals stellt der Träger im o. a. Beispiel eine Tagespflegeperson für zehn Wochenstunden ein. Diese wird täglich im Frühdienst eingesetzt. Der Dienstplan ändert sich wie folgt:
Frühdienst 7.30 bis 8.30 Qualifizierte Tagespflegemutter.

8.30 bis 9.00	*Ergänzungskraft und Tagesmutter.*
9.00 bis 9.30	*Fachkraft, Ergänzungskraft und Tagesmutter.*
9.30 bis 15.30	*Fachkraft, Ergänzungskraft.*
15.30 bis 16.15	*Fachkraft.*
16.15 bis 16.40	*Fachkraft – Zeit für mittelbare Arbeit.*

7.2 Die Festlegung einer Tätigkeit vor 9 Uhr und nach 16 Uhr betrifft den Zeitrahmen für eine eigenverantwortliche Tätigkeit als Tagespflegeperson. Damit ist nicht zugleich eine Definition von Randzeiten verbunden. Sollte das sechste Kind schon früher kommen, reduziert sich der zeitliche Einsatzbereich für eine Tätigkeit, die in Abwesenheit des Stammpersonals ausgeübt werden kann. Die Tagespflegeperson kann natürlich auch nach 9 Uhr oder vor 16 Uhr *zusätzlich* eingesetzt werden.

7.3 Setzt der Träger in einer größeren Einrichtung mehrere Tagespflegepersonen ein, muss er die Begrenzungen nach Absatz 5 Satz 1 beachten. Maximal können bis zu **drei** qualifizierte Tagespflegepersonen höchstens zehn gleichzeitig anwesende Kinder betreuen. Die Einrichtung kann also nicht gefördert werden, wenn in Abwesenheit von mindestens einer Fachkraft gleichzeitig vier oder mehr Tagespflegepersonen tätig werden und/oder mehr als zehn Kinder gleichzeitig anwesend sind.

Diese Regelung entspricht, was die Zahl der Kinder und der Tagespflegepersonen anbelangt, der der Großtagespflege (Art. 9 BayKiBiG). Dementsprechend ist auch eine Aufteilung des eigenverantwortlichen Einsatzes vormittags und nachmittags nicht zulässig (z. B. zwei Tagespflegepersonen betreuen bis zu zehn Kinder vormittags, andere zwei Tagespflegepersonen betreuen ebenfalls bis zu zehn Kinder nachmittags).

Mit der zahlenmäßigen Begrenzung soll sichergestellt werden, dass der Bezugspersonenwechsel während des Tagesablaufs nicht ausufert und die Betreuung durch Tagespflegepersonen nicht zu dominant wird. Im Vordergrund des Absatzes 5 steht die Entlastung des Stammpersonals und keinesfalls die Ersetzung des Stammpersonals oder der Abbau von Stunden des Stammpersonals.

7.4 Die Tagespflegepersonen können in nach dem BayKiBiG förderfähigen Kindertageseinrichtungen eingesetzt werden. Die pädagogische Verantwortung trägt der Träger der Einrichtung bzw. die von ihm beauftragte Fachkraft. Die Tagespflegeperson ist also weisungsgebunden. Keine Aussage trifft § 16 Abs. 5 AVBayKiBiG, ob eine entsprechende personelle Konstruktion auch in einer nicht förderfähigen Einrichtung möglich ist. Dies entscheidet im Einzelfall der für die Erteilung der Betriebserlaubnis zuständige Träger der öffentlichen Jugendhilfe oder die Regierung. In aller Regel dürfte dies jedoch ausgeschlossen und Einrichtungen vorbehalten sein, die von vornherein über ein Personal-Kind-Verhältnis verfügen, das Mindestanforderungen genügt, so wie dies durch den förderrelevanten Mindestanstellungsschlüssel vorgegeben ist.

7.5 Die Tagespflegeperson muss besonders qualifiziert sein. Für eine staatliche Förderung der Tagespflege genügen 100 Qualifizierungsstunden der Tagespflegepersonen (§ 18 Satz 4 AVBayKiBiG). Nach Absatz 5 Satz 2 muss die jeweilige Tagespflegeperson über eine Pflegeerlaubnis nach § 43 SGB VIII verfügen, vertiefte Kenntnisse im Umfang von **160** Qualifikationsstunden vorweisen und über die erforderlichen deutschen Sprachkenntnisse verfügen.

7.6 Die Anstellung von qualifizierten Tagespflegepersonen während der genannten Betreuungszeiten in Kindertageseinrichtungen stellt keine Kindertagespflege i. S. d. § 43 SGB VIII dar, sodass auch kein Anspruch der Tagespflegeperson auf Tagespflegeentgelt gegenüber dem Träger der öffentlichen Jugendhilfe entsteht. Eine staatliche Förderung der außerhalb des Anstellungsschlüssels eingesetzten Tagespflegeperson bzw. Assistenzkraft ist im Rahmen der Richtlinie zur Förderung der Festanstellung von Tagespflegepersonen möglich (Anhang 16). Die Förderung erfolgt mit Mitteln des Bundes (s. Erl. 8) und erfolgt im Rahmen der kindbezogenen Förderung bzw. in Anwendung des KiBiG.web. Dabei wird fiktiv angenommen, dass die Tagespflegeperson/Assistenzkraft fünf Kinder gleichzeitg betreut.

Diese fiktiv von der Tagespflegeperson oder in den Randzeiten nach § 16 Abs. 5 Satz 1 AVBayKiBiG betreuten Kinder werden nicht auf die Zahl der Betreuungsverhältnisse gem. Art. 9 BayKiBiG angerechnet. Grundsätzlich besteht daher die Möglichkeit für die Assistenzkraft, Festanstellung und selbstständige Tätigkeit als Tagespflegeperson in Räumen von Kindertageseinrichtungen außerhalb der Arbeitszeit oder in eigenen Räumen zu kombinieren. Dies setzt eine entsprechende Pflegeerlaubnis voraus, eine Eignungsfeststellung nach 4.1.b) der RiLi (Anhang 16) reicht dann nicht aus.

7.7 Unberührt von Absatz 5 bleibt auch die Möglichkeit, eine eigenständige Tagespflege vor oder im Anschluss an die Öffnungszeiten einer Einrichtung anzubieten. So kann in den Räumen der Einrichtung Tagespflege stattfinden, um Bedarfe von wenigen Eltern an den Randzeiten abzudecken. Dies können z. B. auch Fach- und Ergänzungskräfte der Einrichtung sein, die in Nebentätigkeit zusätzlich eine Tätigkeit als selbstständige Tagespflegeperson verrichten und hierfür über eine Pflegeerlaubnis verfügen.

8. Gute-Kita-Gesetz

Der Freistaat beabsichtigt, mit Mitteln des Bundes die Attraktivität der Tätigkeit als Tagespflegeperson zu steigern. Zu diesem Zweck wird die Festanstellung von Tagespflegepersonen gefördert (Anhang 16). Damit sollen neue Tagespflegepersonen gewonnen und bereits tätige Tagespflegepersonen möglichst in der Kindertagesbetreuung langfristig gebunden werden. Diese Personen mit der Qualifikation einer Tagespflegeperson sollen insbesondere als **Assistenzkräfte** auch in Kindertageseinrichtungen zum Einsatz kommen. Sie sollen beispielsweise in der Randzeitenbetreuung eingesetzt werden bzw. generell das pädagogische Personal entlasten. Eine Anrechnung auf den Anstellungsschlüssel erfolgt **nicht**. Damit die Zusammenarbeit mit dem pädagogischen Stammpersonal gelingt, müssen sich diese Assistenzkräfte für den Einsatz in Kitas zusätzlich qualifizieren. Angedacht ist vielmehr, ein modulhaft aufgebautes Qualifizierungsprogramm anzubieten, um diesem Personenkreis eine Weiterqualifizierung selbst bis zur Fachkraft zu ermöglichen.

§ 17
Anstellungsschlüssel

(1) [1] Zur Absicherung des Einsatzes ausreichenden pädagogischen Personals ist für je 11,0 Buchungszeitstunden der angemeldeten Kinder jeweils mindestens eine Arbeitsstunde des pädagogischen Personals anzusetzen (Anstellungsschlüssel von 1 : 11,0); empfohlen wird ein Anstellungsschlüssel von 1 : 10. [2] Buchungszeiten von Kindern mit Gewichtungsfaktor sind entsprechend vervielfacht einzurechnen. [3] Die in den Anstellungsschlüssel eingerechnete Arbeitszeit des pädagogischen Personals verteilt sich auf unmittelbare und mittelbare Tätigkeiten. [4] Unmittelbare Tätigkeit ist die pädagogische Arbeit mit den Kindern. [5] Mittelbare Tätigkeit ist der Teil der pädagogischen Arbeit der Leiterin oder des Leiters und der pädagogischen Fach- und Ergänzungskräfte, der neben den Betreuungszeiten der Kinder, aber in Umsetzung von Gesetzen, Verordnungen, den Bayerischen Bildungsleitlinien und dem Bayerischen Bildungs- und Erziehungsplan erbracht wird.

(2) [1] Mindestens 50 v. H. der nach Abs. 1 erforderlichen Arbeitszeit des pädagogischen Personals ist von pädagogischen Fachkräften zu leisten. [2] Der Gewichtungsfaktor für behinderte oder von wesentlicher Behinderung bedrohte Kinder ist für die Fachkraftquote nach Satz 1 nicht einzurechnen.

(3) Die Leitung von Kindertageseinrichtungen muss durch pädagogische Fachkräfte erfolgen.

(4) [1] Der Anstellungsschlüssel und die Fachkraftquote werden monatlich berechnet. [2] Soweit pädagogisches Personal über einen Zeitraum von 42 Kalendertagen aufeinanderfolgend keine Arbeitsleistung mehr erbringt, bleibt die bisherige arbeitsvertragliche Arbeitszeit ab Beginn des nächstfolgenden Kalendermonats unberücksichtigt. [3] Satz 2 gilt nicht, wenn im laufenden oder im nächstfolgenden Kalendermonat die Arbeit im Umfang von mindestens der Hälfte der im Kalendermonat arbeitsvertraglich vereinbarten Arbeitstage wieder aufgenommen oder Personal im erforderlichen Umfang neu eingestellt wird. [4] Gefördert werden im Bewilligungszeitraum nur Kalendermonate, die im Jahresdurchschnitt den förderrelevanten Anstellungsschlüssel und die Fachkraftquote einhalten. [5] Wenn die Aufnahme von Kindern auf Veranlassung des Jugendamts zur Vermeidung einer Kindeswohlgefährdung erfolgt und das Staatsministerium für Familie, Arbeit und Soziales (Staatsministerium) zustimmt, wird bei Berechnung der Jahresdurchschnittswerte eine Überschreitung des Anstellungsschlüssels oder eine Unterschreitung der Fachkraftquote für einen Zeitraum von längstens drei Kalendermonaten nicht berücksichtigt. [6] § 45 SGB VIII bleibt unberührt.

Erläuterungen

Übersicht

1. Bestimmung des Anstellungsschlüssels
2. Qualifizierungsschlüssel
3. Fachkräftegebot
4. Förderfähiger Anstellungsschlüssel
5. Jahresanstellungsschlüssel
6. Ausnahmen, Härtefallregelung

1. Bestimmung des Anstellungsschlüssels

1.1 § 17 AVBayKiBiG legt den für eine kindbezogene Förderung erforderlichen **Anstellungsschlüssel** fest. Der Anstellungsschlüssel ist mit die wichtigste Fördervoraussetzung,

um die Qualität in der Kindertageseinrichtung zu sichern. Der Träger der Kindertageseinrichtung trägt die Darlegungs- und Beweislast für die Wahrung des in § 17 Abs.
1 und 2 AVBayKiBiG vorgesehenen Anstellungsschlüssels als Voraussetzung für den kindbezogenen Förderanspruch gegenüber der Aufenthaltsgemeinde (VG München, Urt. vom
10.11.2016 – M17 K 15.4663 –).

Der Anstellungsschlüssel ist von einem **Personal-Kind-Schlüssel** zu unterscheiden. Der
Personal-Kind-Schlüssel beschreibt eine Ist-Situation, nämlich wie viele Kinder bei wie
vielen pädagogischen Kräften maximal gleichzeitig anwesend sind bzw. sein müssen. Dieser Schlüssel ist nicht praktikabel. Mit der Altersöffnung und wegen des unterschiedlichen
erzieherischen und pflegerischen Aufwands der Kinder ist das Verhältnis anwesende Kinder zu anwesendem Personal wenig aussagekräftig.

Aus diesem Grund bedarf es eines Schlüssels, der das Personal-Kind-Verhältnis unabhängig von der Betreuungsform und bei jeder Alterszusammensetzung beschreibt und der
gleichzeitig Indiz dafür ist, ob ein Personalüberhang oder eine für die Bildungs- und Erziehungsarbeit unzureichende Personalausstattung besteht. Diese Funktion erfüllt der
Anstellungsschlüssel, der als rechnerischer Wert die regelmäßige wöchentliche Arbeitszeit
des pädagogischen Personals und die gewichteten Buchungszeiten ins Verhältnis setzt.

Mit Änderung des § 17 Abs. 4 AVBayKiBiG zum 1.1.2017 hat sich der zeitliche Aspekt für
die Berechnung des Anstellungsschlüssels und der Fachkraftquote (§ 17 Abs. 2 AVBayKi-
BiG) wesentlich verändert. Zwar werden Anstellungsschlüssel und Fachkraftquote monat-
lich berechnet, doch maßgebend ist nun der Jahresdurchschnittswert bezogen auf das
Bewilligungsjahr (ist gleich Kalenderjahr). Eine monatliche Überschreitung des in
Absatz 1 vorgegebenen Anstellungsschlüssels führt somit nicht per se zu einer förderrecht-
lichen Konsequenz. Erst die Berechnung des jährlichen Durchschnitts aller monatlichen
Anstellungsschlüssel ist an dem gesetzlichen Anstellungsschlüssel zu messen.

Beispiel:

*In einer Kindertageseinrichtung sind zwei Erzieherinnen zu je 30 Wochenstunden
und eine Kinderpflegerin zu 38,5 Wochenstunden beschäftigt. Insgesamt werden 36
Kinder im Alter von drei bis sechs Jahren betreut. Die durchschnittliche Buchung
liegt bei fünf bis sechs Stunden. Daraus errechnet sich folgender Anstellungsschlüssel: 98,5 Stunden des Personals stehen im Verhältnis zu 1.080 Stunden (36 × 6 Stunden (der höhere Wert zählt) × 5 Tage), ergibt einen Schlüssel von 1: 10,96. Diese
Berechnung ist für alle betreffenden Kalendermonate im Bewilligungsjahr durchzuführen und daraus ein Durchschnittswert zu bilden.*

In den Fällen, in denen Träger bzw. Personal ein **Jahresarbeitszeitkonto** führen, ist der
Berechnung des Anstellungsschlüssels die **jeweilige** Arbeitszeit in einem Kalendermonat
zugrunde zu legen.

Beispiel:

*In einem Hort haben der Träger und die beiden pädagogischen Kräfte eine Jahresar-
beitszeit von jeweils 1412 Stunden vereinbart. In Unterrichtszeiten beträgt die
wöchentliche Arbeitszeit regelmäßig 28 Stunden/Woche/pädagogische Kraft, in
dem Ferienmonat August 45 Stunden/Woche. Der Hort wird regelmäßig von 25
Schülern durchschnittlich vier Stunden, im August durchschnittlich sechs Stunden
besucht. Für die Berechnung des Anstellungsschlüssels ist **nicht** ein Durchschnittswert der pädagogischen Arbeitszeit (2.824: 12 Monate: vier Wochen) anzusetzen.
Für die Monate September bis Juli errechnet sich vielmehr aufgrund der regelmäßigen wöchentlichen Arbeitszeit im Umfang von 56 Stunden/Woche ein Anstellungsschlüssel von 1: 10,71. Für August ergibt sich bei einer Arbeitszeit von 90 Stunden/
Woche ein Anstellungsschlüssel von 1: 10.*

Das StMAS hat mit Änderung der AVBayKiBiG durch Verordnung vom 16.8.2012 (GVBl S. 442) den bisherigen förderrelevanten **Anstellungsschlüssel** von 1: 11,5 auf 1: 11,0 verbessert. Empfohlen wird ein Anstellungsschlüssel von 1: 10 **(empfohlener Anstellungsschlüssel)**. Der Wert entspricht in etwa den durchschnittlichen Verhältnissen in den bayerischen Kindergärten zum Zeitpunkt des Inkrafttretens des BayKiBiG.

1.2 Um den unterschiedlichen erzieherischen und pflegerischen Aufwand zu berücksichtigen, werden die Gewichtungsfaktoren nach Art. 21 Abs. 5 BayKiBiG bei der Berechnung des Anstellungsschlüssels eingerechnet.

> *Beispiel:*
>
> *Im Beispiel unter Erl. 1.1 befinden sich in der Einrichtung 33 Vorschulkinder, davon zwei unter drei Jahren. Der Anstellungsschlüssel ändert sich somit wie folgt: Unverändert bleibt die Arbeitszeit des pädagogischen Personals mit 98,5 Wochenstunden. Bei Feststellung der gewichteten Buchungen sind 31 Kinder mit dem Gewichtungsfaktor 1 und einer Buchung von sechs Stunden täglich zu berücksichtigen, ergibt den Wert 930 Wochenstunden. Hinzu kommen 120 Wochenstunden für zwei Kinder U3 (zwei Kinder × sechs Stunden × fünf Tage × 2,0 Gewichtungsfaktor). Insgesamt errechnet sich ein Anstellungsschlüssel von 1: 10,66.*

Das Verhältnis Arbeitszeit zu Buchungsstunden umschreibt gleichzeitig die beiden Parameter, durch deren Veränderung ein Träger eine Verbesserung oder Anpassung des Anstellungsschlüssels vornehmen kann: Entweder wird die Arbeitszeit verlängert/verkürzt oder es wird die Zahl der Buchungsstunden verändert. Um bessere pädagogische Rahmenbedingungen zu erreichen, könnte der Träger z. B. längere mittelbare Arbeitszeiten (Verfügungszeiten) gewähren. Alternativ könnte der Träger die Zahl der Kinder reduzieren, um die Buchungsstunden zu vermindern.

> *Beispiel:*
>
> *Im Beispielsfall von oben indiziert ein Anstellungsschlüssel von 1: 10,66 unter Berücksichtigung der Kleinkinder eine ungünstige Personalsituation. Indem die Arbeitszeit der Erzieherinnen auf insgesamt 120 Stunden erhöht wird, könnte der Anstellungsschlüssel auf 1: 8,75 verbessert werden.*

Der Anstellungsschlüssel könnte entsprechend auf 1: 8,75 verbessert werden, wenn bei unverändertem Personaleinsatz die (gewichteten) Buchungen im Umfang von 188 Stunden/Woche reduziert würden, etwa indem weniger Kinder aufgenommen werden.

1.3 Die Definition des pädagogischen Personals ist unmittelbar § 16 AVBayKiBiG zu entnehmen. Erzieherpraktikanten ohne abgeschlossene Ausbildung (s. § 16 Abs. 4 AVBayKiBiG) können in den Anstellungsschlüssel **nicht** eingerechnet werden:

Bisher bestand für das Erzieherpraktikum (früher: Vorpraktikum) eine generelle Gleichwertigkeitsanerkennung. Erzieherpraktikantinnen konnten als Hilfskräfte bzw. auf der Stelle der zweiten Kraft in einer Kindergartengruppe eingesetzt werden. Dies ist im Rahmen des BayKiBiG nicht mehr möglich, soweit nicht die Übergangsvorschrift in § 16 Abs. 4 i. V. m. Absatz 2 Nr. 2 AVBayKiBiG greift (s. Erl. 4.2 zu § 16).

Berufspraktikanten erfüllen i. d. R. die Qualifikationsmerkmale von pädagogischen Ergänzungskräften und werden demgegenüber mit in den Anstellungsschlüssel eingerechnet (s. Erl. 3.1 u. 5 zu § 16). Ein Einsatz als pädagogische **Fachkraft** scheidet aus.

1.4 In § 17 Abs. 1 AVBayKiBiG fand bis 31.8.2013 der Begriff **„Verfügungszeit"** Anwendung. Diese missverständliche Bezeichnung wurde mit der 3. Änderungsverordnung ersetzt. Die pädagogische Arbeit des pädagogischen Personals wird aufgeteilt in **unmittelbare und mittelbare Tätigkeit.** Bei der Ermittlung des Anstellungsschlüssels ist die gesamte pädagogische Tätigkeit der Fach- und Ergänzungskräfte anrechenbar. Tätigkeiten nicht unmittelbar am Kind werden berücksichtigt, wenn sie pädagogisch sind **und** auf gesetzlichen Vorschriften, dem Bildungs- und Erziehungsplan bzw. den Bildungsleitlinien beruhen; hierzu zählen nicht durch das pädagogische Personal (insbesondere durch die Leiterin oder den Leiter) wahrgenommene Verwaltungsaufgaben des Trägers.

> *Beispiele:*
>
> – *Das Ausfüllen von Beobachtungsbögen ist Teil der pädagogischen Arbeit und beruht z. B. auf § 1 Abs. 2 Satz 2 oder § 5 Abs. 3 AVBayKiBiG. Es handelt sich um eine mittelbare Tätigkeit.*
>
> – *Das Eintragen der Kinder in das Programm kibig.web ist in Art. 18 Nr. 8 BayKiBiG gesetzlich verankert. Es handelt sich aber um keine pädagogische Tätigkeit. Sie zählt daher auch nicht zu den mittelbaren Tätigkeiten. Die Arbeitszeit kann nicht in den Anstellungsschlüssel eingerechnet werden. In der Praxis dürfte dies jedoch wegen Geringfügigkeit nicht ins Gewicht fallen.*
>
> – *Die Kinderpflegerin besorgt im Einzelhandel Material zum Basteln. Es handelt sich um eine Vorbereitungshandlung für die pädagogische Arbeit mit dem Kind; sie ist als mittelbare Tätigkeit zu qualifizieren.*
>
> – *Die Leitung übernimmt die Erhebung von Elternbeiträgen. Die Arbeitszeit kann nicht in den Anstellungsschlüssel eingerechnet werden.*
>
> – *Das Personal nimmt an einer Fortbildung teil: mittelbare Tätigkeit.*
>
> – *Hauswirtschaftliche Verrichtungen, Wäschedienst, Einkäufe für Lebensmittel/ Hygienartikel, Lager aufräumen, Lagerdienst. Die Arbeitszeit kann nicht in den Anstellungsschlüssel eingerechnet werden (VG München, Urt. vom 10.11.2016 – Az.: M 17 K 15.4663 –)*

1.5 Wie viel unmittelbare und mittelbare Tätigkeit das pädagogische Personal verrichtet, bleibt der arbeitsvertraglichen Ausgestaltung vorbehalten. Fachlich ist die Notwendigkeit von mittelbarer Tätigkeit für die Vor- und Nachbereitung der pädagogischen Arbeit unbestritten. Entsprechendes gilt z. B. für die Elternarbeit als Voraussetzung für die angestrebte Bildungs- und Erziehungspartnerschaft (s. Art. 11 Abs. 1 BayKiBiG).

In den Anstellungsschlüssel eingerechnet wird auch die Arbeitszeit von pädagogischem Personal, das ausschließlich mittelbare pädagogische Tätigkeiten verrichtet. Daher kann in dem Anstellungsschlüssel auch die vom Gruppendienst freigestellte Leiterin berücksichtigt werden, wenn ihre Tätigkeit pädagogisch ist und auf den o. a. gesetzlichen Vorschriften basiert. Hierzu zählt z. B. die Überwachung des pädagogischen Personals, die Ausarbeitung einer pädagogischen Konzeption, das Elterngespräch, die Abstimmung mit dem Träger zur konzeptionellen Ausrichtung der Einrichtung, die Besprechung mit dem Leiter der Grundschule oder die Teilnahme an einem Netzwerktreffen. Reine Aufsichtsfunktion (z. B. Bezirksleitungen) oder Fachberatung finden demgegenüber keine Berücksichtigung im Anstellungsschlüssel. Die Tätigkeit ist zwar wichtig, steht aber in keinem unmittelbaren Zusammenhang mit dem Auftrag der Einrichtung.

1.6 § 17 regelt die Anforderungen an die personelle Ausstattung **nicht** abschließend. Im Betriebserlaubnisbescheid erfolgen weitere Spezifizierungen:

– In dem Erlaubnisbescheid wird eine bestimmte maximale Platzzahl festgelegt.

– In dem Erlaubnisbescheid wird festgestellt, ob und ggf. unter welchen Bedingungen Kinder auch anderer Altersgruppen aufgenommen werden können bzw. die Einrichtung integrativ betrieben werden kann.

– Aus Gründen der Aufsichtspflicht ist zu fordern, dass während der Öffnungszeit immer auch eine pädagogische Fachkraft anwesend ist. Ausgenommen davon sind die Randzeiten mit geringerem Besuch.

2. Qualifizierungsschlüssel

2.1 Mindestens 50 % der nach Absatz 1 **erforderlichen** Arbeitszeit des pädagogischen Personals ist von pädagogischen Fachkräften zu leisten. Der Qualifizierungsschlüssel in Absatz 2 stellt sicher, dass **bezogen auf den förderrelevanten Anstellungsschlüssel** (= erforderliche Arbeitszeit im Verhältnis zur Buchungszeit) ausreichend Fachkräfte im Sinn des § 16 AVBayKiBiG beschäftigt werden.

Beispiel:

In einer Kindertageseinrichtung sind für 70 Kinder mit Gewichtungsfaktor 1,0 durchschnittlich sieben Stunden gebucht. Daraus errechnen sich insgesamt pro Woche 2 450 Buchungsstunden. Unbedingt erforderlich ist das Einhalten eines Anstellungsschlüssels von 1: 11,0. Es werden hierfür insgesamt rund 223 Arbeitsstunden des pädagogischen Personals benötigt. Der Anteil der pädagogischen Fachkräfte (z. B. Sozialpädagoginnen, Erzieherinnen) muss mindestens 50 % oder 111,36 Stunden betragen.

Der Gewichtungsfaktor für behinderte oder von wesentlicher Behinderung bedrohte Kinder ist für die Fachkraftquote nach Satz 1 nicht einzurechnen **(Absatz 2 Satz 2).** Mit dieser Regelung wird dem Status quo Rechnung getragen, wonach als Zusatzkräfte in integrativen Einrichtungen nicht immer Fachkräfte im Einsatz sind. Als so genannte Drittkräfte werden je nach Bedarf z. B. auch Kinderpfleger/-innen oder Heilerziehungspflegerhelfer/-innen beschäftigt.

Beispiel:

*In einem integrativen Kindergarten mit 15 Kindern, davon fünf Kinder mit Behinderung, und einer durchschnittlichen Buchung von sechs Stunden sind eine Erzieherin und eine Kinderpflegerin (jeweils 38,5 Stunden/Woche) fest angestellt. Es errechnet sich ein Anstellungsschlüssel von 1: 12,66 (975 Stunden (10 × 6 × 5 + 5 × 6 × 5 × **4,5**): 77 Stunden). Zumindest 11,64 zusätzliche Arbeitsstunden sind erforderlich, um den für die kindbezogene Förderung erforderlichen Anstellungsschlüssel von 1: 11,0 zu erfüllen.*

Für den Qualifikationsschlüssel erfolgt die Berechnung nach Absatz 2 Satz 2 ohne Berücksichtigung des Gewichtungsfaktors. Ausreichend ist demnach ein Fachkraftanteil von 20,45 Stunden (450 Stunden: 11). Da eine Erzieherin in Vollzeit beschäftigt ist, ist der Qualifikationsschlüssel erfüllt. Unberührt davon bleiben anderweitige Fördererfordernisse, z. B. aufgrund der Rahmenvereinbarung mit dem Bezirk, um auch Fördermittel aus der Sozialhilfe zu erlangen.

Das Abstellen allein auf den förderrelevanten Anstellungsschlüssel wird für die pädagogische Arbeit nicht selten zu nicht akzeptablen Bedingungen führen. Der gesetzliche Spielraum ist relativ weit, entpflichtet jedoch Träger wie Gemeinde nicht, bezogen auf die konkreten Erfordernisse des Einzelfalls bessere Rahmenbedingungen bereit zu stellen, wenn ansonsten die Bildungs- und Erziehungsziele nicht erreicht werden können.

Mit anderen Worten: Ein Träger kann nicht mit Hinweis auf den eingehaltenen förderrelevanten Anstellungsschlüssel jegliche Forderung der Aufsichtsbehörde nach Verbesserung der pädagogischen Rahmenbedingungen abwehren. Vorstellbar sind zwei Anknüpfungspunkte der Aufsichtsbehörde:

– Die Aufsichtsbehörde kann die Förderung nach dem BayKiBiG in Frage stellen, weil die Bildungs- und Erziehungsziele trotz eingehaltener Mindestanforderungen nicht erreicht werden.

– Die Aufsichtsbehörde erkennt eine Kindeswohlgefährdung.

Die Prüfung, ob die Voraussetzungen der Betriebserlaubnis (noch) vorliegen, wird durch die AVBayKiBiG nicht eingeschränkt. Die Regelungen in der AVBayKiBiG setzen Mindestbedingungen für die kindbezogene Förderung, die auf jeden Fall erfüllt werden müssen. Darüber hinaus ist es zur Vermeidung einer Kindeswohlgefährdung ggf. sogar geboten, dem Träger weitere Auflagen zu erteilen. Die Erteilung der Betriebserlaubnis bzw. die Prüfung, ob die Voraussetzungen der Betriebserlaubnis noch vorliegen, bedarf somit einer genauen Prüfung des Einzelfalls. Bei integrativen Einrichtungen obliegt es zudem der Sozialhilfeverwaltung, von den Trägern teilstationärer Einrichtungen zur Umsetzung der Eingliederungshilfe die Einhaltung einer Leistungsbeschreibung als Gegenleistung für die finanzielle Unterstützung einzufordern.

3. Fachkräftegebot

Absatz 3 bekräftigt das Fachkräftegebot in § 15 AVBayKiBiG. Es reicht nicht, eine Fachkraft zu beschäftigen, sondern die Leitungsfunktion muss von einer Fachkraft auch tatsächlich wahrgenommen werden.

4. Förderfähiger Anstellungsschlüssel

4.1 Mit Änderung der **Kinderbildungsverordnung** durch Verordnung vom 6.12.2016 wurde die bisherige sog. Fehlzeitenregelung neu gestaltet. Die bisherigen **Absätze 4 bis 6** wurden mit Wirkung ab 1.1.2017 durch einen neuen **Absatz 4** ersetzt. Der Zweck der **bisherigen** Regelung bestand darin, förderrechtliche Konsequenzen zu ziehen, wenn die Voraussetzungen nach den Absätzen 1 bis 3 **nicht mehr** erfüllt wurden, somit:

– Der Anstellungsschlüssel überschritten,

– der Qualifikationsschlüssel unterschritten oder

– die Kindertageseinrichtung ohne fachkundige Leitung betrieben wurde.

Diese Regelung hatte sich insgesamt **nicht** bewährt. Sie war im Vollzug äußerst verwaltungsaufwendig und wurde zudem auch unterlaufen, indem z. B. Personal tageweise eingesetzt wurde. Zur Qualitätssicherung hat die Regelung letztlich nur marginal beigetragen. Daraus wurde die Überzeugung gewonnen, eine Fehlzeitenregelung nicht länger als qualitätssichernde Maßnahme zu konzipieren.

Allein auf die zahlenmäßigen Vorgaben zum Anstellungsschlüssel oder zur Fachkraftquote abzustellen, genügt jedoch nicht. Es bedarf Bestimmungen, wie und wie lange die Arbeitszeit des pädagogischen Personals bei Fehlzeiten (z. B. Krankheit, Fortbildung) in den Schlüsseln **(Sätze 1 bis 3 und 5)** eingerechnet wird.

Mit der Neuregelung kommt es nicht mehr darauf an, weshalb Personal fehlt oder worauf eine Überschreitung des Anstellungsschlüssels oder Unterschreitung der Fachkraftquote zurückzuführen ist. Insbesondere entfällt die Unterscheidung, ob die Änderung dieser Schlüssel auf das Fehlen von pädagogischem Personal oder eine Höherbuchung bei Kindern oder eine Neuaufnahme von Kindern zurückzuführen ist. Diese zu treffende Unterscheidung führte immer wieder zu Auslegungsschwierigkeiten. Davon aber war bisher die Rechtsfolge abhängig (Wirkung ab Beginn des Monats, Fall einer Höherbuchung versus Wirkung mit Ablauf eines Kalendermonats). Um Härten zu vermeiden, bedurfte es zusätzlich einer Härtefallregelung. Während die Sätze 1 bis 3 und 5 letztlich Vorgaben zu den Angaben der Arbeitsleistung im KiBiG.web normieren, bestimmt **Satz 4** die förderrechtliche Folge daraus.

4.2 Förderrelevante Änderungen werden grundsätzlich nach § 26 Abs. 1 Satz 1 AVBayKiBiG wirksam, also mit Beginn des Kalendermonats, in dem der relevante Tatbestand eintritt. § 17 Abs. 4 Sätze 2 und 3 AVBayKiBiG weichen davon als Sondervorschriften ab. Diese Abweichungen bestehen im Wesentlichen in der Einführung einer 42-Tageregelung (Löschung der Kraft aus dem KiBiG.web erst im nächstfolgenden Monat nach Ablauf von 42 Tagen) und der Möglichkeit, eine Löschung durch Ersetzung der fehlenden pädagogischen Kraft zu verhindern. Die damit verbundene Verwaltungsvereinfachung der Neuregelung besteht vor allem darin, dass der Träger bei Fehlzeiten bis zu 42 Tagen am Stück keine Änderungen im KiBiG.web vornehmen muss und die bisherige Qualitätssicherungs-datei im KiBiG.web entfällt.

4.2.1 Unberührt bleibt das **Monatsprinzip**. Das stellt **Absatz 4 Satz 1** klar. Anstellungs-schlüssel und Fachkraftquote werden monatlich berechnet. Maßgebend sind die nach dem **Arbeitsvertrag** geschuldete Arbeitsleistung (pädagogisches Personal) und die jeweiligen **Buchungsbelege** (Kinder). Auf die tatsächlichen Verhältnisse kommt es zunächst nicht an. Die tatsächlichen Verhältnisse werden erst dann relevant, wenn sie von Dauer sind.

4.2.2 Buchungsbeleg:

Die Buchung von Zeiten bedeutet nicht, dass sich Eltern sklavisch an die gebuchten Zeiten halten müssen. Eine Ausnahme stellt lediglich eine vom Träger verfügte Kernzeit (Art. 21 Abs. 4 Satz 5 BayKiBiG) dar. Dementsprechend erfolgt auch keine tägliche Feststellung der Anwesenheit des Kindes. Eine Abweichung vom Buchungsbeleg und der tatsächlichen Nutzung ist nur dann förderrelevant, wenn sie erheblich ist. Das heißt, die vereinbarte Buchungskategorie und die tatsächliche Nutzungszeit weichen voneinander im Umfang von mindestens einer Buchungskategorie (§ 25 AVBayKiBiG) ab **und** die Abweichung erstreckt sich über einen Zeitraum von mindestens einem Kalendermonat (s. hierzu auch Erl. 4.8 zu Art. 21 BayKiBiG).

Die Buchung wird relevant mit dem erstmaligen Besuch der Einrichtung. Die Berücksichti-gung erfolgt rückwirkend ab Beginn des betreffenden Monats (§ 26 Abs. 1 Satz 1 AVBay-KiBiG).

Weicht in der Folgezeit die Nutzungszeit von der Buchungszeit ab und dauert die Abwei-chung mindestens einen Kalendermonat, ist der Buchungsbeleg zu ändern und im KiBiG.web der neue Buchungszeitfaktor nach Maßgabe des § 26 Abs. 1 Satz 1 AVBayKi-BiG einzutragen. Dieser gilt ab dem Ersten des Monats, in dem die Abweichung einen Kalendermonat dauert.

> *Beispiele:*
>
> 1. *Buchung von sechs Stunden täglich. Erstbesuch am 15. September. Der Buchungsfaktor 1,5 gilt ab 1. September.*
>
> 2. *Entgegen der Buchung von sechs Stunden besucht das Kind ab Mitte September aber die Einrichtung acht Stunden täglich. Relevant ist die Abweichung erst mit Ablauf des Monats Oktober. Im KiBiG.web wird für den September der vertrag-lich vereinbarte Buchungszeitfaktor 1,5, ab 1. Oktober infolge der tatsächlichen Abweichung der Buchungszeitfaktor 2,0 eingetragen und der Berechnung des monatlichen Anstellungsschlüssels zugrunde gelegt.*

4.2.3 Arbeitsvertrag:

Im KiBiG.web wird die vertraglich geschuldete Arbeitszeit ab dem Monat eingetragen, in dem der Dienst angetreten wird (§ 26 Abs. 1 Satz 1 AVBayKiBiG). Dass auch eine pädago-gische Kraft nicht immer 1:1 die vertraglich geschuldete Arbeitsleistung erbringen kann, sondern Fehlzeiten auftreten, bedarf keiner Erörterung. Dementsprechend führen Fehlzei-ten (= in Abweichung zum Arbeitsvertrag wird Arbeitsleistung tatsächlich nicht erbracht) nicht automatisch zu Konsequenzen bei der Förderung. **Absatz 4 Satz 2** sieht vor, dass sich eine Fehlzeit rechnerisch nur dann niederschlägt, wenn die bisherige arbeitsvertragliche Arbeitsleistung über einen Zeitraum von aufeinanderfolgend mindestens 42 Kalenderta-gen nicht mehr erbracht wird. Diese 42 Tage wurden in Anlehnung an die Lohnfortzah-lung im Krankheitsfall gewählt, ist aber von dieser nicht abhängig.

4.3 Arbeitsleistung i. S. d. **Absatzes 4 Satz 2** bedeutet unmittelbare bzw. mittelbare Tätig-keit und schlägt damit den Bogen zu Absatz 1 Sätze 4 und 5. Keine entsprechende Tätig-keit wird erbracht z. B. bei Fehlen wegen Krankheit, Mutterschutz, Beschäftigungsverbot oder nach Kündigung. Arbeitsleistung i. S. d. Absatzes 4 Satz 2 wird daher auch dann erbracht, wenn keine Arbeit am Kind, aber in Umsetzung von Gesetzen, Verordnungen, den Bildungsleitlinien oder dem Bayerischen Bildungs- und Erziehungsplan erfolgt. Die pädagogische Kraft muss sich auch nicht in der Einrichtung aufhalten (z. B. im Fall einer Fortbildung). Bloße Abrechnungstätigkeiten, die die Leiterin zwar arbeitsvertraglich schuldet, aber nicht als unmittelbare bzw. mittelbare Tätigkeit zu qualifizieren sind, zählen dagegen nicht zur Arbeitsleistung (z. B. Abrechnung von Elternbeiträgen; Rasen mähen).

4.4 Eine Unterbrechung der Arbeitsleistung bleibt im KiBiG.web unbeachtlich. Dies ändert sich, wenn die Fehlzeit aufeinanderfolgend 42 Kalendertage andauert. Der Fristbeginn ergibt sich aus § 187 Abs. 2 Satz 1 i. V. m. Abs. 4 Satz 2 BGB. Die Frist von 42 Tagen beginnt zu laufen ab dem ersten Kalendertag, an dem die pädagogische Kraft ganztägig fehlt. Das Fristende wird nach §§ 188 Abs. 1, 186 BGB ermittelt. Danach endet die nach Tagen bestimmte Frist mit dem Ablauf des 42. Kalendertages.

> *Beispiel:*
>
> 1. *Die pädagogische Ergänzungskraft E wird am 14.3.2017 krank und verlässt früh-zeitig die Einrichtung. Fristbeginn ist der 15. März, dem ersten Tag, an dem die Kraft ganztägig fehlt. Mit Ablauf von aufeinanderfolgenden 42 Tagen wird die Fehlzeit relevant. Die Frist endet im Beispielsfall mit dem 25.4.2017. Die vertrag-lich geschuldete Arbeitszeit wird mit dem darauf folgenden **Kalendermonat** im KiBiG.web auf Null gesetzt, es sei denn, es liegt ein Ausnahmetatbestand (s. 4.6) vor.*
>
> 2. *E meldet sich am 14.3.2017 telefonisch krank. Der 14.3.2017 ist der erste Kalen-dertag, an dem E fehlt, die 42-Tagefrist läuft am 24.4.2017 ab. Entsprechendes gilt, wenn E sich auf dem Weg zum Arzt direkt in der Einrichtung krankmeldet. Eine Arbeitsleistung wird hier nicht erbracht.*
>
> 3. *Am Freitag, den 28. April, erkrankt Fachkraft F und verlässt vorzeitig die Kinder-krippe. Die 42-Tagefrist beginnt hier am 2. Mai. Vom 29. April bis 1. Mai wird keine Arbeitsleistung geschuldet.*
>
> 4. *Die in Teilzeit beschäftigte B arbeitet von Dienstag bis Donnerstag. Sie wird im Laufe des Donnerstags dauerhaft krank. Fristbeginn für die 42- Tageregelung ist hier der kommende Dienstag, an dem B wieder regulär Dienst leisten müsste.*

4.5 Entsprechend dem Tatbestandsmerkmal **aufeinanderfolgende Kalendertage** werden bei Berechnung der 42 Tage **alle** Tage gezählt. Zu zählen sind daher auch Tage, an denen keine Arbeitsleistung zu erbringen ist, z. B. an Sonn- und Feiertagen. Fristende kann dem-nach auch ein Sonntag sein. § 193 BGB (Verschiebung des Fristendes auf den nächsten Werktag) greift nicht. Mit Ablauf der Frist ist keine Willenserklärung abzugeben oder eine bestimmte Leistung zu bewirken.

Konsequenterweise werden auch **Schließtage** mitgezählt (s. auch AMS 08–2016).

Diese Vorgehensweise ist sachgerecht. Mit der Änderung der Fehlzeitenregelung sollte ausdrücklich der Verwaltungsaufwand minimiert werden. Auf Besonderheiten des Einzel-falls (z. B. Öffnungszeit auch an Samstagen) kann nicht eingegangen werden. Vielmehr soll die Berechnung der 42-Tageregelung zwecks Vereinfachung maschinell ohne Einga-be von Einzelheiten erfolgen. Der Grund der Fehlzeit ist ohne Relevanz (z. B. Urlaub, Krankheit, Kündigung, Beschäftigungsverbot).

> *Beispiele:*
>
> 1. *Die Fachkraft F arbeitet 40 Stunden in der Woche. Am 10. März wird sie krank und tritt ihren Dienst nach anschließender Rehabilitation und Urlaub wieder am 5. Juni an. F. fehlt insgesamt 87 Tage (22 Tage [März] + 30 Tage [April] +*

31 Tage [Mai] + 4 Tage [Juni]). 42 Tage ohne Unterbrechung (aufeinanderfolgend) fehlt F mit Ablauf des 20. April.

2. *Im Beispiel 1 besucht F nach ihrer Krankheit und vor der Rehabilitation am 15. April eine eintägige Fortbildung. Der Fortbildungstag unterbricht die Fehlzeit. Auch wenn F keine Arbeit am Kind leistet, erbringt sie eine Arbeitsleistung. Die Fortbildung ist eine mittelbare Tätigkeit (Absatz 1 Satz 5). Der Tatbestand „keine Arbeitsleistung im Umfang von 42 Tagen aufeinanderfolgend" ist erst am 17. Mai erfüllt, vorausgesetzt am 16. April schuldete F arbeitsvertraglich eine Arbeitsleistung.*

3. *Sollte F die Fortbildung wegen der **bisherigen** Erkrankung vorzeitig abgebrochen haben, ist der Fortbildungstag als Arbeitsversuch zu werten, der die Fehlzeit **nicht** unterbricht.*

4.6 Wenn der Zeitraum von 42 aufeinanderfolgenden Kalendertagen erfüllt ist, sieht **Absatz 4 Satz 2** in der Rechtsfolge vor, dass die vertraglich geschuldete Arbeitsleistung im KiBiG.web im **folgenden** Kalendermonat auf „Null" gesetzt wird. Ab diesem Monat scheidet die betreffende pädagogische Kraft für die Monatsberechnungen von Anstellungsschlüssel und Fachkraftquote aus.

Beispiel:

Im Beispiel 1 zu 4.5 wird im KiBiG.web die Arbeitsleistung von 40 Stunden ab Mai auf Null gesetzt und nicht mehr im Anstellungsschlüssel und in der Fachkraftquote berücksichtigt.

Fehlzeiten, aus welchem Grund auch immer, im Umfang von bis 42 aufeinanderfolgenden Kalendertagen bleiben somit für die Berechnung von Anstellungsschlüssel und Fachkraftquote damit förderrechtlich ohne Relevanz. In diesem Rahmen wirken sich Fehlzeiten zwar auf die Qualität der Bildungs- und Erziehungsarbeit aus, bedürfen aber förderrechtlich (noch) keiner Reaktion des Trägers. Dies ist letztlich die Konsequenz aus den Erfahrungen der vergangenen Jahre. Durch das Förderrecht konnte die Zahl der Fehlzeiten nicht signifikant reduziert bzw. konnte das Personal-Kind-Verhältnis nicht verbessert werden. Dies gilt vor allem auch vor dem Hintergrund des Fachkräftemangels.

4.7 Absatz 4 Satz 2 setzt voraus, dass die pädagogische Kraft die Arbeitsleistung über einen Zeitraum von 42 Kalendertagen aufeinanderfolgend nicht **mehr** erbringt. Daraus ist zu entnehmen, dass Absatz 4 nur dann greift, wenn die betreffende pädagogische Kraft in der Kindertageseinrichtung angetreten ist und zumindest einen Arbeitstag tätig war (s. Erl. 4.2.2).

Beispiel:

Fachkraft F ist für die Zeit ab 1. September eingestellt. Sie erkrankt im August und kann die Tätigkeit nicht aufnehmen. Erst nach Genesung am 25. Oktober kann F den Dienst antreten. Wegen Tätigkeitsverbots aufgrund der Biostoffverordnung fehlt F ab 27. Oktober. F wird ab 1. Oktober in das KiBiG.web eingetragen. Die 42-Tagefrist läuft ab 27. Oktober.

4.8 Absatz 4 Satz 3 sieht Ausnahmen von der 42-Tageregelung vor und unterscheidet unterschiedliche Sachverhalte:

1. die fehlende pädagogische Kraft nimmt ihren Dienst wieder auf;

2. eine Springerkraft ersetzt die fehlende pädagogische Kraft;

3. die pädagogische Kraft scheidet aus dem Dienstverhältnis aus oder fehlt auf längere, unabsehbare Zeit, weshalb eine (befristete) Neueinstellung erforderlich wird.

Die Rechtsfolge von Absatz 4 Satz 3 besteht darin, dass die fehlende Kraft **nicht** aus dem KiBiG.web gelöscht wird. Die Vorschrift ist unter Berücksichtigung der Gesetzesintention zu interpretieren:

Zum einen sollen der Anstellungsschlüssel bzw. die Fachkraftquote möglichst ein realistisches Bild für den Qualitätsfaktor „Personal-Kind-Verhältnis" abbilden. Hier reicht es nicht, allein auf den jeweiligen durchschnittlichen Jahresanstellungsschlüssel abzustellen. Anstellungsschlüssel und Fachkraftquote sind auch Mittel zur Steuerung und daher für Träger und Gemeinde von herausragender Bedeutung.

Zum anderen sollen Träger nicht dafür förderrechtliche Nachteile erleiden, dass Fehlzeiten eintreten, die sie in aller Regel nicht beeinflussen können. Dies gilt umso mehr, weil Ersatzkräfte in Zeiten des Fachkräftemangels nur schwer zeitnah ersetzt werden können.

Ziel von Absatz 4 Satz 2 und 3 ist es, diesen förderrechtlichen Nachteil auszugleichen.

Die Rechtsfolge (4.7) tritt demnach nicht ein, wenn die betreffende pädagogische Kraft ihre Tätigkeit im Umfang von mindestens der Hälfte der im Kalendermonat arbeitsvertraglich vereinbarten Arbeitstage wieder aufnimmt. Entsprechendes gilt, wenn eine andere Kraft ersatzweise die von der fehlenden pädagogischen Kraft geschuldete Arbeitsleistung erbringt. Die Arbeitsleistung muss in dem Monat im erforderlichen Umfang erbracht werden, in dem die 42-Tagefrist abläuft oder spätestens im darauffolgenden Kalendermonat.

4.8.1 Das Aufrechterhalten der bisherigen Personaldaten im KiBiG.web ist dann gerechtfertigt, wenn diese nach Ablauf der 42-Tagesfrist tatsächlich wieder zutreffen. Die entscheidenden Parameter im KiBiG.web sind der Arbeitsumfang und die Qualifikation. Hinzu kommt ein bestimmter Mindestumfang der Arbeitsleistung im Monat der Arbeitsaufnahme, und zwar gerechnet in Arbeitstagen.

Wiederaufnahme der Tätigkeit durch die bisher ausgefallene pädagogische Kraft bedeutet somit Tätigkeit entsprechend der bisherigen im KiBiG.web festgelegten Parameter. Die Rechtsfolge „Herausnahme aus dem KiBiG.web" kann demnach nicht ausgelöst werden, wenn die ausgefallene Kraft nun zwar die Tätigkeit wiederaufnimmt, aber mit reduziertem Arbeitsumfang. Unbeachtlich wäre, wenn die pädagogische Kraft zwar mit gleicher Arbeitszeit wieder tätig würde, sich diese aber anders über die Woche verteilt. Denn die Verteilung der Arbeitszeit ist für die Berechnung des Anstellungsschlüssels/der Fachkraftquote im KiBiG.web nicht beachtlich.

> *Beispiele:*
>
> 1. *Die in Vollzeit beschäftigte Fachkraft F (40 Arbeitsstunden/Woche) fehlte vom 20. März bis 3. Mai. Ab 4. Mai wird F wieder regulär tätig. Im Monat des Ablaufs der 42-Tagesfrist nimmt F die Tätigkeit wie bisher auf. Die Eintragungen im KiBiG.web bleiben unverändert.*
>
> 2. *F tritt die Tätigkeit wieder an, aber lediglich in Teilzeit zu 20 Stunden. Damit ist F als 40-Stunden-Fachkraft mit Wirkung ab dem Folgemonat Juni aus dem KiBiG.web zu löschen. Es handelt sich nicht um die **bisher** im Kalendermonat arbeitsvertraglich geschuldete Arbeitsleistung. Mit Wirkung ab Juni wird F stattdessen nun mit 20 Wochenstunden eingetragen. § 26 Abs. 1 Satz 1 AVBayKiBiG wird bezüglich dieser reduzierten Tätigkeit somit von Absatz 4 Satz 2 verdrängt. Eine Doppelanrechnung scheidet folgerichtig aus.*

4.8.2 Die Rechtsfolge des § 17 Abs. 4 Satz 2 AVBayKiBiG kann auch dann abgewendet werden, wenn zwar nicht die bisher fehlende Kraft die Tätigkeit wiederaufnimmt, sondern eine andere Kraft. Diese Kraft kann allerdings nur dann die fehlende Kraft ersetzen, wenn sie im erforderlichen Umfang, also mit deren entsprechenden Parametern aus dem KiBiG.web, tätig wird. Es reicht somit nicht, wenn die Kraft durch einen Springer mit geringerer (oder auch höherer) Qualifikation ersetzt wird.

Beispiel:

In der Einrichtung E mit 1.500 Buchungsstunden arbeiten zwei Fachkräfte und zwei Kinderpflegerinnen im Umfang von je 35 Wochenstunden. Fachkraft F1 wird nach einer Fehlzeit von über 42 aufeinanderfolgenden Kalendertagen (Fristablauf 20. Mai) am 3. Juni von einer dritten Ergänzungskraft Ek mit einer Arbeitsleitung von 35 Stunden/Woche ersetzt. Bereits am 25. Mai stockt die verbliebene Fachkraft F2 auf 40 Stunden auf. Der monatliche Anstellungsschlüssel beträgt im Mai 1: 10,71 (1.500: 140), die Fachkraftquote beträgt bezogen auf 1: 11,0 51,3 % (70: 136,36). Weder der Einsatz der Ergänzungskraft noch die Aufstockung bei der verbliebenen Fachkraft reichen, um die fehlende Fachkraft i. S. v. Absatz 4 Satz 3 zu ersetzen. F1 wird aus dem KiBiG.web mit Wirkung ab dem Folgemonat Juni gelöscht. Für die Tätigkeitsaufnahme von Ek gilt § 26 Abs. 1 Satz 1 AVBayKiBiG. Ek wird als neue Kraft mit Wirkung ab 1. Juni ins KiBiG.web eingetragen. Die Stundenaufstockung von F2 gilt ebenfalls erst mit Wirkung ab 1. Juni und nicht rückwirkend nach § 26 Abs. 1 Satz 1 AVBayKiBiG ab 1. Mai. Da F1 mit 35 Stunden bis Ende Mai erhalten bleibt, überlagert dies die Stundenaufstockung. Insoweit ist Absatz 4 Satz 2 lex specialis zu § 26 Abs. Satz 1 AVBayKiBiG. Eine Doppelanrechnung im Mai scheidet somit aus. Der Anstellungsschlüssel für Juni beträgt im Beispiel 1: 10,34 (1.500: 145). Die Fachkraftquote beträgt 29,3 % (40: 136,36).

4.8.3 Absatz 4 Satz 3 fordert darüber hinaus, dass die erforderliche Arbeitsleistung in einem bestimmten Mindestumfang erbracht wird. Im **laufenden** oder im **nächstfolgenden** Kalendermonat muss die Arbeit im Umfang von mindestens der Hälfte der im Kalendermonat arbeitsvertraglich vereinbarten **Arbeitstage** wiederaufgenommen werden. Mit der Regelung soll der in der Vergangenheit nicht selten ausgeübten Praxis vorgebeugt werden, Springerkräfte lediglich tageweise vorrangig mit dem Ziel einzusetzen, die Ampel im KiBiG.web auf „grün" zu setzen. Zur Qualität haben diese Maßnahmen nicht beigetragen.

Beispiel:

*In der Einrichtung E mit 1.500 Buchungsstunden arbeiten zwei Fachkräfte und zwei Kinderpflegerinnen im Umfang von je 35 Wochenstunden. Fachkraft F1 wird nach einer Fehlzeit von über 42 aufeinanderfolgenden Kalendertagen (Fristablauf 20. Mai) am **23. Juni** von einer dritten Ergänzungskraft Ek mit einer Arbeitsleitung von 35 Stunden/Woche ersetzt. Am **25. Juni** wird die Springerkraft S mit der Qualifikation einer Fachkraft mit 35 Stunden/Woche in die Einrichtung E umgesetzt. Der monatliche Anstellungsschlüssel beträgt im Mai 1: 10,71 (1.500: 140), die Fachkraftquote bezogen auf 1: 11,0 beträgt 51,3 % (70: 136,36). Weder die Ergänzungskraft (fehlende Qualifikation) noch die Springerkraft (keine Arbeitsaufnahme im Umfang von mindestens der Hälfte der im Kalendermonat arbeitsvertraglich vereinbarten Arbeitstage) können die fehlende Fachkraft i. S. v. Absatz 4 Satz 3 umfänglich ersetzen. F1 wird aus dem KiBiG.web mit Wirkung ab dem Folgemonat Juni gelöscht. Für die Tätigkeitsaufnahme von Ek gilt § 26 Abs. 1 Satz 1 AVBayKiBiG; es handelt sich um eine Neueinstellung (s. hierzu Erl. 4.9). Ek wird somit mit Wirkung ab 1. Juni ins KiBiG.web eingetragen. Die Umsetzung der Springerkraft gilt erst mit Wirkung ab 1. Juli, da der späte Einsatz die Löschung von F1 nicht abwenden kann. Insoweit ist Absatz 4 Satz 2 (Löschung) lex specialis zu § 26 Abs. 1 Satz 1 AVBayKiBiG. Somit gilt: Der Anstellungsschlüssel für Juni beträgt unverändert 1: 10,71 (1.500: 145). Die Fachkraftquote beträgt 25,6 % (35: 136,36).*

Gezählt werden die vertraglich geschuldeten **Arbeitstage,** an denen die fehlende Kraft oder die ersetzende Kraft die Tätigkeit wiederaufnehmen. Wäre die bisher fehlende Kraft Teilzeitkraft von Montag bis Mittwoch, würden ausschließlich diese drei Tage gezählt. Wochenenden und Feiertage, an denen die Einrichtung geschlossen ist, zählen ebenso nicht. Eine Arbeitsleistung wird auch nicht an Schließtagen der Einrichtung geschuldet. Wenn somit die Einrichtung z. B. im August über drei Wochen schließt, reduziert sich entsprechend die nach Absatz 4 Satz 3 erforderliche Anzahl an Arbeitstagen. Die bisherige Kraft oder die Ersatzkraft müssen aber mindestens an einem Tag tatsächlich arbeiten, sonst handelt es sich um keine Arbeitsaufnahme im laufenden Kalendermonat.

> *Beispiel:*
>
> *Die bisher ausgefallene Fachkraft ist in Vollzeit (40 Wochenstunden) tätig und nimmt die Tätigkeit nach Ablauf der aufeinanderfolgenden 42 Kalendertage am 25.4.2017 wieder auf. Die Einrichtung hat in den Schulferien geschlossen. Um zu vermeiden, dass die 40 Arbeitsstunden von F im Mai auf Null gesetzt werden, müsste F* **entweder** *im laufenden April oder im Mai die Tätigkeit an mindestens der Hälfte der im Kalendermonat arbeitsvertraglich vereinbarten Arbeitstage aufnehmen. Im April 2017 verbleiben regulär unter Berücksichtigung der Schließzeiten bzw. der Wochenenden und Feiertage zehn Arbeitstage. Notwendig ist also eine Wiederaufnahme der Tätigkeit im Umfang von mindestens fünf Arbeitstagen. Dies ist bei einer Wiederaufnahme der Tätigkeit am 25. April nicht zu erreichen. Für Mai 2017 errechnen sich 21 Arbeitstage. F müsste also, damit die Rechtsfolge von Absatz 4 Satz 3 eintritt, im folgenden Kalendermonat Mai an mindestens 11 Arbeitstagen tätig werden.*

Nachdem es auf die arbeitsvertraglich vereinbarten Arbeitstage ankommt, zählen somit Tage, an denen keine Arbeitsleitung geschuldet wird, nicht mit. Die jeweiligen Arbeitstage sollten im vollen Umfang abgeleistet werden. Hier wird man aber mit Blick auf den Verwaltungsaufwand nicht zu kleinlich sein. Wenn die pädagogische Kraft z. B. wegen Arztbesuch früher gehen muss oder einen Überstundenausgleich einbringen möchte, ist dies tolerabel, sofern es sich um Einzelfälle handelt. Eine Ganztagsbefreiung zum Zweck des Überstundenausgleichs würde allerdings nicht als Arbeitstag gezählt.

Eine Verschiebung der Tage ist zulässig. Statt von Dienstag bis Donnerstag arbeitet die Teilzeitkraft von Montag bis Mittwoch. Die notwendigen Arbeitstage müssen nicht aufeinanderfolgend erbracht werden, sie können sich also im betreffenden Kalendermonat verteilen.

4.8.4 Die Ausnahme von Absatz 4 Satz 3 (Verbleib der ausgefallenen Kraft im KiBiG.web) kann nur wirken, solange die Springerkraft tätig ist. Scheidet diese aus, ist der Fall so zu behandeln, als würde die eingetragene pädagogische Kraft erneut fehlen. Folglich beginnt erneut die 42-Tagefrist zu laufen.

> *Beispiel:*
>
> *F mit 40 Arbeitsstunden/Woche ist langfristig krank. Die 42-Kalendertagefrist endet am 20. Juni. Der Träger setzt ab 1. Juli eine Springerkraft mit 40 Wochenstunden ein. Die Springerkraft fällt ihrerseits ab 3. August auf Dauer aus. Die 42-Tagefrist beginnt ab 3. August erneut zu laufen und endet am 13. September. Wird F nicht wieder erneut umfänglich ersetzt, wird F mit Wirkung ab 1. Oktober aus dem KiBiG.web gelöscht.*

4.8.5 Im **Arbeitsvertrag** ist in aller Regel nur die regelmäßige wöchentliche Arbeitszeit vereinbart, nicht aber die Zahl der Tage, an denen der oder die Beschäftigte tätig werden müssen. Die arbeitsvertragliche Arbeitszeit wird über das Direktionsrecht bzw. Weisungsrecht des Trägers konkretisiert. Man wird daher darauf abstellen, wie die fehlende Kraft bisher regelmäßig eingesetzt wurde. Nachgewiesen werden kann dies über den Dienstplan.

4.9 Die Rechtsfolge von Absatz 4 Satz 2 lässt sich auch abwenden, wenn eine Neueinstellung im **erforderlichen Umfang** erfolgt. Fraglich ist, was unter erforderlichem Umfang zu verstehen ist. Der Gesetzgeber hat hier nicht etwa formuliert „im entsprechendem" Umfang.

Abzustellen ist auf den Zweck der Regelung: Die in Absatz 4 Satz 3 erwähnte Neueinstellung hat nur einen sehr geringen Anwendungsbereich. Denn die Aufrechterhaltung der bisherigen Personaldaten ist nur dann zielführend, wenn die fehlende Kraft auf absehbare Zeit wiederkommt und die neu eingestellte Kraft die fehlende Kraft nicht auf Dauer ersetzt.

Bei einer Neueinstellung mit gleichen Parametern auf Dauer bedarf es keiner Privilegierung durch § 17 Abs. 4 AVBayKiBiG. Die neue Kraft kann nach Maßgabe von § 26 Abs. 1 Satz 1 AVBayKiBiG in das KiBiG.web eingetragen bzw. die bisher fehlende Kraft ersetzt werden.

4.9.1 Ersetzt die Neueinstellung die bisherige Kraft, gilt regulär § 26 Abs. 1 Satz 1 AVBayKiBiG: Mit Arbeitsaufnahme der neuen Kraft scheidet die bisherige Kraft aus der Berechnung des Anstellungsschlüssels bzw. der Fachkraftquote aus. Die neue Kraft wird ins KiBiG.web eingetragen.

Beispiel:

Fachkraft F kündigt mit Wirkung ab 1. Oktober. Fachkraft N tritt ihre Tätigkeit ab 15. Oktober im Umfang der Arbeitsleistung von F an. F wird ab Oktober aus dem KiBiG.web gelöscht, N rückwirkend ab Oktober eingetragen.

§ 17 Abs. 4 Satz 2 AVBayKiBiG greift als lex specialis gegenüber § 26 Abs. 1 Satz 1 AVBayKiBiG, wenn die Neueinstellung unter ungünstigeren Parametern erfolgt.

Beispiel:

Fachkraft N ersetzt die bisherige Fachkraft F aus dem vorherigen Beispiel nicht mit 40 Stunden, sondern mit 35 Stunden. Hier sind die 42-Kalendertage aus Absatz 4 Satz 2 zu berücksichtigen. F bleibt im KiBiG.web eingetragen bis einschließlich November. N wird mit Wirkung ab Dezember und mit 35 Stunden eingetragen. Es wird hier in Rechnung gestellt, dass die Suche nach neuem Personal meist mit einem erheblichen zeitlichen Aufwand verbunden ist und sich im Jahresanstellungsschlüssel niederschlagen könnte. Nicht immer kann Personal nahtlos eingestellt werden oder wird Ersatzpersonal mit entsprechendem Arbeitsumfang gefunden.

4.9.2 Eine Einstellung im erforderlichen Umfang setzt **nicht** voraus, dass damit der Mindestanstellungsschlüssel von 1: 11,0 oder eine Fachkraftquote 50 % wieder eingehalten wird. Maßgebend bleibt für die kindbezogene Förderung der jeweilige Jahresdurchschnittswert. Wenn Personal mit ungünstigeren Parametern eingestellt wird, muss dies der Träger von sich aus in seinen Planungen berücksichtigen. Im erforderlichen Umfang bedeutet mit der Qualifikation und dem Arbeitsumfang der fehlenden Kraft. Eine Privilegierung gegenüber einer Springerkraft ist mit der Neueinstellung insoweit gegeben, als die neue Kraft nicht die Arbeit im Umfang von mindestens der Hälfte der im Kalendermonat – bezogen auf die ausgeschiedene bzw. zu ersetzende Kraft – arbeitsvertraglich vereinbarten Arbeitstage antreten muss.

Beispiel:

Die 42-Kalendertage nach Absatz 4 Satz 2 enden am 20. Juni. F wird durch N ab 25. Juli ersetzt. N wird nach § 26 Abs. 1 Satz 1 ab Juli ins KiBiG.web eingetragen, F zu diesem Zeitpunkt gelöscht.

Satz 3 berücksichtigt zugunsten des Trägers auch Fälle, in denen die Neueinstellung scheitert.

Beispiele:

Die 42-Kalendertage nach Absatz 4 Satz 2 enden am 20. Juni. Die 40-Stunden Fachkraft F soll durch N mit einer Wochenarbeitszeit mit 40 Stunden ab 1. Juli ersetzt werden. N zieht aber einen anderen Träger vor und tritt den Dienst nicht an. In diesem Fall hat N im erforderlichen Umfang Personal neu eingestellt. Die bisherige

Kraft F bleibt im KiBiG.web für den nächstfolgenden Monat noch eingetragen. Absatz 4 Satz 3 verdrängt hier § 26 Abs. 1 Satz 1 AVBayKiBiG und perpetuiert die Personaldaten der ausgeschiedenen F für den Juli. Die Vakanz von F wird nach § 26 Abs. 1 Satz 1 AVBayKiBiG ab August wirksam.

4.9.3 Absatz 2 und 3 sollen eine Doppelung von Arbeitszeit ausschließen, um eine Verzerrung der Anstellungsschlüssel zu vermeiden. Etwas Anderes kann gelten, wenn die Neueinstellung vor Ablauf einer 42-Tagefrist erfolgt.

Beispiel:

1. *F scheidet zum 30. April aus. Die neue Kraft N soll F ersetzen und wird zur Einarbeitung bereits mit Wirkung ab 1. April eingestellt. Ein Fall des § 17 Abs. 4 AVBayKiBiG liegt noch nicht vor. Die Neueinstellung erfolgt im Vorgriff. Regulär wird N nach Maßgabe des § 26 Abs. 1 Satz 1 AVBayKiBiG im April im KiBiG.web eingetragen. § 17 Abs. 4 Sätze 2 und 3 AVBayKiBiG sollen ausgleichen, aber zu keiner Doppelung von Anrechnungen führen. Damit wird im Beispielsfall F nach § 26 Abs. 1 Satz 1 AVBayKiBiG mit Wirkung ab 1. Mai aus dem KiBiG.web gelöscht. Die ab April eingesetzte neue Kraft bleibt im KiBiG.web unverändert eingetragen. Die Doppelung reduziert sich somit auf den Einarbeitungsmonat April.*

2. *Sollte die neue Kraft N mit im Vergleich ungünstigeren Parametern neu eingestellt werden (z. B. 35 statt 40 Stunden/Woche), bestünde tatsächlich mit Ausscheiden von F mit Wirkung ab Mai eine im Vergleich ungünstigere Personallage. Damit greift § 17 Abs. 4 AVBayKiBiG.*
   Im Beispiel gelten die im Vergleich günstigeren Werte von F bis Ende des Kalendermonats nach Ablauf der 42-Tagefrist. Nachdem die günstigeren Werte von F bis Ende Juni gelten, sind die Werte von N zu streichen, soweit eine verzerrende Doppelung der Anrechnung vorliegen würde. N ist daher für Mai und Juni aus dem KiBiG.web zu löschen.

5. Jahresanstellungsschlüssel

Mit Änderung des § 17 Abs. 4 AVBayKiBiG kommt es für die Berechnung des Anstellungsschlüssels nicht mehr auf eine Gesamtbetrachtung der Einrichtung an. Analog der kindbezogenen Förderung wird die **jeweils** arbeitsvertraglich geschuldete Arbeitsleistung betrachtet.

Fehlzeiten von Personal wirken sich somit auch nicht mehr kumuliert aus. Dies kann zu der auf den ersten Blick sonderbaren Rechtsfolge führen, dass Fördermittel zu leisten sind, obwohl alle im Anstellungsschlüssel berücksichtigten pädagogischen Kräfte keinerlei Arbeitsleistung erbringen können. Die 42-Tageregelung wird für jede pädagogische Kraft isoliert errechnet. Darin wird deutlich, dass nun verzichtet wird, über eine Fehlzeitenregelung gleichzeitig Qualität zu sichern. Die Verantwortung liegt nun in erster Linie beim Träger und den Aufsichtsbehörden im Rahmen des SGB VIII. Die Voraussetzungen des § 45 i. V. m. § 22 SGB VIII bleiben unberührt und sind zu beachten. Für die Frage einer hinreichenden Aufsicht kann z. B. das BayKiBiG somit als Fördergesetz bzw. der Anstellungsschlüssel allenfalls periphere eine Aussage treffen.

Für den Ausnahmetatbestand des § 17 Abs. 4 Satz 3 AVBayKiBiG bedeutet dies, dass der Einsatz von Springerkräften oder eine Neueinstellung ggf. bei mehreren fehlenden Kräften zugeordnet werden muss.

Beispiele:

1. *Fachkraft F1 (40 Stunden) ist krank, die 42-Tagesfrist endet am 20. Juni. Fachkraft F2 (35 Stunden) ist mit Wirkung ab 1. Mai ausgeschieden. Der Träger setzt mit Wirkung ab 1. Juli eine Springerkraft S mit 40 Stunden ein. Regulär sind F1*

und F2 am 1. Juli aus dem KiBiG.web zu löschen. S ersetzt F1. F1 bleibt im KiBiG.web eingetragen, solange der Einsatz der Springerkraft andauert.

2. *Im Beispiel wird S nur im Umfang von 35 Stunden tätig. Hier kann S nur F2 ersetzen.*

3. *Im Beispiel sind F1 und F2 20-Stunden-Kräfte. S ist eine 40-Stunden-Kraft. Hier bleiben F1 und F2 (obwohl auf Dauer ausgeschieden) im KiBiG.web eingetragen. Würde S z. B. am 1. August versetzt, erfolgt eine Löschung von F1 und F2 mit Wirkung ab August. S war zu keinem Zeitpunkt im KiBiG.web eingetragen.*

5.1 Für die Förderung wesentlich ist der Jahresanstellungsschlüssel. **Absatz 4 Satz 4** regelt, dass zwar Anstellungsschlüssel und Fachkraftquote monatlich berechnet werden, für die Förderung ist aber letztlich der durchschnittliche Jahresdurchschnitt entscheidend. Dies bedeutet, dass eine zu geringe förderrelevante Personalausstattung erst mit der Endabrechnung festgestellt werden kann. Auf eine nicht zu unter- bzw. überschreitende monatliche Grenze, etwa 1: 12,5 für den Anstellungsschlüssel, wurde verzichtet. Man nimmt somit zumindest förderrechtlich mit Blick auf die größere Planungssicherheit der Träger Anstellungsschlüssel bzw. Fachkraftquoten in Kauf, die tendenziell eine Kindeswohlgefährdung indizieren. Ob eine solche eintritt, ist regulär im Rahmen des Betriebserlaubnisverfahrens zu klären (SGB VIII).

5.2 Wird der durchschnittliche Jahreswert von 1: 11,0 oder eine durchschnittliche Fachkraftquote von 50 % über- bzw. unterschritten, bedeutet dies nicht, dass die Förderung insgesamt entfiele und etwa Abschlagszahlungen zu ersetzen wären (kein Alles-oder-Nichts-Prinzip). Ausgehend von der Überlegung, dass ein Träger nicht gezwungen ist, für das gesamte Bewilligungsjahr eine Förderung zu beantragen, werden maschinell nur die Monate berücksichtigt, die im Schnitt die förderrelevanten Anstellungsschlüssel und Fachkraftquote erfüllen.

Beispiel:

Die Einrichtung weist folgende durchschnittliche Monatsanstellungsschlüssel auf:

Jan.	Febr.	März	**April**	Mai	Juni	Juli	Aug.	Sept.	Okt.	Nov.	Dez.
1:10,5	1:10,5	1:10,5	**1:14,0**	1:12,5	1:10,8	1:11,0	1:11,0	1:10,5	1:10,5	1:10,5	1:10,5

Bei 12 Monaten ergibt die Summe der Werte für die gewichtete Buchungszeit den Gesamtwert 132,8. Dividiert durch 12 Monate errechnet sich im Durchschnitt ein Anstellungsschlüssel von 1: 11,06.
Das EDV-Programm wird hier automatisch den ungünstigsten Monat April außer Acht lassen bzw. auf Null setzen. In der Addition errechnet sich die Summe von 118,8 bzw. bei nun 11 Monaten ein durchschnittlicher Anstellungsschlüssel von 1: 10,8.

Entsprechend wird bei der Fachkraftquote verfahren. In aller Regel wird bei sehr ungünstigen Anstellungsschlüsseln zugleich die Fachkraftquote unterschritten, sodass der nicht förderfähige Monat beide Schlüssel betrifft. Im Einzelfall kann es sein, dass nicht der jeweils ungünstigste Monat aus der Berechnung des durchschnittlichen Anstellungsschlüssels bzw. der durchschnittlichen Fachkraftquote genommen wird, wenn sich so die Zahl der nicht förderfähigen Monate reduzieren lässt.

Beispiel:

Im folgenden Fall sind der Anstellungsschlüssel nach § 17 Abs. 1 und 2 AVBayKiBiG in den Monaten April und Mai und die Fachkraftquote in Mai und Juni nicht erfüllt. Der durchschnittliche Anstellungsschlüssel für 12 Monate beträgt 1: 11,06, die durchschnittliche Fachkraftquote 49 %. Nur für den Monat Mai entfällt der För-

deranspruch des Trägers. Der durchschnittliche Anstellungsschlüssel ohne Mai beträgt 1: 10,94, die durchschnittliche Fachkraftquote 50 %.

Jan.	Febr.	März	April	**Mai**	Juni	Juli	Aug.	Sept.	Okt.	Nov.	Dez.
1:10,5	1:10,5	1:10,5	1:14,0	**1:12,5**	1:10,8	1:11,0	1:11,0	1:10,5	1:10,5	1:10,5	1:10,5
50	50	50	48	**40**	48	50	50	52	52	50	50

5.3 Es werden Monate bei der Förderung nicht berücksichtigt, soweit sie zur Überschreitung des Anstellungsschlüssels bzw. Unterschreitung der Fachkraftquote beitragen. Nachdem kindbezogen gefördert wird, sind die entsprechenden Verhältnisse im jeweiligen Monat maßgebend (Zahl der Kinder, Gewichtungsfaktoren, Buchungszeitfaktoren). Davon unberührt bleibt das Betreuungsverhältnis Träger zu Personensorgeberechtigten. D. h. allein aus einer Kürzung nach Art. 21 BayKiBiG i. V. m § 17 AVBayKiBiG können keine Rechtsfolgen z. B. für den Elternbeitrag abgeleitet werden. Diese sind ggf. nach Maßgabe des Betreuungsvertrags oder der Benutzungssatzung gesondert zu prüfen.

5.4 Mit Einführung des Jahresanstellungsschlüssels führt auch eine Höherbuchung oder die Aufnahme weiterer Kinder nicht sofort zur Förderkürzung. Diese förderrelevante Änderung wurde bisher nach § 26 Abs. 1 Satz 1 AVBayKiBiG bereits in dem Monat relevant, in dem dadurch der Anstellungsschlüssel bzw. die Fachkraftquote nicht mehr eingehalten wurden. Die neuen Buchungszeiten werden zwar nach Maßgabe des § 26 Abs. 1 Satz 1 AVBayKiBiG nun im KiBiG.web eingetragen, werden aber lediglich über den jeweiligen Jahresschlüssel relevant. Die Aufnahme von Kindern über 1.11,0 hinaus kann somit nun durch entsprechend günstigere Monate im Jahresverlauf ausgeglichen werden. Der bisherige Absatz 5 entfiel mit der Neuregelung. Das Verhältnis der Sachverhalte, Änderung der Buchungen und Eintritt von Fehlzeiten zueinander, bedarf keiner gesetzlichen Klärung mehr.

5.5 **Absatz 4 Satz 5** ermöglicht auch im Rahmen der ab 1.1.2017 geltenden Fassung des Absatzes 4 eine förderunschädliche Zuweisung von Kindern durch das Jugendamt unter Voraussetzung der Zustimmung des StMAS. Wenn somit z. B. Flüchtlingskinder in einer Kindertageseinrichtung unterzubringen sind und dadurch der nach Absatz 1 förderrelevante Anstellungsschlüssel überschritten wird, wird für den entsprechenden Kalendermonat ein Mindestanstellungsschlüssel von derzeit 1: 11,0 angesetzt. Entsprechendes gilt für die Fachkraftquote von derzeit 50 %. Eine entsprechende Korrektur der monatlichen Werte ist für maximal drei Kalendermonate möglich.

Fraglich ist, ob eine überholende Kausalität zu berücksichtigen bzw. ob zu prüfen ist, ob die Überschreitung des Anstellungsschlüssels/Unterschreitung der Fachkraftquote unabhängig von der Zuweisung von Kindern durch das Jugendamt erfolgt.

Beispiel:

Die Einrichtung E weist im Mai einen Anstellungsschlüssel von 1: 10,3 auf. Durch die genehmigte Aufnahme von Flüchtlingskindern am 10. Mai erhöht sich mit Wirkung ab 1. Mai der Anstellungsschlüssel auf 1: 10,8. Am 15. Mai fällt eine Fachkraft bis zum 25. Juli aus. Ein Ersatz ist nicht möglich. Unter Berücksichtigung der Flüchtlingskinder und des Ausfalls der Fachkraft errechnet sich im Juli ein Anstellungsschlüssel von 1: 14,4. Ohne Berücksichtigung der Flüchtlingskinder läge der Anstellungsschlüssel bei 1: 13,7.

Der Wortlaut von Absatz 4 Satz 5 gibt darauf keine eindeutige Antwort. Zweck der Änderung des § 17 Abs. 4 AVBayKiBiG ist es jedoch, das Verwaltungsverfahren zu verschlanken und eine Einzelfallprüfung zu vermeiden. Unter Berücksichtigung dieser Zielsetzung ist Absatz 4 Satz 5 so auszulegen, dass von den Verhältnissen zum Zeitpunkt der Zuweisungsentscheidung des Jugendamts auszugehen ist. Nachträgliche Entwicklungen beim

Personal, das den Anstellungsschlüssel bzw. die Fachkraftquote belastet, bleiben zumindest förderrechtlich unberücksichtigt.

Im Beispiel würde also für den Anstellungsschlüssel im Mai und Juni 1: 10,8, für Juli 1: 11,0 angesetzt. Anders wäre zu entscheiden, wenn der Träger in dieser Situation Höherbuchungen oder eine weitere Aufnahme von Kindern zulassen würde. Nachdem die Frist von drei Kalendermonaten mit Zuweisung zu laufen beginnt, läuft diese mit dem Juli ab. Eine Berechnung mit dem Wert 1: 11,0 über Juli hinaus wäre somit im Fall eines noch längeren Ausfalls von F nicht möglich.

5.6 Unberührt bleibt die Prüfung, ob eine Kindeswohlgefährdung vorliegt und daraus ggf. Konsequenzen zu ziehen sind. Diese Prüfung erfolgt ausschließlich im Rahmen der Betriebserlaubnis durch den Träger der öffentlichen Jugendhilfe. Im Beispiel von 5.6 wäre bei langfristigem Ausfall von Personal nach Zuweisung von Kindern zu prüfen, wie eine Kindeswohlgefährdung vermieden werden kann. Die Notwendigkeit einer Gefährdungsbeurteilung unabhängig vom Förderrecht bringt **Absatz 4 Satz 6** zum Ausdruck.

6. Ausnahmen, Härtefallregelung

Mit Änderung des Absatzes 4 und den Möglichkeiten eines Ausgleichs von Anstellungsschlüssel und Fachkraftquote im Jahresverlauf bedarf es nicht weiter einer Härtefallklausel. Der **bisherige Absatz 6** ist ersatzlos entfallen. Das bedeutet auch, dass die Bewilligungsbehörden auch keinen Ermessensspielraum mehr besitzen. Es obliegt daher den Trägern, vorausschauend zu planen, um etwaige Förderkürzungen zu vermeiden, insbesondere für den Fall des Ausfalls von Personal in den letzten Monaten vor Ablauf des Bewilligungsjahres.

3. ABSCHNITT

KINDBEZOGENE FÖRDERUNG

§ 18

Zusätzliche Leistungen für die Tagespflegeperson

[1] **Die Tagespflegeperson erhält vom örtlichen Träger der öffentlichen Jugendhilfe einen Qualifizierungszuschlag als zusätzliche Leistung im Sinn von Art. 20 Satz 1 Nr. 4 BayKiBiG.** [2] **Der Qualifizierungszuschlag ist durch den örtlichen Träger der öffentlichen Jugendhilfe zu differenzieren und beträgt mindestens 10 von Hundert des vom örtlichen Träger der öffentlichen Jugendhilfe festgesetzten Tagespflegegeldes nach § 23 Abs. 2 Nr. 2 SGB VIII.** [3] **Kriterien zur Differenzierung des Qualifizierungszuschlags sind die Qualifikation der Tagespflegeperson, das Alter oder der persönliche Betreuungsbedarf der betreuten Kinder.** [4] **Der Qualifizierungszuschlag ist abhängig von der erfolgreichen Teilnahme der Tagespflegeperson an einer Qualifizierungsmaßnahme im Sinn von Art. 20 Satz 1 Nr. 1 BayKiBiG im Umfang von mindestens 100 Stunden und einer schriftlichen Erklärung zur Bereitschaft, an Fortbildungsmaßnahmen im Umfang von mindestens 15 Stunden jährlich teilzunehmen und auch unangemeldete Kontrollen zuzulassen.** [5] **Die Tagespflegeperson muss über die zur individuellen Bildungsbegleitung erforderlichen deutschen Sprachkenntnisse verfügen.** [6] **Von Satz 5 kann in begründeten Einzelfällen und zeitlich befristet im Einvernehmen mit dem örtlichen Träger der öffentlichen Jugendhilfe abgewichen werden.**

Erläuterungen

Übersicht

1. Verhältnis der Vorschrift zum SGB VIII

2. Qualifizierungszuschlag

1. Verhältnis der Vorschrift zum SGB VIII

Die Tagespflege hat bundesrechtlich durch das TAG, in Kraft seit 1.1.2005, und das KICK, in Kraft seit 1.10.2005 und weiterführend durch das KiföG, in Kraft seit 1.1.2009, eine grundlegende Neukonzeption erfahren. Wesentliche Elemente dieser Neukonzeption sind:

– Einer **Pflegeerlaubnis** bedarf jede Person, die ein Kind oder mehrere Kinder außerhalb des Haushalts des Erziehungsberechtigten während eines Teils des Tages und mehr als 15 Stunden wöchentlich gegen Entgelt länger als drei Monate betreuen will (§ 43 Abs. 1 SGB VIII).

– Für Kinder im Alter unter drei Jahren und im schulpflichtigen Alter ist ein **bedarfsgerechtes Angebot in Kindertagespflege** vorzuhalten (§ 24 Abs. 2 SGB VIII).

– **Geeignete** Tagespflegepersonen werden qualifiziert, fachlich beraten und begleitet und

– erhalten eine laufende Geldleistung (§ 23 Abs. 1 SGB VIII). Die laufende Geldleistung (= Tagespflegesatz) umfasst

  – die Erstattung angemessener Kosten für den **Sachaufwand**

  – einen angemessenen Beitrag zur **Anerkennung der Förderungsleistung**

  – die Erstattung nachgewiesener Aufwendungen für Beiträge zu einer **Unfallversicherung** sowie

  – die hälftige Erstattung nachgewiesener Aufwendungen zu einer **angemessenen Alterssicherung.**

Die Regelungen zur Tagespflege im BayKiBiG schaffen keine Parallelstruktur. Vielmehr ergänzt das BayKiBiG das SGB VIII. Das BayKiBiG konkretisiert die bundesrechtlichen Vorschriften und unterstützt durch die Einführung einer staatlichen Förderung einen flächendeckenden Ausbau einer qualitativen Tagespflege. Mit der staatlichen Förderung nach Art. 20 BayKiBiG werden einerseits die Träger der öffentlichen Jugendhilfe finanziell entlastet, denen durch TAG, KICK und KiföG zusätzliche Aufgaben zugewiesen wurden. Insbesondere wird der Ausbau einer Tagespflegestruktur unterstützt (§ 3 Abs. 3 Nr. 6 BayKiBiG und ÄndG). Andererseits erhalten die Gemeinden eine zusätzliche Option, die Kinderbetreuung für Kinder im Alter unter drei Jahren und für Schüler auszubauen bzw. die Betreuung in Ergänzung zu bestehenden Kindertageseinrichtungen zu flexibilisieren.

Die staatliche Förderung der Tagespflege nach dem BayKiBiG verfolgt ein weiteres Ziel. Der Bundesgesetzgeber hat Tagespflege und Kindertageseinrichtungen bezogen auf die Kinder unter drei Jahren und die Schulkinder gleichgestellt. Mit guten Gründen kann diese Gleichstellung der Betreuungsformen wegen der unterschiedlichen Ausgangslagen fachlich in Frage gestellt werden. Dies wird schon deutlich bei Betrachtung der unterschiedlichen erforderlichen Qualifizierung von Erzieher/innen und Tagespflegepersonen. Desto wichtiger ist es, Tagespflege besser zu qualifizieren, um die Betreuungsformen zumindest teilweise anzunähern. Dies tut der Freistaat, indem die staatliche Förderung von (höheren) qualitativen Anforderungen abhängig gemacht wird. Zu hoch konnten diese Anforderungen allerdings nicht geschraubt werden. Einerseits sollen durch die höhere staatliche Förderung nicht bestehende Kindertageseinrichtungen in ihrem Bestand gefährdet werden, indem in Konkurrenz zu den tradierten pädagogischen Berufen „berufsmäßige" Tagespflegepersonen etabliert werden oder pädagogisches Personal aus den Einrichtungen in die Tagespflege abwandert. Andererseits verspricht eine flächendeckende Akquirierung von Tagespflegepersonen nur dann Erfolg, wenn die Qualifizierung zur Tagespflegeperson in überschaubarer Zeit absolviert werden kann.

Zu den Bedingungen für die staatliche Förderung der Tagespflege zählt eine finanzielle Besserstellung der Tagespflegeperson in Abhängigkeit von ihrer Bereitschaft, sich in einem bestimmten Umfang zu qualifizieren. § 18 erläutert die in Art. 20 Nr. 5 BayKiBiG vorausgesetzten zusätzlichen Leistungen für die Tagespflegeperson.

2. Qualifizierungszuschlag

2.1 Die staatliche Förderung nach Art. 20 BayKiBiG steht u. a. unter folgenden Bedingungen:

– Die Tagespflegeperson muss nach **Satz 4** eine **Qualifizierungsmaßnahme** im Umfang von mindestens 100 Stunden (= Unterrichtsstunden à 45 Minuten) absolviert haben und bereit sein,

– an **Fortbildungsmaßnahmen** von mindestens 15 Stunden jährlich teilzunehmen sowie

– unangemeldete **Kontrollen** zuzulassen.

– Der Träger der öffentlichen Jugendhilfe gewährt der Tagespflegeperson einen differenzierten Qualifizierungszuschlag in Höhe von mindestens 10 %, der der nach § 23 Abs. 2 SGB VIII festgelegten laufenden Geldleistung aufgeschlagen wird.

Bis zum 31.12.2014 galt eine **Übergangsregelung:** Danach konnten die Träger der öffentlichen Jugendhilfe abweichend von Art. 20 Nr. 4 BayKiBiG einen einheitlichen Qualifizierungszuschlag in Höhe von **20 %** des vom örtlichen Träger der öffentlichen Jugendhilfe nach § 23 Abs. 2 Satz 2 SGB VIII festgesetzten Tagespflegegeldes, mindestens jedoch 20 % des durchschnittlichen, vom Bayerischen Landkreistag empfohlenen Tagespflegegeldes, auszahlen.

Seit 1.1.2015 muss der Träger der öffentlichen Jugendhilfe als Fördervoraussetzung einen differenzierten Qualifizierungsaufschlag i. H. v. mindestens 10 % auf die nach § 23 Abs. 2 Nr. 2 SGB VIII festgesetzte Anerkennungsleistung vorsehen. Die örtlichen Träger der öffentlichen Jugendhilfe müssen den Qualifizierungszuschlag nach bestimmten Kriterien differenzieren. Anknüpfungspunkt für eine Differenzierung ist allen voran die Qualifikation der Tagespflegeperson. Darüber hinaus können aber weitere Kriterien wie das Alter der Kinder oder deren individueller Betreuungsbedarf, z. B. bei Betreuung der Kinder unter drei Jahren, Regelkinder, Schulkinder, Kinder mit Migrationshintergrund oder Kinder mit (drohender) Behinderung, herangezogen werden. Es müssen nicht sämtliche Kriterien bei der Differenzierung des Qualifizierungszuschlags Berücksichtigung finden, es genügt, wenn zumindest nach einem Merkmal unterschieden wird.

Dieser Mindestaufschlag beträgt nach den Empfehlungen des Bayerischen Landkreistags und des Bayerischen Städtetags 40 Euro in der Qualifizierungsstufe 1 (mind. 100 Stunden Qualifizierung oder pädagogische Ergänzungskraft) und 80 Euro in der Qualifizierungsstufe 2 (pädagogische Fachkraft) bei Betreuung von Kindern unter drei Jahren (Rundschreiben vom 20.3.2019, S 037/2019).

2.2 In **Satz 4** wird nunmehr klargestellt, dass die Erklärung zur Bereitschaft, an künftigen Fortbildungsmaßnahmen teilzunehmen, in **schriftlicher** Form erfolgen muss, z. B. im Rahmen der Beantragung der Pflegeerlaubnis. Zweck der Vorschrift ist, die Qualität der Kinderbetreuung zu sichern und möglichst weiterzuentwickeln. Dies gilt umso mehr, als es sich bei den geforderten 100 Stunden Grundqualifikation (Art. 20 Abs. 1 Satz 1 BayKiBiG) um eine Vorbereitungszeit weit unter den empfohlenen Anforderungen (DJI 160 Stunden) handelt. Diese Lücke, die in Kauf genommen wird, um Tagespflegepersonen in ausreichender Zahl akquirieren zu können, soll möglichst zügig geschlossen werden; Bereitschaft bedeutet daher, dass die Tagespflegeperson die vom Träger der öffentlichen Jugendhilfe bzw. von beauftragten Anbietern angebotenen Fortbildungen tatsächlich regelmäßig besuchen muss oder in Eigeninitiative geeignete Fortbildungsveranstaltungen aufsucht. Die Erklärung darf somit nicht nur ein Lippenbekenntnis sein. Nur bei dringenden, nachvollziehbaren Gründen kann sich die Tagespflegeperson entschuldigen. Sie muss die Fortbildung jedoch im nächsten Jahr im Rahmen der dann angebotenen Fortbildungen nachholen. Entsprechendes gilt bei Absage einer Fortbildung, soweit diese nicht im selben Jahr nachgeholt wird.

An Fortbildungsmaßnahmen müssen die Tagespflegepersonen **jährlich** teilnehmen. Ein Ansammeln von Fortbildungsstunden im Vorgriff auf folgende Jahre ist also nicht gestattet. Fortbildungen sollen immer auch aktuelle Entwicklungen aufgreifen.

2.3 Nachdem Fortbildungen eine kontinuierliche Weiterbildung gewährleisten und zur Steigerung der Qualität in der Kindertagespflege beitragen sollen, müssen sie die Tagespflegepersonen bei ihrer Bildungs- und Erziehungsarbeit unterstützen. Erste Hilfekurse oder Kurse zum Erlernen von Entspannungstechniken genügen somit nicht den Ansprüchen.

2.4 Als weitere Voraussetzung für den Qualifizierungszuschlag müssen Tagespflegepersonen nach **Satz 5** über die erforderlichen deutschen Sprachkenntnisse verfügen. Als Maßstab wird man auch hier den Gemeinsamen Europäischen Referenzrahmen für Sprachen (GeR) heranziehen können, sodass eine Tagespflegeperson zumindest das Sprachniveau B2 (s. hierzu auch § 16 Abs. 1 Satz 2 AVBayKiBiG) nachweisen sollte. Eine Ausnahme können die Träger der öffentlichen Jugendhilfe zulassen **(Satz 6).** Insbesondere bei Kindern von Aussiedlern und Asylbewerbern fehlt oftmals sprachkundiges Personal, das die Kinderbetreuung bei Eintreffen in Bayern übernehmen könnte. Hier sind z. T. die Träger der öffentlichen Jugendhilfe auch auf Tagespflegepersonen angewiesen, die die deutsche Sprache selbst noch nicht im erforderlichen Maße beherrschen. Für einen befristeten Übergang ist tolerabel, wenn diese Tagespflegepersonen mit Migrationshintergrund tätig werden, bis mit der Deutschförderung gezielt begonnen werden kann.

2.5 Der Förderanspruch des Trägers der öffentlichen Jugendhilfe und ggf. der Gemeinde (Art. 20a BayKiBiG) gegen den Freistaat entfällt, wenn die Fördervoraussetzungen nicht erfüllt werden. Dies betrifft insbesondere die Begrenzung der Elternbeteiligung und den Aufschlag des Tagespflegeentgelts durch einen Qualifizierungszuschlag (s. hierzu Art. 20, 20a BayKiBiG). Fraglich sind die Rechtsfolgen, wenn zwar der Leistungsempfänger (Kommune) alle Fördervoraussetzungen erfüllt, aber die Tagespflegeperson die Pflicht zur Fortbildung missachtet. In diesen Fällen verliert die Tagespflegeperson jedenfalls den Anspruch auf den Qualifizierungszuschlag. Nach Art. 20 Satz 1 Nr. 4 BayKiBiG erfolgt eine kindbezogene Förderung, wenn die Tagespflegeperson eine zusätzliche Leistung in Form eines differenzierten Qualifizierungszuschlags **erhält.** Ob der Verlust des Qualifizierungszuschlags auf die kindbezogene Förderung im Verhältnis Kommune zum Freistaat durchschlägt, ist im Einzelfall zu prüfen. Art. 20 Satz 1 Nr. 4 BayKiBiG betrifft in erster Linie die Obliegenheit des Trägers der öffentlichen Jugendhilfe, einen Qualifizierungszuschlag gesetzmäßig auszuweisen und bei Vorliegen der Voraussetzungen auch auszuzahlen. Nur dann, wenn die Kommune durch eigenes Verhalten dazu beigetragen hat, dass es nicht zur Auszahlung des Qualifizierungszuschlags kommt, wird die kindbezogene Förderung entfallen. Dies ist z. B. dann der Fall, wenn die Tagespflegeperson nicht angehalten wird, die angebotenen Fortbildungen zu absolvieren (mangelnde Kontrolle) oder der Träger der öffentlichen Jugendhilfe keine Fortbildungen anbietet und auch keinen anderen Anbieter von Fortbildungen beauftragt. Wenn dem Träger der öffentlichen Jugendhilfe nichts vorzuwerfen ist, besteht Anspruch auf die kindbezogene Förderung in voller Höhe, also auch nicht gekürzt um den Qualifizierungszuschlag. Denn die staatliche Förderung setzt sich nicht aus einzelnen Kostenpositionen zusammen, sondern sorgt für einen (teilweisen) Ausgleich der Gesamtausgaben im Bereich der Tagespflege (z. B. Pflegeentgelt, Ersatzbetreuung, Qualifizierung der Tagespflegepersonen).

§ 19
Antragsverfahren

(1) [1] Zur Beantragung der kindbezogenen Förderung nach Art. 19 Nr. 6 BayKiBiG muss der Träger die förderrelevanten Daten über das vom Freistaat zur Verfügung gestellte Computerprogramm freigeben und den Antrag auf kindbezogene Förderung nach Art. 26 Abs. 1 Satz 1 BayKiBiG schriftlich (§ 126 Bürgerliches Gesetzbuch – BGB) bei der Aufenthaltsgemeinde der jeweiligen Kinder (Art. 18 Abs. 1 BayKiBiG) stellen. [2] Für die Einhaltung der Frist nach Art. 19 Nr. 6 BayKiBiG gilt § 16 Abs. 2 des Ersten Buch Sozialgesetzbuches (SGB I) entsprechend. [3] Die Sitzgemeinde prüft den Gesamtantrag, gibt ihn bei Vorliegen der Fördervoraussetzungen im vom Freistaat zur Verfügung gestellten Computerprogramm für alle anderen betroffenen Aufenthaltsgemeinden zur weiteren Bearbeitung frei und erlässt bezogen auf ihre Kinder den Förderbescheid. [4] Nach Freigabe des Gesamtantrags durch die Sitzgemeinde verfahren die anderen Aufenthaltsgemeinden für die Gastkinderanträge in entsprechender Weise.

(2) [1] Die Gemeinden beantragen die staatliche Förderung nach Art. 18 Abs. 2 BayKiBiG schriftlich nach Art. 26 Abs. 1 Satz 2 BayKiBiG bei der Bewilligungsbehörde (Art. 28 BayKiBiG), nachdem sie die förderrelevanten Daten freigegeben haben. [2] Für die Einhaltung der Frist nach Art. 18 Abs. 2 BayKiBiG ist der Zugang (§ 130 BGB) bei der Bewilligungsbehörde maßgeblich. [3] Nach Prüfung erlässt die Bewilligungsbehörde einen Bescheid über die Förderung nach Art. 18 Abs. 2, Art. 19 und 21 BayKiBiG.

(3) Zu den aktuellen Daten im Sinn des Art. 19 Nr. 8 BayKiBiG zählen alle Daten, die für die Förderung nach dem Bayerischen Kinderbildungs- und -betreuungsgesetz erforderlich sind, insbesondere die Monatsdaten der betreuten Kinder und die Arbeitszeiten des vorhandenen Personals einschließlich der Fehlzeiten des Personals.

Erläuterungen

1. Mit Inkrafttreten der 3. Änderungsverordnung wird das Verfahren zur kindbezogenen Förderung gesetzlich geregelt. Um eine kindbezogene Förderung erhalten zu können, muss der Träger einen schriftlichen Antrag stellen und das vom Freistaat zur Verfügung gestellte Computerprogramm (KiBiG.web) nutzen. Tut er dies nicht, erfüllt er nicht die Fördervoraussetzungen (Art. 19 Nr. 10 BayKiBiG). Die bisherige Option, außerhalb der EDV einen Förderantrag zu stellen, ist damit entfallen. Soweit in Absatz 2 auf die Bewilligungsbehörden Bezug genommen wird, bedarf es einer gesetzlichen Anpassung infolge Änderung des BayKiBiG durch § 1 des Gesetzes zur Einführung des Bayerischen Krippengeldes vom 23.12.2019.

2. Zu unterscheiden ist einerseits das Verfahren, um Abschlagszahlungen zu erhalten, andererseits der Antrag auf Endabrechnung. Die Abschlagszahlung ist in § 22 AVBayKiBiG geregelt. Es handelt sich dabei um **vorläufige** Zahlungen. Wenn diese nicht durch die Endabrechnung bestätigt werden, sind diese zu erstatten. Denn Vertrauensschutz scheidet in jedem Fall aus. Die endgültige Höhe der Förderung wird erst im Rahmen der Endabrechnung festgesetzt. Es liegt vielmehr gerade im Wesen der Vorläufigkeit derartiger Verwaltungsakte, dass Vertrauen auf die Endgültigkeit der Regelung nicht entstehen kann (BayVGH, Beschl. vom 1.10.2015 – 12 ZB 15.1698 –, Rn. 20; BayVGH vom 2.6.2014 – 12 ZB 14.752 –, Rn. 21, 23).

2.1 Während der Antrag auf Abschlagszahlungen bereits online erfolgen kann, waren bisher die Voraussetzungen für einen Online-Antrag auf Endabrechnung noch nicht gegeben. Daraus erklärt sich Absatz 1, wonach für das Antragsverfahren des Trägers zur **Endabrechnung** für die kindbezogene Förderung zwei Schritte notwendig waren. Zunächst muss der Träger alle notwendigen Daten für die Berechnung der Förderung im KiBiG.web freigeben. Das Computerprogramm erzeugte dann automatisch ein Antragsformular, das der Träger nur noch ausdrucken und unterschreiben musste, um es an die Aufenthaltsgemeinde zu senden. Das Schriftformerfordernis entfiel jedoch mit Änderung des Art. 26 BayKiBiG durch Art. 9a des BayEGovG (Gesetz über die elektronische Verwaltung in Bayern vom 22.12.2015, GVBl S. 458). Danach kann nun auch die Endabrechnung online beantragt werden, einer Unterschrift bedarf es nicht mehr. Es ist daher beabsichtigt, Absatz 1 entsprechend zu ändern. Das Schriftformerfordernis des Absatzes 1 findet keine Anwendung mehr.

Zur Einhaltung der Antragsfrist nach Art. 19 Nr. 6 BayKiBiG kommt es auf den Eingang des Online-Antrags bei der Gemeinde an. Insoweit ist hier die Vorschrift nach § 130 BGB maßgeblich, wobei § 16 Abs. 2 SGB I zugunsten des Trägers eingreift, d. h. wenn der Antrag bei der falschen Gemeinde gestellt worden ist, gilt er nach § 16 Abs. 2 Satz 2 SGB I dennoch als fristwahrend eingegangen. Die unzuständige Gemeinde ist nach § 16 Abs. 2 Satz 1 SGB I verpflichtet, den Antrag an die zuständige Gemeinde weiterzuleiten.

2.2 Die Gemeinde muss den Antrag des Trägers im KiBiG.web bestätigen (Absatz 2), um einen Antrag auf **staatliche** Förderung gegenüber dem Träger der öffentlichen Jugendhilfe stellen zu können. Auch hier ist der Antrag nun online zu stellen. Zur Einhaltung der Antragsfrist nach Art. 18 Abs. 2 BayKiBiG kommt es auf den Eingang beim örtlich zuständigen Träger der öffentlichen Jugendhilfe an (§ 130 BGB).

2.3   Absatz 3 nimmt Bezug auf Art. 19 Nr. 8 BayKiBiG und definiert, was unter dem Begriff „aktuelle Daten" zu verstehen ist. Die Träger müssen alle Daten angeben, die für die Berechnung der Förderung und die Prüfung der Fördervoraussetzungen erforderlich sind. Die Verwendung der Qualitätssicherungsdatei (QS-Datei) im KiBiG.web wird somit für alle Träger verpflichtend. Die QS-Datei erleichtert den Trägern die Personalplanung, den Gemeinden, den Bewilligungsbehörden und den Rechnungsprüfungsämtern die Erhebung des förderrelevanten Sachverhalts. Die Träger verfügen meist über ein Verwaltungsprogramm, durch das die erforderlichen Daten automatisch in das KiBiG.web überspielt werden.

§ 20

Basiswert und Qualitätsbonus

(1) Bei der Berechnung des Basiswerts nach Art. 21 Abs. 3 Satz 2 BayKiBiG werden die Entwicklungen der Tarife nach dem Tarifvertrag für den öffentlichen Dienst (TVöD) – Allgemeiner Teil – und dem Besonderen Teil Pflege- und Betreuungseinrichtungen (BT-B) sowie die Entgeltnebenkosten berücksichtigt.

(2) [1] Kindertageseinrichtungen haben einen Anspruch auf ein Zwölftel des als Qualitätsbonus nach Art. 23 Abs. 1 Satz 3 BayKiBiG festgesetzten Betrages für jeden Monat, in dem die Fördervoraussetzungen nach § 17 Abs. 1 bis 4 vorliegen. [2] Der Qualitätsbonus findet keine Anwendung bei der Berechnung der staatlichen kindbezogenen Förderung in Fällen der Erhöhung der Buchungszeitfaktoren nach § 25 Abs. 1 Satz 2 und Satz 3.

(3) Die Beantragung des Qualitätsbonus erfolgt im Rahmen der kindbezogenen Förderung nach § 19.

Erläuterungen

1. Im Art. 21 Abs. 3 BayKiBiG bestimmt der Gesetzgeber, dass der Basiswert, errechnet anhand der Ausgaben bei Überführung der Personalkostenförderung des BayKiG, jährlich unter Berücksichtigung der Entwicklung der Personalkosten angepasst wird. Obwohl also die kindbezogene Förderung keine Personalkostenförderung ist, sondern im Grunde eine Anteilsfinanzierung zu den Betriebskosten, wird bei der Anpassung nicht auf die Kostenentwicklung der Betriebskosten insgesamt abgestellt, sondern nur auf die Entwicklung der

Personalkosten, und zwar des pädagogischen Personals. Dies hat den Nachteil, dass überdurchschnittliche Preissteigerungen, z. B. bei den Energiekosten, nicht berücksichtigt werden. Es hat dagegen den Vorteil, dass tarifliche Änderungen ohne Weiteres Eingang in die Berechnung des Basiswertes finden, somit der Freistaat sich mit seinem Förderanteil am Ergebnis der Tarifverhandlungen beteiligt. Bislang hat sich der Unterschied kaum ausgewirkt. Lohnkosten und Betriebskosten stiegen bezogen auf den Zeitraum seit 2005 bis 2012 zumindest im Ergebnis nahezu im gleichen Umfang.

2. Absatz 1 konkretisiert nun, auf welche Weise die Berechnung des Basiswertes erfolgt und auf welchen Tarifvertrag konkret abgestellt wird. Danach werden ausschließlich die Tarifverträge für den öffentlichen Dienst und der jeweilige Besondere Teil für Pflege- und Betreuungseinrichtungen (BT-B) einschließlich der Entgeltnebenkosten für die Berechnung des Basiswerts herangezogen. Aus Gründen der Verfahrensökonomie musste darauf verzichtet werden, andere Tarifanpassungen, z. B. der Kirchen, mit zu berücksichtigen.

3. In **Absatz 2** werden die Bedingungen für die Auszahlung des **Qualitätsbonus** konkretisiert. Hiernach erhalten alle Kindertageseinrichtungen für jeden Monat, in dem sie den nach § 17 Abs. 1 Satz 1 AVBayKiBiG förderrelevanten Anstellungsschlüssel oder besser bzw. die Fachkraftquote einhalten, ein Zwölftel des als Qualitätsbonus festgesetzten Betrages.

4. Staatliche Zahlungen zur Verbesserung der Qualität oder konnexitätsbedingte Ausgleichszahlungen, die über eine einseitige Erhöhung der Förderfaktoren der kindbezogenen Förderung erfolgen, bleiben bei der Auszahlung des Qualitätsbonus unberücksichtigt. **Absatz 2 Satz 2** (i. V. m. § 25 Abs. 1 Satz 2 und Satz 3 AVBayKiBiG) nennt hierzu die Zusatzzahlungen bei Aufnahme von Kindern unter drei Jahren in Kindertageseinrichtungen und bei den Vorkursen:

(Basiswert + Qualitätsbonus)	× Gewichtungsfaktor	× Buchungszeitfaktor (**ohne** staatliche Erhöhung um 0,15, 0,1 und 0,4 nach § 25 Abs. 1 Satz 2 und 3 AVBayKiBiG)
Basiswert plus		

5. Die Höhe des Qualitätsbonus wird gem. Art. 23 Abs. 1 Satz 3 BayKiBiG jährlich neu im BayMBl. (2020 Nr. 1) bekannt gegeben, sofern sich Änderungen ergeben. Die Anpassung folgt der Entwicklung des Basiswertes. Die Beantragung des Qualitätsbonus erfolgt wie bei der kindbezogenen Förderung gemäß § 19 AVBayKiBiG unter Verwendung des onlinegestützten Abrechnungsprogramms KiBiG.web und kann bereits mit den Abschlagszahlungen ausgezahlt werden, sodass kein zusätzlicher Verwaltungsaufwand für die Träger entsteht.

§ 21

Beitragszuschuss

[1]**Die Beantragung der Beitragszuschüsse nach Art. 23 Abs. 3 Satz 1 BayKiBiG erfolgt durch den Träger der Kindertageseinrichtung nach § 19 für jedes Kind, für das nach Art. 21 Abs. 1 BayKiBiG die staatliche Förderung gewährt wird.** [2]**Ist der tatsächlich erhobene Elternbeitrag niedriger als der staatliche Zuschuss, verbleibt der überschießende Betrag beim Träger.** [3]**Stellen die Eltern einen Antrag zur Schulpflicht des Kindes, haben sie dies dem Träger unverzüglich mitzuteilen.** [4]**§ 26 Abs. 1 Satz 1 gilt entsprechend.**

Erläuterungen

1. Der Beitragszuschuss nach Art. 23 Abs. 3 BayKiBiG entlastet die Eltern finanziell und soll die Eltern in der Kindergartenzeit weitestgehend beitragsfrei stellen. Um das Verwaltungsverfahren möglichst schlank zu halten, wurde die Auszahlung des Beitragszuschusses an die kindbezogene Förderung geknüpft. **Absätze 1 und 2** regeln das Verfahren zur Auszahlung des Beitragszuschusses, insbesondere die Höhe des Beitragszuschusses. Dieser beträgt monatlich 100 Euro. Der Beitragszuschuss wird längstens ab September des Jahres, in dem das Kind das dritte Lebensjahr vollendet, bis zur Einschulung gewährt.

2. Den Beitragszuschuss kann der **Träger** mit der kindbezogenen Förderung gemäß §§ 19, 22 AVBayKiBiG unter Verwendung des online-gestützten Abrechnungsprogramms KiBiG.web beantragen. Beantragt der Träger den Beitragszuschuss, muss er diesen an die Eltern durch Ermäßigung des Elternbeitrags weitergeben. Wird der Beitragszuschuss mit den Abschlagszahlungen ausbezahlt, muss er den Elternbeitrag bereits zum Zeitpunkt der Auszahlung des Abschlags ermäßigen. Ansonsten hat der Träger auch noch die Möglichkeit, den Elternbeitragszuschuss erst im Rahmen der Endabrechnung zu beantragen und erst zu diesem Zeitpunkt die Eltern durch Einmalzahlung in Höhe von 1 200 Euro zu entlasten. Ein Anspruch der Eltern, ob und wann der Träger den Beitragszuschuss im KiBiG.web beantragt, besteht nicht.

3. Soweit die tatsächlich erhobenen Elternbeiträge niedriger sind als der staatliche Zuschuss, verbleibt der überschießende Zuschussbetrag dem Träger.

> *Beispiel:*
>
> *Der Elternbeitrag bei vier Stunden Buchung kostet für das Kind im Jahr vor der Einschulung 60 Euro. Eine Spitzabrechnung erfolgt nicht, der Träger erhält auf Antrag 100 Euro. Da er den Zuschuss zur Ermäßigung des Elternbeitrages verwenden muss, führt dies zur Elternbeitragsfreiheit. Den Restbetrag in Höhe von 40 Euro behält der Träger.*

Die Ermäßigung des Elternbeitrags als Voraussetzung für den Antrag auf Beitragszuschuss betrifft alle Bestandteile. Der Träger kann somit nicht den Zuschussbetrag, den er behalten und nicht an die Eltern weitergeben möchte, nicht dadurch erhöhen, indem er den Elternbeitrag aufsplittet und ihm andere Bezeichnungen gibt. Insbesondere Spielgeld oder Bastelgeld und Trinkgeld gehören zum Elternbeitrag, wenn sich die Eltern der Zahlung nicht entziehen können. Etwas Anderes gilt für Essens- oder Trinkgeld, wenn die Eltern das entsprechende Angebot tageweise zubuchen können.

4. Bei sog. „Kann-Kindern" nach Art. 37 Abs. 1 Satz 2 BayEUG oder sog. „Gutachten-Kindern" nach Art. 37 Abs. 1 Satz 3 BayEUG werden Kinder ggf. vorzeitig eingeschult. Mit der Einschulung entfällt der Anspuch des Trägers von Kindertageseinrichtungen, in denen diese Kinder bisher betreut wurden. Die Mitteilungspflicht in Satz 3 dient in erster Linie der Planungssicherheit des Trägers. Beginn und Beendigung des Beitragszuschusses bestimmt sich nach § 26 Abs. 1 Satz 1 AVBayKiBiG.

§ 22

Abschlagszahlungen

(1) [1]**Die freigemeinnützigen und sonstigen Träger von Kindertageseinrichtungen und Großtagespflege nach Art. 20a BayKiBiG haben im jeweiligen Bewilligungszeitraum gegen die Aufenthaltsgemeinde einen Anspruch auf mindestens vier Abschlagszahlungen in Höhe von insgesamt 96 v. H. der im Bewilligungszeitraum zu erwartenden kindbezogenen Förderung und des Qualitätsbonus.** [2]**Mit den Abschlagszahlungen werden auch die auf den jeweiligen Abschlagszeitraum entfallenden Beitragszuschüsse nach Art. 23**

Abs. 3 BayKiBiG quartalsweise ungekürzt an die Träger ausbezahlt. [3] Der Träger beantragt die Abschlagszahlungen unter Verwendung des bereitgestellten Computerprogramms. [4] Ein Änderungsantrag ist zulässig, wenn sich die Personalstunden im Lauf eines Quartals um mindestens 15 v. H. erhöht haben.

(2) [1] Die Bewilligungsbehörden für die staatliche Betriebskostenförderung (Art. 28 BayKiBiG) leisten Abschlagszahlungen in Höhe von 96 v. H. der im Bewilligungszeitraum zu erwartenden staatlichen Fördersumme zum 15. Februar, 15. Mai und 15. August jeweils in Höhe von 23 v. H. sowie zum 15. November in Höhe von 31 v. H. an die kreisfreien Städte und kreisangehörigen Gemeinden. [2] Die kreisfreien Städte und die kreisangehörigen Gemeinden müssen den auf die freigemeinnützigen und sonstigen Träger entfallenden Teil der Abschlagszahlungen innerhalb von zwei Wochen nach Eingang der jeweiligen staatlichen Quartalszahlung an die freigemeinnützigen und sonstigen Träger auszahlen, soweit keine andere Abschlagsvereinbarung getroffen wurde. [3] Für die kreisfreien Städte gilt Satz 2 entsprechend mit der Maßgabe, dass die Frist von zwei Wochen für die Abschlagszahlungen an die freigemeinnützigen und sonstigen Träger jeweils mit den in Satz 1 genannten Terminen beginnt. [4] Im Fall des Verzugs sind die Abschlagszahlungen an die freigemeinnützigen und sonstigen Träger ab dem fünften Tag nach Fälligkeit zu verzinsen; § 44 SGB I gilt entsprechend.

(3) Für die kindbezogene Förderung der Tagespflege nach Art. 20 BayKiBiG hat der Träger der öffentlichen Jugendhilfe einen Anspruch auf Abschlagszahlungen gegenüber dem Freistaat; Abs. 2 gilt entsprechend.

(4) Nimmt der Träger die in Art. 19 Nr. 8 BayKiBiG aufgeführten Meldungen nicht rechtzeitig vor, so ist die entsprechende Auszahlung der Abschlagszahlungen an den Träger auszusetzen.

Erläuterungen

1. Die Träger der Einrichtungen erhielten schon bisher jedes Quartal Abschlagszahlungen auch ohne ausdrückliche Regelung. Ein Anspruch darauf bestand jedoch nicht. Dies hat sich mit der 3. Änderungsverordnung zur AVBayKiBiG geändert. **§ 22 AVBayKiBiG** regelt nun das Verfahren für die Auszahlung der Abschlagszahlungen. Die freigemeinnützigen und sonstigen Träger können sich auf einen Anspruch berufen **(Absatz 1 Satz 1).** Ausgenommen sind nach dem Wortlaut der Vorschrift die kommunalen Träger. Ein kommunaler Träger kann somit rein formal keine Abschlagszahlung von einer Nachbargemeinde für die Betreuung eines dort wohnenden Kindes beanspruchen. In der Praxis dürfte jedoch die Zahlung des Abschlags keine Probleme bereiten, zumal ein Förderanspruch nach Art. 18 Abs. 1 BayKiBiG besteht, die Antragstellung automatisiert über das KiBiG.web erfolgt und die Zahlung Voraussetzung auch für die staatliche Abschlagszahlung ist. Soweit auf die Bewilligungsbehörden Bezug genommen ist (Art. 28 BayKiBiG a. F.), bedarf es einer gesetzlichen Anpassung infolge der Änderung des BayKiBiG durch § 1 des Gesetzes zur Einführung des Bayerischen Krippengeldes vom 23.12.2019.

2. Die Abschlagszahlung betrifft die kindbezogene Förderung einschließlich Auszahlung des Qualitätsbonus. Zur kindbezogenen Förderung zählen auch einseitige staatliche Leistungen (z. B. nach § 25 Abs. 1 Satz 2 und 3 AVBayKiBiG).

3. Die Höhe der Abschlagszahlungen an die Träger beträgt insgesamt **96 %** der zu erwartenden kindbezogenen Förderung für Kindertageseinrichtungen bzw. die Großtagespflege nach Art. 20a BayKiBiG; es besteht somit ein geringfügiger Puffer, um Überzahlungen des Freistaates und der Kommunen möglichst zu vermeiden. Auszahlungstermine für die Abschläge sind der 15. Februar, 15. Mai, 15. August und 15. November eines jeden Bewilligungsjahres. Die kindbezogene Förderung wird dabei auf Grundlage der zu Beginn des Bewilligungsjahres vorhandenen Daten berechnet. **Satz 2** stellt klar, dass auch die Elternbeitragszuschüsse mit der kindbezogenen Förderung in Abschlägen ausbezahlt werden.

Im Unterschied hierzu wird hier allerdings kein Abschlag von 4 % vorgenommen, die 300 Euro im Quartal werden ungekürzt an die Träger ausgereicht.

4. Um den Verwaltungsaufwand gering zu halten, besteht seitens der Träger nur dann Anspruch auf Anpassung der Abschlagszahlung, wenn die Änderung im Quartal mindestens 15 % umfasst.

Beispiel:

Ein Kindergarten erhält im Jahr rund 150 000 Euro. Es werden Abschläge in Höhe von 36 000 Euro (96 %) geleistet. Ein Antrag auf Änderung der Abschlagszahlung wäre nur statthaft, wenn sich der Abschlag um mindestens 5 400 Euro auf mindestens 41 500 Euro erhöhen würde.

5. Die Beantragung erfolgt formlos über das KiBiG.web, ohne dass es eines schriftlichen Antrags gem. Art. 26 BayKiBiG bzw. einer Unterschriftsleistung bedürfte. Auf Antrag der jeweiligen Gemeinde zahlt die zuständige Bewilligungsstelle die staatlichen Mittel aus. Im automatisierten Verfahren erfolgt in der Regel keine Entscheidung über das „Ob" der Auszahlung an die Gemeinden. Allein die Anwendung des KiBiG.web führt praktisch zur Auszahlung. Maßgebend sind die im System eingegebenen Daten. Aus diesem Grund dürfte der fehlende Rechtsanspruch kommunaler Träger gegenüber der Aufenthaltsgemeinde auf Abschlagszahlung keine Rolle spielen (s. o. unter Erl. 1). In Absatz 2 Satz 2 ist eine vierteljährliche Zahlung der Abschlagszahlungen vom Freistaat an die Gemeinden festgelegt.

6. In der Vergangenheit kam es immer wieder vor, dass die Gemeinden die staatlichen Mittel und den kommunalen Beitrag erst spät an die freigemeinnützigen und sonstigen Träger weitergeleitet haben. Diese mussten daher in diesen Fällen in Vorleistung treten. Um die finanzielle Planungssicherheit dieser Träger zu gewährleisten, sind die kreisfreien Städte und kreisangehörigen Gemeinden nun verpflichtet, die Abschlagszahlungen zeitnah innerhalb von zwei Wochen nach Erhalt an die freigemeinnützigen und sonstigen Träger weiterzuleiten, da sonst Verzugszinsen in Höhe von 4 % nach § 44 SGB I drohen. Die Relevanz dieser Sanktion ist allerdings sehr gering. Die Kommunen dürfen einen anderen Auszahlungsmodus mit den Trägern, z. B. eine monatliche Zahlung, vereinbaren.

7. Für die Tagespflege gem. Art. 20 BayKiBiG gelten die Regelungen in § 22 Abs. 1 und 2 AVBayKiBiG nach **Absatz 3** entsprechend, sodass die für die Tagespflege zuständigen örtlichen Träger der öffentlichen Jugendhilfe bei den Regierungen Abschlagszahlungen beantragen können.

8. Absatz 4 sieht eine Sanktionsregel für den Fall vor, dass ein Träger es versäumt, die Meldung nach Art. 19 Nr. 8 BayKiBiG rechtzeitig und vollständig abzugeben. Die Bewilligungsbehörden haben dabei keinen Ermessensspielraum, sie müssen die Abschlagszahlung aussetzen. Aussetzen bedeutet, dass die Datenmeldung und damit der Abschlag nachgeholt werden kann. Der Förderbetrag in Höhe des nicht ausgezahlten Abschlags kommt erst im Rahmen der Endabrechnung zur Auszahlung. Mit anderen Worten verliert der Träger bei der gesetzlichen Verfehlung nach Art. 19 Nr. 8 BayKiBiG den Anspruch auf den betreffenden Abschlag. Die Datenübertragung nach Art. 19 Nr. 8 BayKiBiG ist nicht bloßer Bestandteil der Statistik, sondern für die Finanzplanung von außerordentlicher Bedeutung. Die Träger haben ausreichend Zeit, sich auf die rechtzeitige Übertragung der Daten einzurichten. Bei unverschuldeter Säumnis muss die Datenübertragung unverzüglich nachgeholt werden (anders noch Vorauflage: kein Wiedereinsetzen in den vorigen Stand bei unverschuldeter Säumnis).

§ 23
Belegprüfungen in Kindertageseinrichtungen und Kindertagespflege; Rücknahme-, Widerrufs- und Vollstreckungsverfahren

(1) [1] Die Bewilligungsbehörden (Art. 28 BayKiBiG) sind verpflichtet zu prüfen, ob der Träger der Kindertageseinrichtungen und die Tagespflegepersonen die tatsächlichen und rechtlichen Voraussetzungen für die kindbezogene Förderung im Prüfungszeitraum erfüllt haben. [2] Die Prüfung umfasst einen Zeitraum von mindestens einem Jahr und erstreckt sich höchstens auf die fünf letzten Jahre. [3] Die Regierungen, Kreisverwaltungsbehörden und Gemeinden (Abs. 6) sollen gemeinsam jährlich Belegprüfungen durchführen, wobei mindestens 20 v. H. der erfassten Förderfälle zu prüfen sind.

(2) [1] Die Bewilligungsbehörden sind berechtigt, Bücher, Belege und sonstige erforderliche Geschäftsunterlagen vom Träger und der Gemeinde zum Zwecke der Belegprüfung anzufordern sowie die Verwendung der Förderung durch örtliche Erhebungen zu prüfen oder durch Beauftragte prüfen zu lassen. [2] Der Träger der Kindertageseinrichtung und der Großtagespflege sowie die Tagespflegepersonen haben die erforderlichen Unterlagen zur Verfügung zu stellen und die notwendigen Auskünfte zu erteilen; § 66 SGB I gilt entsprechend.

(3) [1] Stellt die Bewilligungsbehörde im Rahmen der Belegprüfung fest, dass die Voraussetzungen für die kindbezogene Förderung nicht erfüllt oder weggefallen sind, ist sie verpflichtet, die Sitzgemeinde, die betroffenen Aufenthaltsgemeinden und andere betroffene Träger der öffentlichen Jugendhilfe unverzüglich darüber zu informieren.

(4) [1] Für die Rücknahme, den Widerruf und die Erstattung der kindbezogenen Förderung gelten §§ 39 bis 51 des Zehnten Buches Sozialgesetzbuch, für das Vollstreckungsverfahren gelten die Vorschriften des zweiten Hauptteils des Bayerischen Verwaltungs- und Vollstreckungsgesetzes. [2] Soweit mehrere Aufenthaltsgemeinden nach Art. 18 Abs. 1 BayKiBiG betroffen sind, betreibt die Sitzgemeinde der jeweiligen Kindertageseinrichtung das Rücknahme-, Widerrufs-, Erstattungs- und Vollstreckungsverfahren gegen den freigemeinnützigen oder sonstigen Träger mit Wirkung für alle Aufenthaltsgemeinden. [3] Sofern die Sitzgemeinde keine Aufenthaltsgemeinde im Sinn von Art. 18 Abs. 1 BayKiBiG ist, überträgt die örtlich zuständige Bewilligungsbehörde die Aufgabe nach Satz 2 auf die überwiegend betroffene Aufenthaltsgemeinde. [4] Bei überörtlichen Fällen kann das Staatsministerium auf Antrag der Sitzgemeinde die Aufgabe nach Satz 2 an eine betroffene Bewilligungsbehörde nach Art. 28 BayKiBiG übertragen. [5] Die Sitzgemeinde, die überwiegend betroffene Aufenthaltsgemeinde oder die nach Satz 4 zuständige Bewilligungsbehörde hat erstattete kindbezogene Fördermittel unverzüglich nach Eingang anteilig an die betroffenen Aufenthaltsgemeinden weiterzuleiten.

(5) [1] Zur statistischen Erhebung berichten die Bewilligungsbehörden dem Staatsministerium jährlich über die Zahl und Ergebnisse der Belegprüfungen nach Abs. 1 Satz 1. [2] Das Staatsministerium ist darüber hinaus berechtigt, in Einzelfällen Auskünfte über die Belegprüfung von den Bewilligungsbehörden anzufordern.

(6) [1] Die Sitzgemeinden und Aufenthaltsgemeinden können eigene Belegprüfungen bei den Trägern von Kindertageseinrichtungen und Kindertagespflege durchführen. [2] Abs. 1 bis 3 gelten entsprechend.

Erläuterungen

Übersicht

1. Übersicht
2. Belegprüfung
3. Korrektur

4. Statistik

1. Übersicht

§ 23 AVBayKiBiG hat insbesondere auf Initiative des Obersten Rechnungshofes Eingang in die AVBayKiBiG durch die 3. Änderungsverordnung gefunden. In Absatz 2 werden Vorgaben zur Durchführung von Belegprüfungen für die kindbezogene Förderung normiert. In Absatz 3 und 4 erfolgt eine Regelung zu den Folgen der Feststellung von Fehlern bei Durchführung der kindbezogenen Förderung. Nach Absatz 5 besteht eine Berichtspflicht der Bewilligungsbehörden gegenüber dem StMAS. Schließlich wird in Absatz 6 deklaratorisch das Prüfungsrecht der fördernden Gemeinden festgehalten. Die Bewilligungsbehörden sind infolge des Bayerischen Krippengeldgesetzes nun in Art. 29 BayKiBiG geregelt. Die entsprechenden Verweise auf Art. 28 BayKiBiG in § 23 AVBayKiBiG bedürfen daher der Anpassung.

2. Belegprüfung

2.1 Rechnerisch soll die Förderung jeder Einrichtung und für jede Tagespflegeperson alle fünf Jahre auf ihre Richtigkeit überprüft werden. Dementsprechend ist in **Absatz 1 Satz 3** eine Prüfquote von mindestens 20 % festgelegt. Bei einem Fördervolumen von etwa vier Mrd. Euro jährlich (staatlicher und kommunaler Anteil) ist diese Prüfquote angemessen. Die Prüfquote soll in der Summe durch die Prüftätigkeit der Bewilligungsbehörden und der Gemeinden gemeinsam erreicht werden. Daraus ist zu schließen, dass sich die Behörden abstimmen sollen. Zum einen kann die Prüftätigkeit in einer Einrichtung gemeinsam durchgeführt werden, was den zeitlichen Aufwand minimiert. Zum anderen können Behörden und Gemeinden die Prüffälle aufteilen und getrennt voneinander Prüfungen vornehmen.

Folgende Konstellationen sind möglich:

– Regierung prüft Landratsämter und kreisfreie Städte;

– Landratsamt prüft kommunale Träger;

– kreisfreie Stadt prüft freigemeinnützige und sonstige Träger;

– Landratsamt und Gemeinde prüfen freigemeinnützige oder sonstige Träger;

– kreisangehörige Gemeinde prüft freigemeinnützige und sonstige Träger;

– Landratsamt prüft freigemeinnützige und sonstige Träger.

Fraglich ist, ob die Bewilligungsbehörde (Landratsamt) alleine freigemeinnützige und sonstige Träger prüfen kann. Es wird hier von den Trägern eingewandt, dass sie eine Leistung der Gemeinden erhalten, nicht jedoch staatliche Leistungen.

Dabei dürfte es sich aber um eine akademische Frage handeln. Denn bei Vorliegen eines gemeinsamen Prüfplans handelt das Landratsamt (auch) im Namen und im Auftrag der Gemeinden. Bei Fehlen eines Prüfplans dürfte die Gemeinde andererseits kaum Einwände erheben. Denn die staatliche Bewilligungsbehörde könnte jederzeit die Gemeinde auffordern, die notwendigen Unterlagen vorzulegen. Im Übrigen enthält die kindbezogene Förderung Bestandteile, die ausschließlich eine staatliche Leistung betreffen (z. B. Elternbeitragszuschuss, Bundesmittel für den U3-Ausbau), die lediglich von der Gemeinde an die Träger weitergeleitet werden.

2.2 Die Prüfbehörden sollen die Daten mindestens ein bis fünf Bewilligungsjahre überprüfen. Der zeitliche Prüfumfang liegt damit im Ermessen der Bewilligungsbehörde. Insofern haben die Träger/Gemeinden die Prüfunterlagen im entsprechenden zeitlichen Umfang aufzubewahren. Prüfgegenstand sind alle Tatbestandsmerkmale der Förderung nach dem BayKiBiG. Hierzu zählen insbesondere die Buchungsbelege, die Dienstpläne, die Arbeitsverträge und die Personalakten der Kinder. Davon unberührt bleibt die Frage, wieviele

Jahre in die Vergangenheit zu Unrecht erhaltene Leistungen zurückgefordert werden können (s. § 45 SGB X). Dies ist von Relevanz, wenn sich ein Träger über Jahre hinweg systematisch eines Subventionsbetrugs schuldig gemacht hat. In diesen Fällen muss die Bewilligungsbehörde auch einen längeren Zeitraum prüfen. Die Begrenzung auf fünf Jahre dient nur der Aufgabenbegrenzung der Bewilligungsbehörden. Träger, die sich z. B. Leistungen aufgrund falscher Angaben erschlichen haben, können sich auf die zeitliche Befristung nicht berufen. Es handelt sich dabei um keine Schutzvorschrift für Träger, die auf rechtswidrige Weise Fördermittel erhalten haben. Der Verordnungsgeber ist auch insoweit nicht befugt, die gesetzlichen Rücknahmevorschriften einzuschränken. Allerdings dürfte der Nachweis eines vorsätzlichen oder grob fahrlässigen Verhaltens über einen langen Zeitraum schwierig sein. Unterlagen müssen mit Blick auf den Prüfungszeitraum in § 23 Abs. 1 AVBayKiBiG von den Trägern auch nicht länger als fünf Jahre aufgehoben werden.

2.3 Korrespondierend hierzu dürfen die Bewilligungsbehörden nach Absatz 2 die notwendigen Unterlagen anfordern und bei Bedarf eine örtliche Begehung durchführen. Die Träger und Tagespflegeperson haben nach Absatz 2 Satz 3 insoweit eine Mitwirkungspflicht. Kommt ein Träger seiner Mitwirkungspflicht nicht nach, kann der Träger der öffentlichen Jugendhilfe nach § 66 SGB I vorgehen, d. h. beispielsweise die Zahlung der Abschlagszahlungen aussetzen.

Für die praxisgerechte Durchführung der Belegprüfungen hat das Staatsministerium für Familie, Arbeit und Soziales eine Handlungsempfehlung über den Inhalt und das Verfahren der Belegprüfungen erarbeitet (http://www.stmas.bayern.de/kinderbetreuung/finanzierung/belegpruefung.php).

3. Korrektur

3.1 Im Falle der Feststellung eines Verstoßes gegen das BayKiBiG muss die Bewilligungsbehörde die Sitzgemeinde und die Aufenthaltsgemeinden informieren. Entsprechendes wird auch der Landkreis oder die Gemeinde veranlassen, auch wenn dies in der AVBayKiBiG nicht Gegenstand der Regelung ist. Die Information ist der erste Schritt, um etwaige Fehler zu berichtigen.

3.2 Für die Rücknahme des Bewilligungsbescheids und der Förderung sind die §§ 39 bis 51 SGB X einschlägig.

Nach § 23 Abs. 4 AVBayKiBiG soll das Rücknahmeverfahren vereinfacht werden, indem die Zuständigkeit bei der Sitzgemeinde konzentriert wird und diese das Verfahren mit Wirkung für alle Aufenthaltsgemeinden gem. Art. 18 BayKiBiG durchführt. Es handelt sich dabei um einen Fall der formellen Konzentrationswirkung, sodass die Sitzgemeinde auch prüfen muss, ob die Rücknahmevoraussetzungen für alle anderen Aufenthaltsgemeinden erfüllt sind.

Sollte die Sitzgemeinde selbst nicht betroffen sein, weil sie nicht Aufenthaltsgemeinde i. S. v. Art. 18 Abs. 1 BayKiBiG ist, kann die Bewilligungsbehörde die Zuständigkeit auf diejenige Aufenthaltsgemeinde übertragen, die am meisten von einer Rückzahlung der Fördermittel betroffen wäre. Bei überörtlichen Fällen, z. B. weil Gemeinden aus mehreren Landkreisen und/oder mehrere kreisfreie Städte betroffen sind, kann das StMAS die Zuständigkeit auf eine Bewilligungsbehörde übertragen.

Anlässlich einer Dienstbesprechung mit den Regierungen wurde hierzu vereinbart, dass es bei überörtlichen Fällen den Regierungen anheimgestellt wird, das Verfahren zu regeln. Darin ist eine pauschale Übertragung i. S. d. § 23 Abs. 4 Satz 4 AVBayKiBiG zu sehen. Dies bedeutet, dass die Regierung entscheidet, ob sie das Rücknahmeverfahren an sich zieht oder ob jede Bewilligungsbehörde i. S. d. Art. 29 BayKiBiG die von ihr erlassenen rechtswidrigen Verwaltungsakte in eigener Zuständigkeit zurücknimmt.

Eine Möglichkeit der Regierung, überörtliche Fälle an ein Landratsamt zu delegieren, besteht dagegen nicht. Wenn die Regierung von Oberbayern die Rückabwicklung nicht an sich zieht, bleibt es bei der Zuständigkeit der jeweiligen Kommunen.

3.3 Bei der Prüfung der Rücknahme sind die jeweiligen Rechtsverhältnisse zu beachten. Im Verhältnis der Gemeinde zu einem freigemeinnützigen oder sonstigen Träger ist eine Vertrauensschutzprüfung vorzunehmen. Eine nachträgliche Aufhebung des Förderbescheids bzw. der Endabrechnung kommt nur in Betracht, wenn der Fehler, der zur Rechtswidrigkeit des Förderbescheids geführt hat, auf ein grob fahrlässiges oder vorsätzliches Verhalten zurückzuführen ist (§ 45 Abs. 2 SGB X). Fraglich ist, ob die Feststellung des Vertrauensschutzes bzw. die Feststellung, der Träger kann die Fördermittel aufgrund bestandskräftigen Verwaltungsakts behalten, auch auf das Verhältnis zwischen Gemeinde und Freistaat Bayern durchschlägt. Grundsätzlich greift der Einwand des Vertrauensschutzes nicht im Rechtsverhältnis öffentlicher Träger. Nachdem es sich bei der staatlichen Refinanzierung aber um einen Durchlaufposten an die freigemeinnützigen oder sonstigen Träger handelt (Weitergabe ist Fördervoraussetzung), entfaltet der bestandskräftige Förderbescheid Tatbestandswirkung auch im Verhältnis der Gemeinde zum Freistaat. Eine Aufhebung des entsprechenden Förderbescheids kommt dann nicht in Betracht. Anders wird regelmäßig zu entscheiden sein, wenn die Gemeinde selbst Träger ist oder sie durch ihr Verhalten zur rechtswidrigen Förderung beigetragen hat (z. B. Falschberatung). Zum Themenkomplex s. auch Erl. 5.2. zu Art. 26 BayKiBiG.

4. Statistik

Das StMAS wird eine Statistik über die Zahl der Belegprüfungen führen. Die Bewilligungsbehörden müssen daher jährlich über die Zahl und Ergebnisse der Prüfungen berichten. Im Einzelfall darf das StMAS Auskünfte zu konkreten Prüfungen anfordern.

Die Berechtigung des Obersten Rechnungshofs nach Art. 91 Bayerische Haushaltsordnung, bei den Trägern der öffentlichen Jugendhilfe, den kreisangehörigen Gemeinden, den freigemeinnützigen und sonstigen Trägern zu prüfen, bleibt unberührt.

§ 24

(aufgehoben)

§ 25

Buchungszeitfaktoren

(1) [1] Es gelten folgende Buchungszeitfaktoren:

1. **für Kinder unter drei Jahren und Schulkinder:**
   - **0,5 für eine Buchungszeit von mehr als einer bis einschließlich zwei Stunden**
   - **0,75 für eine Buchungszeit von mehr als zwei bis einschließlich drei Stunden**
2. **für alle Kinder:**
   - **1,00 für eine Buchungszeit von mehr als drei bis einschließlich vier Stunden**
   - **1,25 für eine Buchungszeit von mehr als vier bis einschließlich fünf Stunden**
   - **1,50 für eine Buchungszeit von mehr als fünf bis einschließlich sechs Stunden**
   - **1,75 für eine Buchungszeit von mehr als sechs bis einschließlich sieben Stunden**
   - **2,00 für eine Buchungszeit von mehr als sieben bis einschließlich acht Stunden**
   - **2,25 für eine Buchungszeit von mehr als acht bis einschließlich neun Stunden**
   - **2,50 für eine Buchungszeit von mehr als neun Stunden.**

[2] Der Buchungszeitfaktor für die staatliche kindbezogene Förderung in Kindertagesein-richtungen erhöht sich um 0,15 für jedes Kind unter drei Jahren sowie für Kinder im Sinn von Art. 21 Abs. 5 Sätze 5 und 6 BayKiBiG. [3] Im Rahmen einer zusätzlichen staatlichen Leistung nach Art. 23 Abs. 2 BayKiBiG erhöht sich der Buchungszeitfaktor für jedes Kind, das einen Vorkurs nach § 5 Abs. 2 besucht, im letzten Jahr vor der Einschulung um 0,1 und für jedes Kind, das einen Vorkurs nach § 5 Abs. 3 besucht, im letzten Jahr vor der Einschulung um 0,4. [4] Die Erhöhungen nach Satz 2 und 3 finden keine Berücksichtigung bei der Ermittlung des Anstellungsschlüssels und der Fachkraftquote.

(2) [1] Bei Schulkindern können außerhalb der Schulferien Zeiten zwischen 8.00 Uhr und 11.00 Uhr nicht in die förderfähige Buchungszeit mit einbezogen werden. [2] Bei höheren Buchungen in den Ferienzeiten wird zur Bestimmung des Buchungszeitfaktors ein geson-derter Durchschnitt aller Ferienbuchungen ermittelt.

Erläuterungen

Übersicht

1. Buchungszeitfaktoren
2. Schulkinder und Ferienbuchung
3. Förderung in Vorkursfällen
4. Sonderförderung bei Kindern unter drei Jahren

Des Weiteren wurden die Vorkurse auf Kinder erweitert, bei denen zumindest ein Eltern-teil deutschsprachiger Herkunft ist und die einen bestimmten Sprachförderbedarf haben.

1. Buchungszeitfaktoren

1.1 Zur Berechnung der kindbezogenen Förderung bedarf es des Basiswertes, des Gewichtungsfaktors und des Buchungszeitfaktors. Der Gewichtungsfaktor kann unmittel-bar Art. 21 Abs. 5 BayKiBiG entnommen werden. Der Basiswert wird seitens des StMAS auf Grundlage Art. 21 Abs. 3 BayKiBiG jährlich bekannt gegeben. Der für die Förderung fehlende Buchungszeitfaktor wird in § 25 AVBayKiBiG i. V. m. Art. 21 Abs. 4 Satz 6 und Art. 32 Nr. 4 BayKiBiG festgelegt. Die Buchungszeitfaktoren gelten für die kindbezogen geförderten Kindertageseinrichtungen und die Tagespflege gleichermaßen. Ausgehend von der für den Basiswert maßgebenden Buchung von über drei bis vier Stunden sind die Buchungszeitfaktoren bei einer Differenz von jeweils 0,25 linear gestaffelt.

2.2 Die Buchungszeitfaktorentabelle beginnt bei 0,5 für durchschnittlich über eine bis zwei Buchungsstunden/Tag und differiert erst nach der 9. Buchungsstunde nicht weiter. Mit dieser Spannbreite wird Kurzzeitbuchungen wie auch langen Anwesenheitszeiten Rechnung getragen. Davon profitieren insbesondere Horte, Spielgruppen in Verbindung mit einem Kindergarten und Einrichtungen, die überwiegend von doppelt verdienenden Eltern genutzt werden.

Wegen der für eine Förderung notwendigen Mindestbuchung für Kinder ab dem vollende-ten 3. Lebensjahr bis zur Einschulung in Art. 21 Abs. 4 Satz 4 BayKiBiG erfolgt eine Unter-teilung der Buchungszeitfaktoren in den Nrn. 1 und 2. Die Buchungsfaktoren 0,5 und 0,75 findet für die genannte Altersgruppe keine Anwendung.

2.3 Unberührt bleibt Art. 2 Abs. 2 BayKiBiG. Die Anwendung der (Kurzzeit-) Buchungs-zeitfaktoren in Nr. 1 setzt voraus, dass die Einrichtung von mindestens der Hälfte der Kinder mindestens 20 Stunden pro Woche besucht wird. Eine Ausnahme bilden Einrich-tungen für Schüler insoweit, dass dort zur Ermittlung dieser 20-Stunden-Grenze auch die

Schulzeit oder Zeiten in schulischen Einrichtungen eingerechnet werden (Art. 2 Abs. 5 Satz 1 BayKiBiG).

2.4 Sofern die voraussichtliche Nutzung in der Woche nicht einheitlich ist, wird ein Durchschnittswert gebildet und daraus der Buchungszeitfaktor bestimmt.

> *Beispiele:*
> – *Ein Kind besucht die Einrichtung von Montag bis Mittwoch jeweils vier Stunden und wird am Donnerstag und Freitag jeweils nach sieben Stunden abgeholt. Daraus errechnet sich ein Mittelwert von 5,2 Stunden ((3 × 4 Stunden + 2 × 7 Stunden): 5). Der für die Förderung maßgebende Buchungszeitfaktor ist 1,5 für die Buchung über fünf bis sechs Stunden.*
> – *Ein Kind wird abwechselnd in der einen Woche nach vier Stunden, in der anderen nach acht Stunden abgeholt. Die Eltern buchen die Kategorie über fünf bis einschließlich sechs Stunden. Die Förderung erfolgt unter Berücksichtigung des Buchungszeitfaktors 1,5.*

3. Schulkinder und Ferienbuchung

3.1 Bei der Buchung für Schulkinder können Betreuungszeiten **zwischen 8 und 11 Uhr** grundsätzlich nicht berücksichtigt werden (Absatz 2 Satz 1). Einerseits wird wegen des Unterrichts ein Betreuungsangebot in einer Kindertageseinrichtung in dieser Zeit nicht benötigt. Andererseits hat die Schule im Rahmen der kind- und familiengerechten Halbtagsgrundschule z. B. bei Unterrichtsausfall oder im Fall von Hitzefrei eine Betreuung sicherzustellen.

Da in Ferienzeiten eine Betreuung durch die Schule nicht erfolgt, gilt die zeitliche Einschränkung nicht für diese Zeiten. Wenn ein Hort in den Ferien ein spezielles Ferienangebot vormittags anbietet, kann daher eine Buchung von 8 bis 11 Uhr nach Maßgabe von § 26 Abs. 2 und 3 AVBayKiBiG (s. Erl. zu § 26 AVBayKiBiG) kindbezogen gefördert werden.

Die Interpretation von manchen Horten, als Ausfallbürge der Schule bei Ausfall von Unterrichtszeiten nach 11 Uhr die Betreuung übernehmen zu können und daher allgemein ab 11 Uhr Buchungen zuzulassen, ist irrig. Eine Buchung kommt in der Regel nur für Betreuungszeiten nach dem regulären Unterrichtsende infrage. Aus der Formulierung in Absatz 2, dass Zeiten zwischen 8 und 11 Uhr keine Buchungszeiten sind, kann nicht der Schluss gezogen werden, dass dann Zeiten nach 11 und ggf. auch vor 8 Uhr generell und losgelöst vom Einzelfall gebucht werden können. Auch Hortträgern sollte bekannt sein, dass Luftbuchungen im Grunde nicht toleriert werden können. Sollte eine Kindertageseinrichtung regelmäßig die Betreuung bei Unterrichtsausfall übernehmen, können Zeiten nach 11 Uhr nur dann im jeweiligen Einzelfall gefördert werden, sofern die Ersatzbetreuung im Abrechnungszeitraum zumindest an 15 Betriebstagen stattfindet. Hierfür trägt der Träger die Nachweispflicht.

3.2 Ausblick:

Die Beschränkung der Buchungszeit auf Zeiten außerhalb 8 bis 11 Uhr ist nicht mehr zeitgemäß. Im Zuge des Ausbaus der Ganztagsbetreuung von Schülern wird auf Grundlage der Experimentierklausel (Art. 31 BayKiBiG) die Zusammenarbeit von Lehrkräften und sozialpädagogischem Personal insbesondere von Horten erfolgreich erprobt. Schule und Einrichtung der Jugendhilfe konzipieren gemeinsam den ganztägigen Schulalltag, wobei Lehrkräfte im Hort und Erzieher/-innen im Schulunterricht zusammenarbeiten können. Aus diesem Grund wäre eine Buchung nur zur Mittags- und Nachmittagszeit kontraproduktiv, weshalb die Regelung in Absatz 2 Satz 1 in der Erprobungsphase außer Kraft gesetzt ist.

Um Betreuungslücken der Ganztagsangebote an Schulen an den Randzeiten (nach 16 Uhr und am Freitagnachmittag sowie in den Ferienzeiten) zu schließen, hat der Ministerrat beschlossen, bis zu 50 Modellprojekte zu fördern. Dabei soll die gebundene bzw. offene Ganztagsschule mit einem Hort kombiniert werden (Kombimodelle). Ganztagsbetreuung von Schulkindern soll dabei ganzheitlich geplant und durchgeführt werden. Schule und Träger des Horts begegnen sich auf Augenhöhe.

Dem Kombimodell liegen insbesondere folgende **Eckpunkte** zugrunde:

Die Kombieinrichtung wird im Modell durch einen Ganztagskooperationspartner und die Schulleitung partnerschaftlich umgesetzt. Sie geht von einem gemeinsamen Bildungs- und Erziehungsauftrag von Schule sowie Kinder- und Jugendhilfe aus und erfolgt durch eine organisatorische und personelle Verzahnung von Schule sowie Kinder- und Jugendhilfe. Schule und Ganztagskooperationspartner wirken mit dem sozialräumlichen Umfeld der Schule zusammen.

Die Kombieinrichtung von Schule und Kinder- und Jugendhilfe basiert auf einer staatlich-kommunalen Verantwortungsgemeinschaft (pädagogisch, organisatorisch, finanziell).

Ein wesentliches Ziel des neuen Ganztagsmodells ist eine Ganztagsplatzgarantie für Kinder an der jeweiligen Sprengelgrundschule.

Die Entscheidung über den Ganztagskooperationspartner hat in Abstimmung von Schulleitung und Gemeinde zu erfolgen.

1. Die Kombieinrichtung umfasst optional zwei Varianten:

   a) Die **rhythmisierte Variante** entspricht den gebundenen Ganztagsangeboten und wird bei entsprechender Nachfrage durch die Eltern von der Schule auf Grundlage der jeweils gültigen Richtlinien zur Klassenbildung eingerichtet. Eine Verschränkung von flexiblem und rhythmisiertem Angebot ist möglich. Nach Unterrichtsende und in den Ferien kann das Angebot des Ganztagskooperationspartners dazu gebucht werden.

   b) Die **flexible Variante** ergänzt die Halbtagsschule in der Weise, dass nach Unterrichtsende und in den Ferien das Angebot des Ganztagskooperationspartners dazu gebucht werden kann. Die Betreuung erfolgt in der Regel in jahrgangs- und klassenübergreifenden Gruppen. Es gelten flexible Abholzeiten. Der Ganztagskooperationspartner kann aber Kernzeiten festlegen. Das Angebot des Ganztagskooperationspartners umfasst bedarfsgerecht auch die Tagesrandzeit bis 18 Uhr (einschließlich Freitag) und die Ferienbetreuung.

2. Der Prozess am Standort soll nach Möglichkeit fachlich begleitet werden. Beratung sowie Supervision, Coaching, Fachberatung und gemeinsame Klausurtage werden bei Bedarf angeboten. Über Art, Umfang und Finanzierung der Unterstützungsmaßnahme verständigen sich der Freistaat sowie die Gemeinde im Einzelfall.

3. Für die Modellphase wird folgende Finanzierungskulisse vereinbart:

   a) In der rhythmisierten Variante erfolgt der Beitrag des Freistaats Bayern in Form von 12 Lehrerwochenstunden pro Klasse und Schuljahr für gebundene Ganztagsangebote. Zudem erhält jede eingerichtete und genehmigte gebundene Ganztagsklasse ein Budget zur Verfügung gestellt, dessen Höhe sich nach den jeweils gültigen Beträgen gem. der KMBek „Gebundene Ganztagsangebote an Schulen" des Bayerischen Staatsministeriums für Unterricht und Kultus richtet. Soweit der Ganztagskooperationspartner im Rahmen des gebundenen Ganztags Angebote übernimmt, für die eine Finanzierung aus dem vorbenannten Budget vorgesehen ist (z. B. Durchführung pädagogischer Angebote), so erhält der Ganztagskooperationspartner den darauf entfallenden Anteil aus diesem Budget. Während der Mittagszeit findet grundsätzlich eine Betreuung und Aufsichtsführung durch den Ganztagskooperationspartner auf Basis der üblichen Kooperationsverträge für Ganztagsschulen mit der zuständigen Regierung statt. Eine Vergütung erfolgt dann ebenfalls aus diesem Budget.

b) Für das Angebot der Kinder- und Jugendhilfe erfolgt eine Finanzierung nach dem BayKiBiG und im Rahmen der Experimentierklausel nach Maßgabe der verfügbaren Haushaltsmittel (Art. 29 BayKiBiG). Das Angebot der Kinder- und Jugendhilfe bedarf einer Betriebserlaubnis nach § 45 SGB VIII.

c) Mindestbuchungszeiten sind nicht erforderlich (Art. 21 Abs. 4 Satz 4 BayKiBiG), da die Kombieinrichtung einen gemeinsamen Bildungs- und Erziehungsauftrag von Schule sowie Kinder- und Jugendhilfe wahrnimmt.

d) Die für das Angebot der Kinder- und Jugendhilfe vereinbarte Buchungszeit wird wie folgt pauschaliert:

    aa) in der rhythmisierten Variante gilt für alle Kinder, die für das Angebot der Kinder- und Jugendhilfe angemeldet sind, der Buchungszeitfaktor 0,75;

    bb) in der flexiblen Variante gilt für alle Kinder, die für das Angebot der Kinder- und Jugendhilfe angemeldet sind, der Buchungszeitfaktor 1,5;

    cc) werden darüber hinaus in der rhythmisierten Variante Ferienzeiten in Anspruch genommen, werden die Buchungszeiten im Kalenderjahr zusammengezählt und als Ferienbuchung (§ 26 Abs. 3 AVBayKiBiG) bei der Förderung berücksichtigt; dies gilt nicht für die flexible Variante;

    dd) weiter gilt für Kinder, die das Angebot der Kinder- und Jugendhilfe ausschließlich in den Ferienzeiten in Anspruch nehmen, dass die Buchungszeiten im Kalenderjahr zusammengezählt und als Kurzzeitbuchung (§ 26 Abs. 3 AVBayKiBiG) bei der Förderung berücksichtigt werden;

    ee) die Summe von staatlicher und modellbedingter staatlicher Förderung nach dem BayKiBiG ist auf 40 % der Ausgaben des Trägers begrenzt. Als Ausgaben des Trägers zählen auch Sachleistungen i. S. d. Art. 22 Satz 3 BayKiBiG, welche auf die kommunalen Zuschüsse angerechnet werden. Unberührt bleibt die gesetzliche Fördergarantie.

e) Der förderrelevante Anstellungsschlüssel nach § 17 Abs. 1 AVBayKiBiG (derzeit 1: 11,0) ist ebenso wie die Fachkraftquote nach § 17 Abs. 2 AVBayKiBiG einzuhalten. Der Anstellungsschlüssel errechnet sich auf Grundlage der arbeitsvertraglich vereinbarten Arbeitszeitstunden des pädagogischen Personals des Trägers des Kinder- und Jugendhilfeangebots im Verhältnis zu den tatsächlichen Buchungszeitstunden. Die Fiktion der bei der Abrechnung der kindbezogenen Förderung zugrunde gelegten Buchungszeit bleibt insoweit unberücksichtigt. Als Fachkräfte gelten neben den entsprechend qualifizierten pädagogischen Kräften des Ganztagskooperationspartners auch Lehrkräfte, die im Rahmen ihrer Unterrichtspflichtzeit eingesetzt werden.

f) Unabhängig von der pauschalisierten Finanzierung pflegt der Träger die tatsächlichen Buchungszeiten entsprechend den jeweils gesetzlichen Vorgaben (insbesondere Art. 19 Nr. 8 BayKiBiG) im KiBiG.web ein, damit ein Abgleich mit dem tatsächlich anwesenden pädagogischen Personal erfolgen kann. Die pauschale Förderung wird manuell außerhalb des KiBiG.web berechnet.

4. Förderung in Vorkursfällen

4.1 Der Freistaat Bayern hat so genannte Vorkurse eingerichtet. Wenn zu befürchten ist, dass die Vorschulkinder bei der Einschulung nicht über ausreichend Deutschkenntnisse verfügen werden, erhalten diese in den Vorkursen Gelegenheit für eine zusätzliche Sprachförderung. Vorkurse werden dabei für Kinder mit **und** ohne Migrationshintergrund gleichermaßen angeboten. Zur Identifizierung des Bedarfs ermittelt die Kindertageseinrichtung bzw. die Grundschule den Sprachstand der Kinder (Art. 37 Abs. 4 BayEUG; s. Erl.

zu § 5). Soweit der Sprachstand nicht ausreichend ist, **sollen** die Personensorgeberechtigten für ihr Kind die Möglichkeit des Vorkurses in Anspruch nehmen. Diese Vorkurse beginnen künftig regelmäßig im Frühjahr des vorletzten Kindergartenjahres und dauern bis zu Einschulung. In dieser Zeit erfolgt eine gezielte Sprachförderung seitens des Personals der Kindertageseinrichtungen sowie von Grundschullehrkräften im Umfang von je 120 Stunden. Die zuständige Grundschule kann ein Kind, das weder eine Kindertageseinrichtungen noch einen Vorkurs besucht hat, von der Schulaufnahme zurückstellen und zur Inanspruchnahme eines Vorkurses verpflichten, wenn es im Rahmen der Schulanmeldung nicht über die notwendigen Deutschkenntnisse verfügt (Art. 37 Abs. 4 BayEUG).

4.2 Die Zahl der Vorkursstunden wurden mit Wirkung ab dem Schul- bzw. Kindergartenjahr 2008/2009 von zunächst 160 auf nunmehr insgesamt 240 Stunden angehoben. Der bisherige Stundenumfang (80 Stunden) des pädagogischen Personals der Kindertageseinrichtung wurde bei Kindern mit Migrationshintergrund über den Gewichtungsfaktor 1,3 (Art. 21 Abs. 5 BayKiBiG) finanziert. Die Erhöhung des Vorkurses um 40 Stunden führt zu einer zusätzlichen Verpflichtung der Träger bzw. der Kommunen. Diese ist konnexitätsrelevant (Art. 83 Abs. 3 BV). Der Freistaat Bayern übernimmt daher über den GW 1,3 hinaus die zusätzlichen Kosten der Träger im vollen Umfang (staatlicher **und** gemeindlicher Anteil). Ausgehend von rund 2 200 Vorkursen für 17 000 Kinder ergeben sich Mehrkosten im Umfang von etwa 1,9 Mio. Euro. Diese Leistung des Freistaates Bayern erfolgt an die Gemeinden, indem einseitig der Buchungszeitfaktor für alle Vorkurskinder im letzten Kindergartenjahr von Amts wegen um 0,1 **(Absatz 1 Satz 3)** angehoben wird. Anstatt des Buchungszeitfaktors 1,5 für die Buchung eines Kindes mit Migrationshintergrund im Umfang von mehr als fünf bis einschließlich sechs Stunden gewährt der Freistaat Bayern im Rahmen der Refinanzierung der Kommunen somit den Buchungszeitfaktor 1,6.

4.3 Der Freistaat übernimmt auch die Kosten für die Erweiterung der Vorkurse für Kinder ohne Migrationshintergrund und besonderem Sprachförderbedarf **(§ 5 Abs. 3 AVBayKiBiG).** Der Buchungszeitfaktor wird hier für den Besuch eines Vorkurses Deutsch um 0,4 erhöht **(Absatz 1 Satz 3).** Dieser Betrag gleicht die Kosten für den Anteil von 120 Vorkursstunden durch pädagogische Kräfte der Kindertageseinrichtung aus. Bei den Berechnungen ging man von etwa 11 500 Kindern ohne Migrationshintergrund mit erhöhtem Sprachförderbedarf aus.

4.4 Die staatliche Leistung für die Vorkurse erfolgt auch dann, wenn nur die Kindertageseinrichtung ihren Vorkursanteil erbringt und der schulische Anteil, z. B. aus organisatorischen Gründen, nicht durchgeführt werden kann.

Bezogen auf das einzelne Kind kann ggf. die erhöhte Leistung auch zwei Jahre hintereinander erfolgen, wenn ein Kind vom Schulbesuch zurückgestellt wird und den Vorkurs im letzten Jahr vor der Einschulung erneut besucht.

4.5 Die Gemeinden haben durch Änderung des Art. 22 Satz 1 BayKiBiG nun die höhere staatliche Leistung zwingend an die betroffenen freigemeinnützigen oder sonstigen Träger weiterzureichen. Durch diese Maßnahme kann der Träger im Schnitt mit einer Förderung in Höhe von zusätzlich rund 158,29 Euro (1 217,62 Euro × 0,1 BF × 1,3 GW; Stand 2020) pro Vorkurskind mit Migrationshintergrund und 487,05 Euro (1 217,62 Euro × 0,4 BF × 1,0 GW) pro Vorkurskind ohne Migrationshintergrund im letzten Kindergartenjahr rechnen. Bei der Berechnung wird der Qualitätsbonus nach § 20 Abs. 2 Satz 2 AVBayKiBiG **nicht** berücksichtigt.

5. Sonderförderung bei Kindern unter drei Jahren

5.1 Um den Trägern zur Entlastung des Stammpersonals in Kindertageseinrichtungen mit Kindern unter drei Jahren zusätzliche Mittel bereitzustellen, wird der Buchungszeitfaktor für die Kinder unter drei Jahren sowie für Kinder im Sinne des Art. 21 Abs. 5 Satz 5 und 6

BayKiBiG durch den Freistaat einseitig um 0,15 erhöht **(Absatz 1 Satz 2)**. Diesen erhöhten Faktor erhalten somit auch Kinder, die während des Kindergartenjahres das dritte Lebensjahr vollenden, aber für die im Einvernehmen mit der betreffenden Gemeinde der Gewichtungsfaktor 2,0 bis Ende des Kindergartenjahres bezahlt wird. Diese Mittel, die nach Art. 18 i. V. m. Art. 22 Satz 1 BayKiBiG an die Träger durchzureichen sind, sollen diese in die Lage versetzen, zusätzlich Personal insbesondere für pflegerische Tätigkeiten einzustellen. Zu denken ist dabei an qualifizierte Tagespflegepersonen, Erzieherpraktikanten und Berufspraktikanten. Absatz 1 Satz 2 bezieht sich auf die staatliche kindbezogene Förderung **ohne** Qualitätsbonus (Erl. 4 zu Art. 20 Abs. 2 Satz 2). Der Buchungszeitfaktor 0,15 erhöht die Förderung pro Kind unter drei Jahren durchschnittlich um etwa 370 Euro jährlich.

5.2 Die Erhöhung der Buchungszeitfaktoren nach **Absatz 1 Sätze 2 und 3** wird bei der Berechnung des Anstellungsschlüssels und der Fachkraftquote nicht berücksichtigt. Damit kommen die höheren staatlichen Fördermittel unmittelbar dem Träger zugute und sind nicht zugleich mit erhöhten personellen Anforderungen verknüpft.

§ 26
Wirksamwerden von Änderungen

(1) [1] Förderrelevante Änderungen werden, soweit in dieser Verordnung keine anderen Regelungen getroffen sind, ab Beginn des Kalendermonats berücksichtigt, in dem sie eintreten. [2] Soweit die tatsächliche Nutzungszeit regelmäßig erheblich von der Buchungszeit im Sinn von § 25 Abs. 1 abweicht, stellt dies eine förderrelevante Änderung dar. [3] Im Fall des Art. 21 Abs. 5 Sätze 5 und 6 BayKiBiG werden abweichend von Art. 21 Abs. 4 Satz 4 BayKiBiG auch Buchungszeiten von bis zu drei Stunden täglich bis zum Ende des Betreuungsjahres in die Förderung einbezogen. [4] Schließtage der Einrichtungen über Art. 21 Abs. 4 Satz 3 Halbsatz 2 BayKiBiG hinaus führen für jeden weiteren Schließtag zu einem Abzug in Höhe des 220sten Teils der Förderung der Einrichtung für den Bewilligungszeitraum; davon ausgenommen sind bis zu fünf zusätzliche Schließtage, die der Fortbildung dienen. [5] Verbleibt ein Kind in der Einrichtung, wird ein Wechsel des gewöhnlichen Aufenthalts nach Beginn des Bewilligungszeitraums mit Wirkung ab dem folgenden Kindergartenjahr wirksam; erfolgt der Wechsel nach Beginn des Kindergartenjahres, wird dieser ab Beginn des folgenden Bewilligungszeitraums wirksam.

(2) Erfolgen Anfang und Ende des Buchungszeitraums binnen weniger als einem Monat, so kann der Förderung ein Kalendermonat zugrunde gelegt werden, wenn die Buchungszeit mindestens 15 Betriebstage umfasst.

(3) [1] Erfolgen mehrere Kurzzeitbuchungen beispielsweise für die Ferienzeiten im Bewilligungszeitraum, die zeitlich nicht zusammenhängende Zeiträume umfassen, so werden die Buchungszeiträume zusammengezählt. [2] Umfassen die zusammengezählten Buchungszeiträume mindestens 15 Betriebstage, können ein Kalendermonat, ab mindestens 30 Betriebstagen zwei Kalendermonate und ab 45 Betriebstagen drei Kalendermonate abgerechnet werden.

(4) Eine neu gegründete Kindertageseinrichtung kann für die ersten drei Monate Betriebszeit die Zahl der Kinder der Förderung zugrunde legen, die sie im dritten Monat nach Betriebsbeginn erreicht.

Erläuterungen

Übersicht

1. Einführung
2. Wirksamwerden von förderrelevanten Änderungen (Absatz 1 Satz 1)

3. Unterschreitung der Buchungszeit (Absatz 1 Satz 2)
4. Änderung der Aufenthaltsgemeinde (Absatz 1 Satz 5)
5. Kurzzeitbuchung (Absätze 2 und 3)
6. Betriebsgründung (Absatz 4)

1. Einführung

Mit Änderung der AVBayKiBiG im Jahr 2013 erfolgte in § 26 Abs. 1 Satz 1 AVBayKiBiG eine gesetzliche Klarstellung zur bereits vorhandenen Verwaltungspraxis, wonach Änderungen ab dem ersten Tag eines Kalendermonats wirken, indem sie eintreten. In § 26 Abs. 1 Satz 4 AVBayKiBiG wird klargestellt, dass ein Überschreiten der gesetzlich vorgeschriebenen Höchstzahl an Schließtagen nach Art. 21 Abs. 4 Satz 3 BayKiBiG zu einer anteiligen Förderkürzung pro zusätzlichem Schließtag im Kalenderjahr führt. Fünf zusätzliche Schließtage sind zum Zweck der Fortbildung des pädagogischen Personals möglich. § 26 Abs. 1 Satz 5 AVBayKiBiG ist eine Sonderregelung zur Zuständigkeit der Gemeinden im Fall des Umzugs der Personensorgeberechtigten.

2. Wirksamwerden von förderrelevanten Änderungen (Absatz 1 Satz 1)

In § 26 AVBayKiBiG werden rechtstechnische Bestimmungen über das Wirksamwerden von Änderungen getroffen. Die normative Festlegung ist für die staatlichen Bewilligungsbehörden und die Gemeinden notwendig, um einen einheitlichen Gesetzesvollzug zu gewährleisten.

Aus Gründen der Verwaltungsvereinfachung und programmtechnischen Gründen werden i. d. R. nur ganze Kalendermonate und diese einheitlich abgerechnet (Ausnahme s. Erl. 4 zu § 17 AVBayKiBiG). **Absatz 1 Satz 1** legt fest, dass sich förderrelevante Änderungen auf den **gesamten Kalendermonat** auswirken. Förderrelevante Änderungen werden rückwirkend von Beginn desjenigen Kalendermonats berücksichtigt, in dem sie eintreten.

Beispiele:
– *Beginn des Betreuungsverhältnisses am 30. September eines Jahres. Die kindbezogene Förderung beginnt am 1. September.*
– *Vollendung des dritten Lebensjahres am 30. September Das Kind befindet sich seit 1. September in einem* **Kindergarten.** *Der Gewichtungsfaktor 2,0 kommt für dieses Kind nicht zur Anwendung, ab 1. September gilt der Gewichtungsfaktor 1,0.*
– *Das Kind besucht den Kindergarten bis 31. Juli. Das Betreuungsverhältnis wird an diesem Tag beendet. Die förderrelevante Änderung, nämlich Beendigung des Vertragsverhältnisses, tritt am 1. August ein. Die Förderung erfolgt einschließlich Juli.*
– *Ein Kind besucht den Kindergarten A bis 15. März, ab 16. März den Kindergarten B. A erhält die kindbezogene Förderung bis Ende Februar, der Kindergarten B ab März.*

Bei **personellen Änderungen** ist strikt zu unterscheiden, wann ein für die Förderung wesentlicher neuer Sachverhalt eintritt und wann dieser neue Sachverhalt förderrelevant wird. Im Gegensatz zu Absatz 1 Satz 1 tritt die Änderung der Förderung bei Ausfall bzw. Fehlen von Personal und ggf. auch bei Unterschreiten des Anstellungsschlüssels wegen Höherbuchungen nicht mit Beginn des Monats ein, in dem sich der förderrelevante Sachverhalt verändert. Der Verordnungsgeber hat hierfür in **§ 17 Abs. 4 AVBayKiBiG** eine andere Regelung i. S. d. § 26 Abs. 1 Satz 1 AVBayKiBiG getroffen.

Beispiel:

Aufgrund eines schwerwiegenden Vorfalls spricht der Träger in einem eingruppigen Kindergarten zum 25. März eine fristlose Kündigung gegenüber der Erzieherin aus.

Diese Kündigung hat nach Maßgabe des § 26 Abs. 4 AVBayKiBiG Auswirkungen auf den Anstellungs- und Qualifizierungsschlüssel (§ 17 Abs. 1 u. 2 AVBayKiBiG). Ebenso fehlt es ab diesem Zeitpunkt an einer fachkundigen Leitung (§ 17 Abs. 3 AVBayKiBiG). § 17 Abs. 4 Sätze 1 bis 3 AVBayKiBiG bestimmen als Sonderregelung gegenüber § 26 Abs. 1 Satz 1 AVBayKiBiG, ob und ab welchem Zeitpunkt sich dieser Sachverhalt bei der Berechnung der monatlichen Anstellungs- und Qualifikationsschlüssel und letztlich bei der kindbezogenen Förderung auswirkt. Ersetzt der Träger die Erzieherin binnen 42 Kalendertagen, somit bis spätestens 6. April, wirkt sich die Kündigung förderrechtlich nicht aus. Die Kündigung wirkt somit ausdrücklich nicht auf den 1. März zurück.

Der Verordnungsgeber hätte generell Änderungen erst mit dem Folgemonat wirksam werden lassen können. Beide Regelungen haben Vor- und Nachteile. Das StMAS hat sich für die Regelung in Absatz 1 Satz 1 entschieden, damit die Auswirkungen des besuchsschwächeren Septembers minimiert und die in diesem Monat nicht selten praktizierte sukzessive Aufnahme neuer Kinder dem Träger nicht zum Nachteil gereicht.

3. Unterschreitung der Buchungszeit (Absatz 1 Satz 2)

3.1 Es entspricht der Lebenswirklichkeit, dass Eltern nicht immer die gebuchten Betreuungszeiten voll ausnutzen oder zum Teil überschreiten. Um den Eltern die notwendige Flexibilität sowie den Trägern die notwendige Planungssicherheit zu geben und den pädagogischen Kräften aufwändige Kontrollmechanismen zu ersparen, werden **Unterschreitungen der Buchungszeiten** in der Praxis in begrenztem Maße als förderunschädlich zugelassen. Förderrelevant ist eine Abweichung der tatsächlichen Nutzungszeit von der Buchungszeit nur, wenn sie **regelmäßig und erheblich** ist.

Da nur Unterschreitungen für die wirtschaftliche Verwendung der eingesetzten öffentlichen Mittel von Interesse sind, wird nur diese Fallgruppe in § 20 AVBayKiBiG erörtert. Nach dem Wortlaut erfasst Absatz 1 Satz 2 aber auch die Fälle, bei denen die tatsächliche Nutzung von längerer Dauer als die Buchung ist. Auch diese Fälle werden förderrechtlich berücksichtigt, wenn sie erheblich und regelmäßig sind und entsprechend nachgewiesen werden.

3.2 Wann eine Unterschreitung der Buchungszeit erheblich und regelmäßig ist, ist nach Maßgabe des Förderrechts zu beurteilen. Dabei sind zum einen die Buchungszeitkategorien nach § 25 **AVBayKiBiG** zu berücksichtigen, zum anderen spielt die fördertechnische Abwicklung eine Rolle.

– Für die **Erheblichkeit** ist zu prüfen, ob eine Änderung des Buchungszeitfaktors durch Anpassung des Betreuungsvertrages veranlasst ist.

– Für die Frage der **Regelmäßigkeit** ist die Dauer der Abweichung entscheidend.

3.2.1 Zur Erheblichkeit: Nachdem nach § 25 **AVBayKiBiG** stundenweise gebucht wird und über die Woche damit ein flexibler Korridor entsteht, besteht eine Förderrelevanz erst, wenn dieser Zeitkorridor unterschritten bzw. überschritten wird.

Beispiel:

Für ein Kind wurden über fünf bis einschließlich sechs Stunden gebucht. Die Buchung betrifft somit bezogen auf die Woche einen Zeitraum von über 25 bis einschließlich 30 Stunden. Solange sich die Nutzung in diesem Zeitraum bewegt, kommt eine Änderung der Förderung nicht in Betracht.

3.2.2 Zur Regelmäßigkeit: Die Abweichung der Nutzung von der Buchung muss **regelmäßig** erfolgen. Die Förderung wird aufgrund des KiBiG.web grundsätzlich monatsweise und nicht tageweise ermittelt. Schon aus diesem Grund ist nicht jede Unterschreitung der Buchung förderrelevant. Sie muss von gewisser Dauer sein. Von einer Regelmäßigkeit ist dann auszugehen, wenn folgende Kriterien gleichzeitig zutreffen:

– Die tatsächliche Nutzung unterschreitet die Buchung im Durchschnitt mehr als eine Stunde täglich,

– diese erhebliche Nutzungsänderung dauert mindestens einen Kalendermonat (s. auch Erl.. 4.8 Art. 21 BayKiBiG).

> *Beispiele:*
>
> – *Für ein Kind sind fünf bis sechs Stunden gebucht. Ab 20. April holt die Mutter das Kind bereits immer schon nach vier Stunden ab. Ab 10. Mai erfolgt die Abholung wieder wie gebucht. Die Nutzung der Einrichtung ab 20. April in einer nach § 19 AVBayKiBiG niedrigeren Buchungskategorie, ist im Grunde fördererheblich. Sie ist aber nicht von Dauer: Sie erstreckt sich nicht über einen Kalendermonat.*
>
> – *Statt der Buchung von sieben Stunden erfolgt die Abholung vom 1. März bis 26. April schon nach vier Stunden. Ab dem 27. April erfolgt die Abholung des Kindes wieder regulär entsprechend der Buchung. Die Änderung des Nutzungsverhaltens dauert länger als einen Kalendermonat. Es kommt nach § 26 Abs. 1 Satz 1 AVBayKiBiG zur Förderkürzung ab 1. April.*

Für den Fall einer **Über**schreitung der Buchungszeit trifft Absatz 3 eine Ausnahmeregelung. Danach können Höherbuchungen an insgesamt mindestens 15 Betriebstagen im Bewilligungszeitraum berücksichtigt und dementsprechend ein Monat höher bewertet werden (s. Erl. zu Absatz 3).

3.3 Entsprechend der bisherigen Praxis wollen manche Eltern sich an feste Buchungen nicht orientieren. Sie sind bereit, den Höchstsatz an Elternbeitrag zu zahlen, möchten dafür aber im Rahmen der Öffnungszeit die Abholung frei bestimmen können. Diese vorsorglichen Buchungen oder „Luftbuchungen" werden aus Gründen einer wirtschaftlichen und sparsamen Mittelverwendung bei der kindbezogenen Förderung nicht berücksichtigt. Diese Verfahrensweise der Eltern ist gesetzlich nicht verboten; kann aber nach dem BayKiBiG nicht gefördert werden.

> *Beispiel:*
>
> *Ein Kindergartenträger hält eine Öffnungszeit von acht Stunden vor. Ein Teil der Eltern möchte ihr Kind flexibel abholen. Die Eltern buchen daher vorsorglich für die gesamte Öffnungszeit. Wenn tatsächlich die Nutzungszeit z. B. im Schnitt nur vier Stunden beträgt, kann auch nur diese Zeit abgerechnet werden.*

3.4 Im Fall des Art. 21 Abs. 5 Satz 5 und 6 BayKiBiG werden nach **Absatz 1 Satz 3** abweichend von Art. 21 Abs. 4 Satz 4 BayKiBiG auch Buchungszeiten von bis zu drei Stunden täglich bis zum Ende des Betreuungsjahres in die Förderung einbezogen. Diese Regelung ist notwendig, weil sonst die für die Kindertageseinrichtungen vorteilhafte Regelung in Art. 21 Abs. 5 Satz 5 und 6 BayKiBiG durch Art. 21 Abs. 4 Satz 4 BayKiBiG ggf. konterkariert werden würde. Die Verlängerung der Anwendung des höheren Gewichtungsfaktors 2,0 würde weitgehend ins Leere laufen, wenn zwar für das zwischenzeitlich dreijährige Kind weiterhin der Gewichtungsfaktor 2,0 bezahlt würde, aber davon abweichend eine Höherbuchung vorgenommen werden müsste. Um dies Eltern zu ersparen, wurde der Ausnahmetatbestand in **Absatz 1 Satz 3** geschaffen.

3.5 Eine weitere Sonderregelung findet sich in **Absatz 1 Satz 4.** Schließtage der Einrichtungen von bis zu 35 Tagen pro Jahr sind über Art. 21 Abs. 4 Satz 3 Halbsatz 2 BayKiBiG hinaus keine förderrelevante Änderung, soweit die zusätzlichen Schließtage der **Fortbil-**

dung dienen. Nach dem BayKiBiG sind Schließtage von über 30 Tagen förderschädlich, sie führen zu einer Kürzung der Förderung. In Abweichung davon kann die Zahl der Schließtage förderunschädlich bis zu 35 Tage verlängert werden, wenn diese zusätzlichen Schließtage der Fortbildung dienen. Ziel der Vorschrift ist es, so genannte **Teamfortbildungen**, die sich als besonders effektiv erwiesen haben, zu ermöglichen.

Die Regelung verstößt nicht gegen das höherrangige Recht in Art. 21 BayKiBiG. Sie wird von der Ermächtigung in Art. 32 Nr. 6 BayKiBiG getragen. Art. 21 Abs. 4 Satz 3 BayKiBiG zielt darauf ab, dass dem pädagogischen Personal ausreichend Zeit für die Bildungs- und Erziehungsarbeit zur Verfügung steht. Die eingesetzten Fördermittel sind nur dann wirtschaftlich und zielgerichtet eingesetzt, wenn eine gewisse Dauer von Schließtagen nicht überschritten wird. Der Landesgesetzgeber hat demzufolge steuernd auf das Betreuungsangebot **der Träger** Einfluss genommen. Es war aber nicht gleichzeitig Ziel, Maßnahmen des Verordnungsgebers zur Zielerreichung einzuschränken. Die Ermöglichung von Teamfortbildungen dient ausschließlich einer besseren Erreichung der Bildungs- und Erziehungsziele. Die entsprechende Verwendung der Fördermittel ist aus fachlicher Sicht wirtschaftlich.

3.6 Wird die Zahl der 30 Schließtage nach Art. 21 Abs. 4 Satz 3 Hs. 2 BayKiBiG und ggf. auch die Zahl der Fortbildungstage überschritten, führt jeder weitere Schließtag zu einem Abzug der Gesamtförderung der Einrichtung im Bewilligungszeitraum in Höhe des **220sten** Teils.

4. Änderung der Aufenthaltsgemeinde (Absatz 1 Satz 5)

Absatz 1 Satz 5 wurde zur Verwaltungsvereinfachung und zur besseren finanziellen Absicherung neu eingefügt. Immer wieder wird von Problemen von Trägern berichtet, wonach die Eltern den Wechsel ihres Wohnorts nicht melden, das Kind aber weiterhin die bisherige Einrichtung, nun als Gastkind, besucht. Diese Meldung ist aber notwendig, um eine etwaige Änderung der für die kindbezogene Förderung zuständigen Gemeinde feststellen zu können. Denn mit Änderung des Wohnorts geht in aller Regel auch eine Änderung des gewöhnlichen Aufenthalts und damit der Aufenthaltsgemeinde (Art. 18 Abs. 1 Satz 1 BayKiBiG) einher. Wenn Eltern entgegen ihrer Pflicht dies nicht anzeigen (Art. 27 Satz 1 Nr. 5 BayKiBiG), unterbleibt auch die rechtzeitige Anzeige bei der künftig zuständigen Gemeinde durch den Träger (Art. 19 Nr. 7 BayKiBiG). Der Träger verliert hier ggf. den kindbezogenen Förderanspruch. Um diesen Fällen Rechnung zu tragen und um zugleich die Verwaltung zu reduzieren, indem Änderungen nicht sofort umgesetzt werden müssen, hat der Verordnungsgeber in **Absatz 1** Satz 5 bestimmt, dass ein Wechsel des gewöhnlichen Aufenthalts nach Beginn des Bewilligungszeitraums erst mit Wirkung ab dem folgenden Kindergartenjahr wirksam wird, wenn das Kind nun als Gastkind verbleibt. Erfolgt der Wechsel nach Beginn des Kindergartenjahres, wird dieser ab Beginn des folgenden Bewilligungszeitraums wirksam.

Absatz 1 Satz 5 ist somit eine Sonderregelung bei Umzugsfällen ohne Änderung der Einrichtung. Sie gilt in den Zeiträumen 1. Januar bis 31. August und 1. September bis 31. Dezember. Dem Tatbestandsmerkmal „Wechsel" ist immanent, dass zu Beginn des genannten Zeitraums ein gewöhnlicher Aufenthalt zumindest für einen Tag in einer anderen Gemeinde in Bayern bestand. Maßgebend ist diese Unterscheidung vor allem für Umzüge im Januar oder im September.

Beispiele:

1. K besucht die Einrichtung seit 1. September. Zum 30. Dezember ziehen die Eltern von Gemeinde A in die Nachbargemeinde N. K verbleibt in der Einrichtung. Die Änderung der Aufenthaltsgemeinde und somit die Zuständigkeit zur kindbezogenen Förderung wird nicht schon im Dezember wirksam, sondern mit Beginn des folgenden Bewilligungszeitraums (ab 1. Januar).

2. *Die Eltern müssen unvorhergesehen bereits am 3. Januar erneut umziehen, und zwar in die Gemeinde G. Das Kind verbleibt in der Einrichtung. Hier wäre zu prüfen, ob überhaupt ein gewöhnlicher Aufenthalt in N begründet wurde. Falls dies zu bejahen ist, findet ein Wechsel des gewöhnlichen Aufenthalts nach dem 1. Januar statt. Die Gemeinde des gewöhnlichen Aufenthalts am 1. Januar bleibt zuständig. Dass der gewöhnliche Aufenthalt im Fallbeispiel nur wenige Tage andauerte, die betreffende Gemeinde aber für Monate zuständig bleibt, mag ungerecht erscheinen, ist aber der getroffenen Pauschalierung geschuldet. N ist mit Wirkung ab 1. Januar zuständig (§ 26 Abs. 1 Satz 1 AVBayKiBiG).*

3. *K besucht die Einrichtung seit 1. September. Die Eltern ziehen am 3. Januar von A nach N in das Bundesland Thüringen. Der gewöhnliche Aufenthalt wechselt hier nach Beginn des Bewilligungszeitraums. Fraglich ist, ob hier die Zahlungspflicht für A nun bis einschließlich 31. August besteht. Dies ist zu verneinen. Absatz 1 Satz 5 ist unter Berücksichtigung des Art. 18 und 19 Nr. 7 BayKiBiG zu interpretieren. Die Sondervorschrift von Absatz 1 Satz 5 soll verhindern, dass ein Träger unverschuldet wegen Ablaufs einer materiellen Ausschlussfrist einen Förderanspruch verliert, weil er diesen nicht gegen die nun zuständige Gemeinde geltend machen kann. Diese Fallkonstellation ist hier nicht betroffen; Absatz 1 Satz 5 greift nicht. Der gewöhnliche Aufenthalt befindet sich außerhalb des Geltungsbereichs des BayKiBiG. Die Gemeinde in Thüringen wird durch das BayKiBiG nicht verpflichtet. Die Gefahr eines Anspruchsverlusts durch Ablauf einer materiellen Ausschlussfrist besteht nicht. Einschlägig ist somit § 26 Abs. 1 Satz 1 AVBayKiBiG. Die Pflicht zur kindbezogenen Förderung endet zum 31. Dezember. Sollte die bayerische Gemeinde A weiterhin die kindbezogene Förderung (freiwillig) leisten, kann sie sich weiterhin beim Freistaat refinanzieren (s. Erl. 3.3.1 zu Art. 18 BayKiBiG).*

4. *Der gewöhnliche Aufenthalt von K ist eine Gemeinde in Thüringen, K besucht seit September einen Kindergarten in der bayerischen Gemeinde A. Die Gemeinde leistet (freiwillig) die kindbezogene Förderung. Am 8. Januar zieht die Familie in die bayerische Gemeinde B, das Kind verbleibt in A. Die Familie bzw. das Kind wechselt nicht den gewöhnlichen Aufenthalt innerhalb Bayerns. Absatz 1 Satz 5 ist nicht einschlägig, es greift Absatz 1 Satz 1. Rückwirkend ab 1. Januar ist die Gemeinde B zuständig.*

5. Kurzzeitbuchung (Absätze 2 und 3)

5.1 Absatz 2 konkretisiert den förderrelevanten Zeitraum für den Fall von Kurzzeitbuchungen. Kurzzeitbuchungen können als ganzer Kalendermonat abgerechnet werden, wenn sie einen Zeitraum von mindestens 15 Betriebstagen erfassen. Mehrere Kurzzeitbuchungen innerhalb eines Bewilligungsjahres werden zusammengerechnet. Kommen so Zeiträume von mehr als 15 Betriebstagen zusammen, kann für je 15 Betriebstage ein Kalendermonat abgerechnet werden (Absatz 3).

5.2 Aus der Regelung darf nicht der Umkehrschluss gezogen werden, dass bei förderrelevanten Änderungen, die zu einer **Kürzung** der Förderung führen würden, entsprechend zu verfahren sei. Die 15 Betriebstageregelung dient als Ausnahmevorschrift zu Absatz 1 Satz 2 den Trägern, weil dadurch kürzere Buchungen ermöglicht werden, obwohl Bildungs- und Erziehungsziele in diesen Zeiträumen nicht oder nur sehr begrenzt verwirklicht werden können.

Absatz 2 erfasst zwei Fallkonstellationen:

– Für einen begrenzten Zeitraum wird die Einrichtung in Abweichung zur Buchung länger genutzt.

Beispiel:

Statt der fünf Stunden in den Schulzeiten wird der Hort in den Ferien acht Stunden genutzt.

– Die Nutzung erfolgt nur vorübergehend für wenige Wochen.

Beispiel:

Ein Träger einer Kindertageseinrichtung nimmt Kinder von Feriengästen auf.

5.3 Das Wort „kann" deutet nicht auf eine Ermessensentscheidung der Gemeinden und der staatlichen Bewilligungsbehörde hin. Die Anwendung des Absatzes 2 steht nicht zur Disposition, sondern richtet sich an den Träger und erweitert dessen Möglichkeiten, Buchungen zur Förderung anzumelden.

Beispiel:

Für ein Kind in einem Hort sind regelmäßig vier Stunden gebucht. Das Kind nimmt an dem Ferienprogramm des Hortes teil. An vier Tagen zu Pfingsten und 20 Tagen in den Sommerferien besucht es den Hort jeweils acht Stunden. Der Hortträger kann im Förderantrag als Buchung wegen der Absätze 2 und 3 statt 12 Monate à vier Stunden (BF 1) 11 Monate à vier Stunden und einen Monat zu acht Stunden (BF 2) angeben.

5.4 Absatz 2 betrifft insbesondere die Fälle, bei denen Hortträger wegen urlaubsbedingter Abwesenheit der regelmäßig angemeldeten Kinder in Ferienzeiten auch andere Kinder an dem Ferienprogramm teilnehmen lassen. Es ist dabei förderunschädlich, wenn durch die zeitlich begrenzte Aufnahme weiterer Kinder die Zahl der Kinder, die die Einrichtung mindestens 20 Stunden besuchen, unter die 50 %-Grenze des Art. 2 Abs. 2 BayKiBiG fallen sollte. Da das Unterschreiten der 50 %-Grenze nur vorübergehend ist und Horte **regelmäßig** von Kindern über einen Zeitraum von mindestens einem Monat durchschnittlich mindestens 20 Stunden pro Woche besucht werden, ist ein Unterschreiten des durchschnittlichen Mindestbesuchs nicht zu befürchten.

Beispiel:

In einem Hort sind bei 25 Plätzen 20 Kinder angemeldet. 13 Schüler haben für vier Stunden gebucht, 12 Schüler nutzen den Hort drei Stunden täglich. In den Sommerferien werden zehn fremde Kinder zusätzlich aufgenommen. Für diese Schüler haben die Eltern jeweils drei Stunden gebucht. Auch wenn in den Sommerferien weit mehr als 50 % den Hort weniger als 20 Stunden in der Woche besuchen, führt dies nicht zum Verlust der Förderfähigkeit des Hortes als Bildungseinrichtung nach Art. 2 Abs. 2 BayKiBiG.

5.5 Bei Aufnahme zusätzlicher Kinder dürfen die weiteren Fördervoraussetzungen nicht außer Acht gelassen werden. Zwar ist nun grundsätzlich eine Überschreitung des Anstellungsschlüssels bzw. Unterschreitung der Fachkraftquote auch durch Aufnahme von Kindern oder Höherbuchungen grundsätzlich möglich, ohne dass dies sofort zu Förderkürzung führt. Doch fließen die ungünstigeren Schlüssel in die jeweiligen Jahresanstellungsschlüssel ein und bedürfen in anderen Monaten eines Ausgleichs, um Förderkürzungen zu vermeiden (siehe Erl. 5.4 zu § 17 Abs. 4 AVBayKiBiG).

Unberührt bleibt auch die in der Betriebserlaubnis festgestellte **maximale Platzzahl.**

Beispiel:

In einem Hort sind 25 Schüler zu je fünf Stunden angemeldet. Der Hort weist 25 Plätze nach der Betriebserlaubnis auf. Im August wird ein Ferienprogramm im Umfang von neun Stunden angeboten. Das Programm wird von 12 der angemelde-

ten Hortkinder sowie von weiteren 13 Kindern aus der Umgebung angenommen. Die durchschnittliche Buchung erfolgt in der Kategorie über acht bis neun Stunden.

Die Buchung ist förderrelevant, weil sie mindestens 15 Betriebstage umfasst. Im August fließen in die Berechnung des Mindestanstellungsschlüssels regulär 1.350 gewichtete Buchungsstunden, also auch der nicht anwesenden Schulkinder ein (25 × 9 Stunden × 5 × 1,2). Nicht eingerechnet werden in die monatliche Berechnung die Buchungen der 13 Ferienkinder. Nachdem die Kurzzeitbuchungen sich in aller Regel über das Kalenderjahr verteilen, werden aus Gründen der Verwaltungsökonomie die Buchungen gleichmäßig über die jeweiligen Monate des Bewilligungsjahres verteilt. Sollte es dann zu Überschreitungen des Jahresanstellungsschlüssels oder der Fachkraftquote kommen, wären ggf. Förderkürzungen die Folge. Es obliegt somit dem Träger, bei zusätzlicher Aufnahme von Kindern die Auswirkungen auf den Jahresanstellungsschlüssel in den Blick zu nehmen.

6. Betriebsgründung (Absatz 4)

Absatz 4 dient der finanziellen Absicherung der Startphase einer Kindertageseinrichtung, in der diese gewöhnlich erst nach und nach die volle Zahl an Kindern aufnimmt. Eine neu gegründete Kindertageseinrichtung kann für die ersten drei Monate Betriebszeit die Zahl der Kinder der Förderung zugrunde legen, die sie im dritten Monat nach Betriebsbeginn erreicht. Dadurch wird es einerseits dem Träger ermöglicht, relativ schnell den Betrieb zu eröffnen, andererseits wird Zeit eingeräumt, um noch notwendige organisatorische und konzeptionelle Vorbereitungen für den Betrieb in Volllast zu treffen. Was die Buchungszeitfaktoren angeht, errechnet sich die kindbezogene Förderung fiktiv entsprechend der Buchung der nach drei Monaten angemeldeten Kinder.

Beispiel:

*Eine Krippe eröffnet zum 15. Februar. Sie ist auf 24 Kinder ausgelegt. Im Februar besuchen 12 Kinder, im März 15 Kinder, im April 18 Kinder, im Mai 20 Kinder und ab Juni 24 Kinder die Einrichtung. Die Förderung beginnt am 1. Februar. Der dritte Monat nach Betriebsbeginn ist der Mai. Nicht mit eingerechnet wird der Februar („im dritten Monat **nach** Betriebsbeginn"). Im Mai haben maximal 20 Kinder gebucht. Bei einer durchschnittlichen Buchung im Umfang von fünf bis sechs Stunden errechnet sich für die ersten drei Monate Februar bis einschließlich April eine kindbezogene Förderung in Höhe von 36 528,60 Euro (1 217,62 Euro BW × 20 × 1,5 BF × 2 GF × 2 (kommunaler und staatlicher Anteil): 4 (für drei Monate)). Hinzu kommen weitere Mittel aufgrund der Zahlung des staatlichen Qualitätsbonus oder der Erhöhung des Buchungszeitfaktors nach § 25 Abs. 1 Satz 2 AVBayKiBiG.*

Alternative:

Im vorherigen Beispiel beträgt die Zahl der Kinder im April 22 und im Mai 20 Kinder. Der Träger kann auch nach der Ist-Situation die kindbezogene Förderung beantragen und muss nicht die Sonderregelung nach Absatz 4 beanspruchen. Der Träger kann jedoch nicht im Fallbeispiel für Februar und März eine Berechnung mit 20 Kindern und im April mit 22 Kindern vornehmen. Er hat die Wahl bei Antragstellung: 20 Kinder jeweils in den ersten drei Monaten oder kindbezogene Förderung nach der Buchung für die 12 Kinder im Februar, für die 15 Kinder im März und für die 22 Kinder im April.

Zu berücksichtigen sind alle Kinder, die zum Ende des dritten Monats die Einrichtung besuchen oder zumindest im dritten Monat die Einrichtung mindestens 15 Betriebstage besucht haben (nach Absatz 2).

Beispiel:

Ende Mai besuchen 20 Kinder die Einrichtung. Kurzzeitig, nämlich vom 2. Mai bis 28. Mai besuchten jedoch 21 Kinder die Einrichtung. Das 21. Kind war länger als

15 Betriebstage anwesend. Der fiktiven Berechnung der ersten drei Monate sind 21 Kinder zugrunde zu legen.

Eine **neu gegründete Einrichtung** liegt vor, wenn eine Betriebserlaubnis nach § 45 SGB VIII erstmalig erteilt wird oder eine Betriebserlaubnis für eine bestehende Einrichtung aufgehoben und aufgrund von Änderungen in der Platzsituation im Sinne einer Erweiterung eine neue Betriebserlaubnis erteilt wird.

Die Zugrundelegung der Belegungszahl des dritten Monats ab Betriebsbeginn setzt voraus, dass der Träger das hierfür erforderliche Personal bereits seit Betriebsbeginn vorhält. Demnach sind bei Anwendung des § 20 Abs. 4 AVBayKiBiG der förderrelevante Anstellungsschlüssel sowie der Qualifikationsschlüssel unter Berücksichtigung der Belegung im vierten Monat bereits bei Betriebsbeginn einzuhalten.

§ 27
Netze für Kinder; Landkindergärten

(1) Die Ansprüche nach der Übergangsvorschrift für ein Netz für Kinder des § 3 Abs. 3 Nr. 1 des Gesetzes vom 8. Juli 2005 (GVBl. S. 236) erlöschen, wenn von den Definitionsmerkmalen eines Netzes für Kinder abgewichen wird.

(2) Ein Gemeindeteil gleicht auf Grund seiner Infrastruktur einer selbstständigen Gemeinde im Sinn des Art. 24 Satz 2 BayKiBiG, wenn er vor den Eingemeindungsmaßnahmen im Zuge der oder im Hinblick auf die kommunale Gebietsreform von 1972 eine selbstständige Gemeinde war.

(3) Für die Berechnung des Anstellungsschlüssels ist bei Landkindergärten im Sinn des Art. 24 BayKiBiG auf die Zahl, Gewichtungsfaktoren und Buchungszeiten der tatsächlich betreuten Kinder abzustellen.

Erläuterungen

Übersicht

1. Einführung
2. Sonderregelung für Netze für Kinder (Absatz 1)
3. Definition des Gemeindeteils (Absatz 2)
4. Berechnung des Anstellungsschlüssels

1. Einführung

§ 27 AVBayKiBiG entspricht § 21 AVBayKiBiG a. F. mit folgender Änderung: Der § 27 AVBayKiBiG regelt die Berechnung des Anstellungsschlüssels für Landkindergärten dahingehend, dass künftig auf die **tatsächliche** Zahl, Gewichtungsfaktoren und Buchungszeit der Kinder bei der Feststellung des Anstellungsschlüssels abgestellt wird und nicht mehr auf die auf (bisher) 22 bzw. 25 Kinder hochgerechneten Werte (bisherige Verwaltungspraxis), die zur Berechnung der Fördersumme für Landkindergärten nach Art. 24 BayKiBiG zu Grunde gelegt werden.

2. Sonderregelung für Netze für Kinder (Absatz 1)

Absatz 1 stellt auf Grundlage Art. 30 Nr. 5 BayKiBiG sicher, dass die Sonderförderung nach § 3 Abs. 3 Nr. 1 BayKiBiG und ÄndG nur die zum Zeitpunkt des Inkrafttretens des BayKiBiG am 1.8.2005 bestehenden Gruppen von Netzen für Kinder betrifft. Für Netze für Kinder erfolgte zum 1.9.2006 eine Umstellung der bisherigen Personal- und Sachkostenförderung auf eine kindbezogene Förderung bei gleichzeitiger Hochrechnung auf 22 Kinder entsprechend Art. 24 BayKiBiG a. F. Während bei den Landkindergärten eine Hochrechnung auf 25 Kinder erfolgt, bleibt es bei den Netzen für Kinder bei 22 Kindern (Erl. zu § 3 BayKiBiG u. ÄndG). Wenn die Netze für Kinder wegen fehlender Bedarfsnotwendigkeit nicht mehr gefördert werden oder ein Definitionsmerkmal eines Netzes für Kinder (z. B. die Elternmitwirkung) entfällt, entfällt **unwiderruflich** auch die Sonderförderung. Dies gilt auch, wenn diese Tatbestände nach dem 1.8.2005, aber vor der Umstellung der Förderung am 1.9.2006 eintreten. Sollte nach einer Unterbrechung eine Fördervoraussetzung erfüllt werden (z. B. wenn nachträglich die Elternmitwirkung wieder sichergestellt werden würde), ist eine Förderung nach der Sonderregelung **nicht** mehr möglich.

3. Definition des Gemeindeteils (Absatz 2)

Die sog. Landkindergartenregelung in Art. 24 BayKiBiG betrifft nicht nur das einzige Kinderbetreuungsangebot in einer Gemeinde, sondern auch in einem **Gemeindeteil**, wenn dieser aufgrund seiner Infrastruktur einer selbstständigen Gemeinde gleicht. Eine enumerative Aufzählung zur Bestimmung der Gemeindeteile im Sinne des Art. 24 Satz 2 BayKiBiG ist nicht möglich, da die Sonderförderung auch für die einzigen Kindergärten einer Gemeinde oder eines Gemeindeteils gelten soll, die zwar derzeit mehr als 24 Kinder aufweisen, aber in den nächsten Jahren unter diese Grenze fallen.

Grundgedanke der Bestimmung des Gemeindeteils nach Absatz 2 ist, dass für solche Gemeindeteile die Existenz der einzigen Kindertageseinrichtung ermöglicht werden soll, bei denen es den Familien unzumutbar wäre, auf eine Kindertageseinrichtung einer anderen Gemeinde bzw. eines anderen Gemeindeteils auszuweichen.

Aus Gründen der Verwaltungsvereinfachung bestimmt Absatz 2, dass im Zuge der oder im Hinblick auf die Gemeindegebietsreform 1972 entstandene Gemeindeteile selbstständigen Gemeinden gleichen. Für Kindertageseinrichtungen in diesen Gemeindeteilen, die das einzige Angebot darstellen, gilt unter den **weiteren Voraussetzungen** des Art. 24 BayKiBiG die so genannte Landkindergartenregelung. Betroffen sind durch die Formulierung „im Zuge" nicht nur die Gemeinden, die per Gesetz eingemeindet wurden, sondern auch diejenigen, die im Vorfeld der Gemeindegebietsreform ihre Selbstständigkeit freiwillig aufgegeben haben. Auf aufwändige Einzelfallprüfungen kann durch diese Festlegung verzichtet werden. Unberührt bleiben Gemeindeteile, die erst nach der Gebietsreform die Entwicklung zu einer quasi selbstständigen Gemeinde aufgenommen haben. Sie sind fallweise zu beurteilen.

4. Berechnung des Anstellungsschlüssels

Absatz 3 regelt die Berechnung des Anstellungsschlüssels von Landkindergärten. Aufgrund der fiktiven Hochrechnung der Kinderzahlen mussten bisher die Träger der Landkindergärten bei der Berechnung des Anstellungsschlüssels diese fiktiven Kinder berücksichtigen. Es musste also Personal vorgehalten werden, das wegen der geringen Zahl der Kinder nicht zwingend erforderlich war. Diese Verwaltungspraxis wurde bereits zum Kindergartenjahr 2012/13 aufgegeben. In der AVBayKiBiG erfolgt nun eine ausdrückliche Regelung, dass auf die **tatsächlichen** Verhältnisse abgestellt wird. Soweit Eltern in den Einrichtungen gem. Art. 24 Satz 3 BayKiBiG mitarbeiten, werden diese Zeiten nicht bei der Berechnung des Anstellungsschlüssels und der Fachkraftquote berücksichtigt (§ 17 Abs. 1 AVBayKiBiG).

4. ABSCHNITT

ÜBERGANGS- UND SCHLUSSBESTIMMUNG

§ 28

Übergangsregelung

Aufgehoben durch G vom 5.12.2017 (GVBl. S. 538)

§ 29

Inkrafttreten, Außerkrafttreten

(1) [1] Diese Verordnung tritt am 16. Dezember 2005 in Kraft. [2] Abweichend von Satz 1 tritt der 3. Abschnitt mit Wirkung vom 1. August 2005 in Kraft.

(2) [1] § 28 Abs. 1 tritt mit Ablauf des 31. Dezember 2014 außer Kraft. [2] § 28 Abs. 2 tritt mit Ablauf des 31. Dezember 2016 außer Kraft.

Erläuterungen

§ 29 AVBayKiBiG regelt das Inkrafttreten und Außerkrafttreten der Verordnung. Damit die kindbezogene Förderung entsprechend § 3 Abs. 1 BayKiBiG und ÄndG bereits für die Zeit ab 1.8.2005 berechnet und ausbezahlt werden kann, bedurfte es eines rückwirkenden Inkrafttretens des 3. Abschnitts.

Die Rechtsfolgen in Absatz 2, Außer-Kraft-Treten der Absätze 1 und 2 in § 28 sind zwischenzeitlich eingetreten.

Übersicht

Bayerisches Integrationsgesetz (BayIntG)

**vom 13. Dezember 2016 (GVBl S. 335),
zuletzt geändert durch § 1 Abs. 277 der Verordnung vom 26. März 2019 (GVBl. S. 98)**

– Auszug –

Art. 1

Integrationsziele

[1] Bayern bekennt sich zu seiner Verantwortung gegenüber allen, die aus anderen Staaten kommen und hier nach Maßgabe der Gesetze Aufnahme gefunden haben oder Schutz vor Krieg und Verfolgung suchen. [2] Es ist Ziel dieses Gesetzes, diesen Menschen für die Zeit ihres Aufenthalts Hilfe und Unterstützung anzubieten, um ihnen das Leben in dem ihnen zunächst fremden und unbekannten Land zu erleichtern (Integrationsförderung), sie aber zugleich auf die im Rahmen ihres Gast- und Aufenthaltsstatus unabdingbare Achtung der Leitkultur zu verpflichten und dazu eigene Integrationsanstrengungen abzuverlangen (Integrationspflicht). [3] Das soll zugleich einer Überforderung der gesellschaftlichintegrativen und der wirtschaftlichen Leistungsfähigkeit des Landes und seiner kommunalen Ebenen entgegenwirken.

Art. 2

Begriffsbestimmungen

(1) [1] Migrantinnen und Migranten im Sinne dieses Gesetzes sind alle Ausländerinnen und Ausländer, die sich dauerhaft berechtigt in Bayern aufhalten. [2] Gleichgestellt sind Ausländerinnen und Ausländer, die eine Aufenthaltsgestattung besitzen und bei denen ein rechtmäßiger und dauerhafter Aufenthalt zu erwarten ist. [3] Nicht erfasst sind Personen, die nach Regelungen im Sinne des § 1 Abs. 1 Satz 5 des Aufenthaltsgesetzes (AufenthG) oder nach § 1 Abs. 2 Nr. 2 und 3 AufenthG vom Erfordernis eines Aufenthaltstitels befreit sind.

(2) Ausländerinnen und Ausländer

1. nach § 1 Abs. 2 Nr. 1 AufenthG und nach § 28 der Aufenthaltsverordnung (AufenthV),

2. die einen Aufenthaltstitel nach § 18 AufenthG besitzen, wenn der Ausübung der Beschäftigung nach § 2 Abs. 3, § 4 oder § 10 der Beschäftigungsverordnung (BeschV) zugestimmt wurde oder sie nach § 2 Abs. 1 Nr. 3, § 3 oder § 5 BeschV ohne Zustimmung zulässig ist,

3. die einen Aufenthaltstitel nach den §§ 18b bis 21 AufenthG besitzen,

4. für die § 41 AufenthV gilt oder

5. die als Angehörige der in den Nrn. 1 bis 4 genannten Personen einen Aufenthaltstitel zum Familiennachzug besitzen oder

6. die Ehegatten oder Lebenspartner eines Deutschen sind,

sind Migrantinnen und Migranten nur in Bezug auf die Regelungen dieses Gesetzes über die Integrationsförderung.

(3) [1] Die Regelungen dieses Gesetzes über die Integrationsförderung gelten entsprechend für Deutsche, die in besonderer Weise integrationsbedürftig sind und

1. außerhalb der heutigen Grenzen der Bundesrepublik Deutschland geboren und nach 1955 in das heutige Gebiet der Bundesrepublik Deutschland zugewandert sind oder

2. zumindest einen Eltern- oder Großelternteil haben, der die Bedingungen der Nr. 1 erfüllt.

[2] In besonderer Weise integrationsbedürftig ist insbesondere, wer die deutsche Sprache nicht mindestens auf dem Niveau A2 des Gemeinsamen Europäischen Referenzrahmens für Sprachen beherrscht.

Art. 3

Allgemeine Integrationsförderung

(1) [1] Bildung ist ein zentraler Schlüssel zur Integration. [2] Der Staat unterstützt sowohl minderjährige als auch erwachsene Migrantinnen und Migranten darin, spezifische Bildungslücken auszugleichen, die ihren Grund nicht in ihren persönlichen Anlagen und Bildungsanstrengungen haben, sondern auf strukturellen Bildungsdefiziten ihres Herkunftsstaats beruhen oder migrationsbedingt sind. [3] Die Zugangsvoraussetzungen zu den einzelnen schulischen Bildungswegen und -einrichtungen einschließlich begründeter Ausnahmen für Schülerinnen und Schüler nichtdeutscher Muttersprache regeln die Schulordnungen auf Basis der einschlägigen gesetzlichen Ermächtigungen.

(2) Der Staat unterstützt Migrantinnen und Migranten durch geeignete Angebote in dem ihnen abverlangten Bemühen, sich mit den in der heimischen Bevölkerung vorherrschenden Umgangsformen, Sitten und Gebräuchen vertraut zu machen, soweit sich diese von denjenigen in den Herkunftsstaaten unterscheiden.

(3) [1] Eltern leisten durch Erziehung und Wertevermittlung einen wesentlichen Beitrag zu einer gelingenden Integration. [2] Der Staat unterstützt Migrantinnen und Migranten durch geeignete Angebote darin, die tatsächliche Durchsetzung der Gleichberechtigung von Frauen und Männern in Deutschland anzunehmen, einzuüben und auch selbstbewusst zu vertreten.

(4) [1] Gelingende Integration bedarf der gegenseitigen Rücksichtnahme und Toleranz sowie des Respekts vor der Einzigartigkeit, der Lebensgeschichte und den Prägungen des jeweils anderen. [2] Der Staat fördert an der Leitkultur ausgerichtete Angebote, die Migrantinnen und Migranten in politischer Bildung, deutscher Geschichte einschließlich der Lehren aus den Verbrechen des Dritten Reiches und in der Rechtskunde unterweisen und ihnen die heimische Kultur, Wirtschafts- und Gesellschaftsordnung näherbringen. [3] Er fördert zugleich die interkulturelle Sensibilität von Bevölkerung und Verwaltung und unterstützt integrativ wirkende Projekte.

(5) Der Staat unterstützt Angebote der Migrationsberatung, um den Migrantinnen und Migranten im Bedarfsfall einzelfallgerechte Hilfe und Unterstützung in den eigenen Integrationsbemühungen zu gewähren.

(6) [1] Das an den Integrationszielen dieses Gesetzes ausgerichtete bürgerschaftliche Engagement von und für Migrantinnen und Migranten soll in allen Bereichen der Gesellschaft gestärkt werden. [2] Migrantinnen und Migranten werden ermutigt, durch bürgerschaftliches Engagement einen Beitrag zum Gemeinwohl zu leisten und sich auf diese Weise zu unserem Land und seinen Werten zu bekennen. [3] Der Staat erkennt den wichtigen Beitrag an, den Verbände und Vereine leisten, wenn sie über Angebote informieren, für Teilnahme werben und sich aktiv in den politischen Prozess einbringen. [4] Er unterstützt die ehrenamtliche Arbeit vor Ort durch geeignete Angebote, insbesondere zur Information und Koordinierung.

(7) Der Staat unterstützt Angebote der Rückkehrberatung, um ausreisepflichtigen oder rückkehrwilligen Ausländerinnen und Ausländern bedarfsgerechte Hilfe und Unterstützung für die Rückkehr in ihre Herkunftsstaaten zu gewähren.

(8) [1] Migrationsbedingte Erwägungen können im Rahmen von Ermessensentscheidungen berücksichtigt werden, soweit dies den in Art. 1 genannten Integrationszielen in geeigneter Weise dienen kann. [2] Alle staatlichen Behörden verwirklichen im Rahmen ihrer Zuständigkeiten und der geltenden Gesetze die Integrationsziele dieses Gesetzes.

(9) [1] Förderungen nach diesem Artikel erfolgen nach Maßgabe gesonderter Förderrichtlinien. [2] Diese sind jeweils gemäß den haushaltsrechtlichen Bestimmungen zu befristen und mit einem Haushaltsvorbehalt zu versehen.

Art. 4

Deutsche Sprache

(1) [1] Nur wer deutsch spricht, kann sich vollumfänglich in das öffentliche Leben und Arbeiten einfügen. [2] Eigenes Engagement beim Spracherwerb liegt daher im wohlverstandenen Eigeninteresse der Migrantinnen und Migranten.

(2) Wer volljährig ist und sich in den vorangegangenen sechs Jahren mindestens drei Jahre in Deutschland ständig aufgehalten hat, soll sich mit jedermann in deutscher Sprache angemessen verständigen können.

(3) [1] Der Staat unterstützt Migrantinnen und Migranten in den ersten sechs Jahren nach ihrer Einreise nach Deutschland in ihren Bemühungen, die deutsche Sprache in Wort und Schrift zu erlernen. [2] Art. 3 Abs. 9 gilt entsprechend. [3] Wer aus selbst zu vertretenden Gründen das im Rahmen einer gewährten Förderung mindestens erwartbare Sprachniveau nicht erreicht, kann vorbehaltlich anderweitiger Bestimmungen nach Maßgabe einschlägiger Förderrichtlinien zur angemessenen Erstattung von Förderkosten verpflichtet werden.

(4) [1] Die notwendigen Kosten für die Heranziehung eines Dolmetschers oder Übersetzers durch Behörden können Personen im Sinne des Abs. 2 auch dann auferlegt werden, wenn eine Kostenauferlegung nicht nach anderen Vorschriften vorgesehen ist. [2] Haftungsansprüche wegen fehlerhafter Übersetzung gegen die Körperschaft, deren Behörde den Dolmetscher oder Übersetzer herangezogen hat, sind ausgeschlossen.

Art. 5
Vorschulische Sprachförderung

(1) [1] Die Träger von Kindertageseinrichtungen fördern die sprachliche Entwicklung der Kinder von Anfang an und tragen hierbei den besonderen Anforderungen von Kindern aus Migrantenfamilien und Kindern mit sonstigem Sprachförderbedarf Rechnung. [2] Kinder sollen lernen, sich entwicklungsangemessen in der deutschen Sprache sowie durch die allgemein übliche Mimik und Körpersprache auszudrücken, längeren Darstellungen oder Erzählungen zu folgen und selbst Geschichten zusammenhängend zu erzählen. [3] Sie sollen Wortschatz, Begriffs- und Lautbildung, Satzbau und sprachliche Abstraktion in der deutschen Sprache entsprechend ihrem Entwicklungsstand erweitern und verfeinern. [4] Die Verwendung der lokalen Dialekte wird unterstützt und gepflegt. [5] Das pädagogische Personal muss über die erforderlichen deutschen Sprachkenntnisse verfügen und soll die notwendigen interkulturellen Kompetenzen im erforderlichen Umfang fortentwickeln.

(2) [1] Ab der ersten Hälfte des vorletzten Kindergartenjahres (Art. 26 Abs. 1 Satz 5 des Bayerischen Kinderbildungs- und -betreuungsgesetzes – BayKiBiG) vor Eintritt der Vollzeitschulpflicht wird bei allen Kindern zur frühzeitigen Feststellung und Förderung einer entsprechenden Entwicklung für die spätere Leistungsfähigkeit in der Schule der Sprachstand erhoben. [2] Zuständig ist die Kindertageseinrichtung, die das Kind besucht. [3] Besucht das Kind keine Kindertageseinrichtung, führt die Sprachstandserhebung die Grundschule durch, in der die Schulpflicht voraussichtlich zu erfüllen ist. [4] In den Fällen des Satzes 3 müssen die Erziehungsberechtigten dafür sorgen, dass ihr Kind an der Sprachstandserhebung teilnimmt.

(3) [1] Ein Kind, bei dem das Ergebnis der Sprachstandserhebung nach Abs. 2 erwarten lässt, dass seine Deutschkenntnisse für eine erfolgreiche Teilnahme am Unterricht der Grundschule nicht ausreichen werden, soll in der Zeit bis zur Einschulung einen Vorkurs zur Förderung der deutschen Sprachkenntnisse besuchen. [2] Die Erziehungsberechtigten des Kindes können durch die nach Abs. 2 Satz 2 oder 3 zuständige Stelle über mögliche weitere Fördermaßnahmen, eine gegebenenfalls bestehende finanzielle Unterstützung und die Vorzüge eines regelmäßigen Kindergartenbesuchs informiert werden. [3] Wird ein solches Gespräch in den Fällen des Abs. 2 Satz 3 angeboten, sind sie zur Teilnahme verpflichtet.

(4) Erfüllt ein Träger einer Kindertageseinrichtung die sich aus Abs. 1 und 2 oder Art. 6 ergebenden Verpflichtungen nicht, richten sich Widerruf und Rücknahme der Erlaubnis für den Betrieb der Einrichtung nach § 45 Abs. 2 Nr. 2, Abs. 7 des Achten Buches Sozialgesetzbuch.

(5) Das Nähere zu den Abs. 1 bis 4 kann das Staatsministerium für Familie, Arbeit und Soziales, im Einvernehmen mit dem Staatsministerium für Unterricht und Kultus durch Rechtsverordnung regeln.

(6) Mit Geldbuße kann von der Kreisverwaltungsbehörde belegt werden, wer den Pflichten nach Abs. 2 Satz 4 oder Abs. 3 Satz 3 zuwiderhandelt.

Art. 6
Frühkindliche Bildung

[1] Alle Kinder in Kindertageseinrichtungen sollen zentrale Elemente der christlich-abendländischen Kultur erfahren. [2] Der Träger einer Kindertageseinrichtung hat dafür Sorge zu tragen, dass sie lernen, sinn- und werteorientiert und in Achtung vor religiösen Überzeugungen zu leben sowie eine eigene von Nächstenliebe getragene religiöse oder weltanschauliche Identität zu entwickeln. [3] Zur Bildung der gesamten Persönlichkeit der Kinder unterstützt und stärkt das pädagogische Personal die Entwick-

lung von freiheitlich-demokratischen, religiösen, sittlichen und sozialen Werthaltungen. [4] Die Kinder-tageseinrichtungen sollen dazu beitragen, die Integrationsbereitschaft der Familien von Migrantinnen und Migranten zu fördern.

Art. 7

Schulen

(1) [1] Die Schulen fördern im Rahmen ihres Bildungs-und Erziehungsauftrags nach Art. 131 der Verfassung die in Art. 1 genannten Integrationsziele. [2] Hierzu unterstützen sie die Integrationsbemühungen von Migrantinnen und Migranten und die interkulturelle Kompetenz aller Schülerinnen und Schüler und vermitteln in diesem Zusammenhang auch die grundlegende Rechts- und Werteordnung der Verfassung. [3] Sie sollen darauf hinwirken, dass die Schülerinnen und Schüler Menschen in ihrer Unterschiedlichkeit offen und unbefangen annehmen.

(2) Auf die interkulturelle und integrative Kompetenz soll im erforderlichen Umfang in der Aus- und Fortbildung der Lehrkräfte besonderer Wert gelegt werden.

(3) [1] Für Schülerinnen und Schüler nichtdeutscher Muttersprache können insbesondere in Pflichtschulen gesonderte Klassen und sonstige Fördermaßnahmen zur Sprachförderung und schulischen Integration eingerichtet werden. [2] Ziel ist eine frühestmögliche Aufnahme in den Unterricht der Regelklassen.

(4) [1] Die Teilnahme am Unterricht ist Grundvoraussetzung schulischer Integration. [2] Befreiungen vom Unterricht aus religiösen Gründen, die sich nicht lediglich auf einzelne Tage beschränken, sind auf die verfassungsrechtlich zwingenden Fälle zu beschränken. [3] Vorrangig sind organisatorische oder prozedurale Maßnahmen auszuschöpfen.

Sozialgesetzbuch – Achtes Buch (SGB VIII) – Kinder- und Jugendhilfe

In der Fassung der Bekanntmachung vom 11. September 2012 (BGBl. I S. 2022),
zuletzt geändert durch Art. 36 des Gesetzes zur Regelung des Sozialen Entschädigungsrechts vom
12. Dezember 2019 (BGBl. I S. 2652)

– Auszug –

§ 1
Recht auf Erziehung, Elternverantwortung, Jugendhilfe

(1) Jeder junge Mensch hat ein Recht auf Förderung seiner Entwicklung und auf Erziehung zu einer eigenverantwortlichen und gemeinschaftsfähigen Persönlichkeit.

(2) Pflege und Erziehung der Kinder sind das natürliche Recht der Eltern und die zuvörderst ihnen obliegende Pflicht. Über ihre Betätigung wacht die staatliche Gemeinschaft.

(3) Jugendhilfe soll zur Verwirklichung des Rechts nach Absatz 1 insbesondere

1. junge Menschen in ihrer individuellen und sozialen Entwicklung fördern und dazu beitragen, Benachteiligungen zu vermeiden oder abzubauen,

2. Eltern und andere Erziehungsberechtigte bei der Erziehung beraten und unterstützen,

3. Kinder und Jugendliche vor Gefahren für ihr Wohl schützen,

4. dazu beitragen, positive Lebensbedingungen für junge Menschen und ihre Familien sowie eine kinder- und familienfreundliche Umwelt zu erhalten oder zu schaffen.

§ 3
Freie und öffentliche Jugendhilfe

(1) Die Jugendhilfe ist gekennzeichnet durch die Vielfalt von Trägern unterschiedlicher Wertorientierungen und die Vielfalt von Inhalten, Methoden und Arbeitsformen.

(2) Leistungen der Jugendhilfe werden von Trägern der freien Jugendhilfe und von Trägern der öffentlichen Jugendhilfe erbracht. Leistungsverpflichtungen, die durch dieses Buch begründet werden, richten sich an die Träger der öffentlichen Jugendhilfe.

(3) Andere Aufgaben der Jugendhilfe werden von Trägern der öffentlichen Jugendhilfe wahrgenommen. Soweit dies ausdrücklich bestimmt ist, können Träger der freien Jugendhilfe diese Aufgaben wahrnehmen oder mit ihrer Ausführung betraut werden.

§ 4
Zusammenarbeit der öffentlichen Jugendhilfe mit der freien Jugendhilfe

(1) Die öffentliche Jugendhilfe soll mit der freien Jugendhilfe zum Wohl junger Menschen und ihrer Familien partnerschaftlich zusammenarbeiten. Sie hat dabei die Selbständigkeit der freien Jugendhilfe in Zielsetzung und Durchführung ihrer Aufgaben sowie in der Gestaltung ihrer Organisationsstruktur zu achten.

(2) Soweit geeignete Einrichtungen, Dienste und Veranstaltungen von anerkannten Trägern der freien Jugendhilfe betrieben werden oder rechtzeitig geschaffen werden können, soll die öffentliche Jugendhilfe von eigenen Maßnahmen absehen.

(3) Die öffentliche Jugendhilfe soll die freie Jugendhilfe nach Maßgabe dieses Buches fördern und dabei die verschiedenen Formen der Selbsthilfe stärken.

§ 5
Wunsch- und Wahlrecht

(1) Die Leistungsberechtigten haben das Recht, zwischen Einrichtungen und Diensten verschiedener Träger zu wählen und Wünsche hinsichtlich der Gestaltung der Hilfe zu äußern. Sie sind auf dieses Recht hinzuweisen.

(2) Der Wahl und den Wünschen soll entsprochen werden, sofern dies nicht mit unverhältnismäßigen Mehrkosten verbunden ist. Wünscht der Leistungsberechtigte die Erbringung einer in § 78a genannten Leistung in einer Einrichtung, mit deren Träger keine Vereinbarungen nach § 78b bestehen, so soll der Wahl nur entsprochen werden, wenn die Erbringung der Leistung in dieser Einrichtung im Einzelfall oder nach Maßgabe des Hilfeplanes (§ 36) geboten ist.

§ 8a
Schutzauftrag bei Kindeswohlgefährdung

(1) Werden dem Jugendamt gewichtige Anhaltspunkte für die Gefährdung des Wohls eines Kindes oder Jugendlichen bekannt, so hat es das Gefährdungsrisiko im Zusammenwirken mehrerer Fachkräfte einzuschätzen. Soweit der wirksame Schutz dieses Kindes oder dieses Jugendlichen nicht in Frage gestellt wird, hat das Jugendamt die Erziehungsberechtigten sowie das Kind oder den Jugendlichen in die Gefährdungseinschätzung einzubeziehen und, sofern dies nach fachlicher Einschätzung erforderlich ist, sich dabei einen unmittelbaren Eindruck von dem Kind und von seiner persönlichen Umgebung zu verschaffen. Hält das Jugendamt zur Abwendung der Gefährdung die Gewährung von Hilfen für geeignet und notwendig, so hat es diese den Erziehungsberechtigten anzubieten.

(2) Hält das Jugendamt das Tätigwerden des Familiengerichts für erforderlich, so hat es das Gericht anzurufen; dies gilt auch, wenn die Erziehungsberechtigten nicht bereit oder in der Lage sind, bei der Abschätzung des Gefährdungsrisikos mitzuwirken. Besteht eine dringende Gefahr und kann die Entscheidung des Gerichts nicht abgewartet werden, so ist das Jugendamt verpflichtet, das Kind oder den Jugendlichen in Obhut zu nehmen.

(3) Soweit zur Abwendung der Gefährdung das Tätigwerden anderer Leistungsträger, der Einrichtungen der Gesundheitshilfe oder der Polizei notwendig ist, hat das Jugendamt auf die Inanspruchnahme durch die Erziehungsberechtigten hinzuwirken. Ist ein sofortiges Tätigwerden erforderlich und wirken die Personensorgeberechtigten oder die Erziehungsberechtigten nicht mit, so schaltet das Jugendamt die anderen zur Abwendung der Gefährdung zuständigen Stellen selbst ein.

(4) In Vereinbarungen mit den Trägern von Einrichtungen und Diensten, die Leistungen nach diesem Buch erbringen, ist sicherzustellen, dass

1. deren Fachkräfte bei Bekanntwerden gewichtiger Anhaltspunkte für die Gefährdung eines von ihnen betreuten Kindes oder Jugendlichen eine Gefährdungseinschätzung vornehmen,

2. bei der Gefährdungseinschätzung eine insoweit erfahrene Fachkraft beratend hinzugezogen wird sowie

3. die Erziehungsberechtigten sowie das Kind oder der Jugendliche in die Gefährdungseinschätzung einbezogen werden, soweit hierdurch der wirksame Schutz des Kindes oder Jugendlichen nicht in Frage gestellt wird.

In die Vereinbarung ist neben den Kriterien für die Qualifikation der beratend hinzuzuziehenden insoweit erfahrenen Fachkraft insbesondere die Verpflichtung aufzunehmen, dass die Fachkräfte der Träger bei den Erziehungsberechtigten auf die Inanspruchnahme von Hilfen hinwirken, wenn sie diese für erforderlich halten, und das Jugendamt informieren, falls die Gefährdung nicht anders abgewendet werden kann.

(5) Werden einem örtlichen Träger gewichtige Anhaltspunkte für die Gefährdung des Wohls eines Kindes oder eines Jugendlichen bekannt, so sind dem für die Gewährung von Leistungen zuständigen örtlichen Träger die Daten mitzuteilen, deren Kenntnis zur Wahrnehmung des Schutzauftrags bei Kindeswohlgefährdung nach § 8a erforderlich ist. Die Mitteilung soll im Rahmen eines Gespräches zwischen den Fachkräften der beiden örtlichen Träger erfolgen, an dem die Personensorgeberechtigten sowie das Kind oder der Jugendliche beteiligt werden sollen, soweit hierdurch der wirksame Schutz des Kindes oder des Jugendlichen nicht in Frage gestellt wird.

§ 8b
Fachliche Beratung und Begleitung zum Schutz von Kindern und Jugendlichen

(1) Personen, die beruflich in Kontakt mit Kindern oder Jugendlichen stehen, haben bei der Einschätzung einer Kindeswohlgefährdung im Einzelfall gegenüber dem örtlichen Träger der Jugendhilfe Anspruch auf Beratung durch eine insoweit erfahrene Fachkraft.

(2) Träger von Einrichtungen, in denen sich Kinder oder Jugendliche ganztägig oder für einen Teil des Tages aufhalten oder in denen sie Unterkunft erhalten, und die zuständigen Leistungsträger, haben gegenüber dem überörtlichen Träger der Jugendhilfe Anspruch auf Beratung bei der Entwicklung und Anwendung fachlicher Handlungsleitlinien

1. zur Sicherung des Kindeswohls und zum Schutz vor Gewalt sowie
2. zu Verfahren der Beteiligung von Kindern und Jugendlichen an strukturellen Entscheidungen in der Einrichtung sowie zu Beschwerdeverfahren in persönlichen Angelegenheiten.

§ 22
Grundsätze der Förderung

(1) Tageseinrichtungen sind Einrichtungen, in denen sich Kinder für einen Teil des Tages oder ganztägig aufhalten und in Gruppen gefördert werden. Kindertagespflege wird von einer geeigneten Tagespflegeperson in ihrem Haushalt oder im Haushalt des Personensorgeberechtigten geleistet. Das Nähere über die Abgrenzung von Tageseinrichtungen und Kindertagespflege regelt das Landesrecht. Es kann auch regeln, dass Kindertagespflege in anderen geeigneten Räumen geleistet wird.

(2) Tageseinrichtungen für Kinder und Kindertagespflege sollen

1. die Entwicklung des Kindes zu einer eigenverantwortlichen und gemeinschaftsfähigen Persönlichkeit fördern,
2. die Erziehung und Bildung in der Familie unterstützen und ergänzen,
3. den Eltern dabei helfen, Erwerbstätigkeit und Kindererziehung besser miteinander vereinbaren zu können.

(3) Der Förderungsauftrag umfasst Erziehung, Bildung und Betreuung des Kindes und bezieht sich auf die soziale, emotionale, körperliche und geistige Entwicklung des Kindes. Er schließt die Vermittlung orientierender Werte und Regeln ein. Die Förderung soll sich am Alter und Entwicklungsstand, den sprachlichen und sonstigen Fähigkeiten, der Lebenssituation sowie den Interessen und Bedürfnissen des einzelnen Kindes orientieren und seine ethnische Herkunft berücksichtigen.

(4) Für die Erfüllung des Förderungsauftrags nach Absatz 3 sollen geeignete Maßnahmen zur Gewährleistung der Qualität der Förderung von Kindern in Tageseinrichtungen und in der Kindertagespflege weiterentwickelt werden. Das Nähere regelt das Landesrecht.

§ 22a
Förderung in Tageseinrichtungen

(1) Die Träger der öffentlichen Jugendhilfe sollen die Qualität der Förderung in ihren Einrichtungen durch geeignete Maßnahmen sicherstellen und weiterentwickeln. Dazu gehören die Entwicklung und der Einsatz einer pädagogischen Konzeption als Grundlage für die Erfüllung des Förderungsauftrags sowie der Einsatz von Instrumenten und Verfahren zur Evaluation der Arbeit in den Einrichtungen.

(2) Die Träger der öffentlichen Jugendhilfe sollen sicherstellen, dass die Fachkräfte in ihren Einrichtungen zusammenarbeiten

1. mit den Erziehungsberechtigten und Tagespflegepersonen zum Wohl der Kinder und zur Sicherung der Kontinuität des Erziehungsprozesses,
2. mit anderen kinder- und familienbezogenen Institutionen und Initiativen im Gemeinwesen, insbesondere solchen der Familienbildung und -beratung,
3. mit den Schulen, um den Kindern einen guten Übergang in die Schule zu sichern und um die Arbeit mit Schulkindern in Horten und altersgemischten Gruppen zu unterstützen.

Die Erziehungsberechtigten sind an den Entscheidungen in wesentlichen Angelegenheiten der Erziehung, Bildung und Betreuung zu beteiligen.

(3) Das Angebot soll sich pädagogisch und organisatorisch an den Bedürfnissen der Kinder und ihrer Familien orientieren. Werden Einrichtungen in den Ferienzeiten geschlossen, so hat der Träger der öffentlichen Jugendhilfe für die Kinder, die nicht von den Erziehungsberechtigten betreut werden können, eine anderweitige Betreuungsmöglichkeit sicherzustellen.

(4) Kinder mit und ohne Behinderung sollen, sofern der Hilfebedarf dies zulässt, in Gruppen gemeinsam gefördert werden. Zu diesem Zweck sollen die Träger der öffentlichen Jugendhilfe mit den Trägern der Sozialhilfe bei der Planung, konzeptionellen Ausgestaltung und Finanzierung des Angebots zusammenarbeiten.

(5) Die Träger der öffentlichen Jugendhilfe sollen die Realisierung des Förderungsauftrags nach Maßgabe der Absätze 1 bis 4 in den Einrichtungen anderer Träger durch geeignete Maßnahmen sicherstellen.

§ 23
Förderung in Kindertagespflege

(1) Die Förderung in Kindertagespflege nach Maßgabe von § 24 umfasst die Vermittlung des Kindes zu einer geeigneten Tagespflegeperson, soweit diese nicht von der erziehungsberechtigten Person nachgewiesen wird, deren fachliche Beratung, Begleitung und weitere Qualifizierung sowie die Gewährung einer laufenden Geldleistung an die Tagespflegeperson.

(2) Die laufende Geldleistung nach Absatz 1 umfasst

1. die Erstattung angemessener Kosten, die der Tagespflegeperson für den Sachaufwand entstehen,
2. einen Betrag zur Anerkennung ihrer Förderungsleistung nach Maßgabe von Absatz 2a,
3. die Erstattung nachgewiesener Aufwendungen für Beiträge zu einer Unfallversicherung sowie die hälftige Erstattung nachgewiesener Aufwendungen zu einer angemessenen Alterssicherung der Tagespflegeperson und
4. die hälftige Erstattung nachgewiesener Aufwendungen zu einer angemessenen Krankenversicherung und Pflegeversicherung.

(2a) Die Höhe der laufenden Geldleistung wird von den Trägern der öffentlichen Jugendhilfe festgelegt, soweit Landesrecht nicht etwas anderes bestimmt. Der Betrag zur Anerkennung der Förderungsleistung der Tagespflegeperson ist leistungsgerecht auszugestalten. Dabei sind der zeitliche Umfang der Leistung und die Anzahl sowie der Förderbedarf der betreuten Kinder zu berücksichtigen.

(3) Geeignet im Sinne von Absatz 1 sind Personen, die sich durch ihre Persönlichkeit, Sachkompetenz und Kooperationsbereitschaft mit Erziehungsberechtigten und anderen Tagespflegepersonen auszeichnen und über kindgerechte Räumlichkeiten verfügen. Sie sollen über vertiefte Kenntnisse hinsichtlich der Anforderungen der Kindertagespflege verfügen, die sie in qualifizierten Lehrgängen erworben oder in anderer Weise nachgewiesen haben.

(4) Erziehungsberechtigte und Tagespflegepersonen haben Anspruch auf Beratung in allen Fragen der Kindertagespflege. Für Ausfallzeiten einer Tagespflegeperson ist rechtzeitig eine andere Betreuungsmöglichkeit für das Kind sicherzustellen. Zusammenschlüsse von Tagespflegepersonen sollen beraten, unterstützt und gefördert werden.

§ 24
Anspruch auf Förderung in Tageseinrichtungen und in Kindertagespflege

(1) Ein Kind, das das erste Lebensjahr noch nicht vollendet hat, ist in einer Einrichtung oder in Kindertagespflege zu fördern, wenn

1. durch diese Leistung seine Entwicklung zu einer eigenverantwortlichen und gemeinschaftsfähigen Persönlichkeit geboten ist oder
2. die Erziehungsberechtigten
   a) einer Erwerbstätigkeit nachgehen, eine Erwerbstätigkeit aufnehmen oder Arbeit suchend sind
   b) sich in einer beruflichen Bildungsmaßnahme, in der Schulausbildung oder Hochschulausbildung befinden oder
   c) Leistungen zur Eingliederung in Arbeit im Sinne des Zweiten Buches erhalten.

Lebt das Kind nur mit einem Erziehungsberechtigten zusammen, so tritt diese Person an die Stelle der Erziehungsberechtigten. Der Umfang der täglichen Förderung richtet sich nach dem individuellen Bedarf.

(2) Ein Kind, das das erste Lebensjahr vollendet hat, hat bis zur Vollendung des dritten Lebensjahres Anspruch auf frühkindliche Förderung in einer Tageseinrichtung oder in Kindertagespflege. Absatz 1 Satz 3 gilt entsprechend.

(3) Ein Kind, das das dritte Lebensjahr vollendet hat, hat bis zum Schuleintritt Anspruch auf Förderung in einer Tageseinrichtung. Die Träger der öffentlichen Jugendhilfe haben darauf hinzuwirken, dass für diese Altersgruppe ein bedarfsgerechtes Angebot an Ganztagsplätzen zur Verfügung steht. Das Kind kann bei besonderem Bedarf oder ergänzend auch in Kindertagespflege gefördert werden.

(4) Für Kinder im schulpflichtigen Alter ist ein bedarfsgerechtes Angebot in Tageseinrichtungen vorzuhalten. Absatz 1 Satz 3 und Absatz 3 Satz 3 gelten entsprechend.

(5) Die Träger der öffentliche Jugendhilfe oder die von ihnen beauftragten Stellen sind verpflichtet, Eltern oder Elternteile, die Leistungen nach Absatz 1 bis 4 in Anspruch nehmen wollen, über das Platzangebot im örtlichen Einzugsbereich und die pädagogische Konzeption der Einrichtungen zu informieren und sie bei der Auswahl zu beraten. Landesrecht kann bestimmen, dass die erziehungsberechtigten Personen den zuständigen Träger der öffentlichen Jugendhilfe oder die beauftragte Stelle innerhalb einer bestimmten Frist vor der beabsichtigten Inanspruchnahme der Leistung in Kenntnis setzen.

(6) Weitergehendes Landesrecht bleibt unberührt.

§ 25
Unterstützung selbstorganisierter Förderung von Kindern

Mütter, Väter und andere Erziehungsberechtigte, die die Förderung von Kindern selbst organisieren wollen, sollen beraten und unterstützt werden.

§ 26
Landesrechtsvorbehalt

Das Nähere über Inhalt und Umfang der in diesem Abschnitt geregelten Aufgaben und Leistungen regelt das Landesrecht. Am 31. Dezember 1990 geltende landesrechtliche Regelungen, die das Kindergartenwesen dem Bildungsbereich zuweisen, bleiben unberührt.

§ 35a
Eingliederungshilfe für seelisch behinderte Kinder und Jugendliche

(1) Kinder oder Jugendliche haben Anspruch auf Eingliederungshilfe, wenn

1. ihre seelische Gesundheit mit hoher Wahrscheinlichkeit länger als sechs Monate von dem für ihr Lebensalter typischen Zustand abweicht, und
2. daher ihre Teilhabe am Leben in der Gesellschaft beeinträchtigt ist oder eine solche Beeinträchtigung zu erwarten ist.

Von einer seelischen Behinderung bedroht im Sinne dieses Buches sind Kinder oder Jugendliche, bei denen eine Beeinträchtigung ihrer Teilhabe am Leben in der Gesellschaft nach fachlicher Erkenntnis mit hoher Wahrscheinlichkeit zu erwarten ist. § 27 Absatz 4 gilt entsprechend.

(1a) Hinsichtlich der Abweichung der seelischen Gesundheit nach Absatz 1 Satz 1 Nummer 1 hat der Träger der öffentlichen Jugendhilfe die Stellungnahme

1. eines Arztes für Kinder- und Jugendpsychiatrie und -psychotherapie,
2. eines Kinder- und Jugendlichenpsychotherapeuten, eines Psychotherapeuten mit einer Weiterbildung für die Behandlung von Kindern und Jugendlichen oder
3. eines Arztes oder eines psychologischen Psychotherapeuten, der über besondere Erfahrungen auf dem Gebiet seelischer Störungen bei Kindern und Jugendlichen verfügt,

einzuholen. Die Stellungnahme ist auf der Grundlage der Internationalen Klassifikation der Krankheiten in der vom Deutschen Institut für medizinische Dokumentation und Information herausgegebenen deutschen Fassung zu erstellen. Dabei ist auch darzulegen, ob die Abweichung Krankheitswert hat oder auf einer Krankheit beruht. Die Hilfe soll nicht von der Person oder dem Dienst oder der Einrichtung, der die Person angehört, die die Stellungnahme abgibt, erbracht werden.

(2) Die Hilfe wird nach dem Bedarf im Einzelfall

1. in ambulanter Form,
2. in Tageseinrichtungen für Kinder oder in anderen teilstationären Einrichtungen,
3. durch geeignete Pflegepersonen und
4. in Einrichtungen über Tag und Nacht sowie sonstigen Wohnformen geleistet.

(3) Aufgabe und Ziele der Hilfe, die Bestimmung des Personenkreises sowie Art und Form der Leistungen richten sich nach Kapitel 6 des Teils 1 des Neunten Buches sowie § 90 und den Kapiteln 3 bis 6 des Teils 2 des Neunten Buches, soweit diese Bestimmungen auch auf seelisch behinderte oder von einer solchen Behinderung bedrohte Personen Anwendung finden und sich aus diesem Buch nichts anderes ergibt.

(4) Ist gleichzeitig Hilfe zur Erziehung zu leisten, so sollen Einrichtungen, Dienste und Personen in Anspruch genommen werden, die geeignet sind, sowohl die Aufgaben der Eingliederungshilfe zu erfüllen als auch den erzieherischen Bedarf zu decken. Sind heilpädagogische Maßnahmen für Kinder, die noch nicht im schulpflichtigen Alter sind, in Tageseinrichtungen für Kinder zu gewähren und lässt der Hilfebedarf es zu, so sollen Einrichtungen in Anspruch genommen werden, in denen behinderte und nicht behinderte Kinder gemeinsam betreut werden.

§ 43
Erlaubnis zur Kindertagespflege

(1) Eine Person, die ein Kind oder mehrere Kinder außerhalb des Haushalts des Erziehungsberechtigten während eines Teils des Tages und mehr als 15 Stunden wöchentlich gegen Entgelt länger als drei Monate betreuen will, bedarf der Erlaubnis.

(2) Die Erlaubnis ist zu erteilen, wenn die Person für die Kindertagespflege geeignet ist. Geeignet im Sinne des Satzes 1 sind Personen, die

1. sich durch ihre Persönlichkeit, Sachkompetenz und Kooperationsbereitschaft mit Erziehungsberechtigten und anderen Tagespflegepersonen auszeichnen und
2. über kindgerechte Räumlichkeiten verfügen.

Sie sollen über vertiefte Kenntnisse hinsichtlich der Anforderungen der Kindertagespflege verfügen, die sie in qualifizierten Lehrgängen erworben oder in anderer Weise nachgewiesen haben.

(3) Die Erlaubnis befugt zur Betreuung von bis zu fünf gleichzeitig anwesenden, fremden Kindern. Im Einzelfall kann die Erlaubnis für eine geringere Zahl von Kindern erteilt werden. Landesrecht kann bestimmen, dass die Erlaubnis zur Betreuung von mehr als fünf gleichzeitig anwesenden, fremden Kindern erteilt werden kann, wenn die Person über eine pädagogische Ausbildung verfügt; in der Pflegestelle dürfen nicht mehr Kinder betreut werden als in einer vergleichbaren Gruppe einer Tageseinrichtung. Die Erlaubnis ist auf fünf Jahre befristet. Sie kann mit einer Nebenbestimmung versehen werden. Die Tagespflegeperson hat den Träger der öffentlichen Jugendhilfe über wichtige Ereignisse zu unterrichten, die für die Betreuung des oder der Kinder bedeutsam sind.

(4) Erziehungsberechtigte und Tagespflegepersonen haben Anspruch auf Beratung in allen Fragen der Kindertagespflege.

(5) Das Nähere regelt das Landesrecht.

§ 44
Erlaubnis zur Vollzeitpflege

(1) Wer ein Kind oder einen Jugendlichen über Tag und Nacht in seinem Haushalt aufnehmen will (Pflegeperson), bedarf der Erlaubnis. Einer Erlaubnis bedarf nicht, wer ein Kind oder einen Jugendlichen

1. im Rahmen von Hilfe zur Erziehung oder von Eingliederungshilfe für seelisch behinderte Kinder und Jugendliche aufgrund einer Vermittlung durch das Jugendamt,

2. als Vormund oder Pfleger im Rahmen seines Wirkungskreises,

3. als Verwandter oder Verschwägerter bis zum dritten Grad,

4. bis zur Dauer von acht Wochen,

5. im Rahmen eines Schüler- oder Jugendaustausches,

6. in Adoptionspflege (§ 1744 des Bürgerlichen Gesetzbuchs)

über Tag und Nacht aufnimmt.

(2) Die Erlaubnis ist zu versagen, wenn das Wohl des Kindes oder des Jugendlichen in der Pflegestelle nicht gewährleistet ist.

(3) Das Jugendamt soll den Erfordernissen des Einzelfalls entsprechend an Ort und Stelle überprüfen, ob die Voraussetzungen für die Erteilung der Erlaubnis weiterbestehen. [2] Ist das Wohl des Kindes oder des Jugendlichen in der Pflegestelle gefährdet und ist die Pflegeperson nicht bereit oder in der Lage, die Gefährdung abzuwenden, so ist die Erlaubnis zurückzunehmen oder zu widerrufen.

(4) Wer ein Kind oder einen Jugendlichen in erlaubnispflichtige Familienpflege aufgenommen hat, hat das Jugendamt über wichtige Ereignisse zu unterrichten, die das Wohl des Kindes oder des Jugendlichen betreffen.

§ 45

Erlaubnis für den Betrieb einer Einrichtung

(1) Der Träger einer Einrichtung, in der Kinder oder Jugendliche ganztägig oder für einen Teil des Tages betreut werden oder Unterkunft erhalten, bedarf für den Betrieb der Einrichtung der Erlaubnis. Einer Erlaubnis bedarf nicht, wer

1. eine Jugendfreizeiteinrichtung, eine Jugendbildungseinrichtung, eine Jugendherberge oder ein Schullandheim betreibt,

2. ein Schülerheim betreibt, das landesgesetzlich der Schulaufsicht untersteht,

3. eine Einrichtung betreibt, die außerhalb der Jugendhilfe liegende Aufgaben für Kinder oder Jugendliche wahrnimmt, wenn für sie eine entsprechende gesetzliche Aufsicht besteht oder im Rahmen des Hotel- und Gaststättengewerbes der Aufnahme von Kindern oder Jugendlichen dient.

(2) Die Erlaubnis ist zu erteilen, wenn das Wohl der Kinder und Jugendlichen in der Einrichtung gewährleistet ist. Dies ist in der Regel anzunehmen, wenn

1. die dem Zweck und der Konzeption der Einrichtung entsprechenden räumlichen, fachlichen, wirtschaftlichen und personellen Voraussetzungen für den Betrieb erfüllt sind,

2. die gesellschaftliche und sprachliche Integration und ein gesundheitsförderliches Lebensumfeld in der Einrichtung unterstützt werden sowie die gesundheitliche Vorsorge und die medizinische Betreuung der Kinder und Jugendlichen nicht erschwert werden sowie

3. zur Sicherung der Rechte von Kindern und Jugendlichen in der Einrichtung geeignete Verfahren der Beteiligung sowie der Möglichkeit der Beschwerde in persönlichen Angelegenheiten Anwendung finden.

(3) Zur Prüfung der Voraussetzungen hat der Träger der Einrichtung mit dem Antrag

1. die Konzeption der Einrichtung vorzulegen, die auch Auskunft über Maßnahmen zur Qualitätsentwicklung und -sicherung gibt, sowie

2. im Hinblick auf die Eignung des Personals nachzuweisen, dass die Vorlage und Prüfung von aufgabenspezifischen Ausbildungsnachweisen sowie von Führungszeugnissen nach § 30 Absatz 5 und § 30a Absatz 1 des Bundeszentralregistergesetzes sichergestellt sind; Führungszeugnisse sind von dem Träger der Einrichtung in regelmäßigen Abständen erneut anzufordern und zu prüfen.

(4) Die Erlaubnis kann mit Nebenbestimmungen versehen werden. Zur Sicherung des Wohls der Kinder und der Jugendlichen können auch nachträgliche Auflagen erteilt werden.

(5) Besteht für eine erlaubnispflichtige Einrichtung eine Aufsicht nach anderen Rechtsvorschriften, so hat die zuständige Behörde ihr Tätigwerden zuvor mit der anderen Behörde abzustimmen. Sie hat den Träger der Einrichtung rechtzeitig auf weitergehende Anforderungen nach anderen Rechtsvorschriften hinzuweisen.

(6) Sind in einer Einrichtung Mängel festgestellt worden, so soll die zuständige Behörde zunächst den Träger der Einrichtung über die Möglichkeiten zur Beseitigung der Mängel beraten. Wenn sich die

Beseitigung der Mängel auf Entgelte oder Vergütungen nach § 75 (§ 76 ab 1.1.2018; Art. 26 BHTG) des Zwölften Buches auswirken kann, so ist der Träger der Sozialhilfe an der Beratung zu beteiligen, mit dem Vereinbarungen nach dieser Vorschrift bestehen. Werden festgestellte Mängel nicht behoben, so können dem Träger der Einrichtung Auflagen erteilt werden, die zur Beseitigung einer eingetretenen oder Abwendung einer drohenden Beeinträchtigung oder Gefährdung des Wohls der Kinder oder Jugendlichen erforderlich sind. Wenn sich eine Auflage auf Entgelte oder Vergütungen nach § 75 (76 ab 1.1.2018, Art. 26 BHTG) des Zwölften Buches auswirkt, so entscheidet die zuständige Behörde nach Anhörung des Trägers der Sozialhilfe, mit dem Vereinbarungen nach dieser Vorschrift bestehen, über die Erteilung der Auflage. Die Auflage ist nach Möglichkeit in Übereinstimmung mit Vereinbarungen nach den §§ 75 bis 80 des Zwölften Buches auszugestalten.

(7) Die Erlaubnis ist zurückzunehmen oder zu widerrufen, wenn das Wohl der Kinder oder der Jugendlichen in der Einrichtung gefährdet und der Träger der Einrichtung nicht bereit oder nicht in der Lage ist, die Gefährdung abzuwenden. Widerspruch und Anfechtungsklage gegen die Rücknahme oder den Widerruf der Erlaubnis haben keine aufschiebende Wirkung.

§ 46
Örtliche Prüfung

(1) Die zuständige Behörde soll nach den Erfordernissen des Einzelfalls an Ort und Stelle überprüfen, ob die Voraussetzungen für die Erteilung der Erlaubnis weiterbestehen. Der Träger der Einrichtung soll bei der örtlichen Prüfung mitwirken. Sie soll das Jugendamt und einen zentralen Träger der freien Jugendhilfe, wenn diesem der Träger der Einrichtung angehört, an der Überprüfung beteiligen.

(2) Die von der zuständigen Behörde mit der Überprüfung der Einrichtung beauftragten Personen sind berechtigt, die für die Einrichtung benutzten Grundstücke und Räume, soweit diese nicht einem Hausrecht der Bewohner unterliegen, während der Tageszeit zu betreten, dort Prüfungen und Besichtigungen vorzunehmen, sich mit den Kindern und Jugendlichen in Verbindung zu setzen und die Beschäftigten zu befragen. Zur Abwehr von Gefahren für das Wohl der Kinder und der Jugendlichen können die Grundstücke und Räume auch außerhalb der in Satz 1 genannten Zeit und auch, wenn sie zugleich einem Hausrecht der Bewohner unterliegen, betreten werden. Der Träger der Einrichtung hat die Maßnahmen nach den Sätzen 1 und 2 zu dulden.

§ 47
Meldepflichten

Der Träger einer erlaubnispflichtigen Einrichtung hat der zuständigen Behörde unverzüglich

1. die Betriebsaufnahme unter Angabe von Name und Anschrift des Trägers, Art und Standort der Einrichtung, der Zahl der verfügbaren Plätze sowie der Namen und der beruflichen Ausbildung des Leiters und der Betreuungskräfte,
2. Ereignisse oder Entwicklungen, die geeignet sind, das Wohl der Kinder und Jugendlichen zu beeinträchtigen, sowie
3. die bevorstehende Schließung der Einrichtung

anzuzeigen. Änderungen der in Nummer 1 bezeichneten Angaben sowie der Konzeption sind der zuständigen Behörde unverzüglich, die Zahl der belegten Plätze ist jährlich einmal zu melden.

§ 48
Tätigkeitsuntersagung

Die zuständige Behörde kann dem Träger einer erlaubnispflichtigen Einrichtung die weitere Beschäftigung des Leiters, eines Beschäftigten oder sonstigen Mitarbeiters ganz oder für bestimmte Funktionen oder Tätigkeiten untersagen, wenn Tatsachen die Annahme rechtfertigen, dass er die für seine Tätigkeit erforderliche Eignung nicht besitzt.

§ 49
Landesrechtsvorbehalt

Das Nähere über die in diesem Abschnitt geregelten Aufgaben regelt das Landesrecht.

§ 69
Träger der öffentlichen Jugendhilfe, Jugendämter, Landesjugendämter

(1) Die Träger der öffentlichen Jugendhilfe werden durch Landesrecht bestimmt.

(2) *aufgehoben*

(3) Für die Wahrnehmung der Aufgaben nach diesem Buch errichtet jeder örtliche Träger ein Jugendamt, jeder überörtliche Träger ein Landesjugendamt.

(4) Mehrere örtliche Träger und mehrere überörtliche Träger können, auch wenn sie verschiedenen Ländern angehören, zur Durchführung einzelner Aufgaben gemeinsame Einrichtungen und Dienste errichten.

§ 70
Organisation des Jugendamts und des Landesjugendamts

(1) Die Aufgaben des Jugendamts werden durch den Jugendhilfeausschuss und durch die Verwaltung des Jugendamts wahrgenommen.

(2) Die Geschäfte der laufenden Verwaltung im Bereich der öffentlichen Jugendhilfe werden vom Leiter der Verwaltung der Gebietskörperschaft oder in seinem Auftrag vom Leiter der Verwaltung des Jugendamts im Rahmen der Satzung und der Beschlüsse der Vertretungskörperschaft und des Jugendhilfeausschusses geführt.

(3) Die Aufgaben des Landesjugendamts werden durch den Landesjugendhilfeausschuss und durch die Verwaltung des Landesjugendamts im Rahmen der Satzung und der dem Landesjugendamt zur Verfügung gestellten Mittel wahrgenommen. Die Geschäfte der laufenden Verwaltung werden von dem Leiter der Verwaltung des Landesjugendamts im Rahmen der Satzung und der Beschlüsse des Landesjugendhilfeausschusses geführt.

§ 71
Jugendhilfeausschuss, Landesjugendhilfeausschuss

(1) Dem Jugendhilfeausschuss gehören als stimmberechtigte Mitglieder an

1. mit drei Fünfteln des Anteils der Stimmen Mitglieder der Vertretungskörperschaft des Trägers der öffentlichen Jugendhilfe oder von ihr gewählte Frauen und Männer, die in der Jugendhilfe erfahren sind,
2. mit zwei Fünfteln des Anteils der Stimmen Frauen und Männer, die auf Vorschlag der im Bereich des öffentlichen Trägers wirkenden und anerkannten Träger der freien Jugendhilfe von der Vertretungskörperschaft gewählt werden; Vorschläge der Jugendverbände und der Wohlfahrtsverbände sind angemessen zu berücksichtigen.

(2) Der Jugendhilfeausschuss befasst sich mit allen Angelegenheiten der Jugendhilfe, insbesondere mit

1. der Erörterung aktueller Problemlagen junger Menschen und ihrer Familien sowie mit Anregungen und Vorschlägen für die Weiterentwicklung der Jugendhilfe,
2. der Jugendhilfeplanung und
3. der Förderung der freien Jugendhilfe.

(3) Er hat Beschlussrecht in Angelegenheiten der Jugendhilfe im Rahmen der von der Vertretungskörperschaft bereitgestellten Mittel, der von ihr erlassenen Satzung und der von ihr gefassten Beschlüsse. Er soll vor jeder Beschlussfassung der Vertretungskörperschaft in Fragen der Jugendhilfe und vor der Berufung eines Leiters des Jugendamts gehört werden und hat das Recht, an die Vertretungskörperschaft Anträge zu stellen. Er tritt nach Bedarf zusammen und ist auf Antrag von mindestens einem Fünftel der Stimmberechtigten einzuberufen. Seine Sitzungen sind öffentlich, soweit nicht das Wohl der Allgemeinheit, berechtigte Interessen einzelner Personen oder schutzbedürftiger Gruppen entgegenstehen.

(4) Dem Landesjugendhilfeausschuss gehören mit zwei Fünfteln des Anteils der Stimmen Frauen und Männer an, die auf Vorschlag der im Bereich des Landesjugendamts wirkenden und anerkannten Träger der freien Jugendhilfe von der obersten Landesjugendbehörde zu berufen sind. Die übrigen Mitglieder werden durch Landesrecht bestimmt. Absatz 2 gilt entsprechend.

(5) Das Nähere regelt das Landesrecht. Es regelt die Zugehörigkeit beratender Mitglieder zum Jugendhilfeausschuss. Es kann bestimmen, dass der Leiter der Verwaltung der Gebietskörperschaft oder der Leiter der Verwaltung des Jugendamts nach Absatz 1 Nr. 1 stimmberechtigt ist.

§ 72
Mitarbeiter, Fortbildung

(1) Die Träger der öffentlichen Jugendhilfe sollen bei den Jugendämtern und Landesjugendämtern hauptberuflich nur Personen beschäftigen, die sich für die jeweilige Aufgabe nach ihrer Persönlichkeit eignen und eine dieser Aufgabe entsprechende Ausbildung erhalten haben (Fachkräfte) oder aufgrund besonderer Erfahrungen in der sozialen Arbeit in der Lage sind, die Aufgabe zu erfüllen. Soweit die jeweilige Aufgabe dies erfordert, sind mit ihrer Wahrnehmung nur Fachkräfte oder Fachkräfte mit entsprechender Zusatzausbildung zu betrauen. Fachkräfte verschiedener Fachrichtungen sollen zusammenwirken, soweit die jeweilige Aufgabe dies erfordert.

(2) Leitende Funktionen des Jugendamts oder des Landesjugendamts sollen in der Regel nur Fachkräften übertragen werden.

(3) Die Träger der öffentlichen Jugendhilfe haben Fortbildung und Praxisberatung der Mitarbeiter des Jugendamts und des Landesjugendamts sicherzustellen.

§ 72a
Tätigkeitsausschluss einschlägig vorbestrafter Personen

(1) Die Träger der öffentlichen Jugendhilfe dürfen für die Wahrnehmung der Aufgaben in der Kinder- und Jugendhilfe keine Person beschäftigen oder vermitteln, die rechtskräftig wegen einer Straftat nach den §§ 171, 174 bis 174c, 176 bis 180a, 181a, 182 bis 184g, 184i, 201a Absatz 3, den §§ 225, 232 bis 233a, 234, 235 oder 236 des Strafgesetzbuchs verurteilt worden ist. Zu diesem Zweck sollen sie sich bei der Einstellung oder Vermittlung und in regelmäßigen Abständen von den betroffenen Personen ein Führungszeugnis nach § 30 Absatz 5 und § 30a Absatz 1 des Bundeszentralregistergesetzes vorlegen lassen.

(2) Die Träger der öffentlichen Jugendhilfe sollen durch Vereinbarungen mit den Trägern der freien Jugendhilfe sicherstellen, dass diese keine Person, die wegen einer Straftat nach Absatz 1 Satz 1 rechtskräftig verurteilt worden ist, beschäftigen.

(3) Die Träger der öffentlichen Jugendhilfe sollen sicherstellen, dass unter ihrer Verantwortung keine neben- oder ehrenamtlich tätige Person, die wegen einer Straftat nach Absatz 1 Satz 1 rechtskräftig verurteilt worden ist, in Wahrnehmung von Aufgaben der Kinder- und Jugendhilfe Kinder oder Jugendliche beaufsichtigt, betreut, erzieht oder ausbildet oder einen vergleichbaren Kontakt hat. Hierzu sollen die Träger der öffentlichen Jugendhilfe über die Tätigkeiten entscheiden, die von den in Satz 1 genannten Personen auf Grund von Art, Intensität und Dauer des Kontakts dieser Personen mit Kindern und Jugendlichen nur nach Einsichtnahme in das Führungszeugnis nach Absatz Satz 2 wahrgenommen werden dürfen.

(4) Die Träger der öffentlichen Jugendhilfe sollen durch Vereinbarungen mit den Trägern der freien Jugendhilfe sowie mit Vereinen im Sinne des § 54 sicherstellen, dass unter deren Verantwortung keine neben- oder ehrenamtlich tätige Person, die wegen einer Straftat nach Absatz 1 Satz 1 rechtskräftig verurteilt worden ist, in Wahrnehmung von Aufgaben der Kinder- und Jugendhilfe Kinder oder Jugendliche beaufsichtigt, betreut, erzieht oder ausbildet oder einen vergleichbaren Kontakt hat. Hierzu sollen die Träger der öffentlichen Jugendhilfe mit den Trägern der freien Jugendhilfe Vereinbarungen über die Tätigkeiten schließen, die von den in Satz 1 genannten Personen auf Grund von Art, Intensität und Dauer des Kontakts dieser Personen mit Kindern und Jugendlichen nur nach Einsichtnahme in das Führungszeugnis nach Absatz 1 Satz 2 wahrgenommen werden dürfen.

(5) Träger der öffentlichen und freien Jugendhilfe dürfen von den nach den Absätzen 3 und 4 eingesehenen Daten nur den Umstand, dass Einsicht in ein Führungszeugnis genommen wurde, das Datum des Führungszeugnisses und die Information erheben, ob die das Führungszeugnis betreffende Person wegen einer Straftat nach Absatz 1 Satz 1 rechtskräftig verurteilt worden ist. Die Träger der öffentlichen und freien Jugendhilfe dürfen diese erhobenen Daten nur speichern, verändern und nutzen, soweit dies zum Ausschluss der Personen von der Tätigkeit, die Anlass zu der Einsichtnahme in das Führungszeugnis gewesen ist, erforderlich ist. Die Daten sind vor dem Zugriff Unbefugter zu schützen. Sie sind unverzüglich zu löschen, wenn im Anschluss an die Einsichtnahme keine Tätigkeit nach

Absatz 3 Satz 2 oder Absatz 4 Satz 2 wahrgenommen wird. Andernfalls sind die Daten spätestens drei Monate nach der Beendigung einer solchen Tätigkeit zu löschen.

§ 74
Förderung der freien Jugendhilfe

(1) Die Träger der öffentlichen Jugendhilfe sollen die freiwillige Tätigkeit auf dem Gebiet der Jugendhilfe anregen; sie sollen sie fördern, wenn der jeweilige Träger

1. die fachlichen Voraussetzungen für die geplante Maßnahme erfüllt,
2. die Gewähr für eine zweckentsprechende und wirtschaftliche Verwendung der Mittel bietet,
3. gemeinnützige Ziele verfolgt,
4. eine angemessene Eigenleistung erbringt und
5. die Gewähr für eine den Zielen des Grundgesetzes förderliche Arbeit bietet.

Eine auf Dauer angelegte Förderung setzt in der Regel die Anerkennung als Träger der freien Jugendhilfe nach § 75 voraus.

(2) Soweit von der freien Jugendhilfe Einrichtungen, Dienste und Veranstaltungen geschaffen werden, um die Gewährung von Leistungen nach diesem Buch zu ermöglichen, kann die Förderung von der Bereitschaft abhängig gemacht werden, diese Einrichtungen, Dienste und Veranstaltungen nach Maßgabe der Jugendhilfeplanung und unter Beachtung der in § 9 genannten Grundsätze anzubieten. § 4 Abs. 1 bleibt unberührt.

(3) Über die Art und Höhe der Förderung entscheidet der Träger der öffentlichen Jugendhilfe im Rahmen der verfügbaren Haushaltsmittel nach pflichtgemäßem Ermessen. Entsprechendes gilt, wenn mehrere Antragsteller die Förderungsvoraussetzungen erfüllen und die von ihnen vorgesehenen Maßnahmen gleich geeignet sind, zur Befriedigung des Bedarfs jedoch nur eine Maßnahme notwendig ist. Bei der Bemessung der Eigenleistung sind die unterschiedliche Finanzkraft und die sonstigen Verhältnisse zu berücksichtigen.

(4) Bei sonst gleich geeigneten Maßnahmen soll solchen der Vorzug gegeben werden, die stärker an den Interessen der Betroffenen orientiert sind und ihre Einflussnahme auf die Ausgestaltung der Maßnahme gewährleisten.

(5) Bei der Förderung gleichartiger Maßnahmen mehrerer Träger sind unter Berücksichtigung ihrer Eigenleistungen gleiche Grundsätze und Maßstäbe anzulegen. Werden gleichartige Maßnahmen von der freien und der öffentlichen Jugendhilfe durchgeführt, so sind bei der Förderung die Grundsätze und Maßstäbe anzuwenden, die für die Finanzierung der Maßnahmen der öffentlichen Jugendhilfe gelten.

(6) Die Förderung von anerkannten Trägern der Jugendhilfe soll auch Mittel für die Fortbildung der haupt-, neben- und ehrenamtlichen Mitarbeiter sowie im Bereich der Jugendarbeit Mittel für die Errichtung und Unterhaltung von Jugendfreizeit- und Jugendbildungsstätten einschließen.

§ 74a
Finanzierung von Tageseinrichtungen für Kinder

Die Finanzierung von Tageseinrichtungen regelt das Landesrecht. Dabei können alle Träger von Einrichtungen, die die rechtlichen und fachlichen Voraussetzungen für den Betrieb der Einrichtung erfüllen, gefördert werden. Die Erhebung von Teilnahmebeiträgen nach § 90 bleibt unberührt.

§ 75
Anerkennung als Träger der freien Jugendhilfe

(1) Als Träger der freien Jugendhilfe können juristische Personen und Personenvereinigungen anerkannt werden, wenn sie

1. auf dem Gebiet der Jugendhilfe im Sinne des § 1 tätig sind,
2. gemeinnützige Ziele verfolgen,
3. auf Grund der fachlichen und personellen Voraussetzungen erwarten lassen, dass sie einen nicht unwesentlichen Beitrag zur Erfüllung der Aufgaben der Jugendhilfe zu leisten imstande sind, und

271

4. die Gewähr für eine den Zielen des Grundgesetzes förderliche Arbeit bieten.

(2) Einen Anspruch auf Anerkennung als Träger der freien Jugendhilfe hat unter den Voraussetzungen des Absatzes 1, wer auf dem Gebiet der Jugendhilfe mindestens drei Jahre tätig gewesen ist.

(3) Die Kirchen und Religionsgemeinschaften des öffentlichen Rechts sowie die auf Bundesebene zusammengeschlossenen Verbände der freien Wohlfahrtspflege sind anerkannte Träger der freien Jugendhilfe.

DRITTER ABSCHNITT

VEREINBARUNGEN ÜBER LEISTUNGSANGEBOTE, ENTGELTE UND QUALITÄTSENTWICKLUNG

§ 78a

Anwendungsbereich

(1) Die Regelungen der §§ 78b bis 78g gelten für die Erbringung von

1. Leistungen für Betreuung und Unterkunft in einer sozialpädagogisch begleiteten Wohnform (§ 13 Abs. 3)
2. Leistungen in gemeinsamen Wohnformen für Mütter/Väter und Kinder (§ 19)
3. Leistungen zur Unterstützung bei notwendiger Unterbringung des Kindes oder Jugendlichen zur Erfüllung der Schulpflicht (§ 21 Satz 2)
4. Hilfe zur Erziehung
   a) in einer Tagesgruppe (§ 32)
   b) in einem Heim oder einer sonstigen betreuten Wohnform (§ 34) sowie
   c) in intensiver sozialpädagogischer Einzelbetreuung (§ 35), sofern sie außerhalb der eigenen Familie erfolgt
   d) in sonstiger teilstationärer oder stationärer Form (§ 27)
5. Eingliederungshilfe für seelisch behinderte Kinder und Jugendliche in
   a) anderen teilstationären Einrichtungen (§ 35a Abs. 2 Nr. 2 Alternative 2)
   b) Einrichtungen über Tag und Nacht sowie sonstigen Wohnformen (§ 35a Abs. 2 Nr. 4)
6. Hilfe für junge Volljährige (§ 41), sofern diese den in den Nummern 4 und 5 genannten Leistungen entspricht sowie
7. Leistungen zum Unterhalt (§ 39), sofern diese im Zusammenhang mit Leistungen nach den Nummern 4 bis 6 gewährt werden; § 39 Abs. 2 Satz 3 bleibt unberührt.

(2) Landesrecht kann bestimmen, dass die §§ 78b bis 78g auch für andere Leistungen nach diesem Buch sowie für vorläufige Maßnahmen zum Schutz von Kindern und Jugendlichen (§ 42) gelten.

§ 78b

Voraussetzungen für die Übernahme des Leistungsentgelts

(1) Wird die Leistung ganz oder teilweise in einer Einrichtung erbracht, so ist der Träger der öffentlichen Jugendhilfe zur Übernahme des Entgelts gegenüber dem Leistungsberechtigten verpflichtet, wenn mit dem Träger der Einrichtung oder seinem Verband Vereinbarungen über

1. Inhalt, Umfang und Qualität der Leistungsangebote (Leistungsvereinbarung)
2. differenzierte Entgelte für die Leistungsangebote und die betriebsnotwendigen Investitionen (Entgeltvereinbarung) und
3. Grundsätze und Maßstäbe für die Bewertung der Qualität der Leistungsangebote sowie über geeignete Maßnahmen zu ihrer Gewährleistung (Qualitätsentwicklungsvereinbarung)

abgeschlossen worden sind.

(2) Die Vereinbarungen sind mit den Trägern abzuschließen, die unter Berücksichtigung der Grundsätze der Leistungsfähigkeit, Wirtschaftlichkeit und Sparsamkeit zur Erbringung der Leistung geeignet sind. Vereinbarungen über die Erbringung von Hilfe zur Erziehung im Ausland dürfen nur mit solchen Trägern abgeschlossen werden, die

1. anerkannte Träger der Jugendhilfe oder Träger einer erlaubnispflichtigen Einrichtung im Inland sind, in der Hilfe zur Erziehung erbracht wird

2. mit der Erbringung solcher Hilfen nur Fachkräfte im Sinn des § 72 Abs. 1 betrauen und

3. die Gewähr dafür bieten, dass sie die Rechtsvorschriften des Aufenthaltslandes einhalten und mit den Behörden des Aufenthaltslandes sowie den deutschen Vertretungen im Ausland zusammenarbeiten.

(3) Ist eine der Vereinbarungen nach Absatz 1 nicht abgeschlossen, so ist der Träger der öffentlichen Jugendhilfe zur Übernahme des Leistungsentgelts nur verpflichtet, wenn dies insbesondere nach Maßgabe der Hilfeplanung (§ 36) im Einzelfall geboten ist.

§ 78c
Inhalt der Leistungs- und Entgeltvereinbarungen

(1) Die Leistungsvereinbarung muss die wesentlichen Leistungsmerkmale, insbesondere

1. Art, Ziel und Qualität des Leistungsangebots

2. den in der Einrichtung zu betreuenden Personenkreis

3. die erforderliche sächliche und personelle Ausstattung

4. die Qualifikation des Personals sowie

5. die betriebsnotwendigen Anlagen der Einrichtung

festlegen. In die Vereinbarung ist aufzunehmen, unter welchen Voraussetzungen der Träger der Einrichtung sich zur Erbringung von Leistungen verpflichtet. Der Träger muss gewährleisten, daß die Leistungsangebote zur Erbringung von Leistungen nach § 78a Abs. 1 geeignet sowie ausreichend, zweckmäßig und wirtschaftlich sind.

(2) Die Entgelte müssen leistungsgerecht sein. Grundlage der Entgeltvereinbarung sind die in der Leistungs- und der Qualitätsentwicklungsvereinbarung festgelegten Leistungs- und Qualitätsmerkmale. Eine Erhöhung der Vergütung für Investitionen kann nur dann verlangt werden, wenn der zuständige Träger der öffentlichen Jugendhilfe der Investitionsmaßnahme vorher zugestimmt hat. Förderungen aus öffentlichen Mitteln sind anzurechnen.

§ 78d
Vereinbarungszeitraum

(1) Die Vereinbarungen nach § 78b Abs. 1 sind für einen zukünftigen Zeitraum (Vereinbarungszeitraum) abzuschließen. Nachträgliche Ausgleiche sind nicht zulässig.

(2) Die Vereinbarungen treten zu dem darin bestimmten Zeitpunkt in Kraft. Wird ein eitpunkt nicht bestimmt, so werden die Vereinbarungen mit dem Tage ihres Abschlusses wirksam. Eine Vereinbarung, die vor diesen Zeitpunkt zurückwirkt, ist nicht zulässig; dies gilt nicht für Vereinbarungen vor der Schiedsstelle für die Zeit ab Eingang des Antrages bei der Schiedsstelle. Nach Ablauf des Vereinbarungszeitraums gelten die vereinbarten Vergütungen bis zum Inkrafttreten neuer Vereinbarungen weiter.

(3) Bei unvorhersehbaren wesentlichen Veränderungen der Annahmen, die der Entgeltvereinbarung zugrunde lagen, sind die Entgelte auf Verlangen einer Vertragspartei für den laufenden Vereinbarungszeitraum neu zu verhandeln. Die Absätze 1 und 2 gelten entsprechend.

(4) Vereinbarungen über die Erbringung von Leistungen nach § 78a Abs. 1, die vor dem 1. Januar 1999 abgeschlossen worden sind, gelten bis zum Inkrafttreten neuer Vereinbarungen weiter.

§ 78e
Örtliche Zuständigkeit für den Abschluss von Vereinbarungen

(1) Soweit Landesrecht nicht etwas anderes bestimmt, ist für den Abschluß von Vereinbarungen nach § 78b Abs. 1 der örtliche Träger der Jugendhilfe zuständig, in dessen Bereich die Einrichtung gelegen ist. Die von diesem Träger abgeschlossenen Vereinbarungen sind für alle örtlichen Träger bindend.

(2) Werden in der Einrichtung Leistungen erbracht, für deren Gewährung überwiegend ein anderer örtlicher Träger zuständig ist, so hat der nach Absatz 1 zuständige Träger diesen Träger zu hören.

(3) Die kommunalen Spitzenverbände auf Landesebene und die Verbände der Träger der freien Jugendhilfe sowie die Vereinigungen sonstiger Leistungserbringer im jeweiligen Land können regionale oder landesweite Kommissionen bilden. Die Kommissionen können im Auftrag der Mitglieder der in Satz 1 genannten Verbände und Vereinigungen Vereinbarungen nach § 78b Abs. 1 schließen. Landesrecht kann die Beteiligung der für die Wahrnehmung der Aufgaben nach § 85 Abs. 2 Nr. 5 und 6 zuständigen Behörde vorsehen.

§ 78f
Rahmenverträge

Die kommunalen Spitzenverbände auf Landesebene schließen mit den Verbänden der Träger der freien Jugendhilfe und den Vereinigungen sonstiger Leistungserbringer auf Landesebene Rahmenverträge über den Inhalt der Vereinbarungen nach § 78b Abs. 1. Die für die Wahrnehmung der Aufgaben nach § 85 Abs. 2 Nr. 5 und 6 zuständigen Behörden sind zu beteiligen.

§ 78g
Schiedsstelle

(1) In den Ländern sind Schiedsstellen für Streit- und Konfliktfälle einzurichten. Sie sind mit einem unparteiischen Vorsitzenden und mit einer gleichen Zahl von Vertretern der Träger der öffentlichen Jugendhilfe sowie von Vertretern der Träger der Einrichtungen zu besetzen. Der Zeitaufwand der Mitglieder ist zu entschädigen, bare Auslagen sind zu erstatten. [4] Für die Inanspruchnahme der Schiedsstellen können Gebühren erhoben werden.

(2) Kommt eine Vereinbarung nach § 78b Abs. 1 innerhalb von sechs Wochen nicht zustande, nachdem eine Partei schriftlich zu Verhandlungen aufgefordert hat, so entscheidet die Schiedsstelle auf Antrag einer Partei unverzüglich über die Gegenstände, über die keine Einigung erreicht werden konnte. Gegen die Entscheidung ist der Rechtsweg zu den Verwaltungsgerichten gegeben. Die Klage richtet sich gegen eine der beiden Vertragsparteien, nicht gegen die Schiedsstelle. Einer Nachprüfung der Entscheidung in einem Vorverfahren bedarf es nicht.

(3) Entscheidungen der Schiedsstelle treten zu dem darin bestimmten Zeitpunkt in Kraft. Wird ein Zeitpunkt für das Inkrafttreten nicht bestimmt, so werden die Festsetzungen der Schiedsstelle mit dem Tag wirksam, an dem der Antrag bei der Schiedsstelle eingegangen ist. Die Festsetzung einer Vergütung, die vor diesen Zeitpunkt zurückwirkt, ist nicht zulässig. Im übrigen gilt § 78d Abs. 2 Satz 4 und Abs. 3 entsprechend.

(4) Die Landesregierungen werden ermächtigt, durch Rechtsverordnung das Nähere zu bestimmen über

1. die Errichtung der Schiedsstellen
2. die Zahl, die Bestellung, die Amtsdauer und die Amtsführung ihrer Mitglieder
3. die Erstattung der baren Auslagen und die Entschädigung für ihren Zeitaufwand,
4. die Geschäftsführung, das Verfahren, die Erhebung und die Höhe der Gebühren sowie die Verteilung der Kosten und
5. die Rechtsaufsicht.

§ 79
Gesamtverantwortung, Grundausstattung

(1) Die Träger der öffentlichen Jugendhilfe haben für die Erfüllung der Aufgaben nach diesem Buch die Gesamtverantwortung einschließlich der Planungsverantwortung.

(2) Die Träger der öffentlichen Jugendhilfe sollen gewährleisten, dass zur Erfüllung der Aufgaben nach diesem Buch

1. die erforderlichen und geeigneten Einrichtungen, Dienste und Veranstaltungen den verschiedenen Grundrichtungen der Erziehung entsprechend rechtzeitig und ausreichend zur Verfügung stehen; hierzu zählen insbesondere auch Pfleger, Vormünder und Pflegepersonen;
2. eine kontinuierliche Qualitätsentwicklung nach Maßgabe von § 79a erfolgt.

Von den für die Jugendhilfe bereitgestellten Mitteln haben sie einen angemessenen Anteil für die Jugendarbeit zu verwenden.

(3) Die Träger der öffentlichen Jugendhilfe haben für eine ausreichende Ausstattung der Jugendämter und der Landesjugendämter zu sorgen; hierzu gehört auch eine dem Bedarf entsprechende Zahl von Fachkräften.

§ 79a
Qualitätsentwicklung in der Kinder-und Jugendhilfe

Um die Aufgaben der Kinder- und Jugendhilfe nach § 2 zu erfüllen, haben die Träger der öffentlichen Jugendhilfe Grundsätze und Maßstäbe für die Bewertung der Qualität sowie geeignete Maßnahmen zu ihrer Gewährleistung für

1. die Gewährung und Erbringung von Leistungen,
2. die Erfüllung anderer Aufgaben,
3. den Prozess der Gefährdungseinschätzung nach § 8a,
4. die Zusammenarbeit mit anderen Institutionen

weiterzuentwickeln, anzuwenden und regelmäßig zu überprüfen. Dazu zählen auch Qualitätsmerkmale für die Sicherung der Rechte von Kindern und Jugendlichen in Einrichtungen und ihren Schutz vor Gewalt. Die Träger der öffentlichen Jugendhilfe orientieren sich dabei an den fachlichen Empfehlungen der nach § 85 Absatz 2 zuständigen Behörden und an bereits angewandten Grundsätzen und Maßstäben für die Bewertung der Qualität sowie Maßnahmen zu ihrer Gewährleistung.

§ 80
Jugendhilfeplanung

(1) Die Träger der öffentlichen Jugendhilfe haben im Rahmen ihrer Planungsverantwortung

1. den Bestand an Einrichtungen und Diensten festzustellen,
2. den Bedarf unter Berücksichtigung der Wünsche, Bedürfnisse und Interessen der jungen Menschen und der Personensorgeberechtigten für einen mittelfristigen Zeitraum zu ermitteln und
3. die zur Befriedigung des Bedarfs notwendigen Vorhaben rechtzeitig und ausreichend zu planen; dabei ist Vorsorge zu treffen, dass auch ein unvorhergesehener Bedarf befriedigt werden kann.

(2) Einrichtungen und Dienste sollen so geplant werden, dass insbesondere

1. Kontakte in der Familie und im sozialen Umfeld erhalten und gepflegt werden können,
2. ein möglichst wirksames, vielfältiges und aufeinander abgestimmtes Angebot von Jugendhilfeleistungen gewährleistet ist,
3. junge Menschen und Familien in gefährdeten Lebens- und Wohnbereichen besonders gefördert werden,
4. Mütter und Väter Aufgaben in der Familie und Erwerbstätigkeit besser miteinander vereinbaren können.

(3) Die Träger der öffentlichen Jugendhilfe haben die anerkannten Träger der freien Jugendhilfe in allen Phasen ihrer Planung frühzeitig zu beteiligen. Zu diesem Zweck sind sie vom Jugendhilfeausschuss, soweit sie überörtlich tätig sind, im Rahmen der Jugendhilfeplanung des überörtlichen Trägers vom Landesjugendhilfeausschuss zu hören. Das Nähere regelt das Landesrecht.

(4) Die Träger der öffentlichen Jugendhilfe sollen darauf hinwirken, dass die Jugendhilfeplanung und andere örtliche und überörtliche Planungen aufeinander abgestimmt werden und die Planungen insgesamt den Bedürfnissen und Interessen der jungen Menschen und ihrer Familien Rechnung tragen.

§ 81
Zusammenarbeit mit anderen Stellen und öffentlichen Einrichtungen

Die Träger der öffentlichen Jugendhilfe haben mit anderen Stellen und öffentlichen Einrichtungen, deren Tätigkeit sich auf die Lebenssituation junger Menschen und ihrer Familien auswirkt, insbesondere mit

1. den Trägern von Sozialleistungen nach dem Zweiten, Dritten, Vierten, Fünften, Sechsten und dem Zwölften Buch sowie Trägern von Leistungen nach dem Bundesversorgungsgesetz,
2. den Familien- und Jugendgerichten, den Staatsanwaltschaften sowie den Justizvollzugsbehörden,
3. Schulen und Stellen der Schulverwaltung,
4. Einrichtungen und Stellen des öffentlichen Gesundheitsdienstes und sonstigen Einrichtungen und Diensten des Gesundheitswesens,
5. den Beratungsstellen nach den §§ 3 und 8 des Schwangerschaftskonfliktgesetzes und Suchtberatungsstellen,
6. Einrichtungen und Diensten zum Schutz gegen Gewalt in engen sozialen Beziehungen,
7. den Stellen der Bundesagentur für Arbeit,
8. Einrichtungen und Stellen der beruflichen Aus- und Weiterbildung,
9. den Polizei- und Ordnungsbehörden,
10. der Gewerbeaufsicht und
11. Einrichtungen der Ausbildung für Fachkräfte, der Weiterbildung und der Forschung

im Rahmen ihrer Aufgaben und Befugnisse zusammenzuarbeiten.

§ 82
Aufgaben der Länder

(1) Die oberste Landesjugendbehörde hat die Tätigkeit der Träger der öffentlichen und der freien Jugendhilfe und die Weiterentwicklung der Jugendhilfe anzuregen und zu fördern.

(2) Die Länder haben auf einen gleichmäßigen Ausbau der Einrichtungen und Angebote hinzuwirken und die Jugendämter und Landesjugendämter bei der Wahrnehmung ihrer Aufgaben zu unterstützen.

§ 85
Sachliche Zuständigkeit

(1) Für die Gewährung von Leistungen und die Erfüllung anderer Aufgaben nach diesem Buch ist der örtliche Träger sachlich zuständig, soweit nicht der überörtliche Träger sachlich zuständig ist.

(2) Der überörtliche Träger ist sachlich zuständig für

1. die Beratung der örtlichen Träger und die Entwicklung von Empfehlungen zur Erfüllung der Aufgaben nach diesem Buch,
2. die Förderung der Zusammenarbeit zwischen den örtlichen Trägern und den anerkannten Trägern der freien Jugendhilfe, insbesondere bei der Planung und Sicherstellung eines bedarfsgerechten Angebots an Hilfen zur Erziehung, Eingliederungshilfen für seelisch behinderte Kinder und Jugendliche und Hilfen für junge Volljährige,
3. die Anregung und Förderung von Einrichtungen, Diensten und Veranstaltungen sowie deren Schaffung und Betrieb, soweit sie den örtlichen Bedarf übersteigen; dazu gehören insbesondere Einrichtungen, die eine Schul- oder Berufsausbildung anbieten, sowie Jugendbildungsstätten,
4. die Planung, Anregung, Förderung und Durchführung von Modellvorhaben zur Weiterentwicklung der Jugendhilfe,
5. die Beratung der örtlichen Träger bei der Gewährung von Hilfe nach den §§ 32 bis 35a, insbesondere bei der Auswahl einer Einrichtung oder der Vermittlung einer Pflegeperson in schwierigen Einzelfällen,
6. die Wahrnehmung der Aufgaben zum Schutz von Kindern und Jugendlichen in Einrichtungen (§§ 45 bis 48a),
7. die Beratung der Träger von Einrichtungen während der Planung und Betriebsführung,
8. die Fortbildung von Mitarbeitern in der Jugendhilfe,
9. die Gewährung von Leistungen an Deutsche im Ausland (§ 6 Abs. 3), soweit es sich nicht um die Fortsetzung einer bereits im Inland gewährten Leistung handelt,
10. die Erteilung der Erlaubnis zur Übernahme von Pflegschaften oder Vormundschaften durch einen rechtsfähigen Verein (§ 54).

(3) Für den örtlichen Bereich können die Aufgaben nach Absatz 2 Nr. 3, 4, 7 und 8 auch vom örtlichen Träger wahrgenommen werden.

(4) Unberührt bleiben die am Tage des Inkrafttretens dieses Gesetzes geltenden landesrechtlichen Regelungen, die die in den §§ 45 bis 48a bestimmten Aufgaben einschließlich der damit verbundenen Aufgaben nach Absatz 2 Nr. 2 bis 5 und 7 mittleren Landesbehörden oder, soweit sie sich auf Kindergärten und andere Tageseinrichtungen für Kinder beziehen, unteren Landesbehörden zuweisen.

(5) Ist das Land überörtlicher Träger, so können durch Landesrecht bis zum 30. Juni 1993 einzelne seiner Aufgaben auf andere Körperschaften des öffentlichen Rechts, die nicht Träger der öffentlichen Jugendhilfe sind, übertragen werden.

§ 86
Örtliche Zuständigkeit für Leistungen an Kinder, Jugendliche und ihre Eltern

(1) Für die Gewährung von Leistungen nach diesem Buch ist der örtliche Träger zuständig, in dessen Bereich die Eltern ihren gewöhnlichen Aufenthalt haben. An die Stelle der Eltern tritt die Mutter, wenn und solange die Vaterschaft nicht anerkannt oder gerichtlich festgestellt ist. Lebt nur ein Elternteil, so ist dessen gewöhnlicher Aufenthalt maßgebend.

(2) Haben die Elternteile verschiedene gewöhnliche Aufenthalte, so ist der örtliche Träger zuständig, in dessen Bereich der personensorgeberechtigte Elternteil seinen gewöhnlichen Aufenthalt hat; dies gilt auch dann, wenn ihm einzelne Angelegenheiten der Personensorge entzogen sind. Steht die Personensorge im Fall des Satzes 1 den Eltern gemeinsam zu, so richtet sich die Zuständigkeit nach dem gewöhnlichen Aufenthalt des Elternteils, bei dem das Kind oder der Jugendliche vor Beginn der Leistung zuletzt seinen gewöhnlichen Aufenthalt hatte. Hatte das Kind oder der Jugendliche im Fall des Satzes 2 zuletzt bei beiden Elternteilen seinen gewöhnlichen Aufenthalt, so richtet sich die Zuständigkeit nach dem gewöhnlichen Aufenthalt des Elternteils, bei dem das Kind oder der Jugendliche vor Beginn der Leistung zuletzt seinen tatsächlichen Aufenthalt hatte. Hatte das Kind oder der Jugendliche im Fall des Satzes 2 während der letzten sechs Monate vor Beginn der Leistung bei keinem Elternteil einen gewöhnlichen Aufenthalt, so ist der örtliche Träger zuständig, in dessen Bereich das Kind oder der Jugendliche vor Beginn der Leistung zuletzt seinen gewöhnlichen Aufenthalt hatte; hatte das Kind oder der Jugendliche während der letzten sechs Monate keinen gewöhnlichen Aufenthalt, so richtet sich die Zuständigkeit nach dem tatsächlichen Aufenthalt des Kindes oder des Jugendlichen vor Beginn der Leistung.

(3) Haben die Elternteile verschiedene gewöhnliche Aufenthalte und steht die Personensorge keinem Elternteil zu, so gilt Absatz 2 Satz 2 und 4 entsprechend.

(4) Haben die Eltern oder der nach den Absätzen 1 bis 3 maßgebliche Elternteil im Inland keinen gewöhnlichen Aufenthalt, oder ist ein gewöhnlicher Aufenthalt nicht feststellbar, oder sind sie verstorben, so richtet sich die Zuständigkeit nach dem gewöhnlichen Aufenthalt des Kindes oder des Jugendlichen vor Beginn der Leistung. Hatte das Kind oder der Jugendliche während der letzten sechs Monate vor Beginn der Leistung keinen gewöhnlichen Aufenthalt, so ist der örtliche Träger zuständig, in dessen Bereich sich das Kind oder der Jugendliche vor Beginn der Leistung tatsächlich aufhält.

(5) Begründen die Elternteile nach Beginn der Leistung verschiedene gewöhnliche Aufenthalte, so wird der örtliche Träger zuständig, in dessen Bereich der personensorgeberechtigte Elternteil seinen gewöhnlichen Aufenthalt hat; dies gilt auch dann, wenn ihm einzelne Angelegenheiten der Personensorge entzogen sind. Solange in diesen Fällen die Personensorge beiden Elternteilen gemeinsam oder keinem Elternteil zusteht, bleibt die bisherige Zuständigkeit bestehen. Absatz 4 gilt entsprechend.

(6) Lebt ein Kind oder ein Jugendlicher zwei Jahre bei einer Pflegeperson und ist sein Verbleib bei dieser Pflegeperson auf Dauer zu erwarten, so ist oder wird abweichend von den Absätzen 1 bis 5 der örtliche Träger zuständig, in dessen Bereich die Pflegeperson ihren gewöhnlichen Aufenthalt hat. Er hat die Eltern und, falls den Eltern die Personensorge nicht oder nur teilweise zusteht, den Personensorgeberechtigten über den Wechsel der Zuständigkeit zu unterrichten. Endet der Aufenthalt bei der Pflegeperson, so endet die Zuständigkeit nach Satz 1.

(7) Für Leistungen an Kinder oder Jugendliche, die um Asyl nachsuchen oder einen Asylantrag gestellt haben, ist der örtliche Träger zuständig, in dessen Bereich sich die Person vor Beginn der Leistung tatsächlich aufhält; geht der Leistungsgewährung eine Inobhutnahme voraus, so bleibt die nach § 87 begründete Zuständigkeit bestehen. Unterliegt die Person einem Verteilungsverfahren, so richtet sich die örtliche Zuständigkeit nach der Zuweisungsentscheidung der zuständigen Landesbehörde; bis zur Zuweisungsentscheidung gilt Satz 1 entsprechend. Die nach Satz 1 oder 2 begründete örtliche Zustän-

digkeit bleibt auch nach Abschluss des Asylverfahrens so lange bestehen, bis die für die Bestimmung der örtlichen Zuständigkeit maßgebliche Person einen gewöhnlichen Aufenthalt im Bereich eines anderen Trägers der öffentlichen Jugendhilfe begründet. Eine Unterbrechung der Leistung von bis zu drei Monaten bleibt außer Betracht.

§ 90

Pauschalierte Kostenbeteiligung

(1) Für die Inanspruchnahme von Angeboten

1. der Jugendarbeit nach § 11,
2. der allgemeinen Förderung der Erziehung in der Familie nach § 16 Absatz 1, Absatz 2 Nummer 1 und 3 und
3. der Förderung von Kindern in Tageseinrichtungen und Kindertagespflege nach den §§ 22 bis 24 können Kostenbeiträge festgesetzt werden.

(2) In den Fällen des Absatzes 1 Nummer 1 und 2 kann der Kostenbeitrag auf Antrag ganz oder teilweise erlassen oder ein Teilnahmebeitrag auf Antrag ganz oder teilweise vom Träger der öffentlichen Jugendhilfe übernommen werden, wenn

1. die Belastung
   a) dem Kind oder dem Jugendlichen und seinen Eltern oder
   b) dem jungen Volljährigen
   nicht zuzumuten ist und
2. die Förderung für die Entwicklung des jungen Menschen erforderlich ist.

Lebt das Kind oder der Jugendliche nur mit einem Elternteil zusammen, so tritt dieser an die Stelle der Eltern. Für die Feststellung der zumutbaren Belastung gelten die §§ SGB_XII § 82 bis SGB_XII § 85, SGB_XII § 87, SGB_XII § 88 und SGB_XII § 92a des Zwölften Buches entsprechend, soweit nicht Landesrecht eine andere Regelung trifft. Bei der Einkommensberechnung bleiben das Baukindergeld des Bundes sowie die Eigenheimzulage nach dem Eigenheimzulagengesetz außer Betracht.

(3) Im Fall des Absatzes 1 Nummer 3 sind Kostenbeiträge zu staffeln. Als Kriterien für die Staffelung können insbesondere das Einkommen der Eltern, die Anzahl der kindergeldberechtigten Kinder in der Familie und die tägliche Betreuungszeit des Kindes berücksichtigt werden. Werden die Kostenbeiträge nach dem Einkommen berechnet, bleibt das Baukindergeld des Bundes außer Betracht. Darüber hinaus können weitere Kriterien berücksichtigt werden.

(4) Im Fall des Absatzes 1 Nummer 3 wird der Kostenbeitrag auf Antrag erlassen oder auf Antrag ein Teilnahmebeitrag vom Träger der öffentlichen Jugendhilfe übernommen, wenn die Belastung durch Kostenbeiträge den Eltern und dem Kind nicht zuzumuten ist. Nicht zuzumuten sind Kostenbeiträge immer dann, wenn Eltern oder Kinder Leistungen zur Sicherung des Lebensunterhalts nach dem Zweiten Buch, Leistungen nach dem dritten und vierten Kapitel des Zwölften Buches oder Leistungen nach den §§ ASYLBLG § 2 und ASYLBLG § 3 des Asylbewerberleistungsgesetzes beziehen oder wenn die Eltern des Kindes Kinderzuschlag gemäß § BKGG § 6a des Bundeskindergeldgesetzes oder Wohngeld nach dem Wohngeldgesetz erhalten. Der Träger der öffentlichen Jugendhilfe hat die Eltern über die Möglichkeit einer Antragstellung nach Satz 1 bei unzumutbarer Belastung durch Kostenbeiträge zu beraten. Absatz 2 Satz 2 bis 4 gilt entsprechend.

Sozialgesetzbuch (SGB) – Neuntes Buch (IX) – Rehabilitation und Teilhabe von Menschen mit Behinderungen

vom 23. Dezember 2016 (BGBl. I S. 3234),
zuletzt geändert durch Art. 8 des MDK-Reformgesetzes vom 14. Dezember 2019 (BGBl. I S. 2789)

– Auszug –
In Kraft ab 1.1.2018 (Art. 26 BTHG)

§ 1
Selbstbestimmung und Teilhabe am Leben in der Gesellschaft

Menschen mit Behinderungen oder von Behinderung bedrohte Menschen erhalten Leistungen nach diesem Buch und den für die Rehabilitationsträger geltenden Leistungsgesetzen, um ihre Selbstbestimmung und ihre volle, wirksame und gleichberechtigte Teilhabe am Leben in der Gesellschaft zu fördern, Benachteiligungen zu vermeiden oder ihnen entgegenzuwirken. Dabei wird den besonderen Bedürfnissen von Frauen und Kindern mit Behinderungen und von Behinderung bedrohter Frauen und Kinder sowie Menschen mit seelischen Behinderungen oder von einer solchen Behinderung bedrohter Menschen Rechnung getragen.

§ 2
Begriffsbestimmungen

(1) Menschen mit Behinderungen sind Menschen, die körperliche, seelische, geistige oder Sinnesbeeinträchtigungen haben, die sie in Wechselwirkung mit einstellungs- und umweltbedingten Barrieren an der gleichberechtigten Teilhabe an der Gesellschaft mit hoher Wahrscheinlichkeit länger als sechs Monate hindern können. Eine Beeinträchtigung nach Satz 1 liegt vor, wenn der Körper- und Gesundheitszustand von dem für das Lebensalter typischen Zustand abweicht. Menschen sind von Behinderung bedroht, wenn eine Beeinträchtigung nach Satz 1 zu erwarten ist.

(2) Menschen sind im Sinne des Teils 3 schwerbehindert, wenn bei ihnen ein Grad der Behinderung von wenigstens 50 vorliegt und sie ihren Wohnsitz, ihren gewöhnlichen Aufenthalt oder ihre Beschäftigung auf einem Arbeitsplatz im Sinne des § 156 rechtmäßig im Geltungsbereich dieses Gesetzbuches haben.

(3) Schwerbehinderten Menschen gleichgestellt werden sollen Menschen mit Behinderungen mit einem Grad der Behinderung von weniger als 50, aber wenigstens 30, bei denen die übrigen Voraussetzungen des Absatzes 2 vorliegen, wenn sie infolge ihrer Behinderung ohne die Gleichstellung einen geeigneten Arbeitsplatz im Sinne des § 156 nicht erlangen oder nicht behalten können (gleichgestellte behinderte Menschen).

Sozialgesetzbuch (SGB) – Zwölftes Buch (XII) – Sozialhilfe

vom 27. Dezember 2003 (BGBl. I S. 3022),
zuletzt geändert durch Art. 11 des MDK-Reformgesetzes vom 14. Dezember 2019 (BGBl. I S. 2789)

– Auszug –

ERSTES KAPITEL
ALLGEMEINE VORSCHIFTEN

§ 1
Aufgabe der Sozialhilfe

Aufgabe der Sozialhilfe ist es, den Leistungsberechtigten die Führung eines Lebens zu ermöglichen, das der Würde des Menschen entspricht. Die Leistung soll sie so weit wie möglich befähigen, unabhängig von ihr zu leben; darauf haben auch die Leistungsberechtigten nach ihren Kräften hinzuarbeiten. Zur Erreichung dieser Ziele haben die Leistungsberechtigten und die Träger der Sozialhilfe im Rahmen ihrer Rechte und Pflichten zusammenzuwirken.

ZEHNTES KAPITEL
EINRICHTUNGEN

§ 75
Allgemeine Grundsätze

(1) Der Träger der Sozialhilfe darf Leistungen nach dem Siebten bis Neunten Kapitel mit Ausnahme der Leistungen der häuslichen Pflege, soweit diese gemäß § 64 durch Personen, die dem Pflegebedürftigen nahe stehen, oder als Nachbarschaftshilfe übernommen werden, durch Dritte (Leistungserbringer) nur bewilligen, soweit eine schriftliche Vereinbarung zwischen dem Träger des Leistungserbringers und dem für den Ort der Leistungserbringung zuständigen Träger der Sozialhilfe besteht. Die Vereinbarung kann auch zwischen dem Träger der Sozialhilfe und dem Verband, dem der Leistungserbringer angehört, geschlossen werden, soweit der Verband eine entsprechende Vollmacht nachweist. Die Vereinbarungen sind für alle übrigen Träger der Sozialhilfe bindend. Die Vereinbarungen müssen den Grundsätzen der Wirtschaftlichkeit, Sparsamkeit und Leistungsfähigkeit entsprechen und dürfen das Maß des Notwendigen nicht überschreiten. Sie sind vor Beginn der jeweiligen Wirtschaftsperiode für einen zukünftigen Zeitraum abzuschließen (Vereinbarungszeitraum); nachträgliche Ausgleiche sind nicht zulässig. Die Ergebnisse sind den Leistungsberechtigten in einer wahrnehmbaren Form zugänglich zu machen.

(2) Sind geeignete Leistungserbringer vorhanden, soll der Träger der Sozialhilfe zur Erfüllung seiner Aufgaben eigene Angebote nicht neu schaffen. Geeignet ist ein Leistungserbringer, der unter Sicherstellung der Grundsätze des § 9 Absatz 1 die Leistungen wirtschaftlich und sparsam erbringen kann. Geeignete Träger von Einrichtungen dürfen nur solche Personen beschäftigen oder ehrenamtliche Personen, die in Wahrnehmung ihrer Aufgaben Kontakt mit Leistungsberechtigten haben, mit Aufgaben betrauen, die nicht rechtskräftig wegen einer Straftat nach den §§ 171, 174 bis 174c, 176 bis 180a, 181a, 182 bis 184g, 225, 232 bis 233a, 234, 235 oder 236 des Strafgesetzbuchs verurteilt worden sind. Die Leistungserbringer sollen sich von Fach- und anderem Betreuungspersonal, die in Wahrnehmung ihrer Aufgaben Kontakt mit Leistungsberechtigten haben, vor deren Einstellung oder Aufnahme einer dauerhaften ehrenamtlichen Tätigkeit und in regelmäßigen Abständen ein Führungszeugnis nach § 30a Absatz 1 des Bundeszentralregistergesetzes vorlegen lassen. Nimmt der Leistungserbringer Einsicht in ein Führungszeugnis nach § 30a Absatz 1 des Bundeszentralregistergesetzes, so speichert er nur den Umstand der Einsichtnahme, das Datum des Führungszeugnisses und die Information, ob die das Führungszeugnis betreffende Person wegen einer in Satz 3 genannten Straftat rechtskräftig verurteilt worden ist. Der Träger der Einrichtung darf diese Daten nur verändern und nutzen, soweit dies zur Prüfung der Eignung einer Person erforderlich ist. Die Daten sind vor dem Zugriff Unbefugter zu schützen. Sie sind unverzüglich zu löschen, wenn im Anschluss an die Einsichtnahme keine Tätigkeit für den Leistungserbringer wahrgenommen wird. Sie sind spätestens drei Monate nach der letztmali-

gen Ausübung einer Tätigkeit für den Leistungserbringer zu löschen. Die durch den Leistungserbringer geforderte Vergütung ist wirtschaftlich angemessen, wenn sie im Vergleich mit der Vergütung vergleichbarer Leistungserbringer im unteren Drittel liegt (externer Vergleich). Liegt die geforderte Vergütung oberhalb des unteren Drittels, kann sie wirtschaftlich angemessen sein, sofern sie nachvollziehbar auf einem höheren Aufwand des Leistungserbringers beruht und wirtschaftlicher Betriebsführung entspricht. In den externen Vergleich sind die im Einzugsbereich tätigen Leistungserbringer einzubeziehen. Tariflich vereinbarte Vergütungen sowie entsprechende Vergütungen nach kirchlichen Arbeitsrechtsregelungen sind grundsätzlich als wirtschaftlich anzusehen, auch soweit die Vergütung aus diesem Grunde oberhalb des unteren Drittels liegt.

(3) Sind mehrere Leistungserbringer im gleichen Maße geeignet, hat der Träger der Sozialhilfe Vereinbarungen vorrangig mit Leistungserbringern abzuschließen, deren Vergütung bei vergleichbarem Inhalt, Umfang und vergleichbarer Qualität der Leistung nicht höher ist als die anderer Leistungserbringer.

(4) Besteht eine schriftliche Vereinbarung, ist der Leistungserbringer im Rahmen des vereinbarten Leistungsangebotes verpflichtet, Leistungsberechtigte aufzunehmen und zu betreuen.

(5) Der Träger der Sozialhilfe darf die Leistungen durch Leistungserbringer, mit denen keine schriftliche Vereinbarung getroffen wurde, nur erbringen, soweit

1. dies nach der Besonderheit des Einzelfalles geboten ist,
2. der Leistungserbringer ein schriftliches Leistungsangebot vorlegt, das für den Inhalt einer Vereinbarung nach § 76 gilt,
3. der Leistungserbringer sich schriftlich verpflichtet, die Grundsätze der Wirtschaftlichkeit und Qualität der Leistungserbringung zu beachten,
4. die Vergütung für die Erbringung der Leistungen nicht höher ist als die Vergütung, die der Träger der Sozialhilfe mit anderen Leistungserbringern für vergleichbare Leistungen vereinbart hat.

Die allgemeinen Grundsätze der Absätze 1 bis 4 und 6 sowie die Vorschriften zum Inhalt der Vereinbarung (§ 76), zur Verbindlichkeit der vereinbarten Vergütung (§ 77a), zur Wirtschaftlichkeits- und Qualitätsprüfung (§ 78), zur Kürzung der Vergütung (§ 79) und zur außerordentlichen Kündigung der Vereinbarung (§ 79a) gelten entsprechend.

(6) Der Leistungserbringer hat gegen den Träger der Sozialhilfe einen Anspruch auf Vergütung der gegenüber dem Leistungsberechtigten erbrachten Leistungen.

§ 76
Inhalt der Vereinbarungen

(1) In der schriftlichen Vereinbarung mit Erbringern von Leistungen nach dem Siebten bis Neunten Kapitel sind zu regeln:

1. Inhalt, Umfang und Qualität einschließlich der Wirksamkeit der Leistungen (Leistungsvereinbarung) sowie
2. die Vergütung der Leistung (Vergütungsvereinbarung).

(2) In die Leistungsvereinbarung sind als wesentliche Leistungsmerkmale insbesondere aufzunehmen:

1. die betriebsnotwendigen Anlagen des Leistungserbringers,
2. der zu betreuende Personenkreis,
3. Art, Ziel und Qualität der Leistung,
4. die Festlegung der personellen Ausstattung,
5. die Qualifikation des Personals sowie
6. die erforderliche sächliche Ausstattung.

(3) [1] Die Vergütungsvereinbarung besteht mindestens aus

1. der Grundpauschale für Unterkunft und Verpflegung,
2. der Maßnahmepauschale sowie
3. einem Betrag für betriebsnotwendige Anlagen einschließlich ihrer Ausstattung (Investitionsbetrag).

Förderungen aus öffentlichen Mitteln sind anzurechnen. Die Maßnahmepauschale ist nach Gruppen für Leistungsberechtigte mit vergleichbarem Bedarf sowie bei Leistungen der häuslichen Pflegehilfe für die gemeinsame Inanspruchnahme durch mehrere Leistungsberechtigte zu kalkulieren. Abweichend von Satz 1 können andere geeignete Verfahren zur Vergütung und Abrechnung der Leistung unter Beteiligung der Interessenvertretungen der Menschen mit Behinderungen vereinbart werden.

§ 77
Verfahren und Inkrafttreten der Vereinbarung

(1) Der Leistungserbringer oder der Träger der Sozialhilfe hat die jeweils andere Partei schriftlich zu Verhandlungen über den Abschluss einer Vereinbarung gemäß § 76 aufzufordern. Bei einer Aufforderung zum Abschluss einer Folgevereinbarung sind die Verhandlungsgegenstände zu benennen. Die Aufforderung durch den Leistungsträger kann an einen unbestimmten Kreis von Leistungserbringern gerichtet werden. Auf Verlangen einer Partei sind geeignete Nachweise zu den Verhandlungsgegenständen vorzulegen.

(2) Kommt es nicht innerhalb von drei Monaten, nachdem eine Partei zu Verhandlungen aufgefordert wurde, zu einer schriftlichen Vereinbarung, so kann jede Partei hinsichtlich der strittigen Punkte die gemeinsame Schiedsstelle anrufen. Die Schiedsstelle hat unverzüglich über die strittigen Punkte zu entscheiden. Gegen die Entscheidung der Schiedsstelle ist der Rechtsweg zu den Sozialgerichten gegeben, ohne dass es eines Vorverfahrens bedarf. Die Klage ist nicht gegen die Schiedsstelle, sondern gegen den Verhandlungspartner zu richten.

(3) Vereinbarungen und Schiedsstellenentscheidungen treten zu dem darin bestimmten Zeitpunkt in Kraft. Wird in einer Vereinbarung ein Zeitpunkt nicht bestimmt, wird die Vereinbarung mit dem Tag ihres Abschlusses wirksam. Festsetzungen der Schiedsstelle werden, soweit keine Festlegung erfolgt ist, rückwirkend mit dem Tag wirksam, an dem der Antrag bei der Schiedsstelle eingegangen ist. Soweit in den Fällen des Satzes 3 während des Schiedsstellenverfahrens der Antrag geändert wurde, ist auf den Tag abzustellen, an dem der geänderte Antrag bei der Schiedsstelle eingegangen ist. Ein jeweils vor diesem Zeitpunkt zurückwirkendes Vereinbaren oder Festsetzen von Vergütungen ist in den Fällen der Sätze 1 bis 4 nicht zulässig.

§ 78
Wirtschaftlichkeits- und Qualitätsprüfung

(1) Soweit tatsächliche Anhaltspunkte dafür bestehen, dass ein Leistungserbringer seine vertraglichen oder gesetzlichen Pflichten nicht erfüllt, prüft der Träger der Sozialhilfe oder ein von diesem beauftragter Dritter die Wirtschaftlichkeit und Qualität einschließlich der Wirksamkeit der vereinbarten Leistungen des Leistungserbringers. Zur Vermeidung von Doppelprüfungen arbeiten die Träger der Sozialhilfe mit den Leistungsträgern nach Teil 2 des Neunten Buches, mit den für die Heimaufsicht zuständigen Behörden sowie mit dem Medizinischen Dienst der Krankenversicherung zusammen. Durch Landesrecht kann von der Einschränkung in Satz 1 erster Halbsatz abgewichen werden.

(2) Die Prüfung erfolgt ohne vorherige Ankündigung und erstreckt sich auf Inhalt, Umfang, Wirtschaftlichkeit und Qualität einschließlich der Wirksamkeit der erbrachten Leistungen.

(3) Der Träger der Sozialhilfe hat den Leistungserbringer über das Ergebnis der Prüfung schriftlich zu unterrichten. Das Ergebnis der Prüfung ist dem Leistungsberechtigten in einer wahrnehmbaren Form zugänglich zu machen.

§ 79
Kürzung der Vergütung

(1) Hält ein Leistungserbringer seine gesetzlichen oder vertraglichen (vereinbarten) Verpflichtungen ganz oder teilweise nicht ein, ist die vereinbarte Vergütung für die Dauer der Pflichtverletzung entsprechend zu kürzen. Über die Höhe des Kürzungsbetrags ist zwischen den Vertragsparteien Einvernehmen herzustellen. Kommt eine Einigung nicht zustande, entscheidet auf Antrag einer Vertragspartei die Schiedsstelle. Für das Verfahren bei Entscheidungen durch die Schiedsstelle gilt § 77 Absatz 2 und 3 entsprechend.

(2) Der Kürzungsbetrag ist an den Träger der Sozialhilfe bis zu der Höhe zurückzuzahlen, in der die Leistung vom Träger der Sozialhilfe erbracht worden ist, und im Übrigen an den Leistungsberechtigten zurückzuzahlen.

(3) Der Kürzungsbetrag kann nicht über die Vergütungen refinanziert werden. Darüber hinaus besteht hinsichtlich des Kürzungsbetrags kein Anspruch auf Nachverhandlung gemäß § 77a Absatz 2.

ELFTES KAPITEL

EINSATZ DES EINKOMMENS UND DES VERMÖGENS

Erster Abschnitt

Einkommen

§ 82

Begriff des Einkommens

(1) Zum Einkommen gehören alle Einkünfte in Geld oder Geldeswert mit Ausnahme der Leistungen nach diesem Buch, der Grundrente nach dem Bundesversorgungsgesetz und nach den Gesetzen, die eine entsprechende Anwendung des Bundesversorgungsgesetzes vorsehen, und der Renten oder Beihilfen nach dem Bundesentschädigungsgesetz für Schaden an Leben sowie an Körper oder Gesundheit bis zur Höhe der vergleichbaren Grundrente nach dem Bundesversorgungsgesetz. Einkünfte aus Rückerstattungen, die auf Vorauszahlungen beruhen, die Leistungsberechtigte aus dem Regelsatz erbracht haben, sind kein Einkommen. Bei Minderjährigen ist das Kindergeld dem jeweiligen Kind als Einkommen zuzurechnen, soweit es bei diesem zur Deckung des notwendigen Lebensunterhaltes, mit Ausnahme der Bedarfe nach § 34, benötigt wird.

(2) Von dem Einkommen sind abzusetzen

1. auf das Einkommen entrichtete Steuern,
2. Pflichtbeiträge zur Sozialversicherung einschließlich der Beiträge zur Arbeitsförderung,
3. Beiträge zu öffentlichen oder privaten Versicherungen oder ähnlichen Einrichtungen, soweit diese Beiträge gesetzlich vorgeschrieben oder nach Grund und Höhe angemessen sind, sowie geförderte Altersvorsorgebeiträge nach § 82 des Einkommensteuergesetzes, soweit sie den Mindesteigenbeitrag nach § 86 des Einkommensteuergesetzes nicht überschreiten, und
4. die mit der Erzielung des Einkommens verbundenen notwendigen Ausgaben.

Erhält eine leistungsberechtigte Person aus einer Tätigkeit Bezüge oder Einnahmen, die nach § 3 Nummer 12, 26, 26a oder 26b des Einkommensteuergesetzes steuerfrei sind oder die als Taschengeld nach § 2 Nummer 4 des Bundesfreiwilligendienstgesetzes oder nach § 2 Absatz 1 Nummer 3 des Jugendfreiwilligendienstegesetzes gezahlt werden, ist abweichend von Satz 1 Nummer 2 bis 4 und den Absätzen 3 und 6 ein Betrag von bis zu 200 Euro monatlich nicht als Einkommen zu berücksichtigen. Soweit ein Betrag nach Satz 2 in Anspruch genommen wird, gelten die Beträge nach Absatz 3 Satz 1 zweiter Halbsatz und nach Absatz 6 Satz 1 zweiter Halbsatz insoweit als ausgeschöpft.

(3) Bei der Hilfe zum Lebensunterhalt und Grundsicherung im Alter und bei Erwerbsminderung ist ferner ein Betrag in Höhe von 30 vom Hundert des Einkommens aus selbständiger und nichtselbständiger Tätigkeit der Leistungsberechtigten abzusetzen, höchstens jedoch 50 vom Hundert der Regelbedarfsstufe 1 nach der Anlage zu § 28. Abweichend von Satz 1 ist bei einer Beschäftigung in einer Werkstatt für behinderte Menschen oder bei einem anderen Leistungsanbieter nach § 60 des Neunten Buches von dem Entgelt ein Achtel der Regelbedarfsstufe 1 nach der Anlage zu § 28 zuzüglich 50 vom Hundert des diesen Betrag übersteigenden Entgelts abzusetzen. Im Übrigen kann in begründeten Fällen ein anderer als in Satz 1 festgelegter Betrag vom Einkommen abgesetzt werden.

(4) Bei der Hilfe zum Lebensunterhalt und Grundsicherung im Alter und bei Erwerbsminderung ist ferner ein Betrag von 100 Euro monatlich aus einer zusätzlichen Altersvorsorge der Leistungsberechtigten zuzüglich 30 vom Hundert des diesen Betrag übersteigenden Einkommens aus einer zusätzlichen Altersvorsorge der Leistungsberechtigten abzusetzen, höchstens jedoch 50 vom Hundert der Regelbedarfsstufe 1 nach der Anlage zu § 28.

(5) Einkommen aus einer zusätzlichen Altersvorsorge im Sinne des Absatzes 4 ist jedes monatlich bis zum Lebensende ausgezahlte Einkommen, auf das der Leistungsberechtigte vor Erreichen der Regelaltersgrenze auf freiwilliger Grundlage Ansprüche erworben hat und das dazu bestimmt und geeignet

ist, die Einkommenssituation des Leistungsberechtigten gegenüber möglichen Ansprüchen aus Zeiten einer Versicherungspflicht in der gesetzlichen Rentenversicherung nach den §§ 1 bis 4 des Sechsten Buches, nach § 1 des Gesetzes über die Alterssicherung der Landwirte, aus beamtenrechtlichen Versorgungsansprüchen und aus Ansprüchen aus Zeiten einer Versicherungspflicht in einer Versicherungs- und Versorgungseinrichtung, die für Angehörige bestimmter Berufe errichtet ist, zu verbessern. Als Einkommen aus einer zusätzlichen Altersvorsorge gelten auch laufende Zahlungen aus

1. einer betrieblichen Altersversorgung im Sinne des Betriebsrentengesetzes,

2. einem nach § 5 des Altersvorsorgeverträge-Zertifizierungsgesetzes zertifizierten Altersvorsorgevertrag und

3. einem nach § 5a des Altersvorsorgeverträge-Zertifizierungsgesetzes zertifizierten Basisrentenvertrag.

Werden bis zu zwölf Monatsleistungen aus einer zusätzlichen Altersvorsorge, insbesondere gemäß einer Vereinbarung nach § 10 Absatz 1 Nummer 2 Satz 3 erster Halbsatz des Einkommensteuergesetzes, zusammengefasst, so ist das Einkommen gleichmäßig auf den Zeitraum aufzuteilen, für den die Auszahlung erfolgte.

(6) Für Personen, die Leistungen der Hilfe zur Pflege, der Blindenhilfe oder Leistungen der Eingliederungshilfe nach dem Neunten Buch erhalten, ist ein Betrag in Höhe von 40 Prozent des Einkommens aus selbständiger und nichtselbständiger Tätigkeit der Leistungsberechtigten abzusetzen, höchstens jedoch 65 Prozent der Regelbedarfsstufe 1 nach der Anlage zu § 28.

(7) Einmalige Einnahmen, bei denen für den Monat des Zuflusses bereits Leistungen ohne Berücksichtigung der Einnahme erbracht worden sind, werden im Folgemonat berücksichtigt. Entfiele der Leistungsanspruch durch die Berücksichtigung in einem Monat, ist die einmalige Einnahme auf einen Zeitraum von sechs Monaten gleichmäßig zu verteilen und mit einem entsprechenden Teilbetrag zu berücksichtigen. In begründeten Einzelfällen ist der Anrechnungszeitraum nach Satz 2 angemessen zu verkürzen. Die Sätze 1 und 2 sind auch anzuwenden, soweit während des Leistungsbezugs eine Auszahlung zur Abfindung einer Kleinbetragsrente im Sinne des § 93 Absatz 3 Satz 2 des Einkommensteuergesetzes oder nach § 3 Absatz 2 des Betriebsrentengesetzes erfolgt und durch den ausgezahlten Betrag das Vermögen überschritten wird, welches nach § 90 Absatz 2 Nummer 9 und Absatz 3 nicht einzusetzen ist.

§ 83
Nach Zweck und Inhalt bestimmte Leistungen

(1) Leistungen, die auf Grund öffentlich-rechtlicher Vorschriften zu einem ausdrücklich genannten Zweck erbracht werden, sind nur so weit als Einkommen zu berücksichtigen, als die Sozialhilfe im Einzelfall demselben Zweck dient.

(2) Eine Entschädigung, die wegen eines Schadens, der nicht Vermögensschaden ist, nach § 253 Abs. 2 des Bürgerlichen Gesetzbuches geleistet wird, ist nicht als Einkommen zu berücksichtigen.

§ 84
Zuwendungen

(1) Zuwendungen der freien Wohlfahrtspflege bleiben als Einkommen außer Betracht. Dies gilt nicht, soweit die Zuwendung die Lage der Leistungsberechtigten so günstig beeinflusst, dass daneben Sozialhilfe ungerechtfertigt wäre.

(2) Zuwendungen, die ein anderer erbringt, ohne hierzu eine rechtliche oder sittliche Pflicht zu haben, sollen als Einkommen außer Betracht bleiben, soweit ihre Berücksichtigung für die Leistungsberechtigten eine besondere Härte bedeuten würde.

Zweiter Abschnitt

Einkommensgrenzen für die Leistungen nach dem Fünften bis Neunten Kapitel

§ 85

Einkommensgrenze

(1) Bei der Hilfe nach dem Fünften bis Neunten Kapitel ist der nachfragenden Person und ihrem nicht getrennt lebenden Ehegatten oder Lebenspartner die Aufbringung der Mittel nicht zuzumuten, wenn während der Dauer des Bedarfs ihr monatliches Einkommen zusammen eine Einkommensgrenze nicht übersteigt, die sich ergibt aus

1. einem Grundbetrag in Höhe des Zweifachen der Regelbedarfsstufe 1 nach der Anlage zu § 28,

2. den Aufwendungen für die Unterkunft, soweit die Aufwendungen hierfür den der Besonderheit des Einzelfalles angemessenen Umfang nicht übersteigen und

3. einem Familienzuschlag in Höhe des auf volle Euro aufgerundeten Betrages von 70 vom Hundert der Regelbedarfsstufe 1 nach der Anlage zu § 28 für den nicht getrennt lebenden Ehegatten oder Lebenspartner und für jede Person, die von der nachfragenden Person, ihrem nicht getrennt lebenden Ehegatten oder Lebenspartner überwiegend unterhalten worden ist oder für die sie nach der Entscheidung über die Erbringung der Sozialhilfe unterhaltspflichtig werden.

(2) Ist die nachfragende Person minderjährig und unverheiratet, so ist ihr und ihren Eltern die Aufbringung der Mittel nicht zuzumuten, wenn während der Dauer des Bedarfs das monatliche Einkommen der nachfragenden Person und ihrer Eltern zusammen eine Einkommensgrenze nicht übersteigt, die sich ergibt aus

1. einem Grundbetrag in Höhe des Zweifachen der Regelbedarfsstufe 1 nach der Anlage zu § 28,

2. den Aufwendungen für die Unterkunft, soweit die Aufwendungen hierfür den der Besonderheit des Einzelfalles angemessenen Umfang nicht übersteigen und

3. einem Familienzuschlag in Höhe des auf volle Euro aufgerundeten Betrages von 70 vom Hundert der Regelbedarfsstufe 1 nach der Anlage zu § 28 für einen Elternteil, wenn die Eltern zusammenleben, sowie für die nachfragende Person und für jede Person, die von den Eltern oder der nachfragenden Person überwiegend unterhalten worden ist oder für die sie nach der Entscheidung über die Erbringung der Sozialhilfe unterhaltspflichtig werden.

Leben die Eltern nicht zusammen, richtet sich die Einkommensgrenze nach dem Elternteil, bei dem die nachfragende Person lebt. Lebt sie bei keinem Elternteil, bestimmt sich die Einkommensgrenze nach Absatz 1.

(3) Die Regelbedarfsstufe 1 nach der Anlage zu § 28 bestimmt sich nach dem Ort, an dem der Leistungsberechtigte die Leistung erhält. Bei der Leistung in einer Einrichtung sowie bei Unterbringung in einer anderen Familie oder bei den in § 107 genannten anderen Personen bestimmt er sich nach dem gewöhnlichen Aufenthalt des Leistungsberechtigten oder, wenn im Falle des Absatzes 2 auch das Einkommen seiner Eltern oder eines Elternteils maßgebend ist, nach deren gewöhnlichem Aufenthalt. Ist ein gewöhnlicher Aufenthalt im Inland nicht vorhanden oder nicht zu ermitteln, ist Satz 1 anzuwenden.

§ 87

Einsatz des Einkommens über der Einkommensgrenze

(1) Soweit das zu berücksichtigende Einkommen die Einkommensgrenze übersteigt, ist die Aufbringung der Mittel in angemessenem Umfang zuzumuten. Bei der Prüfung, welcher Umfang angemessen ist, sind insbesondere die Art des Bedarfs, die Art oder Schwere der Behinderung oder der Pflegebedürftigkeit, die Dauer und Höhe der erforderlichen Aufwendungen sowie besondere Belastungen der nachfragenden Person und ihrer unterhaltsberechtigten Angehörigen zu berücksichtigen. Bei schwerstpflegebedürftigen Menschen nach § 64 Abs. 3 und blinden Menschen nach § 72 ist ein Einsatz des Einkommens über der Einkommensgrenze in Höhe von mindestens 60 vom Hundert nicht zuzumuten.

(2) Verliert die nachfragende Person durch den Eintritt eines Bedarfsfalles ihr Einkommen ganz oder teilweise und ist ihr Bedarf nur von kurzer Dauer, so kann die Aufbringung der Mittel auch aus dem Einkommen verlangt werden, das sie innerhalb eines angemessenen Zeitraumes nach dem Wegfall des

Bedarfs erwirbt und das die Einkommensgrenze übersteigt, jedoch nur insoweit, als ihr ohne den Verlust des Einkommens die Aufbringung der Mittel zuzumuten gewesen wäre.

(3) Bei einmaligen Leistungen zur Beschaffung von Bedarfsgegenständen, deren Gebrauch für mindestens ein Jahr bestimmt ist, kann die Aufbringung der Mittel nach Maßgabe des Absatzes 1 auch aus dem Einkommen verlangt werden, das die in § 19 Abs. 3 genannten Personen innerhalb eines Zeitraumes von bis zu drei Monaten nach Ablauf des Monats, in dem über die Leistung entschieden worden ist, erwerben.

§ 88
Einsatz des Einkommens unter der Einkommensgrenze

(1) Die Aufbringung der Mittel kann, auch soweit das Einkommen unter der Einkommensgrenze liegt, verlangt werden,

1. soweit von einem anderen Leistungen für einen besonderen Zweck erbracht werden, für den sonst Sozialhilfe zu leisten wäre,
2. wenn zur Deckung des Bedarfs nur geringfügige Mittel erforderlich sind.

Darüber hinaus soll in angemessenem Umfang die Aufbringung der Mittel verlangt werden, wenn eine Person für voraussichtlich längere Zeit Leistungen in einer stationären Einrichtung bedarf.

(2) Bei einer stationären Leistung in einer stationären Einrichtung wird von dem Einkommen, das der Leistungsberechtigte aus einer entgeltlichen Beschäftigung erzielt, die Aufbringung der Mittel in Höhe von einem Achtel der Regelbedarfsstufe 1 nach der Anlage zu § 28 zuzüglich 50 vom Hundert des diesen Betrag übersteigenden Einkommens aus der Beschäftigung nicht verlangt. § 82 Absatz 3 und 6 ist nicht anzuwenden.

§ 89
Einsatz des Einkommens bei mehrfachem Bedarf

(1) Wird im Einzelfall der Einsatz eines Teils des Einkommens zur Deckung eines bestimmten Bedarfs zugemutet oder verlangt, darf dieser Teil des Einkommens bei der Prüfung, inwieweit der Einsatz des Einkommens für einen anderen gleichzeitig bestehenden Bedarf zuzumuten ist oder verlangt werden kann, nicht berücksichtigt werden.

(2) Sind im Fall des Absatzes 1 für die Bedarfsfälle verschiedene Träger der Sozialhilfe zuständig, hat die Entscheidung über die Leistung für den zuerst eingetretenen Bedarf den Vorrang. Treten die Bedarfsfälle gleichzeitig ein, ist das über der Einkommensgrenze liegende Einkommen zu gleichen Teilen bei den Bedarfsfällen zu berücksichtigen. ³Bestehen neben den Bedarfen für Leistungen nach diesem Buch gleichzeitig Bedarfe für Leistungen nach Teil 2 des Neunten Buches, so ist das über der Einkommensgrenze liegende Einkommen nur zur Hälfte zu berücksichtigen.

Gesetz zur Ausführung der Sozialgesetze (AGSG)

vom 8. Dezember 2006 (GVBl S. 942),
zuletzt geändert durch § 5 Abs. 19 des Gesetzes vom 23. Dezember 2019 (GVBl. S. 737), durch § 2 des
Gesetzes vom 23. Dezember 2019 (GVBl. S. 743), durch Gesetz vom 23. Dezember 2019 (GVBl. S. 746)
und durch § 1 des Gesetzes vom 23. Dezember 2019 (GVBl. S. 747)

– Auszug –

TEIL 7

**VORSCHRIFTEN FÜR DEN BEREICH DES ACHTEN BUCHES SOZIALGESETZBUCH – KINDER-
UND JUGENDHILFE – UND FÜR WEITERE REGELUNGEN DES KINDER- UND
JUGENDHILFERECHTS**

Abschnitt 1
Allgemeine Bestimmungen

Art. 12
Geltungsbereich

Die Vorschriften des Teils 7 gelten nicht für Kindertageseinrichtungen im Sinn des Bayerischen Kinderbildungs- und -betreuungsgesetzes (BayKiBiG) und Tagespflege mit Ausnahme der Art. 24, 40, 42,
45 Abs. 2, Art. 45a, 46, 47, 53, 64 und 66 sowie der Bestimmungen über die Träger der öffentlichen
Jugendhilfe.

Art. 13
Vorrang der freien Jugendhilfe

Die Träger der öffentlichen Jugendhilfe haben zur Erfüllung der ihnen nach § 2 Abs. 2 des Achten
Buches Sozialgesetzbuch (SGB VIII) obliegenden Leistungen darauf hinzuwirken, dass die Träger der
freien Jugendhilfe die erforderlichen Einrichtungen, Dienste und Veranstaltungen bereitstellen und
betreiben. Soweit Träger der freien Jugendhilfe dazu auch mit öffentlicher Förderung nach § 74
SGB VIII nicht bereit oder nicht in der Lage sind, haben die Träger der öffentlichen Jugendhilfe dafür
selbst Sorge zu tragen.

Art. 14
Aufsicht und Eingaben

Bei der Wahrnehmung der Aufsicht ist die Auslegung des Jugendhilferechts durch das Staatsministerium maßgeblich. Hierzu und zur Bearbeitung von Eingaben zur Tätigkeit der Träger der öffentlichen
Jugendhilfe darf das Staatsministerium die erforderlichen personenbezogenen Daten erheben, verarbeiten und nutzen.

Abschnitt 2
Träger der öffentlichen und freien Jugendhilfe

Unterabschnitt 1
Örtliche Träger der öffentlichen Jugendhilfe, Jugendamt

Art. 15
Örtliche Träger

Örtliche Träger der öffentlichen Jugendhilfe sind die Landkreise und die kreisfreien Gemeinden.
[2] Soweit sich aus dem Achten Buch Sozialgesetzbuch oder aus diesem Gesetz nichts anderes ergibt, erfüllen sie die Aufgaben der öffentlichen Jugendhilfe nach den Vorschriften der Gemeindeordnung oder der Landkreisordnung; sie handeln dabei im eigenen Wirkungskreis.

Art. 16
Jugendamt

(1) Jeder örtliche Träger der öffentlichen Jugendhilfe errichtet ein Jugendamt. Die Aufgaben des örtlichen Trägers der öffentlichen Jugendhilfe werden durch das Jugendamt wahrgenommen.

(2) Verfassung und Verfahren des Jugendamts werden vom Gemeinderat oder vom Kreistag nach Anhörung des Jugendhilfeausschusses durch Satzung bestimmt. Die Satzung muss insbesondere Regelungen enthalten über

1. die Wahrnehmung der Aufgaben im Verhältnis zwischen Jugendhilfeausschuss und Verwaltung des Jugendamts,
2. den Umfang des Beschlussrechts des Jugendhilfeausschusses,
3. die Anhörung des Jugendhilfeausschusses vor der Beschlussfassung der Vertretungskörperschaft in Fragen der Jugendhilfe nach § 71 Abs. 3 Satz 2 SGB VIII,
4. Zahl und Zusammensetzung der stimmberechtigten Mitglieder des Jugendhilfeausschusses sowie das Verfahren zu ihrer Wahl,
5. das Verfahren zur Bestellung der beratenden Mitglieder des Jugendhilfeausschusses,
6. die Bildung von vorberatenden Unterausschüssen des Jugendhilfeausschusses,
7. die Beteiligung von anerkannten Trägern der freien Jugendhilfe nach § 80 Abs. 3 SGB VIII bei der Jugendhilfeplanung.

(3) Leiter oder Leiterin der Verwaltung der Gebietskörperschaft im Sinn des § 70 Abs. 2 SGB VIII ist der Oberbürgermeister bzw. die Oberbürgermeisterin oder der Landrat bzw. die Landrätin oder deren Stellvertreter bzw. Stellvertreterin; der Oberbürgermeister oder die Oberbürgermeisterin oder der Landrat bzw. die Landrätin kann die Aufgabe auch dem Leiter oder der Leiterin der Verwaltung des Jugendamts oder dessen bzw. deren unmittelbaren Vorgesetzten übertragen und hierbei entsprechende Zeichnungsvollmacht erteilen.

Art. 17
Jugendhilfeausschuss als beschließender Ausschuss, Vorsitz

(1) Der Jugendhilfeausschuss ist ein beschließender Ausschuss des Gemeinderats oder des Kreistags.

(2) Art. 32 Abs. 5, Art. 33 Abs. 1 Satz 1 GO und Art. 29 Abs. 1 Satz 2 und Abs. 2 LKrO sind nicht anzuwenden. Art. 33 Abs. 1 Satz 2 und 5 GO und Art. 27 Abs. 2 und 3 LKrO gelten nur für die aus der Mitte des Gemeinderats oder des Kreistags entsandten Mitglieder des Jugendhilfeausschusses. Die Satzung nach Art. 16 Abs. 2 kann bestimmen, dass die Wahl der stimmberechtigten Mitglieder des Jugendhilfeausschusses abweichend von Art. 51 Abs. 3 Satz 1 und Abs. 4 GO und von Art. 45 Abs. 3 Satz 1 und Abs. 4 LKrO in offener Abstimmung erfolgt.

(3) Den Vorsitz im Jugendhilfeausschuss führt der Oberbürgermeister bzw. die Oberbürgermeisterin oder der Landrat bzw. die Landrätin oder ein von ihm oder ihr bestimmtes Mitglied der Vertretungskörperschaft. Art. 33 Abs. 2 und Art. 39 Abs. 1 GO und Art. 33 Satz 1 und 3 LKrO sind nicht anzuwenden. Der oder die Vorsitzende ist stimmberechtigtes Mitglied im Sinn des § 71 Abs. 1 Nr. 1 SGB VIII.

(4) Der Jugendhilfeausschuss gibt sich eine Geschäftsordnung.

Art. 23
Fachkräfte

(1) In der Verwaltung des Jugendamts müssen für die Aufgaben der Jugendhilfe, unbeschadet Abs. 2, geeignete hauptamtliche Kräfte (§ 72 Abs. 1 und 2 SGB VIII) in ausreichender Zahl zur Verfügung stehen.

(2) Zur Wahrnehmung der Aufgaben der Jugendarbeit muss im Bereich des örtlichen Trägers mindestens ein hauptamtlicher Jugendpfleger oder eine hauptamtliche Jugendpflegerin eingesetzt sein.

(3) Richtlinien über die Anforderungen an die fachliche Qualifikation der in der Verwaltung des Jugendamts tätigen Kräfte (§ 72 Abs. 1 und 2 SGB VIII) können als Empfehlungen der Obersten Jugendbehörden im Einvernehmen mit dem Staatsministerium des Innern, für Sport und Integration erlassen werden. Die Staatsregierung kann durch Rechtsverordnung bestimmen, dass sich Kräfte, die erstmals mit leitenden Funktionen oder anderen Aufgaben, welche besondere Anforderungen stellen, betraut werden, einer Zusatzausbildung unterziehen müssen.

Unterabschnitt 2
Überörtlicher Träger der öffentlichen Jugendhilfe, Zentrum Bayern Familie und Soziales, Landesjugendamt, Oberste Landesjugendbehörden

Art. 24
Überörtlicher Träger

(1) Überörtlicher Träger der Jugendhilfe im Sinn des § 69 Abs. 1 SGB VIII ist der Freistaat Bayern. Die Aufgaben des überörtlichen Trägers werden durch das Landesjugendamt wahrgenommen, soweit dieses Gesetz nichts anderes bestimmt. Abweichend von Satz 2 nehmen Kreisverwaltungsbehörden für den Bereich der Kindertageseinrichtungen im Sinn des Bayerischen Kinderbildungs- und -betreuungsgesetzes die Aufgaben nach den §§ 45 bis 48a SGB VIII wahr, im Fall der Trägerschaft der kreisfreien Gemeinden und der Landkreise die Regierungen.

(2) In Abweichung von § 85 SGB VIII ist auch der überörtliche Träger sachlich zuständig für die Gewährung von Leistungen nach § 16 SGB VIII, soweit ein landesweites Angebot in Form von Elternbriefen über das Internet zur Verfügung gestellt wird. Die sachliche Zuständigkeit der örtlichen Träger bleibt unberührt.

Art. 25
Zentrum Bayern Familie und Soziales

Das Zentrum Bayern Familie und Soziales ist als eine dem Staatsministerium unmittelbar nachgeordnete zentrale Landesbehörde errichtet. Es sind Regionalstellen eingerichtet.

Art. 26
Landesjugendamt

(1) Das Landesjugendamt ist beim Zentrum Bayern Familie und Soziales eingerichtet.

(2) Verfassung und Verfahren des Landesjugendamts sind, soweit sie nicht im Achten Buch Sozialgesetzbuch oder in diesem Teil geregelt sind, durch Rechtsverordnung der Staatsregierung zu bestimmen. Der Landesjugendhilfeausschuss und der Leiter oder die Leiterin der Verwaltung des Landesjugendamts sind vorher zu hören. Die Rechtsverordnung soll insbesondere Regelungen enthalten über

1. die Wahrnehmung der Aufgaben im Verhältnis zwischen Landesjugendhilfeausschuss und Verwaltung des Landesjugendamts,
2. die Wahl des oder der Vorsitzenden des Landesjugendhilfeausschusses sowie eines bzw. einer oder mehrerer Stellvertreter bzw. Stellvertreterinnen,
3. die Beschlussfähigkeit des Landesjugendhilfeausschusses,
4. den Erlass einer Geschäftsordnung des Landesjugendhilfeausschusses,

5. die Bildung von Unterausschüssen des Landesjugendhilfeausschusses und die Zugehörigkeit von Personen, die nicht dem Landesjugendhilfeausschuss angehören, zu diesen Ausschüssen,

6. die Öffentlichkeit von Sitzungen des Landesjugendhilfeausschusses,

7. die Aufwandsentschädigung für Mitglieder des Landesjugendhilfeausschusses und seiner Arbeitsausschüsse.

Art. 29

Oberste Landesjugendbehörden

Oberste Landesjugendbehörde ist das Staatsministerium.

Unterabschnitt 3

Aufgaben der kreisangehörigen Gemeinden, der Bezirke und des Bayerischen Jugendrings

Art. 30

Aufgaben der kreisangehörigen Gemeinden

(1) Die kreisangehörigen Gemeinden sollen entsprechend § 79 Abs. 2 SGB VIII im eigenen Wirkungskreis und in den Grenzen ihrer Leistungsfähigkeit dafür sorgen, dass in ihrem örtlichen Bereich die erforderlichen Einrichtungen, Dienste und Veranstaltungen der Jugendarbeit (§§ 11, 12 SGB VIII) rechtzeitig und ausreichend zur Verfügung stehen. Die Gesamtverantwortung des örtlichen Trägers der öffentlichen Jugendhilfe bleibt unberührt; er berät und unterstützt die kreisangehörigen Gemeinden bei der Erfüllung der Aufgaben nach Satz 1 und trägt erforderlichenfalls durch finanzielle Zuwendungen zur Sicherung und zum gleichmäßigen Ausbau eines bedarfsgerechten Leistungsangebots bei. Übersteigt eine Aufgabe nach Satz 1 die Leistungsfähigkeit einer kreisangehörigen Gemeinde oder sind Einrichtungen, Dienste oder Veranstaltungen bereitzustellen oder vorzuhalten, deren Einzugsbereich sich auf mehrere kreisangehörige Gemeinden erstreckt, hat der örtliche Träger der öffentlichen Jugendhilfe in geeigneten Fällen darauf hinzuwirken, dass die Aufgabe im Weg kommunaler Zusammenarbeit erfüllt wird, oder, falls dies nicht möglich ist, selbst dafür Sorge zu tragen. Für Dienste und Veranstaltungen der Jugendarbeit, die für Teilnehmer aus mehreren Gemeinden bestimmt sind, ist der örtliche Träger der öffentlichen Jugendhilfe unmittelbar zuständig.

(2) Für die Zusammenarbeit mit den Trägern der freien Jugendhilfe gelten §§ 4 und 74 SGB VIII sowie Art. 13 entsprechend.

(3) Die kreisangehörigen Gemeinden sind im Rahmen der in Abs. 1 Satz 1 genannten Aufgaben entsprechend § 80 Abs. 3 SGB VIII an der Jugendhilfeplanung des örtlichen Trägers zu beteiligen.

Unterabschnitt 4

Träger der freien Jugendhilfe

Art. 33

Anerkennung

(1) Für die Anerkennung als Träger der freien Jugendhilfe nach § 75 SGB VIII sind zuständig

1. das Jugendamt, in dessen Bezirk der Träger seinen Sitz hat, wenn sich die Tätigkeit des Trägers nicht wesentlich über den Jugendamtsbezirk hinaus erstreckt,

2. die Regierung, in deren Bezirk der Träger seinen Sitz hat, wenn sich die Tätigkeit des Trägers zwar auf mehrere Jugendamtsbezirke, aber nicht wesentlich über den Regierungsbezirk hinaus erstreckt,

3. das Landesjugendamt für Träger, deren Tätigkeit sich zwar auf mehrere Regierungsbezirke, aber nicht über Bayern hinaus erstreckt; dies gilt nicht für Jugendverbände und Jugendgemeinschaften sowie andere Träger, die überwiegend auf dem Gebiet der Jugendarbeit tätig sind,

4. die zuständige oberste Landesjugendbehörde in den übrigen Fällen.

(2) Die Anerkennung eines Trägers erstreckt sich auch auf die ihm angehörigen rechtlich selbständigen Mitgliedsorganisationen, wenn sie sich auf dem Gebiet der Jugendhilfe betätigen und mit dem

Träger durch gleichgerichtete Satzung und gleiche Betätigung zu einer organisatorischen Einheit verbunden sind. Die im Zeitpunkt der Anerkennung bestehenden und einbezogenen rechtlich selbständigen Mitgliedsorganisationen sind im Anerkennungsbescheid zu nennen. Auf später hinzukommende rechtlich selbständige Mitgliedsorganisationen erstreckt sich die Anerkennung nur, wenn die für sie zuständige Anerkennungsbehörde festgestellt hat, dass sie die Voraussetzungen des Satzes 1 erfüllen.

(3) Die am 1. Januar 2007 auf Landesebene zusammengeschlossenen Verbände der freien Wohlfahrtspflege sind anerkannte Träger der freien Jugendhilfe. Abs. 2 Satz 3 gilt entsprechend.

(4) Der Bayerische Jugendring und die am 1. Januar 2007 zusammengeschlossenen Jugendverbände und Jugendgemeinschaften sind anerkannte Träger der freien Jugendhilfe. Werden Jugendverbände und Jugendgemeinschaften nach dem 1. Januar 2007 in den Bayerischen Jugendring aufgenommen, gelten sie damit als anerkannte Träger der freien Jugendhilfe. Sollen Jugendverbände und Jugendgemeinschaften sowie andere Träger, die überwiegend auf dem Gebiet der Jugendarbeit tätig sind, durch Behörden nach Abs. 1 anerkannt werden, so ist der Bayerische Jugendring vor der Entscheidung zu hören.

(5) Ein anerkannter Träger hat der nach Abs. 1 für die Anerkennung zuständigen Behörde Änderungen in den für die Anerkennung maßgeblichen Umständen unverzüglich mitzuteilen; dies gilt auch für Änderungen bei seinen Untergliederungen und Mitgliedsorganisationen. Wenn sich die Anerkennung auf rechtlich selbständige Mitgliedsorganisationen erstreckt, sind auch diese zur Mitteilung nach Satz 1 verpflichtet.

Unterabschnitt 5

Finanzielle Leistungen, Zuständigkeiten

Art. 42

Tagespflege

(1) Als Vermittlung im Sinn des § 23 Abs. 1 SGB VIII gilt auch eine Vermittlung durch einen anerkannten Träger der freien Jugendhilfe, der auf Grund einer Vereinbarung mit dem Träger der öffentlichen Jugendhilfe eine Stelle zur Vermittlung von Tagespflege eingerichtet hat.

(2) Die Aufwendungen der Tagespflegeperson nach § 23 Abs. 1 und 2 SGB VIII einschließlich der Kosten der Erziehung sollen in einem monatlichen Pauschalbetrag ersetzt werden.

(3) Zuständige Behörden für die Festsetzung der Pauschalbeträge für Tagespflege sind die Jugendämter.

(4) Die Staatsregierung wird ermächtigt, durch Rechtsverordnung Mindestsätze für die Pauschalbeträge nach Abs. 2 festzulegen; dabei können bei Bedarf örtliche Unterschiede berücksichtigt werden.

Art. 43

Vollzeitpflege

(1) Zuständige Behörden für die Festsetzung der Pauschalbeträge nach § 39 Abs. 5 Satz 1 und nach § 41 Abs. 2 in Verbindung mit § 39 Abs. 5 Satz 1 SGB VIII sind die Jugendämter.

(2) Art. 42 Abs. 4 gilt entsprechend.

Abschnitt 4

Schutz und Förderung von Kindern und Jugendlichen in Einrichtungen

Art. 44

Rechtsverordnung

Die Staatsregierung kann durch Rechtsverordnung die Mindestvoraussetzungen festlegen, die erfüllt sein müssen, damit das Wohl von Kindern und Jugendlichen in nach § 45 SGB VIII erlaubnispflichtigen Einrichtungen oder in sonstigen Wohnformen im Sinn des § 48a SGB VIII gewährleistet ist.

Art. 45
Zuständigkeit für die Aufsicht

(1) Zuständige Behörden für die Aufgaben nach §§ 45 bis 48a SGB VIII sind die Regierungen. Die Aufgaben des überörtlichen Trägers der Jugendhilfe nach § 85 Abs. 2 Nrn. 2 bis 5 und 7 SGB VIII werden, soweit sie sich auf die Anregung, Planung und den Betrieb einzelner erlaubnispflichtiger Einrichtungen und die damit zusammenhängenden Beratungsaufgaben beziehen, von den Regierungen wahrgenommen.

(2) Für Kindertageseinrichtungen im Sinn des Bayerischen Kinderbildungs- und -betreuungsgesetzes und des § 45 SGB VIII nehmen die nach Art. 28[1)] Satz 2 BayKiBiG zuständigen Behörden die Meldungen nach § 47 SGB VIII entgegen.

Art. 45a
Anmeldefrist für einen Betreuungsplatz

Die Zuweisung eines Betreuungsplatzes gemäß § 24 Abs. 2 SGB VIII in der ab 1. August 2013 geltenden Fassung setzt grundsätzlich voraus, dass die Erziehungsberechtigten die Gemeinde und bei einer gewünschten Betreuung durch eine Tagespflegeperson den örtlichen Träger der öffentlichen Jugendhilfe mindestens drei Monate vor der geplanten Inanspruchnahme in Kenntnis setzen.

Art. 46
Untersagung des Betriebs einer Einrichtung

Wird eine Einrichtung im Sinn des § 45 Abs. 1 Satz 1 SGB VIII sowie eine Einrichtung nach Art. 9 BayKiBiG oder eine sonstige Wohnform im Sinn des § 48a Abs. 1 SGB VIII ohne die erforderliche Erlaubnis betrieben, so kann die für die Erteilung der Erlaubnis zuständige Behörde den weiteren Betrieb der Einrichtung oder der sonstigen Wohnform ganz oder teilweise untersagen.

Art. 47
Erteilung von Auskünften

Der Träger einer Einrichtung im Sinn des § 45 Abs. 1 Satz 1 SGB VIII oder des Art. 9 BayKiBiG oder einer sonstigen Wohnform im Sinn des § 48a Abs. 1 SGB VIII und deren Leiter oder Leiterin sind verpflichtet, der nach Art. 45 zuständigen Behörde auf Verlangen die für den Vollzug der §§ 45 bis 48a SGB VIII erforderlichen Auskünfte zu erteilen.

Art. 48
Mitwirkung des Jugendamts

(1) Das Jugendamt, in dessen Bereich die nach § 45 Abs. 1 Satz 1 SGB VIII erlaubnispflichtige Einrichtung oder die sonstige Wohnform im Sinn des § 48a Abs. 1 SGB VIII gelegen ist, hat die nach Art. 45 zuständige Behörde bei ihren Aufgaben nach den §§ 45 bis 48a SGB VIII zu unterstützen. Art. 47 gilt entsprechend.

(2) Anträge auf Erteilung einer Erlaubnis nach § 45 Abs. 1 Satz 1 SGB VIII sind bei dem Jugendamt einzureichen, in dessen Bereich die Einrichtung oder die sonstige Wohnform im Sinn des § 48a Abs. 1 SGB VIII gelegen ist. Das Jugendamt legt die Anträge mit seiner Stellungnahme der nach Art. 45 zuständigen Behörde vor.

(3) Der Träger einer erlaubnispflichtigen Einrichtung oder einer sonstigen Wohnform im Sinn des § 48a Abs. 1 SGB VIII hat die Meldungen nach § 47 Abs. 1 SGB VIII gegenüber dem Jugendamt abzugeben, in dessen Bereich die Einrichtung oder die sonstige Wohnform gelegen ist. Das Jugendamt leitet die Meldungen unverzüglich an die nach Art. 45 zuständige Behörde weiter.

(4) Abs. 1 bis 3 sind nicht anzuwenden, wenn der örtliche Träger der öffentlichen Jugendhilfe selbst Träger der Einrichtung oder der sonstigen Wohnform im Sinn des § 48a Abs. 1 SGB VIII ist.

---

1) Art. 29 Abs. 1, siehe § 1 ÄndG vom 23.12.2019 G zur Einführung des Bayerischen Krippengeldes

Bayerisches Gesetz zur Gleichstellung, Integration und Teilhabe von Menschen mit Behinderung (Bayerisches Behindertengleichstellungsgesetz – BayBGG)

vom 9. Juli 2003 (GVBl S. 419),
zuletzt geändert durch § 1 Abs. 359 der Verordnung vom 26. März 2019 (GVBl. S. 98)

– Auszug –

Art. 1
Aufgaben und Ziele

(1) Aus der Bejahung des Lebens jedes Menschen erwächst die Aufgabe, geborenes und ungeborenes Leben umfassend zu schützen.

(2) Gleichstellung und soziale Eingliederung von Menschen mit körperlicher, geistiger und seelischer Behinderung sind eine gesamtgesellschaftliche Aufgabe.

(3) Ziel dieses Gesetzes ist es, das Leben und die Würde von Menschen mit Behinderung zu schützen, ihre Benachteiligung zu beseitigen und zu verhindern sowie die gleichberechtigte Teilhabe von Menschen mit Behinderung am Leben in der Gesellschaft zu gewährleisten, ihre Integration zu fördern und ihnen eine selbstbestimmte Lebensführung zu ermöglichen. Dabei gilt der Grundsatz der ganzheitlichen Betreuung und Förderung. Den besonderen Bedürfnissen von Menschen mit Behinderung wird Rechnung getragen. Das gilt auch, soweit deren Behinderung, wie im Fall von Menschen mit seelischer Behinderung, nicht offenkundig ist.

Art. 2
Behinderung

Menschen sind behindert, wenn ihre körperliche Funktion, geistige Fähigkeit oder seelische Gesundheit mit hoher Wahrscheinlichkeit länger als sechs Monate von dem für das Lebensalter typischen Zustand abweichen und daher ihre Teilhabe am Leben in der Gesellschaft beeinträchtigt ist.

Bayerisches Gesetz über den Finanzausgleich zwischen Staat, Gemeinden und Gemeindeverbänden (Bayerisches Finanzausgleichsgesetz – BayFAG)

i. d. F. der Bekanntmachung vom 16. April 2013 (GVBl S. 210),
zuletzt geändert durch § 1 des Gesetzes vom 24. Mai 2019 (GVBl. S. 302)

– Auszug –

Art. 10
Kommunaler Hochbau

(1) Der Staat gewährt nach Maßgabe der Bewilligung im Staatshaushalt zuzüglich der gemäß Art. 1 Abs. 2 bereitgestellten Verstärkungsmittel an Gemeinden und Gemeindeverbände Zuweisungen zum Bau von

1. Schulen (einschließlich schulischer Sportanlagen),
2. Kindertageseinrichtungen,
3. sonstigen öffentlichen Einrichtungen.

(2) Eine anderweitige Verwendung der nach Abs. 1 geförderten Baumaßnahmen gilt nicht als zweckwidrige Verwendung nach Art. 49 Abs. 2a BayVwVfG, solange und soweit die geförderten Baumaßnahmen für andere förderfähige kommunale Zwecke oder zur Erfüllung anderer kommunaler Aufgaben des Zuweisungsempfängers verwendet werden; dies gilt nicht, wenn die anderweitige Verwendung zu entsprechenden Einnahmen führt.

Art. 12
Investitionspauschalen

(1) [1]Die Gemeinden und Landkreise erhalten aus den nach Art. 1 Abs. 2 und 3 Satz 3 bereitgestellten Mitteln pauschale Zuweisungen, die für die Finanzierung von Investitions-, Instandsetzungs- und Modernisierungsmaßnahmen bestimmt sind (Investitionspauschalen). [2]Von der für Investitionspauschalen zur Verfügung stehenden Finanzmasse nach Art. 1 Abs. 2 Satz 2 erhalten die kreisfreien Gemeinden 20 Prozent, die kreisangehörigen Gemeinden 45 Prozent und die Landkreise 35 Prozent; sie wird nach der Einwohnerzahl unter Berücksichtigung der Umlagekraft verteilt. [3]Die Investitionspauschalen für kreisangehörige Gemeinden nach Satz 2 werden mit dem nach Art. 1 Abs. 3 Satz 3 zur Verfügung stehenden Verstärkungsbetrag auf einen nach der Umlagekraft gestaffelten Mindestbetrag nach Abs. 3 je Gemeinde erhöht; soweit der Verstärkungsbetrag nach Art. 1 Abs. 3 Satz 3 für die Anhebung auf den Mindestbetrag nicht ausreicht, werden die darüber hinaus benötigten Mittel vor der Aufteilung nach Satz 2 auf kreisfreie Gemeinden, kreisangehörige Gemeinden und Landkreise vorweg entnommen. [4]Bei einem zu erwartenden erheblichen Bevölkerungsrückgang erhalten Gemeinden und Landkreise einen Zuschlag nach Abs. 4 auf die Investitionspauschale (Demografiezuschlag). [5]Umlagekraft im Sinn der Sätze 2 und 3 ist für die kreisangehörigen Gemeinden die Summe der Umlagegrundlagen nach Art. 18 Abs. 3 Satz 2, für die kreisfreien Gemeinden die Summe der Umlagegrundlagen nach Art. 21 Abs. 3 Satz 2 des laufenden Jahres.

(2) [1]Die Umlagekraft wird dadurch berücksichtigt, dass die Einwohnerzahl

1. bei kreisfreien Gemeinden mit einer Umlagekraft je Einwohner von
   a) bis unter 80 Prozent
      des Landesdurchschnitts mit 145 Prozent
   b) 80 Prozent bis unter 88 Prozent
      des Landesdurchschnitts mit 130 Prozent
   c) 88 Prozent bis unter 96 Prozent
      des Landesdurchschnitts mit 115 Prozent
   d) 96 Prozent bis unter 104 Prozent
      des Landesdurchschnitts mit 100 Prozent

e) 104 Prozent bis unter 112 Prozent
    des Landesdurchschnitts mit 85 Prozent

f) 112 Prozent bis unter 120 Prozent
    des Landesdurchschnitts mit 70 Prozent

g) 120 Prozent und mehr
    des Landesdurchschnitts mit 55Prozent

angesetzt wird; maßgebend ist der Landesdurchschnitt der kreisfreien Gemeinden;

2. bei kreisangehörigen Gemeinden mit einer Umlagekraft je Einwohner von

a) bis unter 50 Prozent
    des Landesdurchschnitts mit 145 Prozent

b) 50 Prozent bis unter 70 Prozent
    des Landesdurchschnitts mit 130 Prozent

c) 70 Prozent bis unter 90 Prozent
    des Landesdurchschnitts mit 115 Prozent

d) 90 Prozent bis unter 110 Prozent
    des Landesdurchschnitts mit 100 Prozent

e) 110 Prozent bis unter 130 Prozent
    des Landesdurchschnitts mit 85 Prozent

f) 130 Prozent bis unter 150 Prozent
    des Landesdurchschnitts mit 70 Prozent

g) 150 Prozent und mehr
    des Landesdurchschnitts mit 55 Prozent

angesetzt wird; maßgebend ist der Landesdurchschnitt der kreisangehörigen Gemeinden.

[2] Gemeinden mit einer Umlagekraft von mehr als 200 Prozent des für sie nach Satz 1 maßgebenden Landesdurchschnitts erhalten keine Investitionspauschale. [3] Die auf die Landkreise entfallende Finanzmasse wird auf die Landkreise im Verhältnis der Summe der Investitionspauschalen ihrer kreisangehörigen Gemeinden nach Abs. 1 Satz 2 aufgeteilt.

(3) [1] Der Basisbetrag des nach der Umlagekraft gestaffelten Mindestbetrags beträgt 110 000 €. [2] Der Basisbetrag wird mit den in Abs. 2 Satz 1 Nr. 2 festgelegten Prozentsätzen angesetzt, soweit die Umlagekraft je Einwohner der kreisangehörigen Gemeinden innerhalb der jeweils zugehörigen Umlagekraftgrenzen liegt. [3] Abs. 2 Satz 2 bleibt unberührt.

(4) [1] Einen Demografiezuschlag erhalten Gemeinden und Landkreise, deren nach der Bevölkerungsvorausberechnung des Landesamts für Statistik zu erwartende Einwohnerzahl am 31. Dezember des zehnten auf den maßgebenden Stichtag folgenden Jahres die Einwohnerzahl um mindestens 5 Prozent unterschreitet. [2] Der Demografiezuschlag ergibt sich aus der Investitionspauschale nach Abs. 2 und 3, vervielfacht mit dem positiven Prozentwert des voraussichtlichen Bevölkerungsrückgangs der Gemeinde bzw. des Landkreises nach Satz 1. [3] Die Mittel für den Demografiezuschlag der kreisfreien Gemeinden, kreisangehörigen Gemeinden und Landkreise werden jeweils den auf diese entfallenden Finanzmassen nach Abs. 1 Satz 2 vorweg entnommen.

Raumprogrammempfehlungen des Staatsministeriums der Finanzen, der Landesentwicklung und Heimat[1]

	I (15 – 29 Plätze)	II (30 – 50 Plätze)	III (51–75 Plätze)	IV (76 –100 Plätze)	V (101–125 Plätze)
Kindergärten	144 m^2	296 m^2	426$)$ m^2	504 m^2	617 m^2
Kinderhorte	165 m^2	318 m^2	447 m^2	527 m^2	654 m^2

	VI (126 –150 Plätze)	VII (151–175 Plätze)	VIII (176 – 200 Plätze)
Kindergärten	784 m^2	899 m^2	989 m^2
Kinderhorte	817 m^2	951 m^2	1043 m^2

	I (6 –17 Plätze)	II (18 – 29 Plätze)	III (30 – 41 Plätze)	IV (42 – 53 Plätze)
Kinderkrippen	150 m^2	227 m^2	306 m^2	358 m^2
	V (54 – 65 Plätze)	VI (66 –77 Plätze)	VII (78 – 89 Plätze)	VIII (90 – 101)
Kinderkrippen	475 m^2	611 m^2	611 m^2	683 m^2

Die Summenraumprogramme ergeben sich aus folgenden Hauptnutzflächen:

Kindergärten: Gruppenhauptraum + Gruppennebenraum

Kinderhorte: Gruppenhauptraum + Gruppennebenraum + Werk-Therapieraum

Kinderkrippen: Gruppenhauptraum + Gruppennebenraum + Kinderwagenraum + Ruheraum

für alle Einrichtungen (in den vorgenannten Summenraumprogrammen bereits enthalten):

Lagerraum/Wirtschaftsraum + Leiterinnenzimmer + Personalraum + Küche mit Vorratsraum + Elternwarteraum + ggf. Mehrzweckraum + *Speiseraum*

Summenraumprogramme für Tageseinrichtungen für Kinder verschiedener Altersgruppen

Bei Tageseinrichtungen für Kinder verschiedener Altersgruppen wird die maximal zuweisungsfähige Fläche nach folgender Berechnungsmethode ermittelt:

1. **Hauptnutzflächen** der jeweiligen Einrichtung
   a. Gruppenhauptraum + Gruppennebenraum des zutreffenden Raumprogramms
   b. Werk-/Therapieraum (bei Kinderhorten)
   c. Kinderwagenraum + Ruheraum (bei Kinderkrippen)
2. **zuzüglich Flächen gemeinsam genutzter Räume**
   a. Lagerraum
   b. Leiterinnenzimmer
   c. Personalraum
   d. Küche mit Vorratsraum
   e. Elternwarteraum
   f. Mehrzweckraum
3. = **zuweisungsfähige Gesamtfläche der Einrichtung**

Die Fläche der gemeinsam genutzten Räume (Nr. 2) bestimmt sich nach dem Raumprogramm für Kindergärten. Hierbei wird die Summe aller Kinderbetreuungsplätze der Einrichtung zugrunde gelegt. Die Anerkennung von Flächen für Mehrzweckräume bemisst sich nach der Summe der Kindergarten- und Hortplätze. Die Fläche eines Mehrzweckraums wird ab 30 Kindergarten- bzw. Hortplätzen, die Fläche von zwei Mehrzweckräumen ab 126 Kindergarten- bzw. Hortplätzen angesetzt.

---

1) Hinweis: In Klammern und kursiv die zum Zeitpunkt des Redaktionsschlusses noch unveröffentlichten neuen Werte der überarbeiteten Raumprogrammempfehlungen.

299

Anhang 8 – BayKiBiG

Beispiel:

20 Krippenplätze + 45 Kindergartenplätze + 45 Hortplätze = 110 Plätze

	Kinderkrippe	*Kindergarten*	*Kinderhort*	*gesamt*
Haupt- und Nebenraumflächen	*73*	*128*	*128*	*329*
Werk-/Therapieraum (Hort)			*20*	*20*
Kinderwagenraum (Krippe)	*15*			*15*
Ruheraum (Krippe)	*48*			*48*
Zwischensumme	*136*	*128*	*148*	*412*
Gemeinsam genutzte Räume:				
Lagerraum				*39*
Leiterinnenzimmer				*17*
Personalraum				*28*
Küche mit Vorratsraum				*39*
Elternwarteraum				*28*
Mehrzweckraum				*66*
Speiseraum				*75*
Summe Raumprogramm				*704*

Summenraumprogramme für Sonderkonzepte

(Kleinsteinrichtungen, Häuser für Kinder und Tageseinrichtungen für die Betreuung von Kindern mit [drohender] Behinderung)

1. Erreichen die Kindergarten- und/oder die Hortplätze bei gemischten Einrichtungen jeweils nicht die Mindestzahl von 15, werden die Plätze beider Altersgruppen addiert. Bei Erreichen der Mindestzahl 15 ist das Summenraumprogramm für Horte entsprechend anzuwenden. Erreichen die Kindergartenplätze (bei gemischten Einrichtungen ggf. zusammen mit den Hortplätzen) nicht die Mindestzahl 15, sind aus Vereinfachungsgründen für jeden Kindergartenplatz 3,5 *(3,9)* m^2, für jeden Hortplatz 4,0 *(4,5)* m^2 als förderfähige Nutzfläche 1 bis 6 zu berücksichtigen. Hinzuzurechnen ist die in Nr. 4 bezeichneten gemeinsam genutzte Nutzfläche 1 bis 6 von 56 *(72)* m^2. Diese setzen sich zusammen aus dem Leiterinnenzimmer (17 m$^{2)}$, der Küche mit Vorratsraum (17 (27) m$^{2)}$, dem Elternwarteraum (11 m^2) und dem Lager-/Wirtschaftsraum (11 m^2)· *und dem Personalzimmer (6 m^2).*

2. Erreicht die Zahl der unter Dreijährigen nicht die Mindestzahl sechs, sind für jeden Platz aus Vereinfachungsgründen 5,0 m^2 als förderfähige Nutzfläche 1 bis 6 anzusetzen.

3. Wird bei einer Altersgruppe die Mindestzahl erreicht, sind die Quadratmeter nach Nrn. 1 und 2 dazu zu addieren.

Beispiel:

Einrichtung mit acht Plätzen für unter Dreijährige, sechs Kindergarten- und sieben Hortplätzen;

Raumprogramm 6 bis 17 Krippenplätze	*150 m^2*

Summe Kindergarten- und Hortplätze kleiner als 15: Jeder Platz ist mit der entsprechenden förderfähigen Nutzfläche 1 bis 6 zu berücksichtigen:

sechs Kindergartenplätze × 3,5 m^2	*23 m^2*
sieben Hortplätze × 4,0 m^2	*32 m^2*
Gesamte Nutzfläche 1 bis 6:	*205 m^2*

Gleiches gilt, wenn die Zahl der Kindergarten- und Hortplätze die Mindestzahl 15 erreicht (siehe Nr. 1).

Beispiel:

Einrichtung mit fünf Plätzen für unter Dreijährige, neun Kindergarten- und sieben Hortplätzen; Summe Kindergarten- und Hortplätze beträgt 16:

Raumprogramm Horte (siehe Nr. 1) 15 bis 29 Plätze	*165 m^2*
fünf Krippenplätze × 5,0 (5,9) m^2	*30 m^2*
Gesamte Nutzfläche 1 bis 6:	*195 m^2*

4. Wird bei keinem der Raumprogramme die Mindestzahl erreicht und ist Nr. 1 Sätze 1 und 2 nicht anwendbar, sind den Nutzflächen 1 bis 6 nach Nrn. 1 und 2 die gemeinsam genutzten Nutzflächen 1 bis 6 von 72 m² (vgl. Nr. 1 Satz 4) nach dem Raumprogramm für Horte hinzuzurechnen.

Beispiel:

Einrichtung mit fünf Plätzen für unter Dreijährige, sechs Kindergarten- und sieben Hortplätzen;

fünf unter Dreijährige × 5,9 m^2	*30 m^2*
sechs Kindergartenplätze × 3,9 m^2	*23 m^2*
sieben Hortplätze × 4,5 m^2	*32 m^2*
gemeinsam genutzte Nutzfläche 1 bis 6	*72 m^2*
Gesamte Nutzfläche 1 bis 6:	*157 m^2*

5. Die Betreuung behinderter oder von Behinderung bedrohter Kinder wird nach dem Bayerischen Kinderbildungs- und -betreuungsgesetz durch den Ansatz des Gewichtungsfaktors 4,5 pro Kind mit (drohender) Behinderung bei Berechnung der Betriebskostenförderung und des Anstellungsschlüssels berücksichtigt. Um dem auch bei der Investitionskostenförderung Rechnung zu tragen, ist jeder Platz, den ein Kind mit (drohender) Behinderung belegt und der entsprechend als bedarfsnotwendig bestimmt oder anerkannt ist, dreifach zu werten.

Beispiel:

Kindergarten mit 14 Kindergartenkindern, davon vier Kinder mit (drohender) Behinderung; maßgebende Kinderzahl für die Berechnung der Investitionskostenförderung: zehn Kinder ohne Behinderung + vier Kinder mit (drohender) Behinderung (vier Kinder × 3) = zehn + 12 = insgesamt 22 Plätze.

6. Nachdem das Bayerische Kinderbildungs- und -betreuungsgesetz auch Kleinsteinrichtungen bezuschusst (z. B. Kindergärten mit zehn Plätzen und einer pädagogischen Kraft) gelten in diesen Fällen die Ausführungen zu Nr. 4 entsprechend.

Bayerisches Gesetz über das Erziehungs- und Unterrichtswesen (BayEUG)

**in der Fassung der Bek vom 31. Mai 2000 (GVBl S. 414, 632),
zuletzt geändert durch § 5 Abs. 16 des Gesetzes vom 23. Dezember 2019 (GVBl. S. 737)**

– Auszug –

Art. 21
Mobile Sonderpädagogische Dienste

(1) [1] Die Mobilen Sonderpädagogischen Dienste unterstützen die Unterrichtung von Schülerinnen und Schülern mit sonderpädagogischem Förderbedarf, die nach Maßgabe des Art. 41 eine allgemeine Schule besuchen können; sie können auch an einer anderen Förderschule eingesetzt werden, wenn eine Schülerin oder ein Schüler in mehreren Förderschwerpunkten sonderpädagogischen Förderbedarf hat und vom Lehrpersonal der besuchten Förderschule nicht in allen Schwerpunkten gefördert werden kann. [2] Mobile Sonderpädagogische Dienste diagnostizieren und fördern die Schülerinnen und Schüler, sie beraten Lehrkräfte, Erziehungsberechtigte und Schülerinnen und Schüler, koordinieren sonderpädagogische Förderung und führen Fortbildungen für Lehrkräfte durch. [3] Mobile Sonderpädagogische Dienste werden von den nächstgelegenen Förderschulen mit entsprechendem Förderschwerpunkt geleistet, soweit nicht nach Art. 30a Abs. 9 Satz 3 etwas anderes durch die Regierung bestimmt wurde.

(2) Für die Fördermaßnahmen können einschließlich des anteiligen Lehrerstundeneinsatzes je Schülerin bzw. Schüler in der besuchten allgemeinen Schule im längerfristigen Durchschnitt nicht mehr Lehrerstunden aufgewendet werden, als in der entsprechenden Förderschule je Schülerin bzw. Schüler eingesetzt werden.

Art. 22
Schulvorbereitende Einrichtungen und Mobile Sonderpädagogische Hilfe

(1) [1] Noch nicht schulpflichtige Kinder mit sonderpädagogischem Förderbedarf, die zur Entwicklung ihrer Fähigkeiten auch im Hinblick auf die Schulfähigkeit sonderpädagogischer Anleitung und Unterstützung bedürfen, sollen in Schulvorbereitenden Einrichtungen gefördert werden, sofern sie die notwendige Förderung nicht in anderen, außerschulischen Einrichtungen (z. B. Kindergärten) erhalten. [2] Schulvorbereitende Einrichtungen sind Bestandteile von Förderzentren; der Schulleiter leitet auch die Schulvorbereitende Einrichtung. [3] Eine Schulvorbereitende Einrichtung hat keine anderen Förderschwerpunkte als die Förderschule, der sie angehört. [4] Die Schulvorbereitenden Einrichtungen verfolgen die in Art. 19 Abs. 3 genannten Ziele in den letzten drei Jahren vor dem regelmäßigen Beginn der Schulpflicht. [5] Sie leisten die Förderung in Gruppen, in denen die Kinder höchstens im zeitlichen Umfang wie in der Jahrgangsstufe 1 der entsprechenden Schule unterwiesen werden.

(2) [1] Für noch nicht schulpflichtige Kinder mit sonderpädagogischem Förderbedarf, die zur Entwicklung ihrer Fähigkeiten, ihrer Gesamtpersönlichkeit und für ein selbständiges Lernen und Handeln auch im Hinblick auf die Schulreife spezielle sonderpädagogische Anleitung und Unterstützung benötigen, können die fachlich entsprechenden Förderschulen bei anderweitig nicht gedecktem Bedarf Mobile Sonderpädagogische Hilfe in der Familie, in den Kindertageseinrichtungen und im Rahmen der interdisziplinären Frühförderung (z. B. Frühförderstellen) leisten. [2] Sie fördern die Entwicklung der Kinder, beraten die Eltern und Erzieher und verfolgen dabei die in Art. 19 Abs. 3 Satz 2 genannten Ziele in interdisziplinärer Zusammenarbeit mit den medizinischen, psychologischen, sonstigen pädagogischen, sozialen und anderen im Rahmen der Frühförderung zusammenwirkenden Diensten, deren Aufgaben, Rechtsgrundlagen, Organisation und Finanzierung unberührt bleiben. [3] Die Förderung setzt das Einverständnis der Eltern und bei der sonderpädagogischen Hilfe in den Kindertageseinrichtungen die Absprache mit der Leitung der Kindertageseinrichtungen voraus.

Art. 30b
Inklusive Schule

(1) Die inklusive Schule ist ein Ziel der Schulentwicklung aller Schulen.

(2) [1] Einzelne Schülerinnen und Schüler mit sonderpädagogischem Förderbedarf, die die allgemeine Schule, insbesondere die Sprengelschule, besuchen, werden unter Beachtung ihres Förderbedarfs unterrichtet. [2] Sie werden nach Maßgabe der Art. 19 und 21 durch die Mobilen Sonderpädagogischen Dienste unterstützt. [3] Art. 30a Abs. 4, 5 und 8 Satz 1 gelten entsprechend.

(3) [1] Schulen können mit Zustimmung der zuständigen Schulaufsichtsbehörde und der beteiligten Schulaufwandsträger das Schulprofil ‚Inklusion‘ entwickeln. [2] Eine Schule mit dem Schulprofil ‚Inklusion‘ setzt auf der Grundlage eines gemeinsamen Bildungs- und Erziehungskonzepts in Unterricht und Schulleben individuelle Förderung im Rahmen des Art. 41 Abs. 1 und 5 für alle Schülerinnen und Schüler um; Art. 30a Abs. 4 bis 6 gelten entsprechend. [3] Unterrichtsformen und Schulleben sowie Lernen und Erziehung sind auf die Vielfalt der Schülerinnen und Schüler mit und ohne sonderpädagogischem Förderbedarf auszurichten. [4] Den Bedürfnissen der Kinder und Jugendlichen mit sonderpädagogischem Förderbedarf wird in besonderem Maße Rechnung getragen. [5] Das Staatsministerium wird ermächtigt, das Nähere durch Rechtsverordnung zu regeln.

(4) [1] In Schulen mit dem Schulprofil ‚Inklusion‘ werden Lehrkräfte der Förderschule in das Kollegium der allgemeinen Schule eingebunden und unterliegen den Weisungen der Schulleiterin oder des Schulleiters; Art. 59 Abs. 1 gilt entsprechend. [2] Die Lehrkräfte der allgemeinen Schule gestalten in Abstimmung mit den Lehrkräften für Sonderpädagogik und gegebenenfalls weiteren Fachkräften die Formen des gemeinsamen Lernens. [3] Die Lehrkräfte für Sonderpädagogik beraten die Lehrkräfte, die Schülerinnen und Schüler sowie die Erziehungsberechtigten und diagnostizieren den sonderpädagogischen Förderbedarf. [4] Sie fördern Schülerinnen und Schüler mit sonderpädagogischem Förderbedarf und unterrichten in Klassen mit Schülerinnen und Schülern ohne und mit sonderpädagogischem Förderbedarf. [5] Der fachliche Austausch zwischen allgemeiner Schule und Förderschule ist zu gewährleisten. [6] Hinsichtlich der möglichen Unterstützung durch Schulbegleiterinnen und Schulbegleiter gilt Art. 30a Abs. 8 Satz 1 entsprechend; sind mehrere Schülerinnen und Schüler einer Klasse pflegebedürftig, gilt Art. 30a Abs. 8 Satz 2 entsprechend.

(5) [1] Für Schülerinnen und Schüler mit sehr hohem sonderpädagogischen Förderbedarf können in Schulen mit dem Schulprofil ‚Inklusion‘ Klassen gebildet werden, in denen sie im gemeinsamen Unterricht durch eine Lehrkraft der allgemeinen Schule und eine Lehrkraft für Sonderpädagogik unterrichtet werden. [2] Die Lehrkraft für Sonderpädagogik kann durch sonstiges Personal unterstützt bzw. teilweise nach Maßgabe des Art. 60 Abs. 2 Sätze 1 und 2 ersetzt werden. [3] Diese Klassen bedürfen der Zustimmung des Schulaufwandsträgers und der Regierung.

Art. 31
Zusammenarbeit mit Jugendämtern und Einrichtungen der Erziehung, Bildung und Betreuung; Mittagsbetreuung

(1) [1] Die Schulen arbeiten in Erfüllung ihrer Aufgaben mit den Jugendämtern und den Trägern der freien Jugendhilfe sowie anderen Trägern und Einrichtungen der außerschulischen Erziehung und Bildung zusammen. [2] Sie sollen das zuständige Jugendamt unterrichten, wenn Tatsachen bekannt werden, die darauf schließen lassen, dass das Wohl einer Schülerin oder eines Schülers ernsthaft gefährdet oder beeinträchtigt ist und deshalb Maßnahmen der Jugendhilfe notwendig sind.

(2) Die Schulen sollen durch Zusammenarbeit mit Horten und ähnlichen Einrichtungen die Betreuung von Schülerinnen und Schülern außerhalb der Unterrichtszeit fördern.

(3) [1] Mittagsbetreuung wird bei Bedarf auf Antrag des jeweiligen Trägers an der Grundschule, in geeigneten Fällen auch an anderen Schularten nach Maßgabe der im Staatshaushalt ausgebrachten Mittel im Zusammenwirken mit den Kommunen und den Erziehungsberechtigten angeboten. [2] Diese bietet den Erziehungsberechtigten in Zusammenarbeit mit der Schule eine verlässliche Betreuung für die Zeiten, die über das Unterrichtsende hinausgehen. [3] Die Mittagsbetreuung untersteht der Schulaufsicht. [4] Für die Untersagung von Errichtung und Betrieb einer Mittagsbetreuung gilt Art. 110 entsprechend.

Art. 35
Schulpflicht

(1) [1] Wer die altersmäßigen Voraussetzungen erfüllt und in Bayern seinen gewöhnlichen Aufenthalt hat oder in einem Berufsausbildungsverhältnis oder einem Beschäftigungsverhältnis steht, unterliegt der Schulpflicht (Schulpflichtiger). [2] Schulpflichtig im Sinn des Satzes 1 ist auch, wer

1. eine Aufenthaltsgestattung nach dem Asylgesetz (AsylG) besitzt,
2. eine Aufenthaltserlaubnis nach § 23 Abs. 1 oder § 24 wegen des Krieges in seinem Heimatland oder nach § 25 Abs. 4 Satz 1 oder Abs. 5 des Aufenthaltsgesetzes (AufenthG) besitzt,
3. eine Duldung nach § 60a des AufenthG besitzt oder
4. vollziehbar ausreisepflichtig ist, auch wenn eine Abschiebungsandrohung noch nicht oder nicht mehr vollziehbar ist,

unabhängig davon, ob er selbst diese Voraussetzungen der Nrn. 1 bis 4 erfüllt oder nur einer seiner Erziehungsberechtigten; in den Fällen der Nrn. 1 und 2 beginnt die Schulpflicht drei Monate nach dem Zuzug aus dem Ausland. [3] Völkerrechtliche Abkommen und zwischenstaatliche Vereinbarungen bleiben unberührt.

(2) Die Schulpflicht dauert zwölf Jahre, soweit dieses Gesetz nichts anderes bestimmt.

(3) Die Schulpflicht gliedert sich in die Vollzeitschulpflicht und die Berufsschulpflicht.

(4) [1] Die Erziehungsberechtigten müssen minderjährige Schulpflichtige bei der Schule anmelden, an der die Schulpflicht erfüllt werden soll; volljährige Schulpflichtige haben sich selbst anzumelden. [2] Die gleiche Verpflichtung trifft die Ausbildenden und Arbeitgeber sowie die von ihnen Beauftragten für die bei ihnen beschäftigten Berufsschulpflichtigen.

Art. 36
Erfüllung der Schulpflicht

(1) [1] Die Schulpflicht wird erfüllt durch den Besuch

1. einer Pflichtschule (Grundschule, Mittelschule, Berufsschule, einschließlich der entsprechenden Förderschule, Schule für Kranke),
2. eines Gymnasiums, einer Realschule, einer Wirtschaftsschule, einer Berufsfachschule (vorbehaltlich der Nummer 3) oder der jeweils entsprechenden Förderschule,
3. einer Ergänzungsschule, deren Eignung hierfür das Staatsministerium festgestellt hat; das Gleiche gilt für Vollzeitlehrgänge an Berufsförderungseinrichtungen, deren Eignung vom Staatsministerium im Einvernehmen mit den beteiligten Staatsministerien festgestellt ist.

[2] Die Schulaufsichtsbehörde kann den Besuch einer privaten Berufsschule oder Berufsschule zur sonderpädagogischen Förderung anordnen, wenn die Ausbildung des Schulpflichtigen dies erfordert und der Träger der privaten Schule zustimmt; vor der Entscheidung sind die Erziehungsberechtigten oder der volljährige Schulpflichtige zu hören.

(2) [1] Die Schulpflicht kann auch an einer Schule außerhalb des Geltungsbereichs dieses Gesetzes erfüllt werden, wenn diese den in Absatz 1 genannten Schulen gleichwertig ist. [2] Beim Besuch einer außerbayerischen Berufsschule gilt Art. 43 Abs. 5.

(3) [1] Für jeden aus dem Ausland zugezogenen Schulpflichtigen stellt die Schule fest, in welche Jahrgangsstufe der Pflichtschule er einzuweisen ist. [2] Es gilt derjenige Teil der Schulpflicht als zurückgelegt, der dem durch die Einweisung bestimmten Zeitpunkt regelmäßig vorausgeht. [3] Die Schülerinnen und Schüler sind in der Pflichtschule grundsätzlich in die Jahrgangsstufe einzuweisen, in die Schulpflichtige gleichen Alters, die seit Beginn ihrer Schulpflicht ihren gewöhnlichen Aufenthalt in Bayern haben, regelmäßig eingestuft sind. [4] Die Schülerinnen und Schüler, die wegen ihres allgemein mangelnden Bildungsstands dem Unterricht ihrer Jahrgangsstufe nicht folgen können, können bis zu zwei Jahrgangsstufen tiefer eingestuft werden; eine Verlängerung der Schulpflicht findet hierdurch nicht statt. [5] Ein Schulpflichtiger, der dem Unterricht wegen mangelnder Kenntnis der deutschen Sprache nicht folgen kann, ist, soweit organisatorisch und finanziell möglich, besonderen Klassen oder Unterrichtsgruppen zuzuweisen. [6] Schulpflichtige, die nach dem Asylgesetz verpflichtet sind, in einer besonderen Aufnahmeeinrichtung im Sinn des § 30a AsylG zu wohnen, werden zur Erfüllung der Schulpflicht besonderen dort eingerichteten Klassen und Unterrichtsgruppen zugewiesen. [7] Art. 44 bleibt unberührt.

Art. 37

Vollzeitschulpflicht

(1) [1] Mit Beginn des Schuljahres werden alle Kinder schulpflichtig, die bis zum 30. September sechs Jahre alt werden oder bereits einmal von der Aufnahme in die Grundschule zurückgestellt wurden. [2] Ferner wird auf Antrag der Erziehungsberechtigten ein Kind schulpflichtig, wenn zu erwarten ist, dass das Kind voraussichtlich mit Erfolg am Unterricht teilnehmen kann. [3] Bei Kindern, die nach dem 31. Dezember sechs Jahre alt werden, ist zusätzliche Voraussetzung für die Aufnahme in die Grundschule, dass in einem schulpsychologischen Gutachten die Schulfähigkeit bestätigt wird.

(2) [1] Ein Kind, das am 30. September mindestens sechs Jahre alt ist, kann für ein Schuljahr von der Aufnahme in die Grundschule zurückgestellt werden, wenn zu erwarten ist, dass das Kind voraussichtlich erst ein Schuljahr später mit Erfolg oder nach Maßgabe von Art. 41 Abs. 5 am Unterricht der Grundschule teilnehmen kann. [2] Die Zurückstellung soll vor Aufnahme des Unterrichts verfügt werden; sie ist noch bis zum 30. November zulässig, wenn sich erst innerhalb dieser Frist herausstellt, dass die Voraussetzungen für eine Zurückstellung gegeben sind. [3] Die Zurückstellung ist nur einmal zulässig; Art. 41 Abs. 7 bleibt unberührt. [4] Vor der Entscheidung hat die Schule die Erziehungsberechtigten zu hören. [5] Für den Widerruf einer Aufnahme auf Antrag gelten Satz 2 Halbsatz 2 und Satz 4.

(3) [1] Die Vollzeitschulpflicht endet nach neun Schuljahren. [2] Sie kann durch Überspringen von Jahrgangsstufen verkürzt werden. [3] Das Staatsministerium wird ermächtigt, das Überspringen von Jahrgangsstufen in den Schulordnungen zu regeln.

(4) Die zuständige Grundschule kann ein Kind, das weder eine Kindertageseinrichtung noch einen Vorkurs nach Art. 5 Abs. 3 des Bayerischen Integrationsgesetzes besucht hat und bei dem im Rahmen der Schulanmeldung festgestellt wird, dass es nicht über die notwendigen Deutschkenntnisse verfügt, von der Aufnahme zurückstellen und das Kind verpflichten, im nächsten Schuljahr eine Kindertageseinrichtung mit integriertem Vorkurs zu besuchen.

Bayerische Rahmenleistungsvereinbarung für den Leistungstyp: Teilstationäre Angebote zur Tagesbetreuung für behinderte oder von Behinderung bedrohte Kinder im Sinne des § 53 SGB XII in Kindertageseinrichtungen im Sinne des Art. 2 Abs. 1 BayKiBiG (T-K-KITA)

1. Gegenstand und Grundlage

Diese Vereinbarung regelt diejenigen Leistungen, die die Leistungsträger unter Berücksichtigung des Nachranges der Sozialhilfe sicherzustellen haben. Des Weiteren werden hier die verbindlichen Vorgaben für die von den Kindertageseinrichtungen zu erbringenden Leistungen festgelegt.

Kinder mit Behinderung und solche, die von einer Behinderung bedroht sind, sollen in wohnortnahen Kindertageseinrichtungen entsprechend ihres individuellen Hilfebedarfs nach Möglichkeit gemeinsam mit Kindern ohne Behinderung betreut und gefördert werden, um ihnen eine gleichberechtigte Teilhabe am gesellschaftlichen Leben zu ermöglichen.

Die integrativen Angebote in Kindertageseinrichtungen beinhalten ganzheitliche und begleitende Leistungen in den Bereichen Förderung, Betreuung und ggf. Pflege, Bildung und Erziehung.

Die örtliche Kooperation und die Vernetzung aller beteiligten Stellen ist anzustreben mit dem Ziel, eine differenzierte Bedarfsfeststellung und Angebotsplanung zu entwickeln, um ausreichend und bedarfsorientiert Plätze anzubieten.

Grenzen der Integration werden nicht nur durch Art und Schwere der Behinderung gesetzt, sondern auch durch Rahmenbedingungen, unter denen Integration sich vollzieht. Die Qualität der entsprechenden Rahmenbedingungen zur Integration von behinderten Kindern soll mit dieser Vereinbarung gesichert werden.

Wesentliche rechtliche Grundlagen

Die im Folgenden beschriebenen Leistungen werden auf der Grundlage folgender gesetzlicher Bestimmungen und folgender Vereinbarungen erbracht:
- Sozialgesetzbuch – SGB XII Sozialhilfe (insbesondere §§ 53 ff., 75 ff.)
- Verordnung nach § 60 des SGB XII (Eingliederungshilfe-Verordnung)
- Bayerischer Rahmenvertrag zu § 79 SGB XII
- Sozialgesetzbuch – SGB VIII Kinder und Jugendhilfe
- Bayerisches Ausführungsgesetz zum Sozialgesetzbuch (AG SG)
- Sozialgesetzbuch – SGB IX Rehabilitation und Teilhabe behinderter Menschen
- Bayerisches Kinderbildungs- und -betreuungsgesetz (BayKiBiG)
- Kinderbildungsverordnung (AVBayKiBiG)

2. Zielgruppe

2.1. Personenkreis

Der Personenkreis umfasst Kinder mit teilstationärem Hilfebedarf, die nicht nur vorübergehend körperlich, geistig, seelisch oder mehrfach behindert oder von einer wesentlichen Behinderung bedroht sind im Sinne des § 53 SGB XII und nicht ausschließlich der Leistung einer HPT bedürfen. Seelisch behinderte oder von seelischer Behinderung bedrohte Schulkinder werden von dieser **Rahmenleistungsvereinbarung** nicht erfasst. Teilstationärer Hilfebedarf bedeutet, dass ein behinderungsbedingter Hilfebedarf über mehrere Stunden täglich an mehreren Tagen in der Woche vorliegt.

Hierbei findet § 13 Abs. 1 Satz 3 SGB XII Beachtung.

2.2. Bildung von Gruppen vergleichbaren Hilfebedarfs

In diesem Leistungstyp findet keine weitere Differenzierung nach Hilfebedarfsgruppen statt.

3. Aufnahme

3.1. Aufnahmeverpflichtung

Die Kindertageseinrichtung verpflichtet sich nach § 5 des Bayerischen Rahmenvertrages gemäß § 79 SGB XII im Rahmen der vorhandenen Kapazitäten alle behinderten oder von einer wesentlichen Behinderung bedrohten Kinder aufzunehmen, für die sie nach § 4 des Bayerischen Rahmenvertrages gemäß § 79 SGB XII ein Leistungsangebot vorhält.

Die Kindertageseinrichtung kann grundsätzlich nur behinderte oder von einer wesentlichen Behinderung bedrohte Kinder aufnehmen, die unter den gegebenen Bedingungen (z. B. räumliche Gegebenheiten, Gruppenzusammensetzung, Personalausstattung etc.) entsprechend ihrem individuellen Bedarf betreut und gefördert werden können.

3.2. Aufnahmeverfahren

Die Kindertageseinrichtung weist die gesetzlichen Vertreter darauf hin, dass vor der Aufnahme in den Kindergarten beim zuständigen Leistungsträger ein Antrag auf Kostenübernahme der Eingliederungshilfeleistungen mit ausführlichen Unterlagen (d. h. ärztliche Berichte, Entwicklungsberichte der abgebenden Einrichtung oder sonstigen Stellen etc.) einzureichen ist.

Eine Aufnahmezusage kann in der Regel erst dann erfolgen, wenn das Aufnahmeverfahren abgeschlossen ist und eine Kostenzusicherung des zuständigen Leistungsträgers vorliegt.

Für Kinder, deren Behinderung erst nach Aufnahme eintritt oder festgestellt wird, können auch nach Aufnahme in die Einrichtung Kostenübernahmeanträge unter Berücksichtigung von § 18 Abs. 1 SGB XII gestellt werden.

3.3. Kündigung

Die Kündigung eines Platzes für ein Kind, das teilstationäre Leistungen nach dem SGB XII erhält, wird durch die Einrichtung im Betreuungsvertrag oder in der Satzung geregelt.

Sie hat im Benehmen mit dem Leistungsträger zu erfolgen.

4. Leistung

4.1. Ziele der Leistung

Ziele sind

- entsprechend dem individuellen Bedarf des Kindes eine drohende wesentliche Behinderung oder eine Behinderung oder deren Folgen durch individuelle Förderung, Betreuung einschließlich Pflege, Bildung und Erziehung zu beseitigen oder zu mildern,
- die gleichberechtigte Teilhabe aller Kinder am gesellschaftlichen Leben weitestgehend zu ermöglichen. Es soll erreicht werden, dass Kinder mit Behinderungen nicht wegen Mangel an entsprechend ausgestatteten integrativen Plätzen in Kindertageseinrichtungen auf Sondereinrichtungen nur für Kinder mit Behinderung verwiesen werden müssen,
- die Kinder ohne Behinderung und deren Eltern für die Belange der Kinder mit (drohender) Behinderung bei gleichzeitiger Förderung eines natürlichen und ungezwungenen Umgangs zueinander zu sensibilisieren. Soziale Integrationsprozesse zwischen Kindern mit und ohne (drohende) Behinderung werden gezielt gefördert.

Für die pädagogische Gestaltung der gemeinsamen Angebote für Kinder mit und ohne Behinderung gelten folgende Leitprinzipien:

Die gemeinsame Betreuung, Bildung und Erziehung von Kindern mit und ohne Behinderungen in Kindertageseinrichtungen ist ein ganzheitliches Angebot. Darüber hinaus soll die individuelle Förderung fester Bestandteil der Gesamtkonzeption sein. Dabei ist anzustreben, dass Leistungen anderer Kostenträger, wie die medizinische und integrative therapeutische Versorgung der Kinder mit Behinderungen im Rahmen eines ganzheitlichen Ansatzes in das Alltagsgeschehen eingebunden ist.

Förderung sozialer und lebenspraktischer Kompetenzen, Persönlichkeitsentwicklung

Eine dem jeweiligen Entwicklungsstand entsprechende Förderung von Selbstbestimmung und Selbstbehauptung trägt zur positiven Persönlichkeitsbildung bei und unterstützt die Kinder bei der Bewältigung alltäglicher Aufgaben und der Entwicklung größtmöglicher Selbständigkeit.

Ressourcen- und Prozessorientierung

Ausgangspunkt der pädagogischen Arbeit mit allen Kindern ist die Orientierung an deren jeweiligen Stärken und Fähigkeiten. Den individuellen Lernprozessen der Kinder mit unterschiedlichen Entwicklungsvoraussetzungen wird im Rahmen der gemeinsamen pädagogischen Angebote Rechnung getragen.

Förderung der Eigenbeschäftigung und Freizeitgestaltung

Vielfältige pädagogische Angebote wecken die individuellen Neigungen und Interessen der Kinder und steigern dadurch die Wahrnehmungs- und Erlebnisfähigkeit. Gleichzeitig werden durch Motivation und Aufgreifen der Interessensbereiche die Eigenbeschäftigung und Freizeitgestaltung dahingehend gefördert, diese zunehmend selbständig in Varianz und Umfang zu intensivieren.

Gemeinsame Bildungs- und Erziehungsprozesse von Kindern mit und ohne Behinderungen nehmen einen zentralen Stellenwert in der Entwicklungsförderung ein und geben den Kindern vielfältige Lernimpulse.

Vorbereitung schulischer Maßnahmen

Die Kindertageseinrichtung hat u. a. die Aufgabe, die Kinder auf den Übergang in die Schule vorzubereiten. Sie unterstützt in Zusammenarbeit mit Fachdiensten und Lehrern die Eltern (ggf. gesetzliche Vertreter) der Kinder bei der Planung der weiteren schulischen Ausbildung. Vorrangiges Ziel ist der Besuch bzw. die Integration in einer Regelschule.

Zusammenarbeit mit Eltern

Eine ausreichende Förderung von Kindern mit Behinderung kann nur in enger Zusammenarbeit zwischen Eltern und der Kindertageseinrichtung erfolgen.

Fachkräfte sind für die Eltern als Berater notwendig und umgekehrt. Es ist Aufgabe der Fachkräfte, über behinderungsspezifische Hilfen zu informieren, die Kontakte unter den Eltern zu fördern und zu stärken, um dem Kind mit Behinderung die notwendigen Förderungen zu ermöglichen.

4.2. Art, Inhalt und Umfang der Leistung

Die von der Kindertageseinrichtung zu erbringenden Leistungen müssen in jedem Einzelfall in Art und Umfang dem Hilfeanspruch nach den §§ 1, 8 und 9 SGB XII entsprechen. Sie müssen gem. § 76 Abs. 1 Satz 3 SGB XII ausreichend, zweckmäßig und wirtschaftlich sein und dürfen das Maß des Notwendigen nicht überschreiten. Die Kindertageseinrichtung leistet die Hilfe entsprechend dem individuellen Bedarf des behinderten oder von einer Behinderung bedrohten Kindes.

Die einzelnen Leistungsbereiche beinhalten:
– Förderung, Betreuung und ggf. Pflege, Erziehung und Bildung
– Organisation und Koordination des Alltags in der Kindertageseinrichtung, Team- und Fallbesprechungen, Fortbildung, Förder- und Hilfeplanung und Dokumentation
– Zusammenarbeit mit Eltern oder gesetzlichen Vertretern und Kooperation mit allen Beteiligten bei der Planung und Durchführung der Angebote gem. Art. 15 Abs. 1 BayKiBiG. Im Rahmen der Erstellung des Gesamtplans ist es notwendig, dass alle Verantwortlichen zusammenwirken und ihre Förder- und Hilfsmaßnahmen aufeinander abstimmen.

5. Qualität der Leistung

Die Qualität der zu erbringenden Leistung gliedert sich in Strukturqualität, Prozessqualität und Ergebnisqualität.

Die Kindertageseinrichtung hat die Qualität der vereinbarten und notwendigen Leistungen sicherzustellen. Der Träger der Kindertageseinrichtung ist verantwortlich, dass Maßnahmen zur internen Sicherung der Struktur-, Prozess- und Ergebnisqualität festgelegt und durchgeführt werden.

5.1. Strukturqualität

Jede Form der Integration setzt voraus, dass pädagogische, personelle und räumliche Bedingungen vorhanden sind, die eine den Bedürfnissen aller Kinder gerecht werdende Betreuung, Bildung und Erziehung garantieren.

Anhang 10 – BayKiBiG

5.1.1. Standort und Ausstattung

Die sächliche und räumliche Gestaltung des Angebots soll kindgerechten und behinderungsspezifischen Erfordernissen und Bedürfnissen entsprechen.

5.1.2. Konzeption

Die Kindertageseinrichtung legt die Konzeption auf Anforderung vor. Sie ist nicht Bestandteil der individuellen Leistungsvereinbarung.

5.1.3. Betreuungsdauer

Die wöchentliche Betreuungszeit von Kindern mit Behinderung beträgt in der Kindertageseinrichtung gem. Art. 2 Abs. 2 BayKiBiG von i. d. R. mindestens 20 Stunden. Im Übrigen richtet sich die wöchentliche Betreuungszeit nach den Bestimmungen des BayKiBiG. Angestrebt wird dabei eine tägliche Betreuungszeit von mindestens vier Stunden.

5.1.4. Personalausstattung

Die personelle Besetzung richtet sich nach dem BayKiBiG und der Verordnung zur Ausführung des BayKiBiG. Der Mindestanstellungsschlüssel von 1: 12,5 ist einzuhalten.

Die Bezirke finanzieren die Anhebung des Gewichtungsfaktors von 4,5 nach Art. 21 Abs. 5 Satz 2 BayKiBiG für behinderte oder von Behinderung bedrohte Kinder im Sinne des § 53 SGB XII mit teilstationärem Hilfebedarf auf 5,5 (entspricht mindestens zwei Betreuungspersonalstunden je Kind je Woche (vgl. Ziff. 2.1.).

Für Personalmehrungen, die aus diesem Vertrag zustande kommen, ist die Regelung des § 17 Abs. 2 der Verordnung zur Ausführung des BayKiBiG (50 % pädagogische Fachkräfte im Sinne des § 16 Abs. 2 AVBayKiBiG) einzuhalten.

Zusätzliche Leistungen der Gemeinden und des Landes nach Art. 21 Abs. 5 Satz 3 BayKiBiG bleiben davon unberührt.

Ein zusätzlich notwendiger Fachdienst wird je Kind mit Behinderung und Kind, das von Behinderung bedroht ist, in einem Umfang von bis zu 50 Stunden pro Kindergartenjahr finanziert. Davon stehen für die Teilnahme an Teambesprechungen sowie für sonstige Kooperationen bis zu zehn Stunden jährlich je Integrationskind zur Verfügung.

Je Fachstundeneinheit müssen i. d. R. mindestens 45 Minuten direkt mit dem Kind gearbeitet werden.

Die im Rahmen der Eingliederungshilfe über die Anhebung des Gewichtungsfaktors finanzierten Betreuungsstunden können durch eigenes Personal oder durch externe Fachdienste sichergestellt werden.

Die Kindertageseinrichtung entscheidet eigenverantwortlich, unter Berücksichtigung des individuellen Bedarfes des Kindes, in welchem Umfange die finanzierten Betreuungsstunden durch Fachdienste sichergestellt werden.

Der Fachdienst für Integration qualifiziert sich durch entsprechende behindertenspezifische Ausbildungen und Erfahrungen in einschlägigen Fachdisziplinen wie z. B. Sozialpädagogik, Heilpädagogik, Sonderpädagogik, Psychologie. Die Vorhaltung des Fachdienstes ist in Form von Festanstellung, bzw. auf Kooperationsbasis (insbesondere durch interdisziplinäre Frühförderstellen) oder Honorarbasis möglich.

Unter Berücksichtigung der Zusammenarbeit mit Eltern, pädagogischem Personal in Kindertageseinrichtungen und Ärzten sind die Aufgaben des Fachdienstes für Integration insbesondere:

– Förderplanung
– Koordination und Durchführung von Förderangeboten
– Koordination und Kooperation mit anderen Institutionen
– Beratung und Information von Eltern, pädagogischem Personal in der Einrichtung u. a.
– Hilfsmittelversorgung.

Zusätzlich notwendige Leistungen im Sinne des § 30 SGB IX bleiben unberührt.

Medizinisch-therapeutische Leistungen, wie z. B. Krankengymnastik, Logopädie, Ergotherapie, sind nicht Bestandteil dieser Vereinbarung und werden mit dem dafür vorrangig zuständigen Kostenträger abgerechnet.

5.1.5. Sachausstattung

Die durch den behinderungsbedingten Mehraufwand erforderliche Sachausstattung (insbesondere Spiel- und Lernmaterial) wird in der individuellen Leistungsvereinbarung geregelt.

5.2. Prozessqualität

Der Prozess der Leistungserbringung richtet sich nach § 8 des Bayerischen Rahmenvertrages gemäß § 79 SGB XII vor allem nach folgenden Grundsätzen:

– Leitbild und Konzeption der Kindertageseinrichtung, deren Übereinstimmung mit den Zielen der Hilfeleistung sowie ihre Anpassung an veränderte fachliche Standards und veränderte Bedarfslagen der Kinder mit Behinderung

– Vernetzung der Angebote innerhalb der Kindertageseinrichtung im Rahmen einer einzelfallbezogenen Betreuungs-, Bildungs-, Erziehungs- und Förderplanung

– Vernetzung mit jenen Einrichtungen, Diensten und Ämtern, deren Tätigkeiten in einem sachlichen Zusammenhang mit den Aufgaben der Kindertageseinrichtung stehen (Art. 15 Abs. 1 Satz 1 BayKiBiG)

– Bedarfsorientierung der Hilfeleistung

– Angebote zur Unterstützung und Förderung der Fähigkeiten zur Selbsthilfe

– Organisation der Integrationsarbeit in einem Team der Fachkräfte einschließlich Fachberatung

– Dokumentation der Leistungen

– Beteiligung und Zusammenarbeit mit den Eltern bzw. gesetzlichen Vertretern bei Planung und Durchführung der Hilfeangebote

5.2.1. Förderung als ein geplanter Prozess

Der Prozess der Förderung wird unter Berücksichtigung der lebenspraktischen, sozialen, emotionalen, psychomotorischen, kognitiven und sensitiven Kompetenzen des Kindes mit Behinderung geplant, begleitet und angepasst.

5.2.2. Dokumentation

Um die Betreuungsarbeit nachvollziehbar zu machen, wird die Arbeit in allen wesentlichen Punkten regelmäßig dokumentiert.

5.3. Ergebnisqualität

Die Ergebnisqualität ist der Zielerreichungsgrad der gesamten Leistungserbringung.

Anhand der vereinbarten Leistungsziele ist das Ergebnis durch die Kindertageseinrichtung regelmäßig zu überprüfen.

Kriterien für die Feststellung der Ergebnisqualität können sein

– Soziale Integration

– Entwicklung von Kompetenzen z. B. in den Bereichen soziale, kognitive, emotionale und körperliche Entwicklung (vgl. § 1 Abs. 2 AVBayKiBiG)

– Sichtweise der Kinder bzw. ihrer Eltern oder gesetzlichen Vertreter.

6. Qualitätssicherung

Der Träger der Kindertageseinrichtung ist dafür verantwortlich, dass Maßnahmen zur internen Sicherung der Struktur-, Prozess- und Ergebnisqualität festgelegt und durchgeführt werden.

7. Härteklausel

Soweit durch die Umstellung der Finanzierung durch die Bezirke für die Leistungen der Eingliederungshilfe für behinderte oder von Behinderung bedrohte Kinder Defizite entstehen, kann der Bezirk diese ausgleichen.

8. Salvatorische Klausel

Sollten einzelne Regelungen dieses Vertrages ganz oder teilweise unwirksam sein oder werden, so berührt dies die Gültigkeit der übrigen Regelungen nicht. Die betreffende Regelung wird von den Vertragspartnern entsprechend dem inhaltlich Gewollten und rechtlich Zulässigen angepasst.

Anhang 10 – BayKiBiG

9. Revisionsklausel

Die **Rahmenleistungsvereinbarung** soll im Kindergartenjahr 2008/2009 überprüft werden, ob und inwieweit die zu Grunde gelegten Annahmen zutreffend waren. Bei Abweichungen wäre die **Rahmenleistungsvereinbarung** entsprechend anzupassen.

10. Kündigung

Diese **Rahmenleistungsvereinbarung** kann mit einer Frist von 6 Monaten zum Schluss eines Kindergartenjahres von jedem Vertragspartner gekündigt werden. Die Kündigung bedarf der Schriftform und ist allen Vertragspartnern zuzustellen.

Die Kündigung gilt nur für den kündigenden Vertragspartner.

11. Inkrafttreten

Diese Vereinbarung tritt zum 1.9.2007 in Kraft.

Gesetz über den öffentlichen Gesundheits- und Veterinärdienst, die Ernährung und den Verbraucherschutz sowie die Lebensmittelüberwachung (Gesundheitsdienst- und Verbraucherschutzgesetz – GDVG)

vom 24. Juli 2003 (GVBl S. 452),
zuletzt geändert durch § 1 Abs. 145 der Verordnung vom 26. März 2019 (GVBl. S. 98)

– Auszug –

Art. 14
Schutz der Gesundheit von Kindern und Jugendlichen

(1) Die Personensorgeberechtigten sind verpflichtet, die Teilnahme ihrer Kinder an den Früherkennungsuntersuchungen im Sinn der Richtlinien des Gemeinsamen Bundesausschusses gemäß § 26 in Verbindung mit § 25 Abs. 4 Satz 2 des Fünften Buches Sozialgesetzbuch sicherzustellen.

(2) Sämtliche Behörden für Gesundheit, Veterinärwesen, Ernährung und Verbraucherschutz schützen und fördern die Gesundheit von Kindern und Jugendlichen.

(3) [1] Die unteren Behörden für Gesundheit, Veterinärwesen, Ernährung und Verbraucherschutz arbeiten im Rahmen ihrer Aufgaben nach dieser Bestimmung mit anderen Stellen und öffentlichen Einrichtungen, insbesondere mit Schulen und Stellen der Schulverwaltung sowie mit Einrichtungen und Trägern der öffentlichen und freien Jugendhilfe zusammen. [2] Werden ihnen gewichtige Anhaltspunkte für eine Gefährdung des Wohls eines Kindes oder Jugendlichen bekannt, schalten sie unverzüglich das zuständige Jugendamt ein.

(4) [1] Die unteren Behörden für Gesundheit, Veterinärwesen, Ernährung und Verbraucherschutz bieten gesundheitliche Beratung und Untersuchung im Kindes- und Jugendalter, insbesondere im Rahmen der Schulgesundheitspflege. [2] Sie beraten über Personen, Einrichtungen und Stellen, die vorsorgende, begleitende und nachsorgende Hilfen anbieten und gewähren können. [3] Sie weisen dabei auch auf die gemäß Abs. 1 bestehende Verpflichtung zur Teilnahme an Früherkennungsuntersuchungen für Kinder und Jugendliche hin.

(5) [1] Die unteren Behörden für Gesundheit, Veterinärwesen, Ernährung und Verbraucherschutz nehmen in Zusammenarbeit mit der Schule und den Personensorgeberechtigten die Schulgesundheitspflege wahr. [2] Diese hat das Ziel, gesundheitlichen Störungen vorzubeugen, sie frühzeitig zu erkennen und Wege für deren Behebung aufzuzeigen. [3] Soweit auf Grund der gesundheitlichen Situation des Kindes Folgerungen für die Unterrichtsgestaltung zu ziehen sind, geben die unteren Behörden für Gesundheit, Veterinärwesen, Ernährung und Verbraucherschutz die notwendigen Hinweise an die Schulleitung. [4] Im Rahmen der nach Art. 80 Satz 1 des Bayerischen Gesetzes über das Erziehungs- und Unterrichtswesen von den unteren Behörden für Gesundheit, Veterinärwesen, Ernährung und Verbraucherschutz durchzuführenden Schuleingangsuntersuchung haben die Personensorgeberechtigten den Nachweis über die nach Abs. 1 vorgeschriebene Teilnahme an der U9-Früherkennungsuntersuchung vorzulegen. [5] Wird dieser Nachweis nicht erbracht, haben die betroffenen Kinder an einer schulärztlichen Untersuchung teilzunehmen. [6] Wird auch die schulärztliche Untersuchung verweigert, erfolgt eine Mitteilung an das zuständige Jugendamt. [7] Die Jugendämter haben unter Heranziehung der Personensorgeberechtigten oder der Erziehungsberechtigten festzustellen, ob gewichtige Anhaltspunkte für eine Kindeswohlgefährdung im Sinn des § 8a des Achten Buches Sozialgesetzbuch bestehen. [8] Bei der Schuleingangsuntersuchung nach Satz 4 und bei weiteren schulischen Impfberatungen sind vorhandene Impfausweise und Impfbescheinigungen (§ 22 IfSG) der Kinder durch die Personensorgeberechtigten vorzulegen. [9] Einzelheiten werden in einer Rechtsverordnung der beteiligten Staatsministerien nach Art. 34 Abs. 3 Satz 1 Nr. 6 geregelt.

(6) Ärztinnen und Ärzte, Hebammen und Entbindungspfleger sind verpflichtet, gewichtige Anhaltspunkte für eine Misshandlung, Vernachlässigung oder einen sexuellen Missbrauch eines Kindes oder Jugendlichen, die ihnen im Rahmen ihrer Berufsausübung bekannt werden, unter Übermittlung der erforderlichen personenbezogenen Daten unverzüglich dem Jugendamt mitzuteilen.

Richtlinie zur Förderung von Investitionen im Rahmen des Investitionsprogramms „Kinderbetreuungsfinanzierung" 2017 bis 2020

vom 8. August 2017 – Az. II4/6511-1/422 (AllMBl. S. 332),
zuletzt geändert durch Bekanntmachung vom 8. Oktober 2019 – Az. V3/6511-1/422 (BayMBl. Nr. 423)

[1] Der Freistaat Bayern gewährt im Rahmen eines Sonderprogramms nach Maßgabe dieser Richtlinie, des Gesetzes zum weiteren quantitativen und qualitativen Ausbau der Kindertagesbetreuung vom 23. Juni 2017 (BGBl. I S. 1893) und der hierzu erlassenen Bewirtschaftungsgrundsätze und der allgemeinen haushaltsrechtlichen Bestimmungen (insbesondere der Verwaltungsvorschriften zu Art. 44 der Bayerischen Haushaltsordnung – BayHO) Zuwendungen zu Investitionen zur Schaffung zusätzlicher Betreuungsplätze für Kinder von der Geburt bis zum Schuleintritt in einer Kindertageseinrichtung nach Art. 2 Abs. 1 des Bayerischen Kinderbildungs- und -betreuungsgesetzes (BayKiBiG) und in der Großtagespflege nach den Art. 2 Abs. 4, Art. 9 Abs. 2 Satz 2 BayKiBiG in den Jahren 2017 bis längstens 2023. [2] Die Festsetzung der Förderung erfolgt auf Grundlage der Zuweisungsrichtlinie (FAZR), soweit in dieser Richtlinie nichts anderes geregelt ist. [3] Die Förderung erfolgt ohne Rechtsanspruch im Rahmen der verfügbaren Haushaltsmittel.

1. Zweck der Förderung

Die Förderung dient der Schaffung zusätzlicher Betreuungsplätze für Kinder von der Geburt bis zum Schuleintritt, um ein bedarfsgerechtes Angebot an Betreuungsplätzen für diese Altersgruppe bereitstellen zu können.

2. Gegenstand der Förderung

[1] Gefördert werden die zuwendungsfähigen Ausgaben für Investitionen (Neubau-, Ausbau-, Umbau-, General- und Teilsanierungsinvestitionen) zur Schaffung zusätzlicher Betreuungsplätze für Kinder von der Geburt bis zum Schuleintritt in Kindertageseinrichtungen im Sinne von Art. 2 Abs. 1 BayKiBiG und in der Großtagespflege im Sinne von Art. 2 Abs. 4, Art. 9 Abs. 2 Satz 2 BayKiBiG. [2] Zusätzliche Betreuungsplätze im Sinne dieser Richtlinie sind solche, die entweder neu entstehen oder Plätze, die ohne Erhaltungsmaßnahmen ersatzlos wegfallen würden oder durch General- oder Teilsanierung (gemäß Nr. 2 FAZR) oder einen Ersatzneubau, der als wirtschaftlichere Alternative zur Generalsanierung durchgeführt wird, erhalten bleiben. [3] Personal-, Betriebs- und Verwaltungskosten werden im Rahmen dieser Richtlinie nicht gefördert.

3. Zuwendungsempfänger

[1] Zuwendungsempfänger sind die örtlichen Träger der öffentlichen Jugendhilfe (Landkreise und kreisfreie Städte) und die kreisangehörigen Städte und Gemeinden. [2] Sofern eine Maßnahme im Sinne von Nr. 2 von einem freigemeinnützigen oder sonstigen Träger durchgeführt wird und sich die Kommune daran mit einem Zuschuss beteiligt, erhält die Kommune eine Zuwendung nach Maßgabe dieser Richtlinie und gemäß ihrem Anteil an der Maßnahme.

4. Zuwendungsvoraussetzungen

4.1 Grundvoraussetzung

[1] Die Förderung nach dieser Richtlinie setzt eine grundsätzliche Förderfähigkeit der Bauinvestition nach Art. 10 des Bayerischen Finanzausgleichsgesetzes (BayFAG) in Verbindung mit der FAZR voraus. [2] Großtagespflegestellen werden bei der Beurteilung der grundsätzlichen Förderfähigkeit Kinderkrippen gleichgestellt.

4.2 Zeitlicher Rahmen

[1] Gefördert werden Investitionen, die ab dem 1. Juli 2016 begonnen wurden. [2] Bei Investitionsvorhaben, die in selbstständige Abschnitte aufgeteilt werden können, ist eine Förderung des selbstständigen Abschnitts möglich, wenn allein dafür die Förderkriterien erfüllt sind. [3] Als Beginn eines Investitionsvorhabens gilt der Abschluss eines zur Umsetzung des Vorhabens dienenden rechtsverbindlichen Leistungs- und Lieferungsvertrages. [4] Investitionen sind im Falle des Einsatzes von Bundesmitteln bis spä-

testens 30. Juni 2023 vollständig abzuschließen. [5] Als Abschluss einer Baumaßnahme gilt die bauliche Fertigstellung und Übergabe des Bauwerks an den Nutzer.

4.3 Zweckbindung

[1] Die Zweckbindung der Fördermittel für Baumaßnahmen beträgt 25 Jahre, im Bereich der Großtagespflege jedoch zehn Jahre. [2] Für die Zeit der nicht zweckentsprechenden Verwendung der Investitionen ist die Zuwendung anteilig zurückzuzahlen. [3] Der Maßnahmeträger weist in der Einrichtung angemessen auf die Bundesförderung und Landesförderung hin.

4.4 Fachliche Voraussetzungen

[1] Die Kommunen, in deren Gebiet die Maßnahme durchgeführt werden soll, müssen die Bedarfsnotwendigkeit der Maßnahme gemäß dem BayKiBiG feststellen. [2] Die Kommunen bestätigen im Falle von General- und Teilsanierungen beziehungsweise Ersatzneubauten schriftlich, dass die Betreuungsplätze für Kinder bis zur Einschulung ohne die Baumaßnahme wegfallen würden. [3] Eine Förderung aus diesem Programm setzt voraus, dass die Kindertageseinrichtungen bei Inbetriebnahme beziehungsweise die Großtagespflegestellen bei Aufnahme der Tätigkeit ferner die übrigen Fördervoraussetzungen des BayKiBiG erfüllen.

4.5 Maßnahmen freigemeinnütziger oder sonstiger Träger

[1] Sofern eine Maßnahme im Sinne von Nr. 2 von einem freigemeinnützigen oder sonstigen Träger durchgeführt wird, ist die Einhaltung der einschlägigen rechtlichen Bestimmungen (zum Beispiel die FAZR beziehungsweise die Vergabe- und Vertragsordnung für Bauleistungen) Voraussetzung für die staatliche Förderung. [2] Die Zuwendungsempfänger haben die Einhaltung dieser Bestimmungen durch die freigemeinnützigen oder sonstigen Träger in geeigneter Weise sicherzustellen.

5. Art und Umfang der Zuwendung

5.1 Art der Zuwendung

Die Zuwendung erfolgt als Anteilfinanzierung, die nach Maßgabe der Nr. 5.3 der Höhe nach begrenzt wird.

5.2 Zuwendungsfähige Ausgaben

Die Festsetzung der zuwendungsfähigen Ausgaben erfolgt entsprechend der FAZR.

5.3 Höhe der Förderung

[1] Die Förderung erfolgt in Höhe von 35 % der nach Art. 10 BayFAG zuweisungsfähigen Ausgaben. [2] Die Zuwendung nach dieser Richtlinie wird nach kaufmännischen Gesichtspunkten auf volle tausend Euro gerundet; die Gesamtzuwendung nach Art. 10 BayFAG und dieser Richtlinie ist auf 90 % der zuweisungsfähigen Ausgaben begrenzt. [3] Übersteigt die staatliche Gesamtzuwendung den Höchstfördersatz nach Satz 2, wird der Fördersatz nach Satz 1 entsprechend gekürzt. [4] Abweichend von Nr. 2.2 FAZR werden Zuwendungen für die Großtagespflege nur gewährt, wenn die abschließend festgestellten zuwendungsfähigen Ausgaben des im Antrag dargestellten Vorhabens insgesamt 50 000 Euro überschreiten (Bagatellgrenze).

5.4 Mehrfachförderung

[1] Eine Förderung nach der Richtlinie zur Förderung von Investitionen im Rahmen des Investitionsprogramms „Kinderbetreuungsfinanzierung" in der Fassung vom 7. Dezember 2016 (AllMBl. S. 2221) schließt insoweit die Förderung nach dieser Richtlinie aus. [2] Verschiedene Förderprogramme können im Übrigen bezogen auf eine Baumaßnahme in Anspruch genommen werden, wenn eine sachliche Differenzierung der zuwendungsfähigen Ausgaben getroffen werden kann (zum Beispiel nach Plätzen beziehungsweise Altersgruppen).

6. Antragstellung und Bewilligung

6.1 Verwaltungsvorschriften

[1] Für die Bewilligung, Auszahlung und Abrechnung der Zuwendung sowie für den Nachweis und die Prüfung der Verwendung, die gegebenenfalls erforderliche Aufhebung des Zuwendungsbescheids und die Rückforderung der gewährten Zuwendung gelten die Verwaltungsvorschriften zu Art. 44 Bay-

HO sowie die Art. 48 bis 49a des Bayerischen Verwaltungsverfahrensgesetzes. [2] Im Zuwendungsbescheid ist insbesondere auf die Einhaltung der Bestimmungen der ANBest-K, die dem Bescheid als Anlage beigefügt werden, hinzuweisen. [3] Das Prüfungsrecht des Bayerischen Obersten Rechnungshofs ergibt sich aus Art. 91 BayHO.

6.2 Bewilligungsbehörde

Bewilligungsbehörden sind die Regierungen.

6.3 Antrag

[1] Für eine Förderung nach dieser Richtlinie ist ein Antrag nach Muster 1a zu Art. 44 BayHO erforderlich. [2] Zuwendungsempfänger haben die Anträge an die örtlich zuständigen Regierungen zu richten. [3] Kreisangehörige Gemeinden haben einen Abdruck des Antrags an die jeweilige Rechtsaufsichtsbehörde zu übersenden.

6.4 Antragsfrist, maximal zu schaffende Plätze

[1] Anträge sind bis 31. August 2020 zu stellen. [2] Förderfähig sind maximal 50.000 Plätze gerechnet seit Beginn des 4. Sonderinvestitionsprogramms am 1. Januar 2017.[1)]

neue Fassung ab 04/2020:

6.4. Antragsfrist

Anträge sind bis 31. August 2019 zu stellen.

6.5 Abruf der Mittel

[1] Die Auszahlung der Fördermittel kann grundsätzlich entsprechend dem nachgewiesenen Baufortschritt beantragt werden, der Zeitpunkt der Auszahlung ist abhängig von der Verfügbarkeit entsprechender Ausgabemittel. [2] Die Regierungen können Fördermittel im Falle des Einsatzes von Bundesmitteln bis zum 31. Oktober 2023 abrufen. [3] Die Förderbescheide werden nach Maßgabe des Eingangs der vollständigen Förderanträge erteilt. [4] Reichen die zur Verfügung gestellten Fördermittel nicht aus, haben Anträge zur Schaffung neuer Plätze Vorrang vor Erhaltungsmaßnahmen. [5] Bei gleichzeitig eingegangenen Förderanträgen ist der Zeitpunkt der Erteilung einer Unbedenklichkeitsbescheinigung maßgebend.

6.6 Mitteilungspflichten der Zuwendungsempfänger und Regierungen

[1] Die Prüfung der Verwendungsnachweise für Investitionen muss im Falle des Einsatzes von Bundesmitteln bis spätestens 31. Dezember 2024 von der zuständigen Regierung abgeschlossen sein. [2] Die zuständige Regierung setzt abhängig vom Bewilligungszeitpunkt eine entsprechende Vorlagefrist fest. [3] Die Regierungen übersenden dem Staatsministerium für Familie, Arbeit und Soziales innerhalb von vier Monaten nach Abschluss des jeweiligen Haushaltsjahres Übersichten über die zweckentsprechende Inanspruchnahme und Verwendung der Fördermittel (Anzahl und Art der geförderten Vorhaben, Anzahl der zusätzlichen Betreuungsplätze für Kinder von der Geburt bis Schuleintritt in Kindertageseinrichtungen sowie in der Großtagespflege, das geförderte Investitionsvolumen, Höhe der bereitgestellten und ausgezahlten Mittel).

7. Prüfungsrecht

Der Bayerische Oberste Rechnungshof ist gem. Art. 91 Abs. 1 Satz 1 Nr. 3 BayHO berechtigt, bei den Zuwendungsempfängern zu prüfen.

8. Datenschutz

[1] Bei der Verarbeitung personenbezogener Daten sind die datenschutzrechtlichen Bestimmungen, insbesondere die Verordnung (EU) 2016/679 (EU-Datenschutzgrundverordnung – DSGVO) einzuhalten. [2] Die jeweils zuständige Regierung ist Verantwortliche im Sinne von Art. 4 Nr. 7 DSGVO. [3] Die Verpflichtungen aus der DSGVO (insbesondere die Betroffenenrechte und die Informationspflichten gemäß Art. 13 f. DSGVO) werden von der jeweils zuständigen Regierung erfüllt.

---

1) Verlängerte Antragsfrist obsolet, gefördert werden rund 63.500 neue Plätze, die bis zum 31.8.2019 gestellt wurden; Beschluss des Ministerrats vom 26.11.2019, s. Erl. 3.1. zu § 28 BayKiBiG

9. Inkrafttreten, Außerkrafttreten

Diese Bekanntmachung tritt mit Wirkung vom 1. Januar 2017 in Kraft und mit Ablauf des 31. Dezember 2027 außer Kraft.

Bayerische Leitlinien für die Bildung und Erziehung von Kindern bis zum Ende der Grundschulzeit (Kurzfassung) Notwendigkeit und Geltungsbereich gemeinsamer Leitlinien für Bildung und Erziehung

Zu den Hauptaufgaben verantwortungsvoller Bildungspolitik zählt es, allen Kindern frühzeitig bestmögliche Bildungserfahrungen und -chancen zu bieten. Im Fokus steht das Recht des Kindes auf Bildung von Anfang an. Da Bildungsprozesse auf Anschlusslernen beruhen, kommt der Kooperation aller außerfamiliären Bildungsorte mit der Familie und untereinander eine hohe Bedeutung zu. Zukunftsweisende Bildungssysteme und -konzepte stellen das Kind als aktiven Mitgestalter seiner Bildung in den Mittelpunkt.

Die Leitlinien schaffen sowohl einen verbindlichen Orientierungs- und Bezugsrahmen als auch Grundlagen für den konstruktiven Austausch zwischen den unterschiedlichen Bildungsorten. Sie definieren ein gemeinsames Bildungsverständnis, entwickeln eine gemeinsame Sprache für eine kooperative und anschlussfähige Bildungspraxis und ermöglichen dadurch Kontinuität im Bildungsverlauf. Ihr Geltungsbereich umfasst alle außerfamiliären Bildungsorte, die Verantwortung für Kinder bis zum Ende der Grundschulzeit tragen: Kindertageseinrichtungen nach dem BayKiBiG, Grund- und Förderschulen, Kindertagespflege, Schulvorbereitende Einrichtungen, Heilpädagogische Tagesstätten und sonstige Bildungseinrichtungen sowie Einrichtungen der Aus-, Fort- und Weiterbildung. Auf der Basis der Leitlinien werden der Bayerische Bildungs- und Erziehungsplan (BayBEP) und der Lehrplan für die bayerische Grundschule weiterentwickelt, ebenso die Konzepte für die Aus-, Fort- und Weiterbildung der Pädagoginnen und Pädagogen.

Bildungsauftrag von Kindertageseinrichtungen, Kindertagespflege und Schulen

Der Bildungsauftrag ist in internationalen und nationalen grundlegenden Dokumenten festgeschrieben. Auf internationaler Ebene sind dies insbesondere die UN-Konventionen über die Rechte des Kindes und über die Rechte der Menschen mit Behinderungen, denen Deutschland beigetreten ist, sowie der Europäische und der Deutsche Qualifikationsrahmen für lebenslanges Lernen (EQR/DQR), die Bildungssysteme zwischen EU-Staaten vergleichbar machen. In Bayern ist der Bildungsauftrag von Kindertageseinrichtungen, Tagespflege und Schulen in verschiedenen Landesgesetzen verankert (z. B. BayKiBiG, BayEUG), die mit Verabschiedung der Leitlinien eine Verbindung erfahren. Die weitere Öffnung von Bildungsinstitutionen für Kinder mit besonderem Förderbedarf ist eine wichtige Aufgabe, ebenso wie die Optimierung der Übergänge zwischen den Bildungseinrichtungen und die Sicherung der Bildungsqualität auf einem hohen Niveau für alle Kinder.

3. Menschenbild und Bildungsverständnis

3.1 Bildung von Anfang an – Familie als erster und prägendster Bildungsort

Gelingende Bildungsprozesse hängen maßgeblich von der Qualität der Beziehungs- und Bindungserfahrungen ab. Von zentraler Bedeutung sind die Erfahrungen, die das Kind in den ersten Lebensjahren in der Familie macht; die Qualität der Bindungen in der Familie ist jedoch auch noch im Schulalter bestimmend für den Lernerfolg jedes Kindes. In der Familie als primärem Ort der sozial-emotionalen Entwicklung legen die Eltern den Grundstein für lebenslanges Lernen, aber auch für die emotionale, soziale und physische Kompetenz. Bildung – ob in der Kindertageseinrichtung oder in der Schule – kann daher nur aufbauend auf die Prägung in der Familie erreicht werden. Daraus ergibt sich die Aufgabe aller außerfamiliären Bildungsorte, Eltern in ihrer Unersetzlichkeit, ihrer Wichtigkeit und ihrer Verantwortung wertzuschätzen und entsprechend in ihrer Aufgabe zu unterstützen.

Bildung vollzieht sich als individueller und sozialer Prozess. Kinder gestalten ihren Bildungsprozess aktiv mit. Sie sind von Geburt an mit grundlegenden Kompetenzen und einem reichhaltigen Lern- und Entwicklungspotenzial ausgestattet. Eine elementare Form des Lernens ist das Spiel, das sich zunehmend zum systematischeren Lernen entwickelt.

Nachhaltige Bildung

Nachhaltige Bildung bedeutet, dass Gelerntes dauerhaft verfügbar und auf neue Situationen übertragbar ist. Mithilfe des Gelernten kann das eigene Lernen reflektiert und neues Wissen erworben werden. Wichtige Faktoren hierfür sind Interesse, Motivation, Selbstbestimmung, Eigenaktivität und Ausdauer des Lernenden. Damit frühe Lernangebote einen positiven Einfluss auf Lern- und Entwicklungsprozesse haben, sind kognitive Herausforderungen auf einem angemessenen Anspruchsniveau notwendig, aber auch eine Atmosphäre der Wertschätzung und der Geborgenheit. Besonders gut gelingt dies, wenn Lernen und die Reflexion der eigenen Lernprozesse im Dialog mit anderen stattfinden. Die lernende Gemeinschaft von Kindern und Erwachsenen hat für nachhaltige Bildung einen besonderen Stellenwert.

3.2 Leitziele von Bildung und Erziehung – ein kompetenzorientierter Blick auf das Kind

Oberstes Bildungs- und Erziehungsziel ist der eigenverantwortliche, beziehungs- und gemeinschafts-fähige, wertorientierte, weltoffene und schöpferische Mensch. Er ist fähig und bereit, in Familie, Staat und Gesellschaft Verantwortung zu übernehmen, und offen für religiöse und weltanschauliche Fragen.

Zentrale Aufgabe an allen Bildungsorten ist es, Kinder über den gesamten Bildungsverlauf hinweg in ihren Kompetenzen zu stärken. Die Akzentsetzung verändert sich entsprechend dem individuellen Entwicklungsverlauf sowie den Bedürfnissen und Ressourcen des Kindes. Von Geburt an bilden perso-nale, kognitive, emotionale und soziale Basiskompetenzen die Grundlage für den weiteren Lern- und Entwicklungsprozess. Sie befähigen Kinder, mit anderen zu kooperieren und zu kommunizieren sowie sich mit der dinglichen Umwelt auseinanderzusetzen. Weiterhin sind sie Voraussetzung für den kom-petenten Umgang mit Veränderungen und Belastungen sowie den Erwerb von lernmethodischer Kom-petenz.

Kompetenzen bedingen sich gegenseitig. Sie entwickeln sich weiter in Abhängigkeit voneinander und in der Auseinandersetzung mit konkreten Lerninhalten und Anforderungen. Mit fortschreitender Ent-wicklung und höherem Alter gewinnt auf bestimmte Inhaltsbereiche bezogene Sachkompetenz an Bedeutung. Schulische Bildung knüpft an den Kompetenzen an, die in der frühen Bildung grundgelegt und entwickelt wurden. Es erfolgt eine systematische Erweiterung.

3.3 Bildung als individueller und sozialer Prozess

Lernen in Interaktion, Kooperation und Kommunikation ist der Schlüssel für hohe Bildungsqualität. Zukunftsfähige Bildungskonzepte beruhen auf Lernformen, die auf den Erkenntnissen des sozialen Konstruktivismus basieren und das Von- und Miteinanderlernen (Ko-Konstruktion) in den Mittelpunkt stellen.

Im Dialog mit anderen lernen

Lernen ist ein Prozess der Verhaltensänderung und des Wissenserwerbs, bei dem der Mensch von Geburt an – auf der Basis seiner Erfahrungen, Kenntnisse und Kompetenzen – aktiver Konstrukteur seines Wissens ist. Kommunikation ist ein zentrales Element des Wissensaufbaus. Kinder konstruieren ihr Weltverständnis durch den Austausch mit anderen. In dieser Auseinandersetzung und Aushand-lung konstruieren sie Bedeutung und Sinn und entwickeln ihr eigenes Weltbild. Mit zunehmendem Alter gewinnen hierfür neben den erwachsenen Bezugspersonen auch Gleichaltrige an Wichtigkeit. Bildung und Lernen finden somit im Rahmen kooperativer und kommunikativer Alltagshandlungen und Bildungsaktivitäten statt, an denen Kinder und Erwachsene gleichermaßen aktiv beteiligt sind. Im Vordergrund steht das gemeinsame Erforschen von Bedeutung, d. h. Sinnzusammenhänge zu entde-cken, auszudrücken und mit anderen zu teilen ebenso wie die Sichtweisen und Ideen der anderen anzuerkennen und wertzuschätzen. Die Steuerungsverantwortung für die Bildungsprozesse liegt bei den Erwachsenen.

Partizipation als Kinderrecht

Kinder haben – unabhängig von ihrem Alter – ein Recht auf Partizipation. Alle Bildungsorte stehen in der Verantwortung, der Partizipation der Kinder einen festen Platz einzuräumen und Demokratie mit Kindern zu leben. Partizipation bedeutet die Beteiligung an Entscheidungen, die das eigene Leben und das der Gemeinschaft betreffen, und damit Selbst- und Mitbestimmung, Eigen- und Mitverantwortung und konstruktive Konfliktlösung. Basierend auf dem Bild vom Kind als aktivem Mitgestalter seiner Bildung sind Partizipation und Ko-Konstruktion auf Dialog, Kooperation, Aushandlung und Verständi-gung gerichtet. Partizipation ist Bestandteil ko-konstruktiver Bildungsprozesse und Voraussetzung für deren Gelingen.

Erwachsene und ihr Umgang miteinander sind stets Vorbild und Anregung für die Kinder. Deshalb erfordert gelingende Partizipation der Kinder immer auch die Partizipation der Eltern und des Teams bzw. Kollegiums. Aus der Kultur des gemeinsamen Lernens und Entscheidens ergibt sich eine neue Rolle und Haltung des pädagogischen Personals.

3.4 Inklusion – Pädagogik der Vielfalt

An Bildungsorten treffen sich Kinder, die sich in vielen Aspekten unterscheiden, z. B. im Hinblick auf Alter, Geschlecht, Stärken und Interessen, Lern- und Entwicklungstempo, spezifischen Lern- und Unterstützungsbedarf sowie ihren kulturellen oder sozioökonomischen Hintergrund. Inklusion als gesellschafts-, sozial- und bildungspolitische Leitidee lehnt Segregation anhand bestimmter Merkmale ab. Sie zielt auf eine Lebenswelt ohne Ausgrenzung und begreift Diversität bzw. Heterogenität als Normalfall, Bereicherung und Bildungschance. Für Kinder mit Behinderungen betont sie das Recht auf gemeinsame Bildung; bei der Entscheidung über den Bildungsort, die in Verantwortung der Eltern liegt, steht das Wohl des Kindes im Vordergrund. Eine an den individuellen Bedürfnissen ausgerichtete Bildungsbegleitung, die sich durch multiprofessionelle Teams und multiprofessionelles Zusammenwirken verschiedener Bildungseinrichtungen realisiert, sichert Bildungsgerechtigkeit. Auch Differenzierungsangebote und der bewusste Wechsel zwischen heterogenen und homogenen Gruppen tragen dazu bei. Partizipation und Ko-Konstruktion bieten einen optimalen Rahmen, in dem sich die Potenziale einer heterogenen Lerngruppe entfalten können.

4. Organisation und Moderierung von Bildungsprozessen

Damit Prozesse der Ko-Konstruktion, Partizipation und Inklusion gelingen, ist die Haltung entscheidend, die dem Handeln der Pädagoginnen und Pädagogen zugrunde liegt. Diese Haltung basiert auf Prinzipien wie Wertschätzung, Kompetenzorientierung, Dialog, Partizipation, Experimentierfreudigkeit, Fehlerfreundlichkeit, Flexibilität und Selbstreflexion.

Zentrale Aufgaben der Pädagoginnen und Pädagogen sind die Planung und Gestaltung optimaler Bedingungen für Bildungsprozesse, die eigenaktives, individuelles und kooperatives Lernen nachhaltig ermöglichen. Dies erfordert eine stete Anpassung der Lernumgebungen, die individuelle Kompetenzentwicklung im Rahmen der heterogenen Lerngruppe zulassen. Im pädagogischen Alltag wird dies anhand einer Methodik umgesetzt, bei der kommunikative Prozesse sowie vielfältige Formen der inneren Differenzierung und Öffnung im Vordergrund stehen. Für die Organisation von Lernumgebungen (äußere Bedingungen, Lernmaterialien und -aufgaben, Sozial- und Arbeitsformen) sind eine konsequente Orientierung an den Kompetenzen der Kinder und deren aktive Beteiligung notwendig. Das Interesse der Kinder ist Ausgangspunkt der Bildungsaktivitäten. Wichtige Prinzipien einer kompetenzorientierten Bildungs- und Unterrichtsgestaltung sind die Vernetzung von Einzelinhalten, ihre Einbettung in größere Zusammenhänge (bereichsübergreifendes bzw. fächerverbindendes Lernen), Anwendungssituationen für erworbene Kompetenzen in verschiedenen Bereichen und die Reflexion des eigenen Lernens.

Um den komplexen Anforderungen bei der Organisation, Planung und Dokumentation adaptiver Lernangebote und -umgebungen gerecht werden zu können, sind sachbezogene, didaktisch-methodische, pädagogische, personal-soziale und reflexive Kompetenz sowie kollegiale Unterstützung und politisch-gesellschaftliche Wertschätzung unabdingbar.

Grundlage für eine stärkenorientierte und prozessbegleitende Rückmeldung an die Lernenden in allen Bildungsinstitutionen sind die systematische Beobachtung und die Dokumentation der kindlichen Lern- und Entwicklungsprozesse. In der Schule haben Lehrerinnen und Lehrer zudem die Aufgabe, Ergebnisse von Lernprozessen zu überprüfen und zu bewerten sowie ihre gesamte Arbeit an Bildungsstandards und festgelegten Kompetenzerwartungen zu orientieren. Notwendig ist der Einsatz verschiedener Verfahren und Instrumente. Viel Einblick in die Interessen, Kenntnisse und Fähigkeiten der Kinder geben Portfolios. Sie dienen den Kindern zur Reflexion ihrer Lernprozesse und den Pädagoginnen und Pädagogen als Grundlage für die weitere Planung sowie den Austausch mit Eltern und anderen Bildungsorten.

5. Die Bildungsbereiche

Kompetenzentwicklung und Wissenserwerb gehen Hand in Hand. Kinder lernen, denken, erleben und erfahren die Welt nicht in Fächern oder Lernprogrammen. Ihre Kompetenzen entwickeln sie nicht isoliert, sondern stets in der Auseinandersetzung mit konkreten Situationen und bedeutsamen Themen und im sozialen Austausch. Kompetenzorientiert und bereichsübergreifend angelegte Bildungsprozesse, die Kinder aktiv mitgestalten, fordern und stärken sie in all ihren Kompetenzen. Dem Bildungsbereich *Sprache und Literacy* kommt für die Persönlichkeitsentwicklung, den Schulerfolg, den kompetenten Medienumgang und die Teilhabe am Gesellschaftsleben zentrale Bedeutung zu.

6. Kooperation und Vernetzung der Bildungsorte

6.1 Pluralität der Bildungsorte

Kinder erwerben Kompetenzen an vielen verschiedenen Bildungsorten. Ihre Bildung beginnt in der Familie und ist im Lebenslauf das Ergebnis eines vielfältigen Zusammenwirkens aller Bildungsorte, deren Kooperation und Vernetzung zentrale Bedeutung zukommt. Wie Bildungsangebote genutzt werden und in welchem Maße Kinder von den Bildungsleistungen dort profitieren, hängt maßgeblich von den Ressourcen der Familien und deren Stärkung ab. Die Familie ist für Kinder der wichtigste und einflussreichste Bildungsort.

6.2 Bildungs- und Erziehungspartnerschaft mit Eltern

Als Mitgestalter der Bildung ihres Kindes und als Experten für ihr Kind sind Eltern die wichtigsten Gesprächspartner – gute Elternkooperation und -beteiligung ist daher ein Kernthema für alle außerfamiliären Bildungsorte und gesetzliche Verpflichtung für Kindertageseinrichtungen, Tagespflege und Schulen. Das Konzept der Bildungs- und Erziehungspartnerschaft entwickelt bestehende Konzepte der Elternarbeit weiter. Es fokussiert die gemeinsame Verantwortung für das Kind und sieht eine veränderte Mitwirkungs- und Kommunikationsqualität vor. Zu den familien- und einrichtungsunterstützenden Zielen zählen die Begleitung von Übergängen, Information und Austausch, Stärkung der Elternkompetenz, Beratung und Fachdienstvermittlung sowie Mitarbeit und Partizipation der Eltern. Zu den Gelingensfaktoren für eine solche Partnerschaft zählen eine wertschätzende Haltung gegenüber den Eltern, die Anerkennung der Vielfalt von Familien, Transparenz sowie Informations- und Unterstützungsangebote.

6.3 Kooperation der Bildungseinrichtungen und Tagespflegepersonen

Die Kooperation von Bildungseinrichtungen und Tagespflegepersonen ist landesgesetzlich verankert und für Kindergarten und Grundschule detailliert geregelt. Das Kooperationsgeschehen ist komplex und umfasst verschiedene Aufgaben und Formen. Dazu zählen gegenseitiges Kennenlernen und Einblickgewähren, Kooperationsabsprachen für gemeinsame Aufgaben, Konzeptentwicklung für die gemeinsame Übergangsbegleitung mit den Eltern, die Herstellung anschlussfähiger Bildungsprozesse, die Planung und Durchführung gemeinsamer Angebote für Kinder, Eltern und Familien sowie der Austausch über einzelne Kinder unter Beachtung des Datenschutzes.

6.4 Öffnung der Bildungseinrichtungen nach außen

Bildungseinrichtungen haben den gesamten Lebensraum der Kinder im Blick, nutzen Beteiligungsmöglichkeiten aktiv und öffnen sich für Impulse aus dem Umfeld. Mögliche Kooperationen mit externen Institutionen und Personen umfassen Angebote für Kinder (z. B. Besuche, Einbeziehung in aktuelle Projekte) wie auch für Eltern und Familien. Es entsteht eine stärkere Verbindung der Bildungseinrichtungen mit dem Gemeindeleben und der Arbeitswelt. Von der Öffnung profitieren nicht nur die Kinder (z. B. durch die Ausweitung ihrer Lernumgebung und die Bereicherung ihrer Bildungserfahrungen), sondern auch Eltern und das pädagogische Personal (z. B. durch neue Informationsquellen und Möglichkeiten des Fachdialogs sowie der Fortbildung).

6.5 Gestaltung der Übergänge im Bildungsverlauf

Im Bildungssystem finden immer wieder Übergänge zwischen den Bildungsorten statt. Von den Kompetenzen, die Kinder bei gelingenden Übergängen erwerben, profitieren sie bei allen weiteren Übergängen. Erfolgreiche Übergänge (auch in weiterführende Schulen) sind ein Prozess, der von allen Beteiligten gemeinsam gestaltet und vom Kind und den Eltern aktiv und im eigenen Tempo bewältigt wird. Die Institutionen bieten vielfältige Informations- und Gesprächsmöglichkeiten an, da Übergänge wie der Schuleintritt auch für Eltern oft mit Herausforderungen und Informationsbedarf verbunden sind. Beim Übertritt in die Grundschule kommt es nicht nur auf den Entwicklungsstand des Kindes, sondern auch darauf an, dass die Schule auf die individuellen Kompetenzen und Lernbedürfnisse der Kinder eingeht, um einen erfolgreichen Anfang zu ermöglichen.

6.6 Soziale Netzwerkarbeit bei Kindeswohlgefährdung

Zu den Aufgaben außerfamiliärer Bildungsorte zählen auch die Sorge um jene Kinder, deren Wohlergehen gefährdet ist, sowie deren Schutz vor weiteren Gefährdungen. Ein gutes Netzwerk der mit Kindeswohlgefährdung befassten Stellen vor Ort trägt zur Prävention, Früherkennung und Unterstützung in konkreten Fällen bei.

6.7 Kommunale Bildungslandschaften

Die Umsetzungschancen der Leitlinien in allen Bildungsorten steigen in dem Maße, in dem es gelingt, Bildungsfragen zum Schwerpunktthema der Kommunalpolitik zu machen. Kommunale Bildungslandschaften bündeln und vernetzen die Bildungsangebote vor Ort und liefern einen Rahmen für deren Weiterentwicklung. Sie verstehen sich als lernende Region. Kommunale Innovationsprozesse werden in gemeinsamer Verantwortung ressort- und institutionenübergreifend geplant und gestaltet, möglichst alle bildungsrelevanten Einrichtungen und Bürger einbezogen und innovative Kooperationsformen und Handlungskonzepte für lebenslanges Lernen und Bildungsgerechtigkeit entwickelt. Positive Kooperationserfahrungen schaffen Netzwerkidentität und sorgen dafür, dass Veränderungsprozesse von allen mitgetragen werden.

7. Qualitätsentwicklung in Bildungseinrichtungen

Die Anforderungen an ein Bildungssystem unterliegen aufgrund der gesellschaftlichen Veränderungen einem fortlaufenden Wandel. Die aktuelle Praxis und neue Entwicklungen werden reflektiert und so eine Balance zwischen Kontinuität und Innovation gefunden. Daraus resultiert das Selbstverständnis von Bildungseinrichtungen als lernenden Organisationen.

7.1 Team als lernende Gemeinschaft

Als lernende Organisationen schaffen Bildungseinrichtungen den Transfer von neuem Wissen in die gesamte Organisation und sind daher fähig, auf neue Herausforderungen angemessen zu reagieren und gemeinsam aus ihnen zu lernen. Gelingende Teamarbeit ist maßgeblich für die Qualitätsentwicklung der Prozesse und Ergebnisse in Bildungseinrichtungen. Erforderlich ist die Kompetenz, in Arbeitsgruppen gemeinsam zu planen und zu handeln sowie diese Prozesse zu reflektieren. Teamlernen erfordert Übung und stellt kein punktuelles Vorhaben dar, sondern erfordert den konsequenten Dialog mit Kolleginnen und Kollegen sowie die gemeinsame Verantwortung aller für die gesteckten Ziele und die Festlegung von Strategien und Regeln innerhalb einer zeitlichen und organisatorischen Struktur.

7.2 Schlüsselrolle der Leitung

Leitungskräften in Bildungseinrichtungen kommt eine zentrale Rolle zu. Sie initiieren Lernprozesse, sie etablieren und unterstützen kontinuierliche Reflexion und Rückmeldung und suchen den Dialog mit Mitarbeiterinnen und Mitarbeitern. Zentrale Anliegen sind die Entwicklung eines gemeinsamen Qualitätsverständnisses, die Einbindung des gesamten Teams oder Kollegiums in den Qualitätsentwicklungsprozess und unterstützende Strukturen für den Austausch und die Beratung. Diese Leitungsaufgaben erfordern spezifische Vorbereitung, stete Weiterqualifizierung und Angebote kollegialer Beratung und Supervision.

7.3 Evaluation als qualitätsentwickelnde Maßnahme

Lernende Organisationen nutzen Evaluationsverfahren zur Bestandsaufnahme, Zielbestimmung und Ergebnisüberprüfung. Qualitätsentwicklungsprozesse können angestoßen, geplant und reflektiert werden durch interne und externe Evaluation, die Bildungseinrichtungen Anregung zur Weiterentwicklung und Verbesserung der Prozesse und Ergebnisse gibt.

7.4 Aus-, Fort- und Weiterbildung

Alle beteiligten Institutionen verbindet die Aufgabe, das gemeinsame inklusive, ko-kon-struktive und partizipative Bildungsverständnis der Leitlinien als herausragenden Inhalt und zentrales Gestaltungsprinzip in die Aus-, Fort- und Weiterbildung einzubeziehen. Ein professioneller Umgang mit der Heterogenität von Gruppen und der Ausbau Institutionen übergreifender Fort- und Weiterbildungsmaßnahmen tragen zur Realisierung der Leitlinien in der Praxis bei.

8. Bildung als lebenslanger Prozess

In einer Wissensgesellschaft ist Bildung von zentraler Bedeutung, Kompetenzentwicklung ein lebenslanger Prozess. Damit dies gelingt, ist es Aufgabe aller Bildungsorte, in allen Lebensphasen und -bereichen individuelles Lernen anzuregen und so zu unterstützen, dass es lebenslang selbstverständlich wird. Die Grundlagen dafür werden in der Kindheit gelegt.

Die Handreichung mit der Kurz- und Langfassung der Bayerischen Bildungsleitlinien ist zu finden unter:

Anhang 13 – BayKiBiG

http://www.stmas.bayern.de/imperia/md/content/stmas/stmas_internet/kinderbetreuung/bildungs-leitlinien_barrierefrei.pdf

Richtlinie zur Förderung von Investitionen zur Schaffung von Betreuungsplätzen für Grundschulkinder

Bekanntmachung des Bayerischen Staatsministeriums für Familie, Arbeit und Soziales vom 9. Januar 2020, Az. V3/6511-1/526, BayMBl. 2020 Nr. 36

[1] Der Freistaat Bayern gewährt im Rahmen eines Sonderprogramms nach Maßgabe dieser Richtlinie und der allgemeinen haushaltsrechtlichen Bestimmungen (insbesondere der Verwaltungsvorschriften zu Art. 44 der Bayerischen Haushaltsordnung – BayHO) Zuwendungen zu Investitionen zur Schaffung zusätzlicher Betreuungsplätze für Grundschulkinder in einer Kindertageseinrichtung nach Art. 2 Abs. 1 des Bayerischen Kinderbildungs- und -betreuungsgesetzes (BayKiBiG). [2] Die Festsetzung der Förderung erfolgt auf Grundlage der allgemeinen haushaltsrechtlichen Vorschriften (insbesondere die Verwaltungsvorschriften für Zuwendungen des Freistaates Bayern an kommunale Körperschaften – VVK) und der Zuweisungsrichtlinie (FAZR), soweit in dieser Richtlinie nichts Anderes geregelt ist. [3] Die Förderung erfolgt ohne Rechtsanspruch im Rahmen der verfügbaren Haushaltsmittel.

1. Zweck der Förderung

Die Förderung dient der Schaffung zusätzlicher Betreuungsplätze für Grundschulkinder, um ein bedarfsgerechtes Angebot an Betreuungsplätzen für diese Altersgruppe bereitstellen zu können.

2. Gegenstand der Förderung

[1] Gefördert werden die zuwendungsfähigen Ausgaben für Investitionen (Neubau, Ausbau, Umbau) zur Schaffung zusätzlicher Betreuungsplätze für Grundschulkinder in Kindertageseinrichtungen im Sinne von Art. 2 Abs. 1 BayKiBiG. [2] Zusätzliche Betreuungsplätze im Sinne dieser Richtlinie sind solche, die neu entstehen. [3] Personal-, Betriebs- und Verwaltungskosten sowie Ausstattungskosten werden im Rahmen dieser Richtlinie nicht gefördert.

3. Zuwendungsempfänger

[1] Zuwendungsempfänger sind die örtlichen Träger der öffentlichen Jugendhilfe (Landkreise und kreisfreie Städte) und die kreisangehörigen Städte und Gemeinden. [2] Sofern eine Maßnahme im Sinne von Nr. 2 von einem freigemeinnützigen oder sonstigen Träger durchgeführt wird und sich die Kommune daran mit einem Baukostenzuschuss beteiligt, erhält die Kommune eine Zuwendung nach Maßgabe dieser Richtlinie. [3] Die Weiterleitung der Förderung an freigemeinnützige oder sonstige Träger durch die Gemeinden richtet sich nach VV Nr. 13 der Verwaltungsvorschriften für Zuwendungen des Freistaates Bayern an kommunale Körperschaften (Anlage 3 zu Art. 44 BayHO – VVK).

4. Zuwendungsvoraussetzungen

4.1 Grundvoraussetzung

Die Förderung nach dieser Richtlinie setzt eine grundsätzliche Förderfähigkeit der Bauinvestition nach Art. 10 des Bayerischen Finanzausgleichsgesetzes (BayFAG) in Verbindung mit der FAZR voraus.

4.2 Zeitlicher Rahmen

[1] Gefördert werden nur Vorhaben, die noch nicht begonnen wurden oder für die nach dem 10. September 2018 durch die zuständige Regierung eine Unbedenklichkeitsbescheinigung erteilt wurde. [2] Bei Investitionsvorhaben, die in selbstständige Abschnitte aufgeteilt werden können, ist eine Förderung des selbstständigen Abschnitts möglich, wenn allein dafür die Förderkriterien erfüllt sind. [3] Als Beginn eines Investitionsvorhabens gilt der Abschluss eines zur Umsetzung des Vorhabens dienenden rechtsverbindlichen Leistungs- und Lieferungsvertrages. [4] Investitionen sind bis spätestens 30. Juni 2023 vollständig abzuschließen. [5] Als Abschluss einer Baumaßnahme gilt die bauliche Fertigstellung und Übergabe des Bauwerks an den Nutzer.

4.3 Zweckbindung

[1] Die Zweckbindung der Fördermittel für Baumaßnahmen beträgt 25 Jahre. [2] Für die Zeit der nicht zweckentsprechenden Verwendung der Investitionen ist die Zuwendung anteilig zurückzuzahlen. [3] Der Maßnahmeträger weist in der Einrichtung angemessen auf die Landesförderung hin.

4.4 Fachliche Voraussetzungen

[1]Die Kommunen, in deren Gebiet die Maßnahme durchgeführt werden soll, müssen die Bedarfsnotwendigkeit der Maßnahme gemäß dem BayKiBiG feststellen. [2]Eine Förderung aus diesem Programm setzt voraus, dass die Kindertageseinrichtungen bei Inbetriebnahme ferner die übrigen Fördervoraussetzungen des BayKiBiG erfüllen.

4.5 Maßnahmen freigemeinnütziger und sonstiger Träger

[1]Sofern eine Maßnahme im Sinne von Nr. 2 von einem freigemeinnützigen oder sonstigen Träger durchgeführt wird, ist die Einhaltung der einschlägigen rechtlichen Bestimmungen (zum Beispiel die FAZR beziehungsweise die Vergabe- und Vertragsordnung für Bauleistungen) Voraussetzung für die staatliche Förderung. [2]Die Zuwendungsempfänger haben die Einhaltung dieser Bestimmungen durch die freigemeinnützigen oder sonstigen Träger in geeigneter Weise sicherzustellen.

5. Art und Umfang der Zuwendung

5.1 Art der Zuwendung

Die Zuwendung erfolgt als Festbetragsfinanzierung, die nach Maßgabe der Nr. 5.3 der Höhe nach begrenzt wird.

5.2 Zuwendungsfähige Ausgaben

Die Festsetzung der zuwendungsfähigen Ausgaben erfolgt entsprechend der FAZR.

5.3 Höhe der Förderung

[1]Die Förderung erfolgt in Höhe von bis zu 6 000 Euro pro zu schaffendem Betreuungsplatz. [2]Der Eigenanteil der Kommune muss mindestens 10 % der zuwendungsfähigen Ausgaben betragen. [3]Übersteigt die staatliche Gesamtzuwendung nach Art. 10 BayFAG und dieser Richtlinie 90 % der zuwendungsfähigen Ausgaben, ist vorrangig die Förderung nach Satz 1 zu kürzen.

5.4 Mehrfachförderung

[1]Eine Förderung nach anderen Förderprogrammen schließt insoweit die Förderung nach dieser Richtlinie aus. [2]Dies gilt nicht für die Förderung nach Art. 10 BayFAG. [3]Verschiedene Förderprogramme können im Übrigen bezogen auf eine Baumaßnahme in Anspruch genommen werden, wenn eine sachliche Differenzierung der zuwendungsfähigen Ausgaben getroffen werden kann (zum Beispiel nach Plätzen beziehungsweise Altersgruppen).

6. Antragstellung und Bewilligung

6.1 Verwaltungsvorschriften

[1]Für die Bewilligung, Auszahlung und Abrechnung der Zuwendung sowie für den Nachweis und die Prüfung der Verwendung, die gegebenenfalls erforderliche Aufhebung des Zuwendungsbescheids und die Rückforderung der gewährten Zuwendung gelten die Verwaltungsvorschriften zu Art. 44 BayHO sowie die Art. 48 bis 49a des Bayerischen Verwaltungsverfahrensgesetzes. [2]Im Zuwendungsbescheid ist insbesondere auf die Einhaltung der Bestimmungen der ANBest-K, die dem Bescheid als Anhang beigefügt werden, hinzuweisen. [3]Das Prüfungsrecht des Bayerischen Obersten Rechnungshofs ergibt sich aus Art. 91 BayHO.

6.2 Bewilligungsbehörde

Bewilligungsbehörden sind die Regierungen.

6.3 Antrag

[1]Für eine Förderung nach dieser Richtlinie ist ein Antrag nach Muster 1a zu Art. 44 BayHO erforderlich. [2]Zuwendungsempfänger haben die Anträge an die örtlich zuständigen Regierungen zu richten. [3]Kreisangehörige Gemeinden haben einen Abdruck des Antrags an die jeweilige Rechtsaufsichtsbehörde zu übersenden.

6.4 Maximal zu schaffende Plätze

Förderfähig sind maximal 10 000 Plätze, gerechnet seit 11. September 2018.

6.5 Abruf der Mittel

[1] Die Auszahlung der Fördermittel kann grundsätzlich entsprechend dem nachgewiesenen Baufortschritt beantragt werden; der Zeitpunkt der Auszahlung ist abhängig von der Verfügbarkeit entsprechender Ausgabemittel. [2] Die Förderbescheide werden nach Maßgabe des Eingangs der vollständigen Förderanträge erteilt. [3] Bei gleichzeitig eingegangenen Förderanträgen ist der Zeitpunkt der Erteilung einer Unbedenklichkeitsbescheinigung maßgebend.

6.6 Mitteilungspflichten der Regierungen

Die Regierungen übersenden dem Staatsministerium für Familie, Arbeit und Soziales innerhalb von vier Monaten nach Abschluss des jeweiligen Haushaltsjahres Übersichten über die zweckentsprechende Inanspruchnahme und Verwendung der Fördermittel (Anzahl und Art der geförderten Vorhaben, Anzahl der zusätzlichen Betreuungsplätze für Grundschulkinder, das geförderte Investitionsvolumen, Höhe der bereitgestellten und ausgezahlten Mittel).

7. Prüfungsrecht

Der Bayerische Oberste Rechnungshof ist gemäß Art. 91 Abs. 1 Satz 1 Nr. 3 BayHO berechtigt, bei den Zuwendungsempfängern zu prüfen.

8. Datenschutz

[1] Bei der Verarbeitung personenbezogener Daten sind die datenschutzrechtlichen Bestimmungen, insbesondere die Verordnung (EU) 2016/679 (EU-Datenschutzgrundverordnung – DSGVO) einzuhalten. [2] Die jeweils zuständige Regierung ist Verantwortliche im Sinne von Art. 4 Nr. 7 DSGVO. [3] Die Verpflichtungen aus der DSGVO (insbesondere die Betroffenenrechte und die Informationspflichten gemäß Art. 13 f. DSGVO) werden von der jeweils zuständigen Regierung erfüllt.

9. Inkrafttreten, Außerkrafttreten

Diese Bekanntmachung tritt mit Wirkung zum 1. Februar 2020 in Kraft und mit Ablauf des 31. Dezember 2025 außer Kraft.

Gesetz zur Weiterentwicklung der Qualität und zur Verbesserung der Teilhabe in Tageseinrichtungen und in der Kindertagespflege
(KiTa-Qualitäts- und -Teilhabeverbesserungsgesetz – KiQuTG)

vom 19. Dezember 2018 (BGBl. I S. 2696)

§ 1
Weiterentwicklung der Qualität und Verbesserung der Teilhabe in der Kindertagesbetreuung

(1) [1]Ziel des Gesetzes ist es, die Qualität frühkindlicher Bildung, Erziehung und Betreuung in der Kindertagesbetreuung bundesweit weiterzuentwickeln und die Teilhabe in der Kindertagesbetreuung zu verbessern. [2]Hierdurch soll ein Beitrag zur Herstellung gleichwertiger Lebensverhältnisse für das Aufwachsen von Kindern im Bundesgebiet und zur besseren Vereinbarkeit von Familie und Beruf geleistet werden.

(2) [1]Kindertagesbetreuung im Sinne dieses Gesetzes umfasst die Förderung von Kindern in Tageseinrichtungen und in der Kindertagespflege im Sinne des § 22 Absatz 1 Satz 1 und 2 des Achten Buches Sozialgesetzbuch bis zum Schuleintritt. [2]Maßnahmen nach § 2 dieses Gesetzes sind Maßnahmen, die frühestens ab dem 1. Januar 2019 begonnen werden und

1. Maßnahmen im Sinne von § 22 Absatz 4 des Achten Buches Sozialgesetzbuch sind oder
2. Maßnahmen sind, die über die in § 90 Absatz 3 und 4 des Achten Buches Sozialgesetzbuch in der ab dem 1. August 2019 geltenden Fassung hinausgehen.

(3) Durch die Weiterentwicklung der Qualität frühkindlicher Bildung, Erziehung und Betreuung in der Kindertagesbetreuung nach den Entwicklungsbedarfen der Länder werden bundesweit gleichwertige qualitative Standards angestrebt.

§ 2
Maßnahmen zur Weiterentwicklung der Qualität und zur Verbesserung der Teilhabe in der Kindertagesbetreuung

[1]Maßnahmen zur Weiterentwicklung der Qualität in der Kindertagesbetreuung werden auf folgenden Handlungsfeldern ergriffen:

1. ein bedarfsgerechtes Bildungs-, Erziehungs- und Betreuungsangebot in der Kindertagesbetreuung schaffen, welches insbesondere die Ermöglichung einer inklusiven Förderung aller Kinder sowie die bedarfsgerechte Ausweitung der Öffnungszeiten umfasst,
2. einen guten Fachkraft-Kind-Schlüssel in Tageseinrichtungen sicherstellen,
3. zur Gewinnung und Sicherung qualifizierter Fachkräfte in der Kindertagesbetreuung beitragen,
4. die Leitungen der Tageseinrichtungen stärken,
5. die Gestaltung der in der Kindertagesbetreuung genutzten Räumlichkeiten verbessern,
6. Maßnahmen und ganzheitliche Bildung in den Bereichen kindliche Entwicklung, Gesundheit, Ernährung und Bewegung fördern,
7. die sprachliche Bildung fördern,
8. die Kindertagespflege (§ 22 Absatz 1 Satz 2 des Achten Buches Sozialgesetzbuch) stärken,
9. die Steuerung des Systems der Kindertagesbetreuung im Sinne eines miteinander abgestimmten, kohärenten und zielorientierten Zusammenwirkens des Landes sowie der Träger der öffentlichen und freien Jugendhilfe verbessern oder
10. inhaltliche Herausforderungen in der Kindertagesbetreuung bewältigen, insbesondere die Umsetzung geeigneter Verfahren zur Beteiligung von Kindern sowie zur Sicherstellung des Schutzes der Kinder vor sexualisierter Gewalt, Misshandlung und Vernachlässigung, die Integration von Kindern mit besonderen Bedarfen, die Zusammenarbeit mit Eltern und Familien, die Nutzung der Potentiale des Sozialraums und den Abbau geschlechterspezifischer Stereotype.

[2] Förderfähig sind zusätzlich auch Maßnahmen zur Entlastung der Eltern bei den Gebühren, die über die in § 90 Absatz 3 und 4 des Achten Buches Sozialgesetzbuch in der ab dem 1. August 2019 geltenden Fassung geregelten Maßnahmen hinausgehen, um die Teilhabe an Kinderbetreuungsangeboten zu verbessern. [3] Maßnahmen gemäß § 2 Satz 1 Nummern 1 bis 4 sind von vorrangiger Bedeutung.

§ 3
Handlungskonzepte und Finanzierungskonzepte der Länder

(1) Die Länder analysieren anhand möglichst vergleichbarer Kriterien und Verfahren ihre jeweilige Ausgangslage in Handlungsfeldern nach § 2 Satz 1 und Maßnahmen nach § 2 Satz 2.

(2) Auf der Grundlage der Analyse nach Absatz 1 ermitteln die Länder in ihrem Zuständigkeitsbereich jeweils

1. die Handlungsfelder nach § 2 Satz 1, die Maßnahmen nach § 2 Satz 2 und konkrete Handlungsziele, die sie zur Weiterentwicklung der Qualität und zur Verbesserung der Teilhabe in der Kindertagesbetreuung zusätzlich als erforderlich ansehen sowie
2. Kriterien, anhand derer eine Weiterentwicklung der Qualität und Verbesserung der Teilhabe in der Kindertagesbetreuung fachlich und finanziell nachvollzogen werden kann.

(3) Bei der Analyse der Ausgangslage nach Absatz 1 sowie bei der Ermittlung der Handlungsfelder, Maßnahmen und Handlungsziele nach Absatz 2 sollen insbesondere die örtlichen Träger der öffentlichen Jugendhilfe, die kommunalen Spitzenverbände auf Landesebene, die freien Träger, Sozialpartner sowie Vertreterinnen und Vertreter der Elternschaft in geeigneter Weise beteiligt und wissenschaftliche Standards berücksichtigt werden.

(4) Auf der Grundlage der Analyse der Ausgangssituation nach Absatz 1 und der Ermittlungen nach Absatz 2 stellen die Länder Handlungs- und Finanzierungskonzepte auf, in denen sie anhand der nach Absatz 2 Nummer 2 ermittelten Kriterien darstellen,

1. welche Fortschritte sie bei der Weiterentwicklung der Qualität und Verbesserung der Teilhabe in der Kindertagesbetreuung erzielen wollen, um ihre Handlungsziele zu erreichen,
2. mit welchen fachlichen und finanziellen Maßnahmen sie die in Absatz 4 Nummer 1 genannten Fortschritte erzielen wollen und
3. in welcher zeitlichen Abfolge sie diese Fortschritte erzielen wollen.

§ 4
Verträge zwischen Bund und Ländern

[1] Jedes Land schließt mit der Bundesrepublik Deutschland, vertreten durch das Bundesministerium für Familie, Senioren, Frauen und Jugend, einen Vertrag über die Weiterentwicklung der Qualität in der Kindertagesbetreuung, der als Grundlage für das Monitoring und die Evaluation nach § 6 dient. [2] Dieser Vertrag enthält:

1. das Handlungskonzept des Landes gemäß § 3 Absatz 4,
2. das Finanzierungskonzept des Landes gemäß § 3 Absatz 4,
3. die Verpflichtung des Landes, dem Bundesministerium für Familie, Senioren, Frauen und Jugend jeweils bis zum Ablauf von sechs Monaten nach Abschluss des Haushaltsjahres einen Bericht zu übermitteln, in dem das Land den Fortschritt bei der Weiterentwicklung der Qualität und Verbesserung der Teilhabe in der Kindertagesbetreuung gemäß seinem nach § 3 Absatz 4 aufgestellten Handlungs- und Finanzierungskonzept darlegt (Fortschrittsbericht),
4. die Verpflichtung des Landes, geeignete Maßnahmen zur Qualitätsentwicklung zu treffen, insbesondere Qualitätsmanagementsysteme zu unterstützen,
5. die Verpflichtung des jeweiligen Landes, an dem länderspezifischen sowie länderübergreifenden qualifizierten Monitoring gemäß § 6 Absatz 1 und 2 teilzunehmen, dem Bundesministerium für Familie, Senioren, Frauen und Jugend die für die bundesweite Beobachtung nach § 6 Absatz 2 Satz 2 erforderlichen Daten jährlich bis zum 15. Juli zu übermitteln und die Teilnahme am Monitoring insbesondere für eine prozessorientierte Weiterentwicklung der Qualität der Kindertagesbetreuung zu nutzen,
6. das Nähere zu der Unterstützung durch die Geschäftsstelle gemäß § 5.

§ 5
Geschäftsstelle des Bundes

Der Bund richtet eine Geschäftsstelle beim Bundesministerium für Familie, Senioren, Frauen und Jugend ein, die

1. die Länder unterstützt

    a) bei der Analyse der Ausgangslage nach § 3 Absatz 1, insbesondere im Hinblick auf möglichst vergleichbare Kriterien und Verfahren,

    b) bei der Aufstellung von Handlungskonzepten nach § 3 Absatz 4, einschließlich der hierfür erforderlichen Ermittlungen der Handlungsfelder und Handlungsziele nach § 3 Absatz 2,

    c) bei der Erstellung der Fortschrittsberichte nach § 4 Satz 2 Nummer 3, insbesondere als geeignetes Instrument des Monitorings nach § 6 sowie

    d) bei der Durchführung öffentlichkeitswirksamer Maßnahmen,

2. den länderübergreifenden Austausch über eine prozessorientierte Weiterentwicklung der Qualität und Verbesserung der Teilhabe in der Kindertagesbetreuung koordiniert, sowie

3. das Monitoring und die Evaluation nach § 6 begleitet.

§ 6
Monitoring und Evaluation

(1) [1] Das Bundesministerium für Familie, Senioren, Frauen und Jugend führt jährlich, erstmals im Jahr 2020 und letztmals im Jahr 2023, ein länderspezifisches sowie länderübergreifendes qualifiziertes Monitoring durch. [2] Das Monitoring ist nach den zehn Handlungsfeldern gemäß § 2 Satz 1 und Maßnahmen gemäß § 2 Satz 2 aufzuschlüsseln.

(2) [1] Das Bundesministerium für Familie, Senioren, Frauen und Jugend veröffentlicht jährlich einen Monitoringbericht. [2] Dieser Monitoringbericht umfasst

1. einen allgemeinen Teil zur bundesweiten Beobachtung der quantitativen und qualitativen Entwicklung des Angebotes früher Bildung, Erziehung und Betreuung für Kinder bis zum Schuleintritt in Tageseinrichtungen und in der Kindertagespflege und

2. die von den Ländern gemäß § 4 Satz 2 Nummer 3 übermittelten Fortschrittsberichte.

(3) [1] Die Bundesregierung evaluiert die Wirksamkeit dieses Gesetzes und berichtet erstmals zwei Jahre nach dem Inkrafttreten dem Deutschen Bundestag über die Ergebnisse der Evaluation. [2] In den Evaluationsbericht fließen die Ergebnisse des Monitorings nach den Absätzen 1 und 2 ein.

Richtlinie zur Förderung der Festanstellung von Tagespflegepersonen

Bekanntmachung des Bayerischen Staatsministeriums für Familie, Arbeit und Soziales
vom 2. Januar 2020, Az. V3/6511-1/521, BayMBl. 2020 Nr. 33

[1] Der Freistaat Bayern gewährt nach Maßgabe dieser Richtlinie und der allgemeinen haushaltsrechtlichen Bestimmungen, insbesondere der Verwaltungsvorschriften zu Art. 44 der Bayerischen Haushaltsordnung (VV zu Art. 44 BayHO), in Ergänzung zum Bayerischen Kinderbildungs- und -betreuungsgesetz (BayKiBiG) Zuwendungen zur Förderung der Festanstellung von Tagespflegepersonen und Assistenzkräften. [2] Die Förderung erfolgt ohne Rechtsanspruch im Rahmen der verfügbaren Haushaltsmittel auf der Grundlage der mit dem Bund geschlossenen Vereinbarung über die Weiterentwicklung der Qualität in der Kindertagesbetreuung.

1. Zweck der Zuwendung

1.1 Assistenzkräfte in Kindertageseinrichtungen

[1] Mit der Zuwendung sollen Träger von Kindertageseinrichtungen in die Lage versetzt werden, Assistenzkräfte mit der Qualifikation einer Tagespflegeperson in Kindertageseinrichtungen einzusetzen. [2] Diese Assistenzkräfte sollen die Fach- und Ergänzungskräfte bei der pädagogischen Arbeit unterstützen und entlasten und können auch zur Randzeitenbetreuung eingesetzt werden. [3] § 16 Abs. 5 Satz 1 der Kinderbildungsverordnung (AVBayKiBiG) ist zu beachten.

1.2 Anstellung durch den Träger der öffentlichen Jugendhilfe

Mit der Zuwendung sollen Träger der öffentlichen Jugendhilfe unterstützt werden, Personen mit der Qualifikation einer Tagespflegeperson in der Kindertagespflege oder im Rahmen der Ersatzbetreuung einzusetzen.

2. Gegenstand der Förderung

Die Förderung stellt einen Zuschuss zu den Personalausgaben einer Festanstellung dar.

3. Zuwendungsempfänger

[1] Zuwendungsempfänger sind die Gemeinden und die Träger der öffentlichen Jugendhilfe. [2] Die Weiterleitung der Förderung für Assistenzkräfte an freigemeinnützige oder sonstige Träger durch die Gemeinden richtet sich nach VV Nr. 13 der Verwaltungsvorschriften für Zuwendungen des Freistaates Bayern an kommunale Körperschaften (Anlage 3 zu Art. 44 BayHO – VVK). [3] Im Fall des Einsatzes in der Kindertagespflege oder im Rahmen der Ersatzbetreuung ist die Weiterleitung der Förderung durch die Träger der öffentlichen Jugendhilfe ausgeschlossen.

4. Zuwendungsvoraussetzungen

Die Zuwendung setzt voraus, dass die Assistenzkraft bzw. Tagespflegeperson von einem Träger einer Kindertageseinrichtung bzw. einem Träger der öffentlichen Jugendhilfe in einem Arbeitsverhältnis beschäftigt wird und von diesem eine Bruttojahresvergütung mindestens in doppelter Höhe der staatlichen Förderung erhält.

4.1 Assistenzkräfte

[1] Die Assistenzkraft muss

a) von einem Träger im Sinne des Art. 3 Abs. 1 BayKiBiG in einer nach dem BayKiBiG geförderten Kindertageseinrichtung beschäftigt werden,

b) die Voraussetzungen für die Erteilung der Pflegeerlaubnis nach § 43 Abs. 2 Satz 1, Satz 2 Nr. 1 und Satz 3 SGB VIII erfüllen. [2] Die Entscheidung über die Eignung der Assistenzkraft trifft der für die betreffende Kindertageseinrichtung zuständige Träger der öffentlichen Jugendhilfe,

c) zusätzlich zu der für die Erteilung der Pflegeerlaubnis erforderlichen Qualifizierung eine vom Staatsministerium für Familie, Arbeit und Soziales (StMAS) zertifizierte Qualifizierung mindestens im Umfang von 40 Stunden absolvieren und an Fortbildungsmaßnahmen im Umfang von mindestens 15 Stunden jährlich teilnehmen. [2] Die Qualifizierung kann berufsbegleitend erfolgen und

333

muss innerhalb eines Zeitraums von 12 Monaten seit Beginn der Festanstellung abgeschlossen werden. [3] Während der Qualifizierungsphase entfällt die Pflicht zur Teilnahme an Fortbildungsveranstaltungen.

4.2 Träger der öffentlichen Jugendhilfe

[1] Der Träger der öffentlichen Jugendhilfe muss die Tagespflegeperson nach Maßgabe der §§ 22, 23 Abs. 4 Satz 2 und 43 SGB VIII sowie unter Berücksichtigung von Art. 20 Satz 1 Nr. 3 BayKiBiG einsetzen. [2] Die regelmäßige wöchentliche Arbeitszeit der Tagespflegeperson muss mindestens 19,5 Stunden betragen. [3] Die angestellte Tagespflegeperson ist im Umfang von jährlich 15 Stunden fortzubilden.

5. Art und Umfang der Zuwendung

[1] Die Zuwendung erfolgt als Festbetragsfinanzierung. [2] Sie errechnet sich als Produkt aus dem fünffachen gemäß Art. 21 Abs. 3 Satz 2 BayKiBiG für die Tagespflege festgelegten Basiswert zur Berechnung der Abschlagszahlungen, dem Gewichtungsfaktor gemäß Art. 21 Abs. 5 Satz 7 BayKiBiG und dem Buchungszeitfaktor gemäß § 25 Abs. 1 Satz 1 Nr. 2 AVBayKiBiG, der der durchschnittlichen regelmäßigen Wochenarbeitszeit der Assistenzkraft bzw. der Tagespflegeperson entspricht. [3] Erfolgt die Förderung nicht für den gesamten Bewilligungszeitraum, reduziert sich die Zuwendung entsprechend anteilig. [4] § 26 Abs. 1 Sätze 1 und 2 AVBayKiBiG gelten in Bezug auf eine Änderung der Wochenarbeitszeit entsprechend. [5] Die Zuwendungsempfänger tragen einen Eigenanteil mindestens in Höhe der staatlichen Zuwendung.

6. Mehrfachförderung

[1] Die Zuwendung ist ausgeschlossen, wenn der Einsatz der Assistenzkraft aufgrund § 16 Abs. 6 AVBayKiBiG erfolgt und erforderlich ist, um die Fördervoraussetzungen nach dem BayKiBiG zu erfüllen. [2] Die laufende Geldleistung nach § 23 SGB VIII wird durch die Bruttojahresvergütung ersetzt. [3] Eine Förderung nach Art. 18 Abs. 3 S. 1 Alt. 1 BayKiBiG schließt eine Förderung nach dieser Richtlinie aus. [4] Die Zuwendung ist ausgeschlossen, soweit die Personalkosten der Festanstellung aus anderen Förderprogrammen gefördert werden.

7. Verfahren

7.1 Bewilligungszeitraum

Der Bewilligungszeitraum ist das jeweilige Kalenderjahr.

7.2 Bewilligungsbehörde

Die zuständige Bewilligungsbehörde für die Zuwendung nach dieser Richtlinie bestimmt sich nach Art. 29 Abs. 1 Satz 1 BayKiBiG.

7.3 Antragstellung, Bewilligung

[1] Die Anträge auf die Förderung sind vor Beginn der Maßnahme bei der zuständigen Bewilligungsbehörde unter Verwendung des Systems KiBiG.web zu stellen. [2] Die Zuwendung erhalten ausschließlich Zuwendungsempfänger, die den vollständigen Förderantrag auf kindbezogene Förderung bis zum 30. Juni nach Ablauf des Bewilligungszeitraums gestellt haben. [3] Die Bewilligung erfolgt für ein Kalenderjahr. [4] Wenn die Assistenzkraft oder die Tagespflegeperson über einen Zeitraum von 42 Kalendertagen aufeinanderfolgend keine Arbeitsleistung erbringt, entfällt die Förderung ab Beginn des nächstfolgenden Kalendermonats; es sei denn, im laufenden oder im nächstfolgenden Kalendermonat wird die Arbeit im Umfang von mindestens der Hälfte der im Kalendermonat arbeitsvertraglich vereinbarten Arbeitstage wiederaufgenommen.

7.4 Abschlagszahlungen, Auszahlung

[1] Die Zuwendungsempfänger erhalten zu den in § 22 Abs. 2 Satz 1 AVBayKiBiG genannten Zeitpunkten auf Antrag Abschlagszahlungen in Höhe von 96 % der im Bewilligungszeitraum zu erwartenden staatlichen Zuwendung. [2] Sie beantragen die Abschlagszahlungen unter Verwendung des für die Abrechnung der Betriebskostenförderung nach dem BayKiBiG bereitgestellten Abrechnungssystems KiBiG.web. [3] Die Endabrechnung erfolgt gemeinsam mit der Endabrechnung über die Betriebskostenförderung nach dem BayKiBiG ebenfalls unter Verwendung des bereitgestellten Abrechnungssystems.

7.5 Nachweis und Prüfung der Verwendung

[1] Für die Bewilligung, Auszahlung und Abrechnung der Zuwendungen sowie für deren Nachweis und deren Prüfung der Verwendung, die gegebenenfalls erforderliche Aufhebung des Zuwendungsbescheids und die Rückforderung der gewährten Zuwendung gelten die VV zu Art. 44 BayHO sowie die Art. 48 bis 49a des Bayerischen Verwaltungsverfahrensgesetzes. [2] Die ANBest-K bzw. die ANBest-P sind zum Bestandteil des Bewilligungsbescheids zu machen. [3] Das Prüfungsrecht des Bayerischen Obersten Rechnungshofs ergibt sich aus Art. 91 BayHO.

8. Datenschutz

[1] Bei der Verarbeitung personenbezogener Daten sind die datenschutzrechtlichen Bestimmungen, insbesondere die Verordnung (EU) 2016/679 (EU-Datenschutzgrundverordnung – DSGVO) einzuhalten. [2] Die jeweils zuständige Bewilligungsbehörde ist Verantwortliche im Sinne von Art. 4 Nr. 7 DSGVO. [3] Die Verpflichtungen aus der DSGVO (insbesondere die Betroffenenrechte und die Informationspflichten gemäß Art. 13 f. DSGVO) werden von der jeweils zuständigen Bewilligungsbehörde erfüllt.

9. Inkrafttreten, Außerkrafttreten

[1] Diese Bekanntmachung tritt am 1. Februar 2020 in Kraft. [2] Sie tritt mit Ablauf des 31. Dezember 2021 außer Kraft. [3] Sie verlängert sich längstens bis zum 31. Dezember 2023, soweit das Handlungskonzept nach dem Vertrag zur Umsetzung des Gesetzes zur Weiterentwicklung der Qualität und zur Verbesserung der Teilhabe in Tageseinrichtungen und in der Kindertagespflege (KiTa-Qualitäts- und -Teilhabeverbesserungsgesetz – KiQuTG) zwischen dem Freistaat Bayern und der Bundesrepublik Deutschland vom 23. September 2019 und den einschlägigen Anlagen im von dieser Richtlinie geregelten Bereich unverändert fortgeführt wird.

Richtlinie zur Gewährung eines Leitungs- und Verwaltungsbonus zur Stärkung von Kindertageseinrichtungen

Bekanntmachung des Bayerischen Staatsministeriums für Familie, Arbeit und Soziales vom 27. Februar 2020, Az. V3/6511-1/520, BayMBl. 2020 Nr. 129

[1] Der Freistaat Bayern gewährt in Ergänzung zur Förderung nach dem Bayerischen Kinderbildungs- und -betreuungsgesetz (BayKiBiG) einen Leitungs- und Verwaltungsbonus zur Stärkung von Kindertageseinrichtungen. [2] Der Leitungs- und Verwaltungsbonus wird auf der Grundlage des mit dem Bund geschlossenen Vertrags zur Umsetzung des Gesetzes zur Weiterentwicklung der Qualität und zur Verbesserung der Teilhabe in Tageseinrichtungen und in der Kindertagespflege nach Maßgabe dieser Richtlinie und der allgemeinen haushaltsrechtlichen Bestimmungen des Freistaats Bayern als freiwillige Leistung ohne Rechtsanspruch im Rahmen der verfügbaren Haushaltsmittel gewährt.

1. Zweck des Leitungs- und Verwaltungsbonus

[1] Angesichts des inzwischen flächendeckenden Fachkräftemangels haben Träger von Kindertageseinrichtungen zunehmend Schwierigkeiten, das pädagogische Konzept umzusetzen und die Öffnungszeiten aufrechtzuerhalten. [2] Es bedarf daher dringend staatlicher Maßnahmen, damit sich insbesondere die Leitung auf ihre pädagogischen Kernaufgaben konzentrieren kann und um eine weitere Qualitätsentwicklung zu ermöglichen. [3] Deshalb unterstützt der Freistaat mit dieser Richtlinie die Gemeinden und Träger von Kindertageseinrichtungen gemäß Art. 2 Abs. 1 Satz 2 Nr. 1, 2 und 4 BayKiBiG bei der Stärkung der Einrichtungsleitung. [4] Ziel des Leitungs- und Verwaltungsbonus ist es, Träger von Kindertageseinrichtungen in die Lage zu versetzen, zum Beispiel durch den Einsatz zusätzlichen Personals die Einrichtungsleitung von Aufgaben direkt zu entlasten. [5] Die für die Kinderbetreuung zuständigen Gemeinden können gezielt und gegebenenfalls trägerübergreifend mit dem Bonus Maßnahmen treffen, um nichtpädagogische Aufgaben zentral zu organisieren. [6] Der Leitungs- und Verwaltungsbonus stellt damit eine wichtige Maßnahme dar, um die Arbeitsbedingungen unmittelbar oder mittelbar für das pädagogische Personal zu verbessern und dadurch die Attraktivität der Tätigkeit zu steigern. [7] Der Leitungs- und Verwaltungsbonus zählt damit zu den wesentlichen Maßnahmen zur Bekämpfung des Fachkräftemangels.

2. Begünstigte

Begünstigte sind die Träger der Kindertageseinrichtungen.

3. Voraussetzungen

[1] Die Gewährung des Leitungs- und Verwaltungsbonus setzt voraus, dass der Träger der Kindertageseinrichtung über ein unter Beteiligung der pädagogischen Leitung erarbeitetes schriftliches Leitungskonzept verfügt, in dem

a) das Leitungsprofil (Rolle und Verantwortung der Leitung, Führungsstil) und die Aufgaben der Einrichtungsleitung niedergelegt sind,

b) die zusätzlich geplanten Maßnahmen zur Entlastung der Leitung und der Umfang der angestrebten zeitlichen Entlastung sowie die Beteiligung der pädagogischen Leitung an der Konzeptentwicklung schriftlich dokumentiert sind,

c) für die auf Leitungsaufgaben entfallende Arbeitszeit ein angemessenes Zeitkontingent festgelegt ist und

d) das für die Ausübung der Leitungstätigkeit mindestens erforderliche Qualifizierungsniveau festgelegt und Maßnahmen zur Fort- bzw. Weiterbildung vereinbart sind.

[2] Der Leitungs- und Verwaltungsbonus wird nur für Kindertageseinrichtungen gewährt, die im Bewilligungszeitraum eine Förderung nach Maßgabe des BayKiBiG (5. Teil) erhalten. [3] Die Wahrung der Voraussetzungen (Nr. 3 Satz 1) ist von den Gemeinden sicherzustellen.

4. Höhe des Leitungs- und Verwaltungsbonus

[1] Der Leitungs- und Verwaltungsbonus errechnet sich als Produkt aus dem Basiswert für die staatliche Förderung (Art. 21 Abs. 3 BayKiBiG), der Summe der Buchungszeitfaktoren der in der Einrichtung geförderten Kinder (Art. 21 Abs. 4 BayKiBiG) und dem Faktor 0,1. [2] Maßgeblich sind der für die

Abschlagszahlungen des Bewilligungszeitraums festgesetzte Basiswert für Kindertageseinrichtungen und die Summe der Buchungszeitfaktoren gemäß § 25 AVBayKiBiG des dem Bewilligungszeitraum vorausgehenden Kalenderjahres. [3] Liegen für eine Einrichtung aus dem vorausgehenden Kalenderjahr Buchungszeitfaktoren für weniger als drei Monate vor, wird der durchschnittliche Buchungszeitfaktor des vorausgehenden Kalenderjahres aller Einrichtungen derselben Einrichtungsart im Sinne von Art. 2 Abs. 1 Satz 2 BayKiBiG angesetzt.

5. Verfahren

5.1 Bewilligungszeitraum

[1] Der Bewilligungszeitraum ist das jeweilige Kalenderjahr. [2] Der Leitungs- und Verwaltungsbonus wird nach der Bewilligung ab Beginn des Monats gewährt, in dem der Antrag gestellt wurde. [3] Änderungen, die für die Gewährung des Bonus maßgeblich sind (zum Beispiel Voraussetzung nach Ziff. 3 entfällt oder der Träger handelt nicht entsprechend der Vereinbarungen), werden ab Beginn des Kalendermonats berücksichtigt, in dem sie eintreten.

5.2 Zuständigkeit

[1] Über die Gewährung des Leitungs- und Verwaltungsbonus entscheidet das Staatsministerium für Familie, Arbeit und Soziales (im Folgenden: Staatsministerium). [2] Die Auszahlung erfolgt zu den in § 22 Abs. 2 Satz 1 AVBayKiBiG genannten Zeitpunkten durch die nach dem BayKiBiG für die staatliche Betriebskostenförderung zuständigen Bewilligungsbehörden.

5.3 Antragstellung

[1] Der Leitungs- und Verwaltungsbonus wird auf Antrag der Gemeinde für alle Einrichtungen im Gemeindegebiet gewährt. [2] Die Anträge auf den Leitungs- und Verwaltungsbonus sind beim Staatsministerium unter Verwendung des vom Freistaat Bayern kostenlos zur Verfügung gestellten Abrechnungs- und Bewilligungsprogramms (KiBiG.web) zu stellen. [3] Mit der Antragstellung erklärt die Gemeinde, dass die Voraussetzungen nach Ziff. 3 vorliegen. [4] Bei nicht-kommunalen Einrichtungen gibt der Träger diese Erklärung über das System KiBiG.web ab.

5.4 Bewilligung

[1] Das Staatsministerium entscheidet monatlich über die jeweils bis zum Monatsletzten des Vormonats eingegangenen Anträge, unabhängig davon, ob es sich bei dem Monatsletzten um einen Sonntag, einen gesetzlichen Feiertag oder einen Samstag handelt. [2] Reichen die zur Verfügung stehenden Mittel zur Bewilligung aller bewilligungsfähigen Anträge nicht aus, haben die Anträge für diejenigen Einrichtungen Vorrang, die nach Auswertung des KiBiG.web im letzten abgeschlossenen Abrechnungszeitraum einen höheren durchschnittlichen Buchungszeitfaktor pro Kind hatten.

5.5 Auszahlung

[1] Die Auszahlung erfolgt an die Gemeinden, in deren Gebiet die nach dieser Richtlinie zu fördernde Einrichtung ihren Sitz hat. [2] Die Gemeinden leiten den Bonus an die nicht-kommunalen Träger weiter, sofern sie nicht selbst die Kosten der zusätzlich geplanten Maßnahmen nach Ziff. 3b) tragen. Auszahlung erfolgt quartalsweise zu den in § 22 Abs. 2 Satz 1 AVBayKiBiG genannten Zeitpunkten zu je einem Viertel des für den Bewilligungszeitraum gewährten Gesamtbonus. [3] Nachzahlungen erfolgen in der Regel durch Einmalzahlung im Rahmen des nächsten Abschlags.

5.6 Prüfung

[1] Die nach dem BayKiBiG für die staatliche Betriebskostenförderung zuständigen Bewilligungsbehörden überprüfen das Vorliegen der Voraussetzungen nach Nummer 3 im Rahmen der Belegprüfungen nach § 23 AVBayKiBiG und sind für Änderungs- und Rücknahmebescheide zuständig. [2] Dem Bayerischen Obersten Rechnungshof steht das Prüfungsrecht gem. Art. 91 BayHO zu. Für die gegebenenfalls erforderliche Aufhebung des Bewilligungsbescheids und die Rückforderung des gewährten Bonus gelten die Art. 48 bis 49a des Bayerischen Verwaltungsverfahrensgesetzes. [3] Die Bewilligung ist durch die Bewilligungsstelle zu widerrufen, wenn die zur Entlastung der Leitung vorgesehenen Maßnahmen (Ziff. 3b) nicht binnen drei Monaten nach Antragstellung ergriffen oder nach ihrem Wegfall nicht binnen drei Monaten wiederhergestellt wurden.

6. Datenschutz

[1] Bei der Verarbeitung personenbezogener Daten sind die datenschutzrechtlichen Bestimmungen, insbesondere die Verordnung (EU) 2016/679 (EU-Datenschutzgrundverordnung – DSGVO) einzuhalten. [2] Die jeweils zuständige Bewilligungsbehörde ist Verantwortliche im Sinne von Art. 4 Nr. 7 DSGVO. [3] Die Verpflichtungen aus der DSGVO (insbesondere die Betroffenenrechte und die Informationspflichten gemäß Art. 13 f. DSGVO) werden von der jeweils zuständigen Bewilligungsbehörde erfüllt.

7. Inkrafttreten, Außerkrafttreten

[1] Diese Bekanntmachung tritt am 1. März 2020 in Kraft. [2] Sie tritt mit Ablauf des 31. Dezember 2021 außer Kraft. [3] Sie verlängert sich längstens bis zum 31. Dezember 2023, soweit das Handlungskonzept nach dem Vertrag zur Umsetzung des Gesetzes zur Weiterentwicklung der Qualität und zur Verbesserung der Teilhabe in Tageseinrichtungen und in der Kindertagespflege (KiTa-Qualitäts- und -Teilhabeverbesserungsgesetz – KiQuTG) zwischen dem Freistaat Bayern und der Bundesrepublik Deutschland vom 23. September 2019 und den einschlägigen Anlagen im von dieser Richtlinie geregelten Bereich unverändert fortgeführt wird.

Stichwortverzeichnis

Die fetten Zahlen verweisen auf die gesetzliche Bestimmung,
die mageren Zahlen verweisen auf die jeweilige Erläuterung dazu.
Erläuterungen zum AVBayKiBiG sind kursiv gedruckt.

Stichwortverzeichnis – BayKiBiG

Wohnort **23a** 2.6
Wunsch- und Wahlrecht **5** 1.1, **7** 2, 2.3.1

Z

Zusammenarbeit **5** 3, **15** 1.1
Zuständigkeit **9** 2, **29**
Zweckbindung **28** 2.5, 2.7

von Langen

Rechtsverhältnisse und Aufsichtspflichten in Kindertagesstätten

Der Ratgeber vermittelt praxisnah und verständlich die Rechtskenntnisse, ohne die Erzieher/innen in ihrer Arbeit nicht mehr handeln sollten; so knapp wie möglich, so detailliert wie nötig. Der Titel fördert die Qualität professionellen Könnens und die Herausbildung von Handlungsqualität. Das Buch dient als praktische Hilfe im Umgang mit Organisationen, Institutionen und deren Eigengesetzlichkeiten.

Reihe KITAPRAXIS: Band 1,
3. Auflage 2020, kartoniert,
208 Seiten, 19,80 EUR,
ISBN 978-3-8293-1536-4

Kunz

Sicherheit und Gesundheit in Kindertagesstätten

Reihe KITAPRAXIS:
Band 2, 2011, kartoniert,
250 Seiten, 19,80 EUR,
ISBN 978-3-8293-0971-4

Kresnicka

Marketing und Öffentlichkeitsarbeit in Kindertagesstätten

Reihe KITAPRAXIS:
Band 3, 2011, kartoniert,
124 Seiten, 19,80 EUR,
ISBN 978-3-8293-0970-7

von Langen

Arbeitsrecht für ErzieherInnen in 100 Stichworten

Reihe KITAPRAXIS: Band 4,
2. Auflage 2020, kartoniert,
336 Seiten, 24,80 EUR,
ISBN 978-3-8293-1529-6

Schmidt (Hrsg.)

Qualitätsmanagement in Kindertagestätten

Die Anforderungen an Kinderbetreuungseinrichtungen sind bekanntermaßen hoch. Im Spannungsfeld zwischen gesetzlichen Vorgaben, Anforderungen der Träger, personellen Gegebenheiten und Erwartungen der Eltern müssen Kindertagesstätten souverän agieren.
Die Ratgeber der Reihe KitaPraxis unterstützen hierfür mit wertvollen Informationen und hilfreichen Ratschlägen.

Reihe KITAPRAXIS:
Band 5, 2013, kartoniert,
152 Seiten, 22,80 EUR,
ISBN 978-3-8293-0981-3

Kommunal- und Schul-Verlag GmbH & Co. KG, Postfach 3629, 65026 Wiesbaden
bestellung@kommunalpraxis.de, www.kommunalpraxis.de
Preisänderungen, -irrtümer und Umfangkorrekturen vorbehalten.

100320